浙江省文物考古研究所学者文库

王士伦文物考古文集

王士伦　著

文物出版社

北京·2021

图书在版编目（CIP）数据

王士伦文物考古文集／王士伦著．—北京：文物

出版社，2021.4

ISBN 978 - 7 - 5010 - 6903 - 3

Ⅰ.①王…　Ⅱ.①王…　Ⅲ.①历史文物 - 考古 - 中国

- 文集　Ⅳ.①K870.4 - 53

中国版本图书馆 CIP 数据核字（2020）第 242230 号

王士伦文物考古文集

著　　者：王士伦

责任编辑：孙　丹
封面设计：王文娴
责任印制：张　丽

出版发行：文物出版社
社　　址：北京市东直门内北小街 2 号楼
邮　　编：100007
网　　址：http://www.wenwu.com
经　　销：新华书店
印　　刷：宝蕾元仁浩（天津）印刷有限公司
开　　本：889mm × 1194mm　1/16
印　　张：24.25
版　　次：2021 年 4 月第 1 版
印　　次：2021 年 4 月第 1 次印刷
书　　号：ISBN 978 - 7 - 5010 - 6903 - 3
定　　价：280.00 元

1954 年西安实习
（前排右一）

1954 年参加北京大学
考古培训班，于故宫留影

1955 年 2 月，在绍兴漓渚调查（左一）

1976 年，与中国科学院自然科学研究所张驭寰在盐官合影

20 世纪 70 年代，摄于河姆渡遗址

1979 年，摄于龙湖游镇舍利塔
（左：金华侍王府严军；中：中国文化遗产研究院李竹君）

20 世纪 70 年代，调查西湖慈云岭佛教造像

20 世纪 70 年代，测量浦江龙德寺塔

20 世纪 70 年代，
进行古建调查测量

1981 年 4 月，绍兴大禹陵全省
"四有"工作现场会

1982 年，湖州飞英塔维修

飞英塔维修（前排右一：王士伦）

20 世纪 80 年代，古建培训班授课

20 世纪 80 年代，与古建培训班学员合影

20 世纪 80 年代，苏州古建培训班开会

1986年，飞英塔维修竣工后合影（二排右一：王士伦；二排右三：祁英涛）

20世纪80年代，朱伯谦、牟永抗、
王士伦合影（左起）

1990年，考察日本奈良博物馆

1990 年，国际百越文化学术研讨会合影
（前排左起：森浩一、林巳奈夫、
王士伦、汪济英；后排左二：菅谷文则）

1990 年，访问日本，与奈良彊原考古所所长
菅谷文则合影

1994 年 10 月，王士伦与夫人访问日本，
与森浩一（左二）、佐古和枝（左四）合影

序

王士伦先生（1929～1998年），是浙江文物界德高望重的前辈，也是毕生从事文物考古研究的学者、专家，对浙江文物保护事业贡献卓著。他先后供职于浙江省文物管理委员会（以下简称省文管会）、浙江省博物馆、浙江省文物考古研究所。曾任浙江省文物考古研究所文物保护室主任、副所长、所长、研究馆员，兼任中国考古学会理事、中国文物保护学会理事、浙江省考古学会副会长、杭州大学教授和浙江省第五、六届政协委员等职，享受国务院特殊津贴。

一

王士伦先生出生于浙江黄岩，父亲是上海基督教伦敦教区麦伦书院教师。兄弟姐妹六人，唯其子承父业，入读温岭师范学校。1947年因父病逝，家庭陷入困顿，不得已辍学，遂虚报年龄，开始教书生涯。仅一年余，先生即失业。其时，恰逢新中国成立，先生报考绍兴地委公安署任秘书，加入革命队伍。未几，抽调至华东革命大学任政治教员。

1953年，国家建设百废俱兴，先生被组织从华东革命大学浙江分校调至省文管会，师从邵裴子、朱家济、陈训慈诸先生，成为新中国第一代文物考古工作者中的一员，开启了其毕生从事的文物考古工作生涯。其时，浙江省文管会分为调查组与研究组，分别由沙孟海、朱家济负责。先生被分配在研究组，追随朱家济开展工作。1954年，先生参加由北京大学、文化部、中国科学院举办的中央考古培训班第三届考古工作人员训练班，受郭沫若、裴文中等名师教导。数月高规格、高标准的考古专业培训，启蒙了先生的专业知识，更培养了他多视角、深层次思考问题的能力。同年返浙，先生即主持了绍兴漓渚古墓葬的发掘工作。

先生最初以中国古代铜器和甲骨文、金文为研究方向，同时涉猎古建筑、石窟造像、瓷器、钱币等领域，专业研究侧重考古学。1955年，先后在《考古通讯》《文物参考资料》上发表《绍兴漓渚考古简报》《谈谈我国古代铜镜》《五代吴越文物——铁券与投龙简》等论文，并参加由朱家济主编的《西湖石窟艺术》（浙江人民出版社1955年版）的编撰工作，学术生涯由此起步。1956年，先生主持金华万佛塔塔基文物的清理工作，出版《金华万佛塔出土文物》一书，对出土文物年代和价值进行研究与考证。这一时期，先生开始对浙江历史文物遗存进行较全面的实地调查，涉及古墓葬、古建筑、瓷窑址、铜镜等及地方史与文物古迹的调查研究，发表了一系列与铜镜和浙江文物考古相关的论文。重要的有：1957年发表于《考古通讯》第2期的《浙江萧山进化区古代窑址的发现》，这是讨论浙江最早发现的战国时期印纹硬陶和原始青瓷共存的窑址；1958年，在与著名青铜器专家陈梦家多次书信交流请教后，出版《浙江出土铜镜选集》一书，这是新中国成立之后考古工作开展以来，最早问世的铜镜图录，在国内产生较大影响，至今仍为研究古代铜镜的代表性著述。先生的学术理想与人生志向由此逐渐明晰，学术悟性初露端倪。

1963 年，先生与朱伯谦合作发表《浙江龙泉青瓷窑址调查发掘的主要收获》（王士伦为执笔者），对 1956～1961 年龙泉窑址调查与发掘的主要收获进行系统阐述，这成为该时期龙泉窑考古的重要成果和研究龙泉窑的重要文献。先生作为文物考古学家，深入考证问题，立论有据，辨析缜密，旁征博引，对考古遗存进行系统梳理，并以此为基础，结合历史文献，进行专题研究，为相关学术研究提供科学资料与依据。先生凭着超强的自修能力，学用结合并常年坚持写作，积累了扎实的学术功底和工作经验，为日后的学术成就与事业发展奠定基础。

二

20 世纪 60 年代后，先生的研究重点转向地面文物保护工作，他以吴越国历史与地面文物调查研究和保护工作为切入口，对全省各地的文物史迹进行大量的实地调查与研究，并对浙江农民起义遗迹、太平天国史迹、杭州地区石窟造像等进行系统专题调查，发现众多重要文物。在此基础上，先生提出浙江省第一、二批重点文保单位名单 100 处，并形成"浙江文物史迹网"文保理论之雏形。

这一时期，先生开始思考文物保护单位的保护与利用问题，亦即如何体现历史遗存在当代社会发展、文明传承中的价值。具体提出了建立金华太平天国侍王府纪念馆、余姚梁弄四明山革命纪念馆、绍兴青藤书屋（徐渭生平及艺术作品陈列）等一系列文物保护单位的开放利用方案，为文保单位逐步过渡到具有文物特色的专题博物馆（陈列馆）提供了实践经验。这一开创性的工作思路，体现了先生的专业素养和责任担当。

文物建筑与地方史迹也是先生的重点研究领域。数十年来，先生走遍浙江，凡发现重要文物，必与历史文献进行比照研究；每遇实物与文献记载存在差异，必究其缘由。每次野外调查，无论白天多么劳累，夜晚必是整理资料或笔耕不辍。他经常说："我们的专业研究必须将文物本体与实地调查、历史文献相结合，既要有文物方面的专业素养，也要有研究地方历史文献的能力，这样才能体现出文物史迹研究的专业特长。"为此，先生研究问题，不仅仅来自书斋，不是文献到文献、资料到资料，还必与研究对象的现存实物紧密相连，所述问题皆有史料依据，并尽力从不同的层面复原历史真相。正是这样的亲力亲为，先生形成了丰富的著述与研究成果。该时期代表作品有：《杭州史话》《江山仙霞黄巢起义遗迹纪略》《岳飞墓地考》《古都杭州》《西湖石窟探胜》《浙江出土铜镜》《浙江文物简志》《中国历代名人名胜录》（浙江部分）、《金华天宁寺大殿的构造及维修》《湖州飞英塔的构造与维修》《古都杭州》等，可谓著述丰厚。

在开展地面文物保护研究的同时，先生还着力发展浙江文物保护事业架构，全面提出与实践"浙江文物史迹网"概念，从理论与实践方面探索具有深远意义的文物保护学科体系。先生提出，文物遗存调查和推荐公布文物保护单位，都必须与浙江历史发展的整体脉络相关联。他认为，所谓"文物""文物保护单位"，并非孤立独立的存在，保护文物也并非对文物进行单纯、机械的保护，而是以中国历史为基础，结合地方历史的实际，以各类文物遗存为对象，把众多反映各个历史时期政治、经济、文化、科学、军事及社会生活诸方面优秀的历史文化遗产汇集起来，形成系列，交织成网络，通过科学研究，生动形象地反映我省乃至我国的历史发展轨迹，为社会发展服务。唯有如此，中华文明的历史，才是全面的、生动的、直观的，才可能长久地保存下去，持续地发挥文物的价值。而保护的方法，就是必须以文物保护单位的形式，代代相传。

1984 年，先生出任浙江省文物考古研究所所长。1985 年，先生发表《关于建立文物学的探索》，1988 年发表《试论文物史迹网的建立》等相关论文，对浙江文物史迹网的建构进行理论总结。正因为先生的身体力行，浙江才成为国内最早践行文物史迹网建设的省份之一。这一理论与实践，正是其文物事业使命感的突出表现。

三

20 世纪 60～70 年代，浙江从事文物保护工作的专业人员极少。先生甘于寂寞，孤军奋战，躬身力行。改革开放后，基于事业发展之需要，先生对专业人员的培养充满紧迫感。1980 年，先生主持了浙江省文物考古研究所在绍兴县开展的"四有"工作试点，探索文物保护单位建档工作经验，培养了一批专业干部。1982 年，先生主持湖州飞英塔维修工程，有意识地整合省内的力量，并将其作为培养和锻炼浙江文物保护工程队伍的重要实践。这是浙江首个以自身力量组织维修工程测绘、方案设计与施工的大型文物保护工程。通过这些项目的实施，培养了一批文物保护设计、施工力量。在先生的努力之下，浙江不可移动文物保护的基础性工作迅速恢复并发展。1984 年，先生创办了浙江省古建筑设计研究院的前身——浙江省古建筑维修技术服务部，这是浙江首个从事古建筑维修设计的专业机构。如今，浙江省古建筑研究设计院已是国内文物系统重要的文物保护专业技术队伍。

先生极为重视人才培养。对本单位的职工，无论人员多么紧缺，工作任务多么繁重，都千方百计给予学习、深造机会，积极选派职工赴南京大学、清华大学、东南大学以及各类专业培训班学习。在日常工作中，诸多晚辈后学和市县文物干部，都曾得到先生的悉心指导和工作支持，先生甚至重病之时，仍对学生耳提面命。在文保人才培养方面，先生可谓呕心沥血，诲人不倦。许多受到先生教诲的文物干部逐渐成长为浙江文物保护领域的中坚力量。先生对浙江文保队伍的建设与发展功不可没。

先生毕生献身于浙江文物考古的研究和保护事业。四十多年来，在地面文物保护领域开展了艰苦卓绝、具有开拓性的工作。四十多年来，先生始终笔耕不辍，勤奋著述，在考古、古建筑、文物史迹、山水名胜、历史遗存考证、地方文献研究等方面都留下了自己的论著，成就斐然。他是浙江地面文物保护与研究领域的奠基者和引路人。

先生离开我们已二十余年。捧读文集之余，其音容笑貌、师长风范，犹历历在目。此值先生学术文集出版之际，谨以上述文字，表达我们对先生的景仰之情。

李小宁　黄滋

2020 年 11 月 17 日于杭州

目　录

事业综述

三十五年来浙江文物考古事业的回顾

一

浙江历史悠久，人文渊薮，文物丰富。考古资料证明，大约在 7000 年前，杭嘉湖和宁绍平原已出现了原始社会的氏族部落。春秋战国时，会稽（今绍兴）曾是越国的首都，越国的铸剑技术名闻天下。东汉时，会稽太守马臻修建鉴湖，灌田九千顷；制瓷技术达到了完全成熟的地步；铜镜工艺别开生面。吴王濞在德清目干乡采铜铸钱，煮海水为盐，以故"国用富饶"。隋大业年间开通大运河，以杭州为迄点，促进了南北经济和文化的交流。到了唐代，规模较大的堰塘和防海塘建筑兴起，丝绸和瓷器名闻全国。五代吴越统治时期，"象犀珠玉之富甲于天下"，雕版印刷和造塔技术雄居全国前列。南宋建都杭州。两宋时，杭州、明州、温州等地都是重要港口，与日本、朝鲜、印度、南洋和阿拉伯等国家和地区来往频繁。历史上，浙江出现了许多思想家、政治家、科学家、文学家、艺术家、史学家以及反帝反封建的英雄人物，他们的史迹遍及全省。

众所周知，世界各个国家和民族的文物保护状况，都是与该民族的觉醒和文化水平紧密相关的。就文物保护的技术来说，则与本国的科学发展关系密切。

在旧时代，浙江没有文物考古机构，当然谈不上文物考古事业。但是，一些学者出于个人的爱好，凭着自己的力量，进行了一些文物的调查和考证。如早在清代嘉庆年间，阮元出任浙江巡抚，到处查访金石，编印出《两浙金石志》，对研究浙江各地的碑刻帖石和摩崖题记，具有较重要的参考价值。现有的宋、元、明、清地方志，几乎都有文物古迹的记载，有的摘录旧志史料，有的则是编者亲自调查的。这些史料是今天考察文物史迹必不可少的线索。成立于 1903 年的杭州西泠印社，是群众性的学术团体，以研究篆刻、保护金石为宗旨，在国内外有一定的影响。但是，这些研究大体上都属于宋代以来所形成的金石学范畴。直到抗日战争前夕，有些知识分子在向西方探求科学文化的浪潮影响下，萌发出考古学的苗子。如 1936 年，几位学者在余杭县（今余杭区）良渚镇发现了新石器时期的遗址，这是浙江探索史前文明的前奏。又如，从 20 世纪 30 年代开始，浙江青瓷研究的开拓者陈万里先生对浙江越窑和龙泉窑青瓷做了大量的调查研究，其研究成果给后人以重要的启迪。特别要提到的是，当时有些知识分子出于爱国主义的热忱，保护了祖国的文物。如东汉"三老讳字忌日碑"是浙江现存最早的一块石碑，于清咸丰二年（1852 年）出土于余杭县客星山，咸丰十一年（1861 年）转徙至上海，为丹徒陈某获得，后被外国人得知，欲以重金购取。余姚县（今余姚市）姚文敷和沈酰石等闻讯，认为"此吾乡邦文献所系，讵可弃诸禹域之外"，于是遍告乡人，筹资八千金赎回，运至杭州，在孤山西泠印社筑室保护。但是，在半封建半殖民地的旧中国，大量的文物被帝国主义分子掠去。在国内，文物往往被视为"古玩"，作为有钱人家豪华生活的点缀品。古董商乘机在农村里煽动盗墓，从中牟取暴利。大量的文物古迹任凭人为和自然的破坏。

二

　　新中国成立后，国家颁布了一系列保护文物的政策法令。1950 年，浙江省文物管理委员会（今浙江省文物考古研究所）成立，当时的工作重点放在抢救性的文物保护方面。如在杭州发现了清代江苏布政使兼苏松太兵备道吴煦的后裔散失的重要档案七百多斤，大多是清政府勾结帝国主义镇压太平天国的文书，也有不少太平天国文物，其中《太平军目》和《太平救世歌》为国内首次发现。又如，根据文化部和内务部颁发的关于保护名胜古迹的规定，对保存在杭州孔庙内的南宋石经、杭州乌龟山官窑窑址、湖州祇园寺唐代经幢、绍兴太平天国壁画等进行了调查。此外，还收集了一批从古墓葬中出土的文物。

　　1953 年到 1966 年，是浙江文物考古事业较为全面的、迅速发展的时期。

　　由于党对文物工作的重视，省文物管理委员会从 1953 年以来，陆续充实了一批年轻干部。其中有的经过考古专业的培训，较快地成为浙江文物考古专业的骨干力量，开始建立起科学的文物考古专业，摆脱了金石学的窠臼。

　　首先是开展了野外调查。从 1953 年开始，按照科学的考古方法在宁绍地区和杭嘉湖地区进行了重点调查，1958 年又进行了全省的普查，发现了大量文物，其中比较重要的约有八百处。对革命文物的调查和征集，也做了许多工作。1960 年前集中力量调查了新民主主义时期的革命遗址。1960 年省文物管理委员会又成立了近代史组，搜集了相当丰富的浙江近代史资料。

　　通过长期的调查研究，到 1966 年，浙江的文物史迹网已经初步形成。这主要表现在两个方面：就文物的种类来说，如古代建筑、纪念建筑、碑刻帖石、摩崖题记、石刻造像、水利设施、遗址、窑址、墓葬等等，在不同程度上已经或者开始形成序列；从历史角度来说，与浙江重大历史事件、革命运动和著名人物有关的，反映浙江历史上各时代、各民族社会制度、社会生产、社会生活的代表性文物遗迹，也正在形成系统。其中有的文物史迹在国内具有重要地位，如宁波保国寺北宋正殿，其时代之早，为我国江南现存木构建筑第二；武义延福寺元代正殿，是研究我国江南木构建筑从宋代到明代这一过渡时期的最典型的实例；湖州南宋飞英塔采用"塔中塔"的构造方法，这在我国古塔中还是孤例；杭州飞来峰、慈云岭和烟霞洞等处的五代吴越至元代这一时期的造像，衔接了我国唐代以后石窟造像艺术的历史，在我国古代石窟造像艺术史中占有重要地位；宁波天一阁是我国现存最早的私家藏书楼；金华太平天国侍王府，是我国现存太平天国遗址中保留壁画最丰富的一处。类似例子还可以列举出许多。

　　文物，从时间上讲，上起原始社会，下迄近现代；从保存的地点讲，有的埋藏地下，有的存在地上，有的流散民间；从内容上讲，类别又多，五花八门。不仅各个时期的各类文物都有其在历史发展过程中所形成的特点，而且各个时代各个地区的文物也都有明显的地方特点。由于掌握了丰富的文物考古资料，研究工作就有了比较扎实的基础，逐步形成了具有浙江文物考古特点的专业知识结构，这是新中国成立三十五年来浙江文物考古工作的一大成就。在这个基础上，全省的文物考古工作开始转向主动。这是 1953 年到 1966 年浙江文物考古工作的主要特点。文物保护工作转向主动的标志是公布文物保护单位。继 1961 年国务院公布第一批国家级文物保护单位之后，浙江省人民政府也分别于 1962 年和 1963 年公布了两批省级文物保护单位共 100 处。大多数县（市）也相继建立起文物管理机构，或者配备专职文物干部，公布了县（市）级文物保护单位。

由于全省各地工农业生产建设蓬勃发展，大批文物涌现出来，因此在配合基本建设进行保护文物的工作中，以野外发掘为标志的现代考古学在浙江迅速地发展起来。从 1953 年到 1962 年，清理的重要新石器时代遗址有嘉兴马家浜、吴兴邱城、吴兴钱山漾、余杭良渚、杭州水田畈等。这些遗址中出土了大量文物。钱山漾遗址中出土的绢片和丝带，把杭嘉湖地区丝织品的历史推举到世界的首位。良渚类型遗址中的玉器，有作为礼器的璧和琮，有用作装饰的璜、瑗、镯、管、珠、坠等，制作精美，加之对遗迹现象的综合考察，为研究当时该地区私有制的出现和阶级的产生提供了宝贵资料。根据 ^{14}C 测定，今浙江境内的良渚类型的时代在公元前 3310 年（吴兴钱山漾）至公元前 2378 年（嘉兴雀幕桥）之间，早于泛称的"龙山文化"，从而改变了过去学术界认为的良渚类型在中国史前文化中的地位，并正式确定了"良渚文化"。在邱城遗址和马家浜遗址发掘中所获得的考古资料表明，这类遗址分布在太湖周围，与良渚文化遗址大体同一地域，它的时代至少与中原的仰韶文化相当。

对瓷器窑址也做了较为深入的调查，并发掘了一些窑址。在发掘杭州乌龟山南宋官窑时清理出窑床一座，并获取到许多瓷片。在龙泉大窑和金村两处窑址的清理中，发现了宋代龙泉窑三层叠压的关系，为宋代龙泉窑早、中、晚的断代提供了可靠的依据。龙泉溪口的瓦窑垟一带，发现了"紫口铁足"的青瓷制品，其特征与文献所载哥窑吻合，并与杭州乌龟山南宋官窑有许多共同之处，为研究哥窑提供了重要资料。

配合基本建设发掘的古墓葬收获也不少。五代吴越国钱元瓘墓中发现的石刻天文星图，是目前世界上发现的时代最早的石刻天文星图。古墓葬中发现的大量陶瓷器，对研究浙江陶瓷的发展具有重要意义。出土的大批古代铜镜，特别是在中国古代铜镜中占有重要地位的东汉至三国、两晋的会稽画像镜、神兽镜和龙虎镜，对于研究当时会稽一带的铸镜工艺，以及画像镜与神兽镜对日本的影响，具有重要价值。南宋湖州镜上的牌记，为研究当时社会的商品经济提供了资料。

还要提到的是，1956 年清理金华北宋万佛塔的塔基时发现了 180 多件文物，其中仅金属造像就达 60 余件，有的刻着纪年和造像称号，成为鉴定古代造像的重要依据。例如根据万佛塔有题刻的地藏像，纠正了过去有的学者将杭州慈云岭地藏像认作玄奘像的谬误。此外，在清理温州白象塔、丽水碧湖宋塔、东阳南寺塔、平阳钱仓双塔、瑞安慧光塔、崇德崇福寺塔时，也发现了许多珍贵文物。在慧光塔发现的北宋泥塑观音像，全身比例匀称，容貌端庄，形神兼备，惟妙惟肖。尤其是碧湖宋塔中发现的七卷雕版印经，其中有北宋政和六年（1116 年）杭州法昌院雕版印刷的《佛说观世音经》，是研究浙江宋代雕版印刷技术的不可多得的宝贵资料。

三

从 1966 年年底开始，全省文物遭到浩劫。到 1970 年，部分文物考古专业人员恢复工作，力排非议，在艰苦条件下进行文物调查、保护和发掘。1976 年以后，特别是党的十一届三中全会以后，文物考古事业呈现出一个崭新的面貌，进入一个新的发展时期。这主要表现在：从指导思想来说，清理了"左"的影响，把文物考古事业作为社会主义精神文明建设的重要组成部分，放到了应有的位置上；在组织上，重视人才的开发，充分发挥老专业人员的作用，努力培养年轻的专业干部，新一代的文物考古专业人员正在快速成长；同时，加强与有关部门的协作，努力壮大文物考古队伍。在文物保护方面，注意基础工作，把建立科学档案等"四有"工作放到了重要的位置上，并且有计划有重点地进行文物史迹的整修和开放；在田野考古方面，继续贯彻以配合基本建设为主的方针，加强了文物考古专业的综合研究，注意新技术的应用，取得了一定的成果。

在组织上恢复了省的文物管理机构，增设省文物考古研究所，各市县也相继恢复或成立了文物管理机构，文物考古专业人员发展到近七百人。

浙江文物保护在学术上的主要成就是开始形成较完整的体系。这个体系从知识结构来说大体分为两个部分：一部分由地上地下各方面的文物专业知识和地方历史知识综合而成；一部分是文物保护技术知识（主要包括古建筑维修工程和化学保护工程）。前者是文物学领域内的一门学科，我们称之为"史迹学"。它的任务是研究文物遗迹的历史，提出文物遗迹的保护和开放规划。不仅要对单体的文物遗迹的历史进行研究，更重要的是对每类文物遗迹从发展演变的历史纵线上进行研究，同时又对各个历史时期内的各类文物遗迹进行横面的连贯。所谓"文物史迹网"也是这样形成的。没有这样的研究，所谓历史文化名城是无法体现的。这是从三十多年的实践中探索出来的成果。这个新课题提出后，引起了文物界的反响。由于"史迹学"概念的形成，对于文物保护单位专业人员的组织和培养有了比较明确的目标，从而有助于加快专业人员学术水平的提高，有助于文保单位工作的全面开展。

为了适应"四化"建设的步伐，从1981年开始全省各县开展文物普查，截至1984年6月共调查了文物史迹11952处，其中经过选择已经列入文物保护单位的近千处。原分两批公布的100处省级文物保护单位也做了调整，合并为第一批省级文物保护单位，目前又着手复查准备作为第二批省级文物保护单位的文物史迹。

为了通过各级文物保护单位构成浙江的文物史迹网，反映出浙江的历史面貌，在选择文物保护单位时考虑到历史的诸方面，同时对各个具体文物保护单位的发展也做了初步的设想，如绍兴禹庙将成为研究和介绍浙江古代水利的中心，杭州的岳飞墓庙将成为研究和介绍岳飞抗金历史的中心，金华太平天国侍王府将成为研究和介绍太平天国在浙江历史的中心，绍兴大通学堂将成为研究和介绍辛亥革命在浙江的历史的中心，等等。这样，努力使有条件开放的文物保护单位，成为社会主义精神文明建设的阵地。为了达到这一目的，进一步加强了对浙江文物史迹的专题考察，正在进行的有南宋故宫遗址、南宋临安城、浙江历代名人遗迹、绍兴历史文化名城、宁波古代港口城市、以东阳木雕为特色的金华地区明清建筑、以楼阁式塔为特色的浙江古塔、浙江古代桥梁、浙江古代木构建筑的发展序列、浙江古代佛教艺术、浙江人民反侵略斗争史迹，等等。

为了使文物史迹得以永久保存，尽可能有更多的文物保护单位向群众开放，近几年来，省、地、县（市）对各地的文物保护单位进行了有计划、有重点的维修。从1972年到1984年，经过维修的国家级和省级文物保护单位共62处。金华天宁寺元代正殿的落架大修，得到古建筑学术界的好评。宁波保国寺北宋正殿维修时，在我国首次应用高分子灌注和玻璃钢加固技术获得成功。古建维修的设计和施工技术力量也初步形成。省文物考古研究所成立了浙江省古建筑维修技术中心。

田野考古最重要的收获是余姚河姆渡新石器时代遗址的发现和发掘。经过两次正式发掘，出土了大量的珍贵文物。这个遗址分为四个文化层。经 ^{14}C 测定，第四层距今 6955 ~ 6570 年，第三层距今 6265 ~ 5950 年，第二层距今 5840 ~ 5660 年。第四层的石器数量较少，种类不多，留有较多的打制痕迹，磨制不精；骨（角）器数量很多，种类亦不少。骨耜和木耜的发现，说明原始农业的发展过程，在火耕之后应该是耜耕阶段，而不是通常所说的锄耕阶段。特别要提到的是，在遗址中发现了大量人工栽培的谷粒和枝叶，表明农业已成为当时主要的经济部门，它把我国人工栽培稻谷的历史推前到距今七千年，成为世界上已发现的最早的水稻种植地区。在河姆渡遗址中还保存着大片木构建筑遗迹和许多木构件，不少木件中有榫卯。我国木构建筑在世界建筑史上是别树一帜的，而河姆渡遗址中发现的带有榫卯的木构件证明，早在七千年前，我们的祖先已经采用榫卯作结点的技术，而这种技术一直沿用到今天。

近几年来，对桐乡罗家角、余杭吴家埠、嘉兴双桥、嘉兴雀幕桥、海宁千金角、海宁徐步桥、平湖平邱墩等处的新石器时代遗址也进行了发掘，加之上述对河姆渡遗址的发掘，使我们获取了许多重要的文物和考古资料，从而加深了学术界对浙江新石器时代考古类型和序列的认识，即在太湖周围和杭州湾以北地区早晚依次有罗家角早期遗存—马家浜文化（马家浜类型、崧泽类型）—良渚文化，分布在杭州湾南岸宁绍平原上有河姆渡一至四期文化。并且提出了以江（苏）浙（江）邻境地区为中心的长江下游地区是在中华民族共同体的形成过程中起过凝聚作用的六大地区之一。

对瓷器窑址的调查、发掘和研究也有了新的收获。到目前为止，全省发现的陶瓷窑址近千处，其中仅上虞县（今绍兴市上虞区）就发现 300 余处。在该县帐子山发现的两座东汉斜坡形龙窑残基，长度近 10 米。据对该县小仙坛汉代瓷器碎片的分析，胎中 SiO_2 为 75.40% ~ 76.07%，Al_2O_3 为 15.94% ~ 17.73%，Fe_2O_3 为 1.56% ~ 2.4%，吸水率为 0.16% ~ 0.5%，烧成温度高达 1300℃。胎的薄片微透光，表明当时的青瓷制品已经完全成熟，某些方面达到了现代瓷的要求，从而把我国青瓷的历史由原来的三国时期推早到了汉代。

1979 年以来，在龙泉与云和之间的紧水滩水电站淹没区内，对龙泉窑系的青瓷窑址进行了较大规模的发掘，清理出宋窑 12 条、元窑 39 条、明窑 8 条，取得了许多重要标本。通过对窑址内的窑床、废品堆积、工场区和居住区的全面揭露，不仅对龙泉窑瓷器断代有了不少新的认识，而且把瓷窑考古这一课题研究水平从原来的局限性的窑址发掘扩展到整个窑场的全面考察。

在其他田野考古方面收获也不少。浙江省文物考古研究所近几年来在江山县（今江山市）肩头弄、长兴县便山和慈溪等地发掘了 73 座土墩遗存，其时代约相当于商代到战国时期，而这正是浙江历史面貌不太清楚同时又缺乏文献可供研究的时期。通过野外调查得知，这类土墩遗存几乎遍及全省，数量很多，仅长兴县水口及其附近的一个半乡就发现 375 座。这是一个新课题，对于搞清浙江地区奴隶社会时期的历史面貌具有十分重要的意义。1983 年在杭州古荡、半山、萧山和宁波、鄞县（今鄞州区）等地发掘了汉、六朝墓葬 58 座，出土了大量的文物。1984 年在上虞县发掘了从西周到明代的墓葬 206 座，出土了近 1300 件文物。1982 年浙江省文物考古研究所在绍兴坡塘的一座东周墓葬中，发现文物达 1244 件，有两件刻铸铭文的徐器，其中汤鼎铭文 44 字。有一件房屋模型，制作精致，屋内跪坐 6 人，有击鼓的、吹笙的、弹琴的，堪为珍宝。1984 年在杭州南星桥清理了一段五代吴越海塘，塘体的构造、木桩的排列和连接加固、竹笼沉石的堆叠，都与文献所载吻合，但有许多迹象是文献上没有的。

　　总结新中国成立三十五年来浙江的文物考古工作，在考古学方面的优势是新石器时代文化和瓷窑址的发掘、研究；近几年来开展的南宋临安城和土墩遗存的考察，在学术上有很大的潜力；文物保护单位方面的优势是进行了"史迹学"这个新课题的探索。展望未来，浙江文物考古事业将出现更加令人鼓舞的新局面。

（原载《浙江学刊》1984 年第 6 期）

在探索中前进

　　我们浙江省文物考古研究所是1980年成立的，前身是浙江博物馆历史部文物考古组，再前是原省文物管理委员会调查、研究两室，负责全省文物保护单位和田野考古工作。现有工作人员40名，其中业务人员占85％以上。建所五年来，我们遵照党的十一届三中全会精神，把工作的重点放在业务的开展上，在实践中重视文物考古理论的探索，不断地实践，认识，再实践再认识，通过试点探索经验，促进文物考古工作的深化，努力开创新局面。

一

　　文物保护单位是从文物史迹中挑选出来的较为典型的实例。文物史迹是人类社会发展过程中留下来的不可移动的遗物和遗迹，无论是保存在地面上的，还是埋藏于地下的，都是一个整体，纵向贯穿可以反映历史发展的序列，横向联系能够体现出各个时期政治、经济、军事和文化等诸方面的历史概况，纵横交织，构成文物史迹网。文物史迹网并非主观编织出来的，而是客观存在的历史本来面貌。文保工作者的任务，是经过调查研究，去认识这个历史的本来面貌，并且通过文保单位的形式，把这个历史本来的面貌体现出来。这是一部通过文物史迹来反映的生动而形象的中国历史，是社会主义文化建设的重要组成部分，社会主义精神文明建设的重要阵地。基于上述的认识，我省文保单位的调查、研究、保护、利用，从古代到近代现代，从地上到地下，在机构配置上，一直是作为一个整体的。

　　文物保护单位的中心任务是保护与利用。保护与利用是相辅相成的。保护文物史迹的目的，是要使它在社会主义两个文明建设中发挥作用；把文物史迹传给子孙后代，目的是为了使它在未来的社会中继续发挥作用。文物保护单位，只有当它显示出社会效益的时候，才能真正引起各级领导和广大群众的重视，广大群众才能自觉遵守《中华人民共和国文物保护法》，文物史迹才能得到更好的保护。当前各个主要城市正在制订建设规划，全面建设正在展开。在这样的形势下，摆在文保工作者面前的刻不容缓的任务是如何制订出较为科学、全面的文保单位的保护与利用的规划，并使之成为城乡建设总体规划的一个组成部分。

　　我省文物保护单位工作，继1980年在绍兴和杭州两地进行"四有"试点工作，并把经验向全省推广之后，从去年夏天开始，重点探索保护与利用规划。试点是从普陀和定海开始的。普陀是座小岛，面积不过12.5平方千米。站在山巅眺望，但见天水一色，岛屿罗布，阵阵海浪，拍打奇崖，冲刷金沙，山间一片茂林修竹，隐现出幢幢殿宇。这里号称"海天佛国"，被佛家奉为观音菩萨的道场，与山西五台山、四川峨眉山、安徽九华山并称为中国佛教四大圣地，在东南亚影响很大。文物古迹主要分布在紫竹林、普济寺、法雨寺和慧济寺这条游览主线上。紫竹林是唐代"不肯立观音院"的旧址。普济寺在宋、元时香火旺盛，现存殿宇系清代重建，天王殿的蟠龙柱础是明万历年间遗物；山门东部的多宝塔，建于元代元统二年（1334 年），用太湖石砌筑而成，平面方形，立面五层，雕刻极精。法雨寺九龙殿建于清康熙年间，其中九龙藻井和部分琉璃瓦，是朝廷诏准从金陵（今南京）明代殿宇中拆迁过来的。两组建筑群规模很大，而且都比较完整。保护普陀文物古迹，要抓住三个关键：1. 整个普陀建设要有一个总体规划，保持"海天佛国"的特有风貌。文物史迹要保护，另外，普陀是佛教圣地，全岛遍布寺院庵堂，许多自然景观也蒙上浓厚的宗教色彩，这些都不应该轻易改变。佛教和其他宗教一样，从本质来说是唯心主义的产物，是消极的。但它也有积极的因素，例如从佛教艺术来说，就含有文化精华，是重要的历史遗产。研究历史也是从正反两方面进行总结的，况且历史陈迹的作用，并非一代人所能全部认识的。2. 普济、法雨两大寺，不但要保持寺内建筑的原貌，还要保持周围环境的气氛。例如隐现在海天一角的法雨寺，原来颇有"深山藏古寺"的意境，后来被破坏了，杂乱无章，应该恢复原貌。对于文物史迹的保护，不仅要从微观上进行一系列工作，而且要从宏观上制订保护规划。3. 我们保持普陀"海天佛国"的风貌，并非要让游览者接受宗教的迷信感染；相反，文物工作者的责任，是应该科学地向群众介绍普陀的文物史迹和自然风光，使游览的群众在饱赏海岛风光的同时，得到欣赏佛教艺术的机会，这对于提高文化修养和社会主义精神文明教育都是有益的。为此，我们认为有必要提高普陀现有文物陈列馆的陈列水平，提出了普陀文物史迹的保护与利用的规划，得到当地和有关部门的赞赏。

继普陀考察之后，今年我们又确定杭州、绍兴、宁波为试点，探索如何搞好文物史迹保护与利用的规划，并使它纳入城市建设的总体规划之中。例如，在宁波市的调查研究课题是：余姚河姆渡遗址开放的可能性和办法；宁波地区古代瓷窑址的开放问题；宁波地区古代交通史迹；南明史及其主要人物史迹；浙东史学派及文物遗迹；宁波地区的古代建筑；宁波地区的古代水利遗迹；宁波的藏书家与藏书楼；宁波沿海明、清海防遗址；宁波地区的近代史（1840～1919 年）文物遗迹；以四明山为中心的革命遗迹等。根据宁波的历史特点，把文物史迹归纳成若干大类，同一类的若干处文物史迹，在介绍内容方面各有侧重，又互有联系，尽可能形成系统。在有经济开发价值的区域内，例如，鄞县东钱湖和慈溪上林湖，都是越窑窑址的密集区，分布着许多从东汉到北宋时期的窑址。这两处水域辽阔，丛山环抱，风景秀丽。因此应该考虑到在确保窑址安全的前提下，全面规划水产和山林资源以及旅游业的综合开发利用。试点工作现在还在调查研究阶段。

二

维修和保养是文保工作的又一重要任务。这项任务，我省过去由于未能拨给经费，没有办法开展。经过多年力争，从 1967 年开始，上级才陆续拨款。近几年来，有些县市也拨出经费。绍兴市政府今年拨出文保单位维修费四十多万元。文保单位维修工程，主要是古建工程。有些虽然不是从古建角度保护的，如绍兴的鲁迅故居、秋瑾故居、大通学堂，金华太平天国侍王府，宁波明代钱肃乐故居、清代白云庄等，都是与重大历史事件或重要人物有关的建筑物，但从维修技术来说，也属于古建工程。过去由于没有经费维修，所以也没有配备古建工程技术人员。后来有了经费，却没有设计技术人员。文保单位维修，没有设计图纸，而且施工单位又是一般工程队，不具备古建常识，因此常常由于形式变样或质量不合格而返工，边修边拆边改，不仅浪费财力物力，更重要的是文物受到不应有的损坏。有的工程虽然有设计图纸，但设计者对古建不甚了解，更不熟悉保护文物的政策法令，或者掺杂主观"创造性"，文物行政管理部门又没有严格的审查制度，影响了文物的原貌。

随着城市建设和旅游事业的发展，文保单位的维修任务越来越繁重。为了解决古建维修设计的技术力量，我们曾多方设法商调技术人员，结果都没有成功。因此我们决心自力更生，以受过短期古建训练的人员为主，将从事文保工作的全体同志集中到湖州去，在祁英涛、李竹君两位同志的指导下，先从测绘入手，掌握飞英塔的结构特点和测绘技能，在此基础上进一步学习修复设计。南京工学院（今东南大学）潘谷西教授和朱光亚先生也到现场热忱指导，还派出学生协助工作。与此同时，我们又选送两名青年到清华大学建筑系古建班进修。这样，我们逐渐形成了一支能够担负一般维修工程的测绘和设计任务的队伍。1984年经上级和有关部门批准，成立了省古建维修技术中心。为了改变该中心目前技术力量薄弱和技术水平不高的现状，我所又聘请了数名技术顾问，并与有关大专院校进行合作，联合设计，有些技术难题（如基础和结构）则临时邀请有关部门的技术人员进行合作。我们还物色施工单位进行挂钩，给予古建技术指导，以便有一个相对稳定的古建维修工程队。

一年多来的实践表明，建立古建维修技术中心有如下几点好处：1. 能够根据《中华人民共和国文物保护法》和有关文保单位维修的原则和规定进行设计和组织施工；2. 只要文物行政管理部门重视和支持，建立互通信息共同商量的制度，全省文保单位的维修就能有计划有重点的进行，就能尽量做到合理拨款，避免积压和浪费资金；3. 便于控制工程预算，避免某些单位漫天要价；4. 保证工程质量，尽量避免返工；5. 有利培养古建维修技术人员；6. 实行较低的收费，有利于改善我所设备。例如，余杭县明代安乐塔，原由某公司承担维修，预算六万七千余元，而且工价造得很高，与材料费的比例严重失调，所以实际开支还会超过。后来由我所古建维修技术中心负责设计，由我所挂钩的工程队负责施工，只用了四万九千余元。又如，仙居北宋南峰塔的维修，仅搭架子一项费用，原先某单位要价一万三千元，后来由我所挂钩的工程队承包，只用了五千元。去年三项维修工程，为国家节约五万元。

近几个月来，我所古建维修技术中心，从单体建筑维修设计开始，接手建筑群的总体规划，并对文保单位周围环境建设进行探索。如绍兴沈园，原是南宋沈家私园，系陆游题《钗头凤》词的地方。此园名声很大，但南宋遗迹仅存葫芦池和水井。周围有近百亩空地，如果建造高楼大厦，沈园的环境就被彻底破坏。绍兴市领导决定将它用作建造与沈园相协调的园林建筑，并委托南京工学院建筑系与我所古建维修技术中心合作设计。我们准备根据《中华人民共和国文物保护法》的规定，保持南宋沈园遗迹的原状，围绕这个遗迹展开，把周围环境（气氛保护区）建设成具有江南风貌的园林，将沈园南宋私家园林的意境烘托得更有生气。当地规划部门还准备在气氛保护区以外，与计划建造现代高层建筑之间，适当控制建筑的高度，以便有一个过渡协调的气氛。这个新课题的探索，对于今后文保单位周围环境的建设，提高文保单位的游览价值，都是十分有益的。

三

在考古工作方面，通过不断的实践和探索，我们认识到在指导思想上要着重抓三个关键：重视以现代中国考古学基本方法论——地层学和类型学的运用和田野操作规程的执行，并把它作为衡量田野考古工作水平和评价成果的主要尺度；把进行考古发掘的根本任务与浙江考古在某些课题已取得的优势有机结合起来，在配合基建考古工作中促使这些考古课题优势的深入和发展；竭力改变配合基建工程进行单纯抢救性发展的盲目被动局面，使之成为有计划、有目的配合基本建设的主动性考古发掘，切实贯彻"重点保护、重点发掘"的方针。五年来我们坚持不懈地配合基本建设工程进行考古发掘，在考古实践中努力注意考古学基本理论的探索和提高本专业工作的技术水平，取得了一定的收获。例如新石器时代考古，这几年重点放在杭嘉湖地区。通过对原始文化的类型和序列的研究，提出以太湖流域为中心的马家浜文化—崧泽文化—良渚文化和以钱塘江南岸宁绍平原地区为主要分布范围的河姆渡一至四期文化是两支并列的原始文化的论点。"六五"期间国家社会科学重点科研项目《河姆渡遗址发掘报告》正在编写。目前正注意对"后良渚"文化的探索。商周时期考古，是浙江考古的薄弱环节，近几年来注意到了这一课题。秦汉以后考古，过去重点放在古墓葬的清理方面，近年来开始注意城市考古，并且在杭州清理五代吴越捍海塘遗址以及考察南宋皇城方面，都取得了一定的成果。再如瓷窑址考古，是我省三十年来积累形成的优势课题之一，特别是对龙泉窑口青瓷窑址的发掘和研究，取得了突破性的收获。通过窑场遗址的全面揭露，发现作坊遗址七处，素烧炉遗址四处，揭露出先后叠压打破的窑床遗址十座，首次获得了较为完整的窑场整体资料。在此基础上，逐步扩展成瓷窑址考古的窑场—窑群—窑系的考察脉络，对今后窑场遗址考古将产生一定的影响。

四

作为一个文物考古研究所，工作能否开展，主要靠两点：一是干部的事业心，二是干部的专业水平。因此我们十分重视在实践中不断探索，积极开展科研活动。文物保护和田野考古的整个工作过程，也是科研活动的过程，一切主要业务都建立在科研活动的基础上。对于具有一定科研水平的同志，我们鼓励大家根据浙江文物考古的特点确定科研课题，把科研课题与本职实际工作紧密地结合起来，使科研成为推动和深化工作的要素。特别是对于青年专业人员的培养，我们十分重视。

我所职工中，35 岁以下的青年约占 60%，其中除大学毕业分配来的外，有不少是 1980 年前后招收来的高中毕业生，或具有某一专长但文化水平不高的青年同志。大学毕业不久的同志，虽然具备了文物考古专业的基础知识，但缺乏地方文物考古专业知识，特别是缺乏实践经验。对这些同志，我们强调实践第一，在巩固和提高专业基础知识和基本技能的前提下，从事专题科研活动。对于还不具备大专文化水平和独立研究能力的同志，我们鼓励他们一面补习文化，一面学习专业基础知识。我所有一位刻碑拓碑的同志，原来只读过小学，初中文化考试时，语文顺利通过。补习数学，他感到比什么事情都难，多次失去信心。我们再三鼓励他，给他创造学习条件，同志们也主动耐心地教他，结果也顺利通过了考试，拿到了初中毕业证书。又如，有一位从事古建维修工程的同志，原来只读过初中一年级，后来学木工，技术水平不差。修理金华天宁寺元代大殿时，我们发现他有点才能，而且干劲很足，要他主持工程。他边学边干，进步较快，在天宁寺落架大修工程中起到了一定的作用。1980年我所把他正式招收进来，先后送他到山西古建培训班和清华大学建筑系古建班学习。现在他不仅能够较好地检查古建工程，还能从事一般古建维修设计，而且文化水平比原先有了较大的提高，还担任了古建维修技术中心副主任。

学习专业基础知识，首先要明确该专业的知识结构。我们认为，文保工作的专业基础知识面要求比较宽广，不仅要熟悉地方历史，具备考古的基本知识，特别是对地面文物史迹的基本知识，如古建筑、石刻造像、碑刻帖石等，都要了解，而且从古代到近代现代文物史迹的专业知识都要掌握。在打好专业基础知识的前提下，根据工作需要，结合个人所长，可以侧重某一方面。我所从事文保工作的八名同志中（不包括古建维修和刻碑拓碑技术人员），有三名是高中毕业生。他们经过几年的刻苦学习，现在都能独立工作，其中一名担任室的副主任。从事田野考古工作的，也都有部分高中毕业生或原来只有初中文化水平的同志。他们在刻苦补习文化的同时，坚持田野考古实践，把平时从书本上学到的考古基础知识用于实践，又从实践中提高田野考古基础知识和技能。他们都能独立从事田野考古调查，进行一般的考古发掘工作，写出较好的简报。其中有一位青年，自学非常刻苦，不仅注意专业知识，还自学英语，英语已经达到大学毕业水平。

为了尽快地提高青年的专业水平，我们除了平时采取以老带新、以强带弱的办法外，只要有培训机会就送出去。有一次，南京大学和清华大学同时招收考古和古建的培训人员，学制分别为一年半和一年，我所一下子就送出七名，几乎把高中毕业的青年专业人员全部送出去培训了，留下的工作由中老年同志承担。我所凡是不具备大学毕业水平的同志，全部经过专业培训，而且大多经过两次培训。老同志带新同志有强烈的责任感，他们从爱护青年出发，严格要求他们。对于基本具备独立工作能力的同志，大胆放手，在布置工作时尽量具体，检查工作质量时一定严格。青年同志都有强烈的事业心，刻苦学习，把精力扑在事业上，在我所已经形成一个好风气。

我们做了一点工作，但面对"四化"建设突飞猛进的现实又感到非常惭愧。社会主义事业的发展向我们文物考古工作者提出了更高的要求。在前进的道路上有许多新的课题需要探索。但我们坚信，只要坚持在马列主义思想指导下，勇于探索，善于探索，不怕挫折和失败，我们一定会继续前进。

（原载《文物工作》1985 年第 5 期）

试论文物学及文物史迹网的建立

新中国成立三十八年来，我国文物事业在中国共产党的领导下，随着经济建设的发展和文化、科学的繁荣，经过文物工作者长期地努力，取得了无数宝贵的经验和丰硕的成果，为我们进行理论概括提供了丰富的源泉。当前，社会主义建设事业蓬勃发展，为了使文物事业紧跟时代的步伐，很有必要建立起"文物学"的学科体系，进一步明确文物学领域中各个分支学科的研究对象、任务及其知识结构，这对于培育文物专业人才，提高研究水平，加速文物事业的发展，具有十分重要的意义。本文试就文物学及文物史迹网的建立这两方面的问题，谈一点粗浅的想法，求教于方家。

一　文物学

先谈文物学这门学科体系的建立。

学科，是指学术的分类。科学研究的区分，"是根据科学对象所具有的特殊的矛盾性。因此，对于某一现象的领域所特有的某一种矛盾的研究，就构成某一门科学的对象"[①]。任何一门学科的知识体系，都是实践经验的结晶。因此，作为一门独立的学科，既要有独自的研究对象，即对于特殊对象的特有矛盾的研究，也要有它自己的研究方法。

文物是人类社会历史发展过程中留存下来的遗物和遗迹。在《中华人民共和国文物保护法》中，对文物的内涵规定得很明确，即具有历史、艺术、科学价值的古文化遗址、古墓葬、古建筑、石窟寺和石刻；与重大历史事件、革命运动和著名人物有关的，具有重要纪念意义、教育意义和史料价值的建筑物、遗址、纪念物；历史上各时代珍贵的艺术品、工艺美术品；重要的革命文献资料以及具有历史、艺术、科学价值的手稿、古旧图书资料等；反映历史上各时代、各民族社会制度、社会生产、社会生活的代表性实物。这就是文物学研究的对象。

文物学的任务是调查、研究和保护文物；最终目标在于运用历史唯物主义的观点，通过对文物的调查研究，阐明人类社会历史及其发展规律，并使之对于开展科学研究，向人民群众进行爱国主义和革命传统教育，继承优秀的历史文化遗产，创造社会主义的、民族的新文化，建设社会主义精神文明，发挥出重要的作用。

文物的内涵十分庞杂。就其保存的地方而言，有的留存在地面上，如文物建筑中的城堡、宫殿、衙署、寺观、塔幢、教堂、宗祠、府第、民居、园林、牌坊、桥梁、堰闸、作坊商铺、名人故居、纪

---

① 毛泽东：《毛泽东选集》第一卷，人民出版社，1968年，第284页。

念建筑、藏书楼和书院、革命旧址、石窟寺，以及摩崖造像、摩崖题记和题诗、碑帖和画像刻石等；有的埋藏在地下，如古遗址和古墓葬等；有的部分已经埋藏或湮没在地下，部分尚暴露在地面，如有些古代瓷窑址、宫殿遗址、城址、陵墓等。以上可以统称为"文物史迹"，除有些古遗址和古墓葬需要配合基本建设进行考古发掘外，绝大部分都属于不可移动，不便移动或不宜移动的，即应该就地保护的。此外，有的文物流散在社会上，如民间收藏的文物，海关查收的走私文物，银行、废品公司、冶炼厂、造纸厂等收购时混杂进来的文物，这些都称之为"流散文物"；有的收藏在国家文物库房之中，即"库藏文物"。流散文物和库藏文物都是可以移动的。可以移动的文物，种类亦相当多，如甲骨、青铜器、铜镜、钱币、佛像、塔、陶瓷、碑帖、版刻、经卷、印玺、织品、玉器、书画、服饰、古代武器、革命文物等等。再从文物的时代来说，上起旧石器时代，下迄近代和现代，至少有一百多万年的历史；即使从新石器时代开始算起，也有近万年的历史。

　　我国历史悠久，文物丰富，种类庞杂，因此就要根据文物的不同对象，采取不同的研究方法、不同的保护措施和不同的宣传方式。也就是说，由于各类文物所处的地理环境不同，文物的属性和质地千差万别，就必然存在各自所特有的矛盾。因而研究并解决矛盾的方法也不一样，在研究和解决矛盾过程中所需要具备的专业知识亦不相同，这里就涉及知识结构的问题，并由此在文物学领域之中，形成了若干学科分支或研究专题。

二　文物学的分支学科

　　文物学的分支学科，大体上可以分为五个方面，即文物管理学、文物史迹学、文物建筑维修工程技术、文物保护科学技术、文物鉴定学。以下试就上述五个分支学科的研究对象和任务，谈几点粗浅的看法。

　　（一）文物管理学

　　美国哈罗德·孔茨等著的《管理学》[①]一书中说："第二次世界大战以来，人们日益认识到管理工作的好坏对现代生活的重要性，从而导致了对管理的过程、管理的环境和管理的技术进行广泛的分析与研究。"管理学的任务在于："采取各种有效的行动，设计和维护一种环境，使处身其间的人们能够在集体内一道工作，以完成预定的使命和目标。"这是颇有见地的。我国对管理这门科学的研究，虽然起步并不早，但是，在党的十一届三中全会之后，在正确的政治路线指引下，由于社会主义经济建设的飞跃发展，科学的管理日益被人们重视。从我国的国情出发，吸收外国的经验，具有我国特色的管理学正在逐步形成，而且在某些领域已经形成，并不断趋于完善。在我国文物事业领域中，老一辈文物专家为文物事业管理的科学化，进行了长期的实践和探索，做出了卓越的贡献。可以大胆地说，文物管理学实际上已经客观存在。但是，在过去的岁月中，由于政治风浪的冲击，文物事业和其他领域一样，难以找到安全的避风港，因此，文物管理学的真正确立并为社会所公认，正如文物学的建立那样，尚待全国同仁的进一步努力。

---

　　① ［美］哈罗德·孔茨、西里尔·奥唐奈著：《管理学》，贵州人民出版社，1982年。

　　我国是一个历史悠久、幅员辽阔、民族众多、文物极其丰富的国家，同时，我国目前又正处于社会主义初级阶段，因此，文物管理学必须面对国家的现实，切合中国的国情。所以我认为，我国文物管理学的任务是：根据马克思主义的基本原理，认识和掌握我国文物事业发展的客观规律，在总结我国文物工作长期积累的实践经验的基础上，借鉴外国保护文物的有益经验和技术，设计出具有中国特色的文物事业发展的远景蓝图；并根据我国尚处于社会主义初级阶段的现实，制订出分阶段的实施规划，提出或制订有关法规，进一步组织起适应文物事业发展的专业队伍；与此同时，要向全国人民进行保护文物的宣传教育，形成群众性的文物保护网，使国家保护文物的政策法令得以切实贯彻，使文物在社会主义建设事业中发挥出应有的作用。

　　在前面我已经讲到，由于我国历史悠久，地域辽阔，民族众多，文物极其丰富，因此，在文物管理学这门分支学科中，还可以分为若干方向，例如综合管理、文物史迹管理、考古事业管理、流散文物管理、博物事业管理、文物保护科技管理等。至于省、市、县的文物管理部门，都应该根据全国的统一部署，研究本地的实际情况，制订本地文物事业的发展规划并组织实施，进一步开创本地的文物事业，解决本地的具体问题，为实现具有中国特色的文物事业发展的远景蓝图而共同奋斗。根据我国当前的人力和物力，市、县一级的文物管理工作，分工不可能很细，似乎应该侧重于本地区综合管理的研究。

　　（二）文物史迹学

　　文物史迹学的研究对象是在地上和地下的、不可移动、不便移动或不宜移动的、具有文物价值的历史遗物和遗迹。它的任务是：调查文物史迹，掌握文物史迹的分布情况；研究各处文物史迹的历史演变沿革，鉴定其时代和价值；研究文物史迹网的构成，制订并实施文物史迹网的保护与利用的规划。这个问题，我在下面论及文物史迹网体系的建立时，再谈谈自己的设想。

　　（三）文物建筑维修工程技术

　　"历史文物建筑"一词，是国际上提出的。历史古迹建筑师及技师国际会议第二次会议，于1964年在威尼斯召开，通过了《保护文物建筑及历史地段的国际宪章》（以下简称《威尼斯宪章》）。《威尼斯宪章》指出："世世代代人民的历史文物建筑，饱含着从过去的年月传下来的信息，是人民千百年传统的活的见证。人民越来越认识到人类各种价值的统一性，从而把古代的纪念物看作共同的遗产。大家承认，为子孙后代而妥善地保护它们是我们共同的责任。我们必须一点不走样地把它们的全部信息传下去。绝对有必要为完全保护和修复古建筑建立国际公认的原则，每个国家有义务根据自己的文化和传统运用这些原则。1933年的《雅典宪章》，第一次规定了这些基本原则，促进了广泛的国际运动的发展。这个运动落实在各国的文件里，落实在历史古迹建筑师及技师国际会议（ICOM）的工作里，落实在联合国教科文组织的工作以及它的建立文物的完全保护和修复的国际研究中心（ICCROM）里。人们越来越注意到，问题正在继续不断地变得更加复杂多样，并展开了紧急的研究。于是，有必要重新检查宪章，彻底研究一下它所包含的原则，并且在一份新的文件里扩大它的范围。"

　　由此可见，文物建筑包括了人类社会历史（包括古代史、近代史和现代史）发展过程中遗留下来的，与社会史、政治史、经济史、科技史、文化史、民族史、民俗史、建筑史等有关的，具有历史价值、科学价值和艺术价值的一切建筑物。关于文物建筑的保护，是国际上早在20世纪30年代初期已经引起共同关注的重大研究课题。而对文物建筑的保护，除了文物管理学应该肩负的任务外，维修工程技术也是一个重要方面。由于研究的对象是文物建筑，维修的目的是完全保护和再现文物建筑的价值，也就是《中华人民共和国文物保护法》第十四条规定的："核定为文物保护单位的革命遗址、纪念建筑物、古墓葬、古建筑、石窟寺、石刻等（包括建筑物的附属物），在进行修缮、保养、迁移的时候，必须遵守不改变文物原状的原则。"维修的技术属于建筑工程（当然，有时也采用化学保护等技术措施），因此，既要具备文物、建筑的鉴定和建筑历史的专业知识，又要具备建筑工程技术的专业知识，这样就形成了一门知识结构高度专门化的学科。需要说明的是，文物史迹学也需要具备文物建筑的鉴定和建筑历史的专业知识，并应该了解文物建筑工程的基础知识。在这方面，它们之间存在密切的联系，但各自又具有相当的独立性。

（四）文物保护科学技术

文物建筑维修工程技术，虽然属于文物保护科学技术领域，但是它具有相当明确的独立性，而且在我国事实上已经形成了一门独立的学科，所以本文所指的文物保护科学技术，不包括古建维修工程技术。

文物保护科学技术的工作对象是文物，研究的是传统的文物保护技术和现代科学技术在文物领域中的应用，我国目前所进行的有：文物建筑的化学保护技术，文物年代测定技术，文物修复技术（包括器物修补或复原、漆木器脱水、字画修补装裱、纸质文物加固等），文物的防腐、防锈、防老化技术，壁画和石刻保护技术，地下文物的探测技术，文物质地现况的探测技术，文物建筑的照明测绘技术，电脑在文物领域中的应用，等等。随着文物保护技术的日益发展，该分支学科的分工也将越来越明确，研究的课题也将随之不断增多。

（五）文物鉴定学

文物鉴定学，是研究和辨别文物的时代、真伪和价值的一门科学。它是文物保护与利用的基础，尤其是在流散文物的管理和库藏文物的保护方面，其作用更为明显。文物鉴定的细分方向一般是以文物的种类来区分的，因为每一类文物，由于历史、地域和民族的关系，在其发生和演变的过程中，都反映了各自的特征，而且这种特征是具有一定规律性的。例如青铜器，由于时代、品种和产地不同，合金的成分、铸造的技法、形制、纹饰（包括题材和风格）、铭文（包括内容、字体和风格）也不一样；又如古代书画，由于时代和作者不同，使用的纸张、运笔的技法、艺术的风格以及用印等，都有各自的特征，而且同一个作者，他的书画艺术风格也不是一成不变的，但都存在自身的发展规律；再如古代瓷器，由于时代和窑系不同，产品的造型、纹饰、釉色、题款也不一样，尽管仿制品可以达到乱真的程度，但仍然有破绽可寻。在文物鉴定学中，有些已经形成独立的研究领域，如对青铜器、甲骨、钱币、碑帖、古籍版本、字画、印玺、造像等研究；有的则处在专题研究阶段，如铜镜、乐器、丝绸、兵器、家具、简牍文书、玉器等。

这里需要说明的是，文物鉴定学中的某些研究方向或专题研究与考古学的关系相当密切。例如：从事商周考古的，需要研究甲骨和青铜器；从事秦汉及其以后考古的，需要具备铜镜、钱币、陶瓷等的鉴定知识，特别判断无纪年可考的墓葬时代，必须对殉葬品的时代进行鉴定。尽管如此，文物鉴定学与考古学还是有区别的，例如商周考古，是对整个商周时期的历史遗物和遗迹的研究，而青铜器鉴定学的研究对象主要是青铜器；秦汉及其以后考古，是着眼于这一段时代的历史遗物和遗迹的研究，而铜镜、钱币、陶瓷等的鉴定，其研究对象主要是这些文物。从某种意义上来说，文物鉴定学是从金石学发展过来的，是金石学研究领域的进一步扩大和更加科学化、理论化。

三　文物学与其他学科的关系

由于文物是人类社会历史发展过程中留存下来的遗物和遗迹，因此，各类文物涉及的方面甚广，它与社会科学领域中的大多数学科，甚至与自然科学中的某些学科，都有密切的关系，诸如考古学、博物馆学、历史学、民族学、宗教学、伦理学、美学、艺术以及物理学、化学等。在科学研究日益繁荣的形势下，新的学科不断涌现，而且学科之间的交叉和互相依赖的现象越来越频繁。下面试就文物学与其他学科的关系进行简略的分析。

（一）文物学与历史学的关系

历史学的任务是研究和阐明人类社会历史发展的具体过程及其规律。文物则是人类社会历史发展过程中留存下来的遗物和遗迹，文物学的最终目标，是通过文物这个侧面，研究和揭示人类社会发展的具体过程及其规律。因此，文物学是整个历史科学领域中的一个组成部分，它与历史学是互为充实的关系。

（二）文物学与考古学的关系

考古学是根据古代人类社会历史发展过程中留存下来的遗物和遗迹研究古代人类社会历史的一门科学，而其获取研究资料的主要手段，是进行田野考古调查和发掘。文物学与考古学的关系特别密切：两者都是以人类社会历史发展过程中留存下来的遗物和遗迹作为研究对象的，研究的手段也有许多共同之处；两者的最终目标，都是为了从实物资料的侧面，研究和阐明人类社会发展的具体过程及其规律；而且田野考古调查和发掘的对象，也都属于文物保护的对象。但是，文物学和考古学既然各自都是一门独立的学科，那么，研究对象和方法必然存在差异：就研究对象的时代而论，文物学包括古代史、近代史和现代史，而考古学则仅限于古代史；就研究的具体对象来说，文物学包含的内容相当广泛，这个问题我在前面已经作了举例，而考古学的研究对象则偏重于埋藏在地下的文物，例如古遗址和古墓葬等，所以通常称之为"搞地下的"，尽管这个称谓并不科学；从具体任务来说，文物学侧重于对文物的调查、研究、保护和利用，而考古学则侧重于调查、发掘、整理和研究考古资料。

（三）文物学与博物馆学的关系

我国博物馆事业，随着社会主义物质文明与精神文明建设事业的发展而不断发展，类型也越来越多，仅以藏品的性质和博物馆所反映的内容来说，比较重要的如社会历史类、自然科学类和综合类。历史博物馆、革命博物馆、艺术博物馆、民族博物馆、民俗博物馆等，都属于社会历史类型；自然博物馆、地质博物馆、天文馆等，则属于科学类型；综合博物馆是由自然、历史等不同性质、不同内容等几个部分组成。

社会历史类博物馆是文物和标本的主要收藏机构、宣传教育机构和科学研究机构，而它所收藏的文物，主要来源于考古发掘和对流散文物的征集；再就陈列来说，它的一个显著特点是通过历史文物和必要的辅助材料（包括文物史迹的照片和模型）形象地反映历史。[1] 由此可见，文物学与社会历史类型博物馆的关系特别密切，它们之间存在互相依赖、相辅相成的关系。例如：流散文物的管理与博物馆对流散文物的征集；文物鉴定学与博物馆库藏文物的研究；有些文物保护单位则发展成为专题博物馆，如半坡遗址博物馆、太平天国历史博物馆、鲁迅纪念馆等。

文物学与历史学之间的区别，是比较清楚的；而文物学与考古学、博物馆学之间的区别，在某些具体问题上还不甚显著，界限不甚明确，二者往往混同在一起。尽管如此，在总体上，各学科之间的界限是清楚的。似乎可以将历史学、文物学、考古学和博物馆学，比喻成一辆马车的四个轮子，而驾驭者是历史科学，它们的最终目标，都是为了研究和揭示人类社会历史及其发展规律。尽管研究的对象和方法存在差异，却可说是殊途同归，而且相辅相成。

（四）文物学与民族学的关系

民族学，是一门以民族为研究对象的社会科学，它研究民族发生、发展、变化的规律，研究处于不同发展阶段的民族共同体。在我国，"民族"这个词，具有广泛的含义，是指任何时代的族体，包括原始时代直到社会主义时代的族体[2]。正因为如此，文物学、考古学、民族学和民俗学，都要从不同角度，利用不同方法，研究家庭、部落和民族的起源和发展问题。而恩格斯的《家庭、私有制和国家的起源》一书，正如周恩来同志所说，是马克思主义的第一部民族学著作[3]，这部著作对于研究古代文物史迹，具有重要启示的意义；又如，文物考古工作者进行的吴越文化研究，也与民族学有密切关系。我国是一个多民族国家，灿烂的中华民族文化，是由中华各族人民共同创造的，而通过文物来揭示中华各族文化的凝聚过程，正需要民族学的专业知识。

（五）文物学与民俗学的关系

关于"民俗学"的概念，比较一致的看法是：把民俗学看作研究整个民间文化与生活的科学；它既研究民间的精神生活，也研究民间的物质生活；它既研究文明民族的人民生活与文化，也研究后进民族的大众文化生活[4]。由此联系到文物学，例如远古时期有关图腾、神徽的文物，古代民族服饰和家具，古代祭祀文物，宗祠建筑以及文物上的有关纹饰，甚至与古建筑研究有关的堪舆学，都与民俗学有关。

（六）文物学与宗教学的关系

宗教是社会意识形态之一，产生于史前社会的后期。在人类历史上，由于各种社会形态和政权形式的出现、交错与更迭，便陆续出现了各种不同内容、不同形式的宗教和天界体系。宗教学是以宗教为研究对象的社会科学，主要研究宗教产生和存在的根源、发生发展和走向消亡的过程及其规律，社会表现形态和社会作用等。由此可见，文物学与宗教学的关系也很明显，因为有许多文物是宗教的产物，如寺庙、塔幢和石窟寺，都是佛教的产物；道观、道教造像、"投龙简"，是道教的产物。有许多文物上的装饰题材，都出自宗教信仰。又如清真寺和教堂，则是伊斯兰教或天主教的产物，这些建筑

---

① 参见国家文物局主编：《中国博物馆学概论》，文物出版社，1985 年。
② 参见林耀华：《民族学研究》，中国社会科学出版社，1985 年。
③ 杨堃：《回忆周总理关于民族学的一次谈话》，《社会科学战线》1978 年第 4 期。
④ 参见乌丙安：《中国民俗学》，辽宁大学出版社，1985 年。

反映了宗教的某些仪规，带有深厚的宗教色彩。如果不了解宗教的基本知识，那么与宗教有关的文物就无法研究；与此同时，宗教文物又为宗教学的研究，提供了实物资料。

此外，宗教与伦理学、美学和艺术，以及自然科学中某些学科的关系，也都很密切。伦理思想在我国传统思想文化中占有重要地位，伦理学是以道德现象为研究对象的。道德是一种社会意识形态，它是社会思想与人们之间以及个人与社会之间的关系的行为规范的总和。而文物史迹既然是历史的产物，其中有许多与伦理思想息息相关。例如贞节牌坊，似乎除了建筑艺术之外，没有任何别的意义了；其实，它正是封建伦理的一种反映。历史总是有正反两方面的，总是有进步的和落后的，否则就不称其为历史了。再就美学和艺术而言，它与文物学的关系显而易见，如文物的三大价值中，就有艺术价值；有些文物本身就是艺术品；文物建筑也离不开美学。

但是，文物学与其他相关的学科，只是交叉的关系，彼此渗透，既有密切联系，又有确定区别；即便文物学与考古学、博物馆学在某些方面密切到难以分解的程度，它们之间仍然不能互相取代。

四 文物史迹网

在文物学领域中，文物史迹学占有重要地位，而文物史迹网的保护与利用，又是文物史迹学中的重要研究课题之一。

关于历史遗物和遗迹的调查研究，前人做过大量工作。就浙江地区而论，如东汉初会稽人袁康所著的《越绝书》《越绝外传记·吴地传第三》和《越绝外传记·越地传第十》，记载了吴、越许多历史遗迹；地方志中的"古迹"，各种金石志、访古录、游览志，都是重要的成果。自从金石学兴起后，人们将有些古迹的研究课题，纳入到金石学的范畴，而且对其他古迹的研究，就其方法论而言，也受到了金石学的影响。金石学的历史作用，我们应该予以肯定，但它的研究对象局限于某些金石而且局限于金石的本身，因而难免将各类金石视为各自孤立的个体。

古迹一词，由来已久。如李白《登金陵冶城西北谢安墩》诗云："冶城访古迹，犹有谢安墩。"直到现在，古迹一词仍在使用。其实，对于今天的文物工作者来说，古迹一词似嫌陈旧：首先，古迹一词受到"古"这个时代概念的局限，它不能包括近代史和现代史；其次，古迹是泛指古代的遗物和遗迹，而古代的遗物和遗迹并非都具有文物价值的，即历史价值、科学价值和艺术价值。因此，古迹一词，应该由"文物史迹"一词来取代，这并非仅仅只是名词的改变，而是观念的更新。

文物史迹的含义是：人类社会历史发展过程中留存下来的，具有历史价值、科学价值和艺术价值的、不可移动、不便移动或不宜移动的遗物和遗迹。由此可见，各处文物史迹之间，都存在直接或间接的联系，而联系的纽带就是人类社会发展的历史。这是文物史迹学与金石学之间在认识论上的根本区别。

1960年，王冶秋同志在全国文博工作会议上提出，要推动文物保护单位构成历史网①。这是极其正确的高见，它成了我们探索文物史迹网保护与利用的奠基石。从这以后，我在长期的实践中，努力探索文物史迹网的保护与利用。以下试就个人的实践，谈几点有关的具体问题，当然是很不成熟的。

---

① 我当时作为浙江的代表之一，奉派出席全国文博工作会议。王冶秋同志的原话，由于文件查找困难，只凭个人记忆。

（一）关于文物史迹网的含义

所谓文物史迹网，就是把我国散布在各地的文物史迹，从历史发展的纵线，包括古代史、近代史和现代史连贯起来；与此同时，再从每一个历史时代的历史横面，包括与历史上各时代、各民族的社会制度、社会生产、社会生活、社会文化以及与重大历史事件、革命运动和著名人物有关的文物史迹联系起来，纵横交织，构成历史的网络。这样，就把各处文物史迹，都作为历史的组成部分来对待。尽管历史的遗物和遗迹能够保存到现在，具有一定程度的偶然性；但是，由于我国历史悠久，已经发现的文物相当丰富，况且还有大量的文物，特别是埋藏在地下的遗物和遗迹，尚有待于继续发现，所以，文物史迹网是能够构成的。在这里，我特别要说明的是，文物史迹网是客观存在，并非人为的构织，正如历史是客观存在一样。我们的任务是认识客观的存在，还历史本来的面目。

（二）对文物史迹的普查和专题调查，是构成文物史迹网的基础工作

全国性的文物普查工作，经过几年的努力，已经基本结束，近年来转入文物分布图的编制和文物志的编写工作。文物普查的成绩是空前的，但各地的工作并不平衡。就浙江而言，造成不平衡的主要原因之一，是文物考古工作者的专业素质不够整齐，有些同志的专业基础知识面较窄，这在专业人员本来就比较少的情况下，有些地方难免出现偏废的现象。因此，在普查的基础上，一方面要加强对文物专业人员的培训，一方面要组织专题调查。专题调查，一般可采用考古学区系类型的方法。例如，浙江省文物考古研究所与各地、县合作，在普查的基础上，进行了古代瓷窑址的专题调查，得到了以下的重要收获：1. 证明浙江的越窑、瓯窑、婺州窑和德清窑，早在东汉晚期，都已经烧制出符合瓷器标准的产品。2. 进一步弄清了浙江各窑系的起讫时代。3. 掌握了浙江各窑系在地域分布上所存在的共同规律，即窑群的密集区和影响区，从而为进一步研究浙江古代瓷业的兴衰，提供了极其重要的资料。4. 由于发现的窑址数量相当多，从遗物和遗迹中，扩大了认识的领域，澄清了某些模糊的认识，而且除原来已经确立的几个窑系外，还可能区别出新的窑系。这样，就进一步明确了浙江古代瓷业发展的历史和窑系分布的脉络。再如，在浙江金华和衢州两地，保存的明清宗祠和民居特别丰富。为了进一步弄清情况，研究保护方案，浙江省文物考古研究所与当地文物管理部门合作，对这两地的明清宗祠和民居进行了专题复查，有如下的收获：1. 证明上述两地保存的明清宗祠和民居确实特别丰富。2. 上述两地的明代宗祠，以衢州市所属的龙游县特别丰富，而且还有多处明代戏台。其中有一处建筑，留有清乾隆年间集秀班（戏班）来此演出的墨书题记。在其他一些建筑上，采用戏曲题材作装饰，为研究戏剧史提供了较为丰富的资料。3. 大体上搞清了两地明、清宗祠和民居的分布情况，为选择重点保护单位，制订保护规划，提供了可靠的依据。

（三）关于文物史迹网保护与利用的研究，对制订历史文化名城的建设规划具有特别重要的意义

每一座历史文化名城，都有它产生、发展和兴衰的历史过程，都有它自身的特色。因此，历史文化名城必须通过文物史迹网来体现，这里包含三个层次：1. 由现存能够反映该历史文化名城历史的文物史迹，从历史发展的纵向和各个历史时期的历史横面，反映该历史文化名城的历史概貌。2. 每处文物史迹，都应该包括它周围原来的环境和视线周廊（即建设控制地带）。正如《威尼斯宪章》指出的，"一座文物建筑不可以从它所见证的历史和它所产生的环境中分离出来"，"保护一座文物建筑，意味着要适当地保护一个环境。任何地方，凡传统的环境还存在，就必须保护"。3. 要保护历史文化名城

地理环境的特色，如绍兴历史文化名城的水乡风貌。为了探索历史文化名城的文物史迹网保护与利用，1985 年，浙江省文物考古研究所分别与绍兴和宁波两地合作，进行了实地调查研究。在宁波地区考察的专题有：河姆渡文化遗址的保护，宁波古代海外交通史迹的保护与利用，宁波佛教文化史迹的保护与利用，浙东水利史迹的保护与利用，越窑、瓷窑址群的保护与利用，明清海防史迹的保护与利用，古建筑的保护与利用，浙东名人史迹的保护与利用，浙东藏书楼的保护与利用，等等。从文物史迹网的宏观出发，以文物史迹的区系类型为专题，反映各历史文化名城的特点，并以此为基础，制订历史文化名城的保护规划。

（四）文物史迹的保护与利用的关系，以及如何利用的问题

保护是基础，是前提，是重点工作。如果文物史迹得不到很好的保护，就谈不上利用。保护的基础工作可分为两个层面：一个层面是调查研究，掌握文物史迹的分布情况，并从中选择重点，公布或推荐为各级文物保护单位。有的文物史迹，暂时未能公布为文物保护单位，亦应作为保护对象进行管理。公布或推荐文物保护单位，需要从文物史迹网的角度进行全面考虑。因为文物史迹网的形成，是由各级文物保护单位的公布来具体体现的。另一个层面是，对已经公布的文物保护单位，要做好"四有"工作，即有人管理、有保护范围、有标志说明、有科学档案。所谓利用，就是发挥文物史迹的社会效益，换句话说，就是向人民群众进行爱国主义和革命传统教育，为社会主义精神文明建设发挥出积极的作用。这里需要明确以下几个问题：1. 文物保护单位本身是文物，因此，文物保护单位的陈列开放，应该充分反映出文物保护单位自身的历史价值、科学价值和艺术价值，反映出文物保护单位固有的特色，而不能把它当作一般的空房子加以利用，陈列那些与该文物保护单位毫不相干的文物。2. 由于文物史迹网是通过文物史迹来反映历史的，因此，各处文物史迹都不是孤立的个体，而是互相之间存在直接或间接的联系。所以，各处文物保护单位的陈列，与一般博物馆的陈列是有区别的，它以原状陈列为主，辅助陈列为次。在原状陈列中，既要反映出文物保护单位自身的文物价值和特色，又要在辅助陈列中，从文物史迹网的角度，联系与此相关的其他文物史迹。只有这样，才能通过各处文物保护单位的陈列与开放，形成文物史迹网的历史体系，生动而形象地再现历史的本来面貌。3. 一切文物保护单位的利用，都必须在切实保证文物安全的前提下进行，不能单纯强调经济效益，把文物保护单位搞得不伦不类，甚至破坏了它的环境与气氛。

（五）关于文物保护单位在维修时保持原状的问题

文物建筑是作为"过去的年月传下来的信息"，"人民千百年传统的活的见证"进行保护的，因此，它不仅仅传递该文物保护单位创建或重建时的历史、科学和文化等方面的信息，同时也应该传递它在存在过程中的某些历史信息。《威尼斯宪章》规定，文物建筑在其存在过程中所获得的一切有意义的东西都应该保留。所以，对于各处文物保护单位在历史发展过程中后加的东西，除确证毫无意义的外，凡是含有历史信息意义的，都应该予以保留。只有这样，才能从更广泛的含义上去反映文物史迹网的保护。

总之，我认为，文物史迹网的建立，是包含着对文物史迹的调查、研究、保护、维修、开放等诸方面的，只有这样，才能高瞻远瞩，综观全局，通过文物史迹网的体系，生动而形象地反映出历史的真实面目，达到我们保护与利用文物史迹的预期目标。

再论文物史迹网

我国的文物工作，经过四十年的实践和理论研究，已经形成一门独立的学科，即文物学。文物史迹保护学是文物学的分支学科，其中可分为文物史迹学与文物史迹保护技术两个学科分支。文物史迹网则是文物史迹学研究的核心。1988 年我在《中国文物报》上相继发表了《试论文物学与相关学科的关系》及《关于文物史迹网的建立》（又见《文物工作》1988 年第 3 期）。本文拟就文物保护工作存在的问题，为探索文物史迹网保护体系的建立，发表一点意见。

一　文物史迹网的内涵

文物史迹是人类社会历史发展过程中留存下来的不可移动、不便移动或不宜移动的具有文物价值的遗物和遗迹。

中国的历史悠久，同时是一个历史时期接着一个历史时期地延续下来。前一个历史时期人们在政治、经济、军事、文化、宗教以及生活等方面的活动中所创造或使用的东西，其中有许多随着时代的变迁和自然原因而逐渐消亡了，有的却留传下来，或大致保持原貌，或不断地被改变，有的只留下遗迹。所以在历史发展过程中能够遗留下来的文物史迹只是一种偶然。虽然如此，由于中国历史悠久，现已发现的历史遗物和遗迹，最久的有距今约 170 万年的元谋人化石，最近的旧民主主义革命时期的文物史迹则只有几十年的历史，时间跨度大，加之国土辽阔，民族众多，因此遗留到现在的文物史迹是相当丰富的。

所谓文物史迹网，即通过无数文物史迹形成的历史网络。人类社会历史，从原始社会到近现代，这是历史发展的纵线；在中国从原始社会到奴隶社会，再到封建社会，再经过半封建半殖民地社会，然后进入新民主主义时期、社会主义初级阶段，这也是纵线。但是历史不是空洞的概念，而是有许许多多实在的内容，在每一个历史时期有经济、政治、军事、文化、科技、生活、习俗、宗教等历史诸方面，而且每个方面又都包含着许多内容，这是历史的横断面。在历史横断面中，每一个方面的内容，又都有各自发展的系列，如经济史、农业史、畜牧史、军事史、科技史、佛教史、文化史等等。无论是哪条历史发展纵线，无论是历史发展横断面的哪一个方面，都存在内在的联系，也就是说历史是由无数条纵线和无数条横线交织成的。当然，历史发展的纵线和历史诸方面的横线并非平分秋色的，这里有主次、主从、纲和目以及互为影响等的复杂关系。

历史的网络是客观存在，而文物史迹是历史发展过程中遗留下来的遗物和遗迹，因此文物史迹网也是客观存在。历史遗物和遗迹从表象看是死的东西。但是，如果将遗留到现在的各处文物史迹重新复原到各历史时期的原来位置上，形成历史的网络，全方位地剖析各处文物史迹的价值，那么历史的概貌是可以生动地展示出来的。它与文字撰写的历史教科书不一样，它是以自己特有的形式来展示的，这个特有的形式就是文物史迹网。

　　构成文物史迹网的形式，和历史教科书的章节也不一样，它是通过区、系、类型构成的。这里讲的"区"有两层意思：一是指地区性的文物史迹，也就是属于地方史范畴内的，是全国文物史迹网的组成部分；一是指区域文化特色。"系"是指某一类文物史迹的发展系列，当然并非一条笔直的纵线，而含有谱系的意思。"类型"是指文物史迹的种类。区、系类型是有机联系的整体。例如中国古建筑是文物史迹中的一个大类，可分为城堡、宫殿、衙署、寺庙、塔、幢、道观、教堂、府第、民宅、园苑、桥梁、堰闸、陵墓等等。其中塔又可分为楼阁式、密檐式、亭阁式、金刚宝座式、过街塔、花塔、喇嘛塔等等。再以楼阁式塔为例，不仅又有多种形制，而且不同时代和不同地方又有不同的风格和特色；从材质来说还有木构、砖木结构、砖构、石构、铁构的分别。即使同一时期、同一地区、同一类型的建筑，由于匠人掌握的技艺不同，又出现了不同的风格，如浙江龙游县明代宗祠建筑存在着徽州帮风格和东阳帮风格的区别。中国建筑史从原始社会到近现代，形成一条历史发展的纵线，而每一个历史时期、每一个地区、每一个建筑类型，又都有自己独特的形式和风格，都有它自己创始、演变、发展和兴衰的过程，所以在文物史迹网中，每一个系列的文物史迹同样存在纵横交织的历史网络。

二　形成文物史迹网的要素

　　形成文物史迹网的要素主要有两个方面：一是物的因素，即文物史迹的实体；一是人的因素。

　　（一）物的因素

　　物的因素是客观存在，不仅文物史迹的实体是客观存在，而且文物史迹的历史网络也是客观存在。文物史迹网不是无数文物史迹杂乱无章的聚合体，而应该在时间和空间上形成一个大框架。这里讲的时间，是指历史发展的纵线，或者说是历史发展过程的持续性和顺序性；空间是指历史的广延性，这里包含两层意思：一是指历史上的政治、经济、军事、文化、科技、生活、习俗、宗教等诸方面；一是指地域空间。当然，某一处文物史迹，例如一处古建筑群，也存在时间和空间的框架。时间是指它创建以来的历史沿革，包括创建时遗留下来的布局和单体建筑的结构、构造和构件，经过历代重修的遗迹和遗物；空间，不仅仅限于建筑群本身的范围，同时也包括它的周围环境。

　　文物史迹是依靠人们通过调查去发现的，文物史迹的价值是通过研究才能认识的，文物史迹网是通过公布文物保护以及对于文物保护单位的保护与利用才能得以体现的。对文物史迹的保护，目前有两种形式：一是由各级政府公布文物保护单位，二是将未能公布为文物保护单位但有文物价值的暂时作为保护对象加以管理。这里又有两个问题：一是如何选择文物保护单位，二是如何保护。

　　选择文物保护单位，主要看各处文物史迹的重要性和典型性。所谓重要性和典型性，只有放到文物史迹网中去衡量才能得到比较科学的判断。如北京故宫规模宏伟，而且建筑群比较完整，西安半坡遗址只残存一些遗物和居住建筑残迹；山西南禅寺正殿和佛光寺正殿经过维修比较完整，但规模并不很大；杭州胡庆余堂国药号建筑群，除营业部外，其余建筑都比较简朴。上述几处建筑都是全国重点文物保护单位，它们各自代表着不同时期不同类型的文物史迹，各自所包含的价值不一样。北京故宫属于宫殿建筑群，半坡遗址属于新石器时代仰韶文化的典型遗址之一，山西南禅寺正殿和佛光寺正殿属于中国古代木构建筑系列中的唐代遗物，杭州胡庆余堂建筑群则是中国南方著名国药号的历史建筑体系。

与此同时，选择的文物保护单位要从多方位去研究，例如北宋科学家沈括从雁荡山等的地形认识水的侵蚀作用，提出诸峰形成的原因。《梦溪笔谈》卷二十四中载，"原其理，当是谷中为大水冲激，沙土尽去，唯巨石岿然挺立耳"，在世界地质史上提出了流水侵蚀使流纹岩山脉露出地表的理论。在雁荡山龙鼻洞有"沈括"两字题名，如果不联系上述历史，似乎仅仅两个字的题名不足为奇，如果联系上述历史，那就一字值千金了。

（二）人的因素

人的因素应该讲德、能、勤、绩，本文主要指从事文物史迹工作所必须具备的专业知识以及正确的工作方法。

由于文物史迹的涉及面相当宽广，内涵非常庞杂，因此从事文物史迹保护专业工作的同志，应该具备较为宽广的专业基础知识。这里包含两个层次：一是必备的，甚至是应该精通的；一是了解相关学科的一些常识。虽然一个文物专业工作者不可能同时具备许多种专门学者的特长，成为精通多种专门知识的学者，对于他所发现的材料和遇到的问题，都能做出满意的解释。但是，在调查文物史迹时，文物保护专业人员应该具备多方位观察问题的能力，根据自己观察到的现象，分清哪些是属于自己知识范围内可以解决的，哪些是属于别的何种学科知识范围的，以便向别的学者求援。

文物史迹的调查研究，主要是掌握文物史迹的分布，考察各处文物史迹的现状，分析各处文物史迹所包含的历史信息，判断各处文物史迹的价值，提出保护与利用的方案并论证其可行性。就我国文物史迹保护专业工作的机构体制来说，一种是全国性的研究机构，除了中国社会科学院考古研究所外，原来有中国文物保护科学技术研究所，前者并不肩负文物史迹保护工作，后者侧重于古建维修工程和化学保护技术。现在成立中国文物研究所（今中国文化遗产研究院），可望能建立起较为完整的文物史迹保护的体系。全国性的研究机构着手全国范围，因此学科分工可以比较细，例如古建筑、石窟寺、碑刻等某一类文物史迹的系列研究。另一种是地方研究机构，例如浙江省的古代石刻造像主要集中在杭州，而且数量也不很多，如果单纯从事石刻造像的研究，专业工作面太窄。一个省的文保专业是这样，一个地区或地县（市）的文保专业工作更是如此。所以一般地说，省、地县（市）的文保专业工作者，研究的文物史迹的类型方面应该比较宽广，成为一个区域文物史迹保护研究的专门家。总之，全国性研究机构和区域性研究机构的专业人员，就其研究的范围来说，前者侧重于全国性的某一系列，或者称之为条条；后者着重于区域，或者说是块块。

从事文物史迹工作的专业人员，无论属于全国性研究机构或地方性研究机构，作为基础知识来说都应该比较宽广，如历史（包括地方史）、文物（包括古建、造像、碑刻等）、考古、博物、古汉语、古文献等应该是必修的，对于其中的文物史迹则应该是精通的。至于其他相关学科如民俗学、民族学、美术史、宗教等的常识也应该有所了解。例如调查一座宋代庙宇，应该了解它的历史沿革、建筑布局（包括总体、单体和环境）、结构和构造、装修与艺术、时代特点及地方手法、庙内有关文物（如碑刻、造像、器物、经书等），这就需要熟悉有关史料了解中国佛教史和佛教仪轨，了解中国建筑史和宋代营造法式、地方传统建筑的时代风格等。再如调查一座明代宗祠建筑，应该了解它的历史沿革、历代维修遗迹、该家族的兴衰史、该建筑群的总体布局、单体建筑的结构和构造、装修艺术等，因此需要查阅家谱，了解宗族宗法观念、风水观念、世俗信仰、封建伦理及规章制度，而且宗祠里往往有戏台，这就需要了解传统戏剧的一些常识；明代建筑雕饰华丽，要了解雕饰的题材与技法，还需要具备民俗学和美术史的知识。总之，由于文物史迹所传递的历史信息往往是多方面的，因此需要具有较宽的基础知识。

三　文物史迹网的意义

文物史迹网的意义主要表现在保护与利用两个方面。保护文物史迹，首先要弄清它的文物价值所在，否则就很难得到妥善保护。文物价值所在，是指将文物史迹放到历史的网络中去认识。例如中国传统建筑的方面很广，但有些建筑的文物价值并非局限于古建筑的范畴之中。杭州胡庆余堂国药号建筑群，从 20 世纪 50 年代开始就为文物工作者所瞩目，但一直只将它作为一般古建筑来看待，因此未能引起大家的重视。1981 年，我们从文物史迹网的宏观上进行多方位论证：胡庆余堂是清末胡雪岩创办的，它和北京同仁堂并称为全国最著名的南北两家国药店，在继承和发扬我国中药遗产方面各树一帜。它的兴起、衰落和更替，从一个侧面反映了旧中国资产阶级的历史。胡庆余堂建筑群包括营业部、办公用房、药材库房和成药作坊，原来还有养鹿场。营业部用材讲究，雕饰华丽，装点门面，显示气魄。药材库房用材粗壮，构造简朴、廊道宽敞，既能承重，又利运输。成药作坊用材单薄，并筑有封火墙。这组建筑群的布局、构造和功能等方面都典型地反映了国药店的历史面貌。店内还有当年的招牌、匾额和制药工具等文物。其中有胡雪岩亲笔题写的"戒欺"两字的匾，原来悬挂在营业部，作为经营原则，讲究信用。"戒欺"是中华民族经营道德的精华，对今天仍有现实意义。根据上述认识，我们写了一份关于保护杭州胡庆余堂建筑群的报告，引起国家文物局有关领导重视，后被列为国家级重点文物保护单位。可是，在前几年，该店要求拆除第三进，我们闻讯后，当即发函给杭州市政府，提出不应拆除的理由。后来市政府在决策过程中，征求一位先生的意见。不料这位先生却认为第三进建筑很一般，没有保护价值，结果被批准拆除。既然第三进建筑可以拆除，于是原来很有特色的围墙也被拆除改造了。那位先生是建筑界的权威，可惜他不知道胡庆余堂建筑群是反映这家著名国药店的历史建筑，它的价值远远不是从古建筑的价值观念所能认识的。由于认识的局限，导致判断和提供咨询意见的失误，以致文物遭到损失。此外，如绍兴秋瑾故居、大通学堂和鲁迅故居，虽然都是清代建筑，但它的价值不能用古建筑的标准来衡量，因为秋瑾和鲁迅在历史上有很高的地位，大通学堂是培养辛亥革命志士的地方。所以《威尼斯宪章》将古建筑和纪念性建筑等笼统称之为文物建筑，这是妥当的。

保护文物的目的是发挥文物的作用，把文物价值充分展示出来，文物可以陶冶人们的情操，可以作为研究历史的实物例证。问题是如何体现文物价值。因为文物史迹是人类社会历史发展过程中留存下来的遗物和遗迹，因此每一处文物史迹都不是孤立的，不仅每处文物史迹往往反映多方面的历史问题，而且各处文物史迹之间都存在联系。因此应该通过现状陈列和辅助陈列等有效手段，把各处文物史迹诸方面的文物价值充分体现出来，将各处相关的文物史迹联系起来，形成一个从多方位反映历史的网络。这是一部通过文物史迹来展示的中国历史的教科书。当前文物史迹的利用成绩很大，问题不少。有的只知道保护，不重视利用。是的，利用是有条件的。有的文物史迹目前无法发挥教育作用，还是应该保护，让后人去发挥作用。有些可以开放的文物史迹，应该尽量发挥它的作用，只有这样，广大群众才能在接受教育中认识到它的价值，才会珍惜它，保护它。现在特别应该引起重视的是，有些同志将文物史迹当作"废物"利用，陈列一些与该文物史迹毫不相干的内容，使各处文物史迹自身价值不能得到体现，甚至在文物建筑的墙上、柱上随意敲钉子、挂铅丝，或者在文物建筑内建造固定性的大型陈列柜，把梁柱包成隔墙。有的造像被涂上水泥，或者毁去原来的泥胎重塑，贴上金箔，用于宗教活动，还美其名曰"为旅游开放，为搞活经济搭桥"。这些都是十分荒谬的。此外，维修文物建筑的问题也不少，我将另文论述。

关于文物史迹网的保护与利用，浙江省绍兴市做得比较合理，绍兴市文物处徐德明有专文论述，本文也可以说是对徐先生大作的补充。

（原载《浙江省文物考古研究所学刊——建所十周年纪念》，科学出版社，1993 年）

浙江省五年多来发现的重要文物[*]

浙江省文物相当丰富，几年来不断有新的发现。这些新发现的文物，经过科学的整理，将成为订正和充实我国历史的一部分宝贵资料，并将成为向广大人民群众进行爱国主义教育的重要资料，对我国社会主义文化建设，也将起一定的作用。

一　古动物化石、新石器时代遗址和遗物

今年 5 月，在杭县（今属杭州市）留下发现大批古动物化石，中国科学院曾派专家调查，初步鉴定这是距今 60 万年至 20 万年左右的古动物化石。在临海也有鱼化石发现。这些古生物化石的发现，为研究远古生物、地质和气候关系提供了珍贵的资料。新石器时代的文化遗址和遗物（或称原始社会人类的居住区和他们的劳动产物），除早年发现的杭州老和山、杭县良渚、湖州钱山漾 3 处外，五年来发现的有：杭州黄家山、凤凰山、葛领凤林寺，以及杭县、崇德、嘉兴、绍兴、东阳、汤溪、衢州、永嘉、临海、乐清、黄岩、瑞安和三门等 20 余处，发现的主要遗物有石器和陶器。石器的制作都是加工相当精细的磨制石器，有锛、斧、凿、钺、镰等工具，有纺织用的纺轮，有附在渔网上用的网坠，有装饰用的瑗、璜、环、璧等。在良渚和双桥，还发现了不少灰黑色的陶器，这是山东半岛的黑陶文化往南迁移，和浙江的土著文化交流所形成的一种混合文化的遗迹。

这些重要发现，说明在原始社会末期，浙江地区已普遍有人类活动了；而且它可以帮助我们了解北方文化与南方文化的关系。同时，我们发现的新石器时代遗址和遗物，凡浙西地区的多在平原上，浙东地区的则多在半山上，这说明那时候浙江近海一带大约还是海面。

二　东南沿海的特有文化遗存——几何形印纹硬陶

几何形印纹硬陶，是一种既朴素又美观的陶器，是汉代以来前东南沿海特有的文化遗存，是当时广大人民的重要日用器皿。近年来，在浙江、福建、广东、江苏、江西等地普遍有了发现。浙江的几何形印纹硬陶分布相当广，其中重要的是，在绍兴漓渚多数发现在汉初的墓葬里，在崇德也曾发现过大批几何形印纹硬陶。

_*　原文题目为《本省五年多来发现的重要文物》。

三　浙江的铜镜和瓷器

龙虎镜
（东汉，绍兴漓渚出土）

从汉代经三国两晋迄南北朝，浙江的瓷器和铜镜，是浙江古代文化中最突出的成就。

绍兴铜镜，在各地都有大量发现，特别是绍兴，几乎每座古墓葬中都有，甚至在一座墓葬里有多至三四面的。最流行的一种绍兴铜镜叫"画像镜"，镜背上的浮雕，刻法虽然简朴，但却掌握了车马活泼生动的神气和人物庄肃的风度，所表现的禽兽也具有多种多样的姿态（见图）。湖州是宋代铸镜的中心之一，出土数量也不少。

浙江古代烧制瓷器的窑址已被发现的有：1. 绍兴九岩、禹陵的晋代越窑窑址。2. 温州西山、永嘉罗浮乡等处，有晋代东瓯窑窑址。3. 余姚上林湖等地有五代余姚窑窑址。4. 永嘉罗溪乡南岙及坦头乡庄溪一带，发现了类似龙泉窑的窑址。5. 新中国成立前，在杭州市郊坛下乌龟山发现有南宋官窑窑址。龙泉的金村、溪口等 20 多处，发现有宋代龙泉窑窑址。其中特别重要的如富阳鸡笼山晋太元年间的墓中，发现了越窑瓷器，以及近年发现刻有北宋嘉祐五年（1060 年）的婺州窑龙瓶。这些写明年代的瓷器，对于同类瓷器的断代是一个很好的标本。

此外，在绍兴漓渚发现过汉代铁锄和含有大量铁渣及火烧土的窑穴，这对我们研究汉代冶铁和当时的农具，很有帮助。今年 5 月，发现"吴越国王钱弘俶投龙简"，是乾祐二年（949 年）投入西湖的。最近在西湖浚湖工程中，又陆续发现了吴越国王的银质投龙简 5 枚，其中有钱镠的 3 枚，钱弘俶、钱弘佐的各 1 枚。杭州老和山的宋代墓葬中，出土木俑 26 件。木俑的雕刻，手法简朴而生动。这便证明了宋代有俑，打破了考古学者"宋代无俑"的旧说，对研究宋代服饰制度，也很有帮助。在杭州老和山、西山马路和嘉善陶家池，都出土过南宋时代的漆器。这些漆器是单色的，没有花纹，都代表着当时浙江漆器工艺的特色。古建筑方面，发现的金华天宁寺是元代延祐五年（1318 年）的建筑，系江南最早的木构建筑。最近根据资料研究，慈溪保国寺正殿可能系宋代建筑。

四　革命文物

五年来，发现的革命文物相当多，其中最重要的如有关太平天国方面的，有《太平救世歌》《太平军目》等。在嘉兴还发现了太平天国分路碑，在金华发现侍王府，在绍兴孟家桥发现了太平天国壁画。另外，也发现了秋瑾、徐锡麟两烈士的书信、遗物，以及惠州革命之役的清方文件。至于新民主主义革命时期的文物，历年来也收集不少，特别是在四明山区，征集到新四军浙东纵队和浙东行署的重要文件和实物。以上这些发现的文物和征集的史料，对近代革命史资料的充实是有裨益的。

（原载《浙江日报》1955 年 9 月 22 日）

从出土文物看古代杭州文化

　　远古时代杭州地区的人类活动情况，很难从史书上找到较多的资料。新中国成立以后，特别是随着基本建设在杭州地区的开展，地下文物不断被发现，这对我们认识杭州地区古代社会的面貌，起了极其重要的作用。

　　在杭州地区发现的新石器时代（即社会组织分期中的原始社会）的遗址，到今日为止，主要是老和山和良渚两地。老和山新石器时代遗址（或先民居住区）发现于1936年，原名古荡遗址，但因实际离古荡相当远，所以现在又称它为老和山遗址。遗址位于杭州西北部，和玉泉相距不远，面积约10000平方米。1953年5月，华东文物工作队暨浙江省文物管理委员会对遗址进行了清理，历时一年多。遗址中的新石器时代遗物，就石器来说，共有700余件，其中包括斧、锛、凿、刀、镞、犁、纺轮、网坠等。陶器方面，多为粗砂质陶器，以三足器（如鬲、鼎等）的足发现得最多，足上最普遍的装饰，是兽眼式的凹点，和1936年良渚遗址出土的相同，半实心的足发现得不多；在耕土层中，还发现有少数轮制的灰胎陶片和几个印纹陶片，不过陶片上的几何纹装饰已近于汉代作风了。良渚遗址发现于1935年，遗址以良渚镇为主，长明桥次之。根据以往调查和试掘所获的材料知道，良渚遗址的地层根据文化包含物来区别，可分为上下两文化层：上层是灰白色泥土和杂绿色的泥土，主要出土物是玉器，它大概属于汉代文化；下层是青绿色或青黑色土层，包含黑陶或粗制石器。发现的石器中有凿、锤、斧、锛、刀、镞、镰、石轮等，其中部分制作较粗糙，部分制作相当精细。石器中的锛式器和老和山出土的相似，另一种扁平带孔石斧和老和山及江苏淮安系青莲岗所出土的极相像。出土的陶器中有黑陶圆直足的陶鼎和长腰的陶豆等，大多轮制，陶器中的纹饰，除镂孔外，有交错形斜线刻纹、平行线三角形、曲折纹、马眼纹等，也有在陶器上做记号的。良渚遗址的文化特征，因为黑陶特别多而特别重要，所以也叫"黑陶文化"。

　　老和山、良渚两处遗址的清理或发现，都说明了早在原始社会的末期，杭州地区已经有了人类居住，他们所使用的工具主要依靠自然石块来打击和磨制而成，可是比起早期的打击石器来，又要进步得多了；同时他们懂得用泥土来烧制陶器，懂得了纺织，并且在捕鱼和狩猎的技术上比起更早期的人类要进步得多了。特别是从石器中的一种锛式器来看，说明了那时的人类，已经初步地掌握了物理作用，使这类石器能具有更大的效率。再从出土的黑色陶器，特别是良渚的黑陶上看，它比起山东历城县城子崖的标准黑陶来，在制作上要粗糙得多，而且颜色又不是纯粹的黑，一般均呈深灰色；但是从陶器的形制以及其他方面来看，良渚下层文化和城子崖的下层文化应为一个系统，特别是新近在江苏新沂所发现的一种代表变质的城子崖黑陶文化，它可作为从山东到良渚之间互相联系的中间型产物。这样，更可证明良渚的黑陶文化，是山东半岛的那种黑陶文化兴起之后，向南迁移的一支。

新石器时代遗址除老和山和良渚外，在黄家山和临平以及岳坟外宾馆工地等处，也都发现过石器和夹砂粗红陶系的陶鼎足。黄家山的石器往往都在高处发现，可惜没有找到其他遗迹现象；临平的石器和残陶都是零星发现的。

两三年来，我们在老和山、古荡、松木场、铁佛寺、岳坟、玉泉、观音桥、三台山、黄家山、丁家山、留下等地都发现过汉到明代的很多珍贵文物，其中包括陶瓷器、铜器、玉器、铁器、钱币、木器、漆器等等。这些出土文物，都有力地说明了杭州地区的古代人民和各地的人民一样，在我们祖国伟大的历史进程中，有其卓越的贡献，在文化、艺术和科学上，都放射过璀璨的光芒。

先从出土的陶瓷器来看，汉代陶瓷制造，往往都承袭了战国晚期青铜器的作风，凡素地的，一般都带青色薄釉；另一种陶器，有用粗细组成的几何形印纹，虽然简单粗糙，但仍不失匀称朴素之美；值得注意的是陶器铺首，往往有粗野古朴或生动活泼的动物作为装饰。再从出土的铜镜上来看，制作和艺术都是相当精美的。出土的汉代铜镜上的浮雕，往往还有战国时代铜器上纹饰的遗风，一般取材于夔凤、兽首、草叶较多，其作风颇豪放古朴，也有取材仙人禽兽的，所表现的禽兽千变万化，活泼生动。出土中的六朝铜镜，以车马、"神人"最为突出，它表现了一种特殊风格，刻法虽然简朴，但却掌握了车马活泼神气和"神人"的庄肃风度。出土的唐镜，往往以花鸟为主题，流畅华丽，清新优雅。最近在西湖区又出土了一面宋代铜镜，镜上纹饰表现了浪涛中的比目鱼，它和南宋夏珪的长江万里画中所表现的风格，好像一脉相承。这样的纹饰铜镜，在以往的出土铜镜中是稀有的。

杭州出土文物的另一个重要意义是，它纠正了考古学界的某些错误论点并提出了新问题。这首先从杭州老和山宋代墓葬中所出土的木俑来看，在以前只见过陶俑，而且都属于汉唐时代的，宋代不曾发现过俑，因此有些学者几乎要得出"宋代无俑论"。这次木俑的发现，就有力地提出了宋代有俑的证据。与此同时，过去对宋代服饰的了解，仅限于文字记载，这次发现的木俑，符合于历史上所记载的宋代服饰，衣襟挺直，首戴幞头，幞头两旁的横脚虽已腐烂，但痕迹尚十分清楚，因此，这就使我们能进一步地从实物上了解到宋代服饰。其次，今年三月底配合杭州铁佛寺建校工程所清理的一座东汉墓葬中，发现了鎏金环头青铜刀，这种青铜刀浙江在过去发现过两把，当时因出土情况不明，某些学者就将它的时代暂定于战国，这次在东汉墓葬中，又发现了这样的青铜刀。我想它至少可以提出这样几个问题：凡这类青铜刀的年代问题，须重新考虑，将它定在战国时代，不如定在汉代较妥当；这类环头青铜刀，是否为浙江古代兵器制造中的特色也有问题；这类刀的质料单薄，刃部不很锋利，因此，有可能它是被古代贵族专用于装饰佩戴或专用于殉葬的。

除此之外，在西湖浚河中，发现元代昏烂钞印，老和山出土的宋代单色光泽漆器，以及在铁佛寺等处发现的西班牙1785年前后的查理三世头像银圆等等，在以往都是不常见的。

杭州地区的考古工作，还只是一个初步的开端，已经获得一些重要资料。它将随着国家基本建设的不断开展和考古工作方面力量的加强，珍藏在地下的文物，将不断地涌现出来，杭州的古代社会面貌，将逐渐展现。

（原载《当代日报》〔今《杭州日报》〕1955 年 4 月 21 日）

文物考古

浙江绍兴漓渚考古简报*

1954 年 12 月至 1955 年 3 月，浙江省文物管理委员会在绍兴漓渚清理了古墓葬 39 座、古窑址 8 座；此外，还发现了一些新石器时代的遗物。这里，将这次工作的收获做简略的报道。

一 墓 葬

所清理的 39 座墓，大致可以分为四个时期。

（一）第一期墓

墓的构造都是竖穴土坑，其中 20 号墓和 27 号墓长 4 米左右，宽 2 米以上，深 3 ~ 4 米。墓中随葬品多系陶器，器形有罐、碗、杯等，都系泥质，颜色基本上有红色和灰色的两种，有的系硬陶，有的带黄绿色薄釉。陶器的纹饰以印纹为最多。第 20 号墓上面压着东汉墓，所以这期墓葬的时代应该早于东汉。

（二）第二期墓

墓的构造有竖穴土坑和砖墓两种，前者如 22、28 号墓，形制和第一期墓相同；后者如 8 号墓，墓室长 2.9、宽 1.24、深 2.41 米，墓底铺砖作人字形，墓室没有顶，墓室之前也没有墓道。

随葬品以陶器为多，器形有鼎、壶、罐，有灰陶，有红陶，也有硬陶；带釉的陶器颇多，釉往往施在器物的上半部。陶壶的铺首及陶鼎耳上均有很别致的花纹。在这一期墓中，陶灶是很普遍的随葬品。此外，在墓中还发现铜镜和"五铢"钱。铜镜有日光镜和规矩镜，前者铭文作"见日之光天下大明"，后者铭文作"尚方作镜真大巧上有仙人不知老渴饮玉泉饥食枣游□天下敖四海寿如金石国之保"。从随葬品来看这一期墓的时代在东汉，个别较早的可能在西汉晚期。

（三）第三期墓

这一期的墓多系砖墓，墓室长度多在 3 米以上，宽度亦有达 2 米的；深度不等，最深的超过 5 米。有的墓有短墓道。墓砖常有三角形和人字形的几何花纹，也有钱纹。

除了普通的陶器以外，墓中还发现了碗、瓶等瓷器，它们的形制、釉色与越窑的同属一类型。铁兵器很多，其中如 39 号墓的环柄铁刀，长达 1.02 米，保存完好，并有涂漆的鞘。在墓中还发现了一些砺石，位置在铁刀的下面，可能就是磨铁刀用的。铜镜有三兽镜，铭文作"吕氏作镜四夷服多贺国家人民息胡虏殄灭天下复雨时节五……"；有绕有半圆形和方格形的神兽镜，铭文作"吾作明镜幽涑

---

* 与朱伯谦共同执笔。

三商雕刻典祀配像万疆白牙作乐众像见容天禽并存福禄自从□□□□曾辛番□□禄益昌其师命长"。所发现的铜钱亦属"五铢"钱。从随葬品的形制来看，这一期墓的时代大概在东汉晚期到六朝初期。

（四）第四期墓

墓系砖砌，墓顶系拱券顶。墓砖都印宝相花纹。5 号墓系夫妇合葬，分左右两室。

随葬品放在墓室中靠近人骨架头部的地方，有瓷器、铜镜和铜钱，铜钱都系"开元通宝"。墓葬的年代当在唐代。

二　窑　址

窑址分布在中古筑至中庄一带，都位于近水的山脚旁，附近自地表深约半米以下的黄色泥土，细腻而富黏性，很少含有机物，宜于制砖瓦。

（一）窑的结构

发现的窑，共有 8 座，但保存较好的只有 5 座，兹就这 5 座窑分别述其结构如下：

1. 2 号窑：呈搨扇状，窑床底离地表深 1～1.6 米，后壁至火门口以中线为准长 3.46 米，火门宽 0.3 米。窑室全用泥土堆筑，窑墙残存部分高 0.58～0.7 米。火膛两壁略呈弧形，按照推断，顶上应该呈拱券形。在窑底有显明的 7 道火烧痕迹，由它及残砖来判断，窑墩有 6 个。火膛部分还残存着木炭及草灰，证明燃料不仅是木柴。堆积在窑床和火膛上部的有红烧土块和少量残砖，红烧土块应该是窑壁上部和堆在窑床上部的泥土，残砖应该是当时遗留下来的。火弄呈红褐色，窑墙及窑床等部分呈深灰色。残砖上的花纹是由斜直线及人字纹组成的。

2. 3 号窑：呈网球拍状，它是直接从岩石上掘下去的，窑底和窑墙直接利用自然的岩石，自后壁至火门口以中线为准长 4 米，窑床宽 0.7～2.1 米，火门宽 0.7、长 0.9 米。别的情形不清楚。

3. 4 号窑：是一个束腰式的窑室，窑墙是用砖来砌的，火膛至窑膛中间隔一道墙，在窑床底部尚能找出 6 道火弄。火膛部分已被近代墓葬破坏。残存的砖没有花纹。

4. 5 号窑：呈一完全张开的搨扇状，窑室较大，宽 1.72～3.8 米，后壁至火门口以中线为准长 3.5 米，火膛部分比窑床低 0.1 米，结构与第 2 号窑基本上相同。残存的砖有由钱纹、斜直纹及人字形纹组成的花纹。

5. 6 号窑：后壁两端各有自底部朝上的烟囱一个，长 0.36、宽 0.22 米；后壁宽 0.18 米，火门口宽 0.68 米，自后壁至火门口以中线为准长 2.9 米。有 3 个火弄，两旁的两道火弄的烟是直接流向烟囱的，中间一道火弄的烟是由后壁向内约 0.01 米的空隙处分向两端烟囱流的。有 4 个窑墩。残存的砖的花纹是由钱纹、三角形及人字形纹组成的。

（二）窑的年代

窑内残存的花纹砖，和附近六朝前期墓葬用的花纹砖很相近，与汤溪古方六朝墓葬用的花纹砖亦一样，窑址的结构与古方发现的约为晋代的烧砖窑址极相似。由此，暂时将这些窑址的时代定为六朝的前期。这些窑是当烧砖用的。

三　新石器时代的遗物

在中庄至下庄一带，我们曾发现磨制石器 13 件，石器加工较精，从形制上可分为斧、锛、刀等，锛的形制和杭州老和山的锛形器相异。此外还有泥质夹砂粗红陶系的陶鼎足 7 件，呈圆锥形状。与此同时，还发现 1 件玉饰，形状很像玉璜。

以上是这次工作的收获，我们简单地把它报道出来，以供大家参考和研究。我们觉得在这一地区发现汉代的墓葬、六朝的窑址和新石器时代的遗物，是值得重视的。

（原载《考古通讯》1955 年第 5 期）

浙江萧山进化区古代窑址的发现

一

1956 年 5 月中旬，孙绩同志在浙江省文物管理委员会参加文物业务学习结束后，在进化区进行了一次调查，发现大批印纹硬陶碎片、青黄色薄釉瓷片、泥质陶片、夹砂粗陶质鼎足，并将部分调查时采集的标本，寄到省文物管理委员会。在标本中，最引人注意的是一只烧造时烧扁了的印纹硬陶罐（茅湾里发现）。省文物管理委员会十分重视这个问题，于 5 月 21 日趁孙绩同志在杭州开会之便，决定由我们两人再去进行一次复查。

进化区位于萧山县（今萧山区）的东南部，原属绍兴，新中国成立后划归萧山。东南接诸暨，东北接绍兴，西北与萧山的临蒲、西蜀两区毗连，浦阳江流经它的西南，这里阡陌纵横，丛山耸峙。在过去，由于水利失修，一遇霪雨，即遭洪水泛滥。我们在调查的时候，当地住民都这样说："听祖辈讲，古时候居住在这里的百姓，因为时遭水灾，不利农业，所以大多依靠烧窑为生。"

此次在进化区，调查了欢潭、临江两个乡，所发现的遗物极其丰富，遗迹现象也较清楚，可以肯定为古代窑址的有 3 处。兹将此次调查情况报道一下。

二

（一）临江乡茅湾里城山西麓

因为水利关系，于 1955 年春季在山脚坡上新开一条深 3 ~ 6 米的排水沟，约 200 平方米，堆积着各种陶瓷片等遗物。就遗物的数量来说，靠近席家村方向的以印纹硬陶陶片为主，靠近大汤坞方向的以青黄色薄釉瓷片和不带釉的陶片为多。但是不论靠近席家村或者大汤坞方向，上述各种类的陶瓷片或残器还有各色釉渣等，都是混合堆积着的，不分层次。现将各种遗物分别叙述如下。

1. 印纹硬陶碎片和烧坏的印纹硬陶残器

这种陶器的胎色，有赭色、深黄色、深灰色、橙色等，但大多不是纯粹的一种颜色。纹饰有米字形纹、网格纹、方格纹、雷纹等。值得注意的，在印纹硬陶中，有许多是涂过釉的。

其次，在堆积着的印纹硬陶中，有不少烧扁了、烧歪了，或者数件陶器的残部黏在一起，它们应该是当时烧坏的废品。其中有些器形还十分完整，也有涂过釉和没有涂过釉的两种器物残部黏在一起的。（图一、二）

2. 青黄色薄釉瓷器

胎质坚硬、紧密、洁白，易吸收水分，但是与后来的瓷器胎质又有些距离，它应该是介乎陶、瓷之
间，但又偏近于瓷质的一种过渡期产物，所
以本文暂且叫它为"瓷器"。它的器形有呈洗
状或盘状的，器底较厚，一般厚度约 2 厘米，
器身较薄，一般厚度约 4 毫米，所以器底往
往保存完整，而器身多残破。在器的里部，
自底至口沿饰有十分规矩整齐的螺旋纹（螺
旋纹以器底中部为起点）。器外表全部素地
无纹，但有明显的轮制痕迹。平底，不甚规
矩，部分凹凸不平，相当粗糙。除器底外，
表里均涂有一层青黄色的薄釉（图三~五）。
类似这种器形的瓷器，在浙江省其他地区也
有普遍的发现。

图一 废品堆积

其次，还有一种较大的盘状器，器的表里均施有青黄色釉。器里的底部饰着紧密环绕的波浪
圈纹，这种纹饰应该是在器胎未干时用篦状物划成。这种纹饰的瓷器，在浙江省其他地区较少
见到。

图二 印纹硬陶罐

图三 原始瓷盅式碗

图四 原始瓷碗

图五 原始瓷盅

3. 泥质陶器

胎质较疏松，容易吸收水分，胎色大多系黄色或灰色。器形以盅为多数，素地无纹，有涂过釉的和没有涂过釉的。

4. 夹砂粗陶质鼎足

胎色有红、灰两种，大都成扁平状，上端宽于下端，大小不一。最大的鼎足上端宽约 10 厘米，全长约 20 厘米。表面饰有方格纹或人字纹。

5. 釉块及釉渣

发现的数量相当多，这些釉渣和釉块的颜色，和共存的印纹陶器或其他共存的各种陶瓷器身上所涂的釉色一样。同时，还有一种是黏在红烧土上的釉块，大概是窑壁的残迹。

为了进一步认清以上这些遗物的相互关系，我们在排水沟另一边的断面上找到了一处文化层。这在当时开掘排水沟时，只是自表土掘至生土层，对于文化遗物堆积的原来情况未经翻乱，等于替我们打了一条大的长探沟。堆积的厚度约 1.5 米，堆积层的上部离地表 2 ~ 3 米，下部距沟底约 3 米。文化层的下部有断续的红烧土一层，厚度 10 ~ 20 厘米不等。文化层中包含物以青黄色薄釉残片瓷器最多，并且发现了 5 件青黄色薄釉瓷器黏在一起，在每件器物上重叠之处，都隔着三块泥沙块。与此同时，我们又发现了一件单独存在的盘状器，在器里的底上还黏着一颗坚硬的泥沙块。这种泥沙块的作用应该是：瓷器做好坯胎后，依次重叠烧造，在每个器物相隔的地方，垫上三颗泥沙块，避免器物之间互相黏住。此外，我们在同地又发现了几颗零星的并未黏在器物上的泥沙块，是加过工的，并且经过煅烧；由它和上述黏有泥沙块而又数器重叠在一起的瓷器联系起来观察，可以知道，这是比较原始的窑具。

距茅湾里约 100 米远的瓦窑头，原先是一亩稻田，1955 年新开排水沟时，在这里挖掘了深约 2 米的小塘，遗物就暴露在塘底。我们调查的那天因为塘里的水没有完全干，大部分还积着水，所以只能在已干的地方看到文化遗物暴露情况。这里包含的遗物，主要是印纹陶片、青黄色薄釉瓷片和不带釉的陶片，还有陶鼎足。

（二）欢潭乡四州村唐子山山脚

唐子山与马面山遥遥相对，距问渠亭东约 50 米，遗物分布在山坡上，分布面积约 16 平方米，堆积厚度 30 ~ 40 厘米。在山脚断面上，遗有半圆形、直径约 10 米的红烧土。包含的遗物以印纹硬陶陶片和烧坏的印纹硬陶残器为多数，其次是青黄色釉的瓷片，并且还夹杂着釉块和釉渣，这些遗物都是混合地堆积在一起的。窑址大部分已被破坏，在山脚前面一条路上铺着许多印纹陶碎片和带釉瓷片，可能是从这里掘运出去的。

（三）欢潭乡马面山山脚

这里是加宽道路时开掘出来的。在这个山脚的断面上，混合地堆积着印纹硬陶碎片、烧坏的印纹硬陶残器、青黄色薄釉瓷片、烧坏的青黄色薄釉残器、釉块、釉渣和红烧土。分布面积长约 70 米，厚约 1 米，离地表 50 厘米。地面上靠东是一亩稻田，靠西是一亩地。

此外，我们又在欢潭乡钟家坞的村口山坡上，发现在一个新掘的粪坑坑壁上有陶纹硬陶碎片、青黄色薄釉瓷片、夹砂粗红陶鼎足。从这个村口到祝家村的 2 千米处，在依山脚的道路上散布着许多印纹硬陶碎片、青黄色薄釉瓷片和灰色陶片。

三

从上述诸遗迹现象和各种遗物的情况来看，我们以下面几点理由，推断茅湾里、唐子山脚、马面山脚三处为古代窑址所在。

1. 上述三处遗物的堆积非常丰富而集中，这显然不是其他原因所致。

2. 上述三处都发现有釉块、釉渣、窑具和红烧土，这是窑址的重要特征之一。

3. 在临江乡茅湾里发现一只烧扁了的印纹硬陶陶罐，以及在同地和唐子山脚、马面山脚都发现过因烧造时烧扁或烧歪了的印纹硬陶残器、青黄色薄釉瓷器残部。这种遗物只有在窑址里才能普遍发现。

4. 几何形印纹硬陶、青黄色薄釉瓷器、灰色陶器混合地堆积在一起，这应该不是地层扰乱的结果，而是这三类陶器是同时制作的。也就是说，上述三种陶瓷器在同一窑址里烧造是完全可能的，因为不仅是此次在萧山调查时的情况是如此，凡是浙江所发现印纹硬陶的地方如绍兴、宁波、崇德等地，几乎都同时同地发现过那种青黄色薄釉瓷器和灰色陶器，这就说明这三种陶瓷器并非偶然的巧遇。

5. 这里的地理环境十分适宜于烧窑。同时，我们在浙江发现的其他性质的窑址，如烧砖窑址，以及近代的各种窑，大多是依着山坡建造的。同时，烧窑的原料，在这里也十分方便获取，可以就地取材。因此，当地居民"祖辈以烧窑为生"的传说，是有根据的。

（照片由郑建明提供，特此致谢！）

（原载《考古通讯》1957 年第 2 期）

余姚窑瓷器探讨

　　所谓"越州窑瓷器"，顾名思义，是指古越州所烧造的瓷器。有些人含糊其词，以为只有绍兴烧制的瓷器才叫越州窑瓷器，这显然是不妥的。据《浙江通志》载，越州地统山阴、会稽、萧山、诸暨、余姚、上虞、嵊县（今嵊州市）。到现在为止，在越州发现的瓷器窑址，有绍兴的九岩和禹陵，萧山的上董，上虞的百官和窑寺前，余姚的碗窑山、陈子山、狗头山和沈家门前山等，这些都属于越州窑瓷器的范畴，只不过后人赋予各个不同的称谓。在余姚烧造的瓷器，统称为余姚窑瓷器，其中时代有早晚，成品有精粗。五代吴越王以官家力量，在这里特设了窑场，烧制出来的瓷器，无论是胎质、釉色、纹饰或造型，就当时来说，的确是别具一格的，应该说是越州窑瓷器发展到高峰时期的杰作。

　　在余姚上林湖一带，究竟何时开始设有窑场，从史书上找不到确切的解答。有些人弄不清余姚窑瓷器和秘色瓷的名称，误认为余姚窑是五代吴越创设的。事实上，余姚窑在唐代已有的说法，不仅从史籍中可以找到，而且，1953年在慈溪鸣鹤场出土了一块唐长庆三年（823年）的瓷墓志后，已有了定论。去年浙江省文物管理委员会在余姚发现的一件刻有唐大中四年（850年）的瓷瓶，又是一个有力的例证。与此同时，在余姚上林湖还发现一件塑龙瓷瓶，造型和釉色，除多了一条龙与四个双柱外，和唐大中四年瓷瓶相仿。这件塑龙瓷瓶，从颈部到肩部，塑有四个双柱，柱间围绕着一条龙，龙首四顾，张牙舞爪，龙尾缠在柱上，姿态活泼生动，从风格上判断，应该是唐代的作品，可以作为唐代余姚窑瓷器具有高度艺术水平的旁证。此外，遗存在余姚上林湖、上岙湖、白洋湖一带窑址中的实物，也很值得注意。散布在上林湖西岸的，要推勤子山和沈家门前山的碎片最精致；上四村的碎片和沈家门前山的很相似，只是胎骨较厚；上一村的碎片，胎质厚，纹饰粗，青釉近灰。显然，这些物粗价廉的瓷器，是广大人民的日用品。唐长庆三年瓷墓志、唐大中四年瓷瓶，这两件纪年瓷器，也应该是这些窑场的出品。如果这个推论没有错误的话，那么余姚设立民窑的时代，至迟在唐长庆三年之前。南京光华门外出土了一件瓷虎子，上面刻有"赤乌十四年会稽上虞陈□宣作"的字样，制瓷技术已经达到相当高的水平。但是，余姚窑瓷器是否也像上虞一样，早在三国吴的时代已经出现制瓷窑场，在没有直接的资料证明之前，是难以推论的。不过有一点可以理解，绍兴、上虞、余姚同属越州，都是邻县，他们的制瓷技术一定有密切的关系。

　　所谓"余姚窑"，本来也是一个统称。秘色窑设在余姚，而且是在余姚的民窑基础上发展起来的，所以也同属于余姚窑系统。为了说明方便，一般就将设在余姚的民窑，称之为"余姚窑"，将这里的官窑，称之为"秘色窑"。但是，"秘色瓷"这个名称，由来已久。至今还有人认为秘色瓷是个谜，这或许是将秘色瓷想得太神秘。这种神秘的想法，可能是一般的窑址里找不到它的遗存。我认为这个推论是合理的，因为秘色瓷窑址，虽然未经正式发掘，历年来采集到的碎片，已至少在数千片之上，但始终没有发现过那种装镶有金银的瓷器。如果瓷器上装镶金银的工作是在烧制窑场上做，而且制坏了就丢了的话，那么至少能发现它几片。

秘色瓷的成就，陈万里先生说"是完全由于吴越王的促进"。我认为不妥。应该承认，秘色瓷的成就，首先要归功于终日辛勤劳动的匠师们，他们集思广益，创造性地发挥了前人的经验。与此同时，与当时的政治和经济也有直接关系。五代时，吴越地区的战争比较少，但也不像尚钺先生主编的《中国历史纲要》里所说的"吴越统治八十五年未发生战争"。其实，战事是有过的。从 893 年至 978 年的八十五年间，钱镠曾经起兵讨董昌，取越州；接着，为占据婺州、睦州、衢州、温州、福州等地也动过干戈；与淮南方面，也曾数次发生过战争。不过，这都是本地区的和与毗邻之地的战争，吴越统治者并没有企图推翻"中央"霸占"十国"而大规模地用兵。所以，劳动者得以在相对安定的环境里生活，为社会创造财富。同时，统治者为了巩固和长期保持统治权，增强实力，采取了一些有利发展生产的措施。江南本富饶之地，吴越时大兴水利，一河一浦都有堰闸。由于这些措施，社会经济进一步地发展了起来。社会秩序的相对安定和经济的发展，越州瓷的优良技术基础，从事制瓷业匠师的智慧和辛勤劳动，这就是秘色瓷成就的主要原因。

余姚窑瓷器究竟什么时候衰落下去，同样是没有得到完全解决的问题。在余姚上林湖发现过不少刻有"太平戊寅"字样的瓷片。太平戊寅应该是太平兴国三年（978 年），这也正是吴越灭亡的那一年。可见这时余姚窑还在继续生产。赵光义做了天子之后，在太平兴国七年（982 年）六月十五日派殿前承旨赵仁济监理越州窑务。这里所指的，应该就是监理秘色瓷的窑务，至少也该包括秘色瓷窑。因为秘色窑既是用官家力量所设的，又是专供御用的，出品优良，吴越归降于宋后，宋的统治者对这个窑场当然也是不肯放弃的，所以派赵仁济去监理。不过现在要从碎片中分出哪些是属于五代吴越的作品，哪些是属于北宋的作品，就相当困难了。因为秘色瓷的风格，不可能随着时代的转移而立刻就改变。

瓷器是我国劳动人民的伟大发明之一，这是祖国的光荣。而浙江古代瓷器，在我国陶瓷史中，占着极其重要的一页。系统而科学地整理、研究浙江古代瓷器，应该刻不容缓地提到我国考古学研究的日程上来。我这篇浅陋的短文，只不过是想起个抛砖引玉的作用罢了。

（原载《文物参考资料》1958 年第 8 期）

嘉湖地区现存的重要文物古迹

嘉湖地区是江南的富饶地区，这里的文化也相当发达。1957年4月至6月间，浙江省文物管理委员会调查了这一带的文物古迹。现在将重要的资料简要地介绍出来，供大家参考。

（一）飞英塔[①]

塔位于湖州市眠佛寺西，八面七层，砖建木檐。每面转角处砌有圆倚柱，每面又以槏柱分为三间，中间设门。腰檐及平座施以斗拱承托。下面每层腰檐下补间铺作设一朵，平座下设两朵。塔的内部另建有一石塔，八面五层。南北两面浮雕佛故事。南面第一层是佛涅槃像。第一层东南面有题字云"□城费谔同妻徐二十娘与家眷舍钱一百贯文足入飞英寺助缘建造石塔第一层绍兴二十五年五月初二日谨题"；正南面有题字云"府郭南门界居住奉佛女弟子□氏三五娘法名善德谨施净财一百二十贯文足镌造释迦卧佛圣像一面所集功德伏用报答四恩三有生身父母养育深恩□□忏悔罪瑕解释冤债庄严佛果成就菩提绍兴二十四年甲戌四月八日□氏谨愿"；西南面有题字云"女弟子张氏四十九娘法名慧通施财镌造佛像报答四恩三有追荐亡夫王九太医亡男周三十四□□亡男王七六秀才往界"；正西面有题字云"湖州归安县仁风乡南门界居住女弟子任氏十四娘法名智通男彦济彦升与家眷等施财镌造宝塔佛像报四恩三有追荐亡夫周三四太医往生净土求乞忏悔绍兴二十五年十月日题"。在第二层以上，仍有题字，但非目力所及，又难攀登，不能尽记。

关于飞英塔的建造年代，嘉泰《吴兴志》载："……僧云皎咸通中飞锡长安，僧伽授以舍利七粒及阿育王饲虎面像，遂归建塔，始中和四年，成于乾宁元年。凡三十七层，高六十五丈。开宝中有神光见于绝顶，遂复增建木塔于外。绍兴庚午岁雷震成烬。知州事常同因州人之请，复立是塔，舍利无恙，今又建木塔云。"又阮元《两浙金石志》第十五卷孟淳撰《重修飞英舍利塔记》云："端平初，沂王夫人俞氏重修，高三十层，减半之。夏颓圮。元延祐甲寅重修，迄于戊午，五年而成。"又据塔旁陈秉中撰重修飞英舍利塔记（碑现已倒卧）："……明永乐间又圮，景泰壬申僧道戮募捐重修。"后经道光十八年（1830年）重修，光绪四年（1878年）重修。

按石塔上的题记年代看来，石塔已非唐代建筑物，而是绍兴二十四年（1154年）所造。《吴兴志》所记"绍兴庚午岁雷震成烬"，绍兴庚午为二十年，此时大约内外两塔完全坍毁，石塔复建于其后四五年。而外面的砖塔，大约直到八十余年后（端平初年）方由沂王夫人俞氏重修，减去三十层，变为七层，高度也减半。

---

① 参考黄涌泉：《浙江省的纪念性建筑调查概况》，《文物参考资料》1956年第4期。

（二）唐代经幢

湖州市还保存着七座经幢。其中在湖州师专的两座天宁寺经幢可参看《浙江省的纪念性建筑调查概况》一文，此处即不赘述。另外，保存在湖州医院的（尊经阁旧址）仅存幢身的有三座：一座是唐会昌元年（841 年）十一月廿八日建，幢身八面，宽 21 厘米，高 1.56 米；一座大小与上同，幢身上所刻文字模糊；一座是唐大中十一年（857 年）四月建，幢身亦八面，每面宽 25 厘米，高 1.68 米。另有三残段，一段刻有"唐大中十一年四月"，文字甚精，另两段有文字而不见年号。此外，在吴兴东林山有唐祇园寺经幢，共两座，是大中五年（851 年）的。

（三）雕龙柱础

湖州医院有十几个古代柱础。最引人注意的，是两个雕龙柱础。柱础底部方形，每边宽 1.35 米，上部圆形，直径 87 厘米。在上部周围雕刻着龙和山岩。龙的形象表现得生动有力，有穿石而出者，颇似赵州桥栏板手法。像这样精致的柱础，我们在浙江还是首次见到。考证这个雕龙柱础的来源，是个颇有意思的事。湖州医院为尊经阁原址，但尊经阁的规模与这个柱础是不相称的，所以柱础应该从他处搬来。与尊经阁相近的，有州学大成殿，现已平为广场；又有天宁寺，现改为中学，唐幢三座及断幢三段，都迁建到尊经阁了。据《嘉泰吴兴志》载：天宁万寿寺为陈永定三年（559 年）章皇后舍宅所建，名龙兴寺；唐神龙二年（706 年）改孝义寺；吴越王改天宁寺；宋崇宁中改崇宁寺；绍兴七年（1137 年）以崇奉徽宗香火，赐额报恩广孝，十二年（1142 年）改报恩光孝禅寺，志书中"崇奉徽宗香火"一语，与此石础大约有关系。徽宗绍兴五年（1135 年）卒于金。绍兴七年何蘩还自金，赵构始闻其父丧。此时行都未定，至绍兴八年（1138 年）始定都临安。所以绍兴七年"崇奉徽宗香火"于湖州。这时是暂时局面，未必大兴土木。至绍兴十二年改报恩光孝禅寺的时候，可能有所兴建。崇其体制，始有此精工刻镂的游龙石础。

（四）仪凤桥

湖州市市南有仪凤桥。桥柱上有宋绍熙四年（1193 年）赵伯圭、赵师拨父子等题名。其中有一段刻着"绍熙四年九月初六日朝请郎知湖州军州事赵充夫建"字样。按《浙江通志》载："仪凤桥，唐仪凤年间置，因名，宋天圣三年知州高慎交重建。绍熙三年毁于火，易名绍熙。"近年来浙江出土的宋代湖州镜中，有铭文提到"湖州仪凤桥"及"湖州仪凤桥南酒楼相对"的铸镜地点。由于仪凤桥的存在，使我们如今还可以找到当日铸镜的遗址。

（五）大型铜铁铸像

素称"湖州三宝"的铜镜、纸圣、铁观音，如今只留下铁佛寺的铁观音这一宝了。在铁观音的铁盆上铸有"弟子王德言舍盆，都会首弟子徐谦男，都会首弟子朱，造像愿僧鉴真，天圣三年岁次乙丑二月甲寅。"观音高 2 米，外涂金，姿态非常优美，造型与杭州烟霞洞宋代大势至石像很接近。铁佛寺还有三尊大铁佛：中间一尊趺坐，宽 2.8 米，高 4 米；左右两尊趺坐，宽 1.7 米，高 2.5 米。按光绪《乌程县志》记载，这三尊大铁佛是明宣德八年（1433 年）僧昙璧所铸。

嘉兴楞严寺大殿有一尊铜佛。据《嘉兴府志》载："楞严寺，……万历甲申（十三年）僧真可等先建禅堂经室。后郡守蔡承植命住持僧募建大殿，规制宏敞，范铜肖像。案姚士粦云，其像中范释迦佛……"可见这尊大铜佛是明万历间的作品。（编者注：此寺与铜佛现都已不存在了）

　　嘉兴王店大佛寺内，也有铁佛一尊，制作甚精，面相自然，衣折流畅（图一）。从寺内伏狮禅院碑文来看，此佛当为明以前所作。

　　嘉兴楞严寺还保存着一尊紫柏大师自造像（图二）。甚精，可说是一件难得的文物。《四库全书总目》"释家类存目"载："长松茹退二卷，明释可真撰。可真字达观，吴江人，世号紫柏大师。"（按《浙江通志》"仙释"，嘉区文献《嘉区佛教文献之概要》等书均作"真可"。《四库总目》作"可真"，误）静志居诗话云："吾郡楞严寺建自宋嘉祐八年。自嘉靖间为势家所占。紫柏特兴复之，像设皆冶铜为之。"据此推测，紫柏大师像应该就在这个时候一起铸成的。

图一　铁佛像

图二　紫柏大师自造像

　　（六）碑刻

　　嘉湖地区还保存着许多宋、元、明的碑刻。知名的湖州穰梨馆历代名人法书刻石还很完好。其他比较名贵的，有湖州安定书院的绍熙辛亥胡安定石刻线画像，至元二年（1265 年）李术鲁狮撰书的《安定书院夫子燕居堂碑铭》，正德丁卯年（1507 年）吴琼撰的《重修安定书院记》，正德辛未（1511年）邵锐撰的《重修安定书院文教记》；归安县学（即今红墙湾小学）泰定五年（1328 年）邓文源撰书的《湖州路归安县建学记》，元代赵麟写的《归安县重修庙学记》；湖州府学内至正六年（1346 年）赵雍书的《重修府治记》及湖州公园假山上宋大观元年（1107 年）林虞的题字等。在嘉兴有陆宣公祠内的明宣德至万历的祭文碑，嘉兴市少年路的《郡守唐岩刘公遗潭碑记》等。此碑前有一井，已被填塞。从碑文可知，明嘉靖甲寅年，倭寇侵入嘉兴，炎夏干旱，川枯井涸。避兵难民，在城内关闭时，饮城河水，多致疾病。郡守刘悫倡为义井数十口，这是其中之一。明末浙江人民抗倭斗争是英勇的，但保留至今的遗物很少，所以这碑和井是值得注意的。

（原载《文物参考资料》1958 年第 10 期）

德清窑瓷器

一

1959 年 3 月，浙江省德清县的东苕溪导流工程开工，德清瓷窑窑址就在工程的取土范围之内，浙江省文物管理委员会派冯信敦、王士伦两同志前往调查。

在德清县城南约百余米的地方，丁山和城山环绕，东苕溪从天目山流经这里，入太湖。德清瓷窑窑址分布在丁山、城山和城山对河的山坡上（今小马山）。

丁山和城山都出产陶土。陶土的成分主要是三氧化二铝 22.34%、二氧化硅 68.90%、三氧化二铁 4.45%。[①]

设置窑场所需要的基本条件——原料、燃料和水源，在丁山和城山一带都具备了。这就是德清瓷窑在这里发展起来的原因之一。另外，这里水陆交通方便，利于销售成品。

在城山和城山对河的山坡上，各有一处红烧土，混杂着瓷片、窑具和窑壁残块，显然，原来是窑址，后人挖土时破坏了。在丁山有一块窑底残迹，现存面积宽 1.6 米，长 60 厘米，它的前后还有断断续续的红烧土，是窑壁四周和窑底下面被火烤焦的红烧土；窑底的左右没有发现延续的红烧土，而发现有窑壁的残块。按照丁山的窑底残迹来判断，德清窑是属于长窑类型的。此外，在靠近城山北向的山坡上也有一处红烧土，表土很厚，因不在工程取土范围之内，没有发掘。

在窑址附近的沿河两岸堆积着很多瓷片和窑具。这不一定是窑址，或是窑场堆积废品的地方，是窑场的一部分。

二

德清窑瓷器的胎骨颜色不一，大都是黑褐色的，也有灰色和灰白色的。釉有黑釉和青釉两种，但都不是纯粹的；青釉有青绿色、青黄色、青灰色；黑釉多为黑褐色和黄褐色两种。此外还有点彩的，大多饰在器盖上。施釉技术没有越瓷那样高明，缺乏控制能力，具体表现为施釉不匀，厚薄悬殊，釉泪流挂，釉斑密布。

---

① 据德清陶瓷矿厂提供的材料。

德清窑瓷器没有花饰。越瓷中常见的装饰花纹如兽首（或铺首）和器缘的各种图案，在德清窑瓷器中很难找到。这是六朝晚期青瓷发展的一种趋向。

德清窑瓷器都使用圜底多足形的窑具。窑具大小高低是根据瓷器器形需要而定的，最小的底径5厘米，最大的底径14厘米，最低的高3厘米，最高的高27厘米（图一）。这种形式的窑具在越瓷窑址中很常见①。

图一　支烧具（左）、间隔具（中）、碗与间隔具（右）（均为小马山窑址出土）

德清窑瓷器的器形有如下几种。

壶　主要有盘口壶和鸡首壶两种。鸡首壶大多为黄褐色釉，壶肩上的纽以方形桥式居多，这是六朝晚期的瓷器中所常见的（图二）。盘口壶的釉色很不一致，有青绿色的、黄褐色的和深黄色的等等。盘口壶的纽大多是环纽，也有双系或双复系的。盘口小，宽度不超过两肩（图三）。一般说来，唐代瓷壶（或称瓷罂）的盘口较大，宽于两肩，余姚上林湖出土的唐大中四年瓷罂就是例证。

图二　黑釉鸡首壶　　　　图三　青釉盘口壶

虎子　口颈上饰两眼，把手末端饰尾巴，显然是将把手当作动物躯体的形象，这种表现方法是比较粗拙的。

罐　大多是双系罐，是六朝青瓷中常见的一种形式。（图四）

灯盏　灯盏的座和盛油的盏是分开的。灯盏座的形式是底部一盘，盘上置一柱，柱上再饰一小盘口。盛油用的盏是一盘状器，器内有环，便于手执，搁在盏座上。盏座底部的那个盘是盛漏油的。

三足盘状砚　边缘仅高1.5厘米（图五），这种器物在越瓷中常见。有人认为是盘，有人认为是座，有人认为是砚。我们认为最后一种说法是正确的。1957年本会在瑞安桐溪水库发掘古墓时，发现梁大同

图四　黑釉罐

① 这种窑具在萧山上董和绍兴九岩、禹陵等地的越窑窑址中是常见的。

八年（542 年）墓中有三足盘状砚一只，砚内尚留墨迹，这就是证明。器内底部不加釉是为了便于磨墨。

图五　三足盘状砚

　　碗　大小不一。大多广腹敛口，也有口沿至腹中部呈直线，腹下部内收的。如果严格地区分，有些是碗、有些是杯、有些是洗，但特征不显著。（图六）

　　此外还有陶研椎，像带把的陶拍。还有一件用陶土塑成的鸡，可能是玩具。

图六　瓷碗

三

　　关于德清瓷窑的问题，德清县志没有记载，其他书籍中也少见。日本人对德清瓷窑做过调查，但资料只是一鳞半爪的①。要探讨德清窑的年代及其与青瓷发展的关系，就得先叙述一下青瓷的发展概况。

　　浙江地区的陶瓷工业，在几千年的漫长岁月中，始终是相当发达的。约在汉初，印纹硬陶和釉陶进一步盛行，并普遍代替了新石器时代以来习见的各种陶器。到三国时期，已经成功地进入制造瓷器的阶段，南京光华门外赵士冈（宁赵 M1）出土的赤乌十四年（251 年）会稽造的瓷虎子便是例证。其后，在 1000 多年的青瓷发展史中，每个时期都表现出不同的时代风格。

　　六朝时期的青瓷，就器形来说，明器特别多，如江苏宜兴晋墓中出土有鹅圈、猪圈、鸭圈、鸡笼、簸箕、扫帚、水缸、水桶、臼杵等瓷模型②。亭台楼阁式的瓷谷仓模型、注口不通水的瓷鸡首壶，也是习见的③，如永安三年（260 年）和六朝墓葬中出土的瓷谷仓便是例证。不过瓷谷仓的延续时间较长，直到后晋天福年间还有④。六朝早期青瓷的装饰图案有一个明显的特征，那就是用兽首（或铺首）作为图案，通常饰在洗和罐之类的器腹上部，例如南京太平门外锁金村晋太兴三年（320 年）墓（宁锁 M1）出土的瓷钵；南京光华门外赵士冈吴凤凰二年（273 年）墓（宁赵 M7）出土的双耳罐，南京中华门外丁甲山西晋太康六年（285 年）曹翌墓（宁丁 M1）出土的双复系罐⑤；黄岩秀岭咸和二年

　　① 参见［日］小山富士夫：《支那清瓷史稿》"越州的古窑址"章"德清古窑"节，文中堂，1943 年。
　　② 罗宗真：《江苏宜兴晋墓发掘报告》，《考古学报》1957 年第 4 期。
　　③ 有一种注口不通水的鸡首壶应该属于明器。
　　④ 浙江省文物管理委员会曾收购到一件刻有"天福年造"字样的青瓷谷仓。
　　⑤ 江苏省文物管理委员会编：《南京出土六朝青瓷》图版 2、4、41，文物出版社，1957 年。

（327 年）墓（M20）出土的 II 式瓷罐①，等等。运用兽的形象制作成的水注，即兽形水注，或称辟邪水注，运用蛙的形象制成的蛙盂，也盛行于六朝早期。此外，常见的六朝青瓷的装饰花纹还有连珠纹、网纹（即方格纹）、波浪纹等。饰莲瓣纹的较少见，在瑞安桐溪水库天监元年（502 年）墓葬中出土的瓷碟上曾见过这种纹饰。

六朝晚期到唐初的青瓷，就器形来说，趋向实用，明器没有前期那样盛行，殉葬的也大多是实用器。装饰花纹如兽首（或铺首）、波浪纹，以及蛙盂、辟邪水注都非常罕见了。施釉技术有了提高，釉色在六朝时期常见的是深色，而这个时期转向淡色，并且纯洁、均匀、悦目。

唐末五代和宋初，青瓷的风格为之一变。器物上普遍出现划花或印花，不但余姚上林湖的秘色瓷如此，在黄岩秀岭、温岭石粘、仙居白塔乡下叶村、上虞上浦乡、诸暨六家埠、奉化西坞区白杜、宁波东钱湖、镇海前邵、慈溪杜湖、瑞安陶山区上寺前和下寺前等地的唐末、五代和宋初窑址的瓷片上，也有划花和印花的，只不过花纹没有上林湖秘色瓷那样精细罢了。这时期瓷器的纹饰风格，深受佛教艺术的影响，花鸟画大为盛行，人物画较少见，器形更趋实用，可以说青瓷制造技术发展到了高峰。

南宋及其以后的青瓷发展情况与德清窑瓷器关系较远，这里就从略了。

按照上面三个发展阶段来看，德清窑瓷器相当于六朝晚期的风格，它的明显特征是：

1. 使用的圈底多足窑具是六朝瓷窑中常见的；

2. 器形趋向实用，明器少见，这是六朝晚期青瓷发展的一般规律；

3. 方形桥式纽常见，这种纽通行于六朝晚期；

4. 六朝早期常见的蛙盂、辟邪水注、兽首（或铺首）、网纹、连珠纹等在德清窑瓷器中少见。

至于德清瓷烧制技术的简陋，并不能说明它的时代的早晚。在浙江瓷业发展过程中，北宋以前，越瓷是占最主要地位的，它的销售范围很广，各地的瓷器制造受越器影响是非常自然的事。在探讨德清瓷窑年代问题的时候，从整个青瓷的发展规律上着眼，我们认为还是妥当的。

（照片由郑建明提供，特此致谢！）

（原载《文物》1959 年第 12 期）

---

① 浙江省文物管理委员会：《黄岩秀领水库古墓发掘报告》，《考古学报》1958 年第 1 期。

浙江省龙泉青瓷窑址调查发掘的主要收获[*]

一

1956 年至 1961 年，浙江省文物管理委员会对龙泉青瓷窑址进行了多次较全面的调查，并先后发掘了部分窑址。

通过调查，在龙泉、丽水、云和、遂昌和永嘉等地，发现许许多多的古代窑址。这些窑址，从大量的遗物堆积来看，都属同一个系统，其中以龙泉最为密集、最为典型，所以我们统称为"龙泉窑"。

龙泉位于浙江南部，北邻云和、松阳、遂昌三县，东南与福建交界，丛山耸峙，溪水纵横，茂林修竹，有优质瓷土。在大窑、金村、竹口、溪口（图一）以及东部的梧桐口到武溪一带，都密布着古瓷窑址。特别是在大窑，西起高际头，北迄坳头村，在沿溪十里的山坡上，共有窑址 53 处，每处窑址上，窑具和瓷片堆积如山，产品之精致为龙泉其他窑址所不及。

图一 溪口瓦窑垟窑址远景

到目前为止，已经发现的古代龙泉窑窑址有 200 多处。通过对龙泉的大窑、金村和丽水的宝定等窑址的发掘，获得场房、砖池、住宅、窑室等建筑资料和大量的瓷器标本。这为进一步揭示龙泉窑的生产发展历史提供了有益的资料。

---

* 与朱伯谦共同执笔。

二

　　龙泉窑的创建时代，文献记载不一，一般都说始自宋代，只有宋人庄季裕的《鸡肋编》说，龙泉县"又出青瓷，谓之秘色，钱氏所贡，盖出于此。宣和中，禁廷制样需索，益加工巧"。1960 年，我们在发掘大窑和金村两地的古窑址时，发现在北宋窑床的下面有五代的瓷片堆积层。这证明庄季裕关于龙泉窑始自五代的说法是可信的。

　　出土文物表明，五代龙泉窑是继越窑而发展起来的，并且接受了瓯窑的传统。受越窑影响的五代龙泉窑址，共发现 10 余处，主要分布在龙泉县（今龙泉市）的大窑、金村、王湖、安福，丽水县的黄山、石牛等地。出土瓷器，以碗、盘、壶占多数，其次为盆、钵、罐（图二）。制作工细，胎骨均匀，底部光洁，高圈足很规则，器身上都有用刀和篦状器刻划成的各种图案花纹，线条粗放，构图简洁，常见的题材有微波激荡、童子戏花、秋菊艳放、花卉缠枝等。烧造技术较前期的越窑进步，但还存在某些缺点，如釉层薄，釉色青中泛黄；体积大的器物，如盆、钵、罐等，胎壁厚重，加上烧制这些器物的窑具是喇叭形垫座和环状圈托，承托面小，因而，每每器底内凹，釉面辄黏附砂粒和杂质，严重影响到正品率。受瓯窑影响的五代龙泉窑青瓷，仅在龙泉县金村的 3 座窑址中发现。出土瓷器有碗、盅、盘、壶、坛、花盆和五管瓶等。质地细腻，呈灰白色，表里施水青玻璃釉，圈足微微撇出，外底留有托珠和托环的痕迹。

　　　　　　　　　　1　　　　　　　　　　　　　　2　　　　　　　　　　　　　3

图二　金村淡青釉瓷器
1. 盏　2、3. 碗

　　五代吴越钱氏，对中原贡奉不绝，特别是到了钱弘俶时代，对北宋的贡奉更加频繁。贡物以丝绸和瓷器为大宗，动辄十数万。这样大批贡奉所需的瓷器，绝不是余姚上林湖一地所能供应的。新发现的上虞县窑寺前五代窑址和龙泉大窑、金村等地五代窑址，都应是当时烧制贡瓷的重要地点。

　　（一）五代、北宋时期

　　吴越统治八十五年，始自唐景福二年（893 年），亡时已是北宋太平兴国三年（978 年）。因之，所说五代龙泉窑，实际上包括了北宋初期的作品。吴越亡后，北宋统治者对浙江的青瓷生产仍然十分重视。太平兴国七年（982 年）赵光义派殿前承旨赵仁济监理越州窑务。无疑，这对于龙泉窑的发展是有很大关系的。

　　在北宋统治一百六十多年中，龙泉窑瓷业进一步地繁荣了起来。在龙泉县的大窑、金村、溪口、王湖、安仁口、周垟、王庄、梧桐口，云和县的赤石埠，遂昌县的湖山镇，都设窑烧造，而其中规模最大、产量最丰富的仍然首推龙泉的大窑和金村。北宋的龙泉窑窑址，在大窑发现23处，金村发现16处，经过清理，发现了3座龙窑。

龙窑都依山建造，斜度在14°～18°之间，前缓后陡。窑身前段平缓，中后段较陡，主要是由地形决定的。为了降低火焰流速，适应煅烧瓷器的要求，把窑的中后段造成弧形，使窑身前直后弯。窑体庞大，火膛狭小呈半圆形，火门与窑床之间的距离仅0.5～0.6米。在窑床的后壁下部有七八个出烟孔，每孔高0.25、宽0.15米左右，壁外有一个半圆形的小土洞，用作排泄烟气。这样简单的烟囱，是符合龙窑建筑特性的。因为由龙窑窑身斜度所产生的自然抽力，取代了烟囱的部分功用。龙窑的窑底斜平，不分级，上铺石英砂粒，俗呼"软底"。窑壁用砖和废匣钵砌成，也有土壁的。在金村16号窑址所发掘的一座龙窑，残长50.36米（前段被破坏）、宽2.25～2.80米，中段被南宋的龙窑所叠压。依据前后两段排列齐全的匣钵密度计算，全窑可放匣钵170行以上，每一行多数为8个，少数为7个，总平面上可置匣钵1300个以上，每一匣钵高度一般为0.08米，估计全窑可烧瓷器20000～25000件。

北宋龙泉窑青瓷釉汁透明，淡青中微带灰色。造型古朴，棱角分明，圈足宽矮。外底不上釉。品种比五代时期大有增加，新兴的瓷器有瓶、炉、碟、粉盒和渣斗等，每种器物的式样也多变化。瓷器上的花纹显著减少，五代时常用的团花和用篦状物划成的弧线纹和点线纹已罕见，盛行的有云纹、蕉叶纹、鱼纹及带叶和茎的莲花（图三），有的在碗底内印有"河滨遗范""金玉满堂"等。尤其引人注意的，是在大窑岙底亭后山发现的一片瓷片，印有"永清窑记"的戳记。在宋代，私家作坊出品的器物，如当时出名的临安漆器、湖州铜镜，往往记有商标，有的还在商标上记着"真"或"真正"的字样，表示名牌，谨防假冒。"永清窑记"的发现，正说明了北宋龙泉窑在当时的声誉。

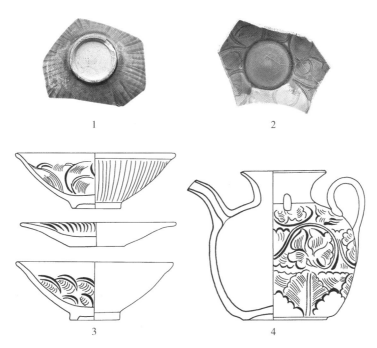

1   2

3   4

图三　北宋龙泉窑瓷器纹饰
1、2. 金村出土　　3、4. 大窑出土

（二）南宋时期

南宋时，龙泉窑瓷业发展到了鼎盛时期。

南宋迁都临安，全国的政治、经济和文化中心随之迅速南移。以赵构为首的投降派在与金人议和之后，大兴土木，还设立了各种专供御用的工场。临安府的修内司和郊坛下两处官窑的规模不大，产量有限，因此就不得不仰给于龙泉窑。这就促使龙泉窑进入鼎盛时期。

在南宋时期，北宋龙泉青瓷产区，除金村产量稍低外，其他各处都有很大发展，并且在县西的八都和县南的竹口等地设立了新的窑场，而以溪口和大窑两地最为繁荣。在溪口，自秦溪北面的法岩寺起，向西延到下泉坑，向北延到墩头村西南的瓦窑垟，沿溪两旁的山坡上分布着窑址 13 处。尤其是大窑一带，从高际头到坳头村沿溪 10 里（1 里为 500 米，后同），有窑址 48 处，几乎每一座山坡都有窑址。

这个时期仍采用龙窑烧造，窑的结构有了改进。在大窑有一座龙窑，共有 9 个窑门，其中 8 个开在东壁，只有一个开在西壁，并与烟囱接近。从这里可以看出当时装窑和出窑完全集中在一边。窑门开在一边，可能和场房与出入道路有关，同时，可以增加装烧量，保护窑温，节省燃料。不过，这时的龙窑还不能避免由于窑温的不均衡而造成废品的缺点，这在金村发掘的一座龙窑中可以看得很清楚。在这座龙窑中，遗留着大量没有出窑的瓷器，部分已经煅烧成熟，极大部分却生烧严重。通过许许多多没有出窑的产品和各地遗留的瓷器和窑具上黏附的标本，我们了解到当时的装窑情况：1. 碗、洗、盘、碟、杯等类器物，都采用匣钵复叠法，即先将一匣钵口部朝下放，其上仰置一瓷坯，然后再复一只匣钵，又于其上仰置一瓷坯，如此一个一个叠装上去，到达接近窑顶为止，所用匣钵都是底部呈半圆形内凹；2. 瓶、瓠等类瓷器，采用匣钵仰叠法，即匣钵口朝上，所烧器物放在匣钵内，一般放一件瓷坯，也有放四五件的，所用的都是平底匣钵；3. 凡大件瓷器置于窑室中段，取其火候均匀适度，小件瓷器置于窑室的前后两段，其中也间隔大件瓷器，起着稳定匣钵柱的作用，避免塌窑事故。

在大窑岙底俗呼"砖做路"的地方，还发现了当时的场房和砖池等遗迹。

场房是三开间瓦屋，但不用隔墙，总长 11.5、进深 6.3 米。大门在当心间的东壁正中，方向正东。北门是烘烤间，烧土的地面厚 0.12 米。北间的西部和当心间的西南角各隔一小间，用来堆坯土和废坯胎。南间尚残留西壁一道，用砾石砌成。在南间的西南角又有灶屋一间，灶用板瓦和残砖砌成框，内填黄色黏土，和现在大窑一带居民使用的炊灶相似。

靠近场房北间的后壁和南间的后壁各有一个淘洗池。靠北间后壁的一个淘洗池，内口径约 2、深 0.23 米，池底用黏土铺作，四壁用砖斜砌而成，底敛，口侈，口外再围砖墙一周，北面挖一条进水沟，西面疏一道出水沟，向南一直引到靠场房南间后壁的淘洗池。靠南间后壁的淘洗池，口径 1.63、深 0.35 米，也用砖砌，池的中间稍偏北处有东西向砖墙一道，将池分成南、北两部分，北部堆满了瓷土渣。

在淘洗池的西面有一个炼泥池，长 1.17、宽 0.67 ~ 0.7 米，底敛，口侈，池底中间内凹，四壁和底都用大型砖砌成，壁外面堆挤砾石、残砖、废匣钵和黏土。

场房和砖池周围，是高岭土及其渣滓层。

南宋龙泉窑有白胎青瓷和黑胎青瓷两种，而前者占 90% 以上。只有龙泉溪口瓦窑墙和大窑的新亭、山树连山、亭后、牛颈头山几处瓷窑兼烧它种产品外（图四），其他各处都烧造白胎青瓷。

白胎青瓷的胎质细洁坚密，其色白中微泛青色。器物有碗、盘、洗、盒、豆、盅、碟、笔格、灯

盏、鸟盏、塑像、棋子，等等（图五）。在造型上突破了北宋的格局，
创造出活泼、柔和、明快和匀称的形式。花纹装饰也别具风格，在瓷胎
上刻划花纹的手法已经很少采用了，代之而起的是浮雕和堆贴花，例如在
瓷瓶的颈间塑上一只伏虎、一条舞龙，或者两只远眺的凤鸟，在瓷洗里面
底上浅浅地贴着两条小鱼。尤其常见的是莲瓣纹盘、碗和碟子，还有卷边
荷叶形的浅盘，也有仿桃子式样的洗。有一种鬲炉，则普遍采用出筋的装
饰手法，即在炉足的外表塑上一条三角形的筋骨，通过釉汁的流离作用，
烧成后筋骨上的釉层较薄，显露出白色瓷胎，增加了炉足的着力感。

图四　南宋晚期龙泉窑黑胎瓶

　　白胎青瓷的施釉技术较之北宋也大有进步，釉层润厚，色泽晶莹。
釉色有粉青、梅子青、青褐、青灰、灰黄、鹅皮黄、蜜蜡、芝麻酱、淡
蓝等。其中以粉青和梅子青最佳，色泽鲜艳滋润，如美玉翡翠。据科学测定和实验，非在1200℃左右
的高温还原焰中不能成；而且胎釉料中氧化铁的含量要适度，煅烧时温度上升要正常，釉层要厚，等
等。在大窑、金村和溪口的窑址中发现有生烧坯，釉层很厚，呈奶白色粉末状，明显地分作3层。由
此可以看出，当时要烧造一件釉层厚的瓷器，是经过多次施釉的。而且很可能生坯是经过素烧的，否
则强度不够，会产生破损、变形和跳釉等情况。

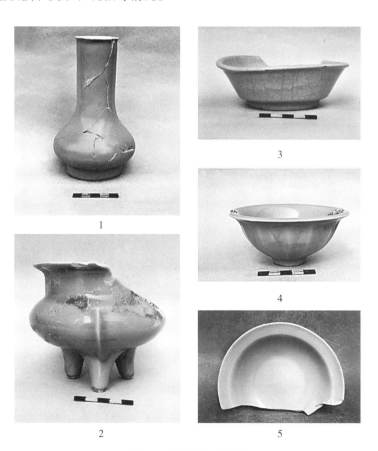

图五　南宋龙泉窑瓷器
1. 南宋中期瓷瓶　2. 南宋晚期鬲式炉　3. 南宋晚期小洗　4. 南宋晚期小盏　5. 南宋晚期瓷盆

　　黑胎青瓷器的种类，常见的有碗、盘、盏、杯、壶、盆、洗、瓶、觚、盂、盒、灯、炉等。胎骨细密，呈灰黑色，有"铁骨"之称，厚度一般在1毫米左右，盆、洗等大件器物的厚度也不过3毫米，只有觚，因为器身高，负荷大，因此胎壁下部厚达4～5毫米，釉的厚度超过胎壁，但口沿仍很薄。从溪口瓦窑垟窑址发现的几件生烧坯可以看出，黑胎青瓷是二至四次上釉的。在这座窑址中，还发现一件胎面有布纹的模制扁壶，布纹可能是模子上的印痕，或者是为了在一次上釉中取得厚釉而采用包布施釉的结果。釉以青色为主，也有米黄、紫色和乌金色等。釉中普遍开片。从许许多多的瓷片中，可以找到这样的规律：凡胎质疏松、体轻、呈奶白色、淡红或淡黄的，则釉质浑浊，釉面微泛白光，呈奶黄、炒米黄、淡青灰等色，裂纹密集如鱼子；胎质比较细密，呈浅灰色的，釉呈粉青色，开裂严重，纹片作大小块状；胎质细腻、呈灰色的，釉质匀净碧绿，开片稀疏；胎质坚硬呈深灰色的，釉呈蟹壳青、鳖裙色，釉汁或浑浊、或晶亮，裂纹少见；胎壁很硬、色黑如墨的，釉色深，有的为墨绿色、有的乌金色，开片极少。黑胎青瓷由于胎骨灰黑，器物口沿釉层很薄，透露出胎骨，通称"紫口"；这种瓷器，也因入窑烧造时使用浅盘形和扁平形垫饼承托在圈足底下，圈足底端的釉层被刮去，烧成后露黑胎，谓之"铁足"。（图六）

图六　溪口瓦窑垟窑址出土南宋晚期黑胎标本

　　南宋的装烧方法有明显的时代特征。窑具改进了。匣钵规正，都经过"涂匣"，所以匣内有黄褐色薄釉一层。垫饼大多用坯泥制成，有浅盘形、盏形、碗形、臼形和环形圈托。浅盘形和臼形的垫饼，托面平滑，全部用来承托有圈足的器物。使用时，垫饼的托面托住器物的圈足，这样，器物可以满釉，而圈足下端的釉必先刮去，出窑后经氧化作用，圈足底端便呈现朱色或黑色的瓷胎。碗形和盏形垫饼，壁薄而匀，用作盅、把杯和小洗叠烧的间隔物，烧成后置在下面的器物——盅和把杯的口沿露出一条朱线。环状圈托是垫在少数平底露胎的炉、盒和鸟盏的底下的。鸟盏、桃洗和匙碟等小件也有用饼状支钉支烧的，但较少见。器身和器盖都是合烧的，这不仅增加了装烧量，而且使器身和器盖更加密合，胎釉的色泽也可一致，比之北宋那种器身和器盖分烧的方法是进步了。

　　（三）元明时期

　　到了元代，水陆交通和对外贸易迅速发展，而瓷器成了商业活动的重要内容，需要量激增。元人汪大渊曾经游历数十个国家，他写的《岛夷志略》中，说几十个国家的人都用中国瓷器，并多次提到处州瓷器。可见处州瓷器在元代仍然有很高的声望，并成了我国对外贸易的商品。

元代龙泉窑的规模，在这样的历史条件下，迅速地由交通不便的大窑和溪口，向瓯江和松溪两岸扩展开来。现在已经发现的元代龙泉窑系统的窑址，大窑周围有 50 多处，竹口和枫堂一带有 10 多处，在龙泉县东部有梧桐口、小白岸、杨梅岭、山石坑、大王屿、道太、葡萄垟、前赖、安福口、王湖、安福、马岙、岭脚、大琪、丁村、源口、王庄等地，在云和县的有赤石埠，在丽水县的有规溪、宝定、高溪等地，在永嘉县的有蒋岙、朱涂等地，总计 150 多处，而其中分布在瓯江和松溪两岸的约占总数的三分之二。这样，大批的龙泉窑瓷器便可以顺流而下，转由当时重要通商口岸的温州和泉州，运输到国内外市场上去。

元代龙泉窑的窑型，仍沿用长条形的斜坡式龙窑（图七）。瓷器的制作具有明显的时代特征：胎骨渐趋厚重，器身的每一转折处作棱角或凹槽；圈足垂直，足底齐平；釉层较薄，呈青黄色；器物种类有所发展。特别值得注意的是，在大窑和竹口等地出产了大量的大型瓷器，有高达 1 米的花瓶和口径达 60 余厘米的瓷盘，标志着当时制瓷术的新成就。在装饰方面，出现了褐色点彩，并普遍有花纹。纹饰采用划、刻、印、贴、镂、堆等多种做法，其中印花和镂刻是这个时期新发展起来的。纹饰题材有仿五代和北宋的折扇纹、海涛纹、蕉叶纹、变形云纹、菊花和菱花等；有仿南宋的莲瓣、龙纹、凤纹、鱼纹等（图八）；有新兴的雷纹、锯齿、方格、"卍"、鼓钉、如意、吉羊、八仙、八卦、古钱、梅、桃、兰、牵牛花、秋葵、竹叶、灵芝、甜瓜、龟鹤、云鹤、双鸾衔绶、丹凤朝阳，等等。在瓷器上还大量地出现了文字，在这里特别值得一提的是在大窑、宝定等地窑址出土的瓷器上有八思巴文，所见的有"ꡀ""ꡁ""ꡂ""ꡃ""ꡄ""ꡅ""ꡆ"等。八思巴文自元至元六年（1269 年）颁行后，使用到元朝灭亡，时间很短。到现在为止，元代瓷器上发现有八思巴文的还只有龙泉窑青瓷。这一事实有力地说明了龙泉窑在元代的瓷业中还占有很重要的地位。同时丽水宝定窑址中大量印有八思巴文瓷器的出土，标明宝定窑应起于宋代，盛烧于元代。

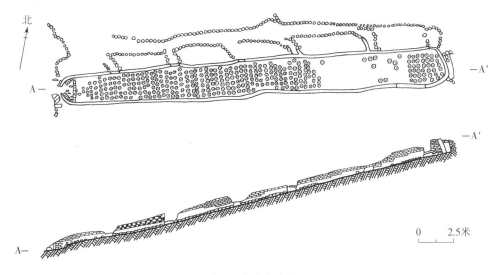

图七　龙泉窑窑炉

　　然而，元代瓷器的质量比之南宋较粗糙，而且愈往后愈差，呈现出衰落的现象：胎质返粗，釉薄而泛黄，呈青黄色，器外底一圈无釉或不施釉，装饰花纹的线条没有以前那样奔放，结构也平淡。

　　随着政治重心的转移，随着各地制瓷术的进步，特别主要的是，明代景德镇瓷业的进一步发展，生产出大量精致的白瓷，绚丽的青花和釉里红瓷器也竞相争艳，昔日龙泉窑的地位迅速被取代了。在前人的记载里，也都看到了这一点。《龙泉县志》："明正统时，顾仕成所制者已不及生二章远甚。化、治以后，质粗色恶，难充雅玩矣。"又《饮流斋说瓷》："明仿龙泉与宋元无大异，惟其色略淡耳，其釉略薄耳。"

　　明代龙泉窑除元代遗留下来的窑场多数继续烧造外（图九），又在龙泉县南的新窑地方设窑烧造，可是，窑场的总数减少了。窑型除沿袭了宋、元时期的龙窑形式外，又新创了"阶级窑"。在龙泉大窑发现的阶级窑窑址，早经严重破坏，发掘时仅见尾部两室和一个烟囱。窑体前宽后窄，室与室之间有挡火墙两堵，前面的一堵，下部有用耐火砖砌成的烟火弄7个，上部利用匣钵砌成，墙身前俯，顶端作半圆形，后墙全部用匣钵砌成。有了隔墙，就能够把火焰的流向由平焰改为倒焰，使窑内温度均匀，延长保温时间，宜于烧造大件瓷器。

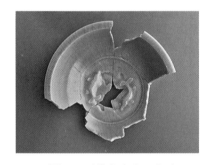  

图八　元代龙泉窑双鱼洗　　　　　图九　大窑枫洞岩窑址出土的明代瓷器

　　明代末期的龙泉窑瓷器，胎骨粗笨，足底厚重，修饰马虎，器形多浑圆瘦长，种类减少（图一〇）。至此，龙泉窑瓷器便到了衰落的时期。

1　　　　　　　　　　　　　　　2

图一〇　明代龙泉窑瓷器
1. 叠烧标本　2. 高柄杯

三

关于龙泉窑的研究，有四十多年的历史，至于前人笔记和地方志中关于龙泉窑的记载，从来没有间断过。前人的记载和研究，给我们以极其重要的参考和启发。现在将我们的某些看法，记于后，以便求教于读者。

1. 南宋白胎青瓷，过去人们往往笼统地认为都是弟窑产品，现在看来，这个见解不够完善。弟窑，指章生二所主之密。章生二是当时窑工中技术特别高明的技师，或是窑业主，或匠师兼业主，现在还很难确定。但是，在《七修续稿》和《陶说》等书中，都说章生一、章生二在琉田（即今大窑）"各主一窑"。这就很明白地说，他们兄弟俩不过是各主一窑而已。如上所述，南宋龙泉窑的窑场很多，分布范围达数百里，其中白胎青瓷的产量在当时的总产量中占了90%以上，就是大窑附近也有近50座窑，所以要说白胎青瓷全是弟窑的产品，那是不合情理的。当然有一点是可信的，即章生二所主之窑的产品应该是白胎青瓷，并且质量是很高的。不过，到目前为止，在大量的窑址和遗物中，都没有能够标示出弟窑和其他窑场所出产的白胎青瓷有什么明显的区别。弟窑可能就是当时龙泉白胎青瓷的代表作品。

2. 相传章生一在龙泉琉田主一窑，所产瓷器为黑胎、紫口铁足、青色釉、有开片。这些特征与大窑、溪口窑址中出土的黑胎青瓷相吻合，黑胎青瓷应当是哥窑的产品无疑。但是烧制这类瓷器的窑址共发现5处，烧造地点除大窑外，还有离大窑二十五里的溪口，证明这类瓷器也不全是章生一所造的，章生一可能是这类瓷器的创始人或者是所制产品最佳者，因而获得了这类瓷器的代表称号。与称弟窑的性质相同。

另外，又有一种传世的瓷器，釉色浅白，开大小纹片，厚胎，有人认为是哥窑的作品。这是有很大疑问的，因为到目前为止，在龙泉窑系统的任何一处窑址堆积中还没有找到这类产品的遗存，而且瓷器的风格和烧制方法也与龙泉窑迥然不同。

3.《燕闲清尝》等书载，哥窑取瓷土于凤凰山下。这是不可信的。龙泉的高岭土和紫金土蕴藏量很丰富，例如在大窑，不但有古代采掘过的瓷土坑，直至今日还在开采。又龙泉地处浙南山区，与杭州远隔千里，交通非常不便。《燕闲清尝》的作者，大概认为哥窑瓷与临安府官窑瓷极近似，从而做出了这样的揣测。

（照片由郑建明提供，特此致谢！）

（原载《文物》1963年第1期）

金华万佛塔塔基出土文物

一

金华位于婺港上游，浙赣铁路经过这里，是浙江水陆交通要地。它是座山城，建筑物都依地势高低分布。

万佛塔建在塔下寺山坡上，本名"密印寺塔"，因每块砖上都雕有佛像，故俗呼万佛塔。据说，1942 年反动军队借口军事关系，毁去此塔，窃取文物。日本侵略军占据金华时，曾挖掘塔基，盗走文物。1956 年因某工程在这里取用石块，工人发现盖在塔基中心的石板上有洞，窥见洞内有文物，报告了市人民委员会。浙江省文物管理委员会于 12 月 30 日接市人民委员会电报通知，当即派员前去调查。

万佛塔塔基发现文物的消息轰动了金华市，大批群众到现场要求参观。市人民委员会正、副市长和有关部门的负责人，研究了清理办法，决定清理。清理工作从 1957 年元旦下午开始，至晚 12 时结束。为了满足群众的要求，在清理结束后，举行了公开展览。市人民委员会的负责干部，对此次清理非常重视。主持现场的领导干部，不仅放弃了元旦休假，工作到深夜，还亲自参加掘土、搬石子、拉车子等体力劳动，其精神确实很感动人。

二

万佛塔塔基呈六角形，南北两壁相距 8.5 米，东西两角相距 9.9 米。塔基中心盖有一块方形石板，每边长 1.5 米（图一）。在这块石板中有一个凿得很不整齐的洞，洞的大小仅能容一人出入，并且这个洞破坏了盖板正面上的刻经，所以推断它是个盗洞。塔基用较整齐的长形石块砌成，有些长石块上还浮雕着云纹。在每块长石块之间，粘以三合土，并夹有钱币："开元通宝""太平通宝""至道元宝""咸平元宝""景祐元宝"。

塔基正中的方形石板下就是石室（图二、三）。室内文物上的铭刻都称它为"龙宫"。"龙宫"由六块红砂质石板铺成，像个大型的方匣子。顶上一块刻"一切如来心秘密全身舍利宝箧印陀罗经"（就是中间凿了洞的一块），四壁四块刻"佛法随求即得大自在陀罗尼神咒"，铺底的那块刻经题记，末行刻有"嘉祐七年壬寅十月二十八日当院尚方住持都勾当劝缘传清凉祖教观沙门居政立"。"龙宫"内靠东、南、西三壁有狭长的石座，石座下垫以竖石。靠北壁的石座上刻有"石匠徐文广、戴文遂、

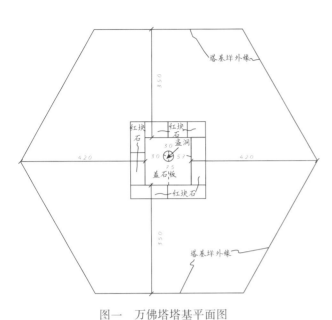

图一　万佛塔塔基平面图

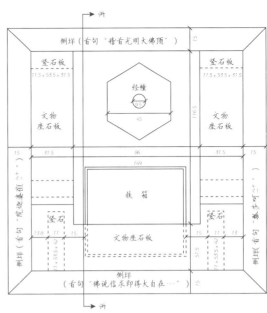

图二　万佛塔塔基石室（"龙宫"）平面图

王文意舍此石室龙宫供养者"。"龙宫"自底部至口沿，共高 1.57 米。"龙宫"底部铺有一层碎石块，最下就是岩石。"龙宫"四壁的四块刻石的外边有一层夯土。

"龙宫"内有许多文物。文物的分布位置如下：靠北壁正中有一座经幢，幢前有铁箱一只，残存很少几件文物，其余都摆在靠东、南、西三壁的石座上。但也有几件文物，侧倒在地上。在"龙宫"顶板上面，也发现有两尊残破的铜造像。

经幢的形制玲珑，高 1.47 米，共分 7 段：底层是须弥座，六角形，其上刻有水纹；束腰每面浮雕两朵云纹；上面一层雕有覆莲。幢身高 54 厘米，上刻"无垢净光大陀罗尼经"，并刻有"弟子使院观察孔目官吴善并妻王一娘家眷等，捹舍净财，装此幢子，永充供养。弟子刘知古舍此幢子一所，永镇龙宫供养。嘉祐七年岁次壬寅十月二十八日沙门灵寿书"。幢身上部是重檐，顶上有宝珠，两檐之间有圆形仰莲一座，仰莲上有一方形石块，中空，四壁镂成四门，呈亭子状。这件东西当时放在地下，大概受"龙宫"高度的限制。下檐有六脊，每两脊之间有瓦筒四行。上檐有四脊。经幢是用红砂石制成的。幢身表面呈黑色，须弥座的水纹涂有石绿，云纹涂有石绿及桃红，覆莲的花瓣边缘勾有金色和桃红，下檐檐口施以金色，仰莲的花瓣边缘也勾有金色和桃红，上檐的四脊亦施金色。宝珠下是仰莲，每瓣莲花的边缘勾有金色和桃红。宝珠上涂桃红色，但颜色大都剥落。

金涂塔共发现 15 座，其中铁铸的 4 座，铜铸的 11 座。

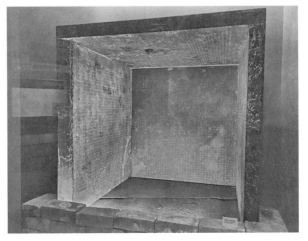

图三　"龙宫"

铁铸金涂塔过去只见于著录，我们还未发现过实物。四座铁铸金涂塔中，三座较大，一座较小。因为是铁质，容易锈蚀，所以保存完整的只有一座。全高（连刹）20.8 厘米，塔基宽 10、高 3.5 厘米，塔身宽 7.6、高 8 厘米，塔刹高 9.3 厘米。塔身四周刻铸着佛故事。塔基四面各有四个小坐像。塔顶四角饰蕉叶山花。每角蕉叶山花的向内部分，刻有坐像；向外部分的两面，各分上下两层，刻着佛故事。塔刹饰有四轮，轮用金属制成，表面涂白色，其上刻有简单的"〰"纹和连珠纹。轮都串在铁刹上。塔顶中心有稍凸出的莲花座。塔底有盖板，其上铸有"吴越国王俶敬造宝塔八万四千所，永充供养。时乙丑岁记"。按钱弘俶乙丑年，即宋太祖（赵匡胤）乾德三年，相当公元 965 年。

另 11 座都是铜铸金涂塔，有的在塔身外表涂有一层很厚的金，也有不涂金的。塔全高（连塔刹）22 厘米；塔基下端宽 7.8 厘米，上端宽 6.3 厘米，高 3.4 厘米；塔基中部宽 5.2 厘米，高 6.2 厘米；塔刹高 12.5 厘米，有七轮，顶作火焰宝珠状。塔基四面各刻有五座小像，塔基四周刻有佛故事，通常是第一面，一坐佛像，左二人，右一人，前有二虎，佛作割肉饲虎状；第二面，一佛像坐中间，右二人，一立一坐，左二人，立，持杵；第三面，一佛屈膝俯首，一人持刀加其首，一人承其下，一人倚其后，后有宝树一株，是描写月光王捐宝首的故事；第四面，一立佛像，左二人，右一人，前有二虎，佛作割肉饲虎状。但也有描写其他佛教故事的。塔身内壁上都刻有"吴越国王钱俶敬造八万四千宝塔，乙卯岁记"。按钱弘俶乙卯年即后周世宗（柴荣）显德二年，相当于 955 年。

金涂塔是分片翻铸，然后合而为一的。通常是塔基和塔身连在一起，分铸 4 片；塔顶四角的蕉叶山花，每角分铸 3 片，四角共分铸 12 片；塔刹也是另外铸的；塔顶顶板和塔底底板也都分铸。铜铸金涂塔没有塔底的底板，相轮和塔刹铸在一起。铁铸金涂塔的相轮都是分铸的。

根据现有资料，金涂塔为五代吴越钱弘俶时的作品。金涂塔完全仿照印度塔的形式。五代十国时期，吴越地区社会经济充裕，统治者大兴佛寺，利用宗教麻痹人民，巩固其统治政权。《曝书亭集》："寺塔之建，吴越武肃王倍于九国。"钱弘俶大量铸造金涂塔，遍施各地，甚至遣送国外。程珌《龙山胜相寺记》云："吴越忠懿王用五金铸十万塔，以五百遣使者颁日本。"但所说十万或八万四千，不一定是实数。

历代关于金涂塔的发现，见于著录的有《台州府志》《两浙金石志》《曝书亭集》《嘉泰会稽志》《舆地纪胜》《胜相寺记》《破山寺志》《表忠谱序》《绍兴府志》《静志居诗话》《文物参考资料》（1955 年第 11 期、1956 年第 1 期）等。此外，1955 年浙江省文物管理委员会接收到台州及嵊县（今嵊州市）移交吴越金涂塔 2 座。苏州虎丘塔修理时，也发现铁质金涂塔一具。

铜造像大小共 60 余尊（图四）。其中有一尊观音像甚精：他慈祥地坐在假山上，左腿下垂，右腿屈踏石上，左手微向后撑起，右手支在右腿上，那丰润的肌体，凝静、优美、自然的形象，使人感到亲切。还有两尊地藏像，雕铸艺术也很成功。地藏坐的座上，分别刻有"府内女弟子吴二娘为□孙十二娘子造地藏"和"女弟子□三为四恩三有造地藏一身永充供养"。铜造像中，立像很多，都是细腰的，上身略后倾，衣饰合体，下身好像围着一块薄纱。背光的雕刻，精致瑰丽，有些背光中间嵌了一枚铜镜。铜造像中小型的坐像也很多，刻法较简单，但也有很精致的。铜造像中还有一种用铜板铸刻的，其中有单独一个的，也有许多像连在一块的。铜造像中，有一件力士像和一件跪拜像，异常别致。此外，有一件铜铸的小龙，生动活泼。有两件铜铸的马和麒麟，则比较古拙。

　　铜造像中，除用铜板雕刻的外，余都中空，花冠、头部、身体、四肢、座、焰等，大多分铸。翻范时往往有砂眼，所以在铸像的内部，多有后来补贴上去的金属小块。

　　除铜造像外，还有1尊石造像、3尊铁铸像。石造像采用红砂石，外表涂金，莲座上涂朱。铁铸像刻铸虽较简单，但脸部、衣纹和姿态的表现风格，非常古朴浑厚，生动而不板滞。

图四　铜造像
1. 南朝大势至菩萨像　2. 五代吴越地藏菩萨像　3. 五代吴越游戏坐水月观音像　4. 五代吴越鎏金铜菩萨立像
（照片1、2、4由浙江省博物馆提供，照片3由黎毓馨提供）

　　塔基中还发现许多铜镜，大多素地无纹，但也有几枚纹饰相当精致（图五）。其中飞天镜很引人注意。镜质较薄，通身绿锈，小圆纽，纽外饰有四禽、四飞天。飞天露足，作飞舞状，首足翘起，腹部低下。因铜锈破坏了画面，脸部模糊不清。四禽花草镜也很精美，葵花形镜边，龟纽，纽

图五　铜镜
上：飞天镜　中：千秋万岁双凤纹镜　下：素面亚字形镜
（浙江省博物馆提供）

外饰有四禽四花草，四禽的姿态生动。另外还有一面神骑镜，纹饰极精，可惜残破了，只剩下半面。这面镜子是葵花形边，圆纽，纽外饰有神人骑仙鹤、仙马，仙鹤和骏马的迅速飞奔，衣带的迎风飘舞，栩栩如生。这两面镜子的时代要比飞天镜早些，约相当于唐代晚期的作品。

此外，还有铜盒3只，许多钱币，石座2件，小石碑1个，铁箱1具。铜盒的形状像从腹部中间剖开的圆球，正中穿一铜条。这3只铜盒的大小，以腹径为准，一只13厘米，一只11.5厘米，一只10.5厘米，每只铜盒上刻有很精致的花纹。在铜盒里面，较大的一只墨书"景德吉""唐七郎"；另两只在两半的内部各墨书有"唐"字。钱币中有"开元通宝""乾元重宝""太平通宝""淳化元宝""至道元宝""咸平元宝""祥符元宝""天禧通宝""天圣元宝""景祐元宝""皇宋通宝"。另外还有9枚铁钱，已锈，字迹无法辨识。2件石座，其中一件已残破，另一件尚完好，上有彩绘。小石碑长26厘米，宽19.5厘米，上刻"般若波罗蜜多心经"，有座。铁箱的盖子已被打破，盖侧倒在石座上。铁箱不连盖高43厘米，长68厘米，宽62厘米，厚0.4厘米。铁箱的盖高16.5厘米，上部阳刻"金华县大云乡祥符东第四保居住弟子姜永□并妻朱二娘合家等，舍入此龙宫内铁函一所，永充供养。都勾当传清凉祖教沙门居政。嘉祐七年壬寅十月一日匠人刘勖"。

三

万佛塔建造年代，各书所载不一。光绪《金华县志》：

永福寺，……西有塔九级，据万历府志宋治平初僧居政建；大清一统志作唐代建。明嘉靖十二年七月大风落其铁顶，三千余斤。乙丑，知府叶宗春率民修。隆庆初，侍郎王崇记。康熙十五年，康亲王临郡，僧牧庵募修。乾隆六十年大风，塔顶又落。道光二十七年，僧定钫募资大修，腹庋十三层，设梯曲折而上，足资远眺焉。参旧志，按王崇记略云：塔高三十余丈，下广轮七尺许。今以日影勾股比例法，测得纵黍尺塔高十五丈弱，量底层广七尺强。

又康熙《金华府志》载：

> 密印寺，在府治北百四十五步，旧名永福，吴越钱氏建，宋大中祥符间更名密印，后废，改建分司。有塔九级，……治平初建。

此外，也有传为三国时建。

"龙宫"内刻经后的题记是非常可靠的材料（图六）。题记云：

> ……大宋两浙婺州保宁军金华县大云乡州郭内密印院释迦遗法传清凉祖教观比丘居政，幼捐尘网，落发披缁，……经于岁月，念历诸方，负锡挈盂，遍游法席。至于长水，契志抠衣。一纪之间，奥明教观。旋复故里，受业本院。讲楞严□□金刚□信等经论。偶暇之外，寻睹本院有大

图六　万佛塔龙宫石板拓片

藏经，即偏霸钱氏之所传写。其由绵历岁月浸远，遗失稍多，嗟乎法藏不全。遂怀坚志告募本郡檀越唐承遇及众信人，同率资金，抄写填补，虽已成就，安著未所，乃得本郡檀越……等，洎募众檀信，博施家财，□□木植。于本院大佛殿后，建造经阁三间。□□中间安贮大藏经文及卢舍那、文殊、普贤尊像三躯。两厦集众看读藏典，洎后一出，共计四间，并皆圆缉。又于阁后建造佛阁三间，中安圣像，东西两翼分□住世罗汉，以为续日□时薰修道场。及建□堂一所，逐日凌晨，聚众讲演真乘。洎乎方丈、厨、库，以为憩息办膳之所。僧堂一座，即檀越潘滋抽施家财□为建立。僧堂一座，内床、柜、厨等事，悉皆圆备□，虽梵宇告毕，塔庙敢无……遂乃恭命前项檀越主……等人，共发□□□□施□□□后甃砌填筑□□□□于□□造释迦如来□□□□□□一所，□□巍巍出银汉之外，雄雄镇金轮之下……嘉祐七年壬寅十月二十八日当院上方住持都勾当劝缘传清凉祖教观沙门居政立。

由此可以推知，永福寺应该是五代吴越所建。文中所说"寻睹本院有大藏经，即偏霸钱氏之所传写，其由绵历岁月浸远，遗失稍多……"可以证明康熙《金华府志》说密印寺吴越钱氏建，是比较可靠的。吴越时，统治者大兴寺院。到钱弘俶时，还将金涂塔大量地分送给各寺院，或者铜铁铸，或者纸绢印。"龙宫"内的金涂塔，很可能就是当时送入的。至于万佛塔的建造年代，记文中说得非常明白，是北宋嘉祐年间僧居政募建的。后人将建塔的年代拉到唐代去，和建寺的年代混淆在一起了。

虽然万佛塔塔基过去已经屡次被盗，但是出土文物仍是丰富的，具有重要研究价值，因此选择一部分完整的文物图版印出，以供参考。

浙江省文物管理委员会藏金华万佛塔塔基出土文物登记表

器物登记号	器物名称	附 注	器物登记号	器物名称	附 注
金万塔1	嘉祐七年经幢		18	铜坐像	缺背光、座
2	铜观音坐像		19	铜坐像	
3	铜地藏坐像		20	铜坐像	缺座
4	铜地藏坐像		21	铜坐像	缺座
5	铜坐像		22	铜立像	
6	铜坐像		23	铜立像	
7	铜坐像	缺背光、座	24	铜立像	
8	铜坐像	缺背光、座残	25	铜立像	缺座
9	铜坐像		26	铜立像	缺背光
10	铜坐像		27	铜立像	缺座
11	铜坐像		28	铜立像	
12	铜坐像	缺背光	29	铜立像	缺座
13	铜坐像	背光稍破	30	铜立像	
14	铜坐像	缺背光	31	铜立像	
15	铜坐像	缺背光、座	32	铜立像	
16	铜坐像	缺背光、座	33	铜立像	
17	铜坐像	缺座	34	铜立像	

器物登记号	器物名称	附　注	器物登记号	器物名称	附　注
35	铜立像	缺座	73	铜佛座	
36	铜立像	缺座	74	铜佛座	
37	铜立像		75	铜佛座	
38	铜立像		76	铜佛座	
39	铜立像		77	铜佛座	
40	铜立像		78	铜佛座	
41	铜立像		79	铜佛座	
42	铜立像		80	铜佛座	
43	铜立像		81	铜佛座	
44	铜立像		82	铜佛座	
45	铜立像		83	铜佛座	
46	铜立像	缺座	84	铜佛背光	
47	铜立像	缺座	85	铜佛背光	
48	铜立像	缺座	86	铜佛背光	
49	铜立像		87	铜佛背光	
50	铜立像	缺座	88	铜佛背光	
51	铜立像	缺座	89	铜佛背光	
52	铜立像		90	铜佛背光	
53	铜千佛像	缺座	91	铜佛背光	
54	铜千佛像		92	铜佛背光	
55	铜千佛像		93	铁铸立像	
56	铜千佛像	缺座	94	铁铸立像	
57	铜千佛像	缺座	95	铁铸坐像	缺背光、座
58	铜千佛像	缺座	96	铁铸坐像	缺座
59	铜千佛像		97	石雕坐像	
60	铜千佛像	缺座	98	金涂塔上的蕉叶山花	
61	铜龙	足稍残	99	金涂塔上的蕉叶山花	
62	铜麒麟		100	金涂塔上的蕉叶山花	
63	铜马		101	铁铸金涂塔	
64	铜佛座		102	铁铸金涂塔	一蕉叶山花断，相轮缺
65	铜佛座		103	铁铸金涂塔	一蕉叶山花缺
66	铜佛座		104	铁铸金涂塔	缺相轮
67	铜佛座		105	铜铸金涂塔	缺一蕉叶山花
68	铜佛座		106	铜铸金涂塔	缺蕉叶山花，缺刹
69	铜佛座		107	铜铸金涂塔	一蕉叶山花损
70	铜佛座		108	铜铸金涂塔	
71	铜佛座		109	铜铸金涂塔	
72	铜佛座		110	铜铸金涂塔	缺刹

器物登记号	器物名称	附　注	器物登记号	器物名称	附　注
111	铜铸金涂塔	缺一蕉叶山花	148	花鸟镜	残
112	铜铸金涂塔	缺一蕉叶山花	149	菱花镜	残
113	铜铸金涂塔	缺刹	150	禽兽葡萄纹铜镜	
114	铜铸金涂塔		151	禽兽葡萄纹铜镜	
115	铜铸金涂塔		152	禽兽葡萄纹铜镜	
116	素面铜镜	残	153	禽兽葡萄纹铜镜	
117	素面小方铜镜		154	禽兽葡萄纹铜镜	
118	亚形素面铜镜		155	禽兽葡萄纹铜镜	
119	亚形素面铜镜		156	禽兽葡萄纹铜镜	
120	亚形素面铜镜		157	禽兽葡萄纹铜镜	
121	圆形素面铜镜		158	禽兽葡萄纹铜镜	
122	圆形素面铜镜		159	禽兽葡萄纹铜镜	
123	圆形素面铜镜		160	禽兽葡萄纹铜镜	
124	圆形素面铜镜		161	禽兽葡萄纹铜镜	
125	亚形素面铜镜		162	禽兽葡萄纹铜镜	
126	亚形素面铜镜		163	禽兽葡萄纹铜镜	
127	圆形素面铜镜		164	禽兽葡萄纹铜镜	
128	圆形素面铜镜		165	禽兽葡萄纹铜镜	
129	圆形素面铜镜		166	菱花镜	
130	圆形素面铜镜		167	"先师太道禅"砖	
131	圆形素面铜镜		168	彩绘石座	
132	圆形素面铜镜		169	心经石刻	莲座
133	圆形素面铜镜		170	铜盒	
134	圆形素面铜镜		171	铜盒	
135	圆形素面铜镜		172	铜盒	
136	圆形素面铜镜	残	173	铜零件	
137	圆形素面铜镜	残	174	铜零件	
138	圆形素面铜镜	残	175	铜零件	
139	圆形素面铜镜	残	176	铜零件	
140	圆形素面铜镜	残	177	铜零件	
141	圆形素面铜镜	残	178	铜零件	
142	亚形禽兽葡萄纹铜镜		179	万佛塔塔砖	残，砖上有造像
143	菱花镜	残	180	石座	
144	菱花镜		181	"龙宫"石座	
145	飞天镜		182	"龙宫"刻经及题记石刻	共6块
146	"千秋万岁"镜				
147	花鸟镜		183	万佛塔塔基长石块	上有浮雕

（原载《文物参考资料》1957年第5期，文物出版社1958年另行出版）

浙江发现的太平天国田凭和各种税收文物

浙江发现的太平天国田凭和各种税收文物，到目前为止，就我所见的，有1000多件。其中有许多是浙江省文物管理委员会、浙江省博物馆和崇德县文教局联合在石门、崇德地区收集来的。浙江省文物管理委员会还曾经两次派干部到当地去核对文物的来源情况，证实这批文物都是保存在农民家里的，并且大多是农民自动捐献的。农民说，他们过去识字的很少，不论什么契据文件，都保藏得很好，代代如此，现在还保存着许多清代的契据文件。

一

值得重视的是，这1000多件太平天国田凭和各种税收文物，经过排序，发现其中有许多同一个花户在同一年份里，既有田凭，又有易知由单和纳粮、纳银收据，并且从太平天国十一年到十三年（1861～1863年），年年都能衔接。现在选择文物实例，列表如下（表一）。

从表一中，我们可以了解到：

1. 太平天国在石门征收田赋，是按照惯例分上、下忙征收的，上忙征银，下忙征粮。

2. 太平天国自十一年到十三年，在石门所征收的田赋，下忙每亩都在一斗六升到一斗七升左右。

3. 太平天国在石门县不论土地多寡（有几十亩的，也有仅几分的），一律征收赋税。《剡源乡志》卷二十四载，太平军克复奉化"未几，开造田册，以五亩以上计算，纳米二斗"。有人依据这条记载，认为太平天国在浙江征收田赋是五亩以上起捐的。从石门县发现的文物看，五亩起捐的措施不是普遍情况。

4. 拿太平天国发给花户的易知由单去核对漕粮、条银执照，可以看出，农民大多是按照易知由单上所通知的应缴粮、银数目缴纳的，但也有略少于易知由单上所通知的应缴粮、银数目的。

5. 从太平天国田凭和易知由单中可以见到，花户的田地亩数，大多在十亩以下，有的只有一两分，很少有超过三十亩以上的；还值得注意的，很少发现同一花户有两张田凭的（如果同一花户由于土地坐落的地区不同，会有数张田凭的）。根据许多文献记载，太平军每克一地，地主富户大多避匿他地。也许因为这个缘故，那些拥有大量土地的地主富户很少领到田凭。

二

从浙江发现的太平天国田凭、易知由单、纳粮（银）执照中，我们还可以了解到：

1. 太平天国在石门县征收田地赋税，田和地的税额标准是不分高低的，有的田的税额高于地的税额，有的地的税额高于田的税额。现在选择文物，列表如下（表二）。

表一　太平天国在浙江石门县的漕赋

姓名	土地坐落	太平天国十一年（1861年）					太平天国十二年（1862年）						太平天国十三年（1863年）				
		土地亩数	应缴漕粮（斗）	实缴漕粮（斗）	平均每亩应缴漕粮（斗）	实缴条银（钱）	田凭上所书土地数	土地亩数	应缴漕粮（斗）	实缴漕粮（斗）	平均每亩应缴漕粮（斗）	实缴条银（钱）	土地亩数	应缴漕粮（斗）	实缴漕粮（斗）	平均每亩应缴漕粮（斗）	实缴条银（钱）
金学章	石门县15都14图	田5.88亩 地2.45亩	13.58		1.63		田8.6亩	田7.12亩 地2.97亩	16.45	16.45	1.809	8.6	田7.13亩 地2.97亩	16.45		1.629	
马茂桢	石门县12都2图	地0.75亩	1.21	1.16	1.613	0.68	田0.6亩	田0.42亩 地0.6亩	1.68	1.68	1.647	0.58	田0.43亩 地0.6亩	1.68	1.68	1.631	3.03
劳万粦	石门县17都3图	田10.5亩 地4.35亩	24.2		1.63		田18.1亩	田12.15亩 地5.95亩	29.5		1.635	38.3	田12.14亩 地4.6亩	27.29		1.632	
唐国端	石门县15都14图	田6.6亩 地4.85亩	18.66	17.73	1.629		田11.8亩	田8.01亩 地5.89亩	22.67	22.67	1.631	11.8	田8.1亩 地5.89亩	22.66		1.62	33.9
顾汉瑞	石门县15都14图	田8.58亩 地3.14亩	19.1		1.63		田12亩	田10.4亩 地3.8亩	23.17		1.627	12.8					
朱国良	石门县14都2图	田9.9亩 地3.85亩	22.41		1.63		田13.7亩	田12.78亩 地？		25.71		33.7					
劳圣美	石门县17都3图	田5.06亩 地2.13亩	11.73		1.631		田8.9亩					8.9	田7.95亩 地0.63亩	13.97		1.629	86
唐祭尧	石门县14都4图					0.84	田3.8亩	田3.8亩 地0.43亩	6.92	6.92	1.636	3.82					
袁兰芬	石门县14都4图	地0.93亩	1.5		1.613		田1亩	田1.1亩	1.8	1.8	1.636	3	田1.1亩	1.8		1.636	
金叙三	石门县15都14图	田0.99亩 地1.1亩	3.43	3.25	1.642		田7.8亩	田1.2亩 地1.35亩	4.16		1.631	5.4	田2.72亩 地6.52亩	15.74	1.7		2.55
名高	石门县	地0.7亩	1.14	1.08	1.628			地0.85亩	1.39		1.635	5.4					
陆正奇	石门县	田1亩（下缺） 地0.52亩		12.59		7.4		田5.36亩 地3.1亩	13.79		1.63	5.38	田2.36亩 地2.1亩	7.27		1.63	
杨伯荣	石门县	田1.9亩	3.24			1.6	田1.9亩	田1.71亩 地1.15亩	4.66	4.66	1.629		田1.8亩 地1.23亩	4.93		1.627	2.96
唐虎文	石门县	田9.24亩 地2.18亩	18.61	21.28	1.63	12.62			26.72	26.72							

注：1. 各栏数字的来源："姓名"和"土地坐落"两栏，均见于田凭、条银执照，"实缴漕粮""实缴条银"两栏，均见于易知由单和缴纳漕粮收照；"土地亩数"和"应缴漕粮"两栏，均见于易知由单、条银执照、田凭；"田凭上所书土地数"见于田凭。

2. 表内空格，表示还没有发现这件文物。

表二　太平天国在浙江石门县征收田和地的赋税的数额比较表

年份	姓名	土地数	征粮数	平均每亩征粮数
太平天国十一年	金茂酉	田 2.33 亩	3.78 斗	1.622 斗
太平天国十一年	钱海顺	田 1.98 亩	3.23 斗	1.631 斗
太平天国十一年	胡成秀	田 1.23 亩	1.99 斗	1.618 斗
太平天国十二年	黄升龙	田 10 亩	1.63 石	1.63 斗
太平天国十二年	应茂昌	田 2.8 亩	4.57 斗	1.632 斗
太平天国十二年	尧荣芬	田 1.1 亩	1.8 斗	1.636 斗
太平天国十三年	朱德顺	田 2.3 亩	3.75 斗	1.657 斗
太平天国十一年	钱起泽	地 0.2 亩	0.33 斗	1.65 斗
太平天国十一年	沈其三	地 0.72 亩	1.22 斗	1.694 斗
太平天国十一年	沈鸣三	地 0.8 亩	1.25 斗	1.563 斗
太平天国十一年	余正	地 1.1 亩	1.79 斗	1.627 斗
太平天国十一年	钱公显	地 0.5 亩	0.83 斗	1.66 斗
太平天国十二年	朱平章	地 0.9 亩	1.47 斗	1.633 斗
太平天国十二年	陈鼎魁	地 1.6 亩	1.73 斗	1.08 斗

注：以上例证，均见太平天国便民易知由单。

2. 在浙江发现的太平天国田凭上，有的盖上"某某查过"的红印，也有的在角上墨书"某某多几亩"等字。可见，太平天国颁发田凭是经过调查核实的。所有的田凭，不论以何人的名义发的，其格式和内容几乎全是一样的，可见太平天国发给田凭的制度，在当时是比较统一的。在浙江杭、嘉、湖地区发现的太平天国田凭，大多是以听王陈炳文[①]的名义颁发的；陈炳文是当时嘉兴府七县和杭州、湖州、苏州部分地区的最高主将，田凭既然用他的名义颁发，可见此事是相当郑重的。

3. 在浙江发现的太平天国易知由单和完纳漕粮、条银执照，大多由县以下组织签发的。为了便于了解这一点，现在选择 838 件文物，列表如下（表三）。

表三　太平天国在浙江征收漕赋签发易知由单及收据情况

年份	文物名称	签署者	数量（张）
太平天国十年	完银串票	天朝九门御林开朝勋臣谨天义熊	4 张
太平天国十一年	完纳漕粮便民预知由单	天朝九门御林开朝勋臣佐镇石门县僚天安邓	100 张
太平天国十一年	完纳漕粮执照	钦差大臣佐镇石门县僚天安邓	103 张
太平天国十一年	完银串票	钦差大臣佐镇石门县僚天安邓	72 张
太平天国十一年	完银串票	钦差大臣佐镇石门县妥天福滕	7 张
太平天国十一年	粮户易知由单	天朝九门御林郎天义户司员佐理嘉兴民务章	1 张
太平天国十二年	便民预知由单	殿前又副掌率任浙江省天军主将邓	76 张
太平天国十二年	完银串票	殿前又副掌率邓	18 张
太平天国十二年	完银串票	殿前忠孝朝将邓	15 张
太平天国十二年	尚忙条银执照	殿前忠孝朝将邓	76 张
太平天国十二年	完粮执照	殿前又副掌率任浙江省天军主将邓	69 张

① 陈炳文于太平天国甲子十四年（1864 年）七月在江西金溪叛降清朝。

年份	文物名称	签署者	数量（张）
太平天国十二年	春忙存照	东阳县南门师帅贾、旅帅张	1 张
太平天国十二年	执照	东阳前壹军左营师帅汪、后营师帅许	1 张
太平天国十二年	漕粮纳照	（乌程）殿前忠夏朝将谭	1 张
太平天国十二年	便民由单	仁和前军后营师帅陆	1 张
太平天国十三年	完纳漕粮便民预知由单	归王邓	14 张
太平天国十三年	下忙漕粮便民预知由单	归王邓	71 张
太平天国十三年	完纳漕粮执照	归王邓	109 张
太平天国十三年	完银串票	殿前又副掌率邓	10 张
太平天国十三年	完银串票	殿前又副掌率任浙江省天军主将邓	2 张
太平天国十三年	完银串票	归王邓	20 张
太平天国十三年	尚忙条银执照	殿前恒顶天日顶天扶朝纲归王邓	64 张
太平天国十三年	尚忙条银执照	殿前又副掌率邓	3 张

三

　　此外，在浙江还发现有太平天国以田亩为征收对象的附加捐和其他方面的赋税的文物，现择要介绍如下：

图一　田亩捐票

　　《亩捐收票》：太平天国十一年，尚（上）虞县右二军前营前旅杜发给杜作良，"捐钱拾千文，解济饷需"。

　　《田捐支照》：太平天国十二年，桐乡县左营军帅汪发给黄仁安，"为启办田捐事，案奉听王瑞论，自十月初一日起，每田地一亩捐钱一文，以济军需等因"，"粮户黄仁安名下先行酌提六个月，计一百八十三日，应捐钱拾千另捌百伍拾玖文，按期缴清"。

　　《田亩捐票》：太平天国十三年，桐乡县后营军帅吴发给胡加非，"自壬戌十月初一日起，每田（地）一亩每日捐钱一文，计捐钱五百另四文，以济军需"。（图一）

　　田捐柴捐《执照》：太平天国十三年，殿前忠莱朝将何发给胡振高，"额田六亩八分另三毛五系，应完本年八月起至十二月止田捐银六钱八分，柴捐银六分八厘"。（图二）

　　《捐纳军需由单》：太平天国十三年，殿前忠莱朝将何发给桐乡倪鼎魁，"征田五亩一分，应完本年军需田捐一两四钱二分八厘"。

　　按沈梓《避寇日记》载：桐乡"田捐于冬底特办三个月，每亩每月捐钱二百文"。按照上述文物来看，这条记载是值得怀疑的。

　　《纳户执照》：太平天国十二年，殿前忠绫朝将户政书办理绍郡盐

务阳发给灶户章存义，征收本年分灶课银三分五厘。（图三）

《业户执照》：太平天国十二年，右二军前营旅帅兼管灶务事杜发给赵成奇，征收本年分灶课钱二百文。（图四）

《渔课执照》：太平天国十一年，石门县监军发给渔户沈奇年，征收本年分课银五分九厘。

《星石桥卡票》：太平天国十二年，御林开朝勋臣谨天义熊，征收商民莫客船一条装载松树二排，完纳税银钱三百四十文。（图五）

海宁庄婆堰《卡票》：太平天国十二年，九门御林开朝勋臣永天福孙，征收商客刘姓贩运柴五十担，计完卡捐钱五百。（图六）

《大峰桥卡票》：太平天国十二年，御林开朝勋臣谨天义熊，征收商民吴安装运松柴一百六十斤，完纳税银钱八百文。

萧山《荏珊卡局卡票》：太平天国十二年，王宗殿前忠忆朝将杨，征收商民李装运梅梨五件，捐厘金三百十五文。

《零税票》：太平天国十三年，忠应朝将队隆天安张发，商船谢客舟一条，白菜货价本钱四千一百文，按三分抽税，共征收税钱一百二十三文。

《零税票》：太平天国十三年，忠应朝将队隆天安张发，商船费客舟一条，白菜货价本钱三千三百二十文，按三分抽税，共征收钱一百文。

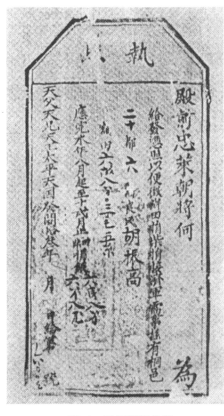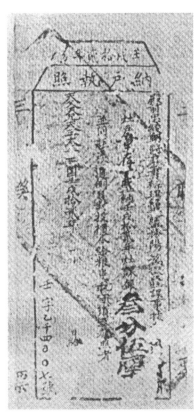

图二　田捐柴捐执照　　　　　图三　纳户执照　　　　　图四　业户执照

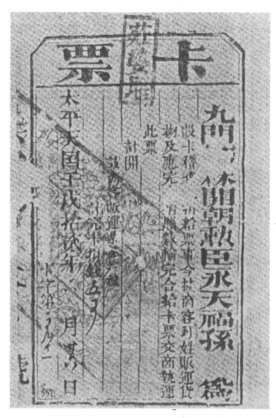

图五　《星石桥卡票》　　　　　　　　图六　海宁庄婆堰《卡票》

《礼拜捐收照》：太平天国十二年九月初二，尚（上）虞县袁安公局发，严美堂缴纳礼拜钱五十六千五百十一文。

《礼拜钱收照》：太平天国十二年九月初二，尚（上）虞县袁安公局发，严如松缴纳礼拜钱五十一千九百七十文。

《礼拜钱收照》：太平天国十二年九月十四日，尚（上）虞县袁安公局发，严诰缴纳礼拜钱二十七千一百七十六文。

《礼拜钱收照》：太平天国十二年九月十四日，尚（上）虞县袁安公局发，严美堂缴纳礼拜钱二十五千七百三十二文。

缴纳门牌费《执照》："尚（上）虞县右二军帅季。奉宪颁发门牌，统饬师旅帅等分给。应缴门牌费，着即赶紧收缴本局，以凭汇解。计开旅帅孙该管地内乡民金翰飞门牌洋二元五角、钱一百文。"

《进口捐照》：太平天国十二年，真命太平天国九门御林提理象珊军民事务参天豫顾，"抽厘助饷以济军需事，今据商人□□□呈报后开货物验明数目，照章捐纳，并无偷漏匿报抗捐等弊，为此颁给捐照""墙字第捌拾捌号"。（此件系空白《捐照》）

综上文物可见，太平天国在浙江的各种赋税，除门牌费和礼拜捐外，几乎都是以土地或商品为征收对象的。商品税捐也只征收一次，缴纳后给凭，他处不能拦阻。根据《宁海县志》卷二十三记载，征收每户门牌费是分别对待的，所征数额有多有寡。这样的赋税政策基本上是符合广大人民利益的。不可讳言，太平天国在浙江某些地区曾经出现过损伤群众基本利益的赋税政策，但从发现的文物看来，还不是一种普遍现象。特别是太平天国在浙江时已经过内讧，革命力量大大削弱了，又遭到清政府与外国侵略者公开勾结起来进行的疯狂、残暴的镇压，形势万分危急，斗争任务十分艰巨，军需浩大，给养紧迫。在探讨太平天国在浙江赋税问题的时候，这个历史事实是必须重视的。

（原载《文物》1963 年第 11 期）

记浙江发现的铜铙、釉陶钟和越王石矛

近年来，浙江各地陆续发现了许多文物，其中铜铙、釉陶钟和越王石矛特别有意义，现在将它介绍出来。

（一）铜铙

1963 年 7 月在余杭县石濑徐家畈挖坑时发现。全器通高 29、执柄长 12、柄端径 4 厘米，执柄与器不通。口沿略成凹弧（相当于钟的两铣间），宽 20.2、壁厚 0.7 厘米。在口沿宽 3.9 厘米处，饰云纹一圈，腹部饰饕餮纹，以圆圈纹为地纹，饕餮的两目作旋涡纹。舞部饰对称的云纹四组。舞部与执柄连接处饰细线云纹一周，执柄上饰云纹两周（图一）。

铙通常见于商代，石濑出土的铜铙所饰的饕餮纹和云纹，也盛行于商代或周初。这件铜铙的年代或相当于商或周初。

在浙江武康、长兴①、余杭等地过去都出土过铜器，三地邻近，出土的铜器在器形和纹饰的题材等方面，都与中原出土的商周铜器有许多共同点，但在纹饰的构图与风格方面，似乎有南方的特色（图二）。石濑出土的铜铙和长兴出土的铜钟、铜簋所装饰的云纹，与浙江、江苏等地发现的春秋以前的印纹硬陶上的云纹很相似，也可能有些联系。但是，长兴和石濑出土的铜器是否浙江本地铸造的，这一问题现在还无法解决。

图一　兽面纹铜铙　　　　　　　　　图二　云纹铜铙
（1963 年余杭石濑徐家畈出土）　　（1959 年长兴小浦山草楼村出土）

（二）釉陶钟

传绍兴出土，现藏宁波市文物管理委员会。胎白色，质细腻，坚硬，上施黄绿色薄釉，釉层很易

---

① 浙江省文物管理委员会：《浙江长兴县出土的两件铜器》，《文物》1960 年第 7 期。

剥落。全器通高 33.8 厘米。甬外部呈八角形，内部呈圆形，中空，长 11.8、径 4 厘米，有干，有旋，可悬挂，上饰云纹。两铣间宽 14 厘米。有钲，素地无纹。钲两边各有九枚，分列成三排，隧部饰云纹，篆间饰雷纹，钲间、篆间都框以小珠点纹。像这样形状的釉陶钟，浙江博物馆原来也藏有一件。

釉陶钟的外形和鈇钟、楚公钟、纪侯钟、散钟、王孙钟都近似，特别是甬的形状与王孙钟十分相像。[1] 釉色青中泛黄，釉层容易剥落，胎质坚硬，这些特征与绍兴漓渚的春秋战国时期的墓葬中出土的釉陶鼎、釉陶鐎盉都是一样的。据此，釉陶钟大约是春秋时期的东西。在浙江萧山进化区和绍兴富盛区都有烧制印纹硬陶和釉陶的窑址，其中绍兴富盛的个别窑址是以烧制釉陶为主的。

（三）越王石矛

现存绍兴县文物管理委员会，1957 年 3 月发现于绍兴县义桥，出土于距地表约 1 米处。石料质地细腻光滑，全长 22 厘米。骻管长 5 厘米，上有穿，没有穿通，饰勾连云纹及三角纹。矛身长 17 厘米，中脊隆起，前锋尖，两侧有刃，刃宽 0.4 厘米，饰勾连云纹。矛的前锋与两刃都不锐利，骻管的穿也未穿通，可见不是实用兵器，当为明器。在矛的一面所刻勾连云纹的中间夹杂着 6 个字：末部左右刻"戉"字，中段和本部均刻"戉王"两字，都是脊左一字、脊右一字横向排列的，构体瘦长，为鸟虫书。

（原载《考古》1965 年第 5 期）

---

[1]　容庚、张维持：《殷周青铜器通论》图版 152、153，文物出版社，1984 年。

越国鸟图腾和鸟崇拜的若干问题

鸟图腾和鸟崇拜的覆盖区相当广阔。石兴邦先生认为，中国古代鸟图腾崇拜是环太平洋文化的一个组成部分，并根据考古资料和传说记载，把鸟图腾与鸟崇拜分为六个区域，各地区各部族信奉鸟图腾的传说和种类不一。[①]

越国是鸟图腾和鸟崇拜盛行的地区之一[②]。在论述这个问题之前，有必要先谈一下越国的疆域。

越国的疆域大致经历了四个阶段。1. 勾践灭吴之前，浙江的部分地区——主要是浙东，为越国土著先民生息之地。2. 现在浙江的杭、嘉、湖地区，也就是钱塘江以北地区，在勾践之前，究竟属越还是属吴，学术界是有争议的。到了勾践之时，上述地区的归属，则视吴越两国战争的胜负而定。3. 勾践灭吴，领土扩大，后来子孙相传，在琅琊定居二百多年。虽然如此，可是从越国本土迁移到占领地的人数毕竟有限，而且作为被占领土地上原有的土著部族，其信仰、文化和习俗，不会因为战争造成的土地被占领而发生根本变化，只能受到传播的影响，而且这种影响是相互渗透的。4. 楚灭越，越族人分散。《汉书·地理志》载："臣瓒曰：'自交趾至会稽七八千里，百越杂处，各有种姓，不得尽云少康之后也。'"[③] 越国虽被楚灭亡，但是越族并没有因此消亡，而是更加分散。部分土著的越族人民还会继续留住下来，保存着某些固有的信仰、文化和习俗。有的则侨居他乡，与其他地方的土著部族杂处，同时带去某些信仰、文化和习俗，与其他地方土著部族固有的信仰、文化和习俗相互影响。总之，在论述越文化的时候，不能将百越文化视为一体。

一 越国本土土著部族的先祖河姆渡人是鸟图腾和鸟崇拜最早的部族

1973 年在余姚县河姆渡遗址第四文化层中，发现一件骨匕，上面刻着两组双头鸟。每组有两个鸟头，朝着相反的方向伸颈，鸟体相连，中间有一个圆圈，头上有英冠，从形状判断似属鹰鸠之类。另有一块象牙板，刻划两只振翅的鸟，鸟头相对，连体，中间有五重圆圈，外绕火焰纹，好似太阳。鸟嘴尖，长尾（图一）。这种异首连体，并且中间刻有太阳者，可能表示鸟是空中神秘的动物，是介乎人天之间的神使；或者与鸟生的传说有关，连体意味着双鸟交感繁殖。

河姆渡遗址出土的所谓蝶形器也值得特别注意。在第四文化层出土的蝶形器中，有石制的 3 件，

---

① 石兴邦：《我国东方沿海和东南地区古代文化中鸟类图像与鸟祖崇拜的有关问题》，载《中国原始文化论集——纪念尹达八十诞辰》，文物出版社，1989 年。

② 可参考林华东：《试论河姆渡文化与古越族的关系》，载《百越民族史论集》，中国社会科学出版社，1982 年；林华东：《再论越族的鸟图腾》，《浙江学刊》1984 年第 1 期。

③ 《汉书·地理志》第八下。

骨制的4件，木制的6件，在第三文化层中出土木制蝶形器一件。形制大体可分为两类：一类是站立的单只鸟形，前端是鸟头，头微垂，嘴内曲，身肥胖，中间有一纵脊比身体还要长，有的背面有两道纵脊，纵脊上端两侧各有一孔。在纵脊与孔之间是安柄的地方（图二）。标本T17④:91的鸟头上，还有一个圆形凹坑，应该是眼睛，而且可能原来还镶嵌有其他东西。这一类鸟形器都是木制的。另一类，有的学者认为是飞鸟式。因为残破，容易误会，仔细观察，我看似乎是双鸟连体，双鸟的鸟首相背，鸟头低垂，背面有两道凸脊，形成一个凹槽，上端有一排横向的孔。（图三）

图一　河姆渡遗址出土骨器和象牙器上的双首连体鸟

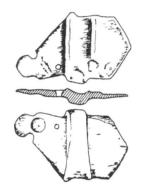

图二　河姆渡遗址出土鸟形器（立鸟式）　　　图三　河姆渡遗址出土双首连体鸟

其实这类东西不是蝶形器，应该称之为鸟形器。它的背面有较宽的浅槽，两侧有凸脊，有的脊上穿孔。很显然，这浅槽是安柄的，孔是用来穿扎木柄的，浅槽上部的横脊是用来卡住木柄的，避免鸟形器下滑。宋兆麟先生认为，我国高山族的房脊上装有一种鸟形器；中国历史博物馆（现中国国家博物馆）收藏的一件高山族的鹿皮画，画有三幢房子，正面房顶都有木柱，柱上安一鸟形器，与河姆渡出土的飞鸟式鸟形器如出一辙。还有其他类似的例子。因此，宋兆麟先生考证："河姆渡鸟形器，不仅安有柄，这种木柄比较粗壮，它与某些民族住宅的鸟形图腾柱一样，也是当时干栏建筑顶部的一种建筑装饰，其所以雕成鸟形，与他们的信仰鸟图腾是分不开的。"[①] 我认为这个推断是正确的。

图腾既然是氏族或部落的标志和象征，那么它的形象应该相对定型化，而且用显要的方式表现出来。河姆渡遗址出土的鸟图像及鸟形器是具备上述条件的。如果确实是鸟图腾的话，那么就目前了解的鸟图腾和鸟崇拜覆盖区内，河姆渡就是最早的。而且这种信仰、文化和习俗对后来本部落和其他部族都会有一定影响。

---

① 宋兆麟：《河姆渡遗址出土蝶形器的研究》，《中国原始文化论文集》，文物出版社，1989年。

二　良渚文化的鸟崇拜

1986 年，余杭县长命乡反山良渚文化墓地中出现了大批玉器，其中有鸟 4 件，并且在玉琮、玉钺和三叉形冠状饰中均雕有鸟（图四）。例如玉琮上刻着以人、兽合体为主要纹饰的神徽，又在两侧各雕刻一鸟纹，鸟的头、翼、身均变形夸张，刻满卷云纹和弧纹等。又如玉钺，在两面靠近刃部的上角显要位置上浅浮雕神徽，与同墓出土玉琮上的人、兽合体的神徽形象相同，而在两边靠近刃部的下角浅浮雕一只鸟，也与玉琮上的鸟相同。又如玉璜，正面正中浅浮雕神徽，两角雕刻一对神鸟。又再如三叉形冠状饰，正面雕刻简化神徽，两面叉上端刻一对神鸟。此外另有 4 件玉雕鸟，尖嘴、短尾、两翼外张，作振翅奋飞状。1987 年，浙江省余杭县安溪乡瑶山良渚文化祭坛遗址的墓葬中也出土有玉鸟，并且在冠状饰件的人、兽合体图像的两侧雕有鸟的图案。

根据发掘者的意见，神人兽面像（即人、兽合体图像）是良渚文化的氏族图腾。这个看法应该是可信的，因为：1. 人、兽合体的形象，主要雕刻在玉琮和玉钺等重要礼器上；2. 人、兽合体雕刻的位置相当显要；3. 雕刻在各种玉器上的人、兽合体，其基本形象是一致的，也就是说其构图基本上是定型的。

值得注意的是，在几件重要玉器上，除人、兽合体纹饰外，几乎都出现了鸟纹。此外，上海福泉山良渚文化墓地出土的玉琮上，刻着与反山玉器相似的鸟纹，江苏吴县（今属苏州）草鞋山墓葬出土带盖壶上有鸟纹，浙江吴兴钱山漾良渚文化陶刀上亦刻有鸟纹。如果人、兽合体是良渚文化中的部族图腾的话，那么雕刻在玉器上的鸟以及单个的鸟饰件即使不能算作图腾，至少也是当时人们对鸟的崇拜，而且还可能与人、兽合体纹饰是相配合的，如果是这样，那么鸟在良渚文化部族的心目中占据了极其重要的地位。

良渚文化是否属于越国本土的土著部族的祖先现在尚难定论。但是，随着时间的推移，各部族之间交往的加强，信仰、文化和习俗等方面的互相渗透也是必然的。因此，良渚文化中出现鸟崇拜，对研究越先民的信仰、文化和习俗是相当重要的。

在这里我要探讨的是，林巳奈夫先生在《关于良渚文化玉器若干问题》一文中，发表了收藏在美国弗利尔美术馆的据说是良渚文化玉璧上的鸟形图像（图五），最近学者引用甚多。牟永抗先生认为："其中两个图形象是立于屋顶一柱形物上端，几乎可以认作绍兴 306 号墓铜屋模型的速写稿。"[①]

图四　良渚出土玉璧上的鸟纹

图五　良渚玉器上的鸟纹

---

① 　牟永抗：《绍兴 306 号越墓刍议》，《文物》1984 年第 1 期。

他认为，那个上面似平台、两侧各有二级台阶的物体是房屋的墙体，中间圆形或椭圆形图案是窗户。牟永抗先生对良渚文化颇多研究，但这一点我不敢苟同，因为：1. 三个图像中盾状物的顶部都是平台，两侧各有二级台阶，如果是墙体，那么它的形状像姚承祖《营造法原》称之为"五山屏风墙"者，而这种形式的墙盛行于清代及以后。如果这三件玉璧属于良渚文化的产物，那么，早在良渚文化时期是否已经有五山屏风墙？当时的房屋建筑是否需要五山屏风墙？当时是否已经具备砌筑五山屏风墙的技能？我是持否定态度的。2. 其中有一件玉璧，在图像中所谓墙体的下部，画作眉月的形状。在墙体的下部怎么会有这样形状的物体呢？3. 有一件玉璧的图像，在所谓墙体的中间，画着一个圆圈，在圆圈里面画满旋涡纹，在当时是否有这样复杂的花窗？4. 在另一件玉璧图像的所谓墙体的中间，画着好像双首联体展翅的鸟图案，这绝对不是窗了。对这三件玉璧图像的解释，石兴邦先生认为："在玉璧上刻出的鸟，是站在五个山头的山上，与陵阳河大汶口文化陶器上有五个山峰的象形字相同，只是中间的山峰是平顶、太阳纹在山中间，内填以涡纹而已。山上站的鸟，其形态很类鸠、鹊之属，很明显，这是图腾标志。"[1] 至于这三件玉璧的文化属性，石兴邦先生认为是岳石文化，李学勤先生则将其与大汶口文化相比。[2]

良渚文化墓葬出土玉器很多，虽有类似纹饰的迹象，但是美国弗利尔美术馆收藏的三件玉璧是否属于良渚文化，目前尚难确认。这三件玉璧上的纹饰，其中一件的纹饰可分三段：中间一段，顶部是平台，两侧各有两级台阶，台阶的下面是稍向内凹的壁面，壁面的中间有一个圆圈，圆圈内刻满旋涡纹；下面一段是眉月状的物体；上面一段，在平台上站着一只鸟。另外两件可分两段：下面一段的纹样与上述一件的中间一段相同，在壁面的中间，有一件饰以双首联体展翅鸟纹，有一件饰以椭圆形物体，下面是平齐的，没有眉月状的物体；上面一段平台上有一柱状物，柱状物的顶端站着一只鸟。如果是山峰，为什么山顶是平坦的？为什么两侧都刻着对称的石级？为什么山脚有眉月状物体？我认为这是象征一座架设在高空的台座，太阳在它的腹部，月亮在它的脚下，正标志着这个台座是很高很高的，能够通向天上的神灵。正如后来佛教将须弥座比作神圣的须弥山，但须弥座的形状不是须弥山。这种台座也许从当时祭坛构造形制中启示出来的。一只鸟站立在耸向高空的台座上，说明鸟的神圣，说明人们将鸟作为通天地的神使来崇拜的。另外两件图像中的鸟好像站立在柱状物的顶端，如果这是图腾柱的话，那么也是树立在台座上的。

在分析上述问题时，越王勾践建筑望鸟台和怪游台的故事似可借鉴。晋人王嘉《拾遗记》云："越王入国，有丹鸟夹王而飞，故勾践之霸也，起望鸟台，言丹鸟之异也。"陶元藻、凫亭撰的《广会稽风俗赋》亦云："越王入吴时，有鸟夹王而飞，以为瑞也。因筑望鸟台，属山阴。"这个传说虽然难以确信，记载的时间也比较晚，但说明在晋代流传着勾践起望鸟台的故事。又据《越绝书》记载，勾践在怪山之巅兴建怪游台，高四十六丈五尺一寸，用以"仰望天气，观天怪地"。由此可见，建祭坛，砌台座，自古有之。

从考古资料说，由于工作进展不平衡等原因，浙东宁绍地区远古时期的面貌还不清楚。但是河

---

① 石兴邦：《山东地区史前考古方面的有关问题》，《山东史前文化论文集》，齐鲁书社，1986年。

② 同上。

姆渡第三、四文化层的部族信奉鸟图腾是清楚的。奉化有一处新石器时代遗址的第二文化层（估计距今约4000年）发现的陶豆上有许多鸟首蛇身这种怪物相缠绕的图案，而且鸟首的形象与良渚玉器上的人、兽合体纹饰中的旋涡纹相似①，这不仅可能是鸟崇拜的一种表现，而且是信奉蛇的迹象。如果是这样，我们仿佛隐约可以看到宁绍地区从距今7000年前到4000年前鸟崇拜连续性的一种迹象。

良渚文化是否属于越先祖文化姑且容后再议。河姆渡文化和良渚文化，凭目前考古资料，尚难肯定它们之间存在着直接承继关系，但从鸟崇拜这个意义上讲，可能有着某种渊源关系。

这里要申明的是，假定正如有些学者所说的那样，整个东南亚沿海地区都是越族分布的范围，那么，这一大片土地上便有无数个氏族和部落。在信仰、文化和习俗等方面，不仅同一时期内各地区存在差异，而且同一地域内不同时期也会存在差异。所以把凡是信奉鸟图腾和鸟崇拜的部族统统视为同一族系，这是不妥当的。

三　越国盛行鸟崇拜

根植于氏族社会的鸟图腾和鸟崇拜，从越王勾践开始到越国灭亡还继续保留着。从考古资料进行分析。

1. 绍兴坡塘出土战国铜房子上的鸟

1981年11月，浙江省绍兴县坡塘狮子山西麓战国墓中发现一座铜质房屋模型，通高17厘米，平面方形，四坡攒尖顶，顶的中心立八角柱，柱上饰一"大鸠尾"。牟永抗先生认为这是图腾柱，室内"六人皆踞坐于地，四人为乐师，另二人双手置于小腹上，似为歌者"。这组人物的活动场面，"似宜释作祭祀礼"，认为这座房屋是越族专门用作祭祀的庙堂建筑模型。② 果真如此，那么我认为双手置于小腹的二人可能是巫祝。据《搜神记》310条载："越地深山中有鸟，大如鸠，青色，名曰治鸟……越人谓此鸟是越祝祖也。"③ 因此，如果这座铜房屋模型室内人物活动是祭祀的话，那么房顶八角柱上的鸟不一定是通常讲的鸟图腾，可能就是《搜神记》中所说的越祝祖的"治鸟"。

2. 鸠杖也是鸟崇拜的反映

图六　绍兴出土鸠杖的青铜杖首

1990年3月，绍兴县漓渚中庄坝头出土了一件青铜鸠杖的杖首和一件青铜杖镦，这原是一套，但杖身无存。杖首高26.7厘米，銎径3.7厘米，顶端立一鸠，两翅微展，尾的外端宽、里端窄，略呈梯形，上饰长方格形羽毛图案，其下有凸出的半圆形箍状物和三角形箍状物各一，把杖首分成三节。半圆形箍饰满蟠虺纹。另外通身饰云雷纹和蝉翅纹。杖墩高30.65厘米，銎径3.6厘米，亦有凸出的半圆形和三角形箍状物各一，把镦分成三节，纹饰与杖首同，末端为一跪坐俑。跪坐俑的双手放置膝上，额上至耳部断发，脑后有一椎髻，文身，肩、

---

① 发掘资料尚在整理中，本条资料系发掘主持人刘军先生和王海明先生提供。

② 牟永抗：《绍兴306号越墓刍议》，《文物》1984年第1期。

③ 本条见《法苑珠林》十一、《太平御览》九七二引《搜神记》。本事见《博物志》九，亦见《初学记》引《异物志》。"冶鸟"，《法苑珠林》《太平御览》作"治鸟"。

背、股、臀部饰云雷纹和几何纹，手臂上部饰蝉翅纹，下为弦纹（图六）。①

鸠杖在春秋时已普遍出现，是沿袭下来的一种制度或习俗。高度一般都在 1.8 米以上，超过常人的高度，"使百姓望见之，比于节"。王杖既然赋有法律性质的某种特殊待遇的象征，则杖上饰鸠，除了祝愿老人宜饮食之外，还与鸟崇拜有关。②

3. 鸟书是由鸟崇拜而来的

鸟书在春秋战国时盛行于越、吴、楚、蔡、宋等国，但细审其字体风格还是有区别的。越国兵器中铸（刻）明越王的，据董楚平先生统计已有 28 件③。从已发表的材料得知，在发现的越王兵器中，铸有越王（可能勾践之物）、鸠浅（勾践）、其子者旨於赐、其孙丌北古、其曾孙朱勾这祖孙四代的剑、矛或戈。特别值得注意的是，这四代越王的兵器上，"王"字大多写成双首连体鸟书（图七），这在当时其他诸国的鸟书中似乎少见：如吴王夫差戈，"王"字不写成鸟书；王子孜（吴王僚）戈的"王"，虽写成双鸟相对，但不是连体；宋公䜌戈的"宋"，也是双鸟相对，但亦不连体；蔡公子嘉戈的"蔡"字，上部像单鸟飞翔状，不是双鸟连体；楚惠王戈的"王"字，上部写作篆书"王"，下部一只鸟形，也不是双首连体鸟形；湖南长沙出土的奇字矛，其中有"王"字，与越王兵器中常见的"王"字写法同，但尚不能确认是楚王用器。

图七　自左至右依次为越王鸠浅、者旨於赐、不寿、州勾兵器上的"王"字（鸟书）

越王勾践及其子孙四代的兵器上，"王"字均写成双首连体鸟书，是否与下列情况有关？1. 唐代唐玄度《十体书》云："越在文代，赤鸟集于户；降及武朝，丹鸟流室。今鸟书之法，是二祥者也。"唐代韦续《五十六种书》亦云："周武王赤鸟衔书集户，武王丹鸟入室，以此二祥瑞作鸟书。"2. 河姆渡文化中的双鸟连体纹饰明显是鸟图腾和鸟崇拜，这里肯定含有神秘的寓意，而这种寓意是否在越地一直流传下来？3. 晋人王嘉《拾遗记》等书记载说："越王入国，有鸟夹王而飞，以为是吉祥。"双首连体鸟书是否与此传说有关？

总之，我认为鸟书不仅仅是春秋战国时的美术体，而与鸟崇拜有关，甚至可以说是从鸟崇拜中产生的。

（原载《浙江学刊》1990 年第 6 期）

---

①　这条资料系绍兴县文物保护所所长沈作霖先生提供。

②　浙江省文物管理委员会：《浙江长兴等县山土甬钟、铜镦和秘色瓷》，《文博通讯》1979 年第 3 期。

③　董楚平：《吴越文新探》，浙江人民出版社，1988 年。

试谈中国铜镜纹饰的发展

和中国其他古代工艺一样，中国铜镜的纹饰，是民族艺术传统中鲜艳的花朵。

谈铜镜纹饰，根据现有可靠资料，只能从战国时代开始。

战国铜镜的纹饰，大都运用浅浮雕，并有错金银和透雕的，在有些透雕图案里还有嵌石。纹饰取用的题材，主要承袭商周彝器的纹饰内容，常见的如蟠螭纹、虺纹、兽纹、狩猎纹等。纹饰的表现，运用繁缛图案形式，但在许多场合里，艺术家们也追求着现实的描写。

中国铜镜究竟起源何地？现在还没有足够资料可以说明。但是，战国时期，楚国应该是铸镜中心之一。我们在战国铜镜的纹饰中，可以找到它与楚漆器纹饰以及木石雕刻，同样具有自由、活泼、生动、流畅的风格。

战国铜镜纹饰，无论是运用透雕、金银错或浅浮雕，在工艺技巧上都达到了优美的艺术效果。尤其是金银错纹饰的铜镜，可以说是战国铜镜中的珍品，洛阳金村出土的金银错狩猎纹镜就是一个很典型的例证。在同一幅纹饰里，作者运用了两种不同的构图方法，其中变形怪兽是完全图案化的，它通过几个旋涡形，表现出仿佛是凶猛的怪兽；间于三个变形怪兽的各个形象，是游丝般的线条所组成的。其中表现狩猎的那一角，戴盔穿甲的勇敢骑士手持短剑，正刺向猛虎；而那只虎，张牙舞爪，回头欲噬的神态，表现得惟妙惟肖（图一）。画面的另一角，描写双兽相斗，作者刻划每个细节，都贯注在紧张的搏斗里。

战国铜镜透雕图案是特有的纹饰，它的构图方式，往往以镜纽为中心，恰如其分地安置着周围的图像。金村出土的嵌石四虺透纹镜，四兽的表现姿态是一致的，然而使人感觉并非各个孤立的拼凑，而是有机的、自然的组合。同地出土的"四虺透纹镜"的镜背纹饰，也是以镜纽为中心，以四虺的虺首相斗为主题，在四虺之外，辅以数虺，虺身曲折相绕，处理得调和而具有节奏感。[1]

浅浮雕是战国铜镜纹饰最常见的一种艺术手法，也为两汉所继承。这种铜镜的镜背纹饰，就其布局形式来说，大致可分为四种：1. 运用细线条组成的一种或一种以上的不同花纹，稠密布置，作为地纹，其上加雕粗线条的主纹。2. 仅用一种或一种以上不同的花纹，运用细线条，作稠密的布置。3. 用三种或三种以上的花纹，重叠布置，层层分明。4. 仅

图一 金村出土金银错狩猎纹镜细部

---

① 以上都参见日人梅原末治编：《洛阳金村古墓聚英》图版第六十七、六十八，同朋舍，1984 年。

用一种花纹，作四分法或环绕式布置。

战国铜镜纹饰采用的题材，常见的有饕餮纹、蟠螭纹、变形蟠螭纹、勾连雷纹、菱纹、山字形纹等。

从战国晚期至西汉初期，我们可以称为铜镜纹饰发展的过渡时期。因为这个时期铜镜纹饰中的种种特征，都足以说明它是战国铜镜纹饰的尾声，也是两汉时期铜镜纹饰的前奏。首先，表现在纹饰的布局形式上，汉初铜镜改变了战国时期地纹突出的艺术形式。地纹的刻划已趋粗略，到西汉中期逐渐消失。其次，从纹饰的取材来说，战国铜镜中常见的一种曲折盘绕和繁缛的兽地纹，在秦和汉初大都由简单清醒的涡纹、云雷纹和席纹为题材的地纹所代替。再次，战国铜镜中最盛行的弦纹纽，在汉代中叶以后，很少见到。兽纹纽也似乎从战国晚期开始较多地出现。此外，在秦末汉初，铜镜上才开始较普遍的铸有铭文。

西汉的铜镜纹饰，就其布局来说，尽管其中有不少仍然取用那种曲折盘绕的蟠螭纹，但清晰明朗。两汉铜镜纹饰的布局，大多采用四分法，艺术家在设计图案的时候，竭力使四分法的每份所占地位相等。在河南出土的西汉初期五星式星云镜和陕西出土的西汉初期连峰纽四乳四螭镜[1]的纽座外，有角度相等的横、直凸线；从两面铜镜的整个纹饰题材观察，这个横、直凸线不是个别形象上附有的线条，应该是当时便于四等分的布置而刻划上的。此外，汉代铜镜纹饰的布局，采用重圈式的数量也相当多，但属于这种形式的铜镜，多数是简单朴素的。

西汉早、中期，铜镜纹饰的题材，最常见的是蟠螭纹、涡纹、连弧纹、乳状纹、草叶纹、绳纹、弦纹等。西汉晚期，主要是从王莽时期开始，铜镜纹饰有了新的发展，四灵规矩镜（图二、三）和禽兽镜（图四）就是这个时期的新产物。纹饰布局，虽然仍旧采用四分法或环绕式，但却是整体排布的，不是各个分割的形象排列。纹饰的题材，也是汉画中常见的四灵，即所谓苍龙、白虎、朱雀、玄武的方位神。这个时期，铜镜纹饰的雕刻，是以单线勾勒轮廓为主要表现手法。此外，汉代铜镜纹饰上也有涂金银的[2]。

图二　四灵规矩纹镜　　　　　　图三　四灵规矩纹镜

① 见梁上椿：《岩窟藏镜》第二集上第五、七图。
② "全国基建出土文物展览会"曾展出洛阳出土的汉代镀银规矩镜和西安王家坟出土的镀金规矩镜。

图四　禽兽镜

图五　画像镜

图六　神兽镜

东汉自和帝以后社会经济衰退，三国时期政局混乱，至西晋虽结束了分裂局面，但接着是南北对立，中原战争频繁，人民生活动荡不安，因此，铜镜工艺也遭到严重打击。这个时期，中国整个社会的经济、政治和文化中心转向江南，一个原以铸剑著名的越国故地——绍兴，便成为铜镜工艺的中心，并标志着东汉后期铜镜纹饰的新发展。绍兴铜镜纹饰的题材，描写神话的如东王公、西王母、仙人王子乔，也有所谓四灵方位神和描写历史故事的。这些纹饰题材，也正是汉代石阙、享堂、墓室的画像石刻或壁画、画像砖、彩绘漆器等所采用的题材。绍兴铜镜纹饰的刻法虽然简质，但作者却善于表现各种不同形象的特征，譬如在描绘神人的严肃中也表现出车马驰奔和禽兽的活泼，对画面的动和静处理得十分和谐（图五～七）。汉代铜镜纹饰的另一特征，即在铜镜的边缘上布置各种图案花纹（图八），题材丰富多彩，有人物、花鸟、禽兽，或者是奇神怪兽，也有简单的波浪纹和锯齿纹。此外，东汉以后的龙虎镜（图九），也有很多是精工细作的，在纹饰的布置上，形象的刻划上，都有独特之处。这种龙虎镜在皖北、河南、陕西、浙江等地都有出土。

汉代时的铜镜已流传到国外，如日本、朝鲜等地，它的纹饰也直接影响了外国的装饰艺术。

唐代铜镜纹饰的发展，也和这个时期的其他工艺一样，反映了唐帝国繁荣多彩的文化。尤其是在唐开元、天宝全盛时期，铜镜规定为贡品。

唐代铜镜纹饰摆脱了前期铜镜纹饰的拘束和谨严，出现了自由、豪放和新颖的风格。从镜子的形式来说，除圆形、方形外，大量地出现方亚形、葵花形、菱花形等。纹饰的布局也力求生动和自然。

唐代铜镜纹饰取用的题材是多方面的，这也反映了唐帝国文化的昌盛以及对外文化交流的频繁。受佛教艺术影响的宝相花，是唐代铜镜纹饰中最流行的一种，而且有的铜镜形式就仿佛是一朵盛开的宝相花；最近在金华市万佛塔塔基下发现一面用飞天为题材的铜镜。匠师们也往往从大自然的景色中去寻找题材，常见的如花草、

图七　禽兽镜

图一〇　湖州镜

图八　画文带镜

图九　龙虎镜

图一一　带柄双凤镜

蝴蝶、蜻蜓、葡萄以及各种禽兽等。唐代的音乐是极盛的，这也反映在铜镜纹饰中，如以乐器为题材的天宝乐器镜。[①] 其他还有伯牙作乐、孔夫子问荣启奇、王质观弈、真子飞霜、月宫嫦娥等以历史故事或传说、神话为题材的，以及象征吉祥的"双鸾衔绶""喜鹊衔绶"与各式龙、凰为题材的。

唐代铜镜纹饰的处理，不仅在刻法上表现了事物的体质感，而且也尽量发挥金银平脱、嵌螺钿等的工艺技术。河南洛阳出土的那面螺钿镜就是杰出的代表作，它的画面风格和唐代孙位的《高逸图卷》很相近。

唐代文学是最发达的，因此反映在铜镜上的铭文也大都是优美动人的诗歌，和纹饰题材作和谐的配合，起着美的装饰作用。

安史之乱后，唐帝国趋于没落，政治、经济逐渐衰微，铜镜的铸造也受到影响，在制作技术上和纹饰艺术上都衰退了。这就是中国铜镜一蹶不振的开端。

五代十国是继唐末农民起义而新起的藩镇相互割据的混乱时期。关中地区在这个时期里，社会经济遭到摧残，但是江南由于社会秩序比较安定，经济仍然繁荣，浙江的湖州和江西的饶州就成为宋代的两大铸镜中心（图一〇、一一）。虽然在这个时期的铜镜中也还能看到一些精美的纹饰，但大多抄袭前期，或者稍加演变，缺少创造性。历年来，在浙江出土了很多"湖州镜"，都是素地无纹。这就使我们联想起宋代的其他工艺，如漆器、瓷器等，也大多单色不加花纹装饰，给人一种朴素的感觉。

后来，由于玻璃镜的兴起，铜镜逐渐退出了历史舞台。

在中国历史上，各个时代的劳动人民，用自己的智慧，创造了铜镜这一独特的工艺，经过不断地发展演变，成为优秀的民族艺术。今天，在我们谈论前人这些灿烂的工艺成就时，看到市场上流散着那些恶劣的、平凡的、使人一看就讨厌的所谓装饰艺术的日用品古玩，就不禁想起了继承民族优良传统的问题，这应该赶快提到今天工艺美术家们的日程上来充分研究。

（原载《文物参考资料》1957 年第 8 期）

---

① 见《文物参考资料》1956 年第 5 期插页"河南洛阳 16 工区 76 号唐墓出土的螺钿镜"。

《浙江出土铜镜》序言

一　中国铜镜概述

（一）铜镜的成分

中国铜镜的历史，大约可以上溯到4000年前的齐家文化时期。1977年在青海省贵南县尕马台齐家文化墓地，出土一枚铜镜，直径9厘米，厚0.4厘米，表面光滑，背面为不规则的七角星几何纹图案，角与角之间饰以斜线纹，纽已残损。[①] 1934年，河南安阳侯家庄第1005号大墓中发现商代青铜镜[②]；1976年，河南安阳妇好墓中，发现四枚青铜镜。据考证，妇好是殷王武丁的配偶，即妣辛[③]。从她的墓中出土了大批珍贵文物，但四枚铜镜均不精致。商代青铜器的铸造已达到很高的水平，主要用于制造礼乐器和兵器，虽然也制造日用器物，但铜镜工艺还处于初级阶段。

青铜镜的原料是铜、锡、铅。铜的可塑性好，但熔点高达1083℃；锡的展性好，熔点为232℃；铅的熔点为327℃。纯铜若加15%的锡，熔点降到960℃；若加25%的锡，熔点为800℃。铜镜的合金成分中，加锡和铅都可以降低熔点。加锡还可以增强硬度，并使之有光泽。加铅的另几个主要作用：1. 使合金溶液在镜范中环流良好；2. 使镜子的表面匀整；3. 利用铅在冷却后不会收缩的特性，使铸出来的镜子背面花纹整齐清晰；4. 可以减少铜锡合金熔解时最容易发生的气泡，避免镜上出现泡斑。

铜、锡、铅合金的比例，《周礼·考工记》云："金锡半，谓之鉴燧之齐。"可是，湖南省工业试验所对战国黑色铜镜的化验结果为铜占71.74%，锡占19.623%，铅占2.69%，其他锌、锑、镍、铁等杂质在1%以下；氧化后表面呈玉绿色的铜镜，铜占66.33%，锡占21.992%，铅占3.363%，锌、锑、镍、铁等杂质在1%以下。[④] 西汉中期的北京大葆台一号墓出土铜镜两枚，一为星云镜，经化学定量分析，铜占66.6%，锡占23.03%，铅占6.0%；一为昭明镜，铜占67.2%，锡占23.32%，铅占5.2%。[⑤] 据日本小松、山田的分析，汉画像镜，铜占66.48%，锡占23.01%，铅占7.34%；汉半圆方枚神兽镜，铜占71.61%，锡占17.88%，铅占7.69%；唐海兽葡萄镜，铜占68.75%，锡占25.40%，铅占4.16%。宋以后的铜镜往往掺锌，如南宋湖州镜，铜占67.88%，锡占13%，铅占7.63%，锌占

---

① 青海省文物管理处考古队：《青海省文物考古工作三十年》，载《文物考古工作三十年》，文物出版社，1979年；李虎候：《齐家文化铜镜的非破坏性鉴定》，《考古》1980年第4期；甘肃省博物馆：《甘肃省文物考古工作三十年》，载《文物考古工作三十年》，文物出版社，1979年。

② 高去寻：《殷代一面铜镜及其相关之问题》，《"中央研究院"历史语言研究所集刊》（29）下。

③ 中国社会科学院考古研究所：《殷墟妇好墓》，文物出版社，1980年。

④ 湖南省博物馆：《湖南出土铜镜图录》，文物出版社，1960年，第5页。

⑤ 北京大葆台西汉墓博物馆藏。

8.24%；明洪武元年（1368 年）云龙镜，铜占 70.95%，锡占 5.97%，铅占 11.40%，锌占 9.18%。[①]
唐及唐以前的铜镜断面呈银白色。扬州曙光仪器厂检验组化学分析唐四神镜和双鸾镜，其合金成分四
神镜为铜占 68.60%，锡占 23.60%，铅占 6.04%；双鸾镜为铜占 69.30%，锡占 21.60%，铅占
5.45%，并有微量的铁和锌等金属杂质成分。[②] 晚唐以后，镜身渐薄，剖面由银白色变成黄铜色，质地
一般不如以前。

铸造铜镜用泥范，日本梅原末治《汉三国六朝纪年镜图说》录有东汉建安元年（196 年）半圆方
枚神兽镜和无纪年画像镜的两个镜范；梁上椿《岩窟藏镜》录有兽地纹四山镜和草叶纹镜的镜范；新
中国成立以来，山西省等地也出土过铸造铜镜的泥范[③]。宋以后，特别在明代，往往用汉、唐铜镜翻
模，即用汉、唐铜镜在泥中压印成泥范，这样就省去了造型和雕刻纹饰的工序，但翻铸出来的镜子，
纹饰比较模糊，线条也显得板滞。

铜镜铸成后，需要在表面加涂反光材料。《淮南子·修务训》云："明镜之始下型，矇然未见形
容，及其挣（道藏本作粉）以玄锡，摩以白旃，须眉微毫可得而察。"《吕氏春秋·达郁》篇高诱注：
"镜明见人之丑……而挣以玄锡，摩以白旃。"旃通毡。那么，"玄锡"是什么呢？梁上椿《岩窟藏镜》
说是水银。拙著《浙江出土铜镜选集》（1958 年版）序文中从梁说；又拙作《汉六朝镜铭初探》（《考
古通讯》1958 年第 9 期）一文的注释中仍沿用此说。作铭在编者按中指出："按玄者黑也。水银的颜
色并不玄黑。玉篇云：'铅为黑锡。'玄锡是指铅，因为铅的性质和锡相似，但颜色较锡为黑。《宋
史·食货志》也以'黑锡'和'白锡'对举。这里所谓'粉之以玄锡'，当指以铅粉磨擦镜子，使之
光滑明亮。"

作铭的见解比较符合实际。看来，战国和西汉时期，确有用黑铅粉磨镜的。《岩窟藏镜》图八二
尚方内向连弧纹镜的铭文，就有"和以铅锡清且明"的句子。铅锡应该就是玄锡。

《淮南子》和《吕氏春秋》所说"挣以玄锡，摩以白旃"，"挣"是揩擦的意思，也就是说，在镜
面加上铅粉，用白毡磨擦。镜铭中又有"和以银锡清且明"的句子，银可作白解，可能指白锡，也可
能是水银和锡粉的混合物，用它来作为使镜子反光的涂料。元代陶宗仪《南村辍耕录》云："伪古铜
器，其法以水银杂锡末，即今磨镜药是也。"[④] 明代宋应星也说："凡铸镜，模用灰砂，铜用锡和……
开面成光，则水银附体而成，非铜有光明如许也。"[⑤] 明代冯梦桢说得更具体："凡铸镜炼铜最难。先
将铜烧红，打碎成屑，盐醋捣荸荠拌铜埋地中，一七日取出，入炉中化清，每一两投磁石末一钱，次
下火硝一钱，次投羊骨髓一钱，将铜倾太湖沙上，别沙不用。如前法六七次，愈多愈妙。待铜极清，
加碗锡，每红铜一斤加锡五两，白铜一斤加六两五钱。所用水，梅水及扬子江心水为佳。白铜炼净，
一斤只得六两，红铜得十两，白铜为精。铸成后开镜（开光），药，好锡一钱六分，好水银一钱。先
熔锡，次投水银取起，入上好明矾一钱六分，研细听用。若欲水银古，用胆矾、水银等分，入新锅烧
成豆腐渣样，少许涂镜上，火烧之。若欲墨漆古，开面后上水银完，入皂矾水中浸一日取起。诸颜色

---

① 梁上椿《岩窟藏镜·概论》附有小松、山田对中国铜镜合金比例的分析表，数据较多，从略。
② 周欣等：《扬州出土的唐代铜镜》，《文物》1979 年第 7 期。
③ 山西省文物工作委员会：《建国以来山西省考古和文物保护工作的成果》，载《文物考古工作三十年》，文物出版社，1979 年。
④ （元）陶宗仪：《南村辍耕录》卷十七《古铜器》。
⑤ （明）宋应星：《天工开物》。

须梅天制造。上色后，置湿地一月外方可移动，则诸颜色与秦汉物无二，百计不能落矣。"① 1963 年，东阳县（今东阳市）南寺塔发现一批文物，其中有一枚素面镜，明亮清晰，可以照人，明显附有水银，镜背墨书："婺州东场县太平乡郭内宣政保弟子金景晖，为亡姨李氏九娘舍入中兴寺塔内，永充供养。建隆二年九月二十五日记。"② 证明北宋初，磨镜是加水银的。袁翰青先生认为，中国至晚在公元前二世纪就开始了对汞（水银）的利用。③ 中国古代所采用的提炼汞的方法是将硫化汞（丹砂）加热分解出汞来。东汉以来，炼丹术流行，当然也包括对水银的炼制。所以，磨镜用水银的历史应该是比较早的。

铜镜大小不一。沈括说："古人铸鉴，鉴大则平，鉴小则凸。凡鉴洼则照人面大，凸则照人面小。小鉴不能全视人面，故令微凸，收人面令小，则鉴虽小而能全纳人面。仍复量鉴之大小增损高下，常令人面与鉴大小相若……"④ 常见的铜镜多为小型的。但是，也有用于宫殿壁面的大铜镜。据《资治通鉴》载："匪舒又为上（唐高宗）造镜殿，成，上与（刘）仁轨观之。仁轨惊趋下殿。上问其故，对曰：'天无二日，土无二王，适视四壁有数天子，不祥孰甚焉？'上遽令剔去。"⑤ 唐无名氏写的《迷楼记》云："铸乌铜屏数十面，其高五尺而阔三尺，磨以成鉴为屏，可环于寝……"⑥ 西晋文学家陆机致弟陆云书云："仁寿殿前有大方铜镜，高五尺余，广三尺二寸，立着庭中……"⑦ 1980 年山东淄博市出土西汉长方形大铜镜，高约 1.2 米，宽约 0.21 米。这些材料说明大型铜镜至晚在西汉已经能够铸造。镜子必须表面平整，否则映出物像会变形。西汉时能铸造那样大的镜子，说明青铜镜的铸造技术达到了很高的水平。

古人用镜，有手执、悬挂和置于案上三种方法。铜镜镜纽上多系以绸带，便于持握或悬挂。东晋顾恺之画的《女史箴图》中，有一段是临镜化妆的场面：右边一人席地而坐，左手执镜，右手理发，镜中现出人像；左边一女对镜而坐，身后一女侍立，左手挽坐女发，右手执枇而梳，席前置镜台和各种化妆品。镜台底部有座，座上立竿柱，圆形铜镜系于竿头，竿柱中部装一方盒，用以盛放梳篦⑧。这种式样的镜台，与沂南汉画像石刻女婢所持镜台是极相似的⑨。还有一种镜台，其下设座，其上立竿柱，竿柱上装有半圆形架，镜即插于架槽内。河南安阳隋开皇十四年（594 年）墓出土的镜台，下为长方形座，其上立柱，柱顶作宝珠状，柱的上部弧形起翘的搁架，是用以安置镜子的。置于桌上的镜子，背后有支架⑩。福建南宋黄升墓出土有髹漆木镜架⑪。白沙宋墓第一号墓后室西南壁壁画中，画有淡赭色镜台，台架上悬挂圆镜一面，一女欠身对镜戴冠，镜台的形式与黄升墓所出近似⑫。此外，

---

① （明）冯梦桢：《快雪堂漫录》。
② 今藏东阳县文物管理委员会。
③ 袁翰青：《中国化学史论文集》，生活·读书·新知三联书店，1956 年。
④ （宋）沈括：《梦溪笔谈》卷十九。
⑤ 《资治通鉴·唐纪·高宗皇帝》中之下"开耀元年三月"条。
⑥ （明）陶宗仪：《说郛》唐无名氏《迷楼记》篇。
⑦ 《太平御览·服用部》。
⑧ 沈从文：《中国古代服饰研究》图 37，商务印书馆香港分馆，1981 年。
⑨ 南京博物院、山东省文物管理处：《沂南古画像石墓发掘报告》，文化部文物管理局，1956 年。
⑩ 《明朝之际版画集》下，有一画，画一长桌，桌上置一铜镜，镜后有支架。
⑪ 福建省博物馆：《福州南宋黄升墓》，文物出版社，1982 年。
⑫ 宿白：《白沙宋墓》，文物出版社，1957 年。

北京法海寺明代壁画中，也画有一持镜女，镜纽上系绸带，女一手执绸带，一手托镜于胸前。^①

　　镜子本身是用于照面整容的，但是古人将镜子葬入墓内，除表示给死者在阴间使用外，另有一种用途，即南宋周密《癸辛杂识》所说："世大殓后，用镜悬棺，盖以照尸取光明破暗之义。"^② 陕西宋、金墓中，铜镜多悬于墓室顶部正中^③，正是出于这种考虑。浙江临安县（今临安市）板桥的五代墓中出土的两枚铜镜，一枚是四灵八卦镜，置于墓后室拱券顶之暗窗内；另一枚素面镜，置于前墓室穹隆顶之暗窗内^④，显然也是"以照尸取光明破暗之义"，而且说明这种习俗至晚在五代已经存在。唐代王度的《古镜记》，说隋末王度得一宝镜，屡以此制服精魅，其弟绩也凭借此镜之力，降服鬼怪。数年后，镜即化去。汉代镜铭中常有"辟不祥"的铭文，古代寺庙建筑正脊和壁上嵌镜，这些大概都是为驱除鬼魅而设。

　　镜子也有用铁铸造的。《太平御览》载："魏武帝上杂物疏曰：'御物有尺二寸金错镜一枚，皇太子杂（用物）纯银错七寸铁镜四枚，贵人至公主九寸铁镜四十枚。'"新中国成立以来确有铁镜发现，如河南洛阳一工区东汉建安三年（170 年）墓中出土有素面铁镜^⑤。洛阳烧沟 95 座汉墓中出土铁镜 9 枚^⑥。陕西潼关汉代杨震墓、浙江上虞县东晋墓均出土过铁镜^⑦。

　　铜镜是日常生活用品，很讲究美观，镜背有花纹和铭文，有的还有嵌螺钿、金银平脱或镀金等装饰。铜镜的花纹题材和铭文内容，往往反映了当时的社会意识形态。

　　（二）铜镜的时代特征

　　中国古代铜镜的制作、形制、纹饰和铭文，每个时期都有明显的区别，脉络是清楚的。

　　关于铜镜的断代，前人做了许多研究工作，特别是新中国成立三十多年来，随着考古事业的不断发展，大量铜镜从古墓中出土，这就为铜镜的断代提供了科学的依据。1960 年湖南省博物馆编写了《湖南出土铜镜图录》，对战国时期的铜镜进行了比较科学的断代分析^⑧。洛阳地区考古发掘队编的《洛阳烧沟汉墓》，对两汉铜镜进行了分类和断代^⑨。后来，全国各地陆续出土了战国和秦汉时期的铜镜，证明上述两书所做的断代基本上是正确的。

　　中国铜镜纹饰的发展，大致可分为战国、战国末至西汉、西汉末至东汉中期、东汉晚期至三国、两晋南北朝、隋唐、北宋和辽、南宋和金、元、明等几个阶段。

　　战国时期的楚镜很有名。战国早期的铜镜小而薄，后来趋向稍大而厚重。镜背装置拱形弦纹纽。有的采用纯地纹作稠密布置，题材以蟠螭纹最为流行，其次为云雷纹。有的采用地纹和主纹相结合的办法，也就是用细线条的蟠螭纹或云雷纹作地纹，其上再加粗线条的山字纹、四叶纹、菱形纹、方连纹、连弧纹、龙凤纹等主纹，此外还有一种四分法或环绕式布置。地纹和主纹重叠的镜子，以山字纹

---

① 《北京法海寺明代壁画》图 51，中国古典艺术出版社，1959 年。

② （明）郎瑛：《七修类稿·古镜》亦有引文。

③ 陕西省文物管理委员会：《陕西省出土铜镜》序，文物出版社，1959 年。

④ 浙江省文物管理委员会：《浙江临安板桥的五代墓》，《文物》1975 年第 8 期。

⑤ 洛阳市文物管理委员会：《洛阳出土古镜》，文物出版社，1959 年。

⑥ 中国科学院考古研究所：《洛阳烧沟汉墓》，科学出版社，1959 年。

⑦ 浙江省文物考古研究所藏考古资料档案。

⑧ 湖南省博物馆：《湖南出土铜镜图录》，文物出版社，1960 年。

⑨ 同⑦。

镜及稍后的菱纹镜最常见，狩猎纹镜甚少。洛阳金村曾出土金银错狩猎纹镜，当是战国时的产品①。湖北云梦秦墓中也发现一件铸有武士与虎豹搏斗纹饰的铜镜②。凡是以主、地纹构图的，地纹用细线条浅浮雕，主纹用粗线条和较高的浮雕，层次分明。少数采用透雕手法，在洛阳、湖南、四川等地均有发现③。透雕手法的使用一直延续到西汉④。

浙江几乎没有发现过战国铜镜，这是有其历史原因的。春秋战国时期，越国与吴国交战失败后，经过"十年生聚、十年教训"，国力复苏，公元前472年，越王勾践灭吴，北上会诸侯于徐州。由于交战的需要，越国大力发展青铜兵器生产，终于以铸剑闻名天下，但毕竟物力有限，不能大量铸造铜镜等日用器物。

战国晚期到西汉初期，是铜镜发生变化的一个过渡时期。这时期地纹逐渐简化，主纹趋向整齐，铭文开始出现。西汉初、中期，以蟠螭纹镜和草叶纹镜最具有代表性。西汉中期后，盛行星云镜、昭明镜和日光镜。昭明镜和日光镜大约一直延续到新莽时期。西汉铜镜花纹开始采用以镜纽为中心的对称布局，一般采用四分法。脆薄易断的拱形弦纹纽逐渐被淘汰，博山炉纽和半球形纽大量出现。半球形纽成为后来镜纽的主流。浙江地区的铜镜大约从西汉开始较广泛地流行。

西汉的日光镜和昭明镜中，有一种被称为透光镜。这种镜子的镜面受到日光或灯光（聚光）照射时，能够在墙上反映出与镜背花纹相对应的图像。早在隋、唐之际，王度的《古镜记》就有记述。沈括《梦溪笔谈》卷十九云："世有透光鉴，鉴背有铭文，凡二十字，字极古，莫能读。以鉴承日光，则背文及二十字皆透在屋壁上，了了分明。人有原其理，以谓铸时薄处先冷，唯背文上差厚，后冷而铜缩多，文虽在背，而鉴面隐然有迹，所以于光中现。余观之，理诚如是。然余家有三鉴，又见他家所藏，皆是一样，文画铭字，无纤异者，形制甚古，唯此一样光透；其他鉴虽至薄者，皆莫能透，意古人别自有术。"清郑复光《镜镜泠痴》卷五作了补充，认为由于铸造时冷却速度不同，铜的收缩率不一，形成镜面隐然有凹凸不平，在刮磨时也难以消除，虽"照人不觉，发光必现"。他认为，铜镜的透光和水面经日光照射，在墙上反映出"莹然动"的水光道理相同，是一种光程的放大现象。1974年，上海博物馆与复旦大学光学系、交通大学铸工教研组等有关单位协作，对透光镜作了模拟试验，证明沈括和郑复光的推断是正确的。陈佩芬同志的《西汉透光镜及其模拟试验》刊于《文物》1976年第2期。在这里需要补充一点，就是透光镜并非铸造过程中出现的自然现象，而应是古代匠师的有意铸作，因为只有日光镜和昭明镜有这种现象，其他镜类均无此特点。所以沈括说"意古人别自有术"。

西汉末至东汉中期，最具代表性的铜镜是连弧纹镜、四乳四螭镜、四神规矩镜、四神禽兽带镜。以《洛阳出土铜镜》附表为例，四乳四螭镜4枚，其中西汉晚期2枚，王莽时1枚。

关于规矩镜，《洛阳烧沟汉墓》的作者认为，"四神规矩镜的最早出现或者在王莽前，最盛期应是王莽时，其下限，一直可能到东汉中叶"；沈从文在《唐宋铜镜》一书的题记中说，尚方规矩镜"或

①　参见王士伦：《试谈中国铜镜纹饰的发展》，《文物参考资料》1957年第8期。
②　湖北孝感地区第二期亦工亦农文物考古训练班：《湖北云梦睡虎地十一座秦墓发掘简报》，《文物》1976年第9期。录有铜镜一件，桥形纽，勾连纹地，上有两武士手持盾、剑与虎、豹搏斗的生动画面。
③　四川省博物馆等：《四川涪陵地区小田溪战国土坑墓清理简报》，《文物》1974年第5期。
④　南京博物院：《江苏涟水三里墩西汉墓》，《考古》1973年第2期。

创始于武帝刘彻时的尚方官工，到王莽时代才普遍流行，是西汉中叶到末叶官工镜子的标准式样"。

从出土的规矩镜看，有如下几种类型。

河北满城西汉中山王刘胜之妻窦绾墓所出的蟠螭纹规矩镜①，可说是早期规矩纹，使用的线条与后来的规矩纹不一样。

西汉晚期至东汉中期的规矩镜，以《洛阳出土铜镜》附表为例，在19枚规矩镜中，15枚没有铭文，其时代除一枚为东汉初或中期，一枚为东汉中期外，其余都在西汉晚至东汉初。4枚有铭文的，一枚为"新有善铜出丹阳"，可能是新莽时的产物（原表定为东汉初）；一枚作者云不可释，时代也在东汉初；另两枚为"尚方作竟真大巧"，时代在东汉中期。

关于"尚方"的设置，唐杜佑《通典》云："秦置尚方令，汉因之。……汉末分尚方为中、左、右三尚方，魏晋因之，自过江左，唯置一尚方……"《汉书·百官公卿表》："少府，秦官，掌山海池泽之税，以给共养，有六丞。属官有……又中书谒者、黄门、钩盾、尚方、御府……"师古注曰："尚方主作禁器物。"② 由此可见，尚方规矩镜不一定创始于武帝刘彻时的尚方令。

梅原末治《汉三国六朝纪年镜图说》收有王莽始建国二年（10年）规矩兽带镜一枚，但铭文中没有"尚方作竟"的字样；另一面传浙江绍兴出土永平七年（64年）尚方兽带镜，铭文中虽有"尚方"字样，但是没有规矩纹。其他各地如湖南益阳③、长沙金塘坡④和浙江杭州饭店工地、杭州精神病院工地、临平山工地、慈溪檐山、绍兴漓渚、宁波火车站工地⑤等东汉墓中，均有规矩镜出土，其上限为新莽，下限似可延续到东汉晚期。

当然，铸有"尚方作镜"的铜镜，不一定都是尚方镜，甚至可以说假尚方镜居多。梁上椿《岩窟藏镜》第二集收有尚方十二辰四神规矩御镜一枚，铭文开头一句是"尚方御竟大毋伤"，制作精致，铭文整齐，无一漏字，无一错别字，无一减笔，只有"镜"作"竟"，"祥"作"详"，此二字本可通假。故当是真的尚方镜。当然，并非说其他都是伪造，但有一点可以肯定，尚方镜必须是精致的。

至晚从东汉中期开始，画像镜异军突起，东汉晚期神兽镜和龙虎镜继起，前者大约从三国开始衰微，后者一直延续到东晋。详见第二部分会稽铜镜。

东汉中期开始流行连弧纹兽首镜。梅原末治《汉三国六朝纪年镜图说》收有东汉永寿二年（156年）、延熹七年（164年）、光和元年（178年）、熹平三年（174年），三国时甘露五年（260年）的连弧纹兽首镜，以及传河南洛阳出土的永嘉元年（307年）连弧夔凤镜。前者在陕西有一些发现，洛阳烧沟出土的夔凤镜和变形四叶纹镜与后者相仿⑥。这两种镜子在浙江则很少见到。在浙江见到的是大扁纽八凤镜，都出土于三国墓中，制作和纹饰比较精致。

浙江出土的六朝铜镜多数质地轻薄，制作粗糙，纹饰也拙劣。例如黄岩秀岭水库六朝墓出土的9枚铜镜，诸暨牌头六朝墓出土的铜镜，瑞安县芦浦水库东晋太和三年（368年）墓出土的四神八雀镜，

---

① 中国科学院考古研究所等：《满城汉墓发掘报告》，文物出版社，1980年。

② 《汉书·百官公卿表》七上。

③ 湖南省博物馆等：《湖南益阳战国两汉墓》，《考古学报》1981年第4期。

④ 湖南省博物馆：《长沙金塘坡东汉墓发掘简报》，《考古》1979年第5期。

⑤ 浙江省文物考古研究所考古档案材料。

⑥ 中国科学院考古研究所：《洛阳烧沟汉墓》，科学出版社，1959年。

瑞安县桐溪水库南朝梁大同八年（542 年）墓出土铜镜，杭州半山马岭山西晋太康八年（287 年）墓出土的神兽镜，新昌县孟家塘大峤底东晋太元十八年（393 年）墓出土的四乳禽兽镜，制作和质地都很粗劣，有的虽有铭文，但腐朽不能辨①。金华古方晋墓出土了一枚四叶纹人物镜，在四叶的每瓣上，各有人像一个，分别题为“弟子仲由”“弟子颜渊”“弟子子贡”，另一题名不清晰，这种镜子虽属罕见，但同样制作不精，构图拙劣②。

　　其他省份出土铜镜的情况也与浙江相似，例如甘肃张家川大赵神平二年（相当于北魏永安元年，528 年）墓出土铜镜一枚，仅饰凸弦纹二道，亦非精品③。20 世纪 50 年代，广州市文物管理委员会在市郊清理古墓 395 座，其中 95 座六朝墓中有 17 座是砖室墓，出土铜镜仅 2 枚，一枚是茶亭一号墓出土的四神镜，一枚是马棚岗十四号墓出土的神兽镜，质地制作均不佳。1980 年江西赣县南朝齐建武四年（497 年）墓中出土铜镜一枚，纹饰简单无铭文，质地甚薄④。《四川省出土铜镜》所收的几枚南北朝时期的铜镜亦复如此。

　　由此可见，南北朝铜镜无论质地、纹饰均欠精致，比之隋唐铜镜确有精拙之别。隋墓出土的铜镜，可以《陕西省出土铜镜》收录的三枚隋四兽镜为例，这三面镜子铭文分别为：

　　“杨府可则，盘龙斯铸。徐稚（犀）经磨，孙丞晋赋。散池菱影，开云桂树。玉面方窥，仙刀永故。”

　　“窥庄益态，韵舞鸳鸯。万龄永保，千代长存。能明能鉴，宜子宜孙。”

　　“昭仁晒德，益寿延年。至理贞壹，鉴保长全。窥庄起态，辨貌增妍。开花散影，净月澄圆。”⑤

　　隋大业四年（608 年）李静训墓出土铜镜一枚，内区草叶纹，外区分十二格，分别饰以十二辰动物，再外一周为锯齿纹，纽外铭文为“长命宜新光返随人”⑥。

　　陕西永寿孟村出土隋镜，纽座双线八角纹，每角一字，内区分八格，分别饰以西王母、东王公和神兽，外区十二生肖及朱雀、玄武，外缘为缠枝花。铭文为“淮南起照，仁寿传名。琢玉斯表，镕金勒成。时雍炎晋，节茂朱明。爰模鉴彻，用拟流清。光无亏满，叶不枯荣。图形览质，千载为贞”⑦。

　　以上五例，有以下几个特点：铭文都是四言骈体文，纹饰与汉镜明显不同，但往往保留某些汉镜纹饰的遗风。如锯齿纹、西王母、东王公、规矩纹中的“L”形纹、四叶纹纽座等，花纹也比较精致。再以《陕西出土铜镜》一书所收唐代铜镜为例，在 70 多枚唐代铜镜中，有骈体铭文的仅 7 件，约占十分之一⑧。结合其他各地出土隋唐铜镜分析，这类镜可能始自南北朝末，但主要是隋代和唐初的产物，时间比较短暂。晚唐虽然也有骈体文镜，但纹饰比较粗糙。唐代铜镜很少有铭文，纹饰丰富多彩。现选几枚陕西唐代纪年墓中出土的铜镜作为例证，这些镜子均无铭文：

---

① 浙江省文物考古研究所考古档案材料。
② 今藏金华市文物管理委员会。
③ 秦明智、任步云：《甘肃张家川发现“大赵神平二年”墓》，《文物》1975 年第 6 期。
④ 薛翘：《赣县南朝齐墓》，《江西历史文物》1982 年第 4 期。
⑤ 陕西省文物管理委员会：《陕西省出土铜镜》第 80、81、82 图，文物出版社，1959 年。
⑥ 中国社会科学院考古研究所：《唐长安城郊隋唐墓·隋代李静训墓》，文物出版社，1980 年。
⑦ 朱捷元：《陕西永寿孟村发现隋代铜镜》，《文物》1982 年第 3 期。
⑧ 陕西省文物管理委员会编《陕西省出土铜镜》，其中所列 70 多面唐镜，个别可能是隋镜。第 137 图应是北宋铜镜。

贞观十四年（640 年）墓出土螺钿人物镜；

成亨元年（670 年）墓出土宝相花镜①；

葬于唐神功二年（699 年）的独孤思贞墓出土海兽葡萄镜②；

神龙二年（706 年）墓出土舞凤狻猊镜；

开元二年（714 年）墓出土雀绕花枝镜；

开元十五年（727 年）墓出土狻猊镜；

天宝四载（745 年）墓出土飞仙镜；

天宝四载墓出土双鸾衔绶镜③。

唐政府对铜镜颇为重视，用铜镜作为赏赐大臣的高级礼品。如《旧唐书·玄宗本纪》所记："开元十八年……以千秋节百官献贺，赐四品已上金镜、珠囊、缣彩……"《朝野佥载》卷三载：中宗李显"令扬州造方丈镜，铸铜为桂树，金花银叶。帝每骑马自照，人马并在镜中"。白居易《新乐府·百炼镜》云："百炼镜，熔范非常规。日辰置处灵且奇，江心波上舟中铸。五月五日日午时，琼粉金膏磨莹已，化为一片秋潭水。镜成将献蓬莱宫，扬州长史手自封……"扬州离浙江不远，是唐代铸镜中心之一，浙江出土的唐镜，有些可能来自扬州。

唐代铜镜的造型突破了传统的圆形格式，出现了大量花式镜，纹饰题材丰富，构图新颖。采取弧面浮雕，立体感强。在继承传统艺术的基础上，也吸收了外来的营养，创造出生动而华丽的风格。常见的纹饰题材有云间飞天、迦陵频迦、月宫嫦娥、玉兔捣药、神人乘龙、仙女骑鸾、伯牙弹琴、孔子问荣启期、真仙八卦、珍禽瑞兽、盘龙舞凤、狻猊奔驰、人物花鸟、海兽葡萄、双鸾衔绶、宝相牡丹、卷草群鸟、雀蝶穿花、鸾凤和鸣、鸳鸯双鹊……装饰手法除浮雕外，还有金银平脱、嵌螺钿、捶金银、鎏金、彩漆绘、嵌琉璃等等，华美异常。铺开枚枚镜子，那些富有变化、生动瑰丽的画面，相映生辉，仿佛进入了大唐皇家后苑，天府乐园、人间仙境融成一体。由于唐朝空前规模的统一，政治比较开明，经济不断发展，对外交往密切，文学艺术繁荣，把源远流长的铜镜工艺，推向登峰造极的地步。

唐末由于藩镇割据，天下纷乱，扬州几经兵燹，惨遭破坏。《资治通鉴》卷二百五十九"唐昭宗景福元年"条载："先是，扬州富庶甲天下，时人称扬（州）一益（州）二。及经秦（彦）、毕（师铎）、孙（儒）、杨（行密）兵火之余，江、淮之间，东西千里扫地尽矣。"镜子的铸造从此一蹶不振。这时期铸造的铜镜，从浙江出土情况看，已是唐代铜镜的尾声。五代吴越国王钱镠之母水邱氏墓中出土了大量精美的文物，唯独铜镜不精，就是有力的说明。

宋代铜镜大致可分为两个阶段。北宋铜镜别开生面，纹饰常以缠枝花草为题材，艺术手法和风格则与当时的漆器、瓷器相近。南宋铜镜以素地为主，已处于衰落阶段。此后的制镜工艺水平日趋低劣，最终被玻璃镜所代替。

---

① 陕西省文物管理委员会：《陕西省出土铜镜》，文物出版社，1959 年。

② 中国社会科学院考古研究所：《唐长安城郊隋唐墓·隋代李静训墓》，文物出版社，1980 年。

③ 同上。

二　会稽铜镜

（一）会稽铜镜的兴起

春秋战国时，会稽为越国的都城。秦置山阴县，属会稽郡。南朝陈代分山阴地，置会稽县。唐时改为越州。南宋建炎三年（1129 年），金兵长驱直入，赵构由临安府渡江，经越州，逃到台州、温州，次年四月返回越州，住了一年多，改年号为"绍兴"，并升越州为绍兴府。"绍兴"之名，一直沿用到现在。

会稽铜镜在东汉早中期兴起，是有其历史原因的。早在汉武帝元狩四年（公元前119年），关东贫民徙陇西、北地、西河、上郡、会稽凡七十二万五千口[1]。西汉时，由于北方劳动人民大量南迁，会稽郡有户二十多万，口百余万[2]。人口的增加促进了江南经济的发展。东汉时会稽太守马臻兴筑鉴湖，周广三百五十多里，灌溉良田九千余顷，对当地农业的发展，起了重要作用。三国东吴时，钟离牧在永兴（今萧山，绍兴邻县）垦田二十余亩种稻，一年得精米六十斛[3]，说明当时的产量不低。农业的发展，为铜镜工艺的兴起，奠定了经济基础。

东汉初年，由于"天下新定，道路未通，避乱江南者皆未还中土。会稽颇称多士"[4]。官僚地主接踵而来，"民物殷阜，王公妃主，邸舍相望"[5]。三国东吴时，会稽郡的虞、魏、孔、贺四大族，都占有大量的土地。如"（孔）灵符家本丰，产业甚广，又于永兴立墅（田庄），周回三十三里，水陆地二百六十五顷，含带二山，又有果园九处"[6]。由于人口的增长，作为日常生活用品的铜镜，需要量势必增加。

会稽一带有丰富的矿藏资源，绍兴平水附近的桃红兵康铜矿、绍兴兰亭谢家桥大焦岭铅矿、上虞县东关银山坝铅矿、诸暨铜岩山铜矿都是古代开采过的。嘉泰《会稽志》载，锡山，在县东五十里，越王曾采锡于此。铜牛山在县东南五十八里，有炼塘里，为勾践冶炼铜场。《越绝书》卷十一云，越王勾践有宝剑五，闻于天下，造此剑时，"赤堇之山破而出锡，若耶之溪涸而出铜"。以上事实表明，在会稽地区确有古人开采过的铜、锡、铅等矿藏。

越国以铸剑著名，江陵出土的越王剑是其代表作。齐时号称"中国绝手"的炼钢能手谢平就是上虞人[7]。南朝著名制造兵器的冶所，设在会稽郡所属的剡县（今嵊县，与上虞邻近）三白山。以上事实说明，会稽地区具有冶炼的传统技术，具备了制造铜镜的先决条件。

（二）画像镜

浙江何时开始使用铜镜尚难断言。就浙江各地发现的铜镜来说，西汉中叶以后的昭明镜、日光镜

---

① 《汉书》卷六《武帝纪》。
② 《汉书》卷二十八《地理志》。
③ 参看范文澜《中国通史简编》修订本第二编第 213 页，人民出版社，1964 年。
④ 《后汉书》卷七十六《任延传》。
⑤ 《宋书》卷五十七《蔡廓传》。
⑥ 《宋书》卷五十四《孔季恭附弟灵符传》。
⑦ 《太平御览》卷六六五。

和四螭镜比较多，东汉的尚方规矩禽兽镜更多。这许多铜镜在浙江出土，很难说都是外地流入的。此外出土最多的是东汉至西晋时期的画像镜、神兽镜和龙虎镜，其主要产地从铜镜铭文判断，是在吴、会稽和武昌三郡。

本节着重讲画像镜。画像镜的镜铭中尚未发现纪年，刻有地点和姓名的则有：

"吴胡阳里周仲作"车马神仙画像镜①；

"胡向里柏氏"作伍子胥画像镜②；

"周仲作"神人龙虎画像镜；

"上虞杜氏造珍奇镜"龙虎镜③；

"杜氏作珍奇镜兮"西王母画像镜④；

"吴向阳周是作"神人车马画像镜（绍兴县上灶公社虎山脚下出土）；

镜铭中的"吴"应是吴县。

画像镜以神仙车马画像镜和历史故事画像镜两类最具典型性。从出土情况看，1972 年，浙江富阳县（今富阳市）东汉早中期墓中出土车马镜一枚，同墓出土双系旋纹陶罐和"五铢"钱。1955 年，宁波火车站工地清理了一批古墓，在 24 座东汉早中期墓中出土车马画像镜一枚；19 座东汉中晚期墓中，有两墓各出车马画像镜一枚；7 座东汉晚期墓中有 4 座各出车马画像镜一枚⑤。新昌西岭公社凤凰大队东汉中晚期墓出土车马神人画像镜一枚。

以上事实表明，车马画像镜的流行始于东汉早中期，盛于中晚期。因为一般来说，镜子铸造的年代总要早于该墓葬的年代。

在画像镜中，绝大部分是神仙画像镜，并多为西王母画像镜，不过有些镜子未铸"西王母"题榜。西王母画像镜又可分为三大类：一类是西王母车马画像镜，一类是西王母群仙画像镜，一类是西王母瑞兽画像镜。在这三大类里，还可以细分为若干种。

关于西王母的神话，最早见于《山海经》，晋代从战国魏王墓中出土的《穆天子传》说，周穆王十三年用伯父为向导，乘着造父驾的八骏大车，率领大队人马，带着精美的丝织物和其他手工艺品，从王都宗周（西安附近）出发，经过许多地方，最后到西王母之邦的瑶池拜会了西王母。《汉武帝内传》里，把西王母描写成年约三十的威严女神，姿容绝世，有大群仙姬随侍，武帝拜受教命，并说她把三千年结一次果的蟠桃赐给武帝。《淮南子·览冥训》有"羿请不死之药于西王母，姮娥窃以奔月"的记载，于是民间把她当作长生不老的象征。

东王公，又称东王父。《神异经》说："西王母岁登希有鸟翼上，会东王公也。"东王公"长一丈，头发皓白，人形鸟面而虎尾，载一黑熊，左右顾望"。

神仙画像镜中有的标明西王母和东王公。神兽镜中的神仙，有的也应该是西王母、东王公。神仙画像镜中表现的西王母故事，是把《山海经》《神异经》《穆天子传》《汉武帝内传》等几种神话故事

---

① 梁上椿：《岩窟藏镜》第二集下 25 图。

② ［日］梅原末治：《绍兴古镜聚英》第 49、50 图，文星堂，1939 年。

③ 王士伦：《浙江出土铜镜选集》第 37 图，人民美术出版社，1958 年。说明中首句释文有误，应释作"上虞杜氏造珍奇镜"。

④ 同上。

⑤ 据浙江省文物考古研究所考古档案资料及发掘主持者介绍。

的有关情节糅合在一起，经过取舍，结合民间传说进行创作的。

画像镜中的西王母多为跪坐姿式。身穿宽袖窄衣，长裙曳地。头上梳髻，似乎还饰有巾帼，缀以步摇，与山东沂南画像石墓中的西王母戴胜的形象不同。西王母像还有做舞蹈姿态的。如绍兴出土的田氏车马画像镜中，一舞蹈女像的上方刻"东王母"三字，"东王母"应是"西王母"之误刻。西王母细腰长裙，裙幅随舞蹈动作而飘动，双手各执长巾一条。左手所执长巾上端似有一短棍。手执短棍，便于把握，用以完成较难的动作。两臂舞姿，类似"顺风旗"的动作。这应该是盛行于汉代的巾舞。上虞县出土的西王母马戏画像镜中，亦有一女舞者，动作与上述西王母同，但不是西王母，因另有一跪坐神人，双手亦作舞蹈状，旁刻"西王母"字样。此外，画像镜中的舞蹈者，有的曳在两袖口外的不似长巾，而像长袖。两手拂袖，舞姿轻盈，似是古代江南流行的白纻舞。

西王母是神仙，神仙本属子虚，匠师刻划西王母所依据的模特儿，很可能是女巫。徐坚《初学记》卷十五引《夏仲御别传》云："仲御从父家女巫章舟、陈殊二人，妍姿洽媚，清歌妙舞，犹若飞仙。"邯郸淳作《孝女曹娥碑》说，东汉孝女曹娥之父曹盱"能抚节弦歌，婆娑乐神"。曹娥是上虞人，看来当时上虞是盛行舞蹈的。

西王母的侍者有玉女和羽人。玉女或拱手而立，或席地而坐，或持华伞，或拿便面，或抚琴，或舞蹈。羽人，即生有羽毛的仙人。《山海经·海外南经》说："有羽人之国，不死之民，其为人长头，身生羽。"东汉思想家王充《论衡·无形篇》云："图仙人之形，体生毛，臂变为翼，行于云，则年增矣，千岁不死。此虚图也。世有虚语，亦有虚图。"同书《道虚篇》云："为道学仙之人，能先生数寸之毛羽，从地自奋，升楼台之陛，乃可谓升天。"王充是上虞人，说明东汉时会稽一带确有相信羽人之说的。

梅原末治《绍兴古镜聚英》第十三图录有"王女朱师作兮"铭文的西王母画像镜，又记有"仙人六博"。图中两个长翅的仙人相对跪坐，中间为六博棋盘。据《楚辞·招魂》补注引《古博经》载，博时先掷采，后行棋，以筹多者为胜。两仙人，一向对方伸出左手，作讨物状，另一人手捧一叠长方形物（筹码），似欲给对方。

车马的形象均非常生动。拉车的骏马三匹、四匹、五匹、六匹、八匹不等。矫健的骏马，或昂首飞驰，或回头嘶鸣，"并驾齐驱，而一毂统辐"。

车子的顶篷大致分两种：一种是卷棚式，下部平坦；一种是四坡顶，翼角起翘。车厢两侧开窗。按当时习惯，乘车的人是从后面上车的。绍兴市文物管理委员会藏有一枚神仙车马镜，有一人似刚从后面上车并侧身向外探望。车厢的前面下部安长方箱形槛，有的还刻一人凭槛外眺。有的车马镜车前挂帘幕，车厢后下部飘曳长帛。有的车厢两侧没有屏蔽，只在后面装上屏蔽，前面安槛。还有在车旁题"马车"二字的。这种轿式马车，明显和山东、四川、辽阳的汉代石刻、砖刻、彩画所反映的马车不尽相同，而与浙江海宁县长安镇东汉墓画像石刻的马车却十分相似。

画像镜中有表现神人交战的图像：武士拉满弓，矢离弓而出，也有武士一手挥矛，一手持盾，骑马交战。作者抓住了最生动的一刹那，进行了惟妙惟肖的刻划。

除画像镜和神兽镜外，绍兴还出土有"王乔马"神兽带镜，外区纹饰采用环带状布局，其间饰以七组神兽，每组间用四叶纹作分隔，并标明"柏师作""王乔马""赤诵马""辟邪""铜柱"。王乔是道教神仙。《历世真仙体道通鉴》记有三个王乔：一为周灵王太子，乘白鹤升天，道教称他为"右弼真人"，掌吴越水旱；一为东汉时的尚书郎，出为叶县令，每月朔旦，常自县诣台朝帝，叶门下鼓不击自鸣，声闻京师；一为武阳人，后于东嶂山得道。联系当时铜镜铭文常有"风雨时节五谷熟"的句子，推想镜铭中的王乔，应是周灵王的太子。"赤诵"即"赤松子"，他是中国神话中的仙人雨师，后为道教所尊奉。据传，他"服水玉以教神农，能入火自烧。至昆仑山上，常止西王母石室中，随风雨上下。炎帝少女追之。亦得仙俱去"①。据光绪《富阳县志》载，在县东十五里有赤松子庙。里人水旱祷之。可见赤松子的神话传说在江南一带的影响是很深的。

历史故事画像镜，主要是描写伍子胥自刎的故事。相传越王勾践被吴王夫差战败，保栖会稽，发愤图强，决心复仇。在发展生产、训练士兵的同时，把美女送给吴太宰嚭和吴王夫差，"以惑其心，而乱其谋"②。《国语·越语》云："越人饰美女八人，纳之太宰嚭曰：'子苟赦越国之罪，又有美于此者将进之'。"《越绝书》写得更具体："越乃饰美女西施、郑旦，使大夫种献之于吴王曰：'昔者越王勾践，窃有天下之遗西施、郑旦。越邦泞下贫穷不敢当，使下臣种再拜献之大王。'吴王大悦。申胥谏曰：'不可，王勿受……胥闻贤士邦之宝也，美女邦之咎也，夏亡于末喜，殷亡于妲己，周亡于褒姒'。吴王不听，遂受其女；以申胥为不忠而杀之。"③《史记》也有越王勾践"以美女宝器令种间献吴太宰嚭"④的记载。伍子胥画像镜把画面分成四区，幅幅连贯，集中刻画了伍子胥忠直敢谏，谏而不从，被吴王赐剑自杀的情景。他面对吴王，怒目而视，加剑颈上。吴王端坐，斜视伍子胥。旁有王女二人，拱手而立，大概就是西施和郑旦。王女旁为宝器，又有越王和范蠡，表现出洋洋自得的神态。

特别要提到的是上虞县出土的一枚东汉屋舍画像镜。镜纽外有四组纹饰：一组是青龙和屋舍，屋舍为重檐楼房，楼上前沿有栏杆，屋前铺设曲道；一组为人物和屋舍，屋舍重檐，屋前也有曲道；一组为神人，两旁有侍者；一组神人对坐屋舍下，屋舍重檐，并有立柱。刘敦桢《中国古代建筑史》所录河南郑州汉代空心砖上的庭院图，其中楼与曲道的形式，与上虞县出土的屋舍画像镜中的屋舍是近似的。

（三）神兽镜

神兽镜中纪年镜特别多。有纪年又记明是会稽铸造的如下：

黄初二年十一月丁卯朔廿七日癸巳扬州会稽山阴唐豫命作竟⑤；

黄初四年五月丙午朔十四日会稽师鲍作明竟⑥；

建安二十二年"师郑豫作明镜"⑦；

黄武五年太师鲍唐作镜。铭文中还刻有"吴国孙王"字样⑧；

黄武五年二月辛未朔六日庚巳"会稽山阴安本里"。

---

① 《云笈七签》卷一百八。

② 《吴越春秋》卷九。

③ 《越绝书·内经九术》第十四。

④ 《史记·越王勾践世家》。

⑤ 王仲殊：《关于日本三角缘神兽镜的问题》，《考古》1981年第4期。

⑥ ［日］梅原末治：《汉三国六朝纪年镜图说》，文星堂，1942年。

⑦ ［日］梅原末治：《绍兴古镜聚英》第1图，文星堂，1939年。

⑧ 同⑥。

　　近几年来，在浙江各地又出土了一些纪年神兽镜，如绍兴县出土东汉建安十年（205 年）造镜，新昌县拔茅大队出土东汉建安二十年（215 年）造镜，瑞安县丽岙出土建安二十四年（219 年）五月造镜，浦江县出土三国吴赤乌口年五月造镜，衢县（今衢江区）出土东汉建安二十四年造镜、三国吴永安七年（264 年）五月造镜，金华出土三国吴永安七年九月三日将军杨勋造镜、西晋太康二年（281 年）九月三日造镜，宁波出土东汉建安七年（202 年）四月造镜等等。

　　绍兴上游公社 1972 年出土一面神兽镜，铭文比较模糊，但尚能辨出"吴郡吴阳"等字样。"吴郡"应指吴县（今江苏省苏州市）。

　　神兽镜的种类颇多，分布也很广，如浙江绍兴、新昌、宁波、浦江、武义、瑞安、安吉，湖北鄂州，江苏南京、江都、泰州、无锡，江西南昌，湖南长沙、浏阳、常德，广东广州，广西金州、贵县，安徽芜湖等地。这些地方在三国时均为吴地。其中有铭文记明生产地点的，除上述会稽山阴（浙江绍兴市）外，还有武昌（湖北鄂州市，镜铭为"武昌元作明镜"）。特别值得注意的是鄂州出土的黄武六年（227 年）重列神兽镜，在铭文中记明"会稽山阴作师鲍唐"，并云"家在武昌思其少"，这就说明山阴工匠曾到鄂州去作镜。在浙江出土的鲍唐镜，有三国魏黄初四年（223 年）镜（铭文为"……会稽师鲍唐作明镜"）和吴黄武五年（226 年）镜，时间略早于武昌出土的黄武六年（227 年）镜，因此可知鲍唐迁到武昌作镜的时间，至早应在黄武五年会稽作镜之后，至晚不会晚于黄武六年。

　　神兽镜主要产地可能是以会稽山阴为中心的吴地。此外，东汉时有延熹二年（159 年）环状乳神兽镜，其上记明"广汉西蜀造作明镜"，延熹三年（160 年）半圆方枚神兽镜上记明"广汉西蜀作镜"[1]，说明广汉西蜀也是神兽镜的产地之一。在广西贵县也曾发现黄龙元年（229 年）重列神兽镜，广西全州县发现半圆方枚神兽镜，但未记明铸造地点[2]。陕西西安东郊灞桥和月乾县等地，也出土过东汉末的重列神兽镜，但风格与上述地区出土的神兽镜不一样[3]。洛阳也出过神兽镜[4]，但数量其少，不能说明是当地铸造的。

　　神兽镜的纹饰题材基本上是反映道家神仙的。但秦汉以前盛行的四神继续存在。《礼记·曲礼上》云："行前朱鸟而后玄武，左青龙而右白虎。"孔颖达疏："朱鸟、玄武、青龙、白虎，四方宿名也。"道教以青龙、白虎、朱雀、玄武作护卫神，以壮威仪。铜镜铭文中常有"左龙右虎避不祥，朱鸟玄武顺阴阳"的句子。而且重列神兽镜上的四神是按方位排列的。以西王母和东王公为题材的画像镜和神兽镜，往往将西王母位于西方，东王公位于东方。神兽镜上天皇与五帝占据了重要位置，和天人感应之说相适应，神与星合为一体，于是镜铭上出现了"上应列宿，下辟不祥"之类的句子，神兽也按照各自所代表的星宿的方位进行排列，形成了重列神兽镜的特殊布局形式。例如天皇，是道教神仙之首，《列仙传》云，"观天皇于紫微"，《晋书·天文志·中宫》载，在北极正中有一星，"曰天皇大帝，……主御群灵，执万神图"。所以在重列神兽镜中，天皇与玄武同位于北方。又如五帝，道教称为五城真人。《云笈七签》卷十八《老子中经》云："五城真人，五帝之神名也；东方苍龙，东海君

① ［日］梅原末治：《汉三国六朝纪年镜图说》，文星堂，1942 年。
② 广西壮族自治区文物管理委员会：《广西出土文物》，文物出版社，1978 年。
③ 陕西省文物管理委员会：《陕西省出土铜镜》，文物出版社，1959 年。
④ 洛阳市文物管理委员会：《洛阳出土古镜》，文物出版社，1959 年。

也；南方赤帝，南海君也；西方白帝，西海君也；北方黑帝，北海君也；中央黄帝君也。"除道教神仙图像外，伯牙弹琴的历史人物有时也在神兽镜中出现。又有辟邪、天禄、巨虚、蜚廉、狮子等。辟邪是似狮带翼的动物。天禄，镜铭中有时作"天秩"，如"距虚、辟邪除群凶，除子天禄会是中"，"上有辟邪与天秩"。这两则铭文中的"天禄""天秩"有不同的含义，前者是指天职，也就是上天赐给的禄位。后者是神兽名。《后汉书·灵帝纪》曰："（中平三年）复修玉堂殿，铸铜人四，黄钟四，及天禄、虾蟆……"注曰："天禄，兽也。……案今南阳县北有宗资碑，旁有两石兽，镌其膊，一曰天禄，一曰辟邪。据此，天禄、辟邪，并兽名也。"巨虚亦系兽名。蜚廉是长尾有翼的神兽。狮子的形象和三国、两晋时会稽窑青瓷狮子水盂的形象很近似。

（四）画像镜与神兽镜

画像镜和神兽镜的浮雕，艺术风格完全不同。

画像镜的纹饰布局，采用四分法，纽座外的主要部位分成四区，每区之间隔以乳丁，花纹讲究对称。如西王母画像镜，西王母和东王公各为一组，是对称的，另两组是车马，也是对称的；神兽镜的神仙分两组，是对称的，青龙、白虎各为一组，也是对称的；伍子胥画像镜，伍子胥为一组，越王、范蠡为一组，两组对称，吴王和王女两人又各为一组，也是对称的。在进行四分法对称处理的同时，讲究突出主题，并且尽量照顾到各组之间的相互呼应，把整个故事情节在画面上连贯了起来。如西王母、东王公跌坐一方，两侧陪衬矮小的侍者，用对比手法突出主题人物——西王母、东王公。又如伍子胥侧首面对吴王自刎，他那种愤慨的表情，不由使人想起当吴王赐剑逼伍子胥自杀时，伍子胥讲过的话，"我令而父霸，我又立若，若初欲分吴国半予我，我不受，已，今若反以谗诛我。嗟呼，嗟呼，一人固不能独立"，"必取吾眼置吴东门，以观越兵入也"[①]。表现技法采用斜剔法平面浅浮雕，这是东汉画像石刻通常采用的手法，颇具装饰趣味。画像镜是汉镜的尾声，却给人以"曲中奏雅"的强烈感受，也如夕阳返照，显得分外灿烂。

神兽镜纹饰的布局大致可分为求心式（即作环状布置）、对置式（即采用四分法）、同向式（即神兽作同一方向布置）和重列式（或称阶段式，即神兽排列成上下数重）等几类。在构图上，既注意到互相呼应，也注意到了各个神兽动态的协调和谐。在主要位置上安排主神，次要位置上则安排侍者或群仙。采用圆面浮雕技法。如果说，画像镜的平面浅浮雕是以装饰趣味见长的话，那么，圆面浮雕则是以立体感和真实感取胜了。

无论是画像镜还是神兽镜，在中国铜镜发展史上都是独创一格的。众所周知，艺术风格的形成，正是艺术品成熟的标志，因为它要求题材、主题、形象、结构、技法等方面，都具有特色，而又有机地融合在一起。在画像镜产生以前，已有"上有仙人不知老，渴饮玉泉饥食枣，浮游天下遨四海……"之类的铭文，可是明确把西王母、东王公作为主题纹饰，却是首见于画像镜；把一个完整的历史故事作为纹饰的题材，也是画像镜开创的先例。尽管上述题材在东汉画像石墓中屡见不鲜。

顺便要提及的是日本出土的三角缘神兽镜。日本许多考古学家把日本的古坟（主要是4世纪前期的古坟）中出土的三角缘神兽镜，认作是中国传入的"舶载镜"。王仲殊在《关于日本三角缘神兽镜

---

① 《史记·越王勾践世家》。

的问题》一文中，对这个问题做了详尽的论述。其中有一段结论性的见解："三角缘神兽镜的确具有中国镜的各种基本特征，与日本的仿制镜大不相同。因此，在目前，我只能提出这样的一种推测，三角缘神兽镜是东渡的中国工匠在日本制造的。"在谈到日本三角缘神兽镜与中国镜相同处的时候，王仲殊说："如果有人说，日本的三角缘神兽镜是中国画像镜的外区（包括镜缘）与神兽镜的内区相结合，那是很容易使人发生同感的。"

1981年年底，王仲殊文章发表后不久，日本同志社大学铃木重治先生率领"第二次关西青年考古学研究者友好访中团"来杭时，曾征求过笔者对日本三角缘神兽镜的意见。现在趁改写《浙江出土铜镜选集》序言的机会，谈一点粗浅的感想。

日本出土的三角缘神兽镜，以神仙和神兽为主要题材，这与浙江出土的神兽镜是相同的。秦汉以来，中国的道家、阴阳五行以及谶纬思想对日本有一定影响，所以神兽镜的题材也是适应当时日本民众心理的。但就作镜的时间来说，日本的三角缘神兽镜主要出土于4世纪前期的古坟中，似乎比中国盛行于东汉晚期和三国神兽镜稍晚一点。镜背最明显的差别是外区镜缘的装饰：前者镜缘断面呈三角形，外区饰有锯齿纹带、复线波浪纹带、栉齿纹带，有的连同铭文在内，从直径计算，占据了铜镜面积二分之一；后者大多是平缘的，少数略似三角缘，有的也装饰锯齿纹或栉齿纹，但多数是一周，没有见到像日本三角缘神兽镜那样饰有二至三周锯齿纹带，再加上复线波浪纹带和栉齿纹带的。浙江出土的画像镜，镜缘断面较多呈不等腰三角形，少数呈等腰三角形，外区饰有一至二周锯齿纹带，加上复线波浪纹带和栉齿纹带，与日本出土的三角缘神兽镜的镜缘形式及外区纹饰比较接近，但是所占据的面积，包括铭文带在内，以直径计算，没有达到铜镜面积二分之一的，至多三分之一强。日本铜镜面积较大，因为这个缘故，加宽了外区，装饰了较多的锯齿纹带、复线波浪纹带和栉齿纹带。

再就内区纹饰来比较，日本出土的三角缘神兽镜与浙江出土的神兽镜最明显的差别是前者往往有笠松形图样，后者没有。据日本学者研究，这种笠松形图样，是由旌演变而来的①。

《说文》："旌，幢也。"幢是什么，曾在学术界引起过争论②。中国古代所谓的幢，至少有如下两类。

一类是中国固有的。如《汉书·韩延寿传》："延寿在东郡时，试骑士，……驾四马，传总，建幢棨，植羽葆……"注云："幢，旌幢也，师古曰：幢，麾也。"③这种形象在沂南画像石墓中刻画得很具体，是竖在车上的，竿上有几层流苏，随风飘扬④。

一类是佛教的幢。以《佛教大辞典》解释得最清楚："幢（物名），梵名驮缚若，又曰计都，译曰幢。为竿高出，以种种丝帛庄严者，借表麾众生，制魔众，而于佛前建之。或于幢上置如意宝珠，号之与愿印，宝生如来或地藏菩萨之三昧耶形也。"⑤这种幢的形式，在敦煌千佛洞壁画中有两例，即盛唐217窟和中唐31窟，都是在一根直竿上装置丝织品做成的圆形伞盖状物，每幢三层，并缀有丝带，竿顶作宝珠状。第31窟所画的幢，在竿下有一个十字形的木座。

① 王仲殊：《关于日本三角缘神兽镜的问题》，《考古》1981年第4期。
② 陈明达：《石幢辩》，《文物》1960年第2期。
③ 《汉书·韩延寿传》。
④ 南京博物院等：《沂南古画像石墓发掘报告》，文化部文物管理局，1956年。
⑤ 上海佛学书局印行：《实用佛学辞典》，1934年，第1669页。

日本三角缘神兽镜中的所谓笠松形纹样，在王仲殊文中所附的二例，下部都作圆轮状。如前所述，这种圆轮，在绍兴出土的东汉神兽镜中时有所见，而且都曳着飘起的长帛，其上有的载兽，有的载神，圆轮底下有的饰以流云，犹如在空中飞驰。这种圆轮可能代表车轮，因为绍兴出土的车马画像镜，车轮后面都曳着长帛。郭璞《山海经图赞·奇肱国赞》云："妙哉工巧，奇肱之人！因风构思，制为车轮。"《博物志》也云，奇肱人"能为飞车，从风远行"。镜铭中有"朱鸟玄武师子翔""白虎引兮直上天"之句，镜背纹饰中也有狮子或白虎立在圆轮上飞翔的图案，与镜铭合。这个推论如能成立，所谓笠松形纹样，可能是沂南画像石车上的那种幢。但是三角缘神兽镜中另有一种笠松形纹样，座子用花瓣形底足，敦煌第 31 窟所画的幢为十字形底足，所以从使用底足这点来说，两者有相似之处。

韩延寿传中所说的幢棨，是古代官吏所用的仪仗之一，出行前作为前导，这与佛教的幢相比，形式相似，用途不同。印度佛教使用的幢，在译成汉文时，是从中国固有的幢中找到的译名。三角缘神兽镜中的神仙是不存在的，因此只能从现实生活中寻找模特儿，然后加上飞升的翅膀，就是神仙的形象；同样，为了表现神的尊严，借用官吏的仪仗也是很自然的，这大概便是日本三角缘神兽镜中出现所谓笠松形纹样（实际是幢）的原因。至于佛教使用的幢，最早是用竿加丝帛制成的，究竟始于何时，没有足够的资料可供考证。中国现存的石幢，则始自唐代。佛教的幢与佛教的历史有关。据高观如《中日佛教关系》一文考证，梁普通三年（522 年），中国江南渡日以制鞍为业的汉人司马达等人，在日本大和坂田原设立草堂，崇信佛教①。然而，不知道日本究竟何时出现佛教的经幢，所以笠松形纹样是否与佛教的幢有关，尚难断言。况且佛教传入伊始，不可能立即从装饰艺术中清楚地反映出来，在中国也只见到个别神兽镜的神像上有佛、菩萨通常所饰的头光。

另外，日本出土的三角缘神兽镜铭文，有些也是浙江出土铜镜中没有见到的，如"铜出徐州""师出洛阳"。据王仲殊云，仅见辽阳三道壕魏晋墓中，出土过一枚方枚规矩镜，其铭文是"吾作大镜真是好，同（铜）出徐州（清）且明兮"。中国各个时期的铜镜铭文，都具有明显的时代特点，而同一时期的铜镜铭文，则往往互相抄录，拼凑而成。如果说，有"铜出徐州""师出洛阳"铭文的三角缘神兽镜，是中国工匠到日本后铸造的，那么，上述铭文应是东渡工匠所拟，铭文内容应有所据。事实上，有上述铭文的三角缘神兽镜，在日本出土并不多。是否可理解为"铜出徐州""师出洛阳"的情况也并不多呢？如果是这样，"铜出徐州""师出洛阳"应不是不可能的。

日本出土的三角缘神兽镜，与浙江等地出土的神兽镜，经仔细比较，还可以找到别的差异。如日本三角缘神兽镜中，有"陈氏作镜"神兽车马镜，典型地把浙江出土铜镜中常见的神兽镜与车马画像镜的纹饰结合在一起了，而这种结合在浙江古代铜镜中是没有的。又，上述陈氏镜的铭文，每字之间隔以乳丁，这种装饰形式在浙江古代铜镜中也属罕见。

此外，又如浙江出土的半圆方枚神兽镜中的方枚几乎都有外框，而日本出土的三角缘神兽镜中，有的方枚并无外框。

日本出土的三角缘神兽镜，有如下的铭文："吾作明竟真大好，浮由（游）天下（敖）四海，用

① 高观如：《中日佛教关系》，载中国佛教协会编：《中国佛教》第一辑，东方出版社，1980 年。但日本木宫泰彦《日中文化交流史》第四章第三节认为，司马达等是雄居天皇时移居日本的鞍部的子孙。

青铜至海东。"日本位于中国吴地的东部,所谓"海东",很可能指的是日本。如日本出土的三角缘神兽镜,是当年中国工匠到日本去铸造的,这些工匠应主要来自吴地。至于三角缘神兽镜与浙江出土神兽镜的许多差异之处,并不难解释,因为铜镜本来就没有固定的形式。一个时期、一个地方的产品,在继承前期式样的同时,往往有所创新。即是同一个时期互相模仿,也不一定是一模一样的。中国工匠到日本铸造铜镜,一方面采用过去所熟悉的各种铜镜纹样;另一方面,还要根据日本民众的习俗而重新设计开模,同时也会有日本工匠仿照中国铜镜进行铸造。

三　湖州铜镜

北宋靖康二年(1127年),金兵大举南下,徽宗、钦宗被俘,北宋灭亡。赵构即位后,采取不抵抗政策,使北部的大片土地相继沦落在金统治者手中。"四方之民,云集两浙,百倍常时。"① 起居舍人兼权给事中凌景夏言:"切见临安府自累经兵火之后,户口所存,裁十二三,而西北人以驻跸之地,辐辏骈集,数倍土著。"② 临安府以外的湖州、越州、衢州、婺州等地,也集中了来自北方的大量民众。两浙人口在南渡前的崇宁元年(1102年)为三百七十多万人,到南宋绍兴三十二年(1162年)就达到四百三十多万人③,六十年间增加近六十万人。

随着人口的南迁,经济重心南移。在农业发展的基础上,手工业也空前发展起来,丝织、制瓷、印刷、冶炼、造纸等行业,不仅规模扩大了,技术也超过前代。湖州、饶州、临安府等地所产的镜子闻名全国。

南宋铜镜,有官府铸造的,也有私家作坊所铸。以浙江发现的铜镜为例,官家铸造的如"湖州铸鉴局"造④、"临安府小作院监造官王宝"镜⑤、"婺州官铸造监"⑥ 等;私家作坊,以湖州镜发现得最多,此外还有"杭州真石大叔青铜照子"⑦、"杭州钟家青铜照子令在越州清道桥下岸向西开张"⑧、"越州徐家铜照子"⑨、"越州戴家青铜照子"⑩、"婺州承父李口二郎炼铜照子"⑪、"临安王家"造铜镜⑫等。

(一)湖州镜的制作

南宋湖州镜几乎都没有花纹,仅在镜背刻铸作坊主姓名等内容,这种招牌式的镜铭,是南宋私家铸镜的特点。形状有方形、圆形、心形、葵花形和带柄葵花形。早期质地比较厚实。诸暨发现一枚

---

① 《建炎以来系年要录》卷一五八。
② 《建炎以来系年要录》卷一七三。
③ 《宋史·地理志》。
④ 见梁上椿《岩窟藏镜》。
⑤ 天台县文物管理委员会藏镜。
⑥ 金华地区文物管理委员会藏镜。
⑦ 诸暨县(今诸暨市)文物管理委员会藏镜。
⑧ 新昌县文物管理委员会藏镜。
⑨ 诸暨县文物管理委员会藏镜。
⑩ 宁波市文物管理委员会藏镜。
⑪ 武义县文物管理委员会藏镜。
⑫ 四川省博物馆:《四川省出土铜镜》第66图,文物出版社,1960年。

"湖州真石念二叔照子"，直径达 28.5 厘米。该县又发现一枚置于漆盒内的"湖州真石家炼铜照子"，漆盒的形状与镜子完全相同，大小适当，并绘有极其精美的花纹①。

南宋湖州私家铜镜作坊的业主姓名，从镜铭中见到的有石家、石小二哥、石二郎、石三、石十郎、石十二郎、石十三郎、石十五郎、石十五叔、石十八郎、石念二郎、石念二叔、石念四郎、石家念五郎、石三十郎、石四十郎、石六十郎等。除石姓外，湖州还有李家、徐家、蒋家、石道人等所作铜镜。宋代男子称某某郎，妇女称某某娘，"郎"前面的数字大概是同宗同辈按长幼次序排行的。

南宋湖州石家作镜多为子继父业，世代传艺。这不仅从上述众多的石家名号中看得很清楚，还可以从镜铭中直接找到实例：四川省温江发现有"湖州祖业真石家炼铜镜"，浙江省萧山县（今萧山区）曾出土"湖州石十五郎男四十郎炼铜照子"，浙江金华曾发现"湖州石念二叔男十八郎照子"，浙江武义曾发现"湖州承父石家十二郎照子"。石家十五郎和石念二叔都是铸镜名家，所以子孙开设镜铺用父名标榜以招揽生意。"承父"就是继承父业的意思，上述"婺州承父李口二郎炼铜照子"，可作为旁证。因为有名牌店铺的存在，必然有人要冒牌，所以在名号上往往冠以"真"或"真正"的字样，有的还标明价格。

石家和石三的镜铺在湖州仪凤桥附近，有三枚镜子可资佐证："湖州仪凤桥石家真正一色青铜镜"②、"湖州仪凤桥南酒楼相对石三真青铜照子"③、"湖州仪凤桥南石三郎青铜镜，门前银牌为号"④。据《嘉泰吴兴志》载："仪凤桥在湖州府治西南，唐仪凤中置，因年号名也。宋天圣三年知州事高慎重建。判官郑戬记云：建自唐室，因纪年而名，平袤数十寻，丛倚百余柱，亘于两溪，殊为胜概。绍熙三年，居民遗火延燎，随即建造，易名绍熙。旧有画栋朱栏，与骆驼桥华焕相望。今纯以石。"仪凤桥在南宋时为闹市区，所以造得很讲究。桥墩上刻有"绍熙四年九月初六日朝请郎知湖州军事赵充夫建"。1956 年曾发现在桥边河床旁的泥土里，有许多铜渣屑，可能与古代铸镜有关。

湖州镜的产量很高，销路甚广。在浙江，杭嘉湖和宁绍平原，东海之滨的台州、温州，浙西南的金华山区，都发现湖州镜；江西、湖南、湖北、四川、广东、福建、内蒙古、吉林、黑龙江也都发现有湖州镜。北方发现的湖州镜，有的可能是金兵掳掠江南财物时抢去的。

（二）湖州镜的盛行

湖州镜始于北宋晚期，盛行于南宋初期和中期，从下列一些纪年墓中出土湖州镜的情况可以反映出来：

浙江衢州市清水公社北宋建中靖国元年（1101 年）蔡汉模墓出土"湖州真石家念二叔照子"；

浙江新昌南门外绍兴二十九年（1159 年）墓出土"湖州石十五郎炼铜照子"⑤；

浙江杭州老和山绍兴年间墓出土"湖州石十五郎真炼铜照子"⑥；

---

① 墓中出有墓志，墓主人系右武大夫福建路兵马钤辖之女，淳熙八年（1181 年）六月死，七月葬于诸暨县陶朱乡。
② 参见王士伦：《谈谈湖州镜》附图二，《文物参考资料》1958 年第 6 期。
③ 参见王士伦：《试谈中国铜镜纹饰的发展》附图十，《文物参考资料》1957 年第 8 期。
④ 诸暨高湖寿家山出土，诸暨县文物管理委员会藏。
⑤ 墓砖上有"绍兴己卯"年题记。
⑥ 蒋赞初：《谈杭州老和山宋墓出土的漆器》，《文物参考资料》1957 年第 7 期。

四川温江约当绍兴年间窖藏出土"湖州祖业真石家炼铜镜"①；

浙江新昌新溪乾道五年（1169 年）墓出土"湖州真石家念二叔照子"②；

浙江新昌新溪淳熙元年（1174 年）墓出土"湖州真石家念二叔照子"③；

浙江天台县红旗公社淳熙四年（1177 年）墓出土"湖州李十郎炼铜照子"；

四川成都淳熙九年（1182 年）墓出土"湖州真石家念二叔照子"④；

浙江诸暨县庆元六年（1200 年）墓出土"真正石家炼铜照子"⑤；

浙江金华白沙嘉泰三年（1203 年）墓出土"湖州真正石家炼铜照子"⑥；

诸暨陶朱乡嘉定元年（1208 年）墓出土"湖州石家青铜照子"⑦；

湖北武昌卓刀泉嘉定六年（1213 年）墓出土"湖州真正石家无比炼铜照子"⑧。

制造这些铜镜的年代要早于纪年墓葬，是毫无疑问的，有的可能比墓葬的年代早得多。以上都是私家铸造的铜镜。

南宋私家和官府铸镜都与当时的钱荒有密切关系。宋朝海外贸易，虽规定输出品以绢帛、锦绮、瓷器和漆器为主，但大量的铜钱仍随之外流。"自熙宁七年颁行新敕，删去旧条，削除钱禁，从此边关重车而出（流往辽边），海舶饱载而回（流往海外）……又自废罢钱禁，民间销毁无复可办。销熔十钱得精铜一两，造作器用，获利五倍。"⑨ 与此同时，当时的采矿也有问题。"靖康元年，诸路坑冶苗矿既微，或旧有今无。……南渡，坑冶兴废不常，岁入多寡不同。……潼川，湖南、利州、广东、浙东、广西、江东西、福建铜冶一百九，废者四十五。"⑩ 因此，在北宋晚期已经造成了严重的钱荒。南渡之后，宋高宗曾屡次下诏禁止钱币外流，但事实上不生效。于是公私交易和军政开支，便不能不仰给于纸币。南宋政府在临安府设有专管印造纸币的机关，叫作"行在会子务"。另外还有"川引""淮交""和会"，是限制在特定地区行用的纸币，"钞引"是商人输纳现金给政府，政府发与商人批发茶、盐、香货的凭证。可是政府没有足够的铜钱作为兑换纸币的本钱，而纸币却大量地印造，结果币值便不能不日益跌落。于是富人拼命收藏金银和铜钱。1971 年，绍兴袍渎发现一处南宋窖藏，有铜钱 1800 余斤。这种窖藏铜钱的情况，在其他地方也有发现。铜钱不仅大量被窖藏起来，而且源源不断地外流。官府铸钱，原料缺乏，遂搜刮民间铜器，熔铜铸钱。与此相反，民间需要铜器，商人则销熔铜钱来铸造。

南宋官府想要摆脱钱荒的困境，于绍兴六年"诏民私铸铜器徒二年"。既言"私铸"者要判刑，大概经过批准是可以的。根据《宋史》卷一八〇《食货志·钱币》记载："庆元三年复禁铜器，期两

① 温江县文化馆：《四川温江发现南宋窖藏》，《考古》1977 年第 4 期。同时出土的钱币，时代最迟的是"正隆元宝"。正隆为金的年号，始于 1156 年，相当于南宋绍兴二十六年。
② 墓中出土墓志，墓主人卢邃，死于淳熙元年。
③ 墓中出土墓志，墓主人李氏，死于乾道己丑年。
④ 四川省博物馆：《四川省出土铜镜》图 48，文物出版社，1960 年。
⑤ 诸暨县文物管理委员会藏镜。
⑥ 金华地区文物管理委员会藏镜。
⑦ 墓中出土墓志，墓主人潘好恭，字安叔，嘉泰三年五月死，同年十月葬。
⑧ 湖北省文物管理委员会：《武昌卓刀泉两座南宋墓葬的清理》，《考古》1964 年第 5 期。
⑨ 《宋史·食货志》。
⑩ 同上。

月鬻于官，每两三十。湖州旧鬻监，至是官自铸之。"从发现的铜镜看，湖州铸鉴局于乾道四年（1168 年）、七年（1171 年）、八年（1172 年），都铸造过铜镜，天台县文物管理委员会藏有一枚湖州官府铸造的铜镜，铭文记明"湖州铸鉴局乾道七年铸铜监（押），铸造工匠石八乙"，说明铸鉴局设有工匠。《宋史》所言"湖州旧鬻监"，应该指的是民间铸造的铜器卖给政府。这里的"监"是指管理这方面的机关，并非指镜（"监"通"鉴"）。如果是这样，说明湖州私家铸造的铜镜，曾一度卖给官府，由官府统一购销。但事实上，这条政令能否贯彻始终，或者执行多久，都是很成问题的。

值得注意的是，有些铜镜上标明价格，如"湖州真正石家炼铜镜子""炼铜照子每两六十文"①"湖州真石三十郎家照子""无比炼铜每两一百文"②"湖州石家炼铜照子""炼铜每两一百"③。由此可知，南宋时镜子是按重量计价的。官府收罗民间铜器，当然不会按照市场的价格支付。湖州石家镜子，每两六十文，正好是庆元三年（1197 年）规定官价收购每两三十文的一倍。诸暨县庆元六年墓曾出土"湖州真正石家炼铜照子"，说明庆元六年前石家确已铸造镜子。当然，每两六十文的那枚石家所铸的镜子，其时代应在绍熙元年（1190 年）之前（详下节），即使这样，绍熙元年比庆元三年不过早七八年时间，况且镜子上铸明价格，说明铸这枚镜子的那几年，物价是相对稳定的。据《金史》卷四十八《食货三·钱币》载："旧有铜器悉送官，给其值之半。"看来，这个制度当时南宋与金是相似的。

南宋湖州铜镜背面刻铸的铭文，对铜镜的称呼不一，或称镜，如"湖州祖业石家炼铜镜""湖州仪凤桥石家真正一色青铜镜"；或称监子，如"湖州石十三郎自照青铜监子"；或"镜子""照子"并称，如上所述"湖州真正石家炼铜镜子""炼铜照子每两六十文"，但这种实例不多。南宋湖州镜大多称照子，这是因为宋人避讳甚严。南宋人洪迈云："本朝尚文之习大盛，故礼官讨论，每欲其多，庙讳遂有五十字者。举场试卷，小涉疑似，士人辄不敢用；一或犯之，往往暗行黜落。方州科举尤甚，此风殆不可革。"④《宋史》载："（绍兴）三十二年正月，礼部、太常寺言：'钦宗祔庙，翼祖当迁……所有以后翼祖皇帝讳，依礼不讳。'诏恭依。"⑤赵匡胤之祖"敬"，因避"镜"讳，改为"监子"或"照子"，按绍兴三十二年（1162 年）的规定可以不避此讳。但到了"绍熙元年四月，诏今后臣庶命名，并不许犯祧正讳，如名字见有犯者，并合改易"。朝廷规定不避讳，而民间依旧避讳，是可以理解的；反之，朝廷规定要避讳，民间绝不敢不避，何况刻铸在公开出售的铜镜上。因此可以认为，凡是刻铸"镜子"字样的湖州镜，其时代应该在绍兴三十二年朝廷规定"敬"字不避讳之后、绍熙元年重新颁布应避讳之前。同一镜上铸"镜子"，又铸"照子"，也应该是这个时期的产品。

据南宋嘉泰《吴兴志》载："官禁铜，镜渐难得，工价廉，器亦不逮昔。"嘉泰仅四年。嘉泰元年（1201 年）距庆元三年（1198 年）只有四年。由此可见，《嘉泰吴兴志》所云"官禁铜"，应该指上节所引庆元三年的一次铜禁。金华发现一枚"湖州真正石家青铜照子"，质地粗劣轻薄，可能就是庆元铜禁以后的产品。

另外，沈从文《唐宋铜镜》第七十八图"湖州造凫衔瑞草镜"，铭文第一字为"石"字，以下几

① 参见王士伦：《谈谈湖州镜》附图二，《文物参考资料》1958 年第 6 期。
② 周世荣：《略谈长沙的五代两宋墓》，《文物》1960 年第 3 期。
③ 四川省博物馆：《四川省出土铜镜》图 55，文物出版社，1960 年。
④ （宋）洪迈：《容斋三笔》十一。
⑤ 《宋史·礼志》。

字图片不清。这枚镜子，从风格上判断，应是北宋时的产物。如果断代无误，说明北宋时湖州石家已生产精美的镜子。当然，这个"石家"，与南宋湖州镜的"石家"是否同为一家，目前还难以断言。

（三）湖州镜的再度崛起

明、清时期，湖州镜再度崛起。成化《湖州府志》云："郡中工人铸镜最得法，世称湖州镜。"

明代湖州镜以薛氏所造最著名。谢肇淛《西吴枝乘》云："镜亦以吴兴为良，范金固不殊，其水清洌，能发光也，最知名者薛氏。"（据明版）谢肇淛是福州长乐人，字在杭，明万历进士，除湖州推官，累迁工部郎中。上述这条记载的时间，应该是谢肇淛任湖州推官之后（约万历二十年）、《西吴枝乘》成书之前（约万历三十六年）。另外，《蠡声遗诗》中明人陆贤《西吴竹枝词》自注云："案：薛，杭人也，而家于湖州。"明人刘沂春编的《乌程县志》也说："湖之薛镜驰名。薛，杭人，而业于湖，以磨镜必用湖水为佳。"①

金华县文物管理委员会藏有一枚翻砂东汉车马画像镜，其上加铸"薛家造"三字；翻砂西汉四乳四螭镜，其上加铸"薛店包换青铜镜"；翻砂东汉早期八乳八禽规矩镜，其上加铸"石泉春泉记"；仿东汉早期规矩镜，其上加铸"大渊造"；仿东汉早期七乳七禽镜，其上加铸"薛思溪造"。嵊县文物管理委员会藏有翻砂东汉车马画像镜，加铸"薛岐山造"，类似的实例是很多的。其中薛姓所作，有些可能是明代湖州薛家作坊的产品。至于非翻砂古镜也有出于薛氏作坊的，如嵊县文物管理委员会所藏带柄镜，铭文为"湖州薛造"四字。罗振玉说："予藏一镜，铜质花纹一见而知为六朝以前物，而妄凿'隆庆伍年中秋日造'八字。"他认为是明代人"取古镜加刻明代年号者"②。从大量出土铜镜看，尚未发现有明人取古镜加刻明代年号的实例，而翻铸古镜的实例则甚多，估计罗氏所藏的那枚铜镜，可能也是翻砂的。

湖州薛氏作镜数量最多、质地最好的是薛惠公所造。从出土的实物看，以方形镜居多，镜背铸四言铭文，并落款，如"既虚其中，亦方其外。一尘不染，万物皆备。湖州薛惠公造""如日之精，如月之明，水天一色，犀照群伦。苕溪薛惠公造""金精玉英，日光月彩，仁寿扬辉，照临四海。薛惠公造"尚有带柄圆镜，背面中间刻铸双"喜"字，周饰蝙蝠纹，下方刻铸"湖州薛惠公造"。过去宁波市文物商店有一件铜香炉，底部铸有"薛惠公造"的字样，说明薛氏作坊不是单一的铸镜作坊。

光绪《乌程县志》卷二十九载："薛，名晋侯，字惠公，向时称薛惠公老店，在府治南宣化坊。近年玻璃镜盛行，薛镜久不复铸矣。"乌程戴璐《吴兴诗话》有一段生动的描述："薛镜为苕溪独产。杭董浦……云：尘海何日不毁方，苦心良治见锋芒。辉煌素璧真无翳，较量元珪惜少光。巧制薛家笼玳匣，新磨苕水汲银塘。……苕娘苕子纷投赠，携向红楼镇日张。……申笏珊（甫）和云：祥金跃治赋形方，出匣应腾四照芒。肝胆棱棱增壮气，须眉历历有余光。霜明鸳瓦临高阁，日射坚冰裂浅塘。尽爱薛家新制好，碧湖春浪片帆张。"从诗意中可以看出，指的是薛惠公制造的方镜③。戴璐是归安（今湖州）人，乾隆三十八年（1773年）进士，他写《吴兴诗话》是在嘉庆元年。由此可见，薛惠公老店制造方镜的时间应该在乾隆年间。阮葵生《茶余客话》云："陆子刚治玉，鲍天成治犀，朱碧山

---

①　光绪年间《乌程县志·物产》。

②　罗振玉：《辽居杂著·镜话》。

③　（清）戴璐：《吴兴诗话》卷十四。

治银，濮谦治竹。……及近时，吴兴薛晋侯铜镜……皆名闻朝野。"① 阮葵生生于雍正五年（1727年），死于乾隆五十四年（1789年）②，证明薛惠公铸镜"名闻朝野"的时间是在乾隆时期。当时湖镜曾作为贡品向朝廷进贡，"相沿已久，历年所积，宫中存贮者甚多"。所以在嘉庆十九年（1814年）二月诏免"浙江岁贡嘉炉湖镜"③。

特别要提到的是，在浙江常见的"薛怀泉造"铜镜，过去被误认为是湖州镜。苏州虎丘明王晋爵墓出土铜镜一枚，镜铭为"象君之明，日升月恒；拟君之寿，天长地久""万历辛卯开化县置""薛怀泉造"，从而纠正了过去的错误④。

四　关于镜铭的若干问题

在中国古代铜镜发展的历史长河中，由于各个历史时期社会思想意识的变化，文学的发展和书体的演变，铜镜铭文曾发生过四次大的变革，这就是战国至西汉中叶、西汉末至东汉、隋唐、两宋四个阶段。

（一）战国至西汉中叶镜铭

铜镜铭文始自战国，到西汉早、中期比较普遍。从西汉晚期到东汉末，铭文空前盛行，书体也由原来的篆体或隶中带篆，演变到成熟隶书。三国、两晋的铭文，只是沿袭东汉，并无新意。

战国至西汉早、中期镜铭的内容，大体上可归纳为三个方面：一是祝愿性质的吉祥语；二是长相思，毋相忘；三是形容镜子的明亮，有时也联系一些祝愿的吉祥语。如：

"祝愿高官，位至三公，金钱满堂"；

"祝愿延年益寿，多子多孙，长乐未央"；

"长相思，毋相忘"；

"见日之光，天下大明"；

"内清质以昭明，光辉象夫日月"；

"冶炼铜镜清且明"。

这些流行的镜铭，反映了当时的社会现实。下面试就这些问题，略作如下分析。

1. 祝愿高官厚禄的铭文有"君宜高官，位至公卿""君宜高官，位至三公，大利""君宜官秩""君宜官位"等。这和当时军吏授爵、保举郎官以及举贤良方正等是有密切关系的。

据史书记载，汉高祖五年（公元前202年），先后颁布诏令，一方面归还了旧地主的爵位和田宅，另一方面又规定了军吏授爵制度。为了让更多的地主进入政权机构，规定二千石以上的官吏，任满三年可以保举弟子一人为郎官。其余除有市籍的商人外，凡向政府缴纳一定数目赀财者，均可到长安等候选用。或由公卿大臣辟召，到中央政府做官。当时还有令郡国"举贤良方正"的措施。大批地主想

---

①　（清）阮葵生：《茶余客话》卷二十，丛书集成本。

②　吴海林、李延沛：《中国历史人物生卒年表》，黑龙江人民出版社，1981年。

③　嘉靖年间《浙江通志稿》。

④　苏州市博物馆：《苏州虎丘王锡爵墓清理纪略》，《文物》1975年第3期。

进入政权机构，朝廷也正需要吸收更多的人进入官僚机构。这样的社会现实，在人们的意识中必然有所反映，"君宜官秩""宜大官秩"就是这种意识在镜铭中的反映。

2. 关于"长相思"有两种内容，除表达一般男女之情外，另一种如"君有行，妾有尤（忧），行有日，反（返）无期，愿君强饭多勉之，卬（仰）天大息，长相思，毋久……""君行卒，予志悲，久不见，侍前希（希，即稀）"。反映了当时劳动人民被迫离家服役的痛苦。

战国时的纷争使劳动人民备受服兵役之苦自不必言；秦始皇建阿房宫，造骊山大墓，动用了大批民工；蒙恬进兵匈奴，暴兵露师十余年，死者不可胜数；对百越战争长达七八年，出动几十万大军，大批人被征召去运军需，这些人被驱使奴役，从事繁重的劳役死者不计其数。当时流传着这样一首歌谣："生男慎莫举，生女哺用脯。君独不见长城下，死人骸骨相撑柱!"① 西汉初虽然采取了休养生息的政策，但后来长期的征伐，无数丁男入伍，上述镜铭"君行卒，予志悲"（"卒"可泛指差役；"志"，《诗·关雎序》："在心为志"），是因为"行有日，返无期"。《小校经阁金石文字》中也有"昔同起，予志悲，道路远，侍前希"②，也是这个意思。待到"秋风起"③ 的时候离愁更加难以排遣。

这些镜铭很容易使人联想起汉代乐府民歌："十五从军行，八十始得归，道逢乡里人：'家中有阿谁'？'遥望是君家，松柏冢累累'。兔从狗窦入，雉从梁上飞。中庭生旅谷，井上生旅葵。舂谷持作饭，采葵持作羹。羹饭一时熟，不知贻阿谁。出门东向望，泪落沾我衣。"（《十五从军行》）

"秋风萧萧愁杀人，出亦愁，入亦愁。座中何人，谁不怀忧？令我白头！胡地多飙风，树木何修修。离家日趋远，衣带日趋缓。心思不能言，肠中车轮转"（《古歌》）。诗中提到"胡地"，显然与战争有关。征夫"欲归家无人"，只能"悲歌可以当泣，远望可以当归"（《悲歌》），这正是镜铭"久不见，侍前俙（通稀），君行卒，予志悲"的最好注释。

因此，镜铭中的"相思"，不单纯是男女间爱情的表现，而是反映了更为深刻的社会内容。古代还流传着一个著名的"破镜重圆"的故事。相传南朝陈将亡时，驸马徐德言恐与妻子乐昌公主离散，因破一铜镜，各执一半，为异日重见时的凭证，并约定正月十五卖镜于市，以相探讯。陈亡，乐昌公主为杨素所有。徐德言至京城，正月十五遇一人叫卖破镜，与所藏半镜相合，遂题诗云："镜与人俱去，镜归人不归；无复嫦娥影，空留明月辉。"公主见诗，悲泣不食。杨素知之，使公主与德言重新团圆，偕归江南终老④。洛阳烧沟第三期后期（王莽及其稍后）的墓38A、B的两个棺内各放半枚残镜，两个残镜合起来是一枚铜镜。此墓为同穴异室⑤，很可能是夫妻合葬墓。墓主也许有着乐昌公主夫妇同样的经历。用镜子表示爱情、互相赠送的习俗，到唐代更为盛行。

（二）西汉晚期至东汉时期镜铭

西汉晚期至东汉末的镜铭，除了一部分是沿用前期铭文以外，还流行着下述一些内容：

"上有仙人不知老"，仙人"王子乔""西王母、东王公"；

"胡虏殄灭天下复，多贺国家人民息，风调时节五谷熟"；

---

① （汉）陈琳：《饮马长城窟行》，转引自游国恩等主编《中国文学史》，人民文学出版社，1964 年。

② 《小校经阁金石文字》卷十五。

③ 镜铭："秋风起，予志悲，久不见，侍前希。"

④ 中国科学院考古研究所：《洛阳烧沟汉墓》，科学出版社，1959 年。

⑤ （唐）孟棨：《本事诗·感情》。

"左龙右虎掌四方，朱雀玄武顺阴阳""辟不祥"；

"宜子孙，寿万年，家有五马千头羊"；

"圣人周公、鲁孔子，作吏高迁车生耳。郡举孝廉、州举博士，少不努力老乃悔"；

"吴王、伍子胥、越王、范蠡"；

"尚方作镜真大好"；

"新有善铜出丹阳，和以银锡清且明"；

"吾作明镜，幽湅三商，雕刻无极，配象万疆"；

在这一节里，有几点是值得注意的。

1. 关于"上有仙人不知老，渴饮玉泉饥食枣，浮游天下遨四海"的镜铭。秦汉以来，神仙之说流行。西汉末至东汉初，谶纬之说又成了唯心主义神学的主导思想，图谶、纬书，内容庞杂，以阴阳五行思想为中心，把寓言和神话交织渗入儒家经典之中。东汉时，会稽上虞人魏伯阳著《参同契》一书，其中讲到内修精气，服食丹药，可使"老翁返丁壮""寿命得长久"，进而"御白鹤兮驾龙鳞，游太虚兮谒仙君"，这类思想对于流行在会稽一带的铜镜铭文颇有影响。

2. 镜铭中大量出现的"胡虏殄灭天下复"，或"胡羌除灭天下复"，反映了当时的社会阶级斗争。因为历史上的民族斗争，实际是阶级斗争的一种表现，是一个民族的统治阶级，掠夺和压迫另一个民族，并且使本民族的人民也遭受灾难。所谓"胡"，是中国古代对北方和西域各族的泛称；"虏"是对敌方的蔑称，如曹操《至广陵于马上作》诗："不战屈敌虏。"早在公元前3世纪到公元2世纪，匈奴人就时常发动掠夺战争。东汉明帝初年，北匈奴出兵骚扰河西一带，班超在西域击败匈奴，控制了南道；北道的龟兹投降，班超又控制了焉耆。至此，西域归属于东汉的都护统辖之下。与此同时，东汉初年，居住在青海和甘肃南部、四川北部一带的羌族，强烈反抗东汉王朝强征羌人去征西域。先后举行了三次武装斗争：第一次从永初元年（107年）开始，南边进入益州，东边进入三辅、三河，威胁洛阳，战争进行了十二年；第二次战争从永和元年（136年）开始，主要在关中进行，到汉安三年（144年）被镇压下去；第三次斗争发生于延熹二年（159年），是在陇西一带，进行了几十年，直到黄巾起义时还没有停止。人民渴望安定，所以在镜铭中便时常出现这一类铭文。

3. 镜铭还反映了当时的人才选拔制度。自从汉高祖下诏求贤以后，汉武帝又诏令天下察举孝廉和茂材（秀才）。西汉以举贤良为盛，可是东汉灵帝以后，"举秀才，不知书；察孝廉，父别居"①。察举已经很滥用了。"圣人周公、鲁孔子，作吏高迁车生耳。郡举孝廉、州举博士，少不努力老乃悔"镜铭则鼓励人们仕进。这段镜铭选自《辽居杂著》，罗振玉著录此书时只云"许氏镜"，未说明镜子的形制和时代，但既云"作吏高迁车生耳"，不会早于东晋。因为文中的"车生"，应该指的是车胤。胤字武子，少时恭勤博学，家贫不常得油，夜月囊萤照书，显名于世，东晋隆安年间出任吏部尚书。金华出土的晋代四叶纹画像镜，把孔子的弟子作为题材，也属于这一类性质。

4. 1978年，罗福颐在武汉见到的"汉鲁诗镜"②，就目前所知，确是孤例。铭文录自《诗经·卫

---

① （晋）葛洪：《抱朴子·审举》。

② 罗福颐：《汉鲁诗镜考释》，《文物》1980年第6期。

风·硕人》，是赞美卫庄公夫人庄姜的诗。第一章叙她的出身高贵，第二章写她的美丽，第三章写她初嫁到卫国时刻礼仪之盛，第四章写她的随从众多而娇美，但文未录完。对照阮刻《毛诗注疏》，第四章全文是："河水洋洋，北流活活，施罛濊濊，鱣鲔发发。葭菼揭揭，庶姜孽孽，庶士有朅。"此镜的时代，罗福颐说："审其形制，镜鼻大是后汉特点，雕镂又与传世建安年号镜相仿。据史书记载，汉灵帝熹平四年石经碑始立，观视及摹写者，车乘日千余辆。熹平四年至献帝建安亦不过二十年，则此镜以诗为铭，殆受石经碑之影响。"此论颇有见地。

5. 东汉沿袭西汉制度，设置各种工官。此外，从东汉镜铭中反映私家铸镜手工业也很发达，如：朱氏、青盖、青羊、黄羊、三羊、许氏、李氏、蔡氏、张氏、至氏、袁氏、吴氏、翟氏、龙氏、苏氏、李见、韩氏、赵氏、吕氏、驺氏、田氏、周仲、王氏、刘氏、杜氏、吴尚里伯氏、"王金在魏作镜"，等等。

（三）镜铭文字的通假、减笔等现象

汉代镜铭文字的通假、错别、减笔、省偏旁和反写是经常有的，掉字漏句的现象也屡见不鲜[①]。

古音通假，就是古代汉语书面语言同音或音近的字通用和假借。这不仅在镜铭上是常见的，在古代文献中也是常有的。这是因为古代文字少，有些本来就没有正字，几个字通用和假借；有的虽有正字，但书写时，借用了别的同音或近音字，后来大家习惯了，得到社会的承认。有些精致的铜镜，镜铭文字除通借外，并无错别字，也无脱字漏句、减笔或反写的现象。

汉六朝镜铭的特点是减笔。因为汉字笔画多，在泥模上刻印，往往难以下刀。翻砂需要先制模，用模压出泥范，然后浇铸。这样，笔画多的汉字，浇铸成镜后，字迹容易模糊。有的半圆方枚神兽镜，要在小方枚上再划成四块，每块刻一字，难度更大，所以再三减笔，结果减到令人难以辨认的地步。

工匠刻铸镜铭，词句多从当时流行的镜铭中选用、拼凑，抄刻的时候，漏字多不校正；也有因事先未经周密计算，抄刻时，最后因空间不够，往往全文未刻完即行结束。

下面将镜铭文字的通假、省偏旁、错别和减笔，择其常见者，分别举例如下。

1. 通假

例1　镜铭："……愿君强饭多勉之，印天大息，长相思……""印"即古"仰"字。根据《诗·大雅》："瞻印昊天。"印，音仰。《荀子·议兵篇》："上足印，则下可用。"杨注：印，古仰字。

例2　镜铭："……清涑铜华以为镜，丝组杂遝以为信……""涑""炼"通用。"遝"通"沓"。根据曹植《洛神赋》："尔乃众灵杂遝，命俦啸侣。"《汉书·杨雄传上》："骈罗列布，鳞以杂沓兮。"

例3　镜铭："上大山，见神人，食玉英，饮澧泉。""澧"同"醴"。根据《礼记·礼运》："故天降膏露，地出醴泉。"《列子·汤问》："景风翔，庆云浮，甘露降，澧泉涌。"

例4　镜铭："角王巨虚日有熹……"根据《文选·七发》："前似飞鸟，后类驲虚。"张铣注："驲虚，兽名，善走。"李商隐《李贺小传》："恒以小奚奴骑距虚。""巨虚""驲虚""距虚"通用。

例5　镜铭："上有仙人子乔·赤诵人。"根据《史记·吕侯世家》："愿弃人间事，欲从赤松子游

①　参见罗振玉：《辽居杂著·镜话》。

耳。"《淮南子·齐俗》:"今夫王乔、赤诵子……""诵"与"松"同声通假。

下面将铜镜文中常见的通假字列一简表。

镜铭	正字	镜铭	正字
驾交龙乘浮云	蛟	尚方作竟	镜
子孙备具居中英	央	行有日,反无期	返
上大山,见神人,食玉央	英	驺氏作镜	邹
久不见,侍前希	稀	浮游天下敖四海	遨
左龙右虎主四彭	旁	商市程万物	陈
明而日月世少有	如	驩乐未央	欢
用之为镜青如明	而	曾年益寿	增
昭此明镜诚快意	照	朱鸟玄武顺阴羊	阳
喜怒无央咎	殃	尚方作镜大吉阳	祥
辟去不羊宜古市	祥。古应为估之省,估、贾通	角王巨虚辟不详 朱鸟玄武师子翔	祥 狮
予天无极受大福	与	驾蜚龙	飞
传告子孙乐无亟	极	富贵番昌	蕃
州刻无亟	周	然雍塞而不泄	壅

2. 省偏旁

列表如下。

镜铭	正字	镜铭	正字
上有山人不知老	仙	泉无亟	樂
涷治铜锡去其宰	滓	凤皇翼翼在镜则	侧
亲有善铜出丹阳	新	常呆二亲得天力	保
新有善同出丹阳	铜	八即向相	爵,通雀
白牙单琴	伯,弹	吾作明镜真大工	巧

3. 错别字

列表如下。

镜铭	正字	镜铭	正字
诈佳镜哉真无伤	作	浮由天下敖四海	游
仕患高迁位三公	宦	寿幣金石	敝
千秋万倍	岁	胡虏殄灭	胡
和以银锡清具明	且	薪起辟雍盖明堂	新
九相忘	久	涷治镇锡	银

4. 减笔

列表如下。

尚	肖	盲	银	玥		熟	亯	
佐	乇	王	漢	清	淸	知	夫天	
镜	貢	貢	意	意		澧	澄	
真	貢	其	酒	泊		陰	套陰	
刻	刋		長	長		馬	马	
渴	馮	月	幽	幽凶由		英	共興	
飲	泬	泬	禽	介		商	商	
泉	杲		見	见见		富	富	
饑	創	汎	明	皿卯		古	古	
棗	枣	枣	無	电		巧	工兀	
新	覨		辟	竒		筆	芏	
蛟	仌		倍	后		浮	浮	
龍	熊能訛		新	所		疆	疆	
銅	鉰		劉	刉		羊（祥）	亍	

（四）隋唐、两宋时期铜镜铭文

大约从南朝末年开始，主要在隋和初唐，铜镜铭文的内容、形式和字体都为之一变。就其内容来说有以下几种。形容铜镜之精妙，如"美哉灵鉴，妙极神工，明疑积水，静若澄空""练形神冶，莹质良工，如珠出匣，如月停空"。描写闺阁整妆，如"当眉写翠，对脸传红，绮窗绣晃，俱含影中"。表示夫妻恩爱，如"玉匣聊开镜，轻灰暂拭尘，光如一片水，影照两边人"。抒发少女心情，如"冬朝日照梁，含怨下前床。帷寒以叶带，镜转菱花光。会是无人觉，何用早红妆"。表示颂祷，如"千娇集影，百福来挟"。形式多采用骈体，以四言为主。亦有五言诗，如"花发无冬夜，临台晓夜月，偏识秦楼意，能照美妆成"。又有回文，如"别春驰忧，结恋离愁"等等。骈体文句法讲究对仗，注重形式美，华丽纤巧，风流绮丽，而内容却空虚贫乏。骈体文盛行于南北朝，但因时局动乱，铜镜制作粗劣，以致骈文并没有很快地运用到镜铭中去。隋和初唐时在政治和经济上都发生了较大的变化，铜镜制作也日益精致，形制美观，纹饰多彩。当时骈文在社会上仍有很大势力，所以骈文镜铭风行一时。随着古文的复兴，逐渐取代了骈体文，成为文坛上的主要风尚，骈文镜铭也就相应地消失了。从此以后直到北宋镜子较少使用铭文。

大约从南宋开始，镜铭又重新兴起，但内容、形式和字体又为之一变。字体多用当时盛行的宋版书体，于招牌形式的长方框内刻铸铭文，颇有商标意味。这是南宋镜铭的主流。此外，还有"鉴斯镜，妆汝容"一类的铭文，但为数甚少。南宋官铸铜镜，刻铸造镜机关及有关人员的签押，如"湖州铸鉴局乾道四年炼铜照子官（押）"，也采用宋版体直书。辽金地区的官铸镜镜铭，如"承安三年上元日陕西东运司官造监造，录事任（押），提控运使高（押）"，仍沿袭前期遗风，刻铸在镜缘内侧一圈。此外，兄弟民族也有铸造具有本民族风格的镜子，如吉林省大安县红岗公社永合大队出土的契丹铜镜，铭文用契丹字，内容大意是："时不在（再）来，命数由天，逝矣年华，红颜白（百）岁。脱起网尘……天相吉人。"又有阴刻汉字"济州录事完颜通"。

元、明、清铜镜刻铸年号的不少。浙江出土的明代铜镜中，有大量是用汉镜翻制的，往往在镜背花纹间加刻长方框，框内刻铸作坊名号。总的来说，这个时期的镜铭并无新意。

［附］ 历代镜铭选录

1. 长宜子孙。

2. 长宜子孙，诏见贵人。

3. 长生宜子。

4. 君宜高官。

5. 君宜高官，位至公卿。

6. 明如日月，位至三公。

7. 上有辟邪交①龙道里通，长宜子孙寿无穷。

8. 家富千金，日利大万。

9. 家常富贵。

10. 大富昌，乐未央，千万岁，宜兄弟。

11. 长贵富，乐无事，日有憙，宜酒食。

12. 常贵富，宜酒食，竽瑟会，美人侍。

13. 大乐贵富毋极②，与天地相翼。

14. 乐毋事，日有憙，宜酒食，常贵富。

15. 大乐贵富得所好，千秋万岁，延年益寿。

16. 大上富贵，长乐未央，延年益寿，幸毋相忘。

17. 常贵富，乐未央，长相思，毋相忘。

18. 常乐未央，幸毋相忘。

19. 愿常相思。

20. 长乐未央，九（久）毋相忘。

21. 天下大阳，幸毋见忘。

22. 修③相思，毋相忘，常乐未央。

23. 与天无极，与地相长，欢④乐未央，长毋相忘。

24. 天上见长，心思君王。

---

① 交，乃蛟之省，古通用。
② 毋极，没有尽头的意思。《急就篇》："长乐无极老复丁。"
③ 原为"长相思"，淮南王刘安避父讳，改"长"为"修"。
④ 驩、欢，音义同。

25. 心思美人，毋忘大王。

26. 美人大王，心思毋忘。

27. 君行卒，予志悲，久不见，侍前俙。

28. 君行卒，予志悲，秋风起，侍前俙。

29. 昔同起，予志悲，道路远，侍前俙。

30. 君有行，妾有尤（忧），行有日，反毋期，愿君强饭①多勉之，卬②天大息长相思，毋久。（文未完）

31. 见日之光，天下大阳，所言必当。

32. 见日之光，天下大明，服者君卿，镜辟不羊（祥），宜于侯王，钱金满堂。

33. 见日之光，天下大明。

34. 见日之光，长乐未央。

35. 内清质以昭明③，光辉④象夫日月，心忽扬而愿忠，然壅塞⑤而不泄。精照折而侍君，□皎光而□美，挟佳都而承间，□欢而□予，□□神而不迁，得并势而不衰。

36. 絜清白而事君，窕阴欢之弇⑥明，焕玄锡之流泽，恐疏远而日忘，慎靡美之穷皑，外承欢之可说，慕窈窕于灵泉，愿永思而毋绝。

37. 清冶铜华以为镜，丝组⑦杂遝以为信，清光明，服者富贵番⑧昌乐未央，千秋万世长毋相忘，时来何伤。

38. 清冶铜华以为镜，丝组杂遝⑨以为信，清光明兮宜佳人。

39. 清涷铜华以为镜，照察衣服观容貌，丝组杂遝以为信，清光宜佳人。

40. 涷冶铜华清而明，以之为镜而宜文章，延年益寿而辟而不羊（祥），与天无极，如日之光，长乐未央。

41. 积善之家，天锡永昌。

42. 明如日月利父母兮。

43. 昭（照）貌明镜知人清，左龙右虎□天菁，朱爵（雀）玄武法列星，八子十二孙居安宁，宜酒食，乐长生。

44. 日有憙⑩，月有富，乐无事，常得意，美人会，竽瑟侍，商（或有作"贾"者）市利，万物平，老复丁，复生宁。

---

① "强饭"，犹言努力加餐。《汉书·贡禹传》："生其强饭慎疾以自辅。"

② 卬通仰。

③ 昭、照古通。《楚辞：宋玉九辩》："彼日月之昭明兮，尚黯黮而有瑕。"

④ 光辉，闪耀的光芒。《史记·封禅书》："光辉若流星；又蔡泽传：光辉充塞，天文粲然。"

⑤ 雍，壅通。《晏子春秋·谏上》："君疏辅远弼，忠臣壅塞。"颜注：雍读曰壅。《吕览·骄姿》："简士壅塞，欲无壅塞，必礼士。"

⑥ 弇，遮蔽。《尔雅·释天》："弇日为蔽云。"

⑦ 组，用丝织成的阔带子，古代用作佩印或佩玉的绶。

⑧ 番，即蕃字省假。

⑨ 遝，通"沓"。杂遝，众多也。《汉书·扬雄传》："骈罗列布，鳞以杂沓兮。"

⑩ 憙，悦也。《史记·周本纪》："无不欣憙。"

45. 日有憙，月有富，乐毋事，宜酒食，居必安，无忧患，竽瑟侍，心志欢，事乐己，□常□。

46. 福禄进兮日以前，天道汤汤（荡荡）物自然。参驾蜚龙①乘浮云，白虎失，上大山，凤鸟下，见神人。

47. 上大山，见神人，食玉英，饮澧泉，得天道，物自然，驾交龙，乘浮云，宜官秩兮，保子孙兮。

48. 驾蜚龙，乘浮云。上大山，见神人。食玉英，饵黄金。宜官秩，葆子孙。长乐未央，大富昌。

49. 上大山，见神人，食玉英②，饮澧泉③，驾交龙，乘浮云，白虎引兮直上天。受长命，寿万年。宜官秩，保子孙。

50. 上华山，凤凰集，见神□，保长久，寿万年，周复始，传子孙，福禄□，日以□，食玉英，饮澧泉，驾青龙，乘浮云，白虎。（文未完）

51. 寿如金石佳且好。

52. 寿如金石，累世未央。

53. 生如山石。

54. 角王巨虚④日有憙，延年益寿去忧（亦有作"恶"字）事，长乐万世宜酒食，子孙贤，家大富。

55. 角王巨虚辟不详（祥），仓（苍）龙白虎神而明，赤鸟玄武之（主）阴阳，国实受福家富昌，长宜子孙乐未央。

56. 角王巨虚日有憙，昭（照）此明镜诚快意，上有龙虎四时置，长保二亲乐无事，子孙顺息家富炽，予（与）天无极受大福。

57. 朱爵（雀）玄武顺阴阳，八子九孙治中央，照面目身万全，象衣服好可观，君宜官秩保子。（文未完）

58. 汉有善铜出丹阳⑤，和以银锡清且明，左龙右虎主四彭（旁），朱爵玄武顺阴阳，八子九孙治中央。（"善铜"，亦作"名铜"；"和以"，亦作"杂以"。）

59. 汉有善铜出丹阳，用之为镜青（清）如（而）明，八子九孙治中央，千秋万岁辟不阳（祥）。

60. 汉有善铜出丹阳，湅（炼）治银锡清而明，巧工刻之成文章，左龙右虎辟不羊（祥），朱鸟玄武顺阴阳，子孙服（备）具居中央，长保二亲乐富昌，寿如金石之侯（王）。

61. 汉有佳铜出丹阳，□刚作镜真毋伤，湅冶镇（银）锡清且明，昭（照）于宫室日月光，左龙右虎主四方，八子十二孙治中央。

62. 日光湅治竟华清而明，以之为镜而宜文章，以延年而益寿，去不羊。

---

① 蜚龙，即飞龙。《淮南子·坠形》："飞龙生凤皇。"
② 玉英，《玉篇·上王部瑛字注》："美石似玉，尸子云，龙渊，玉光也，水精谓之玉英也。"
③ 澧、醴同。《礼·礼运》："故天降膏露，地出醴泉。"《汉书·王莽传上》："甘露从天降，醴泉从地出。"
④ "角王巨虚"，朱剑心《金石学》云："言匈奴部落之大也……故汉印有'四角羌王''四角胡王'"。这是牵强附会的解释。巨虚，兽名，亦作距虚、驱驉、距驉、距虚。《文选·七发》："前似飞鸟，后类驱虚。"张铣注：驱虚，兽名，善走。《逸周书·王会》孔晁注："距虚，野兽，驴骡之属。"在规矩镜中有似鹿和似驴的动物，前者疑即"角王"，后者即"巨虚"。
⑤ 《前汉书·食货志》云："金有三等，黄金为上，白金为中，赤金为下。"注：孟康曰：'赤金，丹阳铜也。'"《神异记》："丹阳铜可锻作器。"

63. 新有善铜出丹阳，和以银锡清且明，左龙右虎掌四方，朱雀玄武顺阴阳。

64. 凤皇翼翼在镜则（侧），多资国家受大福，□达时年□嘉□，官□□□□□□，□保二亲得天力，传告后世乐无极。

65. 泰言①之始自有纪，涑治铜锡去其宰（滓），辟不羊宜贾市，长保二亲利子孙。

66. 泰言之纪从镜始，长保二亲和孙子，辟去不羊（祥）宜贾市，寿如金石西王母，从今而往乐乃始。

67. 泰言之始自有纪，涑治同（铜）锡去真（其）宰（滓），辟去不羊（祥）宜古（贾）市。

68. 泰言之纪从镜始，青龙在左，白虎在右。

69. 泰言之纪从竟始，涑铜锡去其宰，以之为镜宜孙子，长葆二亲乐毋□，寿币（敝）金石西王母。棠安作。

70. 尚方作竟，富贵益昌，其师命长，买者侯王。

71. 尚方作竟真大好，上有仙人不知老，渴饮玉泉饥食枣，徘徊神山采其草，寿敝金石西王母。

72. 尚方作竟真大好，上有仙人不知老，渴饮玉泉饥食枣，浮游天下敖四海，寿如金石为国保。

73. 尚方作竟自有纪，良时日，家大富，九子九孙各有喜，位至三公中常侍，上有西王母、东王公、山（仙）人子乔、赤由（松）子。

74. 尚方作竟大毋伤，左龙右虎辟不羊，朱鸟玄武顺阴阳，子孙备具居中央，长保二亲乐富昌。

75. 尚方作竟大毋伤，巧工刻之成文章，左龙右虎掌四旁，朱鸟玄武顺阴阳，子孙备具居中央，上有仙人高敖羊，长保二亲乐富昌，寿如金石为侯王。

76. 尚方御竟大毋伤，巧工刻之成文章，左龙右虎辟不详，朱鸟玄武顺阴阳，子孙备具居中央，长保二亲乐富昌，寿敝金石如侯王兮。

77. 尚方作竟佳且好，明而（如）日月世少有，上有仙人赤松子。

78. 尚方作竟佳且好，明而（如）日月世少有，大富贵，宜子孙，大吉阳（祥）兮。

79. 朱氏明竟快人意，上有龙虎四时宜，常保二亲宜酒食，君宜官秩家大富，乐未央，宜牛羊。

80. 吾作佳竟自有尚，工师刻像主文章，上有古守（兽）辟非羊（祥），服之寿考宜侯王。

81. 王金在魏作佳镜哉真大好，上有仙人不知老，渴饮澧泉饥食枣，浮游天下敖四海，寿如玉石为国保，千万岁。

82. 青盖作竟四夷服，多贺国家人民息，胡虏殄灭天下复，风雨时节五谷熟，长保二亲得天力。

83. 大利作佳镜哉真大好，上有仙人不知老，徘徊名山采神草，渴饮玉泉饥食枣，浮游天下敖四海，寿如金石之国保兮。

84. 青盖作竟自有纪，辟去不羊（祥）宜古②市，长保二亲利孙子，为吏高官寿命久。

85. 青盖明竟以发阳，揽睹四方照中央，朱鸟玄武师子③翔，左龙右虎辟不详，子孙备具居中英

---

① "泰言"，《金石索》释为"泰言"，《七修类稿》释为"朱善"，《小校经阁》释为"乘言"，罗振玉《辽居杂著·镜话》释为"耒言"。"来"，王羲之《圣教序》写作"耒"，但汉隶似未见此写法，况"耒"字左上角尚有笔划。梁上椿《岩窟藏镜》第三集云，容庚氏释为"泰言"，"泰"通"七"。

② 古，应是"估"的省偏旁。估、贾同声通用。

③ 师子即狮子。

（央），长保二亲乐未（味）尝。

86. 青盖作竟佳且好，子孙番昌长相保，男封太君女王妇，寿如金石，大吉。

87. 青羊作竟四夷服，多贺国家人民息，胡虏殄灭天下覆，风雨时节五谷熟，传告后世得天福。

88. 黄羊作竟大毋伤①，巧工刻之成文章，左龙。（文未完）

89. 三羊作竟大毋伤，令人富贵乐未央。

90. 三羊作竟自有纪，明而（如）日月世未有，家大富，保父母，五男四女凡九子，女宜贤夫男得好妇兮。

91. 许氏作竟自有纪，青龙白虎居左右。圣人周公、鲁孔子，作吏高迁车生耳，郡举孝廉州博士，少不努力老乃悔。吉。

92. 李氏作镜自有纪，青龙白虎居左右，神鱼仙人赤松子，八即（爵，即雀）向相法古始，□长命，宜子孙，五男四女凡九子，便固（姑）章②，利父母，为吏高迁。（文未完）

93. 蔡氏作竟自有意，良时日，家大富，七子九孙各有喜，官至三公中尚（常）侍，上有东王公、西王母，与天相保兮。

94. 张氏作镜四夷服，多贺国家人民息，官至三公得天福，子孙具备孝且力。

95. 至氏作镜真大巧，上有山（仙）人子乔、赤诵子，□□辟邪，左有青龙，喜怒无央（殃）咎，千秋万岁青长久。

96. 吴□作竟时日良，左龙右虎辟不详③，二亲备具子孙昌，寿如金石乐未央。

97. 袁氏作竟真（缺字），上有东王父、西王母，山（仙）侨侍，左右辟邪，喜怒毋央（殃）咎，长保二亲生久。

98. 翟氏作竟，幽涷三商④，□德□国，配象万疆，曾（增）年益寿富番（蕃）昌，功成事见师命长。

99. 龙氏作竟四夷服，多贺国家人民息，胡克（羌）除灭天下复，风雨时节五（缺字），官位尊显蒙禄食，长保二亲乐无已。

100. 龙氏作竟大毋伤，亲（新）有善铜出丹杨（阳），和以艮易（银锡）清且明，刻画奇守（兽）成文章，距虚辟邪除群凶，除子天禄⑤会是中，长宜子孙大吉祥。

101. 吴胡阳里周仲作竟四夷服，多贺国家人民息，胡虏殄灭天下服，风雨时节五谷熟，长保二亲得天力。

102. 刘氏作竟佳且好，白虎辟邪不知老，子孙□具长相保。

---

① 伤，忧思，悲伤。《诗·周南·卷耳》："维以不永伤。"

② 古时妻称丈夫的父母为姑嫜，也作姑章。

③ 辟，辟除，扫除。详，即祥。

④ 三商。商与滴同。《周礼·夏官·挈壶氏》贾疏："掌刻漏。"《释文》："漏下三商为昏。商，古滴字。"《仪礼·士昏礼》郑注："日入三商为昏。（疏）马氏云，日未出，日没后皆二刻半，前后共五刻，云三商者，据整数而言也。"（明）张自烈《正字通》云："商乃漏前所刻处，古以刻雕为商，刻漏者，刻其痕以验水也。"绍兴文物管理委员会藏有半圆方枚神兽镜，铭文为："吾作明镜，幽涷五商。"这证明"三商"就是"日入三商为昏"。此外，又有"九涷三十七商""幽涷三羊""幽涷宫商"，罗振玉《辽居杂著·镜话》以为"皆三商之伪"。

⑤ 天禄：此处应作上天赐予的禄位解。

103. 赵氏作竟大毋伤，左龙右虎兮。

104. 王氏作竟自宜古（贾）市，除去不羊。

105. 韩氏作竟大毋伤，长保二亲宜侯王。

106. 苏氏作竟自有纪，明如日月世少有。

107. 李氏作竟佳且好，明如日月世之保，所见镜者不知老。

108. 三王善作明镜。

109. 驺①氏作竟四夷服，多贺国家人民息，胡虏殄灭天下复，风雨时节五谷熟，长保二亲得天力。

110. 吕氏乍（作）竟世少有，东王公、西王母，仙人子乔、赤诵子，车马辟邪在左右，为吏高升贾万倍。

111. 田氏作竟四夷服，多贺国家人民息，胡虏殄灭天下复，风雨时节五（谷熟），长保二亲得天力。山（仙）人子乔、赤甬（松）子。

112. 吴尚里伯氏作竟四夷服，多贺国家人民息，胡虏殄灭天下复，风雨时节五谷孰（熟），长保二亲得天力。吴王。忠臣伍子胥。

113. 原羊作镜华皋皋而无垠兮，上有辟邪与天秩②，宜孙保子各得所欲，吏人服之益官秩，贾人服之金钱足兮。胡氏作。

114. 阳氏作竟，青（清）如日月，其师受。（文未完）

115. 东王公。仙人六博。王女侍。王女朱师作兮。

116. 东王公兮。帛（白）虎。

117. 西王母。东王公女。

118. 居摄元年自有真，家当大富粢常有陈，□之治吏为贵人，夫妻相喜日益亲善。

119. 唯始建国二年新家尊，诏书□下大多恩，贾人事市□财啬田，更作辟雍治校官，五谷成熟天下安，有知之士得蒙恩，宜官秩保子孙。

120. 始建国天凤二年作好镜，常乐富贵□君上，长保二亲及妻子，为吏高迁位公卿，世世封传于毋穷。

121. 永平七年正月作。公孙家作竟。

122. 尚方作竟大毋伤，巧工刻之成文章，左龙右虎辟不羊，朱鸟玄武顺阴阳，上有佚③人不知老，渴饮玉泉饥食枣。永平七年九月造真镜。

123. 元兴元年五月丙午日天大赦，广汉造作尚方明镜，幽涑三商，周刻无极，世得光明，长乐未英（央），富且昌，宜侯王，师命长，生如石，位至三公，寿如东王父、西王母、仙人子，立至公侯。

124. □加元年五月丙午，造作广汉西蜀尚方明竟，和合三阳，幽涑白黄，明如日月，照见四方，师□延年，长乐未央，买此竟者家富昌，五男四女为侯王，后买此竟居大市，家□掌□名□里有□弟

---

① 驺、邹同声通用。

② 《后汉书·灵帝纪》载："（中平三年）复修玉堂殿，铸铜人四，黄钟四，……及天禄、虾蟆……"注曰："天禄，兽也……案今南阳县北有宗资碑，旁有两石兽，镌其膊，一曰天禄，一曰辟邪。据此，天禄、辟邪，并兽名也。"从铭文全文看，此处所云之天禄系神兽。

③ 镜铭中原写作"佚"，应是"佚"之减误。佚通逸，可作隐遁解，即仙人。

□□子。

125. 永寿二年正月丙午，广汉造作尚方明竟，□□□富且昌，宜侯王，师命长。

126. 延熹二年五月丙午日天大述，广汉西蜀造作明镜，幽涑三商，天王日月，位至三公兮，长乐未英，吉且羊。

127. 广汉西蜀刘氏作竟，延熹三年五月五日□□□□日中□□，寿如东王公西王母，常宜子孙常乐未央，立①至三公宜侯王。

128. 延熹七年正月壬午，吾造作尚方明竟，幽涑三商，买人大富，师命长。

129. 永康元年正月丙午日作尚方明竟，买者长宜子孙，延年万年，上有东王父西王母，生如山石大吉。

130. 永康元年正月丙午日，幽涑三商，早作尚方明竟，买者大富且昌，长宜子孙，延寿命长，上如东王父西王母，君宜高官，立至公侯，大吉利。

131. 建宁二年正月二十七日丙午，三羊作明镜自有方，白同清明复多光，买者大利家富昌，十男五女为侯王，父姁相守寿命长，居世间乐未央，宜侯王乐未央。

132. 熹平二年正月丙午，吾造作尚方明竟兮，幽涑三商，州②刻无极，世得光明，买人富贵，长宜子孙延年兮。

133. 熹平三年正月丙午，吾造作尚方明竟，广汉西蜀，合涑白黄，周刻无极，世得光明，买人大富，长（缺字）子孙，延年益受（寿），长乐未央兮。

134. 中平六年正月丙午日，吾作明竟，幽涑三羊自有己（纪），除去不羊宜孙子，东王父西王母，仙人玉女大神道，长吏买竟位至三公，古（贾）人买竟百倍田，家大吉，天日月。

135. 吾作明竟，幽涑宫商，周罗容象，五帝天皇，白（伯）牙单（弹）琴，黄帝除凶，朱鸟玄武，白虎青龙，服者豪贵，延年益寿，子孙番（缺字）。建安十年造。

梅原末治《汉三国六朝纪年镜图说》录有建安十年重列神兽镜三例，镜铭大同小异，其中一枚末句作"……仕至三公，子孙番昌。建安十年朱氏造，大告羊"。

136. 建安廿四年五月丁巳卅日丙午造作明竟，既清且良，□牛羊有千，家财三忆宜侯王，位至三公，长生□□□。

137. 建安廿四年六月辛巳朔十七日丁酉□，吾作明竟宜侯王，家有五马千头羊，官高位至车丞，出止□人，命当长生，安□日月以众。

138. 延康元年十月三日，吾作明竟，幽涑三商，买者富贵番昌，高迁三公九卿十二大夫。③

139. 黄初四年五月壬午朔十四日□，会稽师鲍作明镜，行之大吉宜贵人，王民□服者也□□今造□□。

140. 大阆通万福，来钱穷天毕地，鲍氏之作，子孙享迁。

141. 甘露五年三月四日，右尚方师作竟清且明，君宜高官，位至三公，保宜子孙。

---

① 梅原末治《汉三国六朝纪年镜图说》释作"士至三公"，原字为"厷"，应释为"位"。

② 州、周通用。周应是雕、彫、瑂、鋼省偏旁。

③ 梅原末治《汉三国六朝纪年镜图说》原作"买者富贵番昌高迁，三公九卿十二大夫"，观全文，应于"番昌"下断句。

142. 景元四年八月七日右尚方工作立。

143. 章武元年二月作竟，德扬宇宙，威震八荒，除凶辟兵，昭民万方。

144. 黄武二年太岁在癸卯造作□竟。

145. 黄武四年四月廿六日作氏镜，宜于吏史士得位也，服之吉羊，□日□后共文王，人生于七十有一。

146. 黄武五年二月辛未朔六日庚巳扬州会稽山阴安本里，思子兮，服者吉，富贵寿春长久。

147. 黄武六年五月壬子四日癸丑造作三□之宜王且侯，服竟之人皆寿□，子孙众多悉为公卿，□□□百牛羊而□□□□。

148. 黄武七年七月丙午朔七日甲子□主治□，大师陈世□作明镜，服者立至三公。

149. 黄龙元年太岁在己酉九月壬子朔十三日甲子，师陈世造三涑明镜，其有服者久富贵，宜□□□□□。

150. 嘉禾四年九月午日，安乐造作□□五帝明竟，服者大吉，宜用者高寿，延年□□□□□。

151. 赤乌元年造作明竟可照形，上辟□□，长生老寿，位至公卿，子孙□禅，福禧无穷。

152. 赤乌元年五月廿日造作明镜，百涑清铜，服者君侯，长乐未央，造□先师名为周公。

153. 建兴二年岁在大阳，乾巛①合作，王道始平，五月丙午□□日中制作竟，百涑清铜，服者万年，位至侯王，辟不羊。

154. 建兴二年九月一日造作明竟，五涑九章，□竟富且贵，□大吉□，保□□。

155. 五凤三年三月□造清竟，服者富贵宜侯王。

156. 太平元年，吾造作明镜，百涑正铜，服者老寿，作者长生，宜公卿，□（缺）。天王日月照四海。正明光。

157. 太平二年，造作明竟，可以诏（照）明，宜侯王，家有五马千头羊。天王日月。

158. 永安元年，造作明竟，可以诏（照）明，服者老寿，作者长生。

159. 永安二年七月四日造作明竟，可□昭（照）明，□□□□□至五马千牛□□孙子。

160. 永安四年太岁己巳五月十五日庚午，造作明竟，幽涑三商，上应列宿，下辟不祥，服者高官，位至三公，女宜夫人，子孙满堂，亦宜遮道，六畜潘伤（蕃昌），乐未（文未完）。

161. 宝鼎元年十月廿九日造作明竟，百涑清铜，服者富贵，宜公卿，大吉，长（缺字）未英（央）。

162. 凤皇元年九月十□日，吾作明镜，幽（缺字）三商，大吉利，宜子孙，寿万年，家有五马千头羊。

163. 天纪元年岁在丁酉，师徐伯所作明镜，买者宜子孙，寿万岁，大吉。

164. 天纪元年月闰月廿六日，造作明竟，幽涑三商，上应星宿，下辟不羊（祥），服者富贵，位至侯王，长乐未央，子孙富昌兮。

165. 太康二年□月八日，吴郡□清□造□之□，东王公西王母，□人豪贵，士患（宦）高迁三公

---

① 坤字古作巛。

丞相九卿。

166. 晋太康二年中秋记。

167. 太康三年六月卅日，吾作明竟，幽涷三商，四夷自服，多贺国家人民息，胡虏殄灭，时雨应节，五谷丰埶（熟），天下复。

168. 元康元年，造作明镜，百涷正铜，用者老寿，作者长生，家有五马。

169. 大和□年□□己巳□作明竟，幽涷□□，服者老寿，长乐未央，子孙万年。

170. 吾作明镜，幽涷三商，周刻无亟，配象万疆，伯牙作乐，众神见容，天禽并存，福禄氏（是）从，富贵常至，子孙潘（蕃）倡（昌），曾（增）年益寿，其师命长，惟此明镜，□出吴郡，张氏元公，千练白斛，刊刻文章，四器并。（文未完）

171. 二姓合好，□如□□，女贞男圣，子孙充实，姐妹百人，□□□□，夫妇相□，□□□阳□□月吉日，造此信物。

172. 吾作佳竟自有尚，工师妙像主文章，上有古守（兽）辟不羊（祥），服之寿考宜侯王。

173. 吾作明镜真大工（巧），世少有，明如日月，宜君子孙至二千石，贾市得利，常乐无亟，家富贵兮。

174. 吾作明竟，幽涷三刚，配象万疆，敬奉臣（贤）良，周刻无□，众□主阳，圣德光明，子孙蕃昌，服者大吉，生如山（仙）人不知老，其师命长。

175. 诈（作）佳镜哉真无伤，左龙右虎卫四彭（旁），朱甠（爵）玄武顺阴阳，子孙贵富为侯王，传称万岁乐朱央。

176. 新银治（或作“兹”）竟子孙具（缺字），多贺君家受大福，位至公卿修禄食，幸得时年获嘉德，传之后世乐无极，大吉。

177. 新兴辟雍建明堂[①]，烈于举士比侯王，子孙服具治中央。

178. 新兴辟雍建明堂，烈于举士列侯王，将□□尹民□□，诸生万舍左□□。

179. 内而光，明而清，涷石华，为之镜，见上下（?），知人清，喜得见，早发生，万岁长乐。

180. 杨府可则，盘龙斯铸。徐稚经磨，孙丞晋赋。散池菱影，开云桂树。玉面方窥，仙刀永故。

181. 窥妆益态，韵舞鸳鸯。万龄永保，千代长存。能明能鉴，宜子宜孙。

182. 昭仁晒德，益寿延年。至理贞壹，鉴保长全。窥妆起态，辨貌增妍，开花散影，净月澄圆。

183. 玉匣盼开盖，轻灰拭夜尘。光如一片水，影照两边人。

184. 灵山孕宝，神使观炉。形圆晓月，光清夜珠。玉台希世，红妆应图。千娇集影，百福来扶。

185. 光正隋人，长命宜新。

186. 熔金琢玉，图方写圆。质明采丽，菱净花鲜。龙盘匣内，鸾舞台前。对影分笑，看妆共妍。

187. 赏得秦王镜，判不惜千金，非关欲照胆，特是自明心。

188. 精金百练，有鉴思极，子育长生，形神相识。

---

① 《汉书》卷九十九上《王莽传》：元始四年，“是岁，莽奏起明堂、辟雍、灵台，为学者筑舍万区，作市、常满仓，制度甚盛。”

189. 冬朝日照梁，含怨下前床。惟寒以叶带，镜转菱花光。会是无人觉，何用早红妆。

190. 既知愁里日，不宽别时要，惟有相思苦，不共体俱消。

191. 照日菱花出，临池满月生。官看巾帽整，妾映点妆成。

192. 花发无冬夏，临台晓夜明。偏识秦楼意，能照美妆成。

193. 阿房照胆，仁寿悬宫。菱藏影内，月挂壶中。看形必写，望里如空。山魈敢出，冰质堑工。聊书玉篆，永镂青铜。

194. 淮南起照，仁寿传名。琢玉斯表，熔金勒成。时雍炎晋，节茂朱明。援模鉴澈，用拟流清。光无亏满，叶不枯荣。图形览质，千载为贞。

195. 美哉灵鉴，妙极神工。明疑积水，静若澄空。光涵晋殿，影照秦宫。防奸集祉，应物无穷。悬书玉篆，永镂青铜。

196. 规逾（或作"璧"）鉴水，彩艳蓝钉。销兵汉殿，照胆秦宫。龙生匣里，凤起台中。桂舒全白，莲开半红。临妆并笑，对月分空。式固贞吉，君子攸同。

197. 明逾满月，玉润珠圆。鸾惊钿后，凤舞台前。生菱上璧，倒影澄莲。情灵应态，影逐妆妍。清神鉴物，代代流传。

198. 盘龙丽匣，舞凤新台。鸾惊影见，日曜花开。团疑璧转，月似轮回。端形鉴远，胆照光来。

199. 鉴若止水，光如灵耀。化客来磨，灵妃往照。鸾翔凤舞，龙腾麟跳。写态惩神，影兹巧笑。

200. 鉴若止水，皎如秋月。清辉内容，菱华外发。洞照心胆，屏除妖孽。永世作珍，服之无沐。

201. 有玉辞夏，惟金去秦。俱随掌故，共集鼎新。仪天写质，象日开轮，率舞鸾凤，奔走鬼神。长悬仁寿，天子若春。

202. 挂台月满，玉匣光妍。影摇殿壁，花含并莲。图菱照耀，绥远联绵。遥□合璧，瑞我皇年。

203. 兰闺婉婉，宝镜团团。曾双比目，经舞孤鸾。光流粉黛，采散罗纨。可怜无尽，娇羞自看。

204. 照心宝镜，圆明难拟。影入四邻，形超七子。菱花不落，迥风讵起。何处金波，飞来匣里。

205. 团团宝镜，皎皎升台。鸾窥自舞，照日花开。临池似月，睹貌娇来。

206. 光流素月，质禀玄精。澄空鉴水，照廻凝清。终古永固，莹此心灵。

207. 仙山并照，智水齐名。花朝艳采，月夜流明。龙盘五瑞，鸾舞双情。传闻仁寿，始验销兵。

208. 灵山孕宝，神使观炉。形圆晓月，光清夜珠。玉台希世，红妆应图。千娇集影，百福来扶。

209. 练形神冶，莹质良工。如珠出匣，似月停空。当眉写翠，对脸传红。绮窗绣幌，俱含影中。

210. 写月非夜，疑冰不寒。影合真鹿，文莹翔鸾。粉壁交映，珠帘对看。潜窥圣淑，丽则常端。

211. 美哉圆鉴，览物称奇。雕镌□□，容光应现。仙人累莹，玉女时窥。恒□是□，服御□□。

212. 窥庄益态，韵舞鸳鸯。万龄永保，千代长存。能明能鉴，宜子宜孙。

213. 绝照揽心，圆辉属面。

214. 忆彼菱花，寓形惟肖。无迎以将，有明而照。今日反观，恐公何负。差乎虚心，娸者忘怒。

215. 明齐满月，光类圆珠。铭镌几杖，字刻盘盂。并存箴识，匪为欢娱。

216. 精金百练，有鉴思极，子育长生，形神相识。

回文：

217. 澄清花镜，菱精华净。

218. 别春弛忧，结恋离愁。

219. 发花流采，波澄影正，月素齐明，鉴秦逾净。

220. 照日冰光，耀室菱芳。

221. 月晓河澄，雪皎波清。

　　读法举例：

　　月晓河澄，雪皎波清。

　　晓河澄雪，皎波清月。

　　河澄雪皎，波清月晓。

　　澄雪皎波，清月晓河。

　　清波皎雪，澄河晓月。

　　波皎雪澄，河晓月清。

　　皎雪澄河，晓月清波。

　　雪澄河晓，月清波皎。

222. 镜发菱花，净月澄华。

223. 象物澂神，朗□澄真。

224. 弛光匣启，设象台悬，诗敦礼阅，己后人先，奇标象列，耀秉光宣。施章德懿，配合枢旋，媸妍瘁尽，饰著华铅，熙雍合雅，约隐章篇，词分彩会，议等简笭，移时变代，寿益年延，规天等地，引派分泉，池轻透影，羽翠含鲜，卑□□□，□□□全，眉分翠柳，鬓约轻蝉，摛词掩映，鹊动联翩，披云拂雪，瞰后瞻前，随形动质，议衍词编，姿凝素日，质表芳莲，疲忘□□，□□瑕捐，枝芳表影，玉缀凝烟，仪齐罔象，道配虚员，闺闱慎守，暮蚤思虔，猗涟配色，绣锦齐妍，垂芳振藻，句引星连，淄磷异迹，澈莹惟坚，厘豪引照，古远芳传。

225. 透光宝镜，仙传炼成。八卦阳生，欺邪主正。

226. 长庚之英，白虎之精。阴阳相资，山川效灵。宪天之则，法地之灵，分列八卦，顺考五行。百灵无以逃其状，卍物不能遁其形，得而宝之，福禄来成。

227. 诗曰：鸾镜晓匀妆，慢把花钿饰，真如渌水中，一朵芙蓉出。

228. 独有幽栖地，山亭随女萝，涧清长低篠，池开半卷荷，野花朝暝落，盘根岁月多，停杯无尝慰，峡鸟自经过。

229. 月样团圆冰漾清，好将香阁伴闲身，青鸾不用羞孤影，开匣当如见故人。

230. 规而内圆，矩而外方，其体有容，其道大光。

231. 质烂而清，光皎而洁，惟我子孙，永保清白。

232. 体离之虚，得坤之方，借尔无私，验我有常。宗弼。

233. 藏宝匣而光掩，挂玉台而影见。照罗绮于后庭，写衣簪乎前殿。

234. 上圆下方，象于天地。中列八卦，备著阳阴。星辰镇定，日月贞明。周流为水，以名四渎。

内置连山，以旌五岳。

235. 五岳真形，传青鸟使，大地山河，蟠萦尺咫，写象仙铜，明鉴万里。

236. 貌有正否，心有善淫，既以鉴貌，亦以鉴心。

237. 天地含象，日月贞明，寓规万物，洞鉴口灵。

238. 照心宝镜，圆明难拟。影入四□，形超七子。菱花不□，迥风讵起。何处金波，飞来画里。

239. 鉴斯镜，妆尔容。

240. 七星朗耀通三界，一道灵光照万年。

241. 精金百练，形神相识。生长育子，有鉴思极。

242. 以铜为鉴，可正衣冠。

243. 福禄安家……清素传家，永用宝鉴。

244. 吾皇感德贤臣颂，奎星当朝降贵胎，今日重添新寿后，头变彭□佐金阶。

245. 日初升，月初盈，纤翳不生，肖兹万形，是日樱宁，莹乎太清。玄卿。

246. 金盘仙露涵珠英，春风秋月景长明，凉台秋馆消光盈。

247. 既虚其中，亦方其外，一尘不染，万物皆备。吟香书屋铭。苕溪薛惠公造。

248. 如日之精，如月之明，水天一色，犀照群伦。苕溪薛惠公造。

249. 高悬昭彻，朗月光吐，落耀千秋，曲江风度。苕溪薛茂松造。

250. 水银呈阴精，百练得为镜。八卦寿象备，卫神永保命。

（原载《浙江出土铜镜》，文物出版社，1987 年）

中国汉晋时期江南与北方铜镜之异同[*]

——兼论日本兔田町出土的半圆方枚神兽镜

一

中国古代铜镜在四千年前的齐家文化就已出现,经过商、周,到战国时期发展到辉煌阶段,尤其以楚镜独领风骚。

西汉建都长安,能工巧匠汇集,原先的铸镜重地中原和楚地继续发挥优势。铜镜的形制、纹饰和铭文都发生了较大变化,但是江南和北方的铜镜没有明显差异。

江南地区在战国时分属吴、越。两国争霸激烈,先是吴胜越,后来越亡吴。公元前334年,越被楚所灭。"越以此散,诸侯子争立,或为王,或为君,滨于江南海上,朝服于楚。"[①] 吴、越本是富饶地,越地产铜,有良好的冶铜技术,尤以铸剑著称。但由于战争频繁,亟需大量兵器,没有力量铸造铜镜。吴国也如此。待吴、越相继灭亡,人力物力都已耗尽,更谈不上铜镜工艺了。因此在江南地区,以浙江为例,西汉初期的铜镜出土很少,西汉后期的铜镜虽然出土增多,但并无地方特色。

西汉初期的铜镜继承了战国时期的风格,以蟠螭纹为主,用弦纹纽。文景时期,草叶纹镜兴起,一直流行到武帝时。武帝、昭帝时则盛行星云纹镜。从西汉末开始则以连弧纹镜、日光镜、昭明镜、清白镜、重圈铭文镜和四乳禽兽镜、四乳四虺镜最为常见,并且一直延续到东汉。

蟠螭纹镜以河北满城中山王刘胜之妻窦绾墓出土的缠绕式蟠螭纹镜和规矩蟠螭纹镜颇为代表。窦绾约葬于武帝太初元年(公元前104年)[②]。此类镜在湖南出土较多,河南洛阳、甘肃、湖北、四川、广东和江苏扬州等地亦有出土,在浙江只有绍兴等个别地方有所发现。

草叶纹镜在河北满城中山王刘胜墓中也有出土。刘胜是汉景帝刘启之子,死于武帝元鼎四年(公元前113年)[③]。河南洛阳发现多枚,在陕西、山东、安徽和四川等地也都有发现,而在浙江则很少见到。

星云纹镜分布地域比较广,除河南、陕西和江苏有较多出土外,在河北、山西、北京、内蒙古、辽宁、甘肃、湖南、湖北、山东、四川、广西、云南等地都有发现。浙江也有发现。

重圈铭文镜在山西、陕西、四川和江苏扬州等地都有出土,而在浙江却未曾见到。

连弧纹镜、日光镜、昭明镜、清白镜、四乳禽兽镜、四乳四虺镜在中国的北方和南方都有发现,

* 编者注:本文原为作者1994年10月赴日本同志社大学所作讲演之讲稿,文字上略有改动。
① 《史记》卷四十一《越世家》。
② 中国社会科学院考古研究所等:《满城汉墓发掘报告》,文物出版社,1980年。
③ 同上。

浙江出土数量也不少。

二

王莽至东汉中期以前，北方铸镜业还处于久盛不衰的阶段。当时流行的博局四神镜和博局珍禽瑞兽镜中[①]，有的铸铭"尚方作镜"，这在洛阳出土特别多，其他地方也有发现。洛阳西郊汉墓所出 13 枚博局四神镜中，有"尚方"铭文的占 6 枚[②]，另 7 枚为十二地支博局镜。当然，在镜铭中铸"尚方作镜"，并非都是尚方所作，有许多无非是套用现成句子罢了。真的尚方镜应该出于宫廷匠师之手。也就是说，王莽统治时期都城还在长安，当时的尚方镜应该是长安所出，东汉建都洛阳，这时的尚方镜应该是洛阳所出。不过洛阳铸镜技术早就出名，所以有的镜铭中刻着"新作明镜，幽律三刚……铜出徐州，师出洛阳"之句[③]。

还值得注意的是，在博局镜中有铭文"新有善铜出丹阳，和以银锡清且明""汉有善铜出丹阳，取之为镜清且明"。这类铭文镜在浙江绍兴[④]，湖北鄂州[⑤]，河南洛阳[⑥]，湖南长沙、零陵[⑦]，陕西陇县[⑧]等地都有出土，地域如此之广，不见得这类镜子都用丹阳铜来炼制，但说明自王莽、东汉以来丹阳铜已经非常有名。

在浙江绍兴曾出土王莽始建国天凤二年（14 年）方格规矩神兽镜[⑨]，说明至迟在王莽时，博局禽兽镜已经传到绍兴。在浙江，尤其是绍兴，博局四神镜和博局珍禽瑞兽镜出土很多，其中有些可能是绍兴铸造。特别值得注意的是，在浙江出土的博局四神禽兽镜中，有的镜边雕饰羽人、四神和禽兽缠绕的图案，采用减地平钑的手法，非常华丽，称为"画文带"。这种铜镜，在华北和中原出土的博局、禽兽镜中未曾用到，只有河南洛阳出土的七乳四神镜中出现过。联系到流行于东汉中期至三国、两晋的画像镜、神兽镜和龙虎镜，时常采用减地平钑画文带，说明它们之间有承前启后的渊源关系。粗略推想，镜边画文带可能是东汉会稽匠师创造的，或是会稽匠从别处模仿而来并推广开的。

三

东汉中期以后，北方铜镜铸造业处于停滞和衰落的境地，直至魏晋时期，洛阳铸造的博局禽兽镜、内连弧纹镜、夔凤镜、兽首镜、鸟纹镜、龙凤镜、位至三公镜等，大致上都是旧式镜的简化，或对别处

① 博局镜，过去称规矩镜，因为镜上的 VTL 纹饰很像规矩，故名。其实，这种纹饰是从博局盘上的纹样模仿过来的，有以下实例为证：1. 画像镜中有仙人对博的图像，中间放一博局盘，上有"仙人六博"四字，而六博盘中所画的 VTL，正好与规矩镜上的规矩纹相似；2. 江苏省铜山县台上村出土的六博画像石，上面刻的六博盘也是 TVL 的纹样；3. 特别重要的是，中国历史博物馆所藏规矩四神镜拓片铭文中有："刻娄（镂）博局去不祥"的句子。由此可见，当时工匠是按照六博盘的纹样刻铸的 VTL，所以现在许多学者改称这类镜子为博局镜，这是正确的。
② 转引自孔祥星：《中国铜镜图典》第 272 页"尚方四神博局镜"说明，文物出版社，1997 年。
③ ［日］后藤守一：《古镜聚英》，东京堂，1977 年。
④ 王士伦：《浙江出土铜镜》，文物出版社，1987 年。
⑤ 湖北省博物馆等：《鄂城汉三国六朝铜镜》，文物出版社，1986 年。
⑥ 洛阳博物馆：《洛阳出土铜镜》，文物出版社，1988 年。
⑦ 湖南省博物馆：《湖南出土铜镜图录》，文物出版社，1960 年。
⑧ 萧琦：《陕西陇县出土的历代铜镜》，《考古与文物》1993 年第 2 期。
⑨ ［日］梅原末治：《汉三国六朝纪年镜图说》图版 1，文星堂，1942 年。

传来的镜子加以仿造，而且制作粗劣。关中、华北、东北和西北等地出土的铜镜与洛阳出土铜镜相似。

但从东汉中期直到三国和两晋时期，江南铜镜异军突起。不仅题材新颖，布局讲究对称，雕刻技法也别出心裁，质地优良，铸造精细，展示出独特的风采。从此中国铜镜出现了南北分野的局面。

江南铜镜的铸造，以会稽山阴（今浙江绍兴县）为中心，产品最有名的是画像镜、龙虎镜和神兽镜；与山阴相邻的上虞也生产铜镜；吴县（今江苏苏州）以生产画像镜为主，但数量不多。此外，江夏郡的武昌（今湖北鄂州）也铸造铜镜，其中神兽镜的数量不少。武昌不属江南地域，但铸造的神兽镜与江南同属一个体系。

1. 画像镜

在画像镜铭文铸明造作地点的如"吴胡阳里周仲作"车马神仙画像镜①、"吴向阳周是作"神人东马画像镜②、"上虞杜氏造珍奇镜"（龙虎镜），另一枚西王母画像上刻铸"杜氏作珍奇镜兮"③，这两处的"杜氏"可能是同一人。由此可见，画像镜在吴郡的郡治吴县和浙江上虞县（属会稽郡）都有生产；绍兴出土的画像镜很多，推想这里也是产地之一。此外，江苏的邗江、扬州，湖北的荆门、鄂州，河南的淇县、洛阳和固始，山东济宁等地亦有发现。但是北方出土的画像镜极少，而且风格也与江南的画像镜明显不同。

首先，江南出土的画像镜种类很多，其中以神仙车马画像镜和神仙画像镜为主（图一），还有西王母一柱腾宫楼阁画像镜、西王母舞蹈画像镜、杂技舞蹈画像镜（图二）、龙虎神仙画像镜、瑞兽画像镜、珍禽瑞兽画像镜等。主纹以镜纽为中心采用四分法布局，采用汉代画像石常用的减地平钑雕刻技法。镜边装饰题材大致有三种：一是由锯齿纹和双线波浪纹相间组成；一是缠绕式流云纹；一是羽人、四神和禽兽等缠绕式的图案。

以车马神仙画像镜为例，其主纹是描写周穆王乘八骏大车到瑶池去拜会西王母的故事。车子为轿式马车，帘幕下垂，旁开小窗卷棚顶、攒尖顶或四坡顶。按当时习惯，乘者是从后面上车，绍兴出

图一　东王公、西王母车马画像镜　　　　　图二　杂技舞踏画像镜（浙江省出土）
（河南省洛阳北岳家村出土）

---

①　梁上椿：《岩窟藏镜》第二集下图25。

②　王士伦：《浙江出土铜镜》，文物出版社，1987年。

③　同上。

土的一枚车马神仙画像镜就刻铸着一人刚从后面上车并侧身向外探望的纹样，车厢前面有栏槛。在画像镜中，坐在车厢内的，有像女子，有像男子，也有手中持刀的武士①。车后长帛飞扬，表示快速奔驶。骏马有三匹、四匹、六匹、八匹不等，姿态矫健，非常生动。这种马车样式和山东、四川以及辽阳、敦煌的汉代石刻、砖雕和绘画所反映的不同，是当时中国江南的特色。

河南洛阳孟津獐羊出土东汉银壳车马神仙画像镜，铭文中有"永元五年……吴胡阳里"字样，可见是从吴地传入的②。洛阳匠师曾模仿江南画像镜，并参以己意，铸造出画像镜。如洛阳城北岳家村出土东汉王公、王母车马画像镜，不仅艺术造型笨拙，刻画也很板滞，车子式样也和江南铜镜有异③。洛阳镜车子顶盖呈伞状，车厢敞开式，不是封闭式，也没有簾幕，只有一张椅子，内坐一人，弯腰伸头探望。只用一匹马。河南淇县高村二郎庙发现的一枚东汉车马画像镜，车子虽有幔盖，两侧有屏蔽，但前部突出一框状物④，这在江南车马画像镜中未曾见过。

再如西王母和东王公镜。江南画像镜中的题榜是"西王母""东王公"。神仙全身比例匀称，头上所戴一是平顶，一种呈山字形，有的头插簪状物，或者戴步摇。西王母的形象，与魏晋间所传群仙的领袖、年龄30岁左右、容貌绝世的丽人相似。有些画像镜上的东王公嘴上长须，坐于榻上。榻是汉代官宦富家的坐具，供一人独坐。

但洛阳岳家村出土的车马画像镜题榜为"王母""王公"。王母头部特别大，与身体比例失调，造型和刻画都不生动，显得其貌不扬，头上所戴角状物向一旁斜翘。王公嘴上不长须。王母和王公均席地而坐。鄂州西山出土的一枚鸟兽神仙画像镜，主纹布局与江南画像镜不同，神仙构图也与江南画像镜有异，两袖下部飘曳地上，特别敞开，整体形象不自然。头上所戴也有角状物向一旁斜翘。

绍兴出土的神仙画像镜中（图三、四），有的西王母作舞蹈姿势⑤，细腰长裙，裙幅飘动。双手各执长巾一条，左手所执上端似有一短棍，在舞动长巾时便于完成难动作。两臂姿势类似现代舞蹈动作的"顺风旗"。

　　图三　车马神仙画像镜（浙江省绍兴出土）　　　　图四　车马神仙画像镜（浙江省绍兴出土）

---

①　[日]梅原末治：《绍兴古镜聚英》图50，文星堂，1939年。
②　洛阳博物馆：《洛阳出土铜镜》，文物出版社，1988年。
③　同上。
④　转引自孔祥星：《中国铜镜图典》第272页"尚方四神博局镜"说明，文物出版社，1997年。
⑤　王士伦：《浙江出土铜镜》，文物出版社，1987年。

这应该是盛行于汉代的巾舞。此外，画像镜上的舞蹈者，有的曳着两只长袖，似是古代江南流行的白纻舞。

河南淇县出土的神仙车马画像镜，也有作舞蹈动作的，但舞姿并没有画像镜中那样生动。山东济宁博物馆藏的画像镜，有两组舞蹈像，都是跪舞，有一立舞，与江南画像镜上的巾舞和白纻舞不同，而且画面组合方式和舞蹈者形象也与江南画像镜不一样。

伍子胥画像镜在北方没有发现，大概因为故事发生在江南的缘故。这类镜，上海博物馆收藏两枚，一枚传绍兴出土①，一枚江苏邗江县（今邗江区）出土，内容大同小异②。共四组人物，对称布局：一组题榜"王女二人"，或题"越王二女"，旁有宝器；一组题榜为"越王""范蠡"；一组为伍子胥举剑自刎，题榜"忠臣伍子胥"；一组题榜"吴王"。上海博物馆所藏有一枚的铭文为"吴向里柏氏作镜四夷服"；绍兴出土的龙虎镜也有一枚铭文为"吴向里柏师作镜四夷服"③。两者可能是同一人所作。邗江县出土的一枚，铭文中有"骀氏作镜"之句，绍兴出土的东汉车马画像镜铭文也作"骀氏作镜"④，两个"骀氏"可能是同一人。

2. 龙虎镜

龙虎镜在浙江出土较多（图五、六），会稽是重要产地。此外，广东、湖南、湖北、四川、河南和山东等地都有出土，与会稽龙虎镜虽有相似之处，但差异比较明显。

会稽龙虎镜的特点是，主纹龙虎采用半肉雕技法，围绕镜纽两侧对峙，显现出龙虎斗的雄姿，非常凶猛。或者在龙、虎下加一兽。镜边纹饰有两式，一种是锯齿纹和双线波浪纹相间；一种是画文带，采用减地平钑的技法。

此外，浙江出土的龙虎镜中，有两例比较特殊：一枚在永康出土，二龙一虎，一龙一虎对峙，两龙首尾相接；另一例是兰溪出土的西晋元康三年（293年）龙虎四神禽兽镜⑤，纽外龙虎盘绕，首尾相接。外区雕四神禽兽，间以七乳。镜缘用锯齿和双线波浪纹相间。龙虎用半肉雕，立体感强，四神禽兽

图五　龙虎镜（浙江博物馆藏品）　　　　图六　骑马龙虎画像镜（绍兴出土）

① 陈佩芬：《上海博物馆藏青铜镜》图51、52，上海书画出版社，1987年。
② 蒋赞初：《扬州地区出土的铜镜》，《文物参考资料》1957年第8期。
③ 王士伦：《浙江出土铜镜》，文物出版社，1987年。
④ 同上。
⑤ 同上。

用细线条浅浮雕，取得主次分明的效果。这类镜实际上是龙虎镜与七乳禽兽镜相结合加以变化而成。

河南陕县出土的一枚，采用半肉雕，头部间饰一"五铢"钱纹①。该县另出土一枚，采用细线条浅浮雕，形态比较抽象②。四川昭化县出土一枚，内区龙虎对峙，外区五个方枚与四兽一禽相间环列。这些与会稽龙虎镜存在明显的差异。

鄂州西山出土有龙虎神仙画像镜③。采用环绕式布局，以镜纽为中心，龙虎对峙，用半肉雕技法，外区围以神仙和鸟兽，共分五组，每组之间饰一乳丁纹，其中神仙两组，都作对坐抛丸状。这类镜实际上是龙虎镜和画像镜结合并加以变化而成。

3. 神兽镜

中国古代铜镜以神兽镜纪年铭文最多，这是了解此类铜镜时代的最可靠依据。

以梅原末治《汉三国六朝纪年镜图说》为例，该书共收录神兽镜78枚，其中东汉20枚，最早是元兴元年（105年）环列式半圆方枚神兽镜，之后，有延熹、永康、熹平、建安、延康的纪年镜；三国42枚，除1枚为黄初三年（422年）外，都是吴的年号，有黄武、黄龙、赤乌、建兴、太平、五凤、永安、甘露、宝鼎、凤凰、天纪等；西晋10枚，有泰始、太康、元康等；东晋4枚，有建武、咸康、太和；另有西晋太初四年（392年）环列式半圆方枚神兽镜1枚，南齐建武五年（498年）画文带环列式半圆方枚神兽镜1枚。

再以近二十年来浙江出土的纪年神兽镜为例，据初步统计共计14枚，其中东汉建安5枚；三国黄武1枚，赤乌1枚，建兴1枚，永安4枚；西晋太康2枚。出土地点有绍兴、宁波、武义和瑞安等市县。另外，在浙江纪年墓中出土的神兽镜6枚，其中三国吴天纪1枚，西晋太康2枚，永宁1枚，东晋太元2枚。

又，《鄂城汉三国六朝铜镜》收录纪年神兽镜22枚（图七），其中东汉6枚，有熹平、建安；三国魏黄初2枚，吴黄武、黄龙、嘉禾、赤乌、太平、永安共12枚；西晋宝鼎1枚；另有1枚纪年不清。

以上三种实例都说明，神兽镜盛于东汉后期至三国吴和西晋时期，衰于西晋后期至东晋。

再谈神兽镜的产地。

神兽镜中铸明产地在会稽的如：建安二十一年（216年）"会稽所作"半圆方枚神兽镜；黄初二年（221年）"扬州会稽山阴师唐豫命作"半圆方枚神兽镜（与此镜完全相同的另有一镜，两枚镜子应该是同范的）；黄初四年（223年）"会稽师鲍作"半圆方枚神兽镜；黄武四年（225年）"作长明镜……鲍师扬名无己人去之"（重列神兽镜）；黄武五年（226年）"扬州会稽山套（阴）安本（?）里思子丁"作半圆方枚神兽镜；黄武五年"太师鲍唐而作"重列神兽镜（浙江衢州出土）；黄武六年（227

图七　神人鸟兽画像镜（湖北省鄂城出土）

①　这类镜子在陕西也有出土。参见陕西省文物管理委员会：《陕西省出土铜镜》图73，文物出版社，1959年。
②　转引自孔祥星：《中国铜镜图典》第272页"尚方四神博局镜"说明。
③　湖北省博物馆、鄂州市博物馆：《鄂城汉三国六朝铜镜》，文物出版社，1986年。

年）"会稽山阴作师鲍唐镜……家在武昌思其少"重列神兽镜。另有一枚，年号不清，铭文中有"会稽师鲍作明镜"字样。

以上 9 例中提到会稽匠师有唐豫、鲍唐、思子丁等。仅言"鲍师"者，可能即鲍唐。其中最有趣的是，黄武四年六月，"鲍师扬名无己人去之"①。这位鲍师是会稽山阴人，后来带了家小到武昌铸镜，名气很大，现在走了，回到会稽。衢州出土的黄武五年鲍师作重列神兽镜，可能是鲍唐回到会稽后铸造的②。但是鲍唐的家还在武昌，所以黄武六年镜上说："家在武昌思其少"③。这里的"少"，原意大概指家眷，包括孩子，可能因为思念家小，又回到武昌。

在神兽镜中铸明武昌作镜的如"黄初三年武昌元作明镜"。

铸明吴郡作神兽镜的如"吴郡胡阳张元""吴郡张氏元公""吴郡蔓作明镜"，太康二年"吴郡工清羊造作之镜""吴郡赵忠"。铭文中"吴郡"应指郡治所在吴县。其中"吴郡胡阳"，可能就是车马画像镜中的"吴胡阳里"。

神兽镜中铸明在广汉西蜀作镜的如元兴元年（105 年）"广汉造作明镜"、延熹二年（159 年）"广汉西蜀作明镜"、"广汉西蜀刘氏作镜，延熹三年五月。"

武昌的神兽镜、吴县的神兽镜与画像镜，都与会稽铜镜同一体系。广汉西蜀的神兽镜与会稽神兽镜也没有明显区别。

华北与中原、西北等地出土的神兽镜很少，其中除个别可能从江南传入之外，其余的神兽镜与江南神兽镜明显不同。《洛阳出土铜镜》一书所载东汉四方格羽人画像镜（图八）和西晋泰始八年画像镜，与江南画像镜和神兽镜都不同。前者神仙纹，身子作飞起状，每像中间饰一方枚，这在江南铜镜中未见。后者分四区，每区有主像和侍者，虽然与江南镜同样采用高雕技法，但刀法粗笨，立体感也不强，与江南镜风格明显有别。

图八　四方格羽人画像镜（河南省洛阳出土）

陕西西安出土的几枚阶段式神兽镜，上段中部有一构筑物，以龟为础，其上立柱，柱顶有华盖状物，两侧有神人和朝拜者。外围 10 块方枚，其上刻铭。这类镜是仿照江南重列神兽镜的布局和环绕式神兽镜中的方枚，重新进行创作的，自成体系，在江南镜中未曾见过。

四

附说日本免田町出土的鎏金神兽镜。

1939 年，日本熊本县免田町才园古坟第 2 号墓中出土 1 枚鎏金半圆方枚神兽镜（图九）。半圆纽，

---

①　湖北省博物馆、鄂州市博物馆：《鄂城汉三国六朝铜镜》，文物出版社，1986 年。
②　王士伦：《浙江出土铜镜》，文物出版社，1987 年。
③　湖北省博物馆、鄂州市博物馆：《鄂城汉三国六朝铜镜》，文物出版社，1986 年。

草节纹圈纽座。内区饰神兽和神仙，外区雕 12 枚半圆纹环绕一周，半圆纹上饰旋涡纹，即变形云纹。半圆纹之间饰三角纹，即锯齿纹。在半圆纹的内侧有一周方格纹，共 12 枚，每枚刻一字，其文曰："吾作明竟（镜），幽湅三商，雕刻典祀。"外面有箅纹和双线弦纹各一圈。镜边里侧雕铭文一周，其文曰："吾作明竟（镜），幽湅三商，雕刻典祀，大吉羊（祥），宜侯王，家富昌，师白牙乐，众神见容，命长"。文中"白牙乐"，应是"伯牙作乐"之减笔及漏字。

图九　鎏金半圆方枚神兽镜
（日本免田町出土，作图：［日］佐古和枝）

关于此镜的铸造时间，我判断为东汉晚期至三国间，依据是：1. 东汉铜镜多为半圆纽，到三国时开始盛行扁圆纽，而此镜是半圆纽；2. 神兽镜的纹饰布局以环列式最早，始自东汉，但延续时间也最长，直到南朝，而此镜是采用环列式布局的；3. 东汉至三国中期以前的铜镜，质地厚实，表面光泽，纹饰雕刻精致，而从三国中期以后逐渐衰落，质地趋向轻薄，纹饰粗略，而此镜质地厚实，表面光泽，纹饰精致；4. 鎏金是东汉、三国时期铜镜的装饰手法之一，浙江又有东汉鎏金五乳四神镜出土，湖北鄂城出土过三枚鎏金半圆方枚神兽镜，其中一枚铭文中有"吴造明镜"字样，而三国中期以后，特别是南北朝时期的铜镜已经衰落，未见有鎏金者，而此镜是鎏金的；5. 铜镜出土于墓葬之中，其时代必然早于墓葬建造之时。特别是免田町从中国进口珍贵的鎏金铜镜，当时拥有者不会马上用于殉葬。因此，免田町出土的鎏金神兽镜的时代肯定要早于墓葬的时代。

至于鎏金神兽镜的铸造地点，我认为应该是中国的会稽山阴，至少是属于会稽系统的产品。因为东汉、六朝时期，会稽山阴是铸造神兽镜的中心；其次是江夏郡的武昌（今湖北鄂州），但此地铸造神兽镜的名师主要来自会稽，所以武昌铸造的神兽镜与会稽神兽镜同属一个体系；吴郡的吴县（今江苏苏州）也铸造神兽镜，但数量不多。

汉魏时期，在日本主要是属于女王国（邪马台国）这一系统的国家与中国交往，而且当时的航海多数取道北路北线。有的专家认为，一直到晋代，日本才有女王国系统以外的国家与中国交往，而且直到唐代前，在文献上尚难找到横渡东海到日本的航海记录。而出土鎏金神兽镜的免田町当时属狗奴国，它与女王统治的邪马台国是敌对的。三国时中国的魏与吴也是敌对的。如果免田町出土的鎏金神兽镜确是东汉至三国时会稽铸造的，那么，说明当时会稽与属于狗奴国的免田町之间已有交往，而且很可能是横渡东海的。从中日双方的地理位置而论，彼此的海上交往当以横渡东海这条南路南线最为便捷。

（原载《东方博物》，杭州大学出版社，1997 年）

古建保护

浙江明清民居与传统文化

民居是民族传统文化的重要组成部分，所以为许多国家所重视。

建筑，从文化的角度来说，它是社会文化中最庞大的物化形式和空间载体，既是时代文化和地方文化特征的综合反映，又是民族文化特征的集中体现，然而，归结到一点，它最终是思维观念的哲学表现。民居与传统文化的关系大致有两个层次：第一个层次是日常生活习惯上的联系，这是比较具体、直接和显而易见的；第二个层次是思想意识上的联系，比较含蓄和抽象。

浙江是我国传统民居保存比较丰富的一个省。这些民居建筑大致可分为两类，一类是府第建筑，一类是平民住宅，而目前保存下来的大多是府第建筑。因为府第是达官贵人的住宅，主人有钱有势，建筑用材讲究，且有能力进行经常性的保养。一般的平民百姓，由于主人经济贫困，以致建筑用材简陋，也没有财力进行经常性的保养，因此难以久远保护。

已经调查到的浙江现存民居建筑，就其时代而言，从明代到民国初可以形成系列；就其文化内涵来说，不仅反映了各个时代的建筑构造技术和建筑造型艺术，而且与伦理观念、宗法观念、祖宗崇拜、血缘关系、典章制度、堪舆阳宅、风俗习惯、生活生产，以至文学艺术等，都有密切的关系和充分的反映；就其区域文化来说各有特色，例如杭州、嘉兴和湖州地区的府第，比较讲究与园林的结合，绍兴地区的府第庄严肃穆，金华地区则以木雕艺术见长，衢州地区兼有金华和安徽风格，台州地区保留古风较多，丽水地区的景宁县则有明显的福建建筑风格。

本文着重谈浙江古代民居与传统文化的关系。

一　伦理观念和宗法观念在院落和村落中的反映

伦理思想在中国传统思想文化中占有重要地位。伦理思想，表现为道德标准、道德修养和行为规范。封建道德以"三纲五常"为核心。"三纲"，即君为臣纲，父为子纲，夫为妻纲。"纲"是居于主导或支配地位的意思，这是中国封建伦理思想和等级制度的中心，是尊卑关系、服从关系。"五常"，即仁、义、礼、智、信，是维护封建等级制度的道德教条，是个人品德修养，属于个人伦理。通过"五常"，把君臣、父子、夫妻的从属尊卑关系，说成是仁爱的、正义的。因此引发出君臣、父子、夫妇、兄弟、朋友的五伦。

伦理道德规范反映在建筑布局和建筑规格等方面，又与宗法观念交织在一起，以血缘为纽带，以祖先崇拜为精神支柱，以父系谱序为次第的，在聚族而居的院落中，讲究长幼、辈分和尊卑。

（一）庭院平面布局与尊卑关系

比较简单的民居群体组合是三合院，前为大门，面对正屋。大门与正屋之间辟天井，天井左右为厢房。此外又在偏处辟耳房。正屋的明间，台州等地称之为"堂前"，作为礼仪用房，如会客、宴请、拜见长辈、节日祭祖和婚丧大事，左右次间往往辟为卧室。正房是长辈的卧室，厢房是晚辈的卧室，耳房作为厨房、厕所或佣人的住处。建筑规模小的"堂前"，平时还作为日间生活和劳作的场所。

讲究一些的府第有门厅、轿厅、正厅、穿堂及寝室等。轿厅是停轿的地方。如果面阔三间的正厅，明间抬梁式，把明间和次间通作一室，形成一个宽敞而有气派的空间。在正厅明间后金柱之间，设置一堵屏门，如果正厅是楼屋，在屏门后设扶梯可以登楼；如果正厅是单层的，往往在屏门后建穿堂，其后建寝室，形成工字形的平面。屏门两侧可以通行。

中国传统建筑讲究主轴线，而厅堂在院落建筑组合中是主体建筑，是家庭的活动中心，最富有公共性的礼仪用房，所以布置在主轴线的最重要部位，高大的屋顶，显眼的外形，庞大的体量，讲究的用材，一方面表现主人高贵的地位，更重要的是体现礼仪在府第建筑中的重要地位。当然，厅堂的家具布置，接待的规格，以及座位，也都体现五伦关系。

实例（1）：天台县云河乡八村陈宅，系楼屋三合院民居。其门不开在正面，而是在院落的东、西两侧的前后各开一扇边门。建筑群坐北朝南，前为天井，后为正屋，天井两侧有厢房。正屋明间为厅堂，两次间为卧室。西僻处作厨房。楼上都是卧室。

实例（2）：诸暨县肖明路89号杨肇泰府第。据《诸暨县志·列传》载："杨肇泰，字六符，万历己未进士，授静海县知县，迁瓯宁，著政声，升刑部主事。房师黄白安领袖东林，欲荐为台省，时魏珰柄国，以亲老辞。出守武昌，丁艰服阕，补安庆知府。"府第建筑共两进，大门辟在东边，正屋坐北朝南。进门后，前有照壁，其次天井，再次正屋（即厅堂），其后又是天井，最后一排房屋应该是寝室。前、后天井的两侧均有厢楼。照壁和正厅系明代遗构，其他建筑清代大修。正屋面宽五间，九檩，明间抬梁结构，这样使明间和左右两次间形成同一个宽敞的空间；两梢间隔断，作为寝室（图一）。

图一　杨肇泰故居正厅明间梁架（毛桂舟提供）

　　特别要提到的是"楼上厅"的建筑形式，这在金华地区明、清民居中比较盛行。这种建筑形式，实际上是干栏式建筑的一种遗制和变种。明代"楼上厅"的楼上高敞，楼下比较低矮。发展到清代，虽然有些建筑的楼下比楼上高敞，但厅堂还是安排在楼上，楼下敞开作为通行过道，或者饲养牲畜（图二）。我们对兰溪市六座楼上厅调查结果如下：

地点	时代	底层高（米）	楼上高（米）	明间面宽（米）
长乐村金茂全家	明代中晚期	3.36	4.10	4.65
芝堰村刘友生宅	明万历年间	3.13	3.66	3.88
长乐村金放荣家	明代晚期	3.28	3.75	3.74
芝堰村陈伯庆家	清代	3.36	2.12	3.92
诸葛村王松柏家	清代	3.40	2.83	3.88
兰溪市探花巷11号	清代晚期	3.75	2.25	3.40

图二　兰溪长乐村望云楼楼上厅（杨新平摄）

（二）家族观念在院落建筑群布局中的反映

　　中国农村几千年来处于封闭的状态。一家一户是封闭的，整个村落也是封闭的。在一般情况下，以婚姻和血缘关系结成的家族，住在一个规模大小不一的院落里，可能是三世同堂或四世同堂，曾祖、祖父、父亲、儿女住在同一个院子里。或者儿辈成家了，家里人口多，家境又比较富裕，可能再增造院落。随着子孙的繁衍，院落不断增多，或者先在主轴线上按渐进的方式，一进又一进地建造起来，或者在主轴线的左右另辟轴线，增建院落。

　　实例（1）：富阳龙门镇的咸正堂和光裕堂是一组大的建筑群。光裕堂是咸正堂主人的后代所造。在中轴线上，前为光裕堂，其后为过厅，最后为咸正堂。光裕堂和咸正堂都是三合院，相对独立，但又位于同一条中轴线上，两座院落前后紧靠在一起，既分隔开来，又互相沟通。在中轴线的左右，另各有一条纵轴线，前后各分成三进，每进都有天井和隔墙。隔墙很高，属于封火墙。每进辟小门可供出入。而且，左右轴线的第二进与中轴线上的过厅又有边门相通。在中轴线上有一座大厅堂，是这个大家庭的礼仪性公共建筑。在三条纵轴线的前沿，建有面宽九间的长廊，把三条纵轴线连成一个整体。长廊的前面是道地，比较空旷，是这个大家庭的室外活动场所。整个建筑群的外面围以高墙，使三条轴线形成一个封闭式的院落。

很明显，中轴线上的前院是咸正堂主人的院落，后院是光裕堂主人的院落，左右轴线上的六进小院落应该是光裕堂后裔所建。三条轴线形成的大院落，是咸正堂及其后裔这个大家族居住的地方。连接这三条轴线的长廊，好比一根血缘的纽带，把各个院落的小家庭联结起来。

实例（2）：绍兴吕府是明代吕本的府第。吕本曾任礼部尚书，嘉靖三十六年（1557年）晋柱国，兼太子太傅，官阶从一品。吕府共十三座厅堂，分列在三条纵轴线和五条横轴线上，严格对称。主轴线上有五座厅，自南至北依次为门厅、永恩堂、三厅、四厅、五厅。在东西两条纵轴线上，与主轴线门厅并列的左右位置上为牌坊，其后各有四座厅，分别与主轴线的永恩堂、三厅、四厅和五厅并列，两侧有厢房。三条纵轴线的最后一幢都是楼房，明显是住家卧室。在三条纵轴线之间，各有纵向巷道一条，当地居民称之为"水弄"。在永恩堂后面，又有横向贯穿三条纵轴线的小道，当地称之为"马弄"。这样，在总体平面布局上，形成六组相对封闭的院落，每个院落前都有门楼。在六组建筑的外面围以高墙，北面有河道向西南绕过，既起到与外界隔离的作用，又利于防火防盗，也便于交通。在两条水弄的北端设有船埠，船只可以由此登岸，通过水弄进入各个院落。这条河不仅具有风水含义，又便于宅内对外的水上交通，而且把吕府三条纵轴线六座相对独立的院落，包围成一个整体。如果把上述富阳龙门镇咸正堂前面的长廊比作一条血缘的纽带，那么环绕吕府的这条河道也是一条血缘的纽带。

永恩堂是吕府的主体建筑。因为明万历十一年（1583年）神宗皇帝赐给吕本"齿德并茂"匾额，所以吕本将主体建筑取名为"永恩堂"，将皇帝所赐的匾额悬挂在厅堂中，这也表现出正厅在建筑群中的重要地位，它不仅反映君臣关系，同时也是体现"五伦"的重要场所（图三）。如果说吕府十三厅居住着吕家几代人，那么永恩堂就是这座建筑群的枢纽，所以吕本死后改为宗祠。

图三　绍兴吕府永恩堂梁架及匾额（杨新平摄）

吕府建筑群格局的安排，一方面出于公共性程度的考虑，另一方面又要按照尊卑序列进行安排，根据"前堂后寝"的原则，形成一个由功能上的公共性过渡到私人性的渐进的层次布局。卧室和闺房是最私人性的，工作室和书房是次私人性的，厨房和公用的地段有一定的公共性质，门厅和正厅在住宅中最有公共性。永恩堂这座主体建筑，各个院落的正房，每条纵轴线上的厢房，都意味着等级和尊卑。

（三）聚族而居形成的村落

某一姓的祖宗卜居于某地之后，由于子孙的繁衍，院落不断增建，最终会发展成一个村落。这种村落是封闭式的，是聚族而居的产物，一姓一个村子，或一姓几个村子，虽然普遍存在异姓同村的现象，但还是以某姓为主体的，异姓侨居进来很难占优势。这不仅反映了封建宗法观念，而且与男耕女织、自给自足的生产方式和生产力水平低下、生产工具落后、交通不便有直接关系。聚族而居的同族人，不但由于同一祖先所出，有着心理上的、感情上的联结纽带，而且也由于生产和生活上的合作互助需要，这是使他们凝聚在一起的重要因素。

实例（1）：富阳县（今富阳市）龙门镇，是孙氏家族聚居的小镇。据龙门《孙氏家谱》记载，其祖先孙劭，生于后梁开平二年（908年），仕宋，累官至奉议大夫。孙劭生二子，长子孙忠，生于后唐清泰元年（934年），卒于北宋咸平二年（999年）。孙忠适居龙门，为龙门孙氏之始。自明嘉靖至清康熙，孙氏子孙"半列儒林，咸饶富有"，可以说是鼎盛时期。1861年，太平军由浦江边界抄山路至龙门村，武举孙显清纠众顽抗，杀戮太平军数十人，因此太平军烧毁了村里一些房屋。清末至民国年间，又陆续重建了部分建筑。

全村东西长约800米，南北长约500米，总面积2平方千米。大溪环绕村北潺潺流过，泉水清澈。一条支流自北而南穿过村落，与东西向的一条古街相交，把全村建筑分割成四大组合，现存52座院落，其中堂名清楚的41座（图四）。《孙氏家谱》云："孙氏千有余家，各房聚处皆有厅，以供阍房之

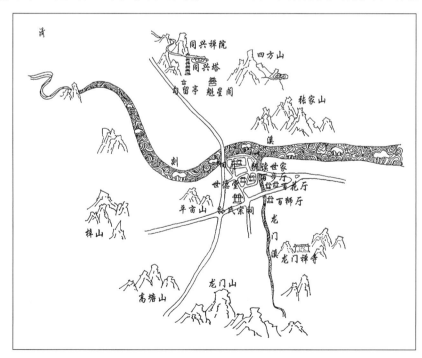

图四　富阳龙门厅堂分布示意图（杭州规划设计院依据文献绘制）

香火。"各个院落都以厅堂为中心，厅堂是每家祭祖的地方，平时也作会客等用。有些院落在正厅之后专门建立享堂，供奉祖宗的牌位，作为一个家庭专用于祭祖的地方。在一个家庭中供奉的祖先，一般不会追溯很远。在一个村落中，同宗共同祭祖的地方则是祠堂，在祠堂里祭祀的祖宗一般追溯很远，因为是祭祀全村同宗共同的祖宗。

实例（2）：东阳市卢宅村，是卢氏累世聚族而居形成的村落，规模相当大。卢氏祖先原籍燕京范阳，自迁居东阳雅溪后，聚族而居，达数百年。明清以来，卢氏宗族士人骈集，科第蝉联，先后有文武官职者九十余人。

卢宅村入口，气势磅礴。村中有一条直街。进入街口，抬头望去，自东至西，原有一排排的牌坊林立，这是宣扬封建礼教、标榜功德、科举中榜的纪念性建筑物。在直街中部的南边有照壁。照壁的前面，横向穿过直街，有八字墙。进入八字墙，有一条长达120米的甬道，然后向西转，约行数十米，再向北转，进入卢宅村落的主轴线。甬道上原来建有"风纪世家""大方伯"和"大夫第"等石牌坊。

从卢宅村入口，穿过甬道上的石坊，一派士大夫世家府第的气魄，令人肃然起敬，从空间效果上显示出卢宅历代封建官僚士大夫的尊贵和不可冒犯的威严，同时也充分体现封建道德伦理。

主轴线上前有捷报门，三开间。其后为国光门，又称仪门，亦称照厅，通面宽25.7米，七间带两廊。进国光门，中间是一座大天井，正面是肃雍堂，两侧排列厢房，形成一个三合院，并有回字形廊道连接。在这组建筑群中，肃雍堂是主体，左右两厢是辅助建筑，门是对外的安全设施，当然也兼有礼仪上的作用。

主体建筑肃雍堂在平面上呈工字形，前为正厅，面阔三间，左右各插一间。正厅的明间后金柱间设屏墙，明间后檐连接穿堂，其后为住宅，是按照中国传统"前堂后寝"进行布局的。（图五）

在肃雍堂的后面，还有乐寿堂、世雍堂等。整条中轴线上共有九进建筑，总进深达310米，占地6470平方米。每一进建筑都是相对独立的一座院落。

明成化十七年（1481年）进士卢格撰《肃雍堂记》云："前建大门三间，次建照厅七间，中建正

图五　肃雍堂梁架

厅三间插二间，川堂三间，后建正堂三间插二间。正楼则基而未楹，左厢楼五间，平屋三间，右厢亦如之。缭以周垣，甃以砖石。始于景泰丙子，至天顺壬午三月初二始克落成。"这是明天顺年间落成的卢宅主轴线。

在卢宅村中有一条河道环绕。在河道范围内，主轴线之东有两条轴线，主轴线之西还有六条轴线，而且每条轴线都有多座院落。很明显，轴线与房属有关。例如，一个父亲有三子，三子成家后独立门户，变成三房；如果三子各有四子，四子成家后又独立门户。子孙繁衍，小家庭越来越多。小家庭包含在大家庭之中，大家庭包含在一个村落之中。许多大家庭演化成为同宗，有共同祭祖的祠堂，有共同的家谱。根据家谱，辈分按字号编排，同一辈的同一个字，如仁字辈，取名时称为仁某。年代久了，子孙多了，若要知道某人辈分的大小，除查阅家谱外，就根据某个字按辈分编排去推算了。同宗派系就这样演化出来的。辈分大小也意味着尊卑。在同宗中，有钱有势的人，自立门户，建造院落，取个堂名，而这个堂名逐渐成了大家族的名称。东阳卢宅村除肃雍堂外，还有世德堂、忠孝堂、毓台堂、一经堂、冰玉堂、五云堂，是各房的堂名。富阳县龙门镇孙氏支七派有咸正堂、光裕堂、瑞徽堂、素怀堂、道丰堂、慎修堂、神主堂等。每一房将堂匾悬挂在自己院落正屋的厅堂中，灯笼上也写上堂名，使人一见就知道是哪家来的。

堂名有两种意思。一是指宗族内的派系，如王姓同宗之中的"三槐堂"，并不只限于某个村镇，而且远隔千里。如龙游县志棠乡儒大门村王氏宗祠称为"三槐堂"，而黄岩县城关镇的王氏宗祠也称为"三槐堂"。另一个意思，如上所述，是某房的堂名。

实例（3）：景宁县大漈乡大漈村，为梅氏聚居之地。据家谱载：一世奉因，生日东、日忠、日高三子为二世，长子日东迁居泰顺县，以后子孙繁衍出来，成为一个支派；二子日忠居龙溪，三子日高居西泽。次子和三子两房共建时思院于西泽村尾，以两轩作祠堂。后因子孙繁衍，两房各创一祠。日高生仲真为三世。仲真生开为四世。开生贲、赟、世嘉、元员、淳之、少逸，是为五世。这是日高这一支派的世系。梅元员为南宋绍兴初年人。大漈村是从梅开的子孙繁衍而逐渐增建形成的。

二 封建等级制度对传统民居的影响

在封建社会里等级制度森严，这对于传统民居的营造起到相当大的制约作用。

张廷玉《明史》卷六十八《舆服志》四"百官第宅"条记载："洪武二十六年定制，官员营造房屋，不许歇山转角、重檐重拱，及绘藻井，惟楼居重檐不禁。……一品、二品，厅堂五间，九架，屋脊用瓦兽，梁、栋、斗拱、檐桷青碧绘饰。门三间，五架，绿油，兽面锡环。三品至五品，厅堂五间，七架，屋脊用瓦兽，梁、栋、檐桷青碧绘饰。门三间，三架，黑油，锡环。六品至九品，厅堂三间，七架，梁、栋饰以土黄。门一间，三架，黑门，铁环。品官房舍，门窗、户牖不得用丹漆。……不许挪移军民居止，更不许于宅前后左右多占地，构亭馆，开池塘，以资游眺。三十五年申明禁制，一品、二品厅堂各七间，六品至九品厅堂梁栋只用粉青饰之。""庶民庐舍，洪武二十六年定制，不过三间，五架，不许用斗拱，饰彩色。三十五年复申禁饬，不许造九五间数，房屋虽至一二十所，随其物力，但不许过三间。正统十二年令稍变通之，庶民房屋架多而间少者，不在禁限。"

清代对家庙祠堂的规模有规定。赵尔巽等撰《清史稿》卷八十七《志》六十二"礼"六:"凡品官家祭庙立居室东,一至三品庙五楹,三为堂,左右各一墙隔之。北为夹室,南为房。庭两庑,东藏衣物,西藏祭器。庭缭以垣。四至七品庙三楹,中为堂,左右夹室及房,有庑。八、九品庙三楹,中广,左右狭,庭无庑。箧藏衣物、祭器,陈东西序。堂后四室,奉高、曾、祖、祢,左昭右穆。""庶人家祭,设龛正寝北,奉高、曾、祖、祢位,逢节荐新,案不逾四器、羹饭具。"

从浙江现存明、清府第和宗祠情况看,大体上有以下几种情况:

(一)比较严格执行

实例(1):绍兴吕府永恩堂,通面宽36.12米,分七间,九檩,明、次间为堂,梢间有墙隔之。梁上绘饰。脊檩用斗口跳和蝴蝶木支托,未见其他斗拱。宅前没有亭台花园。永恩堂前之天井左右两侧有厢房。吕本是明代礼部尚书,太子太傅,官阶从一品。吕本死后,永恩堂成为祠堂。由此可见,吕府建筑群及永恩堂,都是严格按照制度规定的。

实例(2):宁波慈城太阳殿路冯叔吉府第,正厅面阔七间。冯叔吉为明嘉靖年间布政使。布政使为从二品,按制度规定可用七开间。

实例(3):诸暨市城关镇光明路7弄5号,俗称"杨衙台门",是明代杨肇泰故居。杨肇泰,字六符,万历四十七年(1619年)进士,官至安庆知府。其故居正厅通面宽19.7米,分五间,用九檩。知府为从四品,按规定可用五间。正统十二年(1447年)已有规定,架多而间少者不在禁限,所以杨肇泰府第虽用九檩,但并不违制。

实例(4):兰溪市钱家乡覃恩堂,正厅面阔三间,用九架(图六)。覃恩堂是明代宣德年间祝戒府第的正厅。祝戒官至湖广按察司佥事,最多是个六品官。正厅用三间,没有违制。但宣德年间所造的府第,正厅用九脊,在正统十二年(1447年)颁布"架多而间少者不在禁限"的规定之前。架少,进深浅,作为正厅使用不便,所以在正统十二年前,事实上可能已经允许架多而间少。

图六　兰溪覃恩堂明间梁架

实例（5）：上虞县王世功府第，正厅面阔五间。王世功是清顺治八年（1651 年）知府。知府为从四品，明代制度可用五间。按照此例看，清代可能是沿用明代造屋制度的。

（二）降低规格营造

实例（1）：绍兴县胜利乡峡山村浙江总兵何景星府第，号"都督台门"，原有"都督第"匾额。正厅通面宽 22.15 米，分五间，建于明嘉靖年间。明代都督为二品官，按洪武二十六年（1393 年）定制可用五间，按洪武三十七年定制可用七间，而何景星却用五间，降低规格。

实例（2）：绍兴县偏门直街 31 号孙清简祠。正厅通面宽 13.33 米，分三间。孙清简官至吏部尚书，从一品，按理可用七开间，但孙清简祠只用三开间。

（三）部分违制

实例（1）：东阳市卢宅村卢宅肃雍堂，建于明景泰年间，面阔三间插二间。卢宅肃雍堂是卢溶建造的。卢溶只不过是赠知县的头衔，充其量不过七品官，正厅只能用三间。肃雍堂面阔三间，插二间，还应算作三间，符合制度。但大量使用斗拱、彩画，这明显是违制的。

清代祠堂正厅的开间仍有严格规定。但现存祠堂有两种性质：一是祀某个人的，营造制度当然与被祀奉的人的品位有关；另一种是宗祠，营造制度可能与主持建造者或被祀奉的祖宗身份有关。按清代制度规定，一品至三品可造五间，明、次间通作一间，左右梢间用墙隔断。四至七品可造三间，明间为堂，左右夹室及房。以上均有庑。八品至九品不能建庑。

实例（2）：淳安县中洲乡上童村高坡童氏宗祠，建于明嘉靖四十三年（1564 年），三进均为五开间，正厅九架。门楼上有"琅玡太守"匾。太守即知府，从四品，用五间，符合明代府第制度，但不符合清代祠堂制度。可见明、清祠堂制度可能不尽相符。

（四）门厅营造制度

根据明洪武二十六年定制：一品二品门三间，五架，绿油，兽面锡环。三品至五品门三间，三架，黑油，锡环。六品至九品门一间，三架，黑门，铁环。

浙江明、清传统民居的大门形式大体可以分为三类：一类是仿木构砖砌门楼，二柱一间，一楼或三楼，建于围墙前部的正中，两侧围墙上隐出柱子。如龙游县横环乡刘家村四品官毛汝麟府第门楼。一类是门厅，东阳市明代卢宅，三间，卢溶至多是七品官，按规定大门只能用一间，说明他是违制的。一类是普通的开在墙上的门，这是没有品位的庶民住宅的门。

明、清时期的祠堂不一样，几乎都有门厅，大部分三开间，五开间也不少，而且往往是楼屋，这大概是出于功能上的需要。因为明、清时期的祠堂都有戏台。明代戏台都设在门厅明间。清代戏台大多设在紧靠门厅明间前檐的天井里，而将门厅楼上作存放道具、演员休息及化妆和更换服装之用。

实例（1）：龙游县志棠乡杨家村三鳣堂，是明代杨氏宗祠，门楼上悬有"关西世家"匾，四柱三楼，歇山顶，斗拱，彩画。

实例（2）：龙游县志棠乡儒大门村三槐堂，是王氏宗祠，建于明清，门厅五开间（图七、八）。按明代品官住屋大门制度规定，二品、三品的住宅大门只准三间五架。三槐堂门厅超过最高规格。

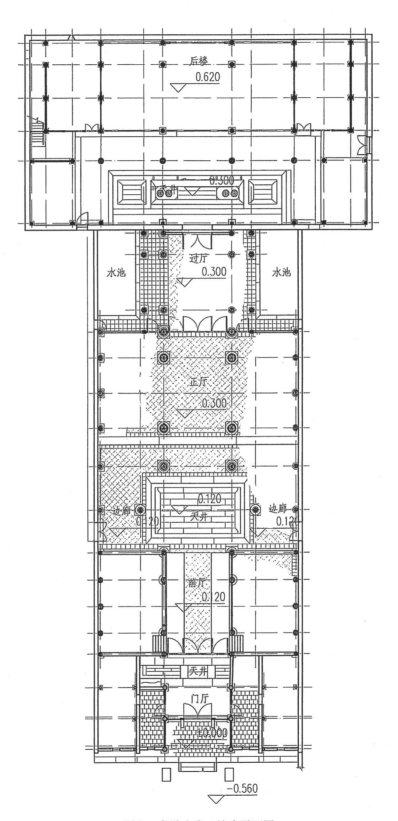

图七　龙游志棠三槐堂平面图

图八　龙游志棠三槐堂（杨新平摄）

三　风水对民居建筑及其环境的影响

明、清时期风水在浙江相当盛行。民居建筑不仅受到伦理道德规范和宗法观念的影响，受到封建等级制度的制约，而且非常讲究风水。

阳宅风水，主要讲建筑环境和建筑本身两个方面。

（一）风水与环境

考察风水有四大要素：觅龙、察砂、观水、点穴。

觅龙，"龙"是指龙脉，也就是村落所倚之山，其山势要蜿蜒起伏，宛如行龙，这样才有生气，才能兴旺发达。

实例（1）：明万历《金华府志》卷二十五载："金华一郡，发脉盘泉，由山桥一方延脉芙蓉，迤逦而南，融结府县治。先年风气完聚，士民利赖。自嘉靖三十六、七年来，有土豪牟利肥家者，乃于来龙地方，架屋起囤，招集逃亡，日夜凿石烧灰，遂使山脉几断。迄今数十年，自官府以及学校闾里，每见多事，人皆以为山脉凿断致此。"可见，龙脉关系地方官民的祸福。

实例（2）：兰溪市钱村乡旧宅《太平祝氏阳宅图引》云："奥稽人杰则地灵，地灵则人杰。……吾族始祖荣一公相太平风土之美而栖止于洗菜塘滨者，诚以是地发端于白佛塔峰之脉，清奇秀雅，毓聚无穷，逶迤迢递，起伏玲珑，舒婉兮微茫过峡，悠扬兮结缩峥嵘。缘是宪台高擢，科甲蝉联，覃恩钦赐。"

风水家还认为"龙首当镇"，因此明代在浙江村落的山上建塔的风气特别盛行。

实例：龙游横山塔，是为镇龙脉而建的。据《横山张氏宗谱》云："横山宝塔镇于张祠面山之巅。山形如天马驯槽，堪舆家嫌其首不内顾。明嘉靖间，族人倬公、富玉公、环公等因建新塔镇之。"《明故益府引礼舍人东谷张公墓志铭》云："君张姓，讳倬，字本立。……先是，张氏仕进多不利，风水家以为横山当张氏水口，议欲建塔以镇之。所费不下千金，君为定约，众乐于输，比其有成，不愆于素，推信为族党，类如此。"

察砂。砂是龙脉周围的小山，也称之为"帐幕"。"真龙"（龙脉）居中，"后有托送的，旁有护的，有缠的。托多，护多，缠多，龙神大贵"。（黄妙应《博山篇》"论龙"）这里有主有从的关系，有主仆的关系，也是受到封建伦理观念的影响。察砂，要观察砂的位置和形状断吉凶。左右护砂，分上砂和下砂，如风从右边来则右边之砂为上砂，要求长、高、大，"盖收气挡风落头结构全赖乎此"。（《阳宅会心集》卷上）反之为下砂，在一里之内虽不可全无，但要低平，忌高大湾环，主要出于通气、通风和回风等方面考虑。主龙前之山，近的称之为案山，远的称之为朝山，形状要求似玉几、三台、横琴。

实例（1）：兰溪市水亭乡西姜村孝思堂，建于明万历年间，背倚凤岗山，是座大山，左边大黄山，是小砂，右有塘河，前有月池，远处有猫旺山，符合风水的要求。

实例（2）：东阳市卢宅村的前方远处有三台山。按照山的位置称为朝山、案山，或者按照山的形状称呼。杭州也有三台山。凤凰山南宋皇城的前面馒头山，文献上称它为案山。

观水，就是指观察水流的形势。水在风水中占有特别重要的地位。例如，风水家认为水是财。《入地眼图说》卷七云："夫水本主财，门开则财来，户闭财用不竭。"所以水流入处要开敞，"门开则财来"，水流出处要封闭，"户闭财用不竭"。又如，风水家最讲究气，而水是引气的。再如，在平原无山地区，风水主要看水。《地理五诀》卷八云："平洋地阳盛阴衰，只要四面水绕归流一处，以水为龙脉，以水为护卫。""平洋莫问龙，水绕是真纵（踪）。"所谓"平洋地阳盛阴衰"，同书云："山地属阴，平洋属阳，高起为阴，平坦为阳。"

1. 水的形势

风水家认为，选址于河曲则以水流三面环护为吉，谓之"金城环抱"。

对于流水的形势也有犯忌的。如忌二水夹宅，谓之"退田"，主不吉。宅前忌水直流，"水流百步，十年之夏，水流一里，主十四年败退"。这两点都涉及房基安全及水冲威胁。

由"金城环抱"，衍出民宅前的半月池。

实例（1）：常山县宋畈乡彭川村王家祠堂，建于清代，流水从东南来，向西从祠堂门前经过，再向北从祠堂西侧绕过。

实例（2）：慈溪县（今慈溪市）龙山镇，建筑集中在"S"形河流两面，尽量接近水源及水道。

实例（3）：东阳市卢宅的水口位于西南，有两支汇聚，向北转东环绕，再转南向东流去，把卢宅的东、西、北三面环护起来，可说是"金城环抱"，主轴线建筑面对三台山，左右又有护砂，而明、清两代卢氏相当兴盛，恰好符合风水的说法。

2. 水的质量

水的质量除成分含量外，也指清洁卫生方面。风水中有尝水之法。平阳平冈地区尝其涧水以及井泉，高山地区则尝其溪涧水。水味以甘为贵，若带酸苦则视为不吉之地。喜清忌浊，冬宜温，夏宜冷。风水先生俗话说："冷水洗屁股，儿孙逐年苦。"鉴别水土质量论吉凶，为现代科学指导下发现的地方病地理地质所证实。

点穴，就是确定阳基，要选择地势宽平、局面宽大、有宽裕的环境容量，枕山襟水，或左山右水。以上所列举的东阳卢宅村就是典型。

（二）风水对建筑群的组合和空间处理等方面的影响

1. 庭院布局

根据《阳宅会心集》卷上载："屋式以前后两进、两边作辅弼护者为第一。"浙江明、清传统民居和宗祠大多两进，前为大门或门厅，面对正厅，大门与正厅之间为天井，天井两侧厢房；正厅之后又是一进，往往在正厅明间后檐连接穿堂，其后为后厅；或者在正厅之后另辟门，进入第二进，门正对后厅，中间设天井，天井两侧是厢房。这种布局，不是单纯追求严格的对称，而是出于风水的要求。所谓"两边作辅弼护者"，就是厢房或厢楼，如果殿宇，两侧是庑殿或其他房屋。

开间也有风水的原因。风水家认为房间不宜用双数，房间必须用一、三、五、七等间数。中国建筑除个别例外，如宁波天一阁，因为取义《易经》"天一生水，地六成水"，所以书楼用六间，此外几乎都采用单数。

2. 天井

《阳宅经纂》卷三云："凡第宅，内厅、外厅皆以天井为明堂财禄之所，横宽一丈则直长四、五尺乃宜也……深至六、六寸而又洁净乃宜也。房前天井固忌太狭致黑，亦忌太宽散气，宜聚合内栋之水，必从外栋天井中去。……天井种树木者不吉，置栏者不吉。"在浙江传统民居中，每一进建筑都有天井。天井既是通风之所，又是采光之处，也是排水的地方。大体有两种类型：一种称之为"天井"，面积很小，中间呈台面形状，四周有明沟；一种称"道地"，比天井大得多，采光好，阳光充足，可以晒谷。金、衢一带流行天井，大概出于风水的原因。

3. 按照风水之说，楼上属天，楼下属地，最忌"天克地"，就是楼上之房高于楼下之房，尤其是见忌于只有二层楼的住宅。但是在明、清时期曾在金华、衢州一带盛行的楼上厅，一般都是二层楼，而且大多楼上高于楼下。不过，这种楼上厅是干栏式建筑的遗传和变种，楼下并不住人，也许因此并不犯忌。楼上厅虽盛行而并未占主流，占主流的房屋，一般总是楼上低而楼下高的。

4. 阳宅三要——门、主、灶

门有大门、中门、总门、便门和房门，最重要的是三门：正门、后门、房门。大门为整座院落的主要入口，一般都坐北朝南。中门在大门之内、厅之外，又称仪门。总门在厅之内，各栋房子之总门。房门，即各卧室的前后门。风水家认为，卧室为一宅中子孙繁衍之地，因此房门要特别注意位置。便门，合房通柴水之左右小门。各门不能在同一直线上，因为"气"是沿直线从大门到便门的，在同一直线上则气太盛而漏出，影响屋主的运气。相对两门以"相生"为原则。

浙江传统民居中对于门的布局，大体与上述风水家的说法相吻合的。

实例（1）：东阳卢宅主轴线的最前端设影壁，这是为了避免气冲。从影壁到捷报门，经过两个转折。在肃雍堂正厅明间的后金柱间，设置了一道屏墙，一方面使正厅形成一个完整的空间，另一方面使正厅与后寝之间隔断，起到隐蔽后寝的作用；此外因为捷报门、国光门和肃雍堂在同一直线上，在肃雍堂明间后壁安置屏墙，避免气冲。

实例（2）：平湖县（今平湖市）城关镇莫家府第，大门不在中轴线上。进大门后向西，又是一门，进第二道门是天井，转北为正厅。正厅坐北朝南。这种曲折的门道，也是为了避免气冲。

按风水家的说法，大门是气口，应该面向案山、朝山，或近水而立。一般乡村里的传统民居或祠，面对半月塘。近山口不可对，谓之"煞气"。例如桐庐县朱村某宅，大门避开山坳吹来的谷风（煞气），将门转向，面对山峰。

对于巷道来冲的，用"泰山石敢当"。此石高四尺八寸，宽一尺二寸，厚四寸，埋入土中八寸。

阳宅三要中的"主"，不以人的命主为主，而是以宅的主屋为主。西四宅以延年为上吉，东四宅以生气为上吉。在实例中，主都是指正厅，比一般建筑高大。

至于灶的方位也有讲究。灶位七忌：忌安于东方；不宜安于住宅之最后面靠墙边缘；不宜安于"艮"方之边缘；不宜安于住宅之住房前方；不宜贴近于厕所；不宜正对门；井、灶不宜相对。

风水的内涵相当庞杂，各家说法不一，尤其是乡村风水先生，穿凿附会，似是而非，更难捉摸。不过，风水中有许多精华，是民族传统文化的结晶之一。

四　传统民居中所反映的其他文化艺术

传统民居所反映的文化是多方面的，雕刻艺术又是一个重要方面。雕刻艺术，包括木雕、石雕和砖雕。此外还有彩绘。

木雕艺术大量用于民居建筑，在浙江大约始于明嘉靖年间，多见于祠堂和府第，到清乾隆年间使用得更为广泛。清末民国初，民居建筑趋向简朴的方向发展，但也有许多继续采用传统手法，有钱人家在木构架上到处雕刻。例如，龙游县余宅，据说雕了三年。雕刻的手法有圆雕、透雕、高浮雕等。就其题材来说，珍禽异兽、神仙八卦、福禄寿喜、山水人物、戏剧故事、花卉草木，相当广泛。从装饰部位来说，最多的是撑拱、雀替、门窗和梁枋等。砖雕大多用于门楼，或者墙的勒脚处。石雕则以抱鼓石居多。

大量的雕刻和彩绘，"图必有意，意必吉祥"。这类图案多以象征、比拟、联想等方式表示某种抽象概念，如蝙蝠（福气）、鲤鱼跳龙门（学优而仕）、凤穿牡丹、鸳鸯戏莲（美好）、元宝连环（富足）、松鹤（长寿）等。

在金华和衢州一带，从明代嘉靖年间开始，直到清代后期，鸥鱼装饰非常流行。一般地说，明代的鸥鱼，正脊两端的吻兽比较形象，龙首、鱼身、鱼尾，而木构架上的鸥鱼装饰则比较抽象。到清代乾隆以后，鸥鱼喷水雕刻在木构架中的撑拱、雀替和单步梁普遍出现。永康新屋里的檐下撑拱，几乎全是鸥鱼，有龙头鱼身的，也有鸥头鱼身的。《汉记》云："越巫言，海中有鱼，虹尾如鸥，激浪即降雨，遂作像于屋，以压火灾。"据说鸥鱼是佛教输入后带来的一种概念，就是摩羯鱼，就是现在所说的鲸鱼。鲸鱼会喷水，象征地希望它能产生喷水防火作用。

大约到清乾隆年间，檐下的斜撑变成一块方形的木头，上面雕满神仙、人物、瑞兽、花草。鸥鱼的观念逐渐淡漠。到清末民国初，戏剧故事大量出现，蟠螭纹普遍使用。

与此同时，砖雕艺术大量用于民居之中，龙游、宁波有很多门楼，甚至在门楼两侧的墙上雕满戏剧故事等纹饰。如龙游县石佛乡叶氏住宅的门楼墙上有许多砖雕（图九），其中二十三块砖雕以戏剧故事为题材，如"过江杀相""虹霓关""白猿教刀""渭水访贤""黄鹤楼""三气周瑜""打金枝""尉迟恭救驾""刘备招亲""义释黄忠""雪里访普"等。"雪里访普"描绘赵匡胤登基之初，四方不宁，他雪夜到大臣赵普家访问请教。

图九　龙游三门源叶氏建筑群砖雕（杨新平摄）

传统民居建筑中的匾额和对联，虽然都是吉祥的内容，但颇有文学价值，只不过保留至今的不多。门楼上的题字如"秀挹珠峦""瑞气霭祥""谱韵琴南""南极增辉""环堵生春""芝兰入座""紫气东来"等。

这些吉祥语，有的则与天文神化有关，如"紫气"和"南极"等。紫气东来，传说老子出函谷关，关令尹喜见有紫气从东而来，知道将有圣人过关，果然老子骑了青牛前来，喜便请他写下了《道德经》。后人因以紫气东来表示祥瑞。

至于祠堂戏台对联，往往写得比较含蓄。如："弄假传真，随他演来，无非扬清激浊；移宫换羽，自我听去，都是教愚化贤。"又如："有声书谱描人物；无字文章写古今。"

此外，建筑技术的进步，建筑形制的演变，建筑风格的形成，都与传统文化有关。

（原载《民居史论与文化——中国传统民居国际学术研讨会论文集》，华南理工大学出版社，1995年。本次收录有所增补。）

试论古建筑的保护与利用

中国古建筑在世界建筑史中别树一帜，它是中华民族文物宝库中的珍贵瑰宝。如何更好地保护古建筑，并充分发挥出它的社会效益，是值得认真研究的重要课题。我根据实际工作中碰到的一些问题，谈几点粗浅的体会。

一　古建筑的保护问题

古建筑的种类很多，单就用途来说，有城堡、宫殿、衙署、寺庙、塔幢、道观、教堂、府第、民宅、园林、桥梁、堰闸、陵墓等等。其中有的已失去了原有作用，变成了历史的陈迹，如城堡、宫殿、衙署等。有些部分发挥着原有作用，如寺庙、道观、教堂。有的虽继续发挥着原有作用，但性质已变化，如杭州岳庙，已排除了迷信的色彩，真正成为纪念性的建筑物。有的则继续发挥着它原有的作用，如桥梁和堰闸等。今天我们保护古建筑的主要目的，是要发挥它在教育、文化和旅游方面的作用。

教育作用，主要是爱国主义教育的作用。古代建筑是古代科学技术与艺术的综合结晶，它可以激发人们的爱国热情和民族自信心，从中吸取精神力量，进一步激发"四化"建设的豪情。

各个历史时期的各类建筑，从不同侧面反映了社会发展历史，其中包括经济基础和上层建筑、生产关系和生产力。因此，对于普及科学文化知识，提高人们的历史知识水平，学习历史唯物主义的哲学思想，都具有重要意义，对于今天的城市建设、建筑的设计，也有借鉴作用。

古建筑又是发展旅游事业的重要物质基础。人们浏览名山胜迹，包括自然景观和人文景观两个方面。事实上，凡是历史上著名的风景点，几乎都有人文景观，而在人文景观中，往往都有古建筑，有的胜迹则是以古建筑为主体的，自然景观则起着烘托的作用。

但是，古建筑都暴露在大地上，不断遭受自然和人为的破坏。古建筑遭到破坏的原因是多方面的，例如：

1. 有许多重要的古建筑没有被发现，未能列为文物保护单位，没有采取保护措施，以致有的年久失修塌毁，有的因建设遭到拆除。

2. 有的古建筑维修不当，改变原貌。原因是事先没有设计图纸，任凭一般泥木工修理，或有设计图纸，未能按图施工，缺乏严格的验收制度。

3. 只注意时代较早的某一单体建筑的保护，忽视群体建筑的严密逻辑性，因此在同一组建筑中，有的单位建筑被任意拆除或扩建、改建，使整体的艺术效果遭到破坏。

4. 只注意时代较早的某一单位建筑的保护，忽视其周围环境的建筑控制，破坏了古建筑环境空间构图的谐调和视线通廊。

5. 对古建筑的保护存在模糊的认识，甚至有些自称为行家的人，把古建筑看成是封建社会农业和手工业时代落后愚昧的象征。另外，有些历史建筑，它的价值并非建筑构造本身的科学性和艺术性，而是它的历史性，结果由于没有认识到这一点被拆除了。

6. 当前城乡建设蓬勃发展，有些规划部门把文物史迹，包括古建筑当作城市建设的包袱，因此遭到"建设性破坏"。

7. 文物史迹，包括古建筑，没有发挥出应有的社会效益，因此得不到社会的支持。或者有法不依，以权代法，强行拆除。

为了加强对古建筑的保护，我认为需要进行如下几个方面的工作和探索：

1. 应该加强古建筑的区系类型的专题调查。

我国土地辽阔，民族众多，因此在建筑历史的发展过程中，各个时期、各个民族、各个地区、各类建筑，都形成了各具特色的风格。同一类建筑在发展过程中，有着承前启后的联系，而且同一时期不同类型的建筑往往也都有密切的关系。因此我们必须在文物普查的基础上，加强古建筑的区系类型的专题复查，更全面地掌握现存古建筑的情况，经过互相比较和分析，从中选择出各个时期，各个民族、各个地区、各种类型的典型建筑，根据不同的情况采取不同的保护措施。所谓典型，主要从历史、科学、艺术三个方面来确定。只有这样才能使应该保护的古建筑形成系列，而这个系列是整个文物史迹网的有机组成部分。所谓文物史迹网，就是把所有的文物史迹，从历史发展的纵线中连贯起来，并与各个时期的政治、经济、军事文化相联系。纵横交织，构成网络。这种网络是人类社会历史发展的客观存在，并非人为的构织，因为现在的文物史迹，都是人类社会历史的足迹。我们的任务是寻找历史的足迹，并按照历史的本来面目把它从历史的尘埃中整理并开发出来。每一处文物史迹，包括每处古建筑都不是孤立的，只有把它放到历史的网络中，它的历史价值才有可能更充分地体现出来。

2. 古建筑既然是作为文物史迹网的组成部分，我们就应该把古建筑放回到中国社会发展的历史之中进行考察。

古建筑不仅在法式形制方面存在发展演变的序列，而且与各历史时期的政治、经济、军事、文化、艺术、宗教、伦理、习俗等方面都息息相关。因此，考察古建筑的价值，不能只注意建筑的法式形制，同时要注意它的社会性。在这里我要说明一点的是，按照通常的理解，古建筑是指古代的建筑，所谓历史、科学和艺术价值往往也只是从建筑本身的法式形制方面考察的，这一点我认为是必要的。我在这里想着重说明应该拓宽认识古建筑价值的视野，例如古建筑和宗教、伦理的关系。

（1）以佛教建筑为例，它的形成、发展、鼎盛和衰微，和佛教在中国的兴衰史息息相关。南北朝是佛教的鼎盛时期，所谓"南朝四百八十寺，多少楼台烟雨中"，可见当时佛教建筑的气势。再以杭州为例，五代吴越国崇信佛教，"寺塔之建倍于九国"，杭州的寺院达到空前鼎盛时期，从灵隐寺和梵天寺遗留下来的形制精美的塔、幢可以证明，当时这些寺院的规模是十分雄丽的。

（2）佛教建筑的布局形式，开始以塔为中心，后来逐渐由寺塔并列演进到以寺院为中心，并与中国宫殿、第宅的布局形式相结合，而在功能上根据佛教仪轨的需要。从观念形态来讲，各种宗教都有自己的信念，而宗教仪轨是根据宗教信念形成的，当然还要受到封建制度的制约。佛是至高无上的，当然有资格模拟宫殿的形式，而作为宗教活动场所的祠堂则不能这样。就功能来说，祠堂往往都有戏台建筑。伊斯兰教建筑为了面向麦加，所以坐西朝东。如此等等，都反映了建筑的宗教烙印。

（3）宗教是社会现象，是存在于现实社会之中的，必然随着社会的某些变化而变化。宗教建筑也不是永恒的。以古塔为例，它本来是印度佛教存埋舍利的建筑物，称之为窣堵波，属于坟冢性质，它的形状是一个覆钵形大土冢，顶上竖竿和圆盘。窣堵波传到中国，与中国的高层楼阁建筑形式相结合，而且在用途上也逐渐演化。例如楼阁式塔可登高远眺，兼有游览的作用。元代赵孟𫖯登湖州飞英塔赋诗云："梯飙直上几百尺，俯视层空鸟背过。千里湖光秋色净，万家烟火夕阳多。鱼龙滚滚危舟楫，鸿雁冥冥避网罗。谁种山中千树桔，侧身东望洞庭波。"塔可以登高，便能用作军事。河北定县的料敌塔，就是为了观察敌情而建造的。杭州六和塔和盐官占鳌塔，为镇压钱江怒潮而建，虽然也供奉佛像，但同时起着导航引渡的标志作用。海盐资贤寺塔，"层层用四方灯点照，东海行舟者，皆望此以为标的焉"。明清时期大量出现的风水塔，目的是为了镇压龙脉，但客观上又起到了装点城市风光的作用。

（4）伦理的概念，可以理解为道德的规范，是人在社会中应有的思想与行为的准则。不同的社会制度，有不同的伦理。伦理与建筑的关系甚大。以富阳县龙门镇的民居建筑为例：龙门镇是孙氏家族聚居的小镇。据孙氏家谱记载，其祖先孙劭为北宋奉议大夫，长子孙忠迁居龙门，为龙门孙氏之始。自明嘉靖至清康熙，孙家子孙"半列儒林，咸饶富有"，可说是鼎盛时期。全村现存五十二座厅堂。其中孙氏支七派聚居的建筑群共分三条纵轴线。在中轴线上，前为光裕堂，后为咸正堂，两堂之间有过厅相接，但都是一座相对独立的院落，所以在咸正堂的前面有天井和门屋。左右纵轴线均分成三进，每进又都是相对独立的院宅。在这三条纵轴线的前面，建有面阔九间的长廊，把三条纵轴线连成一个整体。长廊的前面是道地，为本族的公共活动场所。建筑群的周围筑以高墙，其前有门屋，形成了一座封闭式的院落。咸正堂为光裕堂主人的后代所建。第一座院宅应该是一户人家，也就是说在组建群里，居住着祖孙几代若干房人家。由于孙氏子孙的繁衍，房族为纽带形成的院宅建筑群也越来越多，终于发展成一个村镇。在这个村镇里，有新老祠堂各一座，为孙氏同宗祭祖的地方。由此可见，这种建筑布局是与封建家族结构的伦理概念相联系的，其建筑功能也正是以伦理概念为核心展开的。

（5）在封建社会里，等级制度森严，这在第宅民居中有明显的反映。根据张廷玉《明史》卷六十八《舆服制》四"百官第宅"条记载，洪武二十六年定制，厅堂的开间，公侯七间，一品、二品五间，六品至九品三间，"不许挪移军民居址，更不许于宅前后左右多占地，构亭馆，开池塘，以资游眺"。洪武三十五年申明禁制，一品、三品厅堂各七间。在一般情况下这种制度是得到贯彻的，浙江绍兴吕本故居就是典型实例。吕本在明嘉靖年间出任礼部尚书，太子太传，官阶从一品。吕府共有十三厅，其中主体建筑永恩堂面阔七间，用九檩。整个建筑群里没有园林。

古建筑的社会性应该是广泛的。有些古建筑的价值并不反映或不仅仅反映它的法式形制上有什么特殊的手法，或者构件雕饰的艺术价值如何之高，而是从社会性方面反映的历史价值更为重要。

（1）以杭州清末胡庆余堂国药号为例，这座建筑群至少反映了两个方面的价值。从建筑群本身来说：① 选址适当。它位于杭州城隍山之阴。胡庆余堂以生产治疗性药物为主，适应广大农村的需要。每逢初一、十五，杭嘉湖一带去城隍山进香的人川流不息，胡庆余堂在这两天折扣出售，扩大影响，招揽生意。杭嘉湖地区后来便成了胡庆余堂的重要市场。② 因地制宜，布局合理。大门为了面临大井巷的街道，坐西朝东。步入大门，迎面一块黑字大招牌——"胡庆余堂雪记拣选各省道地药材"，旁边还有许多广告牌子，加上门屋雕饰华丽和高墙烘托，充分显示出这家国药号的豪富和魅力。进大门转南向北是一条长廊。长廊的北面有三组建筑群，也就是有三条纵轴线，其主体建筑都是朝南的。第一组建筑群分前后两进，前面一进的楼下为营业厅，前有天井，上架天棚，玻璃盖顶，透光明亮，既为大厅采光，又供顾客息候。后面一进的楼下用作经理和账房的办公室。两进都有对称的侧屋。西边第二组建筑也分成两进，前面一进的楼下是会客厅，后面一进的楼下用作货房和细料房。这两进之间隔着一条"长生弄"，并筑有高墙以防火。另外一组是制作工场，也有高墙隔离。③ 建筑构造和用材根据营业、办公、制药、仓库、养鹿场五个方面的功能而有明显的差异：第一、二进的楼下为营业大厅、经理室、接待室，用材讲究，雕饰华丽；楼上存放药材，结构坚实，但加工粗糙，通廊较宽，便于搬运；制药工场的建筑比较简陋。总之，它是清末南方国药号建筑体系的典型。

胡庆余堂国药号建筑群的另一个方面的价值就是它的社会性。其一，这家国药号从创建、发展到鼎盛时期，声誉遍及全国，在东南亚也颇有影响。这主要是因为胡雪岩经营得法，不仅能适应社会需要，而且坚守质量第一，信誉第一，使用道地药材，制作也相当讲究。胡雪岩自书"戒欺"二字匾，悬挂在厅堂里。顾客发现质量不好，胡雪岩允许退货，并亲自道歉，重新制作，保证顾客满意。这一点可以说是国药号的优良传统。其二，胡雪岩本是一家钱庄的学徒，为人精明能干，在太平天国运动中，取得左宗棠的信任，为清军筹办粮饷军火，发了大财，后来成了大实业家。据估计，在同治十年（1871 年）前后，他拥有白银二千万两以上，土地万亩，在江浙遍设典库钱庄，垄断金融，又经营丝茶，操纵江浙商业，成了国际丝业的巨擘。但是，到光绪九年（1883 年），他在经营蚕丝业时遭到外国资本家的打击，迅速破产。胡庆余堂国药号也随着主人的破产易主。因此，从胡庆余堂的兴起、衰落、更替的沧桑中，可以了解到旧中国民族资产阶级的悲惨历史。

（2）江浙一带素称"人文渊薮"之地，南宋以来，特别在明清时期，书院林立，书楼迭起，名人辈出。现存的书院、书楼、名人故居或有关纪念建筑，有的只存遗址，有的在建筑构造上并无特殊的价值，但是作为古代书院、书楼或有名的有关建筑，从历史角度来说，都应该形成各自体系，并成为文物史迹网的组成部分。

（3）古代的军事建筑，从功能上来说具有一定的科学性，但是更重要的价值是军事史方面的。例如浙江沿海一带分布着许多卫、所、寨的城堡和烽火墩等，反映了明清沿海的防御建筑体系。

（4）古建筑，顾名思义是指古代建筑，这里有个时代概念的限制。按照历史的分期，从 1840 年鸦片战争开始称为近代史，1919 年五四运动开始称为现代史。与近现代重大历史事件和名人有关的建筑，都很难归属于古建筑的范畴之中，但是就其保护与利用的要求来说应该是相同的。

3. 强调古建筑维修的计划性和科学性，合理使用有限的资金。

我国历史悠久，文物史迹极其丰富，其中极大部分的文物史迹亟待修理。可是我国目前还是一个比较贫穷的国家，"四化"建设需要大批资金，因此不可能有大量的经费用于文物史迹的维修。在这种情况下，特别应该强调计划性，区分轻重缓急，合理使用经费。在这里我想着重谈谈科学性的问题。我认为修理古建筑的科学性，可以概括成两句话：忠于历史，牢固耐久。

先讲忠于历史。一座古建筑，往往有它创建、重建、修建、扩建、改建的历史。文物法令规定修理古建筑要保持它的现状。所谓现状应该包含两层意思，一是该建筑现存的法式形制，其中包括创建或重建后所保存下来，基本法式形制和部分经过后来修理重做的构件，在修理时对重做的构件应继续保留，缺损部分应按基本法式形制复原。遗憾的是，有些建筑师和匠师，在修理古建筑时，往往喜欢按照主观意志，进行某些改造，理由是某局部结构不合理，或者说难以增加美感，或者说根据现在某种实际需要，某些局部结构不合理。如果属于后人重修时造成的，在取得充分科学依据的前提下应该可以复原的。如果属于原来创建或重建时（以现存建筑主体部分的时代为准）的问题则不能改造，因为这种不合理性是当时的客观存在。至于为了增加美感则去动建筑本身的结构，或者施加彩画，这无疑是篡改历史。全国众多的文物史迹，是一部写在祖国大地上的史书，任何一座有文物价值的古建筑都是这部史书中的组成部分。

关于牢固耐久的问题。维修古建筑的目的，当然是要求牢固耐久。这里有许多技术课题需要探讨，例如怎样尽量保存旧构件，虫蛀霉变以及风化的旧构件如何处理后继续使用，这是在维修时通常会遇到的大问题。现在采用的方法，除了传统的拼接、贴补之外，还用高分子灌注，实在无法修补的只得换新，我们应该在这个基础上继续提高。但是，一般的工程部门，甚至有些文物干部，最喜欢调换新构件，理由是百年大计，结果使古建筑变成复制品或半复制品。

4. 关于重点保护区和建设控制地带问题。

重点保护区一般是指古建筑群本身的占地范围，当然包括构成该古建筑群直接相关的地带。一座古建筑群，由于沧桑变迁，有的范围扩大了，有的范围缩小了，因此在现存建筑群范围以外，原属该建筑群的地带，视具体情况而定。比较复杂的是在重点保护区以外的建设控制地带。有条件的地方，周围环境可以按照文物的要求进行建设。以浙江绍兴沈园为例，这里原是南京沈家花园，现在只存葫芦池、土丘和水井是南宋遗迹，范围很小，旁边是工厂，外地游人慕名而来，扫兴归去。现在沈园的东部和西部都有大片空地，市人民政府决定将它建设成具有南宋风格的园林。为了慎重起见，我们在属于第一期工程的沈园西部的空地上进行考古探察，发现有些遗迹原是沈园的组成部分，另外还有与沈园无关的六朝建筑遗迹。这样，在设计时强调功能分区，把沈园和其他文物遗迹以小径和路林环境古迹区作为主要景观，古迹区以外的地带为新建园林区，目的是为了烘托古迹区，使环境气氛更加协调。建设控制地带，主要是空间观赏视廊的构成和保护，以及各种安全（包括不受污染）因素。为了达到有效的控制，必须使文物史迹网的保护与利用的规划，纳入到整个城市建设规划之中。

二　充分发挥古建筑的社会效益

保护古建筑的目的，也和保护其他所有文物史迹一样，目的是要发挥它在现实社会中的作用，使文物史迹永久保存下去，传给子孙后代。也是为了使它在未来的社会中继续发挥作用。保护是前提，保护不好，谈不上利用。反之，只讲保护，不能使文物的价值在社会上发挥出来，文物工作就不可能得到有关部门和广大群众的支持，尤其是古建筑往往被当作城乡建设的障碍而拆除。因此，保护与利用是相辅相成的。

在当前，要发挥古建筑的作用，关键是如何与旅游事业结合起来。我们通常所说，文物史迹是向广大群众进行爱国主义教育、革命传统教育、辩证唯物主义教育、传播历史知识、提高民族文化素质的重要实物教材，而旅游是使广大群众接受这种教育的重要方式。为了达到这个目的，我认为应该做好以下几个方面的工作：

1. 在文物普查的基础上，按照各类古建筑价值的大小，确定保护办法。近年来，各地调查了大量古建筑，仅浙江义乌县（今义乌市）就调查了1008座明清民居建筑。这个县所在的金华地区，明清民居特别丰富，雕饰相当华丽，充分反映了明清时期东阳木雕的艺术水平。我们根据各个时期各类建筑的价值大小大致分成四种类型：一类是可以推荐为省级文保单位的，这是少数；一类是可以列为县级文保单位的，数量多一些；一类是是否保护还需要继续研究的，暂时作为保护对象；一类是价值不大的，不予以保护，但取回必要的资料。保护的具体办法分为原地保护和迁移两类。

2. 在各个时期的各类古建筑形成系列的基础上，在每个系列中选择一处典型作为试点，成立保管所，成为保护、研究和开放的中心。以金华明清民居为例，我们设想以卢宅明代肃雍堂为中心，把该县其他地方部分可以迁移的明清民居集中在它的周围，形成能充分反映以东阳木雕为特色的明清民居建筑群。卢宅村的东阳木雕厂是制作、出口以木雕工艺见长的家具和日用器的。结合这个特点，明清古建筑群主要陈列自古至今的木雕工艺，发展成为东阳木雕艺术博物馆。又如，宁波地区各县沿海保存着许多明清时期的海防建筑，我们准备一处作为典型，成立明清海防遗址研究和开放中心，作为爱国主义教育的场所。再如杭州岳飞墓庙，是全国重点文保单位，也可算是古建筑群，但是它的价值并非在建筑本身的结构和形式，而是因为岳飞在历史上具有重要地位。现存岳飞庙启忠祠内陈列岳飞抗金史迹，还成立了保管所和岳飞研究会。这处文保单位，是杭州文物史迹网的组成部分，它与凤凰山南宋皇城同是反映南宋历史的重要实物例证。

3. 应该从宏观上，把各个系列的古建筑，作为一个省区或者一个城市，特别是历史文化名城文物史迹网的保护与利用总体规划的组成部分进行规划，只有这样才能更好地将古建筑与历史结合起来，反映出地方历史的特色。例如，宁波是古代著名的海港城市，与日本的交往相当密切，不仅有商业的交往，还有佛教文化的交往。该地的天童寺，明洪武二十五年（1392年）被册封为天下禅寺五山第二山。宋代曹洞宗僧人正觉在此住三十年。洞山第十三代门徒如净（1163～1228年）住此，日本僧人道元从此受禅法，回国后创立日本曹洞宗，故日本曹洞宗称天童寺为祖庭。天童寺现在作为宗教活动场所对外开放。其实旅游者并非都是为了信佛来这里敬香的，我们应该让他们在欣赏古刹风光之外，了解我国曹洞宗与日本佛教文化交流的历史，浙江天台国清寺也应该这样。通过几座寺庙，把佛教在浙江的几个宗派的历史，以及各派与日本佛教文化交流的历史，比较清楚地介绍给观众，这对于提高广大群众了解佛教的唯心哲学史，了解中日文化交流史，都是有益的。

又如杭州在五代吴越国钱弘俶统治时期造塔之风大盛。著名建筑匠师喻皓就是一位造塔能手。杭州的白塔、保俶塔和灵隐寺双塔，都是钱弘俶统治时期建造的。六和塔创建于钱弘俶时，重建于南宋初。现在杭州市园文局在六和塔旁开辟中国古塔陈列室，这样把六和塔置于全国古塔的系列中进行介绍，可以让游人增加知识。

4. 古建筑的开放，和其他文物史迹一样，应该紧密结合旅游事业。开放的目的是为了让群众欣赏，并从欣赏中受到教益。如果人流稀少，开放就失去了意义，至少是作用不大。组织国内外人士来浏览观光，文物史迹，包括古建筑，正是旅游业赖以发展的重要基础。而文物史迹为了让更多的群众参观，也只有借助旅游业，这两者是互相依赖、共同促进的关系。可是在实践中似乎矛盾不少，其原因我认为并非文物与旅游这两项事业本身存在的不可调和的矛盾，而往往是人为的。从文物工作者来说，对旅游专业缺乏认识，甚至对文物工作的规律也缺乏认识，对如何发挥文物史迹，包括古建筑的作用还谈不上认真深入的探讨。从旅游工作者来说，对文物专业缺乏认识，严格地说对旅游专业真正有深入研究的也不多。我这样的指责可能不太客气。我的目的并非指责，而是说文物与旅游两项事业不应该存在矛盾，不应该互相指责，应该共同磋商。为了使文物史迹，包括古建筑的保护与利用更好地结合起来，我认为文物史迹，包括古建筑在形成系列和网络的时候，应该考虑到旅游的路线，整修文物史迹，包括古建筑也应该根据经费的许可，在考虑保护文物的前提下，考虑到旅游业发展的规划，制订出轻重缓急的计划。事实上，地方投资，离开旅游业，领导对于维修文物的积极性是有限度的。

5. 建立横向联系，是做好文物史迹，包括古建筑开放的重要措施。文物史迹，包括古建筑的开放，会碰到一些矛盾，最突出的是周围环境的建设问题。其中包括交通、生活设施与服务性行业的建设。例如杭州凤凰山是南宋皇城所在。凤凰山、九华山、将台山和乌龟山一带，有许多五代吴越和南宋的文物和遗迹，如精美的五代吴越梵天寺经幢、南宋皇城遗迹、南宋官窑作坊建筑遗迹、历代摩崖题记等等。杭州市计划作为遗址公园开发利用，这当然是一件好事。但是有的同志认为步行登山费力费时，不适应外宾旅游，山上需要建造公路。但是山上筑起公路，古遗址的环境气氛就会遭到破坏。这里有个正确处理开发利用的问题。生活设施是必要的，关键是选址和建筑设计问题。服务性行业的建设问题比较大，如旅馆和饭店等，应该在保护区以外作统一规划。现在的问题在于缺乏统一规划。文物、旅游、宗教、商业、城建各搞各的现象依然不同程度的存在，我认为要有一个横向联系的机构，在这个机构里，有各方面的专家和行政领导参加，前者负责专业技术规划，后者是协调关系和组织实施，把文物、旅游、宗教、商业统一于城建规划之中。

6. 关于精华与糟粕的问题。发挥文物史迹，包括古建筑的社会效益，主要是精神文明的效益，如果和旅游业紧密结合，也将会给国家创造经济效益。精神文明，归根到底一句话，激励人们更好地投入"四化"建设。但是，文物史迹往往具有两重性，就是精华和糟粕。例如，反映中华民族勤劳勇敢和创造才能的，这当然是精华。又如，寺庙、塔幢、宫殿、第宅，从建筑史角度来说，反映了当时的建筑技术和建筑艺术水平，这当然也是精华。但是，宗教是精神鸦片，封建伦理是精神枷锁。而作为中外宗教文化交流，其中又有精华的一面。封建社会中的第宅、民居，往往也受到封建伦理精神枷锁的束缚，并且由于这个缘故，在建筑的布局上造成某些不合理的现象。再如，中华民族有光荣的历史，也有受辱的事件，有兴旺的时期，也有衰落的阶段，如此等等。利用文物史迹向广大群众进行教育，主要是宣传精华的一面，对于糟粕的东西，也应该正确而适当地阐述，把历史的真相告诉群众。这里有个前提，我们首先要正确区别精华和糟粕。精华、糟粕不分，甚至将糟粕当精华，将会害了群众。即使是对于精华部分的宣传，也应该本着历史唯物主义的观点，把各个时期的文物史迹，包括古建筑，放在当时的历史之中，说明它在历史发展过程中的作用和地位，夸张和贬低都是不对的。

三　结　语

1. 文物史迹既然是人类社会历史发展的足迹，因此每处文物史迹都不是孤立的历史陈迹，它们之间直接或间接地存在着内在的联系，所以必须从文物史迹网的保护与利用这个宏观上进行总体规划，只有这样才能反映历史的本来面目，成为一部谱写在大地上的史书，成为向广大群众进行文化教育、促进精神文明建设的生动教材。

2. 古建筑是文物史迹网的组成部分，因此各类古建筑的保护与利用应该形成系列，并与地方的历史紧密地联系起来，体现出地方建筑的特色。在这个基础上，才能在全国范围内反映出具有悠久历史的、丰富多彩的、在世界建筑史上别树一帜的中国古建筑的体系。

3. 在当今时代里，文物史迹，包括古建筑的保护与利用，必须紧密结合旅游事业，并且要特别注意在社会上建立起横向的联系。这样，在学术研究上可以发挥出各有关专业的特长，使文物史迹的保护与利用更加合理；组织管理上可以使各有关部门的意见更好地统一在同一个目标上，使文物史迹的保护与利用的规划加速实现。

4. 发挥古建筑的社会效益，并非把它当作旧房子利用，而应该发挥出各类建筑自身的特色和价值。

5. 文物史迹网的保护与利用，必须纳入城乡建设的总体规划之中。事实上，文物史迹网的保护与利用是城乡建设，特别是历史文化名城建设中的重要内容之一。

古建筑的保护与利用需要探讨的课题甚多，涉及的方面很广。我撰写本文的目的，只是为了便于求教前辈和方家，不妥之处望多赐教。

谈谈杭州市文物保护规划*

中国文物保护技术协会根据中国科学技术协会的通知，要求开展笔谈"二〇〇〇年的中国""世界新的工业革命"，以及我们的对策研究。我看了王书庄理事长和各位专家的发言纪要，颇多教益。

对于我们从事文物保护的专业人员来说，在城市建设中如何做好文物保护工作，使文物史迹在社会主义两个文明建设中充分发挥出它应有的作用，是亟待解决的重要研究课题之一。本文试就杭州市文物保护的规划问题，谈几点个人的粗浅看法。

杭州是我国六大古都之一，也是历史文化名城，加之山川秀美，景物华丽，因此也是重点名胜保护区和风景旅游胜地。城乡建设环境保护部在《关于加强历史文化名城保护规划工作的通知》中指出："历史文化名城保护规划，就是以保护城市地区文物古迹、风景名胜及其环境为重点的专项规划，是城市总体规划的重要组成部分。广义地说也包含有保护城市的优秀传统和合理布局的内容。"因此，杭州市文物史迹的保护规划，在杭州的城市建设中占有特殊重要的地位。

一 杭州城市的历史

杭州市的历史，是中国历史的一个小小的组成部分，它是随着全国政治、经济和文化的历史进展而发生变化的。但是，又由于地理条件和其他种种原因，杭州城市的兴起和发展也明显具有自己的特点。

杭州的历史发展进程，大致可分为七个阶段。

1. 新石器时期。从吴家埠遗址的发掘资料看，上层文化层属马家浜文化，距今约六千年；下层文化层属良渚文化，距今约四千年。遗址主要分布在杭州北部，从老和山开始，向北经水田畈、勾庄、良渚，直至长命桥、安溪、瓶窑、吴家埠和潘畈等地。

良渚文化以后至春秋战国时期，杭州的历史面目至今还不清楚。

2. 秦汉时期是杭州历史有明确文字记载的开端。这个时期，杭州发生了值得重视的变化：（1）秦朝建立钱塘县，这里第一次出现地方政府。（2）汉武帝元狩年间，在钱唐县设立西部都尉，作为郡的派出机构，政治地位日见重要。（3）东汉华信筑塘以后，潟湖慢慢地变成了淡水湖，就是后来所称的西湖。在杭州饭店工地、古荡、桃源岭、文二街和半山一带，发现许多汉至六朝的墓葬，间接地说明了当时人口还是集中在今日杭城的北部。

---

* 本文系中国文物保护技术协会理事会发言稿。

3. 六朝至隋唐是杭州初露繁荣的时期。这个时期的变化是：（1）钱塘江北岸兴旺起来。当时凤凰山下的柳浦成了南北渡口，人来人往，物资交流，对杭州经济的发展起到了重要的作用。随着人口的兴旺，经济的发展，南朝陈时设立钱塘郡，隋开皇九年（589 年）设立杭州，政治地位明显提高了。隋开皇十一年（591 年），杭州的州治设在柳浦西，此后，唐代的州治、五代吴越国的宫殿、北宋的州治、南宋的皇城都位于这一带。（2）隋大业六年（610 年），江南运河开通，杭州成为南北交通枢纽。进一步促进了经济的发展，不仅钱塘江畔的江干一带繁荣起来，今日杭城的北部也因为是运河埠头而热闹起来。（3）隋代杨素筑城，从柳浦向北，包括今日杭州市区的西部。今日杭州的市区，当时存在两大问题，一是由于这里本来是由浅海湾形成的平陆，地下水苦咸，居民饮用水困难；二是钱塘江潮水奔逸入城，为城中灾患。唐代宗时李泌开六井，引西湖淡水入城，解决居民的饮用水问题。景龙元年（707 年）州司马开沙河，咸通二年（861 年）刺史崔彦曾又开沙河，疏导潮水，解决灾患。从此奠定了杭州市区发展的基础。（4）白居易治理西湖，筑高湖堤，增加蓄水量，灌溉良田，使农业生产得以发展，西湖景色更加美丽。《隋书》说，杭州诸郡"川泽沃衍，有海陆之饶，珍异所聚，故商贾并辏"。唐代李华《杭州刺史厅壁记》云：杭州"骈樯二十里开肆三万室"。白居易作诗云："余杭形势四方无，州旁青山县枕湖。绕郭荷花三十里，拂城松树一千株。"杭州逐步成为东南名郡，西湖开始成为游览胜地。

4. 五代吴越统治八十六年，对杭州经济和文化的发展起到了重要作用。在城市建设方面：（1）唐大顺元年（890 年）修筑夹城，周围五十余里；唐景福二年（893 年）再筑罗城，周围七十里，城区比原来扩大了。由于吴越宫殿设在凤凰山，所以从这里到六和塔一带成为建设的重点。（2）当时由于藩镇割据，南北陆路交通受阻。吴越凿平钱塘江中的"罗刹石"，发展海上交通，开展对外贸易。（3）采用"木桩石囤法"修筑捍海塘，使城中免遭湖患。捍海塘建成之后，扩展了杭城的东南部，增建候潮门和通江门。五代吴越修筑海塘阻遏潮水，比起唐代开沙河疏导潮水的方法要先进得多，而且从此奠定了钱塘江海塘的基础。（4）吴越统治者崇信佛教，寺塔之建，倍于九国。吴越的造塔技术，雄居全国前列。（5）设置撩浅军，专事治理湖河，西湖得到了进一步的整治。（6）吴越时，杭州的丝绸工业和雕版印刷闻名全国。特别是丝绸工业，经宋、元、明，直到今日，始终是杭州的主要特点之一。

5. 南宋建都杭州（当时称临安府）近一百五十年，杭州的经济和文化的发展在整个封建社会时期达到了顶点。反映在城市建设方面的主要变化是：（1）凤凰山下的州治改建成规模宏大的皇城；（2）西湖沿岸尽是皇家园林；（3）四方之民云集，城中坊巷密布，店铺作坊连门皆是；（4）海外贸易兴旺发达，运河码头热闹非凡，北关夜市通宵达旦；（5）士子聚集，学校宏开，城中有太学、武学、医学、算学、画院，还有州学和县学。杭州素称"文人渊薮"之地。早在五代吴越时，"浙右富庶，丰登之久，上下无事，惟以文艺相高"。其后经过北宋时期的发展，到南宋时，达到了高潮。

6. 元代是杭州城市由盛转衰的时期。元初大体保持了南宋时的盛况。但由于元统治绪推行民族歧视政策，加之至正元年以来连遭兵乱和火灾，杭城日渐凋敝，湖山一片凄凉。

7. 明清时期，杭城逐渐复兴。这主要表现在：（1）整治西湖，重修古迹。清代人编的《湖山便览》收录了杭州名胜古迹一千多个条目，可见当时游览胜地之多。（2）大规模修建海塘。清朝乾隆之世，自金山到杭州都筑起石塘，钱塘南岸也修建石塘和土塘，有效地保护了吴越平原的农田，对杭城的发展起到了重要作用。（3）开办书院，振兴文化。藏书家竞起，浙派篆刻艺术异军突起。（4）杭州市区在明嘉靖初年，"市井委巷有草深尺余者，城东西僻有狐兔为群者"，十分萧条。经过将近二百年的经营，到万历年间，"民居栉比。鸡犬相闻，极为富庶"。（5）元代禁天下修城，杭城日为居民所平。至正十九年（1359 年），张士诚据杭，重筑杭城，截凤凰山南宋皇城故址于城外，东部展拓三里，络市河于城内。明代修城，周围减其六之一。清代城垣，仍明之旧，增筑旗营。民国初年先拆旗营，后来外城也逐步拆除，城址就是现在的环城路。

二　杭州文物史迹保护的重点

杭州作为历史文化名城，在城市建设规划中，文物史迹保护应该根据杭州的历史，以及文物史迹的分布情况，确定若干主题，每一个主题由若干处文物史迹构成。在特别重要的区域内，应该建立专题博物馆。否则，每处文物史迹就将成为孤立的景点，看不出它们之间的内在联系，在总体上势必形成杂乱无章的局面。基于这个认识，我认为杭州文物史迹的保护，可以划分为两大区域，一是西湖风景名胜区，一是旧城区。

1. 西湖风景名胜区。在这个区域内，目前存在两大问题：一是大量的文物史迹尚待开发和修整；二是现有新建的公园大多形式类同，缺少历史文化内容和特色。这个区域占地 59 平方千米，范围甚大，文物史迹的保护可以分为三个区域。

（1）杭城北部。① 将来应选择典型的原始社会村落遗址，经过发掘，保持原状，仿西安半坡遗址的保护办法，建立专题博物馆。② 以运河为中心，反映古代运河的开掘、治理和埠头商业的历史，卖鱼桥有一座明代建筑似可用作专题博物馆。

（2）杭城南部，重点反映杭州作为古都的历史。

① 五代吴越文物史迹。此地是吴越宫殿所在，所以成了当时建设的重点。现存的文物史迹可分为四类，分别是捍海塘遗址、慈云岭造像、摩崖造像、塔和幢。现存文物史迹应该进行整修，并连成一个大的组群。如白塔具有很高的文物价值，可是目前环境杂乱，烟熏污染，车辆震动，群众意见很大。白塔面临钱塘江建造，风景极好（在两宋时期也非常热闹）。应该下决心清理环境，建成具有当时历史风貌的白塔公园。五代吴越是杭州发展史上的一个关键时刻，文物也多，可考虑在将台山或玉皇山建立专题博物馆。

② 南宋故宫遗址。南宋皇城的范围，我根据文献资料和实地调查大致确定为：南起笤帚湾，北至万松岭南麓，西起凤凰山，东至中河南段。最近考古工作者在万松岭之北发掘，证明此地确非皇城范围。在皇城范围内，目前的情况是：凤凰山以东，新建的房屋甚多；凤凰山以西的山上和奓湾里，杂草丛生，一片荒芜。但这片荒芜地风景极佳，文物史迹很多，可以先整理开放。考古发掘必须从今后的保护和开放的长远规划进行考虑。凤凰山以东的现代建筑应该严格控制，做到只出不进，有条件时逐步拆除。南宋故宫遗址的整理开放，并非要花大钱去重建宫殿，而应该建成南宋故宫遗址历史公园。还可考虑利用梵天寺成立专题博物馆。

（3）西湖周围。建设重点应该是，充分继承杭州古代园林的传统特点，并体现出西湖的开发史。早在唐代，白居易从西湖晚归时赞叹道："到岸请君回首望，蓬莱宫在水中央。"把孤山比作仙山，可见风景之美。南宋时，西湖沿岸"一色楼台三十里，就中无处觅孤山"，皇家园林盛极一时，而且各具特点，西湖十景的名目也始于这时。继承传统的优秀文化，仅仅根据古园林的名称（如西湖十景的名目），来个顾名思义，布置个景点，那是远远不够的。应该认真研究该处古园林的历史以及其建筑的特点。一处在古园林遗址上兴建的公园，总应该体现出古园林的特点。

孤山一带变化甚大，康熙和乾隆时作为行宫，后来则发展成为文化之地。行宫只留中山公园这部分，而且其中的"西湖天下景"系文澜阁的一部分，这样，中山公园实在没有东西可看。有人主张将中山公园和文澜阁打通成为一景，我则认为不妥。我以为孤山一带应该以文澜阁和西泠印社为中心，反映清朝杭州的文化。"西湖天下景"应该与文澜阁连为一体，恢复旧观（图一）。林和靖遗址无存，只存后人为纪念他而兴建的放鹤亭。其实对于林和靖的宣传，也应该从文化方面着墨为宜。中山公园与文澜阁无关，仍应作为清代行宫遗址开放，但应该进行整理和必要的建设。

湖中三岛和苏堤都是北宋以来疏浚西湖时形成的。杭州之美，半赖西湖。因此这些地方应该体现出古代治湖的历史，开辟西湖开发史的专题博物馆。

以岳飞墓庙为中心，包括牛皋墓，应该着重反映抗金斗争的历史。于谦、张煌言和秋瑾，都曾经把岳飞作为爱国主义的楷模并因此都表示过死后愿葬西子湖畔。从这个意义上来说，西子湖畔那些英雄的墓葬，正是民族精神的象征。因此，如于谦祠应该办成于谦史迹的专题博物馆。

灵隐和天竺一带是杭州古代佛教的圣地，又是杭州佛教艺术的精华所在，如飞来峰造像、灵隐寺五代吴越时建造的双石塔和双经幢。杭州古代佛教艺术相当丰富，灵隐寺除了宗教用途之外，还应该开辟杭州古代佛教艺术的专题博物馆（目前灵隐寺的东部殿宇商业用房太多）。

2. 旧城区，包括吴山。旧城区的改造势在必行。在改造过程中应该保留其某些合理布局和文物史迹。杭州城市的发展，先北部，后南部，接着便是今日的市区部分。隋代到南宋，南部的慈云岭到凤凰山一带是政治中心，今日市区这块地方是居民聚居和商业的中心。元代开始，政治机构也迁到市区。市区文物史迹，按照历史发展的序列来说，如中河、相国井、龙兴寺经幢，都是反映隋唐杭城历史的实物见证。中河位于旧城的中心，北与运河连接，南与钱江相通，它可能是隋代运河的南端，也可能是唐代李珣开掘的沙河之一。相国井是唐代杭州刺史李泌开的六井之一。杭城本来的特点是河多桥多。城市建筑的布局，以南宋为例，是根据河道的分布而设计的。当时的御街约当今日的中山路，是贯穿南北的纵轴线，这条轴线正是紧靠中河并行的。御街两侧是商业中心。外地商品到杭州出卖的很多，如处州青瓷器、温州漆器、湖州铜镜等。御街所在的官巷花市，融和坊珠子市，市西坊钮家彩帛铺，清河坊顾家彩帛铺，睦亲坊南陈起父子相继的经籍铺等等，不胜枚举。这一

图一　文澜阁

带是否可考虑建设成具有历史传统特色的步行街道，专卖杭城和浙江各地特产。此外，杭州的丝织品在唐代已经闻名，清代以来作坊集中在下城区一带，应该保护一两处典型的作坊。其他，如元代凤凰寺、明代岳官巷吴宅、胡庆余堂国药号老店以及正在兴建的杭州碑林等等，都应该结合改造旧城进行规划。

吴山是杭州著名的风景点之一，站在山巅上遥望，茫茫钱江、静静西湖、繁华市区，尽收眼底，号称"吴山大观"。1949 年以前，吴山上拜神、算命、卜卦盛行，这点不可取。山上怪石嶙峋，洞壑幽深，摩崖题记甚多，风景极佳。浙江美术学院老师曾提出拆迁一些明清建筑到吴山上来，办成工艺博物馆，这个方案我是赞成的。浙江在文物普查中发现许多具有较高艺术价值的明、清和民国初年的建筑，其中大多分散在乡村中。随着农村经济的发展，农民生活迅速改善，建造房子的风气大盛。在这种形势下，如若所有的古建筑都要原地保留，事实上办不到，似乎也无必要。因此，适当拆迁一些没有必要原地保护的古建筑，去满足城市建设的需要。既可省钱，又能保护文物，也可以使城市建筑多样化。吴山上搞洋建筑，与周围环境是不协调的。

三　从实践中得到的一点启迪

一个城市或地区所保存下来的文物史迹是存在着一定程度的偶然性的。问题是我们把这些幸存的文物史迹看作是各个孤立的个体，还是用历史的主线把各处文物史迹联系起来，这是历史文化名城建设中制订文物史迹保护规划时必须解决的问题。

我们说，文物有三个价值，即历史价值、科学价值和艺术价值。诚然，并非所有文物都具有三个价值，但必须具有历史价值，否则就不能算作文物。保护文物的目的，是要把它的价值充分运用于社会主义建设中去，正如一个企业要充分发挥出它的经济效益一样，所不同的，前者是精神财富的价值，后者是物质财富的价值。那么如何充分运用文物史迹的价值呢？这当然是多方面的，但其中一个关键是，要把文物史迹放回到历史的进程中去体现出来。因为文物史迹本来就是社会历史发展过程中留存下来的文物遗迹。只有这样，我们才可以比较清楚地看到各个文物史迹之间的内在联系。几处文物史迹的联合体就能比较有力地反映出某一个历史方面或历史事件的真实面貌。诚然，文物史迹的现状与它原始的面目相比较，往往是残缺不全的，这就需要调查研究，尽量搞清它的本来面目，搞清它的演变过程，否则，所谓历史价值就无从谈起。如果历史价值不能肯定，或者不能充分肯定，那么它的价值也就难以充分体现出来。

文物普查和文物保护单位的公布也存在同样的问题。我们说，普查的关键在于"普"。这个"普"字含有两层意义：一是从地域上讲，乡乡村村、每个街道、每个居民点，查得越细越好；一是从历史这条纵线讲，在历史上发生的某项重要变化和重大事件，尽可能地查到遗迹。前者含有一定程度的盲目性，后者则是主动的。一处文物丰富的古遗址，一座保存较好的古建筑，这是比较容易引人注目的。那些只是依稀可辨的史迹，要不是抓住历史的线索主动去寻找，是很容易被忽略或遗忘的。

悠久的历史，必然会留下丰富的文物遗迹，尽管如此，要用文物史迹来谱写一部完整的历史，这几乎是不可能的。事实上，即使是用文字撰写的一部中国通史、断代史或专题史，也并非把历史的全部现象完整无缺地表达出来，这既无必要，也不可能，况且史料也有很大的局限，有些历史，特别是上古时期的历史，至今还有许多空白。通过文物史迹来反映历史，是形象而生动的，问题是，对于文物史迹的理解，视野应该开阔一些。《中华人民共和国文物保护法》第二条规定国家保护文物的六项，其中除第四项外，都与本文所指的文物史迹有关。

文物史迹的类别很多，因此涉及的专业知识也应该是多方面的。即使是同一处文物史迹，往往也不是文物考古专业里面的某一项专业知识所能解决的。从这个意义上来说，它应该是文物考古专业中的多种知识的综合，或者说是文物考古领域中接近边缘学科的学科，并且是以地方历史为线索组合而成的。我暂且称之为文物史迹学。"科学研究的区分，就是根据科学对象所具有的特殊的矛盾性。因此，对于某一现象的领域所持有的某一种矛盾的研究，就构成某一门科学的对象。"（毛泽东：《矛盾论》）文物史迹学的研究对象，就是保存在地上地下的，不可或不便移动的文物史迹。它的任务是：通过调查研究，搞清文物史迹的历史，确定文物史迹的价值，以及将文物史迹的价值正确地、有效地运用到社会主义精神文明的建设中去。

理论来自实践，又能指导实践。只有把文物史迹的研究看成是一门学科，才能在实践中更明确地从理论上进行总结。实践，认识，再实践，再认识，使文物史迹的保护工作形成系统的理论。有理论指导的实践才不会是盲目的行动。

这就是我在实践中获得的区区管见，把它谈出来求教于诸位老师和专家。关于杭州城市建设中保护文物史迹的问题，我已与杭州市城市建设规划局及汉才工程师商定了一个设想，本文所谈无非是合作前我的一个初步想法，这个想法当否，也求教于诸位老师和专家。

富阳龙门古建筑群调查汇报

富阳龙门村古建筑群，是1981年上海同济大学为了开发新安江、富春江一带的旅游线进行调查时发现的。几年来，有关单位去调查的人很多。最近杭州市文物管理委员会根据市委有关领导的指示，约同我所和杭州大学、富阳县文化部门和龙门公社的有关同志进行了实地调查，现将我们调查的情况汇报如下。

一　龙门村的概况

出富阳县城向南行，渡过富春江，经过环山村，不多远便是龙门村。

龙门村是一座孙氏家族聚居的小镇（图一）。据龙门孙氏家谱记载，其祖先孙勔，生于后梁开平二年（908年），仕宋，累官至奉议大夫。孙勔有两个儿子，长子孙忠，生于后唐清泰元年（934年），卒于北宋咸平二年（999年）。孙忠迁居龙门，自号"二一居士"，为龙门孙氏之始。由此可见，龙门村已有一千年的历史。自明嘉靖至清康熙，孙家子孙"半列儒林，咸饶富有"，可说是鼎盛时期了。1861年，太平军由浦江边界抄山路至龙门村，武举孙显清纠众顽抗，杀戮太平军数十人，因此太平军烧毁了村里的一些房子。清末至民国年间，又继续重造和新建了部分建筑。

图一　龙门镇全景

以前，龙门村的土地为地主所有。地主对农民的剥削相当苛刻，而且又通过封建宗族的关系进行残酷的政治压迫。据说村里有十八张案桌，这是地主私设的公堂。为了反抗地主的压迫和剥削，早在1939年，龙门村成立了乡农会；这里也是金萧支队活动的地方之一。

二 保护龙门村的价值

1. 龙门村建筑群典型地反映了宗族聚居的历史

龙门村东西长约800米，南北长约500米，总面积约2平方千米。大溪环绕村北潺潺流过，泉水清澈，村旁溪边有几棵大树，更增添了乡间古镇的风光。一条支流自北而南穿过村落，交错着一条东西向的古街，把全村的建筑分割成四大组合。离村三四千米的地方有龙门山，山势壁立，瀑布飞溅，为游览胜景。

全村民居建筑由众多的以厅堂为中心的居住院落组合而成。现在已经调查到的有52座厅堂，其中堂号清楚的有41座。一座厅堂为一房的祠堂，以它为主体，环以住宅，筑起高墙，成为一房宗族的聚居点。所以家谱载："孙氏千有余家，各房聚处皆有厅以供阖房之香火。"以孙氏支七派聚居的建筑群为例，自南至北依次有咸正堂、光裕堂、瑞徽堂、素怀堂、道丰堂、慎修堂、神主堂。其中咸正堂和光裕堂实际上为同一个组合，据当地人说，光裕堂是咸正堂主人的后代造的。这组建筑群，纵横各分三条轴线：中轴线上的建筑，前为光裕堂，其后为过厅，最后为咸正堂，咸正堂又是一座独立的建筑体系，前有门屋，次为天井，再次为正厅；在中轴线的左右，各有一条纵轴线，均分成三进，每进都有天井和墙垣相隔，但都有小门可供出入，左右纵轴线上的第二进与中轴线上的过厅之间又有边门相通。在这三条纵轴线的前沿，建有面阔九间的长廊，把三条轴线的建筑连成一个整体。长廊的前面是道地，也是本房族的活动场所。建筑群的外面围以高墙，形成一个封闭式的院落。（图二）

图二 天井

总的来说,各个组合的建筑,都是以厅堂为中心的,它的后面和左右布置住宅。住宅建筑有的是楼屋,大多二层,个别三层。左右的建筑一般是对称的,也有不对称的,不对称的主要原因之一是重建时打乱了原先的布局。随着子孙的繁衍,房族越来越多。以房族为主体的院落建筑也不断增添,最后形成了今天的龙门村。由各个房族组成的龙门村孙氏大族也有共同的新、老祠堂各一座,老祠堂位于西南角,正厅面阔三间,前为天井,又前为戏台,左右为廊屋。祠内有"众心铁性"匾,为咸丰九年(1859年)浙江巡抚部院胡兴仁所写。从建筑风格判断,也应该是清代后期建造的。新祠堂位于村的西北角,梁架结构简单,可能是民国年间建造的。

总之,龙门村的建筑群典型地反映了宗族聚居的历史,它从一个侧面为研究我国封建宗族的社会结构以及民族学提供了生动而形象的实物例证。

2. 19 世纪小镇店铺作坊街道的风貌

龙门村有一条横贯东西的曲折小街,街道很狭窄,以河卵石铺路。小街的两侧是房屋,形式有两种:大多是楼屋,楼下为店铺作坊,楼上住家;也有高墙耸立,进入门内为一院落。大部分是清代晚期建筑,也有民国年间造的,但风格基本上是协调的。有些建筑的墙上还遗留着过去商店的墨书牌号。现在还有不少近年开张的私人商店。小街中心有座小桥,桥西有座房子,是 1939 年成立的乡农会会址,原来墙上写有乡农会的名称,"文化大革命"期间被刷去;桥东墙上还有金萧支队写的红色标语的残迹。

从建筑角度来说,这条小街保存着典型的 19 世纪以至 18 世纪的风貌,这在别处已经不多见了。

3. 明清建筑艺术

就总体而言,龙门村建筑的主要价值在于上述两个方面,并不能以建筑艺术取胜。但就单体建筑来说,确实也有珍品。

明代建筑可以义门和旧厅为代表。"义门"是一座砖建门楼,建筑完好,脊吻尚存。柱础分上下两层,上层为石鼓形,上下饰两周乳丁,其下作覆盆式(图三)。"义门"二字系奚朴所题,据光绪

图三　义门

《富阳县志》卷十七载："奚朴，黄冈举人，嘉靖二十三年知富阳县……"由此可见，义门应该是嘉靖年间建造的。旧厅的堂名，由于年代久远，当地人都说不上来了，故称之以"旧厅"。面阔三间，进深前后均为双步，明间四界。柱础两重，上为石鼓，饰两周乳丁，下为覆盆，为此地明代后期通行的柱础形式，安徽明代建筑中也有采用的。圆柱，柱顶卷杀，这种做法，在当地清代建筑中不见，是我国明代建筑柱子的特征之一。五架梁上不用瓜柱支顶，而使用了两朵九踩斗拱，讹角栌斗，其下垫以木鼓，鼓上也饰有两周乳丁，与柱础上段石鼓形制完全相同。丁头拱出两跳。施用襻间斗拱，明、次间均安置两朵。所有斗拱，拱弯砍杀明显，斗欹亦有颤度。梁与阑额交接处使用雀替，支以丁头拱，雀替不加雕饰，保留明以前的风格。这座建筑的其他构件也都不加雕饰，从建筑结构、构造和形制判断，应该是明代所造。

清代建筑可以慎修堂为代表。面阔三间，各根前檐柱的牛腿都雕成狮子，有母狮和小狮，刀法熟练，形态自然而生动，其上支撑檐枋的构件雕成象鼻状，亦采用写实手法。前廊的月梁上，以及明间的梁上，也都雕刻狮子，动态各异，栩栩如生。除了上述出于功能上的需要出现象鼻构件外，其余全部用狮子作为装饰，所以当地群众称之为"百狮厅"，这在浙江古代建筑中可说是别具一格的了。慎修堂的前面有砖建门楼，额题"积善庆馀"，为梁同书所写，估计慎修堂的时代应在清代中期。该厅左右也有房屋，是该房族的民居。右边前间的壁上画有梁架侧样，很明显是当时匠师画的建筑设计图。

民国年间的建筑可以山乐堂为代表。前为门厅，后为正厅，中间有天井，两侧为厢房。门厅后檐和厢房前檐及正厅前檐之间的檐枋交接点施以垂莲柱，雕成花灯状，梁架构件雕刻精丽。据住户说，这座房子建于民国初年，前后造了七年时间。

总之，保护和开发龙门村不仅对于历史学、古建筑和民族学的研究具有重要意义，而且对于社会主义精神文明建设、对于发展旅游事业都具有一定的价值。

三　保护和开发龙门村的几点初步设想

1. 建立村史博物馆

龙门村建筑群的建筑虽然大多是19世纪的，但就其总体来说，典型地反映了封建宗族的社会关系，这种关系是封建制度的主要支柱之一，它也束缚着社会经济的发展，广大农民深受这种关系的压迫和剥削。这是所以能够唤起当地人民积极起来进行革命斗争的重要原因。如果在光裕堂和咸正堂这组建筑群里展出龙门村的历史，那么对于广大人民群众认识封建制度的历史、发扬革命传统、更好地献身于"四化"，是会起到积极的教育作用的。

2. 恢复19世纪店铺作坊

龙门村小街，无论是建筑还是道路，都还比较完整地保留着19世纪甚至18世纪的风貌。把现存建筑加以适当修整，按18、19世纪的面貌恢复店铺作坊的招牌，进一步发挥龙门现有手工艺生产，如竹根工艺、绣花、竹编等，在商业部门支持下寻找出路，搞出一套富有地方特色的工艺；另外，如果开辟为旅游点，那么随着旅游事业的发展，游客势必不断增加，饮食服务行业也可搞出一套具有地方风味的店铺。这样，18、19世纪古镇小街的风貌就将重现出来，而且可以办得兴隆，这不仅对历史学和民族学的研究具有重要意义，也会吸引着不少游客。如果说，龙门村是一座大博物馆的话，那么，古镇小街就是这个博物馆的重要内容之一。它不是陈列在橱窗里的陈列品，而是历史陈迹的现状展出，比起橱窗里的陈列品更真实、更生动。

3. 绿化溪流两岸

龙门村两条泉水清澈的溪流，为古镇风光增色不少，使古镇格外显得清静幽雅。因此有必要对溪流进行清理和绿化。

4. 开辟群众娱乐场所

十一届三中全会以来，尤其是落实生产责任制以后，龙门村的沉闷气氛被冲破了，生产面貌发生了新的变化。随着生产的发展，必定出现群众对文化生活的要求。因此，有些厅堂，如旧厅、百狮厅，都可辟为群众娱乐场所，娱乐的内容当然是新的，但建筑环境应该保持古老的气氛。

5. 开辟旅游住宿

如果龙门村辟为旅游点，带来一个旅客的住宿问题。旅店无须新建，可选择如山乐堂一类梁架雕刻华丽的建筑（这类建筑在街上也有）加以修整，布置古老的、比较讲究的家具，这比建新房子省钱，而且别具风味。

四　保护和开发龙门村的条件和步骤的设想

保护和开发龙门村，首先要从如下几个方面着手。

1. 彻底改善环境卫生。目前龙门村的厅堂，包括雕刻非常精美的百狮厅，有的堆草，有的养牛，不仅消防安全很成问题，而且卫生也不好。村中小溪，洗涤杂物，污染清流。但是，农村必须有堆草和关牛的地方，是否可选择适当地点，既不影响生产，又讲究卫生。村中水井很多，洗涤最好有个规定，环境卫生不改善，那是很难作为旅游点的。

2. 古建筑必须有计划地分批整修，尤其是即将倒塌的建筑需要抢修。例如义门左侧的一座木构建筑，柱础是明代的，梁架经过清代大修。这是一座面阔三间的厅堂，明间两缝为抬梁式。边贴并无梁架。檩子直接搁在山墙上，山墙里壁用墨线画出梁架，画得很规整，这种象征式的梁架在浙江古建筑中是未曾见过的。听当地老农说，早先政府收税，以柱子的多寡作为计算税收标准的，联想到中国古代木构建筑是以柱子作为计算间数标准的，老农的说法似乎有点道理。但是这座建筑已有部分梁架已经塌落，如不抢修，势必很快全部倒塌。

3. 随着农民生活的日渐富裕，有的建筑被拆建，有的空地上也造起房子，这都是自发的，并无规划。新房子多了，古镇风貌也就丧失了。如果要保护古龙门村，对新建筑必须进行控制，也就是说要统一规划，在层高和形式上也要统一规划。如果按照旅游点进行整理开放，居民应该适当疏散一些到别处。

4. 为了解决上述三个问题，首先必须落实经费和建立保护组织。经费来源，是否可以从城建、旅游、文物三个系统筹措。总体规划，分期实施，工作量很大，必须设立专门组织，是否可建立保管所，开始编制 2~3 人，从公社现有对龙门村历史比较熟悉的同志中，选择事业心强而有培养前途的中青年。该组织由公社领导，便于开展工作。

具体步骤：

1. 请杭州市文物管理委员会研究后报告杭州市人民政府审议，龙门村是否可确定为历史古镇开发成旅游点，此事不能再拖，当地有个意见，去调查的部门不少，只听雷声，不见雨滴。再拖，新房子造多了，整个布局乱了，难以挽救。

2. 如果确定保护开发，应搞出总体规划，与此同时，抢修危房，控制建设，以后按总体规划逐步实现。

1983 年 6 月 17 日

古建筑维修原则浅探

《中华人民共和国文物保护法》第十四条规定："核定为文物保护单位的革命遗址、纪念建筑物、古墓葬、古建筑、石窟寺（包括建筑物的附属物），在进行修缮、保养、迁移的时候，必须遵守不改变文物原状的原则。"下面谈几点我们在实际工作中贯彻这一原则的几点体会。

一 关于"文物原状"的含义问题

"原状"，顾名思义，就是原来的状况。这里首先遇到的是时间的概念。例如古建筑，往往含有三种时间概念，即创建、重建、重修。现存古建筑不都是创建时的遗物，常常是经过重建的，甚至不止一次重建。重建时的原貌，应该是最标准的"原状"。问题是经过重修时修改过的那部分是否也可称之为"原状"。

以浙江湖州飞英塔为例。它由两座塔组成，外塔系砖身木檐结构，里面套着一座石塔，这种构造形式在全国古塔中是罕见的。在石塔的倚柱上，分别刻有南宋绍兴二十四年（1154 年）、二十五年（1155 年）、三十一年（1161 年）的舍钱造塔题记，时代是清楚的，虽然残损，并经后人修补，但基本结构还是南宋绍兴年间的原貌。据文献及碑文记载，飞英塔创建于唐中和四年，北宋开宝年间"增建木塔于外"，绍兴二十年（1150 年）毁，不久重建内塔，端平初重建外塔。此塔比较复杂，顶层应是道光十五年（1835 年）重建，以下各层塔体大致保持端平年间的结构，但斗拱就相当杂乱了，几乎宋、元、明、清各时代都有。

那么，飞英塔"原状"究竟推溯到什么时候为界限呢？在找不到一点唐代痕迹的情况下，重建后的建筑当然是标准的"原状"了。重修的时候，后人将重建时的原状进行了局部修改，被修改后的结构和构件，能否承认它是"原状"？我们曾经作如此的设想：1. 现在还属于南宋的主体结构进行加固和修补；2. 现在已经残缺了的部分，凡是能够恢复到南宋原貌的并且有充分科学根据的，恢复到南宋时的原貌；3. 现在已经残缺的，但存在部分后期修改过的残迹，在这种情况下，尽量恢复到南宋时的原貌，但没有足够科学依据的，则依现存经后期进行过修改的遗迹进行复原；4. 重修时制作的斗拱，虽然不符合该塔重建时的法式，但大体完好，而且数量又多，考虑到经费和木材的问题，暂不更换。假如上述原则是可行的，修理完工后的飞英塔，主体结构将是南宋时的形制和风格，局部保留元、明、清三代重修时的面貌。应该说，这同样是反映历史真实的。

《中华人民共和国文物保护法》两次提到"不改变文物原状的原则"。我的理解是："原状"，是指保护对象的原貌。换句话说，是今天不改变保护对象在维修前的原貌。"不改变文物原状"，是说今天进行修理的时候，不要把今天主观的成分加给文物的历史原貌。

二 对"原状"具体内容的理解

"原状"，是事物的本来面目。原状的具体内容，我认为应该包括时代、属性、历史、气氛、质地等方面的内容。

时代，是指该建筑的时代，包括时代的建筑技术水平和时代的艺术风格。时代不同，地区不同，各类建筑的技术水平和艺术风格也不一样。因此，保持原状，最重要的是保存它的时代原貌。

属性，是指建筑的类别。古建筑可以从各种不同的角度区分类别，我暂且称之为"属性"。西泠印社和兰亭，同是晚清的园林建筑，但由于属性不同，建筑的布局、风格和内涵明显相异。兰亭是由右军祠和流觞曲水两组建筑群为主体组合而成的园林建筑，设计意图尽力反映了兰亭修禊故事的意境。西泠印社则是篆刻学术团体的社址，在园林布局中突出了金石篆刻的气氛。如果在修缮时不注意这种属性，往往就会影响到气氛的原貌。

历史，我这里指的不是建筑时代，而是指的建筑与地点的关系。因为古建筑都在野外，受到条件的限制，往往不能很好保护。这样，有一个时期，拆迁某些建筑的呼声很高，甚至有时还出于古建学者之口。例如杭州白塔就是一例。因为白塔位于闸口铁路边，旁边还有电厂，所以就有不少人出于保护白塔的心情主张迁移。殊不知，白塔不仅只是建筑本身的价值，它还起到历史地理坐标的作用，对于反映地方历史具有重要作用。杭州唐代龙兴寺经幢，也有人主张迁到灵隐，其实，它的存在，对于研究当时杭州城郭北界的历史具有特别重要的意义。所以我认为，原状应该还包括建筑所在的地点。

但是，并非所有的建筑都是不能搬动的，假如该建筑与地点并无重要关系的，我想是可以搬动的。例如，东阳卢宅有许多明清时期的建筑，除了少量建筑是新建的以外，整个村庄几乎都是明、清建筑。近年来，在东阳县的其他村庄里，又发现了多座雕刻极精的清代建筑，充分反映了东阳木雕的艺术。如果集中搬迁到一起，而且将来经济条件许可的话，把近年的建筑拆去，扩充现在的东阳木雕厂（出口任务），这样，整个村庄就成了明、清建筑群，而且可以说是东阳木雕历史的专题博物馆。

气氛，我这里指的是附属建筑。在一组古建筑群里，有时主体建筑是文物，附属建筑可能不是文物。以杭州凤凰寺为例，它是伊斯兰教的清真寺，前后殿相接，略呈工字形，全是砖构建筑，其中后殿是元代建筑，以中国建筑形式为主体，适当地吸收了阿拉伯建筑的形式。1950年年初，重建前殿，据当时负责设计的工程师说，当时他们为了搞好设计，参观了许多阿拉伯形式的建筑，然而他们没有对凤凰寺的历史及其现存元代建筑进行认真分析，结果，前殿的外观是阿拉伯建筑形式，内部梁架是使用钢筋混凝土搞的现代的形式。这样，前后殿虽连在一起，而风格迥然相异，前殿很难说是文物。从总体看，这组建筑群的气氛杂乱无章。在这种情况下，除正殿的后殿外，我认为其他附属建筑就不存在保持现状的问题，但是要改造，只能向元代正殿的风格靠拢。

质地，是指建筑材料。一座建筑，从它的结构到风格，都与质地有密切联系。钢筋混凝土建筑，即使是仿木结构的，风格还是不一样的，至少线条的效果是不一样的。假如一座木结构，或砖石结构的建筑，几个损坏的构件换成钢筋水泥的，那么外观上也会格格不入的，我们在维修鄞县阿育王寺元代下塔的时候就遇到这个问题。当时由于申请木材实在太难，就将原来的角梁、檐枋和华拱改成钢筋水泥，结果效果很不好，最后局部仍换成木材。更重要的是，文物因为是历史的遗物，是反映时代面貌的，最容易改变构件质地的是用钢筋水泥替代木材，这主要是由于木材紧缺造成的。但古代是不用这种建筑材料的，假如改用了，就等于改变了历史的原貌。

原状既然是历史的原来面貌，因此，我认为在修缮时要做到保持原状，首先必须弄清它的历史沿革及其历史演变过程中在现存建筑中的反映，否则，保护技术的实施就难免发生失误。

三　保持原状的目的

修缮古建筑是为了使之永久保存下去，但这并非最终的目的。修缮仅仅只是保护的手段，而保护的目的是要发挥作用。

所谓发挥文物的作用，通常把它理解成两个方面，一个方面是提供科学研究资料，另一方面是向广大人民进行教育。

提供科学资料有两层意义。一层是经过研究，从科学技术上可以直接用于今天的借鉴，例如庆云县有座清乾隆时建造的撑架式木构架拱形桥，因为位于水库淹没区，必须拆除，经我们与当地政府协商，决定先进行测绘，如条件允许可进行拆迁。经当地技术人员现场调查后认为，今天我们建造拱券桥的时候，需要支起斜撑木架，而这座桥的桥梁结构，为我们构筑斜撑木架提供了技术资料。又如古代的园林建筑，在借景、布局、叠石等方面，都有许多技术上可以借鉴的地方。另一层意义是，经过研究，为精神文明建设发挥作用，这不仅仅是指发挥各文保单位的作用，而是泛指社会科学中有许多学科研究都需要文物资料，特别是史学方面的研究。

利用文保单位本身，直接向广大人民群众进行教育，应该是发挥文物作用的更主要的方面，而群众通过文物接受教育，往往是在游览之中感受到的。众所周知，文保单位的范围很广，它是人类历史的足迹，历史文明的见证，是一部保存在大地上的生动而形象的历史教科书。中华民族的历史，是一部悠久的历史，灿烂的历史。我们的任务，就是要通过文物，把这个历史展现给全国人民，展现给世界人民，激发全国人民的民族自尊性。

文物保护单位，包括古建筑，本身就是文物，是作为历史的形象向群众开放的，因此这种形象必须是真实的历史的面目，而不是被改变了的面目，也就是说是它的原状。

显而易见，这就是维修工程中必须保持文物原状的根本目的，也是如何理解保持现状的根本出发点。

四　关于加强文保工作理论研究的建议

古建筑是文保内容之一，而修缮工程又是古建保护的重要关节。为了搞好这项重要的但又是局部的工作，有必要从整体上解决理论认识问题。从本文的结构上看，也许我写的建议有些离题，但我还是想趁这次座谈会的机会提出来。

对于文物史迹的保护，世界各国都是比较重视的，但理论认识不一定相同，因此具体工作的方法，包括机构，也就都有各自的一套了。去年美国风景园林代表团来访，我参加了座谈会，听了他们的介绍，我觉得他们对于文物史迹的保护就有自己的一套办法。我国正式提出文保单位工作，我记得是在20世纪50年代中期，到现在将近三十年了，但具体做法各省市不甚相同。做法不相同我想是允许的，关键是应该建立起一套具有我国特点的、完整的、科学的文保工作的理论体系。例如，古建筑修缮不改原状的原则，这里既有技术问题，又有理论问题，而其中理论上的问题，就属于文保工作理论体系范畴内的。如果把题目出得大一点，如：如何使文保单位形成史迹网，通过全国各级文保单位形成一部生动而形象的、以文物史迹来反映的中华民族的历史；从文保角度说，历史文化名城究竟应该如何形成；文保单位如何发挥作用，主要是如何开放，而它的开放与一般博物馆的陈列开放我认为是不一样的；尤其是古建筑如何发挥作用，古建筑作为专业研究似乎不成问题的，但要把它通俗而生动地展现给一般群众，我感到其难度不亚于从科技角度进行的专业研究。

由于文保工作还没有真正形成系统的理论，因此，我总有那样感觉，文保工作往往被看作只是管理问题，修缮文保单位也往往被看作只是修理一般的旧房子问题（当然懂行的专业人员并非这样看的），或者把文保单位工作仅仅看作是搞地面的，如此等等，我以为关键在于理论认识上。

诚然，管理是文保工作的一个重要方面，但文保工作应该是由几个方面的专业组成的。从浙江文保工作来说，我的设想是应该包括两个方面的专业。

1. 文物史迹的研究专业，包括古建筑，但侧重于建筑历史。没有这个专业，要使文保单位形成文物史迹网，要充分发挥文保单位的作用，那是不可能的，而且要把文保单位真正管好也是困难的。

2. 修缮和保养工程技术，从我们浙江情况出发，至少要包括两方面的技术，即古建修缮技术（也包括建筑历史的研究）和化学加固技术（包括古建筑工程中的化学加固、石刻文物的化学处理、壁画之类的化学保护等）。

把修缮古建筑当作修理一般的旧房子，我前面说了，这在懂行的专业工作者之中是不存在的，但在社会上，确有这样看的。例如，宁波天封塔需要大修，我们坚持首先要做好合格的实测，但宁波市的有关领导部门（除市文物管理委员会外）却不同意。据反映，市建设领导部门有个听说是木工出身的负责同志甚至说，要测绘干什么，我一看就能搞出修复设计图，什么斗拱，我都懂。我们坚持要实测，后来他们送来两张据说是实测图和修复方案，图纸是八开大小油印的，只有层高和平面的尺寸，别的什么也没有了；复原设计，减低每层高度，减薄塔壁厚度，如斗拱等细部结构一概抹去。在我们看来是笑话，而别人却以为是我们有意找麻烦。宁波阿育王寺下塔修理，主持者是经过两年古建筑专业进修的，结果事先他们不愿搞实测和设计方案，我们也没有再三强调，虽然去过几次，现场作过交代，但总不可能照顾得那么周到，结果有些部分修得也不理想，特别是副阶，不符合元代下塔的形制。现在建筑部门到处成立古建队，可是并没有懂得古建筑知识的技术人员，这样下去我看是要坏事的。

解决这个问题，从文保工作角度来说，从理论上统一认识，从技术上互相交流，例如协会这次召开的座谈会，就是很有益的。另外，我想应该形成一套系统的科学的古建修缮保护的理论，并且把它宣传出去，形成舆论，至少要让城建、建筑、园林、宗教等各有关单位从理论上得到认识，否则法规制度是难以顺利贯彻的，而这个理论，应该说也是文保工作理论的组织部分。

总之，我认为文保工作应该包括中华民族在历史上遗留下来的、不可或不便移动的、具有历史、科学和艺术的文物史迹，要做好这项工作，要使文保工作开创新局面，不仅在技术上要不断提高水平，而且必须加强理论研究。

（原载《文物通讯》1983 年第 5 期）

金华天宁寺大殿的构造及维修

金华是座山城，建筑物随山势起伏。天宁寺位于城东南的山坡上，城已拆除，改为中山路，该寺即在路的北侧。路南为江滨公园。再南就是婺江。山门位于低处，大殿建在高台上。居高南望，但见近处绿树成荫，碧波奔流，远处丛山耸峙，阡陌纵横，山乡风光，尽收眼底。

一　寺　史

据清康熙《金华府志》《金华县志》、道光《金华县志》、光绪《金华县志》等记载，天宁寺，旧名大藏院，创建于北宋大中祥符年间（1008～1016 年），赐号"承天"。崇宁中（1102～1106 年）改名"崇宁万寿寺"。政和（1111～1118 年）更今名。南宋绍兴八年（1138 年），高宗皇帝赵构为了崇奉他的父亲赵佶，赐名"报恩广寺"，又改"报恩光孝"。元延祐五年（1318 年）重建。明正统时（1436～1449 年）重修，名"天宁万寿"。旧有石浮图，可登览。大殿后有大悲阁，乾隆四年（1739年）知县伍某改建为万寿宫，为官司祝圣之所，乾隆五十九年（1794 年）捐修，后圮，同治十年（1871 年）重建。在新中国成立初，该寺尚有山门、天王殿、大雄宝殿、大悲阁，今仅存大雄宝殿，其余均被拆毁。

现存的大雄宝殿，据国家文物局文物保护科学技术研究所（今中国文化遗产研究院）采用^{14}C 测定，有的柱子距今1000 年，有的梁栿、斗拱距今 800 年。目前梁架下还有许多题记，全用双钩填墨。明间东首三椽栿下题记："大元延祐五年岁在戊午六月庚申吉且重建，恭祝。"（下句连接西首三椽栿下的题记）"今上皇帝圣躬万万岁，福及文武官僚六军百姓者。"前槽东首三椽栿下题记："将仕郎管领阿速木投下□□□助缘中统钞伍拾锭，所翼禄秩高迁，宅门光大。"前槽西首三椽栿下题记："宣武将军婺州路沿海上万户宁显祖助元中统钞伍拾锭，祈福保佑男僧家奴幼瑞掌珠，长承世禄。"当心间内额下有"崇善庵比丘永诚（？）乐施宝钞壹佰锭，所祈四恩等报，三有斋资"。阑额下有"持正葆真凝妙法师、婺州路光孝观玄学提督兼焚修提点魏善震助缘中统钞贰拾伍锭，两翼身享寿康心全道德"。由此可见，元延祐五年重建天宁寺大殿时，保存了一部分北宋和南宋时候的构件。

二　大雄宝殿构造

平面：正殿南偏西 20°。以 1980 年落架修理后的现状为准，面阔、进深各三间，平面正方形。通面阔12.72 米，其中明间为6.16 米，东、西次间各3.28 米。通进深为12.72 米，其中由南往北第一间为 4.65 米，第二间为 4.93 米，第三间为 3.14 米。台基高 1.56 米，台明（以檐柱中线往外量）宽 1.25 米，阶条石宽 0.4 米。1980 年修理时，在南面的阶条石下再做出一层月台，高 1.38 米，进深 1.4 米。踏跺宽 3.8 米，共六级。（图一、图二）

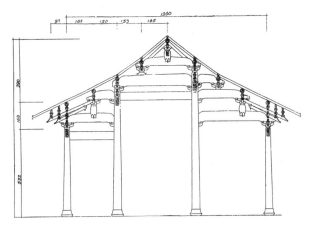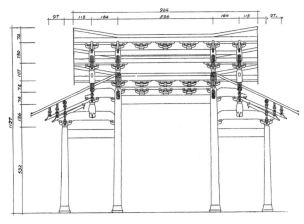

图一　金华天宁寺大殿明间横断面　　　　　　　　图二　金华天宁寺大殿后视纵断面

柱与柱础：殿内共用柱十六根，侧脚做法，正面平柱向里侧为柱高的 1.6%，角柱向里侧为柱高的 2%，侧面侧脚则同正面。内柱四根，以西北后内柱为例，底部直径 0.46 米，前内柱高（自柱头至地面，下同）8.76 米，后内柱高 7.76 米。檐柱十二根，以东山北平柱为例，底部直径 0.4 米，前檐东平柱底部直径 0.48 米。有升起，平柱高 4.92 米，角柱高 4.97 米。柱身上端卷杀。柱础高 0.4 米，顶端直径稍大于柱底直径，自上而下逐渐向外敞开，至 0.3 米处呈圆形内收；其下为方石，每边阔 0.75 米。它的形制与武义延福寺、苏州罗汉院双塔内部倚柱下部、以及洞庭东山杨湾庙正殿檐柱柱础都相同，说明是元代遗物。

梁架：抬梁式，彻上露明造。全部梁栿采用拼合的方法，根据自然材，上下两根，或下面一根、上面两根，用木梢穿连卯合而成，并卷杀成月梁状。这种拼合的做法，少受材料大小的限制，也比较节省木料，在我国现存古建筑实例中是不多见的。

东、西两缝构造，由于前槽和当心间各占三架椽的地位，而后槽只占二架椽的地位，所以梁架根据平面的需要进行设计。当心间有梁两根，其中平梁断面为 0.52×0.22 米～0.61×0.22 米，其下皮距地面高 9.06 米。它的一端置于三椽栿上，而另一端则架于前内柱栌斗上。其上用侏儒柱。侏儒柱的下端略似鹰嘴状。平梁的两端撑立人字叉手，托固脊槫。另一根是三椽栿，断面为 0.71×0.3 米～0.82×0.3 米，其下皮距地面高 7.88 米，它的一端架在后内柱栌斗上，而另一端则插入前金柱间。其下为顺栿串，断面尺寸是 0.51 米×0.22 米，其下皮距地面高 7.02 米。因为前槽进深大于后槽一椽架，所以结构并不一样。前槽最上一根为劄牵，断面 0.56×0.21 米～0.6×0.21 米，其下用梁两根，上为乳栿，断面 0.58×0.21 米～0.62×0.21 米；下一根为三椽栿，断面为 0.64×0.22 米～0.67×0.22 米，其上用蜀柱支托乳栿的南端。后槽最上一根也是劄牵，断面为 0.56×0.21 米～0.6×0.21 米；下一根为乳栿，断面为 0.54×0.21 米～0.6×0.21 米，其上立蜀柱，承托劄牵的北端；再下为穿插枋，断面为 0.48×0.18 米。

进深共用九檩。从前视纵断面看，内额为 0.54×0.19 米，上施襻间重拱三朵，其上施襻间枋，再上施一斗三升斗拱三朵，上施替木顶贴上平槫。从后视纵断面看，内额为 0.54×0.19 米，上施襻间一斗三升斗拱三朵，其上为襻间枋，再上又一斗三升斗拱三朵，每朵斗拱上面用替木，顶贴中平槫。在顺脊串上，亦用一斗三升斗拱三朵，上有替木，顶托脊槫。在脊槫、上平槫和中平槫的上面，都有承椽枋，做出银锭卯口以承接椽子；这三条槫的东、西两端，从次间开始，都施生头木起翘 45 厘米高。前后槽两次间，各用穿插枋、乳栿和劄牵，乳栿和劄牵之间用蜀柱支托。劄牵外端支顶下平槫。

斗拱：正立面，补间铺作明间用斗拱三朵，次间用一朵；山面，补间铺作明间用斗拱二朵，前次间两朵，后次间一朵。补间铺作斗拱为六铺作单杪双下昂单拱造（图三），第一跳华拱头偷心，其上承托华头子，自栌斗至华拱跳出距离为 0.34 米；第二跳为下昂，自第一跳华拱头至一层下昂昂嘴头距离为 0.48 米，下昂上施瓜子拱和瓜子拱慢，承托素枋；再上为第三跳，也是下昂，自第一层下昂昂嘴至第二层下昂昂嘴外端距离为 0.505 米，昂头上仅施令拱与撩檐枋。柱头中线上则用单拱柱头枋三层相叠。昂头斜出，颤势不大，很觉古朴。里转第一跳华拱偷心，上出鞾靴以承上昂。昂尾都不平行，上昂昂尾托住第一层下昂的约二分之一处，第一层下昂昂尾又托于第二层下昂昂尾的三分之二处，第二层下昂昂尾支托一斗三升斗拱，上施替木，相交于下平槫之下。这种使用上昂的做法，在力学上起到了杠杆的作用，同时又节省了大量的木材，在国内现存古建中是罕见的。柱头铺作在栌斗上跳出华拱，承托月梁，其上再施两层下昂，真昂做法，但不用上昂（图四）。转角铺作斗拱用上昂，在栌斗上跳出华拱承托华头子，其上为第二跳下昂，上施鸳鸯交手瓜拱和鸳鸯交手慢拱，再上为第三跳下昂，昂上施令拱，各自独立，不采用鸳鸯交手拱的办法，上施由昂，昂头上施宝瓶承托角梁。

转角角梁：老角梁长 7.67 米，高 0.31 米、宽 0.22 米。仔角梁长 2.48 米。其上施生头木起翘（图五）。自转角铺作的栌斗下皮至生头木上皮总高为 2.05 米，其中自栌斗底部至老角梁顶端底部高 0.91 米，由此至生头木上皮高 1.14 米。从 45 度角度看，自栌斗斗底外侧至华拱跳出距离为 0.295 米，

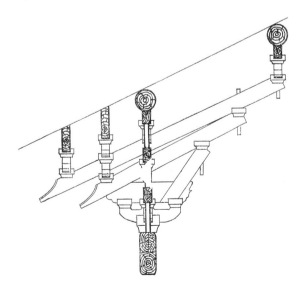

图三　天宁寺大殿补间铺作斗拱横剖面

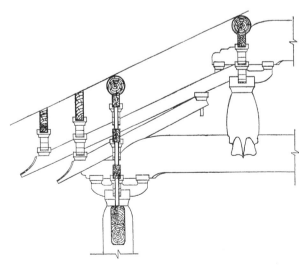

图四　天宁寺大殿柱头铺作斗拱横剖面

由此至第一层昂嘴跳出距离为 0.58 米，再由此至第二层昂嘴跳出距离为 0.66 米，又再由此至由昂昂嘴跳出距离为 0.68 米，又再由此至老角梁顶端下皮跳出距离为 0.34 米，最后由此至生头木最上一层顶端上皮跳出距离为 0.915 米。它的里转，自栌斗底部至中平槫的下皮总高为 2.78 米，其中栌斗底部至上昂顶端上皮高 0.955 米，至第一层下昂昂尾上的斗底为 1.32 米，至第二层下昂昂尾上的令拱底为 1.77 米，至下平槫下皮为 2.1 米。里转昂尾的距离，自栌斗斗底里侧至华拱跳出 0.385 米，自此至上昂昂尾跳出 0.6 米，又自此至第一层昂尾跳出 0.61 米。

斗拱分件统一尺寸表

（单位：厘米）

斗	上宽	上深	下宽	下深	耳	平	欹	总高	欹䫜
柱头转角栌斗	33.5	33.5	27	27	8	3.5	8	19.5	1
补间栌斗	33.5	27.5	27	21	8	3.5	8	19.5	1
交互斗	20	16.5	15.5	12.5	4	2	4	10	0.8
齐心斗	16.5	17.5	12.5	13.5	4	2	4	10	0.6
散斗	14.5	18	11	13.5	4	2	4	10	0.6
平盘斗	18	18	13	13		3	4	7	0.6

拱	长	高	厚	上留	平出	拱瓣	拱眼高	注
华拱	74	23	10.5	6.5	7.5	3	3.5	
泥道拱	79	17	10.5	6.5	1	4	2.5	转角处足材
瓜子拱	48	17	10.5	6.5		3	2.5	
瓜子慢拱	79	17	10.5	6.5		3	2.5	
令拱	79	17	10.5	6.5		4	3.5	
桂头枋上令拱	79	17	10.5	6.5		4	3.5	转角处各为半令拱
鸳鸯交手瓜拱	100.5	17	10.5	6.5		3	2.5	
鸳鸯交手慢拱	129	17	10.5	6.5		3	2.5	

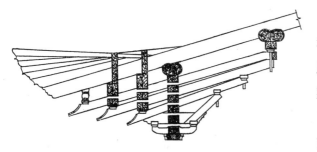

图五　天宁寺大殿转角角梁 45°大样图

为了不用飞椽，延长屋檐，增加翼角的高度，老角梁后尾相交于中平槫，加大了角梁的杠杆作用。仔角梁用木料相叠成一块大三角，置于老角梁上。此种做法在现存实例中是少见的。

出际与搏风：原来出际 1.63 米，因脊槫过长而容易折断，结构上很不合理，系后人重修时所作。1980 年修理时改为山面梁架中至搏风外皮为 1.13 米，比原来缩短 0.5 米，山面梁架中至明间梁架中距离为 1.64 米。山面平梁亦用叉手固托脊槫。平梁下有栌斗和蜀柱承托，两蜀柱间用顺栿串拉牵。蜀柱下端略似鹰嘴状，用直榫插立在踏脚木上，与下平槫相交。搏风宽 0.5 米，下有悬鱼、惹草。没有山花板，用编竹夹泥墙，白粉刷面。

举折：前后檐柱心间距为 12.72 米，举高自檐槫上皮至脊槫上皮为 4 米，举架约为 1:3 强。

屋顶：单檐歇山九脊顶。筒板瓦盖顶。檐口施勾头、滴水。屋脊用瓦条垒作，筒瓦覆顶。正脊高 0.58 米、宽 0.3 米。垂脊高 0.42 米、宽 0.28 米。戗脊高 0.4 米、宽 0.26 米。岔脊高 0.26 米、宽度同高。搏脊高 0.45 米。复原了正吻、垂兽和戗兽。

装修：前后檐明间用门六扇，均为五抹头正方格眼，高 3.19 米，宽 0.88 米，棂条格子为门高的五分之三，中槛上安正方格子窗五扇，边宽 0.93 米。两次间各安槛窗三扇，下为槛墙，高 1.05 米，系编竹夹泥墙，窗为三抹头正方格眼，高 2.08 米，宽 0.8 米；其上为中槛，另安三抹头正方格眼横披窗二扇，边宽 1.13 米。下槛高 0.25 米，用条石制成。东西两山各间支架木框，加剪刀撑，增加刚度，并用编竹夹泥墙。

以上悬鱼、惹草、屋面和装修，都是 1980 年落架大修时复原的。

三　维　修

天宁寺大殿年久未曾大修，整体梁架向东南作螺旋形倾斜，一部分柱、梁、枋等大半被白蚁蛀蚀中空，斗拱、檐椽、望板、角梁以及搏风等残损朽烂，1973 年西北檐角坍塌，各种构件大半朽烂，原前后檐的门窗及两山的墙壁均无存，瓦顶残破不堪。外层木柱（或石柱）以及墙壁、门窗等的形制和规格，与主体结构极不协调，系后人修理时所添建。瓦顶用了级别很低的阴阳合瓦，且无脊兽。

经浙江省文物管理委员会和国家文物局决定，对天宁寺大殿进行落架大修。工程自 1978 年 6 月 15 日开始，到 1981 年春，除地面工程因方砖未解决外，基本完工。此次工程，由著名古建筑高级工程师祁英涛同志亲自审定计划，由古建工程师李竹君同志设计方案，梁超和孔祥珍两同志亦来参加指导，由黄滋同志主持现场施工。此次工程的项目及做法如下：

1. 正殿大修前，面阔和进深均系五间，重檐，下檐施一斗三升斗拱，角脊特别高，几乎遮住转角铺作，从结构上看这部分做得很不合理，系后代所加无疑。此次大修时，拆去梢间和重檐。

2. 对被白蚁不同程度蛀空的十六根柱子，除东南角柱因朽烂严重，用新料按照原来形制更换外，其余均以 #307 不饱和聚酯树脂加石英粉进行灌注，并以 E - 44 环氧树脂黏合加固。柱子外皮糟朽处用木料镶补。大殿西北角柱柱底和后檐西平柱柱头严重糟朽，修理时锯去糟朽部分，依样用新料墩接，拼接处粘上环氧树脂，用双螳螂头榫卯固定。梁栿等大木构件中空糟朽的，亦采用此法加固。榫头糟朽的，则锯去糟朽部分，按原样制作新榫，用环氧树脂接回原构件中，并缠以玻璃钢箍加固。

在维修工程中，尽量保存了原构件，特别注意保留有题记的构件。如有元代题记的一根明间东缝三椽栿和一根前檐明间内额，由于白蚁蛀蚀，糟朽非常严重，必须重新制作。在制作时，我们把题记部分的木料锯下 3 厘米厚，用环氧树脂粘贴在新制的三椽栿和内额上，并在两端各打一道玻璃钢箍加固，厚度为 0.5 厘米。

3. 斗拱及翼角。拱、枋、斗、昂以及角梁等构件，残缺或糟朽严重者，用干燥的梓木按照原来的形制及尺寸复制更换；局部残损者，局部修补墩接；残损轻微者，用环氧树脂黏结牢固，或用不饱和聚酯树脂加石英粉做腻子勾抿严实；劈裂者，用环氧树脂黏结，或缠以玻璃钢箍加固。

4. 地面：落架后，地面重新抄平，并铲除后人筑打的混凝土地面，一律以 0.4 × 0.4 × 0.07 米的方砖铺墁。檐下台明做出 5% 的泛水。

5. 断白：根据整旧如旧的原则，斗拱、柱、梁、枋、额、椽望、护椽板、搏风板及门窗等，一律以广红土桐油涂刷两遍。因为构件有不同程度的糟朽，经修补后，表面疙瘩斑斑，凹凸不平，为求整洁起见，表面用腻子抹平。

6. 根据白蚁危害的实际情况，采取了多种防治措施：（1）找巢灭蚁。在大殿内外的地下和附近的大树内，发现有白蚁巢，放置药物。（2）诱杀。在大殿内挖坑，放置白蚁爱吃的松木，上用草袋和松土覆盖，经过十至十五天，等到诱集来的白蚁较多的时候，在坑中分层施上药物，毒死白蚁。（3）预防。在墙壁、地面以及全部构件上喷洒或涂刷氯丹，堆放新旧木料的现场，也都喷洒氯丹，作为预防措施。

此次系落架大修，工程量甚大。落架前，对全部木构件，钉上小牌，按类逐件编号，并写上它的位置和名称，共编号一千八百六十四号。又进行了测绘、照相和文字记录。拆卸下来的构件，全部搬进工棚，按类分组归放，井井有条。接着逐件进行修补或新配。上架前，先在工棚内试装，等到每个构件的尺寸符合标准后才进行总装。为了保证瓦顶的质量，上瓦前也先在地下将瓦片修整合缝，编好号码，然后依次上瓦。全部工程由金华县文物管理委员会负责。

（原载《浙江省文物考古所学刊》，文物出版社，1981 年）

金华太平天国侍王府的建筑与壁画艺术[*]

金华侍王府，在金华城关之东。唐宋时为州治所在；元时为浙东道宣慰署、肃政廉访司署；明初朱元璋曾驻于此，后为巡按御史行台；清时为试士院；1861年太平军攻克金华后，侍王李世贤即在这里召集工匠，"大加修葺"（见光绪《金华县志》）。太平军退出金华后，虽经清王朝和后来的统治者的破坏，但原貌基本保持。这里不但保留了规模壮观的太平天国建筑，而且保留了大量的壁画、彩画、木雕、石雕、砖雕等珍贵艺术品，为研究太平天国的建筑与艺术提供了宝贵材料。

侍王府建筑庄严宏大，大体可分为宫殿建筑和住宅建筑，与此毗连的还有宽广的练兵场及花园。从现在所划定的重点保护范围测计，总面积达24350平方米，建筑面积3000平方米。

宫殿建筑中，原试士院大门、仪门毁于战火，在原仪门前建造王府大门，并在大门前新建照壁一座。这是太平天国遗留至今仅存的一座照壁建筑。壁高约6米、宽17米，正背两侧均嵌有砖刻盘龙浮雕。照壁正面石基中间雕双龙戏珠，左右各雕双凤牡丹、仙鹤寿桃、双狮抢球。背面石基中间也是类似内容的石雕。照壁正背面封护檐下都嵌有十分生动的砖雕，有将军出巡图、群鹿、群麟、丹凤朝阳、孔雀牡丹等。其中最精彩的是照壁正中嵌刻的一个石雕团龙，龙眼突出，龙嘴张开，龙爪外伸，刻工精美细致，显示出生动威武的气概（图一）。现在金华城乡还流传着为雕刻团龙两根透空的龙须，曾换了多少个石匠才最后完成的传说。

离照壁百余米为王府大门。由大门拾级而上，穿过甬道即为大殿，亦称议事厅（图二、三），传说是太平军举行军事会议的所在。殿宇建筑宏伟壮丽，面阔五间（27.65米），进深五间（16米），既广且深。用材优良，柱子直径一抱有余。该殿内原绘有多幅壁画，现除正桁檩垫壁上留有五小幅花鸟彩画外，梁、枋上所有彩画均被油漆刷盖，但其痕迹还依稀可辨，有待今后剔洗。大殿后为过厅，通过过厅为二殿，成工字殿。最后为三殿，亦称耐寒轩。轩前有参天古柏二株，相传为五代钱武肃王手植，苍劲古拙，为王府增添了雄伟气势。

在大殿西面为住宅区，亦称西院，这是太平天国利用明时的千户所遗址建成的。院凡四进，一进与二进之间有长廊构成工字形。每进之间均有天井。整个建筑整齐对称，轩敞精工，雕梁刻拱，坚固朴实。第一进门厅前为卷棚式抱厦（亦称八字

图一　照壁正面石雕团龙

* 与严军合著。

图二　东院·议事厅　　　　　　　　　　　　　　　图三　东院·议事厅梁架局部

墙）。大门高大异常，大门东墙封护檐下中间嵌有砖雕双龙戏珠，右边嵌有荷花水鸟，左边嵌有双鹿，荷塘中间假山上又刻有二人在游赏风景。进大门后，左右厢房各一间。第二进建筑最为讲究，特别是中厅，亦称花厅，传说是侍王李世贤办公之处，中厅左右又各有一间。这一进凡是壁、柱、梁、枋等均绘满壁画、彩画，现基本保持当年原貌（图四）。第三进原是五开间，据说是侍王的住房，现除东偏屋尚留三间外，其他已被破坏、改建。第四进是楼屋，九开间，传说是侍王部属与卫士居住。第四进西墙有一边门可通花园。现园内存一座望楼遗址和假山残石。花园前面，有可集十多万军队的练兵场。

金华太平天国侍王府中保留最多并令人瞩目的是壁画和彩图。现共发现壁画 68 幅，彩图 270 余方，这些壁画除大殿的 5 小幅外，其他均为 1963 年在西院发现。考察西院的历史，康熙《金华府志》记载为"金华守御千户所……顺治年奉裁，其所虚而不用"。西院建筑用材单薄，相传是太平天国用旧料扩建的。太平天国撤退后，这里的房屋曾被清政府占为通判、经历二署，后来又做过金华师范学

图四　西院·第二进建筑

堂、省立第七中学。据查，清政府的衙门和后来的学校校舍，一般没有在墙壁上绘画的习惯，同时，西院的壁画又是在厚厚的几层石灰最里面发现的，这就证明，这些房屋的墙上只画过一次彩画。另外，再从壁画的布局看，西院彩画的布局是经过统一安排的，每一个房间的彩画都按题材组合，采用对称的手法。如侍王府西院大门共四个壁面，分别画龙、凤、狮、象，构成一个组合；壁画最集中的院二进中厅，北壁东侧画望楼兵营图，西侧画王府图，东壁南端画柏鹿，西壁南端画松鹤，都是对称的。东壁和西壁其他四幅画春、夏、秋、冬四季捕鱼图，也是一个组合。这就说明，西院彩画应该是同一时期的作品。因此，侍王府西院壁画当是太平天国之遗迹。

侍王府的壁画与彩画，内容很大部分是反映现实生活，歌颂太平天国革命的，更多的是以勇猛强悍，富有战斗性的飞禽走兽为题材，还有一部分是图案装饰，富丽堂皇，与建筑构成一个整体。

跨进侍王府西院二进中厅，据说即是当年李世贤办公之所。北壁开门，门左右两侧墙上画着两幅极大而工整的反映太平天国军事和政治的大壁画。

东侧墙上一幅画的是太平天国兵营图。画面高 2.23、宽 3.46 米，可惜画面正中被开了窗户，主要画面已遭破坏，壁画残留左面部分，左下角绘有一座望楼，木构建筑，楼分四层，每层设木梯，最高层中间竖一旗杆，旗杆上的长方形大旗迎风招展。望楼右边树丛中立着十根旗杆，挂着长方形和三角形旗子。旗杆后面有四幢房屋，当是太平军的兵营。在左上角的小溪后面有一座山，山口树丛中掩映着一座城池，城门紧闭，城楼上插有一面旗子，旗杆上有一镞斗，似为一未攻克的城池。画的左面有房屋四幢，屋后一江横贯，江上有帆船一艘。纵观全幅，画面把未攻克的孤城推到左上角，在孤城周围，气象森严，展现出一片广阔的战场，望楼高耸，兵营匝地，旌旗迎风，战船急驰，有大军压城之势。

西侧墙上同样画有一幅大壁画，也被开窗破坏了主要部分。画中有亭台楼阁、曲院回廊，画中室内几案上摆有书籍和文房四宝，似为一座太平天国王府图。

在侍王府二进中厅东西二壁有四幅壁画，分别是春、夏、秋、冬四季捕鱼图，生动细致地描绘了渔民们的劳动场面。在春图中，绘有男女渔民八人，有的撒网，有的收网，有的划船，有的捉鸬鹚。在夏图中，右下角有一板桥，桥上一渔民正挑着两筐鲜鱼往家奔走。桥东是山坡，坡后有古松，树荫岸边并排停着两条渔船，船头上横铺木板，上坐四人，一人吹箫，一人吹笙，一人打板击鼓，一人在歌唱，表情各异，形态逼真。对面另一条船的船头坐着一个渔民，笑着以手指向歌唱者们，似乎在赞美和评述什么。画面中部隔溪停有渔船三条，好似渔民正在准备聚餐，一人剖鱼，二人正从岸上走来，前者右手拿肉，左手拿瓶；后者捧着一坛酒。整幅图描绘出渔民收工后各种欢快的生活情景。在秋图中，右下角芦苇丛中并排停着两条渔船，船头铺木板，围坐四人，中间放一大盘，盘中盛一大鱼。四人正在喝酒猜拳，画得惟妙惟肖，呼之欲出。在冬图中，渔民均穿蓑衣，戴笠帽，在捞鸬鹚捉来的鱼，神态十分生动。

另外两幅是采樵图。西院一进西间壁上一幅是樵夫挑刺图：在山区小路的一株大松树旁放着俩柴担，一个樵夫双手扶住松树，勾起右脚，另一个樵夫坐在石上，全神贯注地挑同伴脚板上的刺（图五）。在二进东间壁画的右上部一个樵夫挑柴下山，画面中部有二樵夫坐在石上休息，一个拿烟筒抽烟，手指下山的樵夫，对着另一休息的樵夫说话。

画家抓住他所熟悉的对象——渔民和樵夫在劳动、生活中的某些细节，从不同的侧面生动地表现出他们的形象，生活气息很浓。

图五　樵夫挑刺图　　　　　　　　　　　图六　西院·壁画

　　侍王府壁画中有大量是以勇猛强悍的飞禽走兽为题材的，如双狮戏球、双鸡相斗、麟鹰相会、麟凤争斗等，跳纵腾挪、神采飞动。而画的更多的是象征权势的龙。在西院大门前东壁墙上画着一幅云龙大壁画，画高4.3、宽3.7米，画师以粗犷的笔调，画了一条五爪金龙，盘旋在海涛云雾之中。在王府西院所有的柱上均绘五彩盘龙，梁、枋、天花板上各种图装饰大部分也以龙为主体。

　　壁画中还有以象征吉祥的动物、花鸟等来表现太平天国永久昌盛之意的，如松鹤、猫蝶（图六）、蜂猴、鲤鱼跳龙门，以及丹凤、鹤桃、蝙蝠等。

　　侍王府中与富丽多彩的壁画、彩画相辉映的是刻工精美的五百多方木雕艺术品。王府中所有雀替、托脚（亦称马腿）、花牙子、梁、枋上都雕刻花卉动物、人物故事、图案纹饰。木雕中既有浮雕，也有立体雕刻，西院一进东偏屋走廊上二只托脚各雕一鹿，一雄一雌，昂头屈腿，纵身狂奔。在一进门厅的抱厦下隔架科斗拱，雕成两对双狮抢球的立体木雕，既起了建筑的支承作用，又美化了环境。闻名于世的东阳木雕艺术在这里焕发出夺目的光彩。

侍王府西院现存主要壁画、彩画分布表

位置	内容	尺寸（米）		位置	内容	尺寸（米）	
大门东壁	子母狮玩绣球图	高3.07	宽3.72	中厅东壁南端	柏鹿图	高1.72	宽1.13
大门西壁	太平有象图	高3.07	宽3.12	中厅西壁南端	松鹤图	高1.72	宽1.13
大门北壁西侧	五爪彩龙图	高3.07	宽3.72				
大门门框两侧	各画一条龙			中厅东、西壁	春、夏、秋、冬打鱼图（四幅）	高2.03	宽1.41
大门门框上和左右两壁	蝙蝠流云			中厅东次间西壁	蜂猴（封侯）挂印图	高1.93	宽1.28

续表

位置	内容	尺寸（米）		位置	内容	尺寸（米）	
大门门框内边顶上	花鸟三幅			同上	山村吟读图	高 1.93	宽 1.56
门厅东西壁连同左右南壁	勾栏等			同上	深山采樵图	高 1.63	宽 1.48
门厅东次间东西壁南端	凤凰花卉			中厅券门上额	三阳开泰图	高 0.67	宽 1.30
门厅东次间西壁	山水人物			中厅西次间东壁	凤凰麒麟相斗图	高 1.82	宽 1.25
门厅东次间南壁	黄初平叱石成羊、斗鸡图、花鸟图			同上	山水人物图	高 1.93	宽 1.65
				同上	山水人物图	高 1.63	宽 1.56
门厅西次间东壁	猫蝶图	高 2	宽 1.39	第三进檐廊天花板上	彩凤图		
同上	樵夫挑刺图	高 1.96	宽 1.44	第三进檐垫板上	鹰麒麟相斗图麒麟、锦鸡图		
同上	送书图	高 2.02	宽 1.35				
同上	瓶案图	高 1.93	宽 0.74	第四进檐廊天花板上	蝙蝠流云、鹭鸶、喜鹊、莲花、鹰、松等		
中厅北壁东侧	望楼兵营图	高 2.23	宽 3.46				
中厅北壁西侧	山村图	高 2.23	宽 3.46				

（原载《文物》1981 年第 9 期）

绍兴吕府明代建筑

吕府是明代吕本故居，亦称"吕府十三厅"。东起万安桥，西迄谢公桥，占地四十八亩。民间相传，在吕府十三厅的东南，又有"小吕府"和花园，但遗迹无存。

一　吕府十三厅的总体布局

所谓"十三厅"，是因吕府共有十三个厅堂而得名。这十三座厅堂，坐北朝南，分列在左、中、右三条纵轴线上：中轴线上有五座厅堂，依次为门厅、永恩堂、三厅、四厅、五厅；东、西两侧的纵轴线上，各建有四厅，在与中轴线门厅并排的位置上为牌楼，在与中轴线永恩堂并排的位置上为前厅，在与中轴线三、四、五厅并排的位置上为二、三、四厅。所谓厅，只不过是明间当作厅堂而已，实际上是一幢房子。最后一幢，也就是中轴线上的第五厅和东西两侧纵轴线上的第四厅，都是楼屋。每厅的前面都有天井。在东西两侧的纵轴线上，靠中轴线方向，各有厢房一列。三条轴线的布局，都是极其谨严和对称的。在三条纵轴线之间，各有纵向的巷道一条，当地居民称之为"水弄"；在永恩堂的后面，又有一条横向贯穿三条轴线的小道，当地居民称之为"马弄"。这样，在总体平面布局上，就形成了六组封闭式的院落，即东侧纵轴线上，牌楼和前厅为一组合，二厅、三厅和楼屋为一组合；中轴线上，前厅和永恩堂为一组合，三厅、四厅和楼屋为一组合；西侧纵轴线和东侧纵轴线一样，牌楼和前厅为一组合，二厅、三厅和楼屋为一组合。而在每组院落的前面，都有门楼，外面围以高墙，形成相对的独立，但又是一个互相可以穿通而紧密联系的整体。为了便于通风，在院墙上开漏窗，但外墙不开窗户。在十三厅总体建筑群的南面、西面和北面，有河道环绕，既起到隔离外界的作用，又利于防火防盗，也便于交通。

吕府建筑群的总体布局基本上还清楚。除永恩堂外，其他各厅，虽然有的已毁，有的已改建，但有一部分原来的建筑还保存着，是研究江南明代大官僚住宅建筑群极其难得的典型实例。

二　永恩堂建筑

永恩堂是吕府的主体建筑，原为正厅，吕本死后改作宗祠。

平面：通面阔36.12米，七间。各间面阔分别为：明间6.1米，次间5.03米，梢间4.95米，尽间5.03米。通进深17米，其中前廊深3.46米，后廊深3.5米。前廊通七间。后廊仅明间和次间有，梢间和尽间都没有，而是单独隔成一室。前出檐1.35米，后出檐1.4米。未见有飞椽。

柱子：共用柱子五十根。其中明间东西两缝共用柱八根，即金柱四根，前后檐柱四根。其他各间共六缝，每缝用柱七根，即中柱一根，前后金柱各一根，前后老檐柱各一根、前后檐柱各一根。柱子的形式，全部为圆形，上细下粗，收分明显。明间金柱高 5 米，底径 0.65 米，柱头直径 0.5 米；檐柱高 3.87 米，底径 0.4 米，柱头直径 0.35 米。其他各间各缝，中柱高 7.85 米，底径 0.5 米，柱头直径 0.45 米；前后老檐柱高 5.2 米，底部直径 0.45 米，柱头直径 0.4 米；前后檐柱高 3.88 米，底径 0.4 米，柱头直径 0.35 米。侧脚做法，以明间金柱为例，正面（东西向）侧脚为 0.038 米，侧面（南北向）侧脚为 0.062 米，与法式规定不甚相符。

屋架：永恩堂屋架采用抬梁式与穿斗式两种结构方式。明间东西缝为抬梁式结构，没有墙壁隔断（图一）。其他各间每缝均为穿斗式结构（这种穿斗式，并非每檩都用落地长柱支托的，有些檩子使用瓜柱，所以应该说是穿斗式与抬梁式相结合的形式），并且都用砖墙隔断。这样，明间和东西次间实际上通作一间，而东西梢间和尽间都各自隔作一间，形成三明四暗的格局。现将屋架结构分别介绍如下。

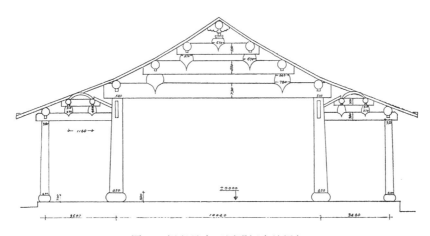

图一　绍兴吕府正厅明间东缝梁架

明间正贴式：在前后金柱之间，架有跨空的七架梁，进深为 10.04 米。七架梁高 0.73 米，两端各立瓜柱一根。瓜柱很粗壮，高 0.91 米，上部呈鼓状，顶端直径 0.64 米，腹部直径 0.82 米，腹底直径 0.73 米，下部骑在梁的两侧部分略似鹰嘴形，线条柔和流畅，颇具特点。其上架五架梁，支托前后中金檩。五架梁高 0.65 米，两端也各立瓜柱一根，瓜柱总高 0.75 米，腹底直径 0.67 米。再上为三架梁，支托前后上金檩。三架梁高 0.55 米，中间立瓜柱一根，瓜柱总高 0.62 米，腹底直径 0.57 米。瓜柱上面搁置十字科，支托脊檩，并用蝴蝶木固定。梁上彩画花卉。

次间、梢间和尽间贴式：进深为七界，即包括前廊，内四界和后双步三部分（图二）。

内四界梁架结构如下。

中柱柱顶搁置十字科，上托脊檩。中柱与前后金柱之间，各有双步梁一根，高 0.45 米，前面一根，前端搁在前金柱上，承托前中金檩，后端插入中柱；后面一根，前端插入中柱，后端搁在后金柱上，承托后中金檩。在双步梁的下面，都有两根穿插枋，上面一根高 0.68 米，下面一根高 0.74 米。每根双步梁的中部，各立瓜柱一根，高 0.69 米，顶端直径 0.41 米，腹底直径 0.47 米。瓜柱之上，各有单步梁一根：前面一根，前端承托前上金檩，后端插入中柱；后面一根，前端插入中柱，后端支托后上金檩。以上是中柱前后两界梁架的情况。

前后金柱与前后老檐柱之间，又各为一界，其梁架结构为：各用单步梁一根，其前面一根，前端

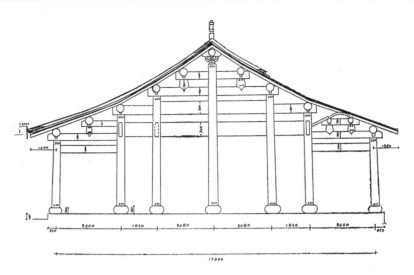

图二　绍兴吕府正厅次间东缝梁架

搁在前老檐柱上，支托前下金檩，后端插入前金柱；后面一根，前端插入后金柱，后端搁在后老檐柱上，支托后下金檩。单步梁的下面，各有穿插枋一根。

前老檐柱与前檐柱之间为前廊（图三）。

后老檐柱与后檐柱之间，次间为后廊，梢间与尽间则为后室。其梁架结构为：使用双步梁跨空，双步梁高 0.36 米，前端插入后老檐柱，后端搁在檐柱上，承托后檐檩；其下有穿插枋一根，高 0.4 米；双步梁的中部立瓜柱一根，平顶直径 0.25 米，鼓腹的底径 0.28 米。瓜柱上搁单步梁。

廊子为船篷顶。在前老檐柱与檐柱间架双步梁一根，高 0.36 米。梢间前廊的双步梁下有穿插枋，其他各间不见。双步梁上立瓜柱两根，其上搁置单步梁，支托两根廊檩。两根廊檩之间，架圆弧形的罗锅椽。罗锅椽的前面就是檐椽，后面又向内斜架一椽，这是为了使外观上形成船篷的作用。而下花架椽的一端，搁在罗锅椽上面的中间，另一端架在下金檩上，这根就是举架中的第四折的椽子。

永恩堂共用九檩。前后廊各自另有两根较小的檩子，分别位于前后檐檩的里向。各檩下都有枋。椽子呈椭圆形，高度直径为 0.1 米，阔度直径为 0.12 米，但不甚规则，这是大致的尺寸。两椽间净空 0.08 ~ 0.1 米。

屋顶举架平缓。前后檐柱心间距为 17 米，举高自撩檐枋上皮至脊檩上皮为 4.16 米，举架约为 1:4。自脊檩上皮开始，每檩之间的提栈为：第一折，垂距 0.66 米，步距 1.54 米；第二折，垂距 0.86 米，步距 1.54 米；第三折，垂距 1.06 米，步距 1.93 米；第四折，垂距 0.64 米，步距 1.75 米；第五折，垂距 0.61 米，步距 1.75 米。

屋顶硬山造，"阴阳合瓦"，用瓦当、滴水。屋脊系后代改建。

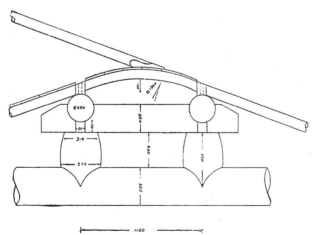

图三　绍兴吕府正厅前廊梁架

地面：明间和次间都用方砖斜角铺墁，这种铺法，当地称"官放"。梢间用方砖直铺，当地称之为"平放"。方砖尺寸厚 0.07 米，每边长 0.46 米。台明用条石，条石的长度与各间的面阔相等，可说是十分讲究了。台明做出泛水。压条石则平铺，没有斜度，按照一般做法。明间有阶沿，踏步两级，两边拥有菱角石。

门窗全无，装修不明。在各间的前下金檩下，都有楣串，高 0.74 米，阔 0.18 米，这应该是安装落地门的地方。在明间和次间的后下金檩下，亦有同样尺寸的楣串，也应该是安装落地门的地方。梢间则在后檐柱间安窗，窗下用槛墙，今仅存痕迹。东西梢间的后室，分别在东西壁间也有门框。

正厅东西尽间的前面，各有轩屋一列，通面阔 9.32 米，分三间，通进深 5.15 米。正厅前面、东西轩屋之间有天井。天井中间为甬道。甬道前为门楼。门楼两侧砌墙，折而延至山墙，再折而延至后墙。这样正厅就形成了一个完整的单元。在后墙中间有后门。出后门，就是马弄。

门楼用砖石建造。左、右门墩勒脚作须弥座式。其上两侧各隐出方形石柱一根，石柱间直贴方砖。两门墩上架设石制定盘枋，厚 0.185 米，四边雕刻莲花瓣。上面铺砖一层，略出定盘枋之外。再上为斗盘枋，枋上排列斗拱八攒，出一翘，即三踩。斗拱均用砖制。撩檐枋用木材制作。椽子呈椭圆形，也是砖制的。筒瓦盖顶。正脊中间弧凹，逐渐向两端起翘。门楼两侧的砖墙上隐出方柱，把整堵墙面分隔成三间。方柱之间隐出额枋，上施斗拱。墙面用方砖铺贴。

三　吕府建筑的特点

吕府建筑群，在总体布局上，采用了长江下游江南地区古代住宅建筑群的设计手法，具有如下几个特点。

1. 三条纵轴线，整整齐齐。每条纵轴线之间，隔着一条笔直的水弄，分界清楚，一目了然。在横轴线上，一排排厅堂屋舍，一座座门楼天井，全是对称的，格调也一致。整个气氛，给人以严肃庄重的感觉，显示出封建大官僚的权势和尊严。与此同时，整个建筑群里的每个组合，格局基本一致，这就更加显得公式化。也没有园林配合，只见座座门楼、天井、厅堂和轩屋，而且都是石板铺地，很少见到青草，未免使人感到枯燥乏味。在绍兴县城里，这种死板格局的建筑群，直到清代还是常见的，不同于江南建筑群中常见的那种住宅和园林互相配合的布局。如果我们以绍兴吕府和东阳卢宅这两处明代建筑群来进行比较，就可以明显看出两种截然不同的风格。东阳卢宅占地达十五公顷，范围比吕府更加广阔，形成一个独立的村庄。这个村庄的全部建筑，在数条纵轴线的规范下，布置许多组合。在每个组合里面的建筑，大致上是对称的。但是每条纵轴线，每个组合，又都有独自的布置，不讲究对称。每个组合之间，有的紧联一起，有的间以巷道，有的隔着小河，其间还分布着园林 16 处。整个村庄的外面，三面溪水环绕，一面临街。亭台假山，小桥流水，绿树香花，加上卢宅建筑的华丽雕饰，显得更富有生活气息。

2. 吕府建筑群，使用两条"水弄"，一条"马弄"，把整个建筑群，分隔成六个相对独立、而各自可以封闭的庭院。在整个建筑群的周围，东边高墙隔绝，西、北两边河道环绕，只有南面大门前有一条通向外界的石板路，石板路的前面也是小河，与西、北两边的河道连接。这样，整个建筑群成了封闭式的。外界人进去障碍甚多，防范严密。但里面的人出外，则是水陆两便：从两条"水弄"的后面，可以步下踏道，登上小舟；从"水弄"前面向东可以进城，向西可以出城；加上一条"马弄"，通行更加方便。因此，吕府建筑群的总体布局，又反映了封建社会里，官僚地主与平民百姓之间的封建主义的阶级关系。

3. 再从单体建筑来说，吕府建筑用材粗壮，结构简洁，朴素大方，气魄雄伟。每座单体建筑，都没有雕饰构件，只在梁枋上彩画花卉。也没有月梁做法。但加工不草率，用材也规则。根据张廷玉《明史》卷六十八《舆服志》四"百官第宅"条记载："洪武二十六年定制，官员营造房屋，不许歇山转角、重檐重拱及绘藻井，惟楼居重檐不禁……一品、二品，厅堂五间，九架，屋脊用瓦兽，梁、枋、斗拱，檐桷青碧绘饰……不许挪移军民居止，更不许于宅前后左右多占地、构亭馆、开池塘以资游眺。三十五年申明禁制，一品、三品厅堂各七间……"吕本为太子太傅，官阶从一品。吕府永恩堂七间，九檩，跨空梁七架；檐柱柱脚直径 0.45 米，为明间面阔的 7.4%，脊檩上使用扶脊木，脊瓜柱上使用十字科，其上使用蝴蝶木，如此等等，都说明是大式做法，并符合当时制度的规定。可是，卢宅的单体建筑，雕饰豪华，不仅牛腿上雕刻人物花鸟，斗拱也雕花，充分显示出东阳木雕的技艺，与吕府相比，正反映了两种截然不同的风格。肃雍堂是卢溶建造的。卢溶不过是个赠知县的头衔，却使用那样多的雕梁画栋，建造那样多的园林亭馆，应该说是违制的。当然，卢宅的格局是历经数代经营，逐渐形成的，与吕府情况不一样。

总之，我认为在浙江现已发现的明代大官僚住宅建筑群中，绍兴吕府和东阳卢宅可说是最典型的。但这两处建筑群，无论是总体布局，还是单体建筑，都代表了两种不同的特点，两种不同的风格，因此显得更有保护价值。

四　吕本简历及吕府建造年代

吕本，字汝立，自号南渠，又号期斋。据《绍兴县志资料》第七册"吕府吕氏"条载："唐河东节度使吕延之之后、宋太师正惠公端，二传至中丞海，有子守袭庆，死金人之难，其孙大理寺评事亿，负父骨南渡，家于越州之新昌，为新昌吕氏。其后有名贵义者，迁余姚。余姚'吕'与'李'同音，明初定户版，里长谬呼'吕'为'李'。嘉靖间，太傅文安公本，以李通籍，相世宗朝。十三年，及将致政，乃始启奏，请复姓……"这条记载大致可信，但吕本复姓，并不是在嘉靖十三年。傅维麟《明书》卷一百三十二《吕本传》云："本居相位，仍李姓，自号南渠，人皆称为李南渠先生。至是（指返里后）始疏复吕姓，更其号曰期斋。"明汪道昆《太函集》卷三十九《太傅吕文安公传》更明确记载："穆考即位，公请吕姓。"可见吕本复姓是在明穆宗朱载垕即位之后，所以张廷玉《明史》《世宗本纪》及宰辅年表均写作"李本"[1]。

---

[1]　中国科学院历史研究所（现属中国社会科学院）明史研究室亦认为，从官职、籍贯、举进士的时间等方面看，李本就是吕本无疑。与吕本关系非常密切的袁炜曾给吕本的父亲写过墓志铭，内称："少傅南渠李公之先公……讳改，字正之，别号醉梦居士"，"先世河南人，姓李氏……徙居余姚，遂为余姚人。"近人朱保炯、谢沛霖著的《明清进士题名碑索引》嘉靖十一年进士名单中，第三甲一七三名就是浙江余姚李本。另外，"吕本"，绍兴有人云是"吕夲"，"夲"字的写法，大十不相连，读作"叨"。查《唐熙字典》："夲"，音叨，进趋也。但绍兴地方志都写作"吕本"；据我所知，记载吕本的文献不下十种，亦都写作"吕本"或"李本"，没有写作"吕夲"的。古人中有不少人曾把"本"字写成"夲"的，这在王羲之、欧阳询、颜真卿、李世民、米芾、赵子昂等人的书法作品中都可见到；相反，音叨的"夲"字，未见写成"本"形的，由此可见，把"吕本"读成"吕夲"（音叨），是没有根据的。

吕本于明嘉靖十一年（1532 年）举进士；十三年（1534 年），授国史检讨；十六年（1537 年），"校列圣御制文集"，充经筵展书官，又任南国子司业；岁久，则以右中允摄南京翰林院，转左中允，摄左春坊；二十五年（1546 年），主试京师，出题"礼乐征伐自天子出"，大得世宗心意；二十七年（1548 年）递升两京国子监祭酒；二十八年（1549 年），以少詹事入阁，续修大明会典，充总裁，二十九年（1550 年），升吏部右侍郎、东阁大学士；三十二年（1553 年），升礼部尚书，三十三年（1554 年），进太子太保兼文渊阁大学士；三十五年（1556 年），奉旨摄吏部事，寻加少保兼武英殿大学士；三十六年（1557 年），晋柱国，兼太子太傅；三十九年（1560 年），加少傅；四十年（1561 年）五月，母谢世，丁忧返里①。"自丁忧回籍，优游林下二十余年，终身无疾……。神宗癸未（万历十一年1583 年），年八大，上命有司存问。又四年卒，赠太傅，谥文安。著有《期斋集》《奏谢稿》《馆阁漫录》。"② 有六子：长名进，任礼部郎；次名允，又次兑，进膳部郎；四子充，历十二千石；五子名党，入太学；六子名魁，授光禄署丞中。又女一。

关于吕府的建造年代，据《绍兴县志资料》载：吕本"既于余姚建相国里第，复于郡治山阴地更造行府"。据民间相传，吕府十三厅，系吕本学生所赠建，这与明汪道昆《太函集》中"门人递以省方，至为公筑馆西郊"的记载是吻合的。还有，吕府永恩堂悬有"齿德并茂"匾，上款题"钦差提督军务、巡抚浙江等处地方、命升都察院右都御史、管兵部左侍郎事张佳胤，巡按浙江监察御史范鸣谦，奉圣旨"，下款题"及门存阁、原任光禄大夫、柱国、少傅、兼太子太傅、礼部尚书、武英殿大学士吕本，万历十一年岁次癸未十月吉旦立"③。由此可见，吕府的建造年代，上限应在嘉靖二十八年（1549 年）吕本被廷推为内阁成员之后，下限应在万历十五年（1587 年）吕本去世之前，而永恩堂建造年代的下限可能还略早几年。

（原载《浙江省文物考古所学刊》，文物出版社，1981 年）

---

① 《太函集·吕本事迹》。

② （明）过廷训：《本朝分省人物考》卷五十一《吕本传》。

③ 乾隆年间《绍兴府志·人物志》。

湖州飞英塔的构造及维修*

　　飞英塔在浙江省湖州市北端，分内外两塔：内塔石质，周身浮雕佛、菩萨像；外塔砖木混合结构，飞檐翼翼，每层都有平座，可以凭栏眺远（图一、二）。1982 年 5 月，我所文保室对飞英塔做了认真的勘察和详细的测绘。在此基础上，对江浙一带的古建筑，尤其是宋代古塔作了专题考察，并广泛征求专家对复原方案的意见。经过慎重分析与多方论证，完成了飞英塔的复原方案设计。1984～1986 年年底，依照方案进行的维修工程顺利完成，这是浙江省在此之前文物修缮工程规模最大、耗资最巨、工程质量较好的项目之一。

一　飞英塔的历史

　　飞英塔是先有寺后有塔，先有石塔后有砖（木）塔。据嘉泰《吴兴志》记载，唐咸通五年（864 年，一说咸通十三年），忠顾禅师创建寺，称"资圣寺"，后改名"上乘寺"。又云，唐咸通年间，云皎和尚

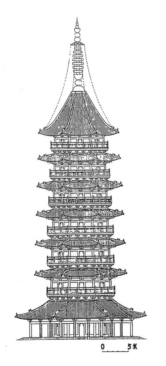

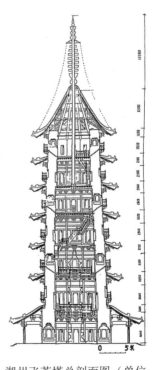

图一　湖州飞英塔南立面图　　　　图二　湖州飞英塔总剖面图（单位：毫米）

---

* 与宋烜合作撰写。

游历长安，带回佛舍利七粒及阿育王饲虎面像，营建佛塔，始于中和四年（884 年），成于乾宁元年（894 年），这应是飞英塔的始祖。北宋开宝年间，所谓"有神光见于绝顶，遂复建木塔于外"，这样便形成了内外塔相套的独特形制，塔名亦依据"舍利飞轮，英光普照"的经义而改称"飞英"。改名"飞英"的时间，一云北宋景德三年（1006 年），一云北宋大中祥符元年（1008 年）。南宋绍兴二十年（1150 年），飞英塔遭雷击，"雷震成烬"，毁为废墟①。不久，又重建了石塔。现石塔上有建塔题记 28 则，其中 5 则有纪年。时代最早者为底层南面一则："府郭南门居住奉佛女弟子□氏三五娘，法名善德，谨施净财壹百贰拾贯文足，镌造释迦卧佛圣像一面，所集功德，伏用报答四恩三有，生身父母养育深恩，仍乞忏悔罪瑕，解释冤债，庄严佛果，成就菩提。绍兴二十四年甲戌四月八日□氏谨愿。"第一层边框上另外还有绍兴二十四年（1154 年）题记一则。第二层边框上有绍兴二十五年（1155 年）题记二则。时代最晚者如四层中的一则："在城费谔与家眷等施钱壹佰文入寺，添助造第四层宝塔，绍兴三十一年三月初九日谨题。"

石塔建成以后，又沿袭旧制，构建外塔。关于外塔的时代，嘉泰《吴兴志》转引浮图碑载"今又建木塔云"，可见外塔在北宋开宝年间建造，在南宋绍兴二十年毁于雷火后，至迟在嘉泰之前又经重建（嘉泰《吴兴志》修于嘉泰元年，即 1201 年）。元延祐六年（1319 年）孟淳《重修飞英舍利塔记》则云，绍兴二十年毁后，"岁久未复。端平初沂王夫人俞氏施资，命钱塘妙静禅寺比丘尼密印董其事"。这条记载与嘉泰《吴兴志》似有出入，其实，据乾隆《湖州府志》云，"端平初沂王夫人俞氏重修"，如此就不该有问题了，即外塔在南宋嘉泰之前重建后，端平初又重修。外塔第三层平座斗拱与内壁第四层平座拱上的木构件，经国家文物局文物保护科学技术研究所进行 ^{14}C 测定，分别为距今 880 年 ±75 年和距今 860 年 ±75 年，证明上述文献记载是正确的。

飞英塔到了元代，由于寺无常产，主僧不留，以致颓圮荒落，不能自振。延祐元年至五年（1314～1318 年），僧妙演募众修缮，"然后木塔之阙者复完，山门法堂之仆者复起，像设庄严，墁塈明丽，寮居靓深，铃语清越"。前山门，后法堂，是典型的塔院布局②。

明代永乐年间，塔又遭雷击，"砖石剥落，椽槛液漏，日就倾圮。僧文誉常修塔后弥陀殿，而塔之功实浩不能举"。景泰三年（1452 年），僧道敬、祇栗募众再修，费时九年而成③。值得注意的是，这之前修塔的资金来源主要是僧人化缘，而有的工匠往往也可能是自愿参加，不计报酬。所谓"郡之乐善者，远近趋向，众工偕来"，完全是出于对佛教的崇信。而这之后，修塔的动机开始出现变化。明代由于堪舆学盛行，风水应运兴起，原先的佛塔也往往被人们掺进风水的因素，正如明万历三十七年（1609 年）《吴兴重修飞英塔碑记》云：飞英塔实捍卫东北隅土林昌盛。万历三十三年（1605 年）由郡守率领出资修塔，"计不逾年，而光如今"。传塔修成后，"举士奎名倍增旧额"④。

清代道光十五年（1835 年），"郡士大夫以城东北隅有飞英塔，实主文运，久圮不修，乡会试获隽者益少。请以十三年损赈赢钱七千余缗充修塔之用"，加之众人所捐助，"经始于是年冬十一月至十八

---

① 引自嘉泰年间《吴兴志》卷十三《寺院》。
② （元）孟淳：《重修飞英舍利塔记》，见同治《湖州府志》卷五一《金石略》。
③ （明）陈秉中：《重修飞英塔记》，见同治《湖州府志》卷二七《舆地略·寺观》。
④ （明）韩绍：《吴兴重修飞英塔记》。现碑存飞英塔文物保护所。

年（1838年）夏五月而工竣"。塔修成后，人文蔚起，"群议谓塔之修，有造兹土"，而"追美前哲，以彰国家教育之盛，则今天之鸠工庀材，庶以谓有助于文运也夫"。佛塔完全成了文明塔，被视为主宰一邑士人科举命运之神灵了①。

1949年前后，塔的副阶成了僧人的栖身之处，可见除了塔本身以外，已无其他更多的附屋厅堂之类的建筑了。塔院荒落原因，根据志书的记载判断，我们以为不外乎两条：一是塔院无常产，主僧不留，难以维持；二是佛塔在世俗观念中逐渐失去保藏佛舍利、旌表佛身和弘扬佛学教义的功能，而逐渐成为主文运昌盛的风水塔。

飞英塔见于碑志的修缮工程年代依次如下：

1. 南宋端平（1234～1236年）年间，沂王夫人俞氏施资，命钱塘妙静禅寺比丘尼密印主持修葺（元孟淳《重修飞英舍利塔记》）。

2. 元延祐元年至五年（1314～1318年）僧妙演募众修缮，历时五年（元孟淳《重修飞英舍利塔记》）。

3. 明永乐（1403～1424年）年间葺而新之（明韩绍《吴兴重修飞英塔碑记》）。

4. 明景泰三年（1452年）僧道敬、祇栗主持修缮工程，费时九年（明陈秉中《重修飞英塔记》）。

5. 明嘉靖（1522～1566年）年间修葺一新（明韩绍《吴兴重修飞英塔碑记》）。

6. 明万历三十三年（1605年）徐学主持修葺，费时一年（明韩绍《吴兴重修飞英塔碑记》）。

7. 清道光十五年至十八年（1835～1838年）葺而新之（清徐起渭《重修飞英塔记》）。

二　飞英塔的构造

（一）内塔（石塔）

内塔八面五层，残高14.55米，底层最大边长0.75米。全塔由基座、五重塔身、塔檐、平座及塔刹组成。今铁刹已毁。（图三、四）

1. 塔座。基座形式在江浙一带的五代、两宋石经幢、石塔中经常可以看到。即由最下部的二重台基与上部的须弥座组成，总高1.79米。台基八角形，分二层，下一层边长1.44米，高0.34米。立面部分刻出如意云头缠腰的层叠山峦，平面部分雕刻海水波涛，这应该象征佛教所称"九山八海"。中间蟠龙首尾显露，隐身作飞腾状。上一层台基高0.32米，边长1.18米，雕刻怪山石洞。台基之上是八边形须弥座，总高1.13米。须弥座表面满刻图案花纹，下枋刻缠枝蕙草，上枋刻连锁回纹，仰、覆莲刻成宝相花。束腰部分浮雕神兽。在须弥座最上部，满刻缠枝石榴花，中间刻有化生。这些雕刻整体水平很高，技法精妙。须弥座顶面即为底层塔身的台明，外沿部分仍留有孔洞，计每角一个，孔洞原是立望柱的，柱间原应施栏版，现均不存②。

---

① （清）徐起渭：《重修飞英塔记》，见同治《湖州府志》卷二七。
② 石塔围栏荡然无存，损坏原因，可能为当时用的是木制勾栏，而木制构件容易糟朽。这个推论基于如下实例：浙江海宁盐官镇的唐代咸通六年（865年）石幢上有石制勾栏，保存相当完好，而建于五代吴越末期的杭州灵隐寺双石塔和杭州闸口白塔的勾栏则无存，与飞英塔石塔同样，只留下柱洞遗址。

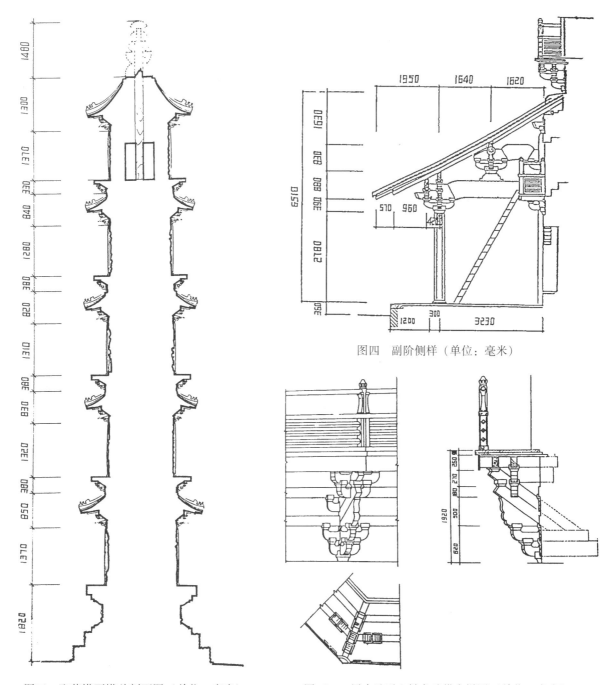

图三　飞英塔石塔总剖面图（单位：毫米）　　　图四　副阶侧样（单位：毫米）

图五　二层内壁平坐转角斗拱大样图（单位：毫米）

2. 塔身。底层塔身边长0.75米，每角隐出瓜楞形柱子，柱高1.37米，两头卷杀呈梭柱状。柱头连以阑额，阑额上刻"七朱八白"；柱脚连地栿，柱边有抱柱。抱柱上刻有施主题记。在阑额、地栿与抱柱围成的长方形塔壁上，雕刻着菩萨、经变故事等。在第二层的北面与第五层的南面则分别雕刻了实榻大门与长方形匾额。

3. 塔檐柱头与阑额之上，各施一朵斗拱、为单杪单下昂五铺作偷心造（图五）。斗拱上遮椽板刻出毬网格眼，非常精致。在撩檐枋上刻出圆形檐椽与方形飞子，屋面雕作筒板瓦陇，檐口用重唇滴水与宝相花瓦当。博脊略有弧度，用瓦条脊形式，戗脊刻出兽头。岔脊用瓦当勾头。屋檐翼角没有做出生出，这可能是石材取料时所致。但升起做法明显，为 0.13 米，相当于每面檐口边长的 11.5%。屋檐之上是平座。（表一）

4. 平座。平座斗拱为双卷头五铺作，下压普拍枋。斗拱外跳用令拱。其中单拱偷心的做法显然是为了方便石材的雕作。斗拱补间与转角各施一朵。斗拱之上为平座台面，石刻的雁翅板上刻缠枝花。平座上原来应有望柱、阑版，现均不存。

5. 塔顶。二至五层塔身仿木作部分大同小异，仅仅是尺寸规格逐渐减小，每层以平座、柱墙和塔檐重复砌叠，直至五层。（表二、三）顶檐相当陡峻，显出很大的凹曲面。顶部做出安放覆钵的台座，残留的木质刹柱下部与五层平座面齐平，从刹杆木的埋深可知石塔原是用铁刹的，后代修缮时曾给石塔安装过石刹顶，形式为五层相叠的宝珠。

6. 柱额特点。柱子的梭形与磉形础（后人称马蹄墩），阑额入柱的地方做成卷杀，额身用"七朱八白"纹饰，这些做法在浙江北宋建筑中是常见的，是很有特色的。关于柱子的瓜楞形状，傅熹年在《麦积山石窟中所反映出的北朝建筑》[1] 一文中曾经就其原始形成与演变过程归纳为束竹——瓜楞，即从材料决定形式到这形式的改善定型。其实，瓜楞柱出现的原因可能是多方面的。例如，宁波保国寺北宋正殿的瓜楞柱，是用四根小木材拼成的，在拼缝处各包上一根小木片，形成八瓣形瓜楞柱，这显然是出于节省木材又达到美观之目的。在浙江的宋代建筑中不仅瓜楞柱常见，其他瓜楞形的构件还有讹角圆栌斗，瓜楞状柱础以及日常生活用品中如陶瓷器皿中的瓜楞形（或称海棠瓣纹），这种形式在当时是相当普遍的。因此，形成瓜楞柱的因素可能是与当时相当流行的海棠瓣纹饰有相当密切的关系，因为这种习见的形状作为规律所造成的美与完善意识，并把这种美的形式应用到建筑中来是理所当然的。瓜楞柱可能也是这种审美观的具体表现。

表一　石塔斗拱椽飞尺寸表[2]

单位：厘米

项目	材分	头跳	二跳	总出跳	椽径	檐椽出	飞子出	檐椽出	飞子出	总椽出	备注
一层	0.38	12	7	19	3.8	28	17	1	0.61	45	
《法式》规定		11.40	9.88	21.28		44.35	26.61	1	0.60	70.96	
二至五层	0.35	10.50	6.50	17	3.3	21.50	15	1	0.70	36.50	
《法式》规定		9.90	7.80	19.60		38.51	23.11	1	0.60	61.62	

从表一中可以看出斗拱出跳中头跳较之《法式》出超，二跳减小，椽飞的裁减更加明显。同时，总出跳及飞子出与檐椽出的比例都是符合《法式》的。显然，前者是受石材本身的限制，而后者则可以看出《法式》制度对飞英塔营造制度的影响。

表二　石塔塔身通径尺寸表

单位：厘米

层次	第一层	第二层	第三层	第四层	第五层	备注
塔身对边径	181	168	172	165	158	
屋檐檐口对径	307	282	286	279	272	
平座外沿边径	280	188	186	183	176	

---

[1] 见《文物资料丛刊》第 4 辑，文物出版社，1981 年。

[2] 文中凡提及宋李诫《营造法式》，皆简称《法式》。

表三　石塔高度表　　　　　　　　　　单位：厘米

层次	第一层	第二层	第三层	第四层	第五层	备注
	179					
平座栌斗底至上层柱（础）脚		38	38	38	35	平座高
柱脚（础）至柱头上皮	173	132	131	128	127	柱高
柱头上皮至平座栌斗底	85	83	82	82		塔檐高
五层柱头上皮至顶檐上皮					140	塔总高（残）1455

7. 天宫。在第五层塔心有一个空室，方径 0.72、高 0.92 米，即一般称为"天宫"，木刹杆的下部即立在天宫底部。天宫内原来藏有佛家宝物。天宫的开启处设在东南面，为一长尖瓣形，封口石表面仍刻小坐佛像，所以不经仔细观察不易发现，现封口石已移位。

8. 浮雕佛、菩萨像。石塔的特点是雕刻。整塔实际上是一座石质的木塔模型。在石塔塔身上，雕刻了柱额、椽飞、角梁、瓦陇、勾头滴水、脊兽等，每层长方形壁面上刻满了佛、菩萨像。这些雕像都刻在壶门形壁龛上。此塔造像的分布有这样的规律，即八面形塔身上，在南北二面雕造佛、菩萨像或实榻大门，亦即总是以一整幅雕刻占去了整个墙壁；其他六面则都雕作由小坐佛像组成的群佛图。其中主要内容简述如下。

第一层南面，释迦卧佛圣像，浮雕分三部分。上部接引释迦升天；中部为山峦菩提树；下部为释迦涅槃，周围站立弟子。从佛教的教义去理解，中部的菩提为道，下部的涅槃为果，涅槃由菩提而证，合为道果，意为释迦牟尼道果高深。所以浮雕的三部分实际上是一个整体画面。

第一层北面与第二层南面，泗州大圣菩萨圣像，共两龛。其中第二层南面一龛有题记："大宋国南京应天府下邑县管界、今在湖州乌程县雪水乡望溪里丘墓村居住弟子郭信，施财壹佰贰拾贯足，镌造泗州大圣菩萨圣像，功德伏用上报四恩，下资三宥，法界众生，在严福智，成就菩提。绍兴二十五年五月初二日郭信谨题。"龛内浮雕三像，中间为泗州大师，一手持柳枝，一手持宝瓶，顶上烟气回绕，两侧各有一弟子，均站立流云之上，云下水浪翻滚。第一层北面一龛无题记，亦浮雕三像，中间为泗州大师，顶部烟气缭绕，右手持锡杖，左手托钵，从钵中放出朵朵云雾，两侧亦各有一弟子（左侧弟子浮雕被后人凿去），均站立流云之上，其下水浪涛涛。

泗州大师即僧伽，李邕《大唐泗州临淮普光王寺碑》云：僧伽"和尚云姓何，何国人"[1]。李昉《太平广记》云："僧伽大师，西域人也，俗姓何氏，唐龙朔初来游北土，录名于楚州龙兴寺。后于泗州临淮县信义坊乞地施标，将建伽蓝，于其标下掘得古香积寺铭记，并金像一躯，上有普光王佛字，遂建寺焉。唐景龙二年，中宗皇帝遣使迎师入内道场，尊为国师。寻出居荐福寺。常独处一室，而其顶有一穴，恒以絮塞之，夜则去絮，香从顶穴处出，烟气满屋，非常芬馥，及晓，香还入顶穴中，又以絮塞之……一日，中宗于内殿语师曰：'京畿无雨，已是数月，愿师慈悲，解朕忧迫。'师乃将瓶水泛洒，俄顷阴云骇起，甘雨大降……至景龙四年三月二日，于长安荐福寺端坐而终……"[2] 赞宁撰《大宋高僧传》中讲到僧伽显灵时，有"伽乘云下"的句子，说他给人治病，"或以柳枝拂者""或掷

水瓶"，并说"中宗敕恩度弟子三人，慧岸、慧俨、木叉各嗣衣盂，令嗣香火"①。

飞英塔浮雕的泗州大师顶上烟气回绕，可能象征他乘云而下，也可能象征"香从顶穴处出"，或者是"慈云覆身"（李邕文）的意思。第二层南面一龛，泗州大师左手托钵，钵中散出缕缕云雾，第一层北面的泗州大师左手执瓶，都可能象征作法降雨。

《太平广记》云："……后中宗向方迥师曰：'僧伽大师何人耶？'万迥曰：'是观音化身也。'"②《大宋高僧传》和《景德传灯录》都有类似记载。但飞英塔浮雕泗州大师似非以观音化身的形象出现，因为塔中另有浮雕观音像。两龛泗州大师浮雕，都是按照当时传说的泗洲大师的形象和情节创作的。据《大宋高僧传》载："泊乎周世宗有事于江南，先攻取泗上，伽寄梦于州民，言不宜轻敌。如是达于州牧，皆未之信。自尔家家梦同，告之，遂降，全一郡生民，赖伽之庇矣。天下凡造精庐，必立伽真相，榜曰大圣僧伽和尚。"可见僧伽在当时有较大的影响。特别要提到的是传说云皎建造舍利塔，是因为他在长安接受僧伽所赠送的舍利及阿育王饲虎面像之故③，所以在石塔上浮雕僧伽像是理所当然的。

第三层北面，多宝佛、释迦如来像。浮雕分三层：上为屋盖，攒尖顶，翼角起翘，四周重幔流苏；中层两佛坐于须弥座上；下层中间一尊坐佛，左边两弟子净发穿袈裟，侧立于莲座上，右边两个供养人，一戴帽，一束发，双手均作合十状。按照佛教的说法，多宝如来为东方宝净世界之佛，入灭后以本愿为全身舍利，诸佛说法华经，必于其前出现。释迦佛于灵鹫山说《法华经》，既终迹门三周之正宗分（经论三分之一），至其流通分（一经二分之一，于诸经之终以所说之法，付诸弟子，使流通于遐代，谓之流通分），忽然地下有安置多宝如来全身舍利之宝塔出现于空中，塔中发声赞叹释迦，证明法华。浮雕大概就是反映这个佛教典故的。

第三层南面，释迦牟尼浮雕，龛内分两层，上部为释迦牟尼，坐须弥座上，两侧有弟子各一，应该是迦叶和阿难；下层两菩萨像坐须弥座上，束腰分别浮雕狮子和白象，应该是文殊和普贤了。实际上是一铺华严三圣。

第四层南面，西方三圣，分上下两层，上层为西方三圣，中间阿弥陀佛，左边观音菩萨，右边大势至菩萨，下部中间一佛像，前有一对孔雀，四周为跪像。

第四层北面，观音菩萨像，观音脚踏荷叶，其下为水浪，背光四周饰如意水浪纹，头戴宝冠，宝冠中有化佛，双手合抱腹前，垂着一串念珠。这大概是一叶观音像。

佛像群，尊数不一，有40尊，亦有22尊，顶上中间均在突出位置上浮雕一尊，都坐在壶门状壁龛内。

另外，有二面雕刻内容不同。

第二层北面，实榻大门，门上部呈壶门状，门上刻铜帽、门环，略呈虚掩状。

第五层南面，上部中间雕出匾额，内刻"恭为祝延今上圣寿无［疆］"十字，楷体竖字三行。匾

① （宋）赞宁：《大宋高僧传》卷一八《唐泗州普光王寺僧伽传》。
② 同上。
③ 此乃和尚附会。僧伽终于唐景龙四年（710年），下距咸通（860～874年）至少150年，故云皎和尚不可能与僧伽会面，但附会本身也说明问题。

额上部刻五龛小坐佛，下部为施主愿文；文字边框阴刻，边框上部饰荷叶，下部饰莲花，这种形式是当时最常用的。

（二）外塔

外塔有八面七层，砖木混合结构。砖砌体残高 36.32 米，底层边长 5.1 米。单壁筒状型制。塔外表以木作的平座、飞檐、副阶与砖砌体隐出的仿木构件形式组成酷似木楼阁塔的形状。塔内第四层以下原做出平座木回廊，既作为上下塔的交通过道，又是观礼石塔的绝好场所。五层至七层铺设木楼板，形成比较空敞的室内空间。塔内在六层底部原搁置平面呈十字形交叠的上下二根千斤梁，承托穿越六、七层的木刹柱，由于建造外塔的主要目的是为了罩护内石塔，因此在具体构造上有许多颇为特殊的处理手段，这在其他楼阁式塔中是很少见到的。另一方面，砖木混合结构的塔在建筑技术上，到北宋时已经达到很高的水平。此塔中运用木牵梁作为结构上的加强构件，便是许多精彩的处理手段之一。至于经过历代各次的修缮，有的是比较彻底的大修，以致现状中不论是砖砌体本身，或者是各层的木构件，都显示出不同的时代风格与做法，同样为我们提供了一个建筑技术与风格发展演变过程的具体例证。

1. 底层与副阶。底层八面形，外壁面边长 5.1 米。每面相间开辟壸门和壸门形龛，其中东西南北四面开门道，门高 2.38、宽 0.91 米，过道深 2.4 米，门首用砖砌出壸门曲线，线条流畅，充分体现出宋代壸门的风格，门道顶面平砖与菱角牙子砖相间砌出长方形平綦，中部用二层八角形木框架相叠，复以八根阳马斗出覆钵形藻井，背版八边形刻出太极图案，这种俗称"鸡笼形"的藻井形式在浙江宁波保国寺正殿有原大的木作实例。

塔壁的其余四面内外壁均，鏊壸门形壁龛，高 1.99、宽 0.91、深 0.3 米[①]。这些门或壁龛两侧各隐出方形栿槏柱，槏柱之上隐作阑额，其下隐作地栿。

塔外壁每角隐作圆形倚柱，每面隐出二根圆形平柱，柱高同为 5.29 米，这样每面实际上由四根圆柱分隔形成三开间形式，当心间宽 2.5 米，左右次间宽 1.3 米，柱身上部各留有两组安插梁榫的卯口，卯口宽约 0.13、深 0.1～0.3 米，上组卯口高 0.5 米，下组卯口高 0.9 米，这卯口应该说是副阶劄牵与乳栿榫头的插入处，但残存的洞口过高，估计是由于后代改造所致。圆柱之间，上连以阑额、素仿、下连以地栿，中间二道素枋之间隐出一斗三升。柱顶隐出一令拱，从残留孔洞看，原曾是斗口跳做法，估计原以素枋挑承椽子后部，与砖砌体上斜坡状的搭置椽尾做法是相符的。

在底层东北面壸门之上，距副阶地坪 3.38 米处，开一高 1.6、宽 0.8 米的门洞，为登塔楼梯的入口处。门内砖砌踏跺逐级而上，穿过门道，就到达内壁二层回廊。

底层副阶通深 3.54 米，木作部分都已坍毁，石柱倾卧他处。副阶基础相对完整，周缘砌以阶条石，每角置一个柱础。柱础为一整石，上部石若覆斗状，下部为柱顶石。柱础之间旧砌有空斗墙。副阶地坪用 26.5×26.5×30 厘米的方砖铺墁，这种砖与平座上用砖规格、质地相同，显然为同时期产物。我们在清理副阶积土时，发现在阶沿石外 1.2 米处有一旧基座，外缘四周砌砖，角上用五边形角柱石，估计为宋代旧制。

砖塔底层内壁比较简明，边长 3.1 米，做法与外壁不同。由于塔内需要与石塔之间划出尽可能宽

---

① 第五、六层内壁壁龛有后期绘制的佛像等，不知是否旧制。

敞的室内空间，避免砖塔内壁与石塔之间的距离太局促，所以就处理得相对简洁。每角隐出圆柱以及槏柱、阑额、地栿等。柱头与阑额之上是平座斗拱。

2. 二层塔身外壁。有平座、柱、壶门、塔壁和木檐。

平座：在砖砌塔身上挑出木斗拱承托上部平台回廊。斗拱转角置一朵，补间用两朵。转角斗拱双杪五铺作出三跳，栌斗方形折角。扶壁重拱。斗拱外跳省去令拱直承素枋①。斗拱之上铺木板，木板内端插入塔身，深约0.04米。板上墁砖，雁翅板用方砖连缀而成。平座上旧有万字形护栏与擎檐柱，已毁。

柱、壶门与塔壁：塔身边长3米，角上隐出圆形倚柱，柱高2.35米，柱头连阑额，柱脚隐出地栿。四个壁面中间开壶门，另四面甃壶门形龛，壶门高2.06、宽0.86米，门内踏道设阶级，外高内低，勾通内外回廊。

木檐：在倚柱与阑额之上，各出一木构斗拱，单杪单下昂五铺作重拱计心。转角铺作出三跳，中缝用由昂托宝瓶承角梁，昂头遇擎檐柱垂直截去。木檐的椽子后尾插入塔身，外部搁置在斗拱撩檐枋上。椽子圆形，直径0.1米，椽头使用里口木；檐椽外出方形飞椽，宽0.08、厚0.06米。总出檐1.52米，其中檐椽与飞椽出各为0.9和0.62米。宋《营造法式》规定："造檐之制，皆以撩檐枋心出，如椽径三寸，即檐出三尺五寸，椽径五寸，即檐出四尺至四尺五寸。檐外别加飞椽，每檐一尺，出飞子六寸。"② 按此规定，椽径与檐出的比例在1∶11.6或1∶8～1∶9之间；檐出与飞子的比例是10∶6。飞英塔檐椽径0.1米，折合宋尺约为3寸，则檐出应为三尺五寸即1.17米，较实际檐出0.9米大；飞子应出0.7米，较实际飞子出0.62米大。显然，飞英塔现在的出檐较《法式》制度减小，可能是清代修缮时改短的。椽飞之上铺望板，厚约1厘米，板上薄施苫灰背、覆筒板瓦。小瓦垒脊。

3. 二层塔身内壁。有平座回廊、柱与塔壁。

平座回廊：在底层内壁角柱头与阑额上，各施补间。转角铺作一朵，承挑平座楼面。斗拱各出一朵，砖砌栌斗转角铺作用圆形，补间铺作用方形。扶壁拱做法为瓜子拱、慢拱、素枋、上复施令拱柱头枋，其上是平座木地板（已毁）。内平座不用地砖，约是旧制。挑出的木作部分都已毁坏，从塔壁残留孔洞内的迹象分析，原来是用上昂的，形式可能是双抄双上昂七铺作重拱偷心（见图五）。平座面与塔壁门道高差正好一阶级，由门内踏跺上可以通达外平座，而从东北面门道下则通过木扶梯到达副阶地面。

柱与塔壁：内壁墙面亦隐出角柱、阑额、地栿等仿木构件，门道与壁龛相间配制，与外壁同。在内壁南面—西南面—西面墙壁的转角处，留有三根一组的木挑梁，一般截面高0.13米，宽0.1米，挑出深度0.7～0.9米不等，这是搁置缘壁而上的木扶梯的。此塔从二层开始至七层，上下交通都依靠这种紧附墙面的窄木扶梯。由于挑梁规格不大，塔的层高又大，故每层之间必须有三段（节）折上的梯道。

4. 三层至六层。三至六层的作法与二层大致相同，仅是尺寸规格逐层减少。塔的门道，与壶门形

① 外檐平座铺作外跳不用令拱出头木的形制，是适应室外平座易受风雨侵蚀，避免木构件朽烂的应变措施。我们看到的同一时期的多层建筑木平座的斗拱外跳都免去了斗拱，如松江方塔，应县木塔及天津蓟县独乐寺观音阁等。而石塔（如飞英塔内石塔、杭州灵隐双石塔等）、铁塔（义乌铁塔等）上则如《法式》制度，都用了令拱，正好说明了这一点。

② 《营造法式》卷四《大木作制度·檐》。

夔都是上下层隔面相错。内壁五层至七层布置木搁栅，上铺楼板；六层楼面千斤梁，承托刹杆木。千斤梁上下二重，平面呈十字形交叠分布。其中，西北—东南面的安置在下，西南—东北面的在上，大梁截面尺寸均为宽0.56、厚0.45米。

5. 七层。有迹象表明，六层东南面墙体与第七层的砖砌墙体都是后来新砌的，具体的年代应与塔顶残存的斜撑年代近同。

七层外壁做法与下几层相同，但从壶门曲线和扶壁拱僵硬的做法可以看出明显的模仿痕迹。门壁免去仿木的部分。如柱、额等。从七层外平座底至塔砌体顶为4.11米。每角砌一外低内高的砖墙，墙厚同砖长。墙顶原搁置老角梁，墙内侧依靠在从七层内壁斜伸上延的木柱外侧。木斜撑圆形，直径0.34米，每角安置，现残存二截。其中北—东北面角上的斜撑在卯口处折断，这斜开的卯口与砖墙上皮的斜坡恰好在一直线上，证明此卯口原应为老角梁的后尾交接处。斜撑在此卯口以上的部分包括木构塔顶均已毁。（表四～六）

表四　外塔通径尺寸表　　　　　　　　　　　　　　单位：米

层次	第一层	第二层	第三层	第四层	第五层	第六层	第七层	备注
外壁面对边距	12.30	11.14	10.86	10.38	10.02	9.58	9.18	
内壁面对边距	7.50	7.26	7.20	6.94	6.66	5.92	5.76	

表五　外塔外壁面高度表　　　　　　　　　　　　　单位：米

层次	第一层	第二层	第三层	第四层	第五层	第六层	第七层	备注
柱脚至柱头上皮	5.29	2.35	2.25	2.15	2.06	1.94	4.11	柱高（第七层素面无饰，为层高）
柱头上皮至平座栌斗底	1.24	2.24	2.15	2.22	2.04	2.10		屋檐高
平座栌斗底至柱脚		1.00	0.85	0.81	0.76	0.76	0.85	平座高

表六　外塔内壁高度表　　　　　　　　　　　　　　单位：米

层次	第一层	第二层	第三层	第四层	第五层	第六层	第七层	备注
柱脚至柱头上皮（高）	3.68	5.10	3.89	4.40	3.42	3.83	5.62	第七层素面无饰，至砖砌体顶
柱头上皮至上层柱脚（平座高）		1.92	1.10	1.02	1.34	1.29		

6. 斗拱。飞英塔的斗拱有几个特点，既有前后几次修缮的遗物，从而显示斗拱风格的细微嬗变；也有形式上比较少见的，如上昂做法。至于斗拱从材栔到拱斗大小以及跳距尺寸等等与《法式》制度相当接近，都是值得注意的。飞英塔斗拱可以从形式、质地、前后制作年代三个方面来分类。

在形式上，现存斗拱可分九种，外壁四种，即一层门额上令拱素枋、一层檐椽下襻间铺作、二层至七层檐下铺作、二层至七层平座铺作。内壁五种：二、三、四层平座铺作各为一种，五层楼板下铺作一种，六、七层楼板下铺作同为一种。而每层斗拱又可分转角、补间二类。

从斗拱的质地上可以分砖质、砖木质二类。前一类包括外壁门额上令拱素枋，除此之外的其他斗拱，都属于砖木质斗拱。副阶上使用的木质斗拱已荡然无存了。

从制作年代上大致可区分为早、中、晚三个时期（此只指木质斗拱构件，不包括砖质扶壁的斗拱）。

　　早期：可以内壁四层平座斗拱和外壁三层檐下斗拱为代表，包括内壁现存的大部分及外壁四层东面补间一朵，三、四、五层平座铺作的一部分。这类斗拱多为杉木制作，表面木纹凹凸清楚，斗拱做法包括拱、斗、昂、耍头等各构件的规格尺寸都与《法式》的规定相当接近（表七、八）。这是其最明显的特点。至于昂头的式样，明显地比中期类的昂头要厚实，拱弯的砍杀也可以经过比较而分别出来。

　　中期：以二期檐下斗拱的大部分为代表，包括五层檐下铺作的一部分以及其他各零散构件。这类斗拱的损坏程度不如前期的那么严重，斗拱各构件的材分也不如早期的符合《法式》制度，或出超，或减小，拱瓣一律三瓣杀，仅存的几个交互斗深大于宽，昂嘴的做法尤别于早期，显得细长、舒展。

　　晚期：绝大部分为杂木质（多梓木），这一点恰好与早、中期斗拱相反。以四层檐下斗拱为典型，包括二、三、五层檐下斗拱及三、四、五层平座斗拱的一部分，六、七层斗拱的全部。这一类斗拱除了二层檐下部分仿照前二类做出假华头子，昂嘴也力求形似外，其余各层有昂则不刻出华头子，昂嘴制作草率，由昂头因为擎檐柱的关系砍去半截，显得又粗又短，经观察这不是后来锯短，应该是原来装配时特意做成。同时，由昂、宝瓶、老角梁乃至椽飞屋檐之间的完善配制，证明这类斗拱与上述塔檐属同一时期制造，拱全作三瓣杀，每瓣棱角内杀明显，耍头的上下平行，形式与早期的大不相同。小斗不分类、齐心斗、交互斗、散斗都是同一规格，一般下宽深随材宽。

　　这三期斗拱，晚期斗拱明显易辨，早、中期二类，大的区别是明确的。值得注意的是，在第三层平座斗拱却同时保留了早中晚三个时期的构件，这为上述的划分提供了依据；同一层中保存三个时期的构件，经观察大概就此一例。当然，飞英塔的维修次数很多，超过三年的大修记载就有三次，所以要具体寻找出每次维修留下的迹象是很难的。对于上述早中晚三期斗拱的时代确定，我们试作以下分析。

　　早期斗拱很符合《法式》制度，而且就现状观察中，我们发现早期的灰泥与斗拱结合得很好，没有二次粘接的迹象。经 ^{14}C 取样检测，年代为距今 860±75 年，可见这些是原配的宋代斗拱。

表七　早期斗拱小斗尺寸表　　　　　　　　　　单位：厘米

项目	上宽	下宽	上深	下深	耳	平	欹	备注
散斗	15/14	10.5/10	17/16	13/12	4/4	2/2	4/4	实际尺寸/合材分
《法式》制度	14	10	16	12	4	2	4	
交互斗	18.6/18	14.5/14	17/16	13/12	4/4	2/2	4/4	实际尺寸/合材分
《法式制度》	18	14	16	12	4	2	4	齐心斗不存

表八　早期斗拱长、出跳尺寸表　　　　　　　单位：厘米

项目	材	栔	令拱	瓜子拱	慢拱	头跳	二跳	昂头	耍头	备注
尺寸	16	6	76	66	96	34	34	24	26	每分0.106
合材分	15	6	72	62	90.6	32	32	22.6	24.5	
《法式》制度	七等材与八等材之间		72	62	92	30	30	23	25	以宋尺折合0.328米计

中期斗拱的特点是外形酷似早期斗拱，说明二者时代相去不远，风格特点还是比较接近的。另一方面，从拱、斗的大小尺寸游离《法式》规定，尤其是小斗制作很随意，交互斗深大于宽，悖于常理，说明《法式》的规则在当时已经不为匠人所重视，而对拱、斗等构件只有外形上的认识，缺乏结构上的理解，也说明这类斗拱与早期斗拱的制作时代上的相当距离。在浙江古代建筑实例中，从构造形制上讲，元代是一个明显的转折时期，而明代早期却往往保留了先前的手法，因此，中期的遗物可能是元、明两代修缮时遗留下来的。

晚期斗拱特征明显，它有自身的一套规律，如拱、斗制作上的一致性。从其与擎檐柱、万字形围栏及塔檐等的关系，判断其为清代遗物。

从表八中可以看到早期斗拱的材栔及各构件尺寸都与《法式》制度相当接近，恐怕这不是偶然的。这说明塔的建造者对《法式》内容的谙熟，并不是一般的依样模仿，而是从结构内容乃至一整套模数制的透彻理解。或者说，飞英塔是某种程度上依照《法式》制度而建造的。

外塔建造于南宋绍兴至嘉泰这段时期，当时随着宋室迁都临安，北方人士纷纷南来，作为北宋官颁的《营造法式》，必然更进一步地为浙江匠师所应用。与此同时，《法式》与《木经》有着明显的渊源关系，而《木经》的作者是五代吴越国的造塔能手喻皓（北宋立国后喻皓应召去开封造塔），他的一套技能不仅是从自身实践中总结出来的，同时也必然接受了同行其他匠师的经验。现存五代吴越末期的几座塔，有许多手法与《法式》吻合。也就是说，《法式》的规则在该书问世之前，已经是浙江的匠师所约定俗成的了。飞英塔地处南宋行在所临安府附近的湖州，说明《法式》在当时政权中心范围内的应用是相当普遍的。

7. 塔檐及其他同时期部分。除了斗拱有早有晚，时代风格比较复杂外，椽飞、发戗做法以及瓦顶等，都属于同一时期的做法。实际测量表明，塔檐檐椽与塔壁夹角为55°，椽后尾也没有完全插入早期的椽洞，而是搁置在椽洞口。根据早期椽洞测得原来的椽子与塔壁夹角为60°，《法式》"举屋之法"："其副阶或缠腰，并二分中举一分"，现状中塔檐为 2 分中举 1.38 分，增加塔檐的举高，这既有早期斗拱受压下沉、新补斗拱材分减小使出跳斗拱总高度下降的因素，也可能是以增大塔檐坡度来弥补后期出檐尺寸减小易遭风雨的缺陷。

从 1915 年的照片看，各层塔檐包括副阶、顶檐、铁刹的时代风格是一致的。副阶以现存地坪、安插梁拱榫头的卯口等，从内部构造上证明它与各层屋檐时代的一致性。塔刹从外观看，具有较明显的明清时代风格，斜撑、千斤梁的 ^{14}C 检测分别为距今 "不超过 350 年" 和 "不超过 250 年"，结合前面的分析，我们可以判定，飞英塔木作部分的总体外形轮廓是清代维修时形成的。

塔内部从二、三、四层回廊斗拱看，几乎没有后代改变的迹象。五、六、七层的木楼面则显然不是原貌，从各层楼板下扶壁斗拱及已经填塞的孔洞看，五、六、七层楼板楞栅下原来应该有周圈的铺作层，并由出跳的斗拱承挑天花，这与外塔内部追求比较繁缛、幽森的空间效果，构成有深度的氛围以烘托石塔神秘的宗教气氛这样的总设计意图是相吻合的。

另外，由于刹柱、千斤梁包括顶檐属同一时期的构筑，则可以认为七层砖墙体与六层东南面墙体也应该是同一次修缮时改砌。七层塔体的改砌原因大概是为了埋入斜撑的需要，而安装千斤梁与刹杆木在当时的技术条件下，拆掉六层某一面墙体使复杂的施工问题简单化，可能是此墙面改砌的原因。

8. 外塔特点。内外塔相套的型制是此塔最大的特点。石塔的建造者不遗余力地精心雕琢，不漏过任何可供雕作的地方，这些精美的佛教题材雕刻，增加了石塔外表在不同角度、不同层次上的可观赏性和宗教的神秘性。因此，外塔在设计时不仅仅是为了罩护石塔，还必须具有观礼石塔的功能，外塔建造的内回廊就是为了达到这样的目的。虽然类似做法在蓟县独乐寺观音阁中也能见到，但把这种形式运用于塔上，尤其是移植于砖混塔中，显然不是机械的模仿，就我们所知，在全国现存古塔中仅此一例。

同时，外塔为了在不同角度、不同层次观礼石塔，在内壁二、三、四层建造了平座回廊，并由仿木构的砖砌体塔身、各层回廊，与斗拱天花藻井组成一个向上性的、富有变化的内部空间。同时，可能出于不使层层回廊斗拱形成的韵律显得单调重复，各层平座斗拱在本身高度上是依次递减的；在外观形式上也是不同的，富有变化。例如二层平座总高 1.92 米；三层平座斗拱为双卷头重拱计心，平座高 1.1 米；四层平座斗拱单杪单上昂五铺作重拱计心，上昂身线刻而成，平座总高 1.02 米。这些变化虽然细微，但确实是煞费苦心的。同时，内回廊除了本身具有的观礼石塔的功能外，还作为上下塔的通道。当然，由于建造外塔的主要目的是罩护石塔，所以说它是佛（石）塔的外壳（外围建筑），外塔与内石塔的配置关系相当于一般佛殿与佛像的关系，也是符合实际情况的。

其次，外塔在塔身中运用了木筋，以增强砖砌体的整体性，虽然早在五代初的临安功臣塔已经采用，但此塔使用木筋的技术无疑已经达到相当成熟地步，应用面相当广，纵横及对角层层布置。同时，它往往把拉牵与其他功能集于一身。如在槏柱和倚柱上使用，既弥补了隐出砖柱较易坍塌的弱点，又作为墙体内外的拉牵联系。壸门曲线是由多块带有曲线的特型砖一层层叠涩而成的，而陶砖出跳后难以承受重压，也容易碰断，这中间埋入木筋增加了强度。木筋在阑额与地栿上安埋的位置不同，也是经过深思熟虑的，把木筋安置在地栿上部，是因为地栿上部易损；木筋作为阑额的下半部，实际上起到横梁的作用。这些都是运用木材这种柔韧性好的特点，以补砖砌体整体上相对松散的不足，另外，木筋的规格相当统一，除了阑额下部的木筋厚二砖外，其余均是宽厚同一砖。木筋的大量使用与应用中显示出来的规范化、合理性，这种结构上的优势大约也是外塔至今没有出现倾斜的原因之一。

三　残损情况及维修设计与施工

飞英塔的内外二塔，表面上都受到了不同程度的破坏，但塔身却没有倾斜，证明塔的基础是坚实的，塔身也是稳固的。

内石塔的损坏可能主要是外塔千斤梁的折裂与刹杆木、塔刹构件坠落时，猛烈碰击塔身导致塔顶、塔檐、平座等遭受局部破坏。一般近檐口处与平座边缘损坏尤甚，平座的栏版望柱则全部不存。重力碰击还造成塔身与腰檐、平座石之间出现某些错位。另外，石塔基础周围由于经常积水，导致须弥座表面风化。

外塔塔刹在 1924 年坠毁，承托与扶持塔刹的塔顶梁架包括顶檐等也随之塌落。塔刹一部分从塔内坠落，穿过五、六、七层楼面致使内石塔受到严重破坏，同时也破坏了外塔内壁二、三、四层的内围廊。另一部分向外坠落碰击了各层木檐（我们在清理外塔周围积土时，在外塔的西南侧发现有铁刹残件）。此外，木构件虽然韧性较好，但容易糟朽，因此，在多雨潮湿的江南地区，这些木檐与木平座便多数残破不全。比较严重的是塔的西面、西北面及北面，木作构件残破较严重，其中底层木副阶已全部毁坏，六、七层塔檐也都不存，只残留挑出的斗拱。二至五层保留相对好些。

飞英塔的维修工程，由于经费等原因迟迟未能实现。1982 年，中国文物保护技术协会古塔考察组在理事长王书庄的带领下，实地调查了飞英塔，并向国家文物局等有关领导部门提出了维修的建议。国家文物局对此十分重视，拨出专款。著名古建专家祁英涛等亲临现场指导维修设计，并得到南京工学院教授潘谷西、朱光亚等的支持和指导。具体工作由浙江省文物考古研究所承担。

飞英塔的修缮原则是根据内外塔情况的不同而制定的。对于内石塔，采取"保持现状"的原则，已经错位的进行归位，无法归位的用铁箍铁件等进行加固。坠落的原构件如能修复的，则用高分子加铁件归位加固。

外塔则采取"恢复原状"的方针。复原的重点对象是副阶与塔顶，外形以 1915 年摄制的照片为依据，内部结构则根据一些尚存的遗迹，经过反复研究论证，绘制出飞英塔外塔的复原设计图。

1. 副阶。底层外壁隐出的柱子上有安置梁栿榫头的卯口的遗迹，副阶现有的砖墁地坪与阶条石、柱础等，按照这些科学依据为主，参照太湖流域宋代建筑梁架的大致轮廓。并参考《营造法式》制度，经作图后与复原的梁架、斗拱组合很好，与塔的外形整体风格也是一致的。副阶檐角的升起与起翘，参照飞英塔第四层的西南角保留的一组比较完整的老戗与嫩戗实例，包括顶檐与各层腰檐都照此修复的。

2. 塔顶及铁刹。塔顶残存二根斜撑，从遗迹分析，原来是每角用一根斜撑，这八根斜撑上伸后用若干串枋与中心刹杆木联系，形成上收下放的八角形框架体系。它的作用有三：一是框架上部承受铁刹之覆盆，使铁刹的主要重量通过框架传递到砖砌塔身；二是由串枋与中心刹杆木联系和扶持，保证刹杆木的稳定；三是框架的外表层架檩搭椽铺瓦，成为顶层屋面的主要受力构架。

由此思索线路曾初步绘制了复原想象图，与我们推测相近的顶层结构有江苏震泽慈云寺塔等。飞英塔塔刹自建成到坍塌不到二百年，说明这个框架结构原存在着某些不尽合理的成分，这可能是中心刹柱柱身所开卯口太多，减弱了柱身本身的强度。这个现象在震泽慈云寺塔上也是存在的。所以做复原设计时在尊重大效果的前提下，对有损结构的部分作了修正，如减少串枋，代以其他辅助手段等。

铁刹依 1915 年拍摄的照片绘制复原图。飞英塔维修工程由湖州市飞英塔维修办公室负责施工管理，临海市古建工程公司具体施工，浙江省文物考古研究所负责指导。1978 年初竣工，经国家文物局有关领导和专家验收，工程质量合格。（编者按：实际是 1986 年竣工，1987 年初验收。）

（原载《浙江省文物考古研究所学刊——建所十周年纪念》，科学出版社，1993 年）

杭州六和塔

杭州，这座古老美丽的城市，有许多名胜古迹，位于钱塘江北岸月轮山上的六和塔，就是其中之一（图一）。

六和塔最初建于北宋开宝四年（971年）①，是吴越国王钱弘俶命延寿、赞宁二僧于南果园建造的，共九级，高五十余丈。当时，钱塘江为吴越海上交通要道，"舟楫辐辏，望之不见其首尾"②。六和塔撑空突起，跨陆俯川，塔顶装置明灯，成为船只夜航的指南。后来，塔于宣和年间焚毁。南宋绍兴二十二年（1152年）十一月，朝廷于故址重建，命礼部看样兴工，临安府、转运司共同措置。绍兴二十六年（1156年），临安府给帖智昙主持工程，至乾道元年（1165年）全部完工。赐额"开化之寺"，寺以塔为主，开化寺实际上就是六和塔的塔院。

现存六和塔的砖构塔身是南宋绍兴年间重建时的遗物。外观十三层木檐，其实是个外壳，系清光绪二十六年（1900年）重建。

六和塔塔基平面八角形，用条石砌筑，每边长13.8、高0.73米。青方砖铺面，砖的尺寸为0.42米见方。正面设踏道，四步石级，宽4.87米，两旁的垂带石各宽0.45米。

图一　六和塔

六和塔塔身八面七层，高59.89米。外面木壳十三层之中，有六层封闭，七层与塔身相通，形成"七明六暗"的格局。从第一层开始，向上逐层收缩，以外墙的外壁为准，第一层边长9.6米，第二层边长减到8米，上面各层依次为7.8、7.6、7、6.35、5.5米。每层的高度也不一样，以现在可以通行的七层的外壁角柱高度为准，从第一层开始依次为5.52、4.12、3.97、3.8、3.87、3.86、2.25米。这样处理的效果，使外观更加显得庄重挺拔。

塔身用长方砖砌筑，砖的尺度为长0.42、宽0.2、厚0.08米。总体结构自外及里，可分为外墙、回廊、内墙和小室四个部分。全部仿木构建筑形式。

先讲外墙。它的外壁联结十三层木檐。其构造形式以第一层为例，每转角处设角柱，中间设槏柱，将每边的壁面分成三

---

① 六和塔的创建年代，《西湖志纂》和《西湖新志》都说是开宝三年。本文据南宋尚书省牒碑改为开宝四年。
② 《五代史补》卷五《契盈属对》。

间。当心间宽 4.4 米，次间宽 2.6 米。当心间开辟拱券门，高 3.99、宽 1.57、边框厚 0.4 米。进拱券门后为甬道，深度为 4.12 米，左右两侧为壁龛，下设须弥座。甬道的顶部高于门洞，亦呈拱券状，起拱处作菱角牙子叠涩。甬道尽处，也就是外墙的内壁，做成壶门的形状，边框厚 0.45 米。将外壁拱券门边框的厚度，加上甬道的深度，再加上内壁壶门边框的厚度，便是整堵外墙的厚度。

图二　第一层回廊的斗拱

从外墙的门洞进去便是回廊，宽 1.93 米，其间铺设踏道，从底层盘旋而上，直达顶层。顶部作拱券状，起拱处为菱角牙子叠涩。回廊的左右壁，就是外墙的内壁和内墙的外壁。转角处都有角柱，角柱间有阑额和由额。阑额上施补间铺作二朵，与转角铺作同为单杪四铺作。凡是不搁置额枋的，一律用一斗三升（图二）。内墙的外壁和外墙的外壁做法一样，都有楾柱。外墙的内壁和内墙的内壁做法也一样，都没有楾柱。

塔内踏道是铺设在廊间的，但是，第一层的踏道铺设在内墙里面的中心小室之间，这样，第一层实际上没有中心小室，变成了第三道（即最里一道）回廊。这样处理的结果，使第一层有三道回廊，第一道即檐下副阶，第二道即外墙与内墙之间的回廊，第三道即铺设踏道的回廊。在第三道回廊的里面，即塔身正中，用砖块砌筑成粗大的方形立柱。因踏道铺设在最里面，所以显得特别幽暗。宋末元初，钱塘（今杭州）人白珽写过一首诗，题为《同陈太博诸公登六和塔》，其中有几句便是形容这个情景的：“头陀绀林丛（寺庙里的僧人），导我丹梯缘（引导我沿着朱红的梯子上去）。初犹藉佛日（起初还凭着一点日光），闼境儵已玄（忽然进入幽深黑暗的境地）。回头失谁何（谁人，何人）？叫啸衣相牵。”为了避免危险，现在回廊里装上了扶手和电灯。

从第二层开始，回廊的里壁，就是内墙的外壁。内墙的外壁也是八角形的。内墙里面为塔心，构筑小室，供奉佛像（已毁）。小室的平面，第二层至第五层都稍呈长方形，第六、七两层则是八角形。小室的结构，自第二层至第五层，以八角形的外壁南边为准，顺时针方向旋转，第一、三、七这三边开门，第五边辟深龛，第二、四、六、八这四边辟浅龛。门和龛都做成壶门的形状。进壶门后为甬道，左右侧壁设龛，下设须弥座。拱券顶，起拱处为菱角牙子叠涩。深龛的形式与壶门相同，唯甬道尽处有里壁一道，故不能通行。第六、七两层，中心小室呈八角形，深龛改成了壶门，四面开门。小室的平面第二层为 3.5×4 米，上面几层逐渐减小，小室的内部结构，第二层至第五层相同，每转角处有角柱，中间有楾柱。角柱间施阑额，下为由额。补间铺作与转角铺作相同，均为五铺作双抄单拱造。穿隆顶，周围菱角牙子叠涩。第六、七两层立中心木柱，柱围 1.44 米，柱础设在第六层上，八角形平顶，没有斗拱。

塔身的角柱（或称倚柱）和楾柱全部砖砌，只做出半面。柱子的式样有三种：圆形、八角形、方形。自下而上都有明显的收分。柱头稍有卷杀。方形的大多用于楾柱。

由下层至顶层，各层用材均为 0.17×0.23 米，各拱长短，因地而异，与《营造法式》规定相差无几。唯斗的耳、平、欹的尺寸比例，与《营造法式》规定相比，耳偏低，平略偏高，欹明显偏高。以栌斗为例，比较接近法式的尺寸是：耳高 0.14、平高 0.07、欹高 0.17 米。

图三　乐伎

六和塔塔身所有须弥座束腰上都有一组砖雕，这是该塔最引人注目的地方。砖雕内容有海石榴、荷叶花、宝相花、牡丹花、芙蓉花、鸡冠花、绣球花、月季花、山茶花、广玉兰等花卉，奇葩溢辉，争艳斗妍；有凤凰、孔雀、鹦鹉、山鹊等飞禽，或展翅飞翔，或张翅停立；有狮子、麒麟、狻猊、獬豸、仙鹿、犀牛等动物，奔腾跳跃，体态矫健；还有飞仙、嫔伽、乐伎（图三），昂首起飞，衣带飘舞，动态优美。另外，又有回纹、云纹、如意、团花、"卐"字纹、钥匙头等图案，颇有装饰趣味。这些砖雕，与《营造法式》所载"彩画作制度图样"如出一模，是一处极其难得的实例。

此外，六和塔内还有南宋尚书省牒碑和四十二家写的四十二章经残石，以及明万历十四年（1586年）真武像碑。

1979年，杭州市文物管理委员会在安装避雷针时，发现塔刹葫芦上铸有铭文："山门重修宝塔顶层，伏承前平江路石泉提控大师资助中统宝钞壹拾锭铸此大器，永镇浮图，法门同久，回兹福利，保佑家眷安宁，法朣增崇，吉祥如意者。岁次甲戌元统二年五月吉日。修造司：于继、嗣宗。提调者旧：文魁、行玠、□□、永福、斯集、净月、永怡。头首：子授、宗嗣、文昌、志园、奇宁、心全、妙慈。知事：法轮、净满、如柏、妙弘、文贵、如棣。住山：一元（大钧）题。"

塔刹是明代重新安装的，顶层也是明代重修的。另外，南宋的时候，外檐也并不是现在这个样子，这一点梁思成先生写过《杭州六和塔复原状计划》[1]，讲得很详细，还设计了复原图。

（原载《文物》1981年第4期）

---

① 梁思成：《杭州六和塔复原状计划》，《中国营造学社汇刊》第五卷第三期。

四明古刹——保国寺

从杭州乘火车，沿萧甬铁路行四小时许，便到达洪塘乡。此地原属慈溪县，后归余姚县，现由宁波市管辖。洪塘乡北面约4000米是灵山，层峦叠翠，迤逦起伏，漫山松竹，参错掩映。山岙间隐现着一座古老的寺院——保国寺。它是全国重点文物保护单位。

保国寺依山势建造，从前面的天王殿开始，每殿依次逐步加高，大雄宝殿翼然特出，观音堂拾级而上，藏经楼背山轩立，形成中轴线高低的韵律。天王殿和大雄宝殿前面都有池子，水清见底，四时不干；两侧厢房连接，钟鼓楼高耸；又有水沟回绕，或明或暗，有的洩于水池，有的流入山涧；山巅有"望海""多娇"两亭，筒板瓦陇，翼角起翘，凭栏眺望，山下阡陌纵横，远处甬江茫茫，锦绣河山尽收眼底。

保国寺始建于东汉，因地处灵山，故名灵山寺。会昌五年（845年）废。广明元年（880年）重建，改名保国。后来经过多次重修或重建。

大雄宝殿是整个寺宇中时代最古老的一座。

它的平面布局，采用进深大于面阔的纵长方形，有意扩大了前槽的深度，给拜佛的人提供了更宽广的面积。与此相适应，在前槽构架上巧妙地安排了三个和整体结构有机衔接的镂孔藻井，制作工整，别具一格，是在同时代其他建筑实物中没有看到过的。由于前槽藻井比较低矮，而前后内柱之间供奉佛像的空间特别高旷，强烈对比之下，更烘托出了大殿正中主佛的所谓"妙法庄严"和"至高无上"。

有比较复杂的斗拱结构，每朵斗拱都向外出跳两个华拱和两根像鸭嘴的昂，古建筑称为七铺作双抄双下昂单拱造。柱头斗拱是直接放在柱头上的，尚未使用普拍枋，还保存着唐代通用的做法。

柱子的制作也是颇具匠心的，限于当时没有粗大的木料可供使用，就采用以小拼大的办法，在一根较小的木柱周围，包镶八瓣弧形的木条，使整个柱子的外观呈瓜楞状。

平梁、乳栿、三椽栿等，都做成"月梁"式，阑额月梁造，上施"七朱八白"；斗拱的栌斗讹角起线，或雕刻分瓣。整个建筑的构件，既没有一味追求繁缛雕饰的那种华而不实的倾向，也避免了那种只注重实用而忽视造型美观的简单粗糙的弊病，在处理功能和造型关系上达到了比较完美的和谐和统一。此外还使用了较多的顺栿串或由额之类的受拉构件，极大地增加了建筑物整体构架的抗震动、抗冲击的稳定性能。

关于保国寺大殿的时代，有三条资料可供考证：

1. 清嘉庆十年（1805年）《保国寺志》载："佛殿，宋祥符六年德贤尊者建。昂拱星斗，结构甚奇，为四明诸刹之冠……自始建以来，至今乾隆乙丑，凡七百五十有七年，其间修葺，代不乏人。宋元明初，远不可考……"

保国寺俯瞰（保国寺文物保护管理所　摄）

2. 1975 年维修时，在西山南次间北面补间铺作上昂后尾挑斡侧面发现墨书"甲子元丰"（以下似乎隐约尚有数字）。

3. 现存佛座上嵌有《造石佛座记》碑文一方，为崇宁元年（1102 年）五月所记。

《保国寺志》系乾隆乙丑（十年）的文章，未说明资料来源，且文中云宋元明初的修建情况"远不可考"，可见所谓宋大中祥符六年（1013 年）造佛殿的记载大约只是沿用旧说，不能作为断代的确切依据。墨书"甲子元丰"，显然是当时木作匠师写上去的。元丰年间，即 1078 年至 1085 年，与大中祥符六年相距 65～72 年。浙江木构建筑使用百年并不稀罕，六七十年时间，似乎不会损坏到需要调换构件的程度。再一点，建筑佛座是在崇宁元年（1102 年），与大中祥符六年相距八十九年之久，而与元丰年间相距仅 17～24 年。大雄宝殿是整个寺宇的主殿，是信徒拜佛的主要地方，哪有殿宇建造达八十九年之后才建造佛座、再塑造佛像的呢？由此可见，现存保国寺大雄宝殿的重建年代应该是在北宋元丰年间。

还有一件颇有兴趣的事。保国寺位于山岙里，麻雀、蝙蝠、蜘蛛甚多，唯大殿很少见此类动物，以致民间传说纷纷，越传越奇。文物保护管理所的同志写信给华南农学院林业系森林组木材学小组，并寄去标本，请求鉴定。何天相先生 1977 年 12 月 7 日回信云：可以确定为黄桧（台湾花柏，厚壳），为台湾省木材生产的最主要者，内含丰富的精油（芳香油），柏木气味浓馥，因此虫鸟不敢接近。

我认为，何先生所讲，是一种理由。北宋时，宁波是海外贸易的重要港口，日本、高丽等东方国家的海舶往来都集中在这里。木材是日本输入的主要货物之一，当时宁波的天童、育王两大寺的建筑材料，有的就是从日本进口的。五代吴越国进口的日本椤木，质地坚细，色如象牙，和保国寺大雄宝殿的木材十分近似。所以，保国寺的木材，可能产自我国台湾省，也可能是从日本进口的。

胡庆余堂兴衰记

杭州吴山，清朝人将其列为"杭州十八景"之一。吴山上的城隍庙很出名，所以杭州人又习惯地叫它城隍山。山阴壁立着一堵高墙，这里便是在国内外颇负声誉的胡庆余堂（图一），它和北京同仁堂并称为我国最著名的南北两家国药老店。

国药是我国的传统药物，通常称之为中药。中医中药，以治本为主，标、本兼顾，在世界医学史上独树一帜。杭州胡庆余堂雪记国药号，是清末胡雪岩创办的。当时的药业，可分为药号（直接向产地办货）、药行（批发）和门市三种类型。胡雪岩资金雄厚，药号、药行、门市三者兼营。胡庆余堂的建筑，正是根据这三方面的需要，吸取其他各家药号的长处，结合江南住宅园林的特点，进行巧妙设计的。

胡庆余堂老店的完整建筑，现存三进。大门位于大井巷北口，坐西朝东（图二）。步入大门，迎面有一块素色黑字的大招牌"胡庆余堂雪记拣选各省道地药材"，旁边还有许多广告牌子，全用银杏木精制而成。南面是廊子，外缘置美人靠，供顾客憩息。沿着廊子的前沿，有一条狭长的天井，虽然空间小，显得局促，但有了几块叠石、几株花木，与华丽的廊子相映成趣，倒还耐人寻味。

穿过一座门楼，就是朝南的营业大厅。架棚顶盖玻璃，透光明亮；设有长凳，供顾客休息。天井的两侧和前后都有楼房，东侧楼下用作切药，西侧楼下开辟门市，前面的一幢楼下是营业大厅（图三）。后面一幢楼房楼下，用作经理和账房的办公室。

图一　晚清杭州西子湖畔、吴山之阴的胡庆余堂

图二　胡庆余堂的大门

图三　药局内景

图四　"是乃仁术"门

图五　制作丸药场景

第一进的西边是第二进，这两进之间，隔着一条长长的通道，当地称为"长生弄"，两边筑有很高的封火墙。第二进前面是面阔五间的会客厅。天井两侧有偏屋。天井后面又有一幢楼房，楼下用作货房和细料房等。再后面还有几间楼房，楼下用作堆货和炼药。

以上两进的建筑，用材选择银杏、樟木等优质木料，虽经百余年沧桑，却没有霉朽现象。格扇门和窗子的摇梗、梗臼、插闩等，全用黄铜制作，至今还是黄澄澄地发亮。梁枋上雕刻凤鸟和花卉；牛腿①上雕刻动物图案或人物故事，格扇门的裙板上雕刻博古或吉祥图案，楼上檐间装饰着一排花灯状的垂莲柱，外观富丽堂皇，显示出大药号的排场，从气氛上增强了药号的声望（图四）。

这几幢楼的楼上都用作药材库房。所以凡是楼上一律结构简朴，没有任何雕饰；梁枋粗壮，结构坚实，断面呈长方形，高厚之比符合受力标准，从结构上保证了安全。楼上为一通间，既便于搬运，又增加了实用面积；而且不用天花板，不但节省建筑费用，也增加了空间使用功能；只是在椽子上铺了厚达7厘米的望板，以避免瓦顶上的灰尘掉落。

第二进的西向，又有一幢用作粗料房和舂药房的楼屋，再西边，原先还有一进，是配丸药的房屋（图五）。此外，上述三进楼屋的南面，有十二间鹿房，是胡庆余堂养鹿的地方。旁边还有磨药房、焙料房、晒药棚、灶房和膏房。在第一进的东面，原先是炒药房和厨房。

引人注目的是，在经理室里，悬挂着一块大匾，上书"戒欺"两个大字（图六）。这是胡雪岩亲笔写的。据说，他曾经告诫属下："药业关系性命，尤为不可欺。"他亲自书写匾额，目的是表示自己的诚意，要经理带头遵守。药店开张之日，胡雪岩亲自去站柜台。当顾客对药品微露不满时，胡雪岩立即笑脸道歉，收回原药，并说："准定在一两天内赶制好药调换。"这事后来传为美谈，成为胡庆余堂药物顶真的口碑广告。其实，一个暴发户的大商人，要是没有"欺"字，那是成不了事业的。可是，胡

---

①　牛腿：建筑构件名称，位于柱和梁交接的地方，起着辅助承托梁和装饰的作用。

图六 胡雪岩亲手书写的"戒欺"匾额

雪岩在药业上确实做到"戒欺",并且因此赢得信誉,可说是生财有道。

胡雪岩是个商业老手,他原来是杭州一家钱庄的学徒,为人精明干练,善于应酬,不久升为"跑街"。后来发迹,自开阜康钱号,这时正值中外反动派联合镇压太平天国运动之际,胡雪岩曾替清军筹办粮饷,为左宗棠所器重,命他主持浙省的钱粮和军饷。后来,他还捐得江西候补道的官职。从此,他就有了政治资本,事业一帆风顺。后来,左宗棠向洋人借军费,由胡雪岩出面担保;左宗棠搞洋务运动,也由胡雪岩替他向洋人洽买机器,邀请技术人员。胡雪岩从这些活动中,捞到了厚利,财产暴发。据估计,到同治十年(1871年)前后,他的资金至少达到白银二千万两;拥有田地万亩;在江、浙遍设典库,垄断金融;又经营丝茶,操纵江、浙商业,成了国际丝业的巨擘。胡庆余堂国药号,只不过是他事业中的一小部分。

同治十三年(1874年)胡雪岩聘请了许多名医和国药业商人,设立胡庆余堂国药号筹备处。光绪四年(1877年)春,大井巷店屋落成,正式开张。不到十年的时间,就驰誉全国,而且在国外也颇有些声望。

胡庆余堂发展如此之神速,主要原因是经营很有特色,胡雪岩邀请许多名医,以宋代皇家药典——《太平惠民和剂局方》为基础,又收集了其他传统验方,结合临床经验,选定验方四百多种,编写出《胡庆余堂雪记丸散全集》(图七),按照成药品类和制药程序,设置生产部门,制造出许多较有效验的成药。过去,杭州中、小药店都配有坐堂医生。胡庆余堂生意兴隆,不设坐堂医生,却聘请了许多名医,致力于研制传统成药,可说是别开生面,他还在全国各药材产地设庄,派人坐庄办货,精选道地药材,以保证原料质量。胡庆余堂还自家养鹿,在大井巷设有两处养鹿场。在缢杀生鹿的时候,常常要先敲锣游街,表示胡庆余堂配制全鹿丸是货真价实的。在制作成药方面,无论是选料还是工具,都不马虎。例如制作"紫雪丹",使用银锅金铲,以加强药效。切割的饮片,表面润亮,其薄如纸,行话叫作"符子飞上天"(符子是用块根植物药材切成的饮片)。胡庆余堂的饮片,用的都是上好药材,门市出售是亏本的。但是胡雪岩为了创牌子,取得信用,不惜血本;而此项所亏,可用成药赚钱弥补。胡庆余堂以生产治疗性成药为主,适应广大农村的需要,扩大了销路。每逢初一、十五,杭嘉湖一带去城隍山进香的人川流不息。胡庆余堂在这两天,按市价再打折扣出售,以扩大影响,招揽生意,杭嘉湖地区后来便成了胡庆余堂的重要市场。

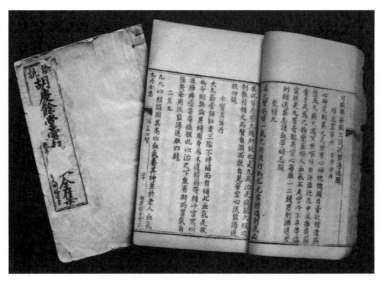

图七　《胡庆余堂雪记丸散全集》和《胡庆余堂雪记简明丸散全集》书影

　　胡庆余堂的事业蒸蒸日上，同行望尘莫及。胡雪岩在《胡庆余堂雪记丸散丹全集》的序言中写道："大凡药之真伪难辨，至丸散膏丹尤不易辨。要之，药之真伪，视之心之真伪而已。……莫谓人不见，须知天理昭彰，近报己身，远报儿孙，可不做乎！可不惧乎！"胡庆余堂制作辟瘟丹时，胡雪岩要职工住在店铺里，斋戒洁身后方才动手制作，这看来似乎像迷信，实际上是符合制药卫生要求的。

　　在胡雪岩这样苦心孤诣的经营下，他的药号发展得很快、很大。但由于清政府的腐败和外国资本主义的不断侵入，中国民族资产阶级前景日益惨淡。光绪八年（1882年），胡雪岩用了二千万两银子，将各地的新丝收购殆尽。外商想买而不得，便托人与胡雪岩洽谈，愿加利一千万两转买。胡雪岩非要加一千二百万两不可。结果，交易不成。次年，新丝将出，胡雪岩邀人集资，想再次收尽，以为这样外商必服。谁知没有一人响应，结果新丝全被外商买去，他的旧丝竟没人过问，眼看贮存的生丝就要变质，胡雪岩急于出售，外商却正伺机报复。那时，中国的海关和交通运输，都控制在外国侵略者的手中，胡雪岩明知生丝运往国外可得厚利，却无法运出。最后被迫以一千二百万两银子卖出，亏损本钱八百万两，还不包括利息。

　　亏损八百万两银子，这对胡雪岩是个沉重的打击，但是凭着他当时的实力，还不致达到破产的程度。可是亏损的消息一传开，封建官僚便落井下石，趁火打劫，当时京都官僚唯恐危及私利，纷纷向胡雪岩的商号提取存款，逼使阜康银号倒闭。据《申报》1883年12月9日载，上海关道得知阜康倒闭，立即派员封闭胡雪岩在浙江的四个典当。阜康的巨额存户中，有光绪帝的叔父恭亲王奕䜣，有刑部尚书、协办大学士文煜，他们为此纷纷上疏，结果查抄之谕下来，胡雪岩的江西候补道被革除，并被"敕令将亏欠各公私款项逐一查清，倘敢延缓不交，即行从重治罪"。胡雪岩落到这个地步，左宗棠却袖手旁观，而且在奉命查办此案中也乘机取利。胡雪岩内外交困，于光绪十一年（1885年）郁郁而死。在半封建半殖民地的旧中国，一个曾受清政府宠信的"红顶商人"居然落得如此下场，一般商人经营之艰难就可想而知了。

　　胡雪岩破产后，价值数百万的胡庆余堂雪记国药号，以及胡雪岩在杭州元宝街的住宅和花园，作价五十六万两银子抵债，统统归刑部尚书文煜所有。辛亥革命后，浙江军政府没收满族官僚财产，胡庆余堂也在没收之列，并登报标卖。施凤祥等贿通财政部门，仅以二十万零一百银圆的廉价得标。1913 年，袁世凯宣布，凡属满人财产，应予发还。胡庆余堂又归还文煜。施凤祥不服，提出诉讼。拖至 1915 年，施凤祥在上海做黄金投机而垮台，其他股东也有变动，胡庆余堂至此进行第三次改组。胡庆余堂虽然数易其主，但新主都不调换招牌，药品标签上一直沿用"胡雪记"字样，并且为此要按时付给胡雪岩的家族以招牌股的红利。事实上，自从胡雪岩倒台后，由于时局混乱，股东复杂，新主只知谋利，不善经营，胡庆余堂元气大伤，到新中国成立前夕，已经奄奄一息。

新中国成立后，胡庆余堂得到新生。传统的名药继续生产，并享有信誉。如今，该堂坚持以生产治疗性药品为主、滋补药品为辅的传统经营方针，开展科研、临床、生产三结合的科研大协作，取得了可喜的成果。据 1981 年 10 月统计，投入生产的科研成果达 30 多项。如今，还建起高大的新厂房。

在党和政府的关怀下①，胡庆余堂制药厂正在修整旧屋，准备陈列我国传统医学和该堂的历史文物，以便让前来参观的国内外人士重新看到这座清代南方国药号的典型建筑，看到中华传统医学的悠久历史，看到胡庆余堂雪记国药号名不虚传的经营特点；并从胡庆余堂的兴起、衰落、更替的沧桑中，了解到以前民族资产阶级的一些悲惨历史和社会主义制度下胡庆余堂的新貌。

（原载《文物天地》1982 年第 2 期）

---

① 编者注：1988 年，胡庆余堂被国务院定为全国重点文物保护单位，1991 年 5 月，胡庆余堂中医中药博物馆建成，对公众开放。

吴越史迹

钱镠铁券

铁券是皇帝赐给臣下的一种信物，《汉书·高帝纪》有"丹书铁契"的记载；同书《祭遵传》则称为"丹书铁券"。程大昌《演繁露》云，铁券是圆筒形的东西，铁质金字，对分两块，一块藏在内库，一块发给受券之人。这个制度是从战国时期发展过来的。1957年，安徽寿县曾出土鄂君启铜节，也是圆筒形，分割为若干块。但筒节是长方形的，状如臂搁；铁券如板瓦，不像分为两块，唐朝制度也未闻分为两块，说明"半在内，半在外"的制度在唐末已经改变。

唐昭宗乾宁二年（895年），威胜军节度使董昌在越州自立为皇帝，国号罗平。钱镠兵谏无效，以董昌谋反奏闻朝廷。昭宗命钱镠出兵讨伐董昌，双方经过激战，最后以董昌失败被斩告终。唐昭宗为了嘉奖钱镠这一功绩，特赐铁券。

铁券用铁铸成，纵29.8厘米，横52厘米，厚2.4厘米，重132两，上嵌金字350个，正文25行，每行14字。第14行"社稷"两字提行，故第13行仅3字。末行8字。外加大臣衔名一行，计17字，字体稍小，全文端楷甚工，字体在欧虞之间，雕嵌技术很精。现存铁券文字剥落许多，兹参照金石著录，抄录全文如下：

> 维乾宁四年岁次丁巳八月甲辰朔四日丁未，皇帝若曰：咨尔镇海、镇东等军节度，浙江东西等道观察、处置、营田、招讨等使，兼两浙盐铁制置、发运等使，开府仪同三司，检校太尉，兼中书令，使持节润越等州诸军事，兼润越等州刺史，上柱国彭城郡王，食邑五千户、食实封壹伯户钱镠：朕闻铭邓骘①之勋，言垂汉典；载孔悝②之德，事美鲁经③。则知褒德策勋，古今一致。顷者董昌僭伪，为昏镜水；狂谋恶贯，溘染齐人④。而尔披攘凶渠，荡定江表，忠以卫社稷，惠以福生灵。其机也氛祲清，其化也疲赢泰，拯于粤于涂炭之上，师无私焉；保余杭成金汤之固，政有经矣。志奖王室，绩冠侯藩，溢于旃⑤上，流在丹素⑥。虽钟繇⑦

---

① 邓骘：东汉人，累迁车骑将军、仪同三司，定策定安帝。封上蔡侯，不受。永初元年（107年），羌人不愿随征西域，被逼反抗。东汉政府派邓骘、任尚率五万人前往镇压。因功拜太将。
② 孔悝：即孔叔，春秋卫国大臣。
③ 鲁经：指孔子所修《春秋》。
④ 《吴越备史》卷一作"狂谋恶迹，渐染齐人"，今据实物更正。"狂谋恶贯，溘染齐人"，与"狂谋恶迹，渐染齐人"，含义相似。齐人，应即齐民。《汉书·食货志下》："世家弟子富人，或斗鸡走狗马，弋腊博戏，乱齐民。"颜师古注引如淳曰："齐，等也。无有贵贱，谓之齐民，若今谓平民矣。"
⑤ 旃：上画龙形，竿头系铃的旗，是古代九旗之一。诸侯建旃。
⑥ 丹素：诸侯服饰。
⑦ 钟繇（151~230年）：三国魏颍川人，汉末举孝廉，官至侍中、尚书仆射。入魏，进太傅。善书，工正隶、行、草、八分，尤长正、隶。

刊五熟之釜①，窦宪勒燕然之山②，未足顾功，抑有异数。是用锡其金版，申以誓词。长河有似带之期，泰华有如拳之日。惟我念功之旨，永将延祚子孙，使卿长袭宠荣，克保富贵。卿恕九死，子孙三死。或犯常刑，有司不得加责。承我信誓，往惟钦哉。宜付史馆，颁示天下。中书侍郎兼户部尚书平章事臣崔胤宣奉。

钱镠奉到唐昭宗赐给他的铁券之后，照例备一道表文谢恩。这是新城人罗隐代为起草的。谢表全文如下：

恩主赐臣金书铁券一道，恕臣九死、子孙三死者，出于睿眷③，形此纶言④。录臣以丝发之劳，赐臣以山河之誓。镌金作字，指日成文，震动神祇，惊飞肝胆，伏念臣微从筮仕⑤，殆及秉麾，每自揣量，是何叨忝⑥，所以行如履薄⑦，动若持盈⑧，惟忧福过祸生，敢望慎终护末。岂期此志，上感宸聪，忧臣以处极多危，虑臣以防微不至，遂开圣泽，永保私门，屈以常刑，宥其必死。虽君亲嘱念，皆云必恕必容；而臣子为心，岂敢伤慈伤爱。谨当日慎一日，戒子戒孙；不敢因此而累恩，不敢乘此而贾祸。圣主万岁，愚臣一心。谢恩表具上。罗隐顿首代脱。乾宁丁巳十月吉。⑨

吴越国王钱弘俶入朝，将铁券藏在祖庙里。淳化元年（990年），杭州守臣将铁券送入京中。这时，钱弘俶已经去世，宋太宗将铁券交还钱弘俶的儿子钱惟濬。惟濬去世，传给其弟惟演。惟演去世，传给其子钱晦，后又传给钱景臻。钱景臻是钱弘俶之曾孙，官至右领军卫大将军。他的夫人系宋仁宗第十女，即秦鲁国贤穆明懿大长公主。靖康二年（1127年），诸帝姬北徙，公主以先朝女，金人不知，留于汴。建炎年间避地南渡，后至扬州，复避地至闽。绍兴三年（1133年），自闽至会稽，后徙台州。她的亲生儿子钱忱随去，并带走历朝所赠铁券、册、宗器、法物等件。元兵入浙，铁券沉入河底。陶宗仪《辍耕录》卷十九载："吾乡钱叔琛氏赟，乃武肃王之诸孙也，其家在郡城东北隅，亭台沼沚，联络映带，犹是先朝赐第，与余相友善，尝出示所藏铁券，形宛如瓦，高尺余，阔二尺许。券词黄金镶嵌，一角有斧痕。盖至元丙子天兵南下时，其家人窃负以逃而死于难，券亦莫知所在。越再丙子，渔者偶网得之，乃在黄岩河南地名泽库深水内。渔意宝物，试斧击之，则铁焉，因弃之幽。一村学究与渔邻，颇闻铁券之说，买以铁价，然二人皆不悟其字乃金也。有报于叔琛之兄者，用十斛谷易得，

---

① 五熟釜：《三国志·魏·钟繇传》："文帝在东宫，赐繇五熟釜，为之铭。"注引《魏略》："繇为相国，以五熟釜鼎范，因太子铸之。釜成，太子与繇书曰'昔有黄三鼎，周之九宝，咸以一体，使调一味，岂若斯釜，五味时芳。'"

② 窦宪（？～92年）：东汉平陵人，和帝母窦太后之胞兄。章帝死，和帝十岁继位，窦太后临朝，宪宫居侍中，后获罪惧诛，自请击匈奴赎死，领兵出塞三千余里，大破匈奴，登燕然山，刻石纪功而还，拜大将军，总揽大权。和帝既长，愤其骄纵，与中常侍郑众等合谋，迫令自杀。

③ 睿眷：睿，常用于称颂皇帝的套语。眷，此处可作眷重解。

④ 纶言：犹"纶音"，指皇帝的诏书。

⑤ 筮仕：古人将出仕，先占吉凶，谓之筮仕。后称入官为筮仕。宋王禹偁《小畜集》二《除夜》诗："筮仕已十年，明朝三十九。"

⑥ 每自揣量，是何叨忝：经常自己揣量，我凭什么承蒙这样的恩宠，实在感到惭愧。

⑦ 履薄："如履薄冰"的略语，喻随时警惕，谨慎小心。

⑧ 持盈：保守成业。《国语·越下》："夫国家之事，有持盈，有定倾，有节事。"注："持，守也。盈，满也。"

⑨ 钱镠谢表：阮元《两浙金石志》、陶宗仪《辍耕录》、吴任臣《十国春秋》等书均有著录。文字稍有出入，今按原物原稿。

去毡复还，诚为异事。"文中的"泽库"，应该即今黄岩与温岭交界的"泽国镇"，该地今属温岭县。铁券是元代前至元十三年（丙子，1276 年）元兵南下时失落的，到后至元二年（丙子，1336 年）被渔人在泽库深水中获得。陶宗仪是元末黄岩人，所以他的记载应该是可靠的。明太祖洪武二年（1369 年），朱元璋大封功臣，下令主管礼仪的官员们商议铁券的制度。危素说，钱镠铁券还在，可取来参考。朱元璋派人到台州访得，由钱氏子孙钱尚德送到南京，朱元璋为此召集朝会，与臣子们共同观看，赐宴于中书省，并且仿制了一件木质的模型，留供参考。明嘉靖元年（1522 年），明朝赐给邵喜的铁券，就是参照钱镠铁券铸造的。清乾隆二十七年（1762 年），皇帝南巡，钱氏后裔进呈铁券。乾隆皇帝看毕，制诗一首，命工镌在木板上，和铁券一并归还钱氏。清咸丰十一年（1861 年），太平军入台，钱氏后人将铁券沉于井中，字愈剥落。1951 年，铁券由当地政府交浙江省文物管理委员会保管，后移交浙江博物馆展出。1959 年，由浙江省文物管理委员会将铁券移交中国历史博物馆。

铁券，名义上是封建皇帝给臣下的一种誓约，但这种誓约是建筑在流沙上的，完全出于当时朝廷的政治需要。阮元《两浙金石志》卷三载："元按：元费著器物谱载，唐铁券二，昭宗以赐陈敬瑄、田令孜。敬瑄以中和三年十月受赐，令孜以四年十一月受赐。此二券在乾宁十余年前，赐券已为故典。敬瑄、令孜皆叛臣之未成者。"此二人后来皆被王建所杀。《旧唐书·田令孜传》云："（王建）遣使上表请计陈敬瑄以自效，朝廷嘉之。"当时朝廷就不顾铁券的誓约了。陆游《南唐书·卢绛传》云："……斩西市。绛临刑大呼曰：陛下不记以铁券誓书招臣乎?!"这些事例，充分说明铁券的誓约是没有保障的，可是，钱镠的铁券，在明代倒反起过作用。明洪武二十一年（1388 年），钱氏后人钱克邦因大臣保荐入京，由吏部引见。朱元璋想起钱弘俶纳土降宋的故事，便把宋代以来优待钱氏子孙的情况，作为对北方归降者进行宣传的史例。钱克邦又去见太子朱允炆。朱允炆问清他家世之后，起用他为江西建昌府知府。钱克邦死后，都察院查勘他在知府任内的税粮。查抄公文上报后，钱克邦的儿子钱汝贤口供："我是吴越国嫡派子孙，有铁券为证。"都察院带他去见朱元璋。朱元璋在奉天殿接见他，对他说："五代时天下大乱，各据偏方，你祖宗能使两浙百姓不识兵革之苦；到了宋朝，又知道宋太祖是真命天子，便把土地献上，这是你祖宗的忠孝好处，铁券仍给你保藏，田产家财也都发还。"唐朝的铁券居然在明代还起作用，正是出于朝廷的政治需要，如此而已。

（原载《吴越首府杭州》〔杭州历史丛编之三〕，浙江人民出版社，1988 年）

五代吴越国王投简

投简、投龙、建醮，是道教徒向名山水府神仙祈祷的一套仪式。泰山老君堂有唐代东岳建醮投龙题名34段。传世的有唐明皇铜简。据嘉泰《会稽志》载：唐先天间（712～713年）遣道士诣嵊县金庭观投龙。同书卷十一载："唐观察使元以瑱春分日投金简于阳明洞。"清代发现过钱镠77岁时投入苏州洞庭乡太湖中的玉简和银简各1枚。1955年以来，在杭州西湖和绍兴县又陆续发现五代吴越国王钱镠、钱元瓘、钱弘佐、钱弘俶的银简。银简系一块长方形的银板，如钱镠62岁银简，长37.2厘米，两端圆拱，宽8.72厘米；钱镠77岁银简，长31厘米，两端平，宽6.7厘米。告文阴刻在银板上。现将告文分别抄录如下，并加注释，用以补史证史。

1. 钱镠62岁投简告文

大道弟子，启圣匡运同德功臣，淮南、镇海、镇东等军节度使，淮南、浙江东西等道观察、处置、营田、安抚兼盐铁制置、发运等使，开府仪同三司，尚父、守尚书令，食邑一万七千户，食实封一千五百户，吴越王，臣——钱镠①年六十二岁，二月十六日生，本命壬申②。自统领三藩，封崇两国，廓清吴越，获泰黎元，□荷玄恩，敢忘灵祐。昨者当使所发，应援湖湘兵士③。及讨伐犯境凶徒④，遂沥恳情，仰告名山洞府，果蒙潜加警卫，继殄豺狼。已于中元之辰⑤

---

① 梁开平三年（909年）闰八月，太祖朱晃给钱镠的制书所署钱镠的头衔是："启圣匡运同德功臣，淮南、镇海、镇东等军节度使，淮南、浙江东西道管内观察、处置、充淮南四面都统、营田、安抚、兼两浙盐铁、制置、发运等使，开府仪同三司，检校太师，兼中书令、杭越等州大都督长史，上柱国，吴越王，食邑一万五千户，实封一千户。"开平五年（911年），制命钱镠守尚书令，兼淮南宣歙等道四面行营都统，增食邑二千户，实封一百户。乾化三年（912年）七月，尊钱镠为尚父。

② 本命：凡人出生所属六十甲子干支之年，其干支即为本命。如钱镠生于唐大中六年，此年干支为壬申年，故告文云"本命壬申"，钱元瓘生于唐光启三年，此年干支为丁未年，故告文云"本命丁未"，钱弘佐生于后唐天成三年，此年干支为戊子，故告文云"本命戊子"，钱弘俶生于后唐天成四年，此年干支为己丑年，故告文云"本命己丑"。又：《吴越备史》（《四部丛刊续编史部》，上海涵芬楼影印吴枚庵手抄本）卷一云：钱镠生于唐大中六年二月二十六日。而钱镠62岁、63岁、66岁、77岁的投简告文中，均云生于二月十六日，可见《吴越备史》所载有误。

③ 统领三藩：指淮南、镇海、镇东等军节度使。崇封两国，指吴、越。当使所发应援湖湘兵士：湖湘是马殷的统治范围，和吴越隔着淮南的辖境，而淮南正是吴越的邻敌。所以吴越入贡后梁的陆路，在梁贞明四年（918年）前，是南绕福建、经江西、转湖南、湖北而到河南开封的。吴越兵应援湖湘，当然也走这条路，是相当艰难的远征。这段历史未见文献记载，但既然钱镠在告文上刻着这段历史，当然有应援湖湘的事。实际上，在钱镠投放此简的前一年冬，马殷也确实受到淮南的攻击。钱镠派兵应援，是为了保护中原的通道。据《吴越备史》卷一载：梁贞明四年（918年），"十二月，淮人围虔州，将绝我贡路。刺史卢光俦来告，王发征兵援之，未及境而虔州拔矣。航海入贡自此始也。"可见，钱镠为了保护去中原的陆路通道，还曾出兵应援过虔州（今江西赣州）。

④ 及讨伐凶徒：乾化三年（913年），即钱镠投放此简的这年四月，淮将李涛率兵两万，自千秋岭进攻衣锦军。钱镠命钱元瓘出兵迎击，俘李涛等八千余人。五月，淮将花虔涡信等率兵五千余人，进驻宣州广德县，再攻衣锦军。钱镠命钱元瓘出击，克广德县，俘花虔涡信及兵卒七千余人。

⑤ 中元：道家以七月十五日为中元，定为地官大帝诞辰。《修行记》：七月十五日为中元节，地官降下，定人间善恶。道士于是日夜诵经济度，说饿鬼囚魂亦得解脱。

普陈斋醮①。今则散投龙、简②，上诣诸洞仙籍、水府真官，备罄丹诚，用酬灵贶。兼以方兴戈甲，克殄淮夷③，敢希广借阴功，共资平荡，早清逆窟，以泰江南。其次，愿两府封疆，永无灾难，年和俗阜，军庶康宁，兼镠履历年庚不逢衰厄，至于家眷并乞平安。永托真源，常蒙道荫。谨诣水府，金龙驿传④。太岁癸酉⑤八月庚辛朔十三日壬午于杭州钱唐县履泰乡钱唐湖⑥水府告文。

图一　钱镠 62 岁银质投简
（绍兴市发现）

2. 钱镠 62 岁投简

在浙江省绍兴县也有钱镠投简发现，简上的告文内容与上述在西湖发现的基本相同，所不同者末行署："太岁癸酉八月庚午朔二十日己丑于越州会稽县五云乡石帆里射的潭水府告文。"文中的"射的"两字，不应该是地名。在始兴发现的钱镠 77 岁银简上，末署："宝正三年太岁戊子三月丁未朔□日□□□于吴越国□□州□□县□□乡□□里射的水府告文。"（图一）文中将日期和地点都空着，说明是准备临时填刻的，既然在银简上刻告文时投放银简的地点未定，为什么刻上"射的"字样？由此可见，投放龙简的具体地点，是需要祈求神灵指点的，其方法可能以射箭时中矢之"的"为神灵所指地点。

3. 钱镠 63 岁投简告文

大道弟子，启圣匡运同德功臣，淮南、镇海、镇东等军节度使，淮南、浙江东西等道观察、处置、营田、安抚兼盐铁制置、发运等使，开府仪同三司，尚父、守尚书令，食邑一万七千户，食实封一千五百户，吴越王，臣——钱镠，年六十三岁，二月十六日生，本命壬申。臣受任六朝⑦，功荣元老⑧，民安俗阜，道泰

---

①~③ 斋醮、投龙、投简、投璧，都是道教求神的仪式。在泰山老君堂里有唐代东岳建醮投龙题名 34 段，其中桓道彦题名云，"于此东岳设金录宝斋河图大醮，七日行道，两度投龙"。麻慈力题名云："赍龙璧御词"。录赵敬题名云："金龙、玉璧，并投山讫"刑虚题名云："设醮奉表投龙璧"。斋醮，是道家设坛修建祈禳法事，属正一符箓派。宋玉《唐高赋》："醮诸神，礼太乙。"《吴越备史》卷一载：唐天复元年（901 年），钱镠"以衣锦城被寇，命玄同先生闾丘方远进下元金箓醮于东府龙端宫"。闾丘方远，舒州宿松人，通经学，精易学，年二十九修行出世之术于仙都山隐真岩，年三十四受法于天台山玉霄宫。唐昭宗召之不赴，赐号妙有大师玄同先生。文中所云"金箓"，为道教斋醮科仪之一。龙瑞官，在今绍兴县宛委山，尚存唐代贺知章龙瑞宫摩崖题记，题记中云："开元三年（714 年），敕叶天师醮，龙现，敕蛟龙瑞宫。"龙、简、璧是三件不同的东西。龙，指金龙，是向洞仙和水府真官投递告文的使者，即吴越国王钱氏投简告文中所谓"金龙驿传"。宋代江少虞《皇朝事实类苑》引韩驹《东斋纪事》云："道家有金龙、玉简，投于名山洞府。金龙以铜制，玉简以阶石制。"说明金龙也有铜制的，以铜代金。1957 年疏浚西湖时，不仅发现五代吴越国王的银简，也获得一件金龙，制作精巧，形态生动，没有附着其他物件的痕迹，这可能就是与银简同时投入西湖的。杭州灵山洞亦发现"金龙"，也可能作为"金龙驿传"投放的。过去有些学者将书刻祈神告文的玉简或银简，称之为"投龙简"，其实，龙、简是两件东西，而投龙、投简则应是一次完成的。但斋醮则与投龙、投简不一定同时完成，所以钱镠在简文中云：已于中元之辰普陈斋醮，"今（八月十三日）则散投龙、简"。

④ 淮夷：指唐代淮南镇，当时为杨行密所占领。

⑤ 太岁癸酉：钱镠六十二年，即后梁乾化三年（913 年），此年为癸酉年。

⑥ 钱唐湖，即今杭州西湖。

⑦ 受任六朝：唐僖宗李儇光启三年（887 年），钱镠为杭州刺史，其后经历唐昭宗李晔、唐哀宗李祝、后梁太祖朱晃、后梁朱友珪、后梁末帝朱瑱。钱镠 63 岁，即后梁末帝乾化四年（914 年），正好经历六个皇帝。

⑧ 叨荣元老：叨，谦辞，承受的意思。陈子昂《为副大总管苏将军谢罪表》："臣妾以庸才，谬叨重任。"《后汉书·章帝记》："（赵熹）三世在任，为国元老。"后唐长兴三年（932 年），钱镠去世，朝廷下诏曰："天下兵马大元帅、尚父、尚书令，吴越国王钱，本朝元老，当代勋贤……"

时康，仰自穹旻，常垂景祐。今陈醮礼，式谢玄恩，俾使越国吴都永获清泰，三军万姓常保欢荣；兼愿淮海封疆，速归两浙①，冀清氛寝，用泰生灵；其次，虑两藩之中，或有礼瘥灾沴。今则散投龙简，上诣诸洞仙籍、水府真官，兼乞家眷己身，常蒙道荫，谨诣洞府，金龙驿传。太岁甲戌二月戊辰朔二十七日甲午，于杭州钱唐县履泰乡钱唐湖水府告文。

4. 钱镠 66 岁投简告文

大道弟子，启圣匡运同德功臣，淮南、镇海、镇乐等军节度使，淮南、浙江东西等道观察、处置、营田、安抚兼盐铁制置、发运等使，开府仪同三司，尚父、守尚书令，食邑二万户，食实封一千七百户，吴越王，臣——钱镠，年六十六岁，二月十六日生，本命壬申。臣受任六朝，拥旄三镇②，民安俗阜，道泰时康，是物和平，遐迩清晏，仰自穹旻隆祐，众圣垂恩。今则特诣洞府名山，遍投龙简，用陈醮谢，上苍玄恩。伏愿臣主绾吴越两藩，永销灾沴，三军强盛，万姓安康，兵革不兴，封境宁谧。今则时当春季，合具启祈。兼乞臣行年庚甲，履历四时，克固山河，无有衰厄，云来增庆，道力护持。谨诣水府，金龙驿传。太岁丁丑三月庚戌朔二十日己巳于杭州钱唐县履泰乡钱唐湖水府告文。

5. 钱镠 77 岁投简告文

大道弟子、天下都元师、尚父、守尚书令、吴越国王钱镠③，年七十七岁，二月十六日生。自统制山河，主临吴越，民安俗阜，道泰时康，是物和平，遐迩清晏，仰自苍旻降祐，大道垂恩。今特诣洞府名山，遍投龙简，恭陈醮谢，上答玄恩。伏愿年年无水旱之灾，岁岁有农桑之乐；兼乞镠壬申行年，四时履历，寿龄遐远，眼目光明，家国兴隆，子孙繁盛。志祈玄贶，允叶投诚。谨诣太湖水府，真龙驿传。于吴越国苏州府吴县洞庭乡王梁里太湖水府告文。宝正三年④岁在戊子三月丁未朔二十六日壬申投。

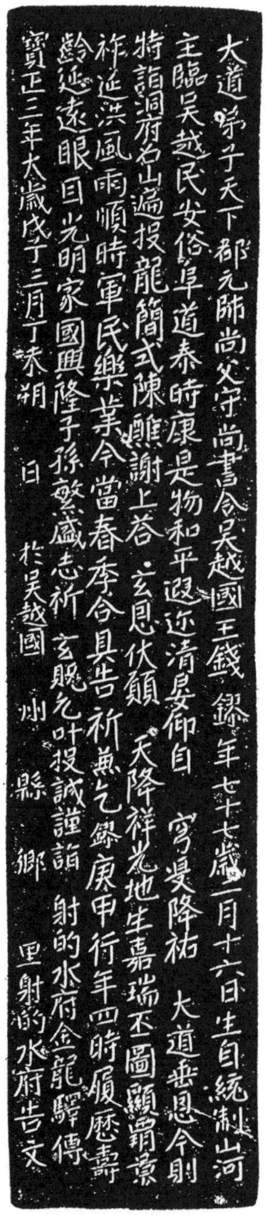

6. 钱镠 77 岁投简告文（图二）

大道弟子、天下都元师，尚父、守尚书令、吴越国王钱镠，年七十七岁，二月十六日生。自统制山河，主临吴越，民安俗阜，道泰时康，是物和平，遐迩清晏，仰自穹旻降祐，大道垂恩。今则特诣洞府名山，遍投龙简，式陈醮谢，上答玄恩。伏愿天降祥光，地生嘉瑞，丕图显霸，

图二　钱镠 77 岁银质投简
（绍兴市发现）

---

① 钱镠兼领淮南节度使是在后梁天祐四年（907年）八月。淮南在唐末为杨行密所占。乾宁二年（895年），唐授杨行密为淮南节度使副大使知节度芜、检校太傅、同中书门下平章事，封弘农王。至天祐二年（905年）十一月，杨行密死，子杨偓袭位。但是唐中央没有把淮南授予杨偓，而加授给钱镠。不过事实上淮南仍为杨偓所占。至开平二年（908年）五月，淮南都将张颢杀杨偓，自为留后。逾旬，大将徐温复杀颢，立杨偓弟隆基为节度使。贞明六年（920年），隆基卒，弟溥立。天成二年（927年），杨溥称帝。天福二年（937年），徐知诰称帝，国号唐，吴灭。钱镠一心想得到淮南，和杨行密屡次发生战争。

② 拥旄三镇：旄，古代旗杆头上用旄牛尾作的装饰，因即指有这种装饰的旗。岑参《轮台歌》："上将拥旄西出征，平民吹笙大军行。"三镇，即淮南、镇海、镇东等军节度使。实际为统领三镇之意。

③ 后唐同光二年（924年）授钱镠为天下马兵大元师，尚父、尚书今、天越国王。

④ 宝正，五代吴越国年号，宝正四年，即后唐天成四年（929年）。

景祚延洪，风雨顺时，军民乐业。今当春季，合具告祈。兼乞缪庚甲行年，四时履历，寿龄延远，眼目光明，家国兴隆，子孙繁盛。志祈玄贶，允叶投诚。谨诣射的水府，金龙驿传。宝正三年太岁戊子三月丁未朔□□日□□□于吴越国□□州□□县□□乡□□里射的水府告文。

7. 钱元瓘53岁投简告文

大道弟子、天下兵马都元帅、吴越国王钱□□，年五十三岁，十二月十一日生，本命丁未①。伏自显承眷命，克绍丕图，恩隆大朝，身登宝位，上荷穹昊辅助，真圣护持，获致兴隆，敢忘精敬。唯以省刑贷法，恤老矜孤，念疲羸则并减赋租，思谪羸则迭施恩宥，所冀上符天道，下契淳和。三元不阙②，朝修四序，每陈醮奏。今以时当春季，特诣灵纵，遍投龙、简。乞保斗牛分野③，烽火不起，军庶咸安，永无水旱，常乐农桑。次愿家国兴霸，寿筭延长，宫庭眷属清宁，内外子孙隆盛。请以丹简关盟真仙，谨诣水府，金龙驿传。太岁己亥二月癸酉朔十七日己丑于西都钱唐府钱唐县钱唐乡钱唐湖水府告文。

8. 钱弘佐15岁投简告文（图三）

大道弟子起复吴越国王臣钱□□④，年一十五岁⑤，七月二十六日生，本命戊子⑥。伏自显承眷命，光绍霸图，遵奉大朝，缵绪基构，上荷穹昊辅助，克致安宁。唯以崇奉真玄，虔诚祷请，而又广行恩宥，优恤军民，全放租苗，牵复贬谪⑦。所冀上符天道，下顺坤仪。四序朝修，三元关奏。今以时当春季，特诣灵踪，告简川源，陈词洞府。乞保斗牛分野，吴越封疆，长集祯

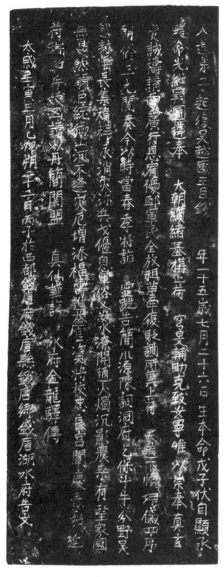

图三　钱弘佐15岁银简

---

① 此简告文在"钱"字下空两个字的位置，未刻上名字，只刻明"年五十三，十二月十一日生，本命丁未"，而且末尾也只刻"太岁己亥"，未注出年号。据《吴越备史》卷二载，吴越国王钱元瓘生于"唐光启三年丁未（887年）冬十一月十有二日"。钱元瓘五十三岁（虚龄），时在后晋天福四年（939年）。此年为己亥年。由此可见，这枚银简为钱元瓘所投。但告文中云十二月十一日生，而《吴越备史》（上海涵芬楼影印吴枚庵手抄本）作十一月十二日生，是《吴越备史》误也。

② 三元不阙：三元，《唐六典》卷四《祠部郎中》："（道士有）三元斋：正月十五天官为上元，七月十五地官为中元，十月十五日水官为下元，皆法身自忏�罪焉。"阙，同缺。

③ 斗牛分野：斗牛，指二十八宿中的斗宿和牛宿。此处指吴越辖境。

④ 钱弘佐15岁，时在后晋天福七年（942年）。起复：古时官员守父母丧，守制尚未期满而应召任职，称为"起复"。钱元瓘是后晋天福六年（941年）八月去世的，他的儿子钱弘佐即位为吴越国王，时服丧未满。

⑤ 此简未刻名字，只刻"吴越国王臣钱□□，年一十五岁，七月十六日生，本命戊子"。末署"太岁壬寅……"。"壬寅"，应指后晋天福七年（942年），相当钱弘佐即位的第二年。按《吴越备史》载："丁未（钱弘佐在位的第六年）六月乙卯王薨，……年二十"，以此上推，天福七年，钱弘佐恰好十五岁；又再上推十五年，为后唐天成三年（928年），正好是戊子年。

⑥ 《吴越备史》云：钱弘佐生于"天成三年七月二十六日"，是年为戊子年，告文亦云"本命戊子"，证明此简为钱弘佐所投。

⑦ 据《吴越备史》卷三载：后晋天福六年（941年）八月，钱弘佐以遗命承制，授两军节度使。九月，放宽关梁禁制，免一年租税。在银简告文中有"广行恩宥，优恤军民，全放租苗，牵复贬谪"的自述，说明《吴越备史》的记载是可信的。

祥，永消灾沴，兵戈偃息，军俗乂安①，水潦开通，火烛沉影，农桑有望，家国无忧。然愿臣统御山河，不逢灾厄，增添福寿，进益官资，将效忠良，宫闱庆泰，招延符瑞，驱斥媛凶。请以丹简关盟，真仙谨诣，水府金龙驿传。太岁壬寅三月乙卯朔二十二日丙子，于西都钱唐府钱唐县钱唐乡钱唐湖水府告文。

9. 钱弘俶 21 岁投简告文

大道太上三五正一明威弟子②、都元帅、吴越国王③、臣钱弘俶，年二十一岁，八月二十五日生，本命己丑。伏自祓膺眷命，光绍霸图，聿修宗祖之风，每逢梯航之贡。④ 上荷穹旻辅助，克致乂宁。唯以遵禀教科，仰酬灵贶。而自一临大宝，两易炎凉⑤，眷言于去甚去奢，励志则不荒不息，念缧绁则频行赦宥，抚庶黎则每缓片徭，用符上帝之心，克叶下民之望。今以时临秋仲，遍诣灵踪，展投龙设醮之恒规，申行潦潢污之薄礼。乞保斗牛分野，吴越封疆，常集祯祥，不生灾沴，兵戈偃戢，耕稼熟成，宫闱之温清，长安统治，乃盱宵无爽，宰辅忠谠⑥，军庶康乐，山河增壮。王之容遐迩，足咏歌之乐⑦。请以丹简关盟真官，谨诣水府，金龙驿传。太岁己酉八月壬申朔二十九日庚子，于钱唐府钱唐县钱唐乡吴山里钱唐湖水府告文。

10. 钱弘俶 23 岁投简告文

大道上清玄都大洞三景⑧弟子、诸道兵马都元帅、守尚书令、吴越国王、臣钱弘俶，年二十三岁，八月二十五日生，本命己丑。臣伏自祓膺眷命，光绍霸基，聿修祖宗之风，每逢梯航之贡。上荷穹旻辅助，克致乂宁。唯以遵禀教科，仰酬灵贶。而自一临大宝，屡改星霜⑨，眷言于去甚去奢，励志则不荒不息，念缧绁而频行赦宥，爱黔黎而每缓征徭，冀符上帝之心，克叶下民之望。今则律线南吕，时及杪秋⑩，辄持银简、金龙，遍诣名山福地。所冀保斗牛分野，吴越封疆，常集祯祥，不生灾沴，兵戈偃戢，耕稼熟成，宫闱之温清，获安统御，而年庚永泰，宰辅忠赤，军庶乐康，山河增壮。王之容遐迩，起、咏歌之韵，请以丹简关盟真官，谨诣水府，金龙驿传。太岁辛亥八月庚寅朔二十六日丁巳，于吴越国钱唐府钱唐县钱唐乡吴山里钱唐湖水府告文。

（原载《浙江省文物考古研究所学刊——建所十周年纪念》，科学出版社，1993 年）

---

① 按：乂（yì），亦作"艾安"，太平无事。

② 太上：逸家以最上最高最尊之神为太上。俗以太上老君简称为太上，或云太上为老君之师。三五：玄阳之数。《史记·天官书》："为天数者必通三五。注：三辰五星也"。正一：道教五大宗之一。正者至正不偏，一者守不二。汉张道陵天师开道教仪科范，而为正一教主。《云笈七签》卷二十八：太上授张道陵为正一盟威之道，"伐诛邪伪，与天下万神分付为盟，悉承正一之道"。

③ 后汉乾祐二年（949 年），隐帝刘承祐册钱弘俶为吴越国王。册上署钱弘俶为："匡圣广远同德保定功臣，东南面兵马都元帅，镇海、镇东等军节度使，浙江东西道管内观察、处置、兼两浙盐铁、制置、发运、营田等使，开府仪同三司，检校太师，兼中书令，杭州、越州大都督，上柱国、吴越国王。"

④ 梯航：梯，登山；航，航海。谓翻山越海，经历险远的道路。指吴越国对中原的进贡。

⑤ 两易炎凉：此处指经历两年时间。钱弘俶系后汉天福十二年（947 年）十二月为胡进思所拥立，而他投放此简的时间为后汉乾祐二年，经历两个春秋。

⑥ 宰辅忠谠：钱弘俶即位初，斩何承训，惩其反复，匡武都连名辄举求官，斩首二人，坐黜二十余人；内衙指挥使斜滔以罪黜于处州。所以钱弘俶乞求神灵阴助，使得"宰辅忠谠"。

⑦ 容，宽容。《书·君陈》："有容，德乃大。"《疏》："有所宽容，其德乃能大。"据《吴越备史》载：乾祐元年（948 年）十一月，"下令以每岁租赋逋滞者悉蠲之，仍岁为著令，百姓歌舞焉"。

⑧ 上清：为道教三清之一，即上清灵宝天尊。玄都：上仙所居也。三景：太元上景、太上二景、洞真皇虚真景。凡遵三景，称三景弟子。

⑨ 星霜：星辰运转，秋则霜降，此用以指年岁。张九龄《饯济阴梁明府》诗："但恐星霜改，还将薄稗衰。"

⑩ 律线南吕，时及杪秋：古人将乐律和律法联系起来，依照《礼记·月令》，一年十二月正好和十二律相适应。促秋之月，律中"南吕"。此简系八月所投，正是仲秋季节。

雕版印刷　称誉当世

我国发明雕版印刷术的时间，史书上有明确记载的，最早是在中唐。《全唐文》卷六百二十四载，太和九年（835 年）冯宿出任剑南东川节度使时，给皇帝写了奏章，要求禁止版印日历。可见那时已有雕版印刷物了。在敦煌发现唐咸通九年（868 年）刻印的《金刚经》、乾符四年（877 年）和中和二年（882 年）刻印的历书。元稹《白氏长庆集序》载，他和白居易两人所作诗篇，在当时流传相当广泛，并自注云："杨、越间多作书，模勒乐天及予杂诗，卖于市肆之中也。"王国维以为"刻石亦可云模勒，而作书鬻卖，自非镂版不可。"因此，王国维便肯定说："则唐之中叶，吾浙已有刊版矣。"杭州的雕版印刷，在五代吴越时开始兴盛，发现的实物如下。

1. 1917 年，浙江省湖州市天宁寺经幢的象鼻中，发现《一切如来心秘密全身舍利宝箧印陀罗尼经》。卷首题刊 4 行："天下都元帅吴越国王钱弘俶印宝箧印经八万四千卷，在宝塔内供养。显德三年丙辰岁记。"接着是扉画"礼佛图"。后面就是经文、经题"一切如来心秘密全身舍利宝箧印陀罗尼经"18 字，分 2 行，首行 10 字，次行 8 字。据说当时发现两三卷。王国维《两浙古刊本考》卷上云："卷高工部营造尺二寸五分，版心高一寸九分半。每行 8 字或 9 字，经文共 338 行，题宝箧印陀罗尼经，并前后题共计 342 行，经前有画作人礼塔象，广二寸□分。"这是浙江已发现的最早的有纪年的雕版印刷品。卷首题刊中，钱弘俶还未避宋讳去掉"弘"字。

2. 据《文物》1972 年第 1 期报道："1971 年 1 月，在无为中学宋代金利塔下发现砖砌小墓，内置木棺。绕棺列置小木雕佛涅槃像、磨花兰玻璃瓶、黑漆彩绘小罐各一件和五代显德三年（956 年）吴越国王钱弘俶印宝箧陀罗尼经一卷、北宋真言二纸、景祐三年许氏二娘一家舍资愿文一纸。墓内遗物大都完好。小涅槃像雕刻洗练，北宋玻璃瓶、漆罐也比较少见，真言两纸给北宋雕版印刷增加了新标本。"文中"舍利塔"误刊为"金利塔"；所谓"砖砌小墓"，实际上是"地宫"；所谓"木棺"，应该是"木函"。这卷雕版印经，与湖州天宁寺经幢中所发现的雕版印经一样，是目前国内所存五代吴越国的最早的雕版印刷品。安徽无为县不在吴越国统辖的范围内，而竟发现钱弘俶的印经，可见当时印本流传之广。显德本有一卷在美国纽约私人手中，瑞典国王也曾购得一卷，无为县发现的一卷，使国内也总算有了藏本。

3. 1924 年 9 月 25 日，杭州雷峰塔倒塌，许多塔砖的侧面有一圆孔，口径约 6 厘米，深约 12 厘米，下端不通，上端有木塞。圆孔内藏有经卷。经卷用白棉纸或竹纸精印而成，长 2.11 米，高 7.3 厘米，版心高约 6 厘米，卷前扉画宽 7.8 厘米。经卷用小木棒做轴心，卷成花炮状，裹以黄绢经袱，再用锦带束缚。卷端题刊 3 行："天下兵马大元帅吴越国王钱俶造此经八万四千卷，舍入西关砖塔，永充供养。乙亥八月日记。"钱弘俶在位的乙亥岁，即北宋开宝八年（975 年）。接着是扉画"礼塔图"，后面就是经文。经文连前后题共 271 行，每行 10 字，只有经文第一行 11 字。雷峰塔倒塌后不久，即有人伪刻此经卷牟利，所以传世的有伪本。此外，还发现了雕版印刷的塔图，也称塔卷，长 1 米许，每层画一塔，四塔相叠，其形制与钱弘俶铸造的金涂塔相仿。塔图画着佛经故事，雕刻精细，印刷也清晰。首刊螭纹，边饰水波纹。末一层题记云："香刹弟子王承益造此宝塔，奉愿闻者灭罪，见者成佛，亲近者出离生死。□□□植含生明德□本时丙子□□弟子王承益记。"记中"丙子"为北宋太平兴国元年（976 年），比雷峰塔经卷迟一年。此图可说是我国现已发现的最早版画实物之一。

4. 1971 年，浙江省绍兴市城关镇物资公司建造房屋，在进行基础施工时，发现地下有钱弘俶乙丑年铸造的金涂塔一座，塔内藏有一个小的木质圆筒，长约 10 厘米，筒内有雕版印经一卷，首题"吴越国王钱俶敬造《宝箧印经》八万四千卷。永充供养。时乙丑岁记"。钱弘俶在位的乙丑年，即北宋乾德三年（965 年）。接着是扉画"礼佛图"。后面就是经文，经题"一切如来心秘密全身舍利宝箧印陀罗尼经"。经卷字体细小精美，纸质洁白，扉画线条明朗，印刷清晰，墨色精良，可说是五代吴越雕版印刷的代表作。

5. 金代赵城藏的《摩诃止观》卷第十，经题前有"天下兵马大元帅吴越国主钱俶开此论施"一行。中国历代大藏经中，要算赵城藏版最杂。金兵攻陷开封，尽取金帛图籍以去，其中包括经版 1700 片。这 1700 片中，有开封官刻经版，有吴越国王纳土缴送的经版，有大中祥符和景祐各时期向各地接收的经版。宋江少虞《皇朝事实类苑》卷七十八载："吴越钱氏多因海舶通信。天台智者教五百余卷，有录而多阙，贾人言日本有之。钱俶致书于其国，奉黄金五百两，求写其本，尽得之。迄今天台教大布江左。"现存赵城大藏经中所采入的恰是天台智者大师撰的《摩诃止观》，应该就是钱俶从日本抄写得来而雕版行世的。不过，经题前刻印"天下兵马大元帅吴越国主"，而现已发现的吴越国王文物均题"吴越国王"，由此推测，可能是根据吴越国王底本重刻的。

此外，1956 年龙泉崇仁寺华严塔被拆除时，发现雕版印刷的佛经残卷，版宽字大，梵夹装，其高度比雷峰塔经卷高出二倍半，字大如青钱，欧体，刀法钝拙，每行 21 至 23 字，多少不等，黄纸印。有些专家鉴定，认为是唐代刊本。据明嘉靖《浙江通志》载：崇仁寺，"五代时建，有华严塔"。该塔的塔砖上有"太平兴国二年"题刻。太平兴国二年（977 年），即吴越国王钱俶纳土归宋的前一年。塔砖既有太平兴国二年的题记，估计经卷不会晚于此年。

五代吴越国印经的数字，据文献记载是相当惊人的。据北京图书馆藏南宋绍兴三十年（1160 年）临安府北关接待妙行院比丘行拱募缘重开、钱唐鲍询书、李度雕的《心赋注》及元照重编《永明知觉禅师方丈实录》载，延寿和尚刊印的有弥陀塔图（亲手印 14 万本）、弥陀经、楞严经、法华经、观音经、佛顶咒、大悲咒（以上印于 939 年左右）、二十四应观音像（914 年开版，用绢素印两万本）、法界心图（印七万余本）、孔雀王菩萨名消灾集福真言、西方九品变相毗卢遮那灭恶趣咒（以上各十万本）、阿閦佛咒、心赋注（延寿撰并注）。延寿俗姓王，钱塘人，34 岁（938 年）出家。他是吴越最著名的高僧，有弟子 2000 余人，最得吴越国王钱俶的宠信，命他住灵隐寺，赐智觉禅师号，后奉命住永明禅寺。据张秀民先生考证："钱弘俶与延寿所印佛教经像、咒语，有数字可考者，共计六十八万二千卷（或本）。数量之巨，在我国印刷史上可说是空前的，后来也是少见的。"

在五代吴越雕版印刷品中，已经使用彩色。王国维《观堂别集补遗》晋开运刻毗沙门天王像跋云："……又见日本久原文库藏彼国玄澄所摹吴越国印造应现观音像，中画观世音菩萨，其手持莲花与足下莲座，旁注赤字，皆印成后复加彩者。旁画二十四种应现，下录真言共二十四行。末云：'天下大元帅吴越国王钱俶印造。'以摹本度之，原本刻画颇极工致。"应现观音像用木版墨印后再加彩色，尤其讲究。当时钱俶赐钱千贯，延寿于甲戌年（974 年）开版，用素绢印 2 万本，用木版墨印后再加彩色。这是版刻图像加彩绘的早期作品，也是宋代以后彩色套版的前身。

吴越的印本，还有水心禅院住持道洗造舍《往生西方净土瑞应删传》，在日本有复刊本。

在现存实物中，钱弘俶在后周显德三年（956 年）、乾德三年（965 年）、开宝八年（975 年）的三种印经中，都刊明印了八万四千卷。八万四千，本是佛教的成数，如《华严经》三十五云，"或说八万四，乃至无量行"；同书四十四又云，"为发大悲心，具说八万四"。实际上指多数的意思，如举烦恼之多，曰八万四千之尘劳；举教门之多，曰八万四千之法门；说须弥座之高深，曰八万四千由旬。又如《法华经·药王品》载："火灭以后，收取舍利，作八万四千宝瓶，以起八万四千塔。"但是，钱弘俶对佛教如此之虔诚，以及文献所载钱弘俶与延寿印经数量之巨，钱弘俶印经实物中所云八万四千不一定是虚数，很可能都是实数。

吴越国崇尚净土宗。延寿和尚是净土宗的竭力提倡者。他"结一万人弥陀社会，亲手印弥陀塔十四万本，遍施寰海。吴越国中念佛之兴由此始矣"。弥陀会的信徒分布甚广。浙江省东阳县南寺塔中发现的金涂塔上，刻有吴越国龙册寺弥陀会弟子潘彦温造塔的题记。1935 年在台州发现的飞霞铜塔的塔座上，也有吴越国龙册寺弥陀会朱铨、章德荣、赵荣、范彦超、姚大娘、十四娘、张十娘、周二娘等的题刻。净土宗信仰阿弥陀佛，称他为西方极乐世界的教主，因此，在杭州的五代吴越造像中，"西方三圣"占据重要地位。

五代吴越雕版印刷业的兴旺和较高的技术水平，给宋代杭州印刷业的发展以极大的影响。宋代除首都汴京外，浙江的杭州、福建的建阳、四川的眉山，号称全国三大刻书中心。宋人叶梦得在《石林燕语》中说："今天下印书，以杭州为上，蜀次之，福建最下。京师比岁印版，殆不减杭州，而纸不佳。蜀与福建，多用柔木为之，取其易成而速售，故不能工。福建本几遍天下，正以其易成故也。"王国维《两浙古刊本考》云："浙本字体方正，刀法圆润，在宋本中实居首位。宋国子监刻书，若《七经正义》、若史汉三史、若南北朝七史、若《资治通鉴》、若诸医书，皆下杭州雕版。北宋监本刊于杭州者，殆居大半。"尤其是医书，一字差误，其害不轻，故以宋刻为善；而宋刻医书，多出杭州。证明杭州刻本的写刻和校勘都很精工。

北宋元祐三年（1088 年），熊本知杭州，奏请废罢市舶务书版，赐予州学。当时州学中设有义学，熊本要求罢市舶务的书版，让给州学印刷，目的是为了将收益供给义学，以便解决学生的口粮；或者卖给州学，限十年内将版款还清。朝廷下令，限五年偿还。次年苏东坡知杭州，再次上奏，经转运司差官重行估价，这批书版共值钱 1300 余贯，如五年还清，每年需 260 贯，对州学来说，困难甚大，而对朝廷来说，区区 260 贯钱，无非是江海中的一滴水；况且市舶务原来雕造书版共用钱 1951 贯 469 文，到现在为止，已收回净利 1899 贯 957 文，如果今日赐予州学，实际上官家不过只费 61 贯 12 文而已。熊本和苏东坡的奏请，说明北宋元祐年间，杭州刻书是以市舶务为主的。寺院印经的技术也很高。1960 年，浙江省丽水县碧湖宋塔中发现了北宋政和六年（1116 年）钱塘县张衍舍钱刊印的《佛说观世音经》一卷，共 16 页，其中有"杭州法昌院印造"字样，刻印十分精美。此外，还有私家刻本，如山东省莘县宋塔中发现有庆历二年（1042 年）杭州晏家刊刻的《妙法莲华经》、嘉祐五年（1060 年）杭州钱家刊刻的《妙法莲华经》。

　　靖康之变，北宋监本被金人运走，成为后来金监本的底本。南宋初，都城汴梁的一部分雕版印刷工匠南下临安，临安府成了全国雕版印书的中心。

　　　　　　　　（原载《吴越首府杭州》〔杭州历史丛编之三〕，浙江人民出版社，1988 年）

吴越浮屠 匠心独具　寺塔之建 倍于九国

——兼谈喻皓

五代吴越国王钱氏，既尊奉道教，亦崇信佛教，大兴寺塔。朱彝尊《曝书亭集》云："寺塔之建，吴越武肃倍于九国。"但是，钱镠所造之塔，仅存浙江省临安县（今临安市）的功臣塔。功臣塔的构造，在继承唐塔形制的基础上，有了新的发展，起到了承前启后的作用。钱俶（即钱弘俶）统治时期所造之塔甚多，构造形制有着突破性的发展，不仅为两宋时期楼阁式塔的形制奠定了稳固的基础，而且许多手法，对照北宋李明仲所著的《营造法式》，再联系喻皓所著《木经》和他曾到开封建造开宝寺塔的历史，可以清楚地看到：五代吴越的建筑与《营造法式》之间，存在着一定程度的渊源关系。金涂塔则是吴越国独多的一种宝箧印经塔，它的流传在佛教史中具有较重要的意义。

一　现存五代吴越之塔

现存五代吴越的塔，以临安功臣山上的功臣塔为最早。大约创建于梁乾化五年（915 年）。

功臣塔为砖砌筒形结构，平面方形，立面自下而上逐层收缩，无塔心柱，轮廓比较缓和，继承了唐塔的遗制。通高 25.12 米，分为五层。第一层高 4 米，边宽 5 米。塔身的每层每面都隐出倚柱、平柱和槏柱。平柱梭形。槏柱间辟有长方形门洞。其四出甬道上，用叠涩砖砌成藻井，这在两宋时期相当流行。塔身虽用纯石灰，但是否为当时遗物尚难肯定。塔檐和平座，都采用平砖叠涩，可能是从唐塔的叠涩出檐继承过来的，不过功臣塔的出檐很浅。腰檐铺作和平座铺作的扶壁拱均为砖制；出跳构件应该是木制，均毁，但留有残洞遗迹。各层平柱上均有柱头铺作，底层并用补间铺作一朵，其扶壁拱为重拱造，从残洞遗迹判断应是五铺作。值得注意的是，塔檐叠涩很浅，而檐下却用五铺作，出跳之远，大大超过现存的叠涩檐，这样就出现了一个发人深思的问题。斗拱的出跳与叠涩檐之间无法发生支托关系，再联系到现存的扶壁拱与叠涩檐之间存在着一定高度的距离，因此，原来的形制，很可能在外跳令拱上架设撩檐枋，在叠涩砖的上部排列椽子，其上铺瓦。平座铺作每边三朵，从残洞遗迹判断，应是四铺作单拱造，令拱上置撩檐枋，相当三材两契，其高度正好与平座叠涩砖的上部齐平，其上铺板，或再加面砖。如果塔檐和平座的原来形制确如上述推断的话，功臣塔是现存由叠涩砖出檐的砖塔过渡到砖木混合结构并使用木构塔檐和平座的最早实例。为了加强塔身的整体性，塔壁内安置了许多木筋，这种方法为后世建造砖塔所普遍采用。塔顶有覆钵和宝瓶，用铁铸造，安装在刹杆木上。刹杆木用大梁支托，并用斜撑固定。

钱弘俶统治时期建造的楼阁式塔，现存杭州的典型实例，有闸口白塔和灵隐寺双石塔。这三座石塔，都用白石精工雕琢砌叠而成。全部仿木构楼阁式塔的形制按比例缩小，实际上可说是木构楼阁式塔的石雕大模型。从现存五代吴越塔中判断，至迟在五代吴越末期是八边形砖木楼阁式塔的定型时期；与此同时，三塔的建造年代都早于《营造法式》的问世，因此透过三塔形制的侧面，可以清楚地看出，《营造法式》在一定程度上吸收了江南建筑的技法。现在就上述两个问题，将三塔的形制分别论述如下。

1. 塔的平面形制。三塔的平面都是八边形。唐塔的平面，除少数墓塔有六边形、八边形和圆形的外，几乎都是方形的。在浙江，如宁波的天宁寺塔，建于唐咸通四年（863 年），平面是方形的；五代吴越初期建造的临安功臣塔，承袭唐代某些遗制，平面依旧采用方形。可是，到了五代吴越末期建造的塔，平面都是八边形的，并且又具有楼阁式塔的外观，不仅闸口白塔和灵隐寺双塔如此，雷峰塔、宝石塔、义乌铁塔和苏州云岩寺塔也都如此。福州崇妙保圣坚牢塔，建于闽王曦永隆三年（941 年），用花岗石雕刻叠砌而成，仿楼阁式建筑形式，八面七层，是我国八边形楼阁式石塔中有纪年可考的较早的遗物。福州是后汉乾祐三年（950 年）归属吴越国的，而在建造坚牢塔时，福州虽然尚未归属吴越国，但从文化关系来说，福州与浙江存在较为密切的关系。因此可以说：五代吴越国是八边形砖石楼阁式塔的主要发源地之一，在钱弘俶统治时期最为流行，后来影响到中原和北方。塔的平面由方形改为八边形，结构上更为稳定，在建筑技术上无疑是一大进步。到了北宋中期以后，浙江的楼阁式塔，除形体大的其平面采用八边形外，由于塔的形体总趋势变小，因此，六边形的平面成了主流。这可能由于构造形制上的原因，因为楼阁式塔的塔身每边需要分间。塔的形体大，采用八边形，每间的宽度较适中，倚柱、槏柱和塔门的安排较为匀称，额枋的跨度也容易处理；反之，塔的形体小，改用六边形，边长就能相应放大，每边的开间不致因为太窄而影响外观。

2. 基座形制。闸口白塔和灵隐寺双塔的基座，下为磐石，上为须弥座。磐石八边形，每边的侧面都雕刻山峰，平面雕刻海浪，《营造法式》称之为"水浪""宝山"。其实可以明确地说，这是象征佛教所说的"九山八海"，即以须弥山为中心，其周围有游乾陀罗等八大山，成列回绕，而山与山之间，各有一海水，故称为"九山八海"。浙江海宁县（今海宁市）盐官镇的唐咸通六年（865 年）经幢，平面八边形，基座的磐石上刻"九山八海"，其上亦是须弥座，并使用仿木构的腰檐、平座和勾栏，是否可以这样大胆地说：八边形楼阁式塔的出现，在某种程度上，是受到这类唐代经幢的直接启发。

3. 塔身形制。塔身八边，其中四边隐出槏柱，分成三间。明间辟壶门，并安实榻大门，门上饰门钉和铺首金环。门的上部为直棂窗，棂条断面呈三角形。转角处设倚柱。倚柱上部收分明显，柱头卷杀，下部略有收分，应属梭柱形制。阑额上饰"七朱八白"。另四边不设槏柱，故不分间，壁面浮雕佛、菩萨和天王像。在我国古代建筑中的梭柱，隋以后已不多见，而浙江在五代初的临安功臣塔似已出现，到五代末仍然使用，两宋时期则相当流行，直至明代有些建筑还继续沿用。壶门的形制源出须弥座束腰上的装饰，在浙江，从五代末到南宋，成为塔门和壁龛上部的主要形式，曲线相当流畅。"七朱八白"的装饰也盛行于五代末至南宋，在元代几乎绝迹。

总之，闸口白塔和灵隐寺双塔的构造，既保留了部分古老的手法，又有许多创新，并给后世造塔技术以很大影响。其中梭柱和壶门的形制，"七朱八白"的装饰，都见于《营造法式》，虽然不能说《营造法式》的这些记载源出于浙江，但这些做法在江南相当流行，因此也不能排斥这些形制与《营造法式》存在某些渊源关系。

4. 斗拱形制。斗拱的配置，转角铺作一朵，补间铺作两朵，均为五铺作单杪单下昂隔跳偷心造。转角铺作施由昂，上置平盘斗，承托宝瓶，再承托角梁。补间铺作用圆角方栌斗。转角铺作用圆栌斗。这与《营造法式》规定"如柱头用圆斗，补间铺作用讹角斗"是接近的。平座铺作，每边施两朵，转角施一朵，单拱造，四铺作单杪并计心。《营造法式》规定："造平座之制，其铺作减上屋一跳或两跳。其铺作宜用重拱并计心。"闸口白塔和灵隐寺双塔，塔檐用五铺作，平座用四铺作，与《营造法式》的规定相吻合；事实上，早在五代初的临安功臣塔，已采用平座铺作减上屋一跳的原则。

值得注意的是，灵隐寺石塔的平座铺作不用栌斗，而是雕成长方形柱状物，泥道拱从左右两旁插入柱状物之中，华拱亦从柱状物之中跳出。而柱状物直接立于普柏枋之上，这种构造方式在《营造法式》中未曾见过，但可能与《营造法式》中的叉柱造有某些联系。

《营造法式》还规定了材份的模数制。以材之广，分为十五分，以十分为其厚。也就是说，材的高、宽比是 3∶2。灵隐寺双塔的材高为 4.4 厘米，厚 3.2 厘米，高、宽比接近 4∶3。

闸口白塔第一层散斗与交互斗的耳高 1.2 厘米，平高 0.6 厘米，欹高 1.2 厘米；第二层的散斗，耳高 1.4 厘米，平高 0.7 厘米，欹高 1.4 厘米；与《营造法式》规定耳、平、欹的高度比例为 2∶1∶2 是完全一致的。

5. 塔檐。闸口白塔与灵隐寺双塔的塔檐均雕出筒板瓦、饬脊、椽子、飞子、滴水和瓦当。白塔第一层，每边布椽 24 根，圆形，直径 2.3 厘米，檐出深 43 厘米。《营造法式》规定："造檐之制，皆从撩檐枋心出，如椽径三寸，即檐出三尺五寸，椽径五寸，即檐出四尺至四尺五寸。檐外别加飞椽，每檐一尺，出飞子六寸。"按《营造法式》规定，椽径与檐出的比例在 1∶11.6 或 1∶8～1∶9 之间；檐出与飞子的比例是 10∶6。而白塔的椽径 3 厘米，檐出 15.1 厘米，两者之比为 1∶5；灵隐寺东塔椽径 3.1 厘米，檐出 14.3 厘米，两者之比为 1∶4.6，檐出深度与法式规定不符，可能因材质原因所致。白塔飞出为 9.3 厘米，与檐出之比为 10∶6，与法式规定相吻合；灵隐寺东塔飞出 7.6 厘米，与檐出之比为 10∶5.3，和法式规定接近。

灵隐寺双塔的建造年代，各书所载不一。归纳起来有三种说法：建于六朝[①]；五代吴越王建[②]；钱镠为永明禅师建[③]。然而，从形制判断，决非六朝遗物。永明禅师在建隆元年（960 年）曾为钱弘俶重创灵隐寺，继迁永明道场，开宝八年（975 年）去世[④]，而钱镠是在后唐长兴三年（932 年）去世的，可见钱镠为永明禅师建塔之说甚谬。《十国春秋》卷八十一载：建隆元年，"王（钱弘俶）重创灵隐寺，立石塔四"。永明禅师重创的灵隐寺，规模十分宏大，这样精致的石塔，只有当时这样大规模的兴工才有可能。从建筑形制判断，也应该是钱弘俶统治时期的遗物。

闸口白塔的建造年代，文献并无记载。只有北宋政治家范仲淹写过《过余杭白塔寺》诗。据《范

① 《武林灵隐寺志》卷五。
② 《南湖游览志》卷十。
③ 《武林灵隐寺志》卷八。
④ 《武林掌故丛编》第六集《高僧事略》《武林灵隐寺志》。

文正公年谱》载："皇祐元年己丑年，六十一岁，正月乙卯，公知杭州……公在杭有《过余杭白塔寺》诗。"可见，至迟在北宋皇祐元年前，白塔已经存在。再从白塔的形制判断，与灵隐寺石塔相似；闸口位于钱塘江边，这一带在五代吴越时为政治中心，遗留下的五代吴越文物史迹甚多，所以白塔也应该是五代吴越末期的建筑。

雷峰塔和宝石塔也是五代吴越国统治时期建造的。

雷峰塔，因建于南屏山的支麓雷峰上，故名；又因为是钱弘俶的黄妃所建，所以也称"黄妃塔"。塔砖上刻有"壬申"字样，应该是北宋开宝五年（972年）的壬申年。烧砖时间既在开宝五年，筹建时间应该更早一些：在塔砖侧面圆孔中所藏的经卷，为开宝八年（975年）刻印，塔图上题为太平兴国元年（976年）。由此推断，正式动工砌筑的时间应该略晚于太平兴国元年。明嘉靖年间，倭寇入侵杭州，雷峰塔可能就毁于这一次兵灾。1924年9月25日下午1时30分倒塌。现在仅存塔基。

从雷峰塔倒塌的照片得知，该塔为砖木混合结构的楼阁式塔，八面五层。第一层副阶和以上各层的塔檐位置，均残留补间铺作和转角铺作的扶壁拱，补间铺作两朵，都是单拱造，即由单拱、素枋叠成。在扶壁拱中留有长方形残洞，这是由于木制出跳构件被毁所致。平座下不施斗拱，采用叠涩砖出跳，并用悬挑梁从墙体内伸出，其上铺设楼板，这种做法与北宋淳化五年（994年）建造的松阳延庆寺塔相同。

宝石塔原来也是砖木混合结构的楼阁式塔。它的创建历史，各书所载不一：《西湖志》云，吴延爽请东阳善导和尚舍利，建九级宝塔于崇福院；《武林梵志》云，吴越相吴延爽于崇福院内建九级浮图，名应天塔；《武林旧事》"保叔塔崇福院"条载："咸平中，僧永保修，故得名。有应天塔、极乐庵、落星石、石狮峰（又名巾子峰）及石屏风在焉。"《涌金小品》说：钱弘俶奉宋太祖之召去京师，百姓思望，乃筑塔，名保俶；《霏雪录》云，原名宝所，俗误保叔；《西河清话》云，保叔者，宝石之讹，盖以山得名。

清乾隆十四年（1789年），赵茂才在宝石塔下发现造塔记残石，今临海县博物馆藏有拓片。残石存34字，已经无法通读。首句为"（缺）爽为睹此山上承角亢"。文中的"爽"，应该就是吴延爽；"角亢"，乃星宿之名，《尔雅·释天》说它是寿星；宝石山，原称巨石山，吴越宝正六年（931年），钱镠封它为"寿星宝石山"，应天塔之名，可能由此而来。吴延爽是吴越国王钱元瓘之妃吴汉月的次弟，也是吴越国王钱弘俶的母舅，吴越国的都指挥使。北宋建隆元年（960年），他们兄弟五人谋乱，被放逐外郡，所以造塔的时间应在建隆元年之前。建隆元年，钱弘俶尚未进京，因此《涌金小品》的记载是不足信的，所以"保俶塔"之名也属妄造。残碑上还有"第一层图八会功德"和"感应舍利，仍建舍（缺）"等字样。可见第一层画有八会功德图。"感应"一词，据《三藏法数》二十七云："感即众生，应即佛也。谓众能以圆机感佛，佛即以妙应应之。如水不上升，月不下降，而一月普现众水。"碑中的"感应舍利"，可能指的是东阳善导和尚有善根感动之机缘，死后能为"感应舍利"；应天塔之名，亦可能与此有关。《霏雪录》云：原名"宝所"，俗误保叔。其实，"宝所"一词，据《法华经》云，以譬究竟之涅槃。宝石塔既然是埋藏东阳善导和尚的"感应舍利"的，称之为"宝所"，应该是可以理解的。总之，我认为，宝石塔的正名是"应天塔"，"宝石塔"是俗名，"宝所塔"和

"保叔塔"都是后起之名,"保俶塔"则是讹传。该塔现存砖砌塔身,八面七层,高约30米,因历经重修,面目全非,不仅扶壁拱的形制改变了,而且构造也失去了原意;不仅斗拱无所依托,像是蝴蝶贴壁,而且将偌大的倚柱立在细小的齐心斗上,柱头也没有承载任何东西,成了笑话。

在浙江境内现存五代吴越的塔,还有义乌铁塔和安吉灵芝塔。

义乌双林寺铁塔,原有两座,几经沧桑,今仅存塔身两层,塔檐两层,塔顶一层,勾栏一座,全用铁铸,形制极精。基座两层,浮雕"九山八海"和神兽。塔檐铸出椽子、飞子、筒板瓦、瓦当、滴水、角梁,完全仿木构楼阁式塔的形制。塔身八边,其中四边的设槏柱,明间辟壶门。倚柱圆形,柱身饰蟠龙。阑额施"七朱八白"。檐下补间铺作一朵,单拱素枋造,出跳部分已毁。另四边不分间,每边塔身浮雕十二尊小佛像,分三排列坐。塔顶的葫芦已残。在塔外四周,围以铁铸勾栏,每转角处设瓜楞望柱,柱头已残,寻杖、盆唇、地栿也都作瓜楞状;寻杖与盆唇间支托云拱,不用瘿项或撮项,直接用蜀柱穿过盆唇顶住云拱;华板雕缠枝花卉。

双林寺铁塔的铸造年代,据文献记载,唐僖宗广明元年(880年),黄巢起义军过境,朱禄及其母独得无恙。其母事佛甚勤。朱禄为报答佛恩,"见双林寺宇岿然,僧舍繁华,诚不虚大士之道场。以为梁木必有坏时,不若镇以铁塔,令后人睹塔存而寺亦因葺之而不废。遂于山门内两边,捐资鸿工,凿两方池,各铸铁塔,竖立于其中,与宝刹并峙,意深远也"[1]。朱禄又以余铁造罗汉十八尊,分授子孙,作为后世同派共祖之征,并于后周广顺二年(952年)撰写《铁罗汉记》,这时他已有83岁高龄[2]。黄巢起义军过境时,朱禄不过10岁左右,而他铸造铁塔是一种追念佛恩的行为。朱禄铸造铁塔在先,铸造罗汉在后,而铸造罗汉的时间是在广顺二年之前,由此推算,铸造铁塔的时间可能在五代吴越中期。如果这个判断没有错的话,义乌铁塔是现存五代吴越八面楼阁式塔最早的实例。

灵芝塔在安吉县安城乡马家渡,为楼阁式砖塔。八边九层,实心体,每层每面辟有壶门式壁龛。每层用平砖和菱角牙子相间叠涩出檐,叠涩檐的立面上下均微向内颤,保留唐代遗风,上覆筒板瓦。勾头饰宝相花,花瓣丰满。滴水饰重唇锯齿纹。戗脊饰脊兽。铁刹由覆钵、仰莲、相轮、宝瓶等组成。相轮九重。据嘉泰《吴兴志》载,此塔为五代吴越国王钱氏所建。这种由平砖和菱角牙子叠涩出檐的实心塔,在宋、元、明时期发展成为楼阁式塔体系中的一种类型。塔中保存的勾头、滴水,从形制判断,可能是当时遗物,这是比较难得的。此外,黄岩灵石寺塔,塔上有乾德三年(965年)和咸平四年(1001年)砖,又有砖上刻"长愿吴越国钱万岁"等字样,可见此塔创建于五代吴越末。砖砌体,六面七层。在现存的五代吴越塔中,六边形平面,仅此一例。

苏州属吴越辖境。虎丘山上的云岩寺塔,创建于后周显德六年(959年),北宋初建成。八边七层,高47.5米。大部分用砖,外檐斗拱用砖木混合结构。塔体可分为外壁、回廊、内壁、塔心室数重,即套筒式回廊结构,这样就扩大了空间,增强了塔体的刚度。在我国砖木混合结构楼阁式塔中,用双层塔壁的套筒式回廊结构,以此塔为最早。这种构造形式,为后来建造形体较大的砖木结构的楼阁式塔所继续采用,杭州六和塔和苏州报恩寺塔就是典型。

① 朱中翰:《双林寺考古志》,《文澜学报》第三卷第一期。
② 同上。

上海也是五代吴越的辖境。龙华寺塔系太平兴国二年（977 年）钱弘俶重建，为砖木混合结构的楼阁式塔。砖砌筒形塔体，内设楼梯。塔檐伸展较深，这是早期建筑的一种特征，杭州闸口白塔也是如此。

从五代吴越现存的塔中，我们可以比较明确地看到楼阁式塔的发展序列：五代吴越初期，出现了砖木混合结构的筒状楼阁式塔，平面方形，立面略呈梭形，并有木构腰檐和平座，其典型实例是临安功臣塔。往后，大约在五代吴越中期，出现了平面八边形的楼阁式塔，其典型实例是义乌铁塔。再往后，到五代吴越末期，砖木混合结构的八边形楼阁式塔处于完全成熟的阶段，而且这种形制的塔成了主流，其形制有单筒式（如雷峰塔、宝石塔）和套筒式（如苏州虎丘云岩寺塔）两种；与此同时，小型的楼阁式塔，其平面开始采用六边形，其典型实例是黄岩灵石寺塔，这种形制的塔，大约在北宋中期成为主流。

二 五代吴越的金涂塔

五代吴越的塔，除砖结构、砖木混合结构、石结构和铁铸之外，还有一种"宝箧印经塔"。由于外表涂金，所以俗称"金涂塔"，这是五代吴越国独多的。《佛祖统记》四十三曰："吴越王钱弘俶，天性敬佛，慕阿育王造塔之事，用金铜金钢造八万四千塔，中藏宝箧印心咒经，布散部内，凡十年而讫功。"已经发现的实物，可以分为四种，都是仿鄞县（今宁波市鄞州区）阿育王寺释迦舍利塔的形制铸造的：

1. 铁铸金涂塔，分大型和小型两种。大型的通高 20.5 厘米。方形，基座每边宽 10 厘米，高 3.5 厘米。塔身边宽 7.6 厘米，高 8 厘米，四周刻佛教故事。塔顶四角饰蕉叶山花，中部置塔刹，相轮五重。底板上铸："吴越国王俶敬造宝塔八万四千所，永充供养。时乙丑岁记。"钱弘俶在位时的乙丑岁，即北宋乾德三年（965 年）。

2. 铁铸小型金涂塔，高 12 厘米。

3. 铜铸金涂塔，分大型和小型两种，大型的只在金华万佛塔龙宫中发现。

4. 铜铸小型金涂塔，通高 22 厘米，形制与铁铸金涂塔同。塔身刻摩诃萨陀舍身饲饿虎、月光王舍宝首等佛教故事。塔刹饰相轮七重，顶部饰作火焰宝珠。底盖上铸："吴越国王钱弘俶敬造八万四千宝塔，乙卯岁记。"钱弘俶在位时的乙卯岁，即后周显德二年（955 年）。

已经发现的金涂塔，数量不少，见于文献记载的如：

1. 朱彝尊《曝书亭集》卷四十六载：武肃王造金涂塔，鄱阳姜尧章得一版，上刻如来舍身；蒋尔龄亦得一版，上刻放下屠刀立地成佛。从文中分析，他们所得都是残片，并无铭文，而到目前为止，还未发现钱镠铸造的金涂塔，故断代似有疑问。

2. 阮元《两浙金石志》卷四载：桐乡金德舆藏有金涂塔残片；山阴陈庚宁藏有金涂塔，塔刹残；嘉兴张廷济于武林（今杭州）市中，又得铁塔一座，形制相同。

3. 《台州府志》卷八十五载：临海县西乡石塘钱氏原藏有钱弘俶乙卯年金涂塔一座，后归张家渡金氏。

4. 嘉泰《会稽志》载：善法院中，掘地时得金涂塔，姜白石得其一座。

5. 程嘉遂《破山寺志》云：明中宪大夫顾玉柱迁墓时，掘得吴越钱忠懿王（钱弘俶）所造阿育王铜塔，今藏寺中。

6. 顾豹文《表忠谱序》载：有钱弘俶乙卯年铜锌金涂塔。

7. 戴咸弼、孙诒让《东瓯金石志》根据《金石契》载：山阴陈默斋、永嘉华盖里王氏均藏有金涂塔一座。

8. 钱梅溪《履园丛话》云：嘉庆乙卯岁，常熟刘君在市中得金涂塔两座，自石门田间所出。

9. 程珌《胜相寺记》云：有天竺僧能智走海南诸国，至日本，适吴越忠懿王用金铸十万塔，以五百遣使颁日本。

10. 日本金刚寺所藏保康（965 年）释道喜所记的《宝箧印经记》中，说他在中国见到钱弘俶造的金涂塔。965 年，正是钱弘俶铸造铁质金涂塔的一年。

20 世纪 50 年代以来，各地陆续发现的五代吴越国王钱弘俶铸造的金涂塔如下。

1. 福建省连江县发现钱弘俶金涂塔①。

2. 1955 年，浙江省崇德县崇福寺西塔塔顶发现钱弘俶乙卯年铜铸金涂塔②。

3. 1957 年，浙江省金华市万佛塔塔基"龙宫"中发现金涂塔 15 座，11 座铜铸，4 座铁铸，时代为钱弘俶在位时的乙卯年和乙丑年③。

4. 苏州虎丘塔修理时，发现铁铸金涂塔一座。

5. 1958 年，浙江省宁波市修理天封塔时，发现钱弘俶乙卯年铜铸金涂塔一座。

6. 1971 年，浙江省绍兴市城关镇物资公司出土铜铸金涂塔一座，底盖上铸："吴越国王俶敬造宝塔八万四千所，永充供养；乙丑岁记。"塔内藏有钱弘俶于在位时的乙丑年刻印的《宝箧印经》一卷，装在小木筒内。名副其实的"宝箧印塔"，到目前为止，只发现这个实例。

7. 1963 年，浙江省东阳县南寺塔中发现铁铸金涂塔，上刻："吴越国龙册寺弥陀会弟子潘彦温，妻王一娘，男仁太，阖家眷属造此塔，永充供养。"又有铜铸金涂塔一座，铸有"吴越国王钱弘俶敬造八万四千宝塔，乙卯岁记。"南寺塔建于北宋建隆二年（961 年），1963 年 4 月 24 日倒塌。从潘彦温造金涂塔一事说明，当时不仅钱弘俶铸造金涂塔，民间也铸造金涂塔。

8. 1955 年，浙江省文物管理委员会接收到台州及嵊县移交的钱弘俶乙卯年金涂塔共两座。

关于金涂塔的来历，据《法苑珠林》卷五十一载："初，西晋会稽鄮县塔寺，今在越州东三百七十里鄮县界，东去海四十里，在县东南七十里，南去吴村二十五里。案前传云：晋太康二年，有并州离石人刘萨珂者，生在田家，弋猎为业，得病死。苏云：见一梵僧语诃曰：'汝罪重，应入地狱，吾悯汝无识，且放。今洛下、齐成、丹阳、会稽并有古塔及浮江石像，悉阿育王所造，可勤求礼忏，得免此苦。'既醒之后，改革前习，出家学道，更名慧达。如言南行至会稽，海畔山泽，处处求觅，莫识基绪。达悲塞烦冤，投造无地。忽于中夜闻上下钟声，即迁记其处，剌木为刹。三日间，忽有宝塔及舍

① 林钊：《福建省四年来发现的文物简介》，《文物参考资料》1955 年第 11 期。
② 王士伦：《崇德县崇福寺拆卸东西两塔塔顶部分发现文物四十七件》，《文物参考资料》1956 年第 1 期。
③ 王士伦：《金华万佛塔出土文物》，文物出版社，1958 年。

利从地涌出。灵塔相状青色，似石而非石，高一尺四寸，方七寸，五层露槃，似西域于阗所造，面开窗子，四周天全，中悬铜磬，每有钟声，疑此磬也。绕塔身上，并是诸佛、菩萨、金刚、圣僧、杂类等像，状及微细，瞬目注睛，乃有百千像现，面目手足咸具备焉。期可谓神功圣迹，非人智所及也……"此外，明万历《四明阿育王山志》卷二，元代至正十五年（1355 年）普济禅师悟光撰《释迦如来真身舍利宝塔传》亦有类似记载。虽然神话连篇，但文中描写宝塔的形制，与吴越国王钱弘俶铸造的金涂塔基本类似。由此可见，四明鄞县阿育王寺的释迦舍利塔来历甚早。

据北宋范坰、林禹《吴越备史》卷一载：梁贞明二年（916 年）十二月，钱镠命恩州防御使钱铧，率官吏僧众，诣明州鄞县阿育王寺迎释迦舍利塔，归于府城。乃建浮图于城南致之。浮图凡九层八面370 尺。又据《杨文公谈苑》云："俶在国日，天火屡作，延烧此塔。一僧奋身穿焰，登第三级，持之（指释迦舍利塔）下，衣裳肤体多被烧灼。"明代学者宋濂《四明阿育王山广利禅寺碑》亦云："周显德五年，寺灾，文穆王请（释迦舍利塔）致武林龙华寺。"文穆王即钱元瓘，死于后晋天福六年（941年）。周显德五年（958 年），吴越国王是钱弘俶，所以宋濂文中的"文穆王"三字有误。但据《吴越备史》卷四载，周显德五年四月，城南火，延于内城。所以城南塔于显德五年焚毁是可信的。至北宋乾德四年（966 年），钱弘俶迎"阿育王舍利归于南塔寺奉之。"① 此处所讲"阿育王舍利"，应指释迦舍利塔，作者把阿育王造释迦舍利塔这个概念弄错了。南塔寺于北宋治平年间（1064～1067 年）改名梵天寺，至南宋初，塔、幢犹存②。元代元统年间（1333～1334 年），塔毁③。今梵天寺尚存经幢两座，开首云："窃以奉空王之大教，尊阿育王之灵纵，崇雁塔于九层。"末署："乾德三年乙丑六月庚子十五日立。天下大元帅吴越国王钱弘俶建。"文中"空王"，即佛之异名。《圆觉经》曰，"佛为万法之王，又曰空王"。"崇雁塔于九层"，应该指建造城南塔一事。在乾德三年（965 年），钱弘俶又铸金涂塔八万四千座，可见他对释迦舍利塔是十分珍重的。"太平兴国初，俶献其地。太宗命取塔禁中，度西北开宝寺西北阙地，造浮图十一级，下作天宫，以安舍利。葬日，上肩舁微行，自安置之。"④ 现存宁波鄞州区的阿育王寺木制释迦舍利塔系后人仿制。20 世纪 50 年代初，我在阿育王寺见到的木制金涂塔，有明万历五年（1577 年）造的题记。

此外，吴越国王钱元瓘铸造过小型铜塔，是 1935 年 4 月建筑浙江天临公路（天台至临海）国清支线时出土的。原来藏在石函内。该塔方形，通高 42.5 厘米。基座三层：下层饰覆莲，中层饰佛像，上层饰如意纹；里壁刻"天福四年岁次己亥六月，再舍入飞霞寺，永充供养。吴越国王记。"基座上置塔身，转角处设倚柱，上刻云草纹，柱头铺作一斗三升。补间铺作，正中置一斗三升斗拱一朵，两侧各置人字拱一朵。其上密檐三层，出檐深度与塔身高度逐层递减。补间铺作均为一朵。塔刹相轮五重，顶部作火焰宝珠。据说，原来每层塔檐四角安装成铎，底层四周设有勾栏，另有塔座，上刻："吴越国龙册寺弥陀会朱铨、章德荣、赵荥、范彦超、姚大娘、十四娘、张十娘、周二娘共造。勾当僧惠归。"风铎、勾栏、塔座均毁。义乌铁塔、南京栖霞山舍利塔和泉州开元寺石塔，也安有勾栏，这大概是五

---

① 《十国春秋》卷八十一。
② 《咸淳临安志》卷七十六。
③ （明）田汝成：《西湖游览志余》卷七。
④ （宋）杨亿口述、黄鉴笔录、宋庠整理：《杨文公谈苑》。

代吴越中期一种常用的手法。

三　五代吴越著名造塔匠师喻皓

在五代吴越国大兴塔寺的过程中，肯定曾经涌现出不少技术高超的建筑匠师，但是留名至今的，唯有喻皓一人。喻皓①是杭州人，生年不详，卒于北宋端拱二年（989年）。他是民间工匠，精于木工，尤以建造木塔驰名，成为工程主持人——都料匠，人称"喻都料"。文献所载，喻皓造塔二例，现分别叙述如下。

1. 喻皓指导别人建筑梵天寺塔

沈括《梦溪笔谈》卷十八载："钱氏据两浙时，于杭州梵天寺建一木塔。方两三级，钱帅登之。患其塔动。匠师云：'未布瓦，上轻，故如此。'方以瓦布之，而塔动如初。无可奈何，密使其妻见喻皓之妻，赂以金钗，问塔动之因。皓笑曰：'此易耳！但逐层布板讫，便实钉之，则不动矣。'匠师如其言，塔遂定。盖钉板上下弥束，六幕相联如胠箧，人履其板，六幕相持，自不能动。人皆服其精练。"吴臣任《十国春秋》卷八十八载："喻暗有巧思。武肃王尝于杭州梵天寺造七级木塔，方登数层而塔动不止。匠师密访于皓。皓曰：'此易耳！但逐层布板讫，傅以实钉，则塔不动矣。'国人服其精练。"两书记载大同小异。所不同者，《梦溪笔谈》只云"钱帅"，并未指明哪个吴越国王，而《十国春秋》则明确说是武肃王；梵天寺塔（即城南塔）的层高，《梦溪笔谈》没有记载，《十国春秋》说是七层，而《吴越备史》说钱镠创建时是九层，钱弘俶建幢记说重建的城南塔也是九层。钱镠建造城南塔的时间是后梁贞明三年（917年），与喻皓卒年相距75年，如果当时喻皓指导别人建造城南塔时的年龄是30岁的话，那么他就活了105岁，而且临终前还主持建造开宝寺塔，简直不可思议。所以我认为，《梦溪笔谈》所说的"钱帅"，是指钱弘俶；《十国春秋》所载喻皓指导别人建造城南塔的时间，以及城南塔的层高，都是谬误的。

《梦溪笔谈》所说的"六幕相联如胠箧"，六幕的意思，同书卷十八云："古法，凡算方积之物，有立方谓六幕。""胠箧"一词：胠者，从旁开启；箧是箱子。总的意思是，在塔的每层钉木地板，使上下楼板与四面的墙身（古塔的墙身多用编壁和门窗）组成的一个箱子式的结构体，这样就达到"六幕相联如胠箧"的效果。

沈括是北宋大科学家，《梦溪笔谈》有一定的权威性。但他的生卒年代是1031～1095年，生年距重建城南塔67年，卒年距重建城南塔131年。《梦溪笔谈》是他晚年的著作。书中所载喻皓指导别人建造城南塔的事情，大概是根据传闻，所以难免有点失真，原因如下。

（1）木构建筑的刚度，主要依靠梁柱的合理结构以及接榫的紧密。钱镠建造城南塔，九层，370尺，如果以传世宋尺中的浙尺合0.274米计，高达101.38米；如果以宋尺中的巨鹿宋尺合0.309米计，高达114.33米；《营造法式》的一尺习惯上以0.32米计算，高度为118.40米。钱弘俶重建的城南塔，高度虽然不明，但同样是九级。当然，古人记载塔的高度，往往夸大。从现存实例来说，建于

---

① 喻皓的姓名，各书写法不一，亦有作俞皓、预浩、喻浩。

辽清宁二年（1056 年）的山西应县木塔，外观五层，内部一到四层，每层又有暗层，实际九层，通高为 67.31 米；我国目前现存最高的河北定县北宋料敌塔，高 84.2 米。虽然城南塔的实际高度不一定超过百米，但只造了两三级，"钱帅登之，患其塔动"，似乎有点夸大。

（2）五代吴越造塔很多，仅以杭州为例，钱镠除发起建造城南塔外，又于后唐天成四年（929 年）建造城北塔，"一如城南之制"①。北宋开宝三年（970 年），钱弘俶建造的六和塔，也可能是木塔。砖木混合结构的楼阁式塔就更多了。说明吴越境内建造木塔的匠师是不乏其人的。喻皓既然有如此高超的技术，为什么没有让他主持工程，似有疑问。

2. 喻皓在开封建造开宝寺塔

喻皓在开封建造开宝寺塔，最早见于《杨文公谈苑》："帝（宋太宗）初造塔得浙东匠人喻皓。皓性绝巧，先作塔式以献。每建一级，外设帷帐，但闻椎凿之声，凡一月而一级成。其有梁柱龃龉未安者，皓周旋视之，持捶撞击数十，即皆牢整。自云'此可七百年无倾动。'人或问其北面稍高，皓曰：'京师多北风，而此数十步乃五丈大河，润气津浃，经一百年则北隅微垫而塔正矣。'皓素不茹荤，塔成而皓求度为僧，数月死，世颇疑其异。"

此外，见于宋人记载的还有如下几处。

欧阳修《归田录》："开宝寺塔，在京师诸塔中最高而制度甚精，都料匠预浩所造也。塔初成，望之不正而势倾西北，人怪而问之。浩曰：'京师地平无山而多西北风，吹之不百年当正也。'其用心之精益如此，国朝以来木工一人而已。至今木工皆以预都料为法，有《木经》三卷行于世。世传：浩惟一女，年十余岁，每卧则交手于胸前为结构状，如此逾年，撰成《木经》三卷，今行于世者是也。"

文莹《玉壶清话》："郭忠恕画楼阁重复之状，梓人校之，毫厘无差。太宗闻其名，诏授监丞。将建开宝寺塔，浙匠喻浩料一十三层（疑有脱字），郭以浩所造小样末底一级折而计之，至上层余一尺五寸，收杀不得，谓浩曰：'宜审之'。浩因数夕不寝，以尺较之，果如其言，黎明叩其门，长跪以谢。"

高承《事物纪原》载："福圣院，会要云：初，吴越王钱弘俶在杭州建阿育王塔，藏佛舍利。归朝，于此建塔。端拱二年成，加建塔院。咸平二年赐今额。"

此外，明代李濂《汴京遗迹志》载："开宝寺，旧名独居寺，在上方寺之西北，齐天宝十年创建。唐开元十七年，玄宗东封还至寺，改曰封禅寺。宋太祖开宝三年又改曰开宝寺，重起缭廊朵殿，凡二百八十区。太宗端拱中建塔，极其伟丽。初，释迦舍利塔在杭州，佛书所谓七宝塔也。及吴越王钱弘俶归宋，太宗遣供奉官赵镕取置寺内，度龙地瘗之。时木工喻皓有巧思，超绝流辈，遂令造塔，八角十三层，高三百六十尺，其土木之宏壮，金碧之炳耀，自佛法入中国未之有也。真宗大中祥符六年，有金光出相轮，车驾临幸，舍利乃见，因赐名灵感塔。仁宗庆历四年，塔毁于火……"

下面就上述史料进行分析。

（1）钱弘俶重建杭州城南塔，是在北宋乾德二年（964 年），费时几年，不得而知。开宝寺塔动工于太平兴国六年（981 年），竣工于端拱二年（989 年），费时 10 年。南宋初年，重建六和塔，也用了

---

① 《吴越备史》卷一。

10 年。由此推算，城南塔的竣工时间，与开宝寺塔动工的时间，先后相距只有 10 年左右。宋代开封人高承在《事物纪原》中说，钱弘俶"归朝，于此建塔"，由此推测，喻皓去开封建造开宝寺塔，应该是钱弘俶推荐的。如果确是如此，钱弘俶对喻皓的造塔技术是熟知的。既然这样，钱弘俶重建城南塔，也可能是喻皓主持的。也许是民间将钱镠创建城南塔与钱弘俶重建城南塔两事弄混了，而文献根据传闻记录，以致造成某些谬误。

（2）《玉壶清话》云，郭忠恕曾依据木样计算开宝寺塔的尺寸，由底层向上层逐级推算，至顶层发现一尺五寸的误差，"收杀不得"。事实上，郭忠恕卒于太平兴国二年（977 年），开宝寺塔动工于太平兴国六年（981 年），吴越国纳土归宋也在太平兴国三年（978 年），所以，僧文莹（钱塘人）在撰写《玉壶清话》时，可能弄错了人。除非有一种可能：钱弘俶纳土前，对北宋王朝诚惶诚恐，贡奉不绝，而宋太祖却说，此吾帑中物，何用献。释迦舍利塔被佛徒视为神圣，当然是宋太宗的帑中物，钱弘俶也不见得敢留下。钱弘俶第一次被召进京是在开宝九年（976 年），同年回到杭州，从此对北宋王朝更加虔诚。第二次被召进京，是在太平兴国三年三月，同年六月纳土，从此没有回到杭州。所以酝酿建造开宝寺塔的时间，可能在钱弘俶第一次进京之后，第二次进京之前。如果这个推断没有错的话，那么文莹在《玉壶清话》中的记载是可靠的。《杨文公谈苑》云，喻皓在建造开宝寺塔之前，"先作塔式以献"，确实做过模型的。造塔事先需要选定基地，确定方案，建筑基础，烧制砖瓦，运输材料，加工构件。一切就绪后，进入现场安装，"每建一级，外设帷幕，但闻椎凿之声，凡一月而一级成"，速度甚快。然后检查构架，"其有梁柱龃龉未安者，皓周旋视之，持槌撞击数十，即皆牢整"。技术熟练，指挥自如，为众人所钦佩。同时也说明，喻皓对梁柱接榫的严密是相当重视的。由此联系到喻皓指导别人建造城南塔，文献只记载"六幕相持"，未曾提及接榫严密的问题，是否记录遗漏，或没有明确指出。

（3）欧阳修（1007～1072 年）是北宋进士，曾任枢密副使、参知政事，当时开宝寺塔未毁，所以他是应该亲眼见到此塔的。他在《归田录》中所说："开宝寺塔在京师诸塔中最高，而制度甚精。"据河南省博物馆《佑国寺塔（铁塔）》一文云：开宝寺塔于庆历四年（1044 年）遭雷击焚毁。五年之后，即皇祐元年（1049 年），宋仁宗下令按原来式样重建，基地由开宝寺的福圣院移至上方院内，用砖砌，外部琉璃砖呈铁褐色，故名"铁塔"，八边十三层，设计精密，用材严格。由此可见，《归田录》的记载是可靠的，同时也反映了喻皓确是造塔能手。

（4）关于开宝寺塔的倾斜问题

《杨文公谈苑》载："皓曰，京师多北风。"《归田录》载："皓曰，京师地平无山，而多西北风。"两书都引喻皓的话，而对开封的风向却是两种说法。关于开宝寺塔的倾斜方向，《归田录》引喻皓的话说，京师多西北风，塔身西北倾斜，可以抵消长年风力的作用。我们暂且不去论证当时开封是否多西北风，如果确实如此，说明喻皓在设计思想上已有"预加应力"的认识。可是，《杨文公谈苑》说喻皓有意提高塔基北侧的标高，又说京师多北风，自相矛盾。因为开宝寺塔北侧有大河，为了防止由于地下水的侵蚀，引起塔基的沉陷，因此提高塔基的标高，似乎可以理解；但塔基北侧的标高提高了，塔身势必向南倾斜，这样，北风吹来，不是促使塔身向南倾斜吗？《杨文公谈苑》系杨亿口述，黄鉴辑录。杨亿，字大年，宋太祖赐进士第，真宗时为翰林学士，官终工部侍郎，兼史馆修撰，既与主管工程有关，又兼修史，所以他的口述应该是可靠的。黄鉴是杨亿的同郡，杨亿尤善其文辞，延置门下，由是知名。按理说，史料应该可靠。但宋代宋庠重订时作序云："唐卿所纂比诸公多，但杂抄旁记，文错无次序，好事者相与名曰谈薮。余因掇去重复，分为二十一目，勒成一十五卷，辄改题曰《杨文公谈苑》。"由此可见，此书几经变动，不见得都符合杨亿口述时的本意。

按理来说，当时的技术水平是能够处理塔基的。早于建造开宝寺塔七十年的梁开平四年（910年），吴越国王钱镠在杭州兴筑捍海塘，当时由于钱塘江怒潮汹涌，塘堤难以筑成。后来匠师们"运巨石盛以竹笼，植巨材捍之，城基始定。"1983年，考古工作者在南星桥立交桥工地对吴越捍海塘遗址进行发掘，证明当时采用"石囤木桩法"，有效地防止了海潮的冲击。1986年，宁波市考古工作者清理天封塔塔基时，发现该塔基上部为泥土层与碎瓦层相间夯筑，下部铺石块，并使用木桩，还有一周木材呈放射状排列。该塔重建于南宋绍兴年间，据说这里原先是河道，证明当时对塔基已经采用木桩和夯土加固。喻皓是杭州人，按理说应该懂得靠近大河旁的基础如何处理，是不是《杨文公谈苑》对这个问题没有记录清楚呢？

还有，浙江古代木构建筑，特别是几座宋、元建筑，都向背阳方向倾斜，究其原因，背阳方向比较潮湿，木构件容易糟朽。木构件糟朽，能力减弱，梁架下沉。浙江几座宋塔的倾斜，究其原因，也往往与背阳、风向以及基础有关。但是，开封气候干燥，降雨量比浙江少得多。喻皓是杭州人，到开封之后，根据当地气候条件，没有把雨水侵蚀作为主要矛盾，而侧重考虑开宝寺塔北部大河和当地的风向问题，这正说明他在设计思想上，善于因地制宜，只是文献记载他的处理方法，使人感到疑惑不解。总之，文献记载喻皓造塔之事，既有可信之处，但由于有的根据传闻，有的经过改动，所以无法全信；或者文章过于简略，部分难以理解。当然，透过这些文献记载，仍能窥见喻皓造塔技术高超的历史事实。

欧阳修说："至今，木工皆以预都料为法。有《木经》三卷行于世。"直到北宋末，李荐《洛阳名园记》"刘氏园"一节中还说："刘给亭园凉堂，高卑制度适惬可人意。有知《木经》者见之，且云：近世建造，率务竣工，故居者不便而易坏，惟此堂正与法合。"表示符合《木经》做法的厅堂，尺度合理，舒适耐用。

《木经》已经无存，只在沈括《梦溪笔谈》卷十八中有片断记载。例如，造舍之法，"凡屋有三分：自梁以上为上分，地以上（地坪以上、梁以下）为中分，阶（台基）为下分"。《营造法式》中的"定侧样"，就是进行房屋建筑设计时，在剖面上确定这三部分的做法和尺寸。

《木经》又说："凡梁长几何，则配极几何，以为榱等。如梁长八尺，配极三尺五寸，则厅堂法也，谓之上分。"文中的"极"，有的学者解释为脊高，即脊高与梁长的比例关系，也就是举高的关系。如果按此解释，则举高过陡，从而以为沈括记载有误。有的学者将"极"理解为"平梁"，即架梁的上下两根梁的长度比例关系，梁长八尺，极三尺五寸，适好是构成四分之一屋面坡度的梁架。我以为后一种说法是对的，而且与宋代建筑的举高和前后檐之间的进深之比为 1：4 ~ 1：3，正好吻合。

《木经》又说："楹若干尺，则配堂基若干尺，以为榱等。若楹一丈一尺，则阶基四尺五寸之类，以至承拱榱桷皆有定法，谓之中分。"文中说明檐柱高与下出檐有一定的比例关系。柱高确定后，檐深以及铺作、檐椽的尺寸也可确定。

《木经》又说："阶级有峻、平、慢三等，宫中也以御辇为法。凡自下而登，前竿垂尽臂、后竿展尽臂为峻道；前竿平肘、后竿平肩为慢道；前竿垂手、后竿平肩为平道；此谓之下分。"荷辇 12 人，其中前两人为前竿，末后两人为后竿。文中以最前者与最后者荷辇的姿势相联系，以人体关节位置作为比较的尺度，作为区分阶级峻、平、慢的依据，可见喻皓已经掌握运用人体尺度的基础理论，比欧洲人懂得这种基础理论早四五百年①。

喻皓是一位既有丰富实践经验，又善于思考研究和总结经验的杰出的建筑匠师，他对中国建筑技术的发展曾经做出过卓越的贡献。

（原载《吴越首府杭州》〔杭州历史丛编之三〕，浙江人民出版社，1988 年）

---

① 参见郭湖生：《喻皓》，《建筑师》1980 年第 3 期。

超柴、汝、定　启哥、弟、官

——吴越国秘色瓷

瓷器是我国最先发明的，后来传播到世界各地。浙江是我国古代瓷器的重要发源地和产区之一。大约在商周时期已经生产出原始瓷，在陶瓷制造业的长期发展过程中，匠师们通过不断的实践和认识，逐渐提高了技术水平，终于制造出符合瓷器标准的产品，并且形成了目前可以确认的越州窑、婺州窑、东瓯窑、德清窑、龙泉窑和南宋官窑六大窑系。其中越州窑、婺州窑、东瓯窑和德清窑，至迟在东汉晚期已经生产出符合瓷器标准的产品。根据全省文物普查资料统计，已经发现的古代陶瓷窑址共有1644 处（包括 34 处窑群）。

五代吴越的制瓷业相当发达，在上虞、慈溪、嵊县、绍兴、鄞县、奉化、永嘉、温岭、临海、黄岩、天台、仙居、湖州、东阳、武义等地，都发现有制瓷窑址。在宁绍地区，窑址主要密集分布在曹娥江沿岸、慈溪县上林湖和鄞县东钱湖一带，属越窑系统。在温州地区，窑址主要密集分布在楠溪江下游的东岸、罗溪、黄田和仁溪上游西部，特别是在瑞安县飞云江下游北岸及其支流潮基港交汇的夹角地带，即陶峰、丰和、荆谷和梅屿四个乡更为丰富，属瓯窑系统。在台州地区，窑址以温岭县和临海县较为密集①。

越州窑的分布地区，在唐末五代时分别属于越州和明州。越州在唐末以前，一直是浙江的经济和文化的中心。在越州的上虞县，有曹娥江贯穿境内，运输非常方便，已发现窑址 155 处（群），其中属于五代吴越时期的有 24 处，主要分布在傅家岭、盘窝湾、龙脐山、前岙、道士山、粟村山、马窑头、寺山、庄头山、后山、冢前山、胡庵底山、前岙子岭、大岙山、窑寺前等地。在明州的慈溪县，发现古窑址 160 处，其中 97 处位于上林湖沿岸（上林湖原属余姚县，今属慈溪县），晚唐至北宋时期的有44 处，分布在上林湖的马溪滩、施家坳、吴家溪、皮刀山和焦角湾等地，与邻近的杜湖、白洋湖、古银锭湖、古浊溪湖等处的窑址连成一片。明州早在唐代已是海外贸易的重要港口，制瓷业特别发达，不仅在慈溪县发现有大量的窑址，而且在鄞县也有许多窑址，其中属于五代吴越时期的，主要分布在窑岙、河头湾、鼓山、老子山、窑头山、古坟潭、郭重岙等地，一直延伸到奉化县（今奉化市）的塘夹岙、黄胖山、旧庵弄、泥湫嘴和龙头山等地。

越窑瓷器早在唐代已经发展到炉火纯青、臻美完善的境界。陆羽在《茶经》中说："碗，越州上，鼎州次，婺州次，岳州次，寿州次，洪州次。或以邢州处越州上，殊为不然。邢瓷类银，越瓷类玉，邢不如越一也；邢瓷类雪，越瓷类冰，邢不如越二也；邢瓷白而茶色丹，越瓷青而茶色绿，邢不如越

---

① 根据各市、县文物普查资料。

三也。"① 唐代诗人赞美越瓷的诗句很多：顾况《茶赋》云"越泥似玉之瓯"②；陆龟蒙《秘色越瓷》云"九秋风露越窑开，夺得千峰翠色来"③；孟郊《凭周况先辈于朝贤乞茶》云"蒙茗玉花尽，越瓯荷叶空"④；施肩吾《蜀茗新词》云"越碗初盛蜀茗新，薄烟轻处搅来匀"⑤；许浑《晨起》云"越瓶秋水澄"⑥；郑谷《送吏（一作祠）部曹郎中免官南归》云"箧重藏吴画，茶新换越瓯"⑦；韩偓《横塘》云"蜀纸麝煤沾（一作添）笔兴（一作媚），越瓯犀液发茶香"⑧；皮日休《茶瓯》云："邢客与越人，皆能造瓷器。圆似月魂堕，轻如云魂起。枣花势旋眼，萍沫香沾齿。松下时一看，支公亦如此。"⑨ 五代吴越的制瓷业，就是在唐代高超制瓷技术和兴旺的制瓷业这个基础上发展起来的。

五代吴越瓷器，以秘色瓷为最佳，主要供吴越国小朝廷使用，或作为贡品。

1958 年以来，考古工作者陆续清理了几座五代吴越国王及其亲属的墓葬，出土了一批精美的瓷器，从而使我们见到了五代吴越秘色瓷的真相。

1. 吴越国王钱镠的父亲钱宽，死于唐乾宁二年（895 年），光化三年（900 年）归葬钱宽于临安县明堂山。墓于 1978 年发掘，出土精致白瓷 15 件，除执壶无款识外，其余都在底部刻有"官"或"新官"字样，说明是官窑的产品，但产地值得研究。又有青瓷 3 件，其中瓷盒比较精致，另外两件比较粗糙⑩。

2. 钱宽的夫人水邱氏，死于唐末天复元年（901 年），亦葬于临安县明堂山。该墓于 1980 年发掘，出土大批珍贵文物，其中青瓷 25 件，白瓷 17 件，青瓷有薰炉、油盏、瓷罂、碗、罐和粉盒等，釉色有青黄、青绿和青灰等。有的器物，在釉下绘褐色云纹。薰炉由盖、炉、座三部分组成，制作相当精致：器盖呈头盔状，顶子作含苞待放的荷花形，肩部镂孔，便于喷散炉中的香烟；炉体口沿外撇，腹部较浅，有 5 只虎头兽足，炉内留有香灰和木炭；座子呈环状，束腰上饰壶门。出土的白瓷，有杯、盘、壶、碗、杯托等，其中刻有"官"字款的 3 件，刻有"新官"款的 11 件，在器口和圈足等部位，几乎都有金扣和银扣⑪。

3. 吴越国王钱元瓘，死于后晋天福元年（936 年），葬于杭州玉皇山麓。墓于 1965 年发掘。出土的青瓷器有罂、方盘、盖罐、划花壶和器盖等。瓷罂圆肩珠腹，圈足外撇，肩部有四系，肩腹间浮雕双龙戏珠，周绕云纹，出土时龙身残附着三小片金箔，器盖作鹗首状，造型别致。

4. 钱镠第十九子钱元玩（出家后号普光大师），墓在临安县。出土几件青瓷缸，高 37 厘米，口径 62.5～64.7 厘米，底径 35～38 厘米。这样大件器的烧制成功，标志着五代吴越制瓷技术的又一成就。

---

① （清）朱琰《陶说》引《引郭》卷八十三之十，所引大同小异。
② 《全唐诗》卷五二八。
③ 《全唐诗》卷六二九，陆龟蒙十三《秘色越瓷诗》。
④ 《全唐诗》卷三八〇，孟郊九《凭周况先辈于朝贤乞茶》诗。
⑤ 《全唐诗》卷四九四。
⑥ 《全唐诗》卷五二八，许浑一。
⑦ 《全唐诗》卷六七五，郑谷二。
⑧ 《全唐诗》卷六八二，韩偓四。
⑨ 《全唐诗》卷六一一，皮日休四。
⑩ 浙江省博物馆等：《浙江临安晚唐钱宽墓出土天文图及"官"字款白瓷》，《文物》1979 年第 12 期；浙江省文物管理委员会：《杭州、临安五代墓中的天文图和秘色瓷》，《考古》1975 年第 3 期。
⑪ 明堂山考古队：《临安县唐水邱氏墓发掘报告》，《浙江省文物考古所学刊》，文物出版社，1981 年。

5. 钱元瓘的妃子吴汉月，死于后周广顺二年（952年），葬于杭州慈云岭西之施家山。墓于1958年发掘。出土青瓷器12件，其中有壶、罐、碟、盘和器盖，胎质精细，釉色以青绿为主，亦有黄绿，釉层匀净，制作工整，有的通体绘有云纹。另有白瓷一件，没有金银扣，与南唐所出近似①。

从上述墓中出土的瓷器，我们可以看到如下的情况：

1. 钱宽墓出土的瓷器，比较精美的只有白瓷。水邱氏墓出土的瓷器，比较精美的，既有白瓷，又有青瓷，其中青瓷应属越州秘色瓷。

2. 钱元瓘是吴越国王，他的墓中没有精美的白瓷，只有制作工整的青瓷。这批青瓷也应该属于越州秘色瓷。他的妃子吴汉月墓中出土的一件白瓷，并没有水邱氏墓出土的白瓷那样精美；但出土的青瓷相当精致，也应该属于越州秘色瓷。

3. 钱元瓘墓出土的青瓷，与唐代越瓷比较，既有共同之处，又有差异。如钱元瓘墓中出土的划花壶，与宁波市遵义路发现的执壶（和唐乾宁五年铭文砖同时出土），如出一模，只是后者没有纹饰。钱元瓘墓中出土的方盘，造型新颖，在唐代越瓷中是未曾见过的。还值得注意的是，唐代越瓷多素面，以端巧的造型和莹润的釉色取胜，而五代吴越的秘色瓷却出现了釉下彩绘，绘以褐色的云纹和莲瓣，还有刻划花纹的。水邱氏墓中出土的青瓷炉，形制端丽，通体绘褐彩云纹，安装虎头兽足，这在唐代越瓷中也是未曾见过的。

乾隆《余姚县志》卷九引万历旧志载：秘色瓷"初出上林湖，唐宋时置官监窑，寻废"。1977年，慈溪县上林湖出土一件罐形墓志，腹部刻着墓主人的生卒年月等内容，其中有"光启三年（887年）岁在丁未二月五日殡于当保贡窑之北山"的字样，文中的"贡窑"，是指烧制进贡瓷器的窑场，实际上属于官窑性质。唐代光启三年（887年），吴越尚未立国，当时钱镠为杭州刺史，董昌为浙东观察使，越州属董昌管辖。由此可见，慈溪上林湖至迟在唐代晚期吴越尚未立国前已经设立贡窑，这与唐代陆龟蒙（卒于881年）所作《秘色越器》诗所反映的事实正好吻合。

唐乾宁三年（896年）三月，钱镠讨伐董昌，部将顾全武、梁从晸至余姚，四月克越州。钱镠取得越州后，大概在唐代贡窑的基础上，设置官窑，继续烧制秘色瓷。钱镠的父亲钱宽墓中出土的青瓷仅3件，而且其中两件比较粗糙，这可能是因为钱宽死于唐乾宁二年（895年），此时烧制秘色瓷的越州尚未归钱镠统辖。死于唐末天复元年（901年）的钱宽夫人水邱氏墓中，却出现了25件精美的越州秘色瓷。天复元年（901年）距钱镠攻取越州仅五年，如果水邱氏墓中出土的秘色瓷确实产自越州，那么，这正说明钱镠占领越州后，越州秘色瓷继续生产。而且考古资料证明，在整个五代吴越统治时期，越州秘色瓷得到了不断发展。

令人兴奋的是，在慈溪县上林湖的施家坳和后施岙的晚唐、五代窑址中，发现了与钱镠母亲水邱氏墓出土的秘色瓷器相似的碎片；还发现了一些刻有"供""官样"的瓷片。1981年在张家垓窑址中，发现一件瓷碗的残片，胎质细腻坚硬，内底刻划牡丹，外壁装饰莲瓣，外底心刻"官样"二字；在上林湖晚唐窑址中，还发现了虎头兽足的青瓷残件，其形制和风格与水邱氏墓出土的薰炉足相似，并且都应是模制。这些都应该是越州秘色瓷的实物例证。在施家坳窑址中，又发现青瓷玉璧底碗的残片，

① 浙江省文物管理委员会等：《杭州郊区施家山古墓发掘报告》，《杭州师范学院学报（哲学社会科学版）》1960年第1期。

碗内釉下用褐彩书写"……徐敬……禹庙……"字样。既然能够用褐彩在釉下书写文字，证明当时此处窑工已经掌握了釉下绘画的技能，再联系到临安县功臣山水邱氏墓和临安县板桥五代早期墓出土的釉下褐绘青瓷，不难推想，慈溪上林湖在唐末五代曾经生产这类秘色瓷。此外，在上林湖皮刀山窑址中，发现有"太平戊寅"字样的瓷器。太平戊寅，是北宋太平兴国三年（978年），这年吴越国归顺北宋，上林湖的瓷业并未停歇。五代末北宋初的青瓷非常讲究纹饰：有飞翔的白鹤，衬以双勾卷叶；有展翅的凤凰，绕以朵朵云彩；有娇姿的翠鸟，点缀着盛开的荷花；有可爱的兔子，蜷曲在牵牛花之间；有矫健的蟠龙，腾飞在浮云之间，或潜游在海涛之中；有用秋葵、海棠、牡丹、西番莲为题材，组成各种各样的图案；也有以人物为题材的，或席地欢饮，或手持琵琶。

五代吴越时，上虞县的窑寺前也设置官窑。上虞县隶属越州，窑寺前位于县治百官镇南约20千米。窑址分布在新屴湖和窑湖附近的小山坡上。若以窑湖为基点，东南为寺山，南面为坳前山、道士山和立柱山，西南为盘口湾。坳前山东北，窑址规模最大，产品精，种类多，色泽葱翠，刻有花纹；立柱山的产品与此类同。据光绪《上虞县志》引万历志"广教寺"条载："广教寺，在县西南三十里，昔置官窑三十六所，有官院故址。宋开宝辛未，有僧筑庵山下，为陶人所祷。吴越领华州节钺钱惟治创建为寺，名保安。治平丙午改今额，俗仍呼窑寺前。"钱惟治是吴越国废王钱弘倧的长子。他创建保安寺，是否与官窑有直接关系，文中没有说明。但至迟在北宋开宝四年（971年），即钱弘俶统治时期，窑寺前已经设窑烧瓷，故"有僧筑庵山下，为陶人所祷"。

当然，仅仅上林湖与窑寺前两地烧制秘色瓷，还是供不应求的。特别是赵匡胤建立宋王朝以后，钱弘俶深知吴越国小朝廷朝夕不保，诚惶诚恐，对宋王朝贡奉不绝，唯太祖、太宗两朝贡奉录所载，其中金银饰陶器十四万余事。因此，除上林湖与窑寺前外，应该还有别的窑场烧制贡品。宋人庄季裕《鸡肋编》云："处州龙泉县多佳树，地名豫章，以木而著也。……又出青瓷，谓之秘色，钱氏所贡盖取于此。宣和中，禁廷制样需索，益加工巧。"

至于民用瓷，窑场遍及全省许多地方。此外还有外销瓷，如在沿海岸的阿里卡美、巴格达东南忒息丰附近的阿比耳他遗址，都曾发现唐末五代时期的越窑青瓷。

应该指出的是，"秘色瓷"这个名称，并非专指五代吴越供小朝廷使用或贡奉用的高级瓷。晚唐五代间，闽人徐夤写过《贡余秘色茶盏》诗，其中有"捩翠融青瑞色新，陶成先得贡吾君"的句子[1]。当时闽王审知于后唐庄宗同光元年（923年），使徐夤贡秘色瓷，故有此作。朱琰《陶说》卷二云，"王蜀报梁信物有金棱碗，致语云：'金棱含宝碗之光，秘色抱青瓷之响'，则秘色是当时瓷器之名。不然，吴越专以此烧进，而王蜀亦取以报梁耶？"陕西省法门寺真身宝塔地宫出土大批稀世珍宝，其中有秘色瓷16件。从发表的彩色图版看，瓷碗釉色近嫩黄；青釉八棱净水瓶，形制极精，可能是越州秘色瓷。这个地宫，从唐代咸通十五年（874年）封闭后，从未开启过，而且在地宫物账中明确记载为秘色瓷[2]。这是唐懿宗于咸通十五年供奉的，说明在晚唐时确已出现秘色瓷这个名称和实物。如果这批秘色瓷中确有越州窑产品的话，那么与《余姚县志》关于唐宋时在上林湖置官监窑的记载，以及上

① 《全唐诗》卷七一〇，徐夤三。
② 《法门寺真身宝塔地宫出土大批稀世珍宝》，《考古与文物》1987年第4期；《法门寺地宫出土青釉八棱净火瓶》，《人民画报》1987年第10期。

林湖出土的罐形墓志中所云的贡窑，在时代上都是大致吻合的。况且陆龟蒙曾经写过《秘色越器》诗，作诗的时间虽不详，但最迟在陆龟蒙去世（881 年）前，越州秘色瓷已经出现。五代吴越灭亡以后，在北宋太平兴国七年（982 年）六月，朝廷派赵仁济监理越州窑务。北宋熙宁元年（1068 年），尚书户部上诸道府土产贡物中，有越州秘色瓷五十事①。《六研斋笔记》云，南宋时，余姚有秘色瓷，粗朴而耐久。陆游《老学庵笔记》卷二载："耀州出青瓷器，谓之越器，似以其类余姚秘色也。然极粗朴不佳，惟食肆以其耐久多用之。"耀州在陕西省，南宋时还仿制越州秘色瓷。《扬州画舫录》载："吴麟，字粟园，歙人。……有景德镇土窑产秘色瓷，与唐、熊、年三窑齐名，世称吴窑。"可见清代景德镇民窑中还仿制秘色瓷。

是不是可以这样说，由于越州窑具有悠久的历史，其产品在唐代已经相当精美，因此官府曾在余姚上林湖等地设立贡窑，烧制秘色瓷，作为向朝廷进贡的土产。五代吴越国王占有越州后，秘色瓷生产有了进一步发展，不仅供吴越朝廷使用，还继续作为给中原王朝的贡品，而且在钱弘俶统治时期，烧制秘色瓷的地方也越来越多。吴越国纳土后，在北宋熙宁年间还烧制贡品。至于南宋秘色瓷，甚至清代秘色瓷，那都是仿制品，徒有其名，其实质地粗朴。但秘色瓷这一名称，并非越州所专有，也非吴越国所专有。秘色瓷的名称，大概主要是由于釉色特别精美并用作贡品的一种瓷器。

早在唐代，越州已贡秘色瓷，已如上述。五代吴越国王贡奉秘色瓷，文献亦有记载：如钱镠于宝大元年（924 年）九月，遣使钱询向唐朝廷进贡的物品中，就有秘色瓷；后唐清泰二年（935 年），钱元瓘贡唐的物品中，有"金棱秘色瓷二百事"；钱弘俶贡奉宋朝廷的"金银饰陶器"，数量非常惊人。古人陶、瓷不分。所谓"金银饰陶器"，大概有两种含义：一种是在瓷器上涂贴金银片，一种是在瓷器的口沿和底沿等处包镶金银。前者如钱元瓘墓中出土的龙瓶，出土时龙身上残附着三小片涂金；后者即所谓金扣、银扣，或称"金棱秘色瓷"。金、银扣，是瓷器出窑后再包镶上去的，而金、银又是贵重的东西，所以在窑址中是很难发现的。

最后探讨一下刻有"官"和"新官"字样的白瓷，或者有金银扣的白瓷。这类瓷器主要发现于钱宽夫妇墓中。钱宽死于唐乾宁二年（895 年），归葬于光化三年（900 年），而钱镠是在唐乾宁三年（896 年）取得越州的。钱宽墓中出土的三件青瓷，有两件比较粗糙，这可能是因为殉葬品是死者生前所用，而钱宽死的时候，越州尚在董昌统辖之下，因此当时钱氏并未使用越州秘色瓷。水邱氏死于唐天复元年（901 年）九月，在她生前钱镠已取得越州，所以在她墓中，殉葬着许多精美的越州秘色瓷。这里需要探讨的不是青瓷，而是白瓷。如果说，钱宽夫妇墓中出土的白瓷也是吴越地区烧制的秘色瓷，那么，为什么在死于后晋天福元年（936 年）的钱元瓘墓中未曾发现呢？死于后周广顺二年（952 年）的钱元瓘妃子吴汉月的墓中也只有一件白瓷。在浙江发现了大量唐末五代的瓷窑址，但并没有发现类似钱宽夫妇墓中出土的白瓷。由此可见，这批白瓷是外来的。

关于钱宽夫妇墓中出土的白瓷的产地问题，学术界颇多争议。

1. 明堂山考古队在《临安县唐水邱氏墓发掘报告》中说："浙江盛产瓷石，高岭土的蕴藏也较丰富，临安、诸暨、鄞县和浙南都有，所以生产白瓷的自然条件是具备的。墓内出土的白瓷胎质洁白，

---

① 《宋会要·食货志》四一；（宋）周密《志雅堂杂抄》。

胎骨细薄，玻化程度高，透光性强，个别产品有脱胎之感，与别地发现的唐代厚胎白瓷不同，也比邢窑细白瓷的透光度好，所以很可能是用本地含铁量低而含铝量高的瓷石或高岭土制成。"

2. 冯先铭先生在《有关临安钱宽墓出土"官"、"新官"款白瓷问题》中说："钱宽墓出土白瓷胎釉与北方产品不同，薄胎特征与湖南地区出土白瓷颇为近似，似有较大可能来自湖南地区。"

3. 高至喜先生在《长沙出土唐五代白瓷的研究》一文中则认为："78 长科 M31 引出的一件带'官'字款白瓷碟，其风格与浙江临安钱宽夫妇墓所出相同。长沙市文物工作队的同志论证该墓的年代在唐朝末期。由打破关系和共存器物的时代风格看是可信的，似为定窑产品。"

4. 李辉炳先生在《关于'官'、'新官'款白瓷产地问题的探讨》一文中认为："浙江钱宽墓和水邱氏墓出土的白瓷，有许多与湖南境内出土同类白瓷特征相同，但也不能说这些白瓷都是湖南生产的。湖南、浙江出土白瓷的主要特征是釉色白或白中闪青，这正是早期定窑的一个重要特征。"

我基本上同意李辉炳和高至喜两位先生的论点，钱宽夫妇墓出土的白瓷，似应属定窑产品。但是，当时钱宽的儿子钱镠正与董昌争霸越州，接着兼并湖州和婺州，政局并不稳定，在这样的历史条件下，钱镠是否会从远离浙江的河北去定烧产品呢？早年出土而流散到国外的一件定窑白瓷盘，底刻"会稽"二字，《中国陶瓷史》的作者认为："可以肯定是吴越钱氏定烧之器，吴越钱氏统治区属会稽郡，定烧瓷器底刻会稽郡字样。"其实，这个论点也是值得商榷的。会稽郡最先是秦始皇二十五年（公元前 222 年）建立的，范围极大。以后变迁甚多，会稽郡的范围不断缩小。隋朝建国之初，会稽郡的名称取消。后来几度恢复，最后一次恢复会稽郡的名称是唐天宝元年（742 年）。隋大业元年（605 年），今绍兴地区一带称越州，从此开始直到唐代中叶，越州和会稽两个名称并用。到唐乾元元年（758 年），越州的名称就稳定下来。南宋绍兴元年（1131 年），越州改为绍兴府。唐末，越州先是由刘汉宏占据；光启三年（886 年）钱镠助董昌灭刘汉宏，越州为董昌所有，钱镠为杭州刺史；乾宁三年（896年），钱镠灭董昌，改越州威胜军为镇东军，授钱镠领镇海镇东等军节度使。钱镠是以杭州为据点的，吴越国的小朝廷也设在杭州，当时的"会稽"只是一个县名，相当于后来绍兴县的部分地域。由此可见，"会稽"二字款定窑白瓷盘，如果是吴越国王钱氏定烧的，不会使用"会稽"二字作标志。

我认为，钱宽夫妇墓出土的刻有"官""新官"字样的金银扣白瓷，可能间接来自湖南。唐末，湖南为马殷所割据。马殷与钱镠关系友好。钱镠于乾德三年（913 年）向水府投简的告文云："……昨者当使所发湖湘兵士，及讨伐犯境凶徒，遂沥恳情，仰告名山洞府：果蒙潜加警卫，继珍豺狼。"其中"昨者当使所发应援湖湘兵士"一句，应指吴越出兵应援湖湘的事。当时，吴越北部是淮南杨行密的辖境，而杨行密正是吴越的劲敌。因此，吴越入贡中原，陆路是绕道江西转湖南、湖北到河南开封的。乾化二年（912 年）十一月，马殷也确是受到吴国的攻击。次年八月，吴、楚又交战。钱镠派兵应援湖湘，是为了保护中原通道，同时也说明马殷与钱镠是通好的。因此，钱宽夫妇墓中出土的白瓷，可能是钱镠间接从湖南得到的。据《吴越备史》卷一载：梁贞明四年（918 年）以前，朝廷给吴越国王的诏书皆间道而至。贞明四年，虔州（江西南康）被淮南所攻占，贡路阻绝，航海入贡自此始。虔州贡路阻绝，吴越国难以与湖南通往。后唐天成五年（930 年），马殷死，诸子争立，政局非常混乱。死于唐乾宁二年（895 年）、归葬于光化三年（900 年）的钱宽，死于唐天复元年（901 年）的水邱氏，在时间上都是吴越通往江西、湖南的陆路未阻绝之前，两墓均有较多的定窑白瓷殉葬；而死于后晋天福元年（936 年）的钱元瓘墓中不见定窑白瓷，死于后周广顺二年（952 年）的吴汉月墓中也只有白瓷一件，可能与上述历史背景有关。还要补充说明的是，吴越去河南的陆路交通受阻，但有海道可通河南，当然也可去河北定烧白瓷。可是这种迹象在现有考古资料中反映并不明显，这也进一步说明，钱宽夫妇墓中出土的定窑白瓷，应该是间接从湖南来的。

最后附带提一下，据《吴越备史》卷四载，太平兴国五年九月十一日，"王（钱镠）进朝，谢于崇德殿，复上金装定器二千事，水晶玛瑙宝装器皿二十事，珊瑚树一株"。其中"金装定器"，可能指的金扣定窑白瓷。当时钱弘俶在首都开封，而定窑在河北曲阳县等地，所以他献给宋太宗的金装定器，应该来自就近。

（原载《吴越首府杭州》〔杭州历史丛编之三〕，浙江人民出版社，1988 年）

古代杭州

古都杭州[*]

"东南形胜，三吴都会，钱唐自古繁华。烟柳画桥，风帘翠幕，参差十万人家。云树绕堤沙，怒涛卷霜雪，天堑无涯。市列珠玑，户盈罗绮，竞豪奢。

重湖叠巘清嘉。有三秋桂子，十里荷花。羌管弄晴，菱歌泛夜，嬉嬉钓叟莲娃。千骑拥高牙，乘醉听箫鼓，吟赏烟霞。异日图将好景，归去凤池夸。"①

这是北宋著名词人柳永写的一首《望海潮》。词中提到的"三吴"，即吴郡、会稽郡和吴兴郡，都是五代吴越的辖境；钱唐即杭州。词人以生动的笔触，描述了吴越都会杭州的繁华经济和优美景色。南宋定都杭州时，杭州的繁华程度又远远超过了五代吴越。

一　杭州的开发

（一）地有湖山美

杭州正当北纬 35°15′，东经 120°16′，处在中国的东南沿海。北连太湖平原，南滨钱塘江，西接天目山，东距东海 200 千米。东部是市区，城西紧贴西湖，湖边群山环抱，所以古诗说它是"三面云山一面城"。

西湖，南北长 3.3 千米，东西宽 2.8 千米，周约 15 千米。

如果清晨登上宝石山顶，放眼望去，景雾蒙蒙，好似一层薄纱笼罩着大地，使湖山显得格外美丽；孤山仿佛翡翠雕成的凤冠，静静地放在碧水之上；苏堤和白堤像两条缀花的绿色缎带，轻轻地飘逸于湖水之中；三潭印月，湖心亭和阮公墩，如同神山仙岛，海市蜃楼，鼎立湖心；沿湖四周，绿树成荫，繁花似锦，形成巨大的花环，间有亭台楼阁，假山叠石，参差相映，更觉迷人。

湖山景色，四时异样。每当烟花三月，晨光乍启，宿露未消，清风徐徐，微波荡漾，苏堤一片寂寂悄悄。在那烟光柳色间，六桥波影遥接，景色如画，风姿卓绝。南宋皇家的聚景园故址，如今成了柳浪公园。湖边千树绿柳，好像一幅偌大的垂帘，望不见尽头。风起树动，柳浪翻空，落英醮波，燕子低舞，黄莺啼鸣，风景极佳。

夏日炎炎，里湖铺满荷莲。宋人杨万里说："毕竟西湖六月中，风光不与四时同。接天莲叶无穷碧，映日荷花别样红。"② 苏堤跨虹桥畔的"曲院风荷"，是南宋以来的著名赏荷胜地。这里有许多荷

＊　与赵振汉合作。

①　唐圭璋编：《全宋词》第一册第三十九页，中华书局，1980 年。

②　周汝昌《杨万里选集》云杨万里作；《千家诗》第二十页则云苏东坡作。

塘，塘塘相接，塘里开遍红莲、粉莲、白莲、睡莲和重台莲，亭亭玉立，翩翩倩影，格外雅致。

到了秋天，湖边山间的金桂、银桂和丹桂，阵阵飘香。满山的红枫，点缀着萧索的秋容，别有一番风姿。待到中秋佳节，在"平湖秋月"凭栏眺望，但见皓月当空，群星簇拥；远处万山叠秋，灯火乍明还灭；湖上一叶扁舟，荡起层层涟漪；近水倒影，似有如无；人在画中，诗意盎然。

待到寒潮来袭时，景色突变："天欲雪，云满湖，楼台明灭山有无，水清石出鱼可数，林深无人鸟相呼。"[1]孤山赏梅，又为古今盛事。每当雪花纷飞时，伫立断桥北望，别有一番情景：群山左右，楼台高下，似铺琼砌玉，晶莹朗澈；远山近水，银装素裹，分外妖娆。

花港是观鱼的胜地。港湾回转，小桥曲折，水中一片金灿灿、红艳艳的鱼群，见到游人的投饵，齐来争食，煞是好看。这里的牡丹园，绿草如茵，假山错落，松柏交映。山上有牡丹亭，四周遍栽牡丹，娇艳多姿，还有四时花木令人目不暇接。玉泉，号称"鱼乐国"。池中有几百条黑色的青鱼和红色的鲤鱼，大的长约一米，在光影水色的摇曳中，或衔尾而游，或争吞香饵，或拨刺跃出水面，或悠然隐没而去，情趣横生。

孤山东面的西泠印社，园林布局，别具一格。有柏堂、数峰阁、山川雨露图书室、华严经塔、观乐楼、三老石室、题襟馆和四照阁等，各抱地势，错落有致。四周巉岩裸露，千姿百态。印泉、闲泉、潜泉掩映在茂林修竹之间。到处摩崖题刻，墙上嵌遍碑帖。登山盼顾，"环水抱山山抱水，四面有山皆入画"。借景之妙，巧夺天工。

西湖远近，层峦翠巘，环列成堵堵绿色屏障。南北高峰，直插云霄。外围的北高峰、天马山、天竺山、五云山等，多由泥盆纪砂岩构成，是地势最高峻的部分。其中天竺山海拔 412 米，是西湖群山的最高峰。天竺山西南的野山，海拔 501 米，是杭州城郊的第一高峰。内侧的吴山、将台山、玉星山、南高峰、飞来峰等，由石炭二叠纪灰岩构成，除了南高峰海拔 254 米之外，其余都是海拔 200 米上下的丘阜。由于石灰岩地层受到流水的侵蚀，溶沟纵横，洞壑深幽，钟乳滴沥，石笋嵯峨。较大的石灰岩溶洞约有 30 多处。水乐洞长达 60 多米，洞口有股清泉从石缝中涌出，叮咚作响，宛如琴声，和谐悦耳。飞来峰的金光洞、龙泓洞、呼猿洞，南高峰的烟霞洞，古人认为是洞天福地，神灵所在，以致摩崖造像，顶礼膜拜。西湖北缘的宝石山、葛岭、挂牌山，还有孤山等，都由中生代火山岩等构成。其中葛岭最高处海拔只有 130 米，孤山仅高 38 米。山虽不高，但由于构造裂隙和后期的风化作用，形成了体态嶙峋怪异的奇特景象。也由于重力崩塌作用，出现了崩塌岩洞，如葛岭以西的黄龙洞、紫云洞、金鼓洞、栖霞洞、蝙蝠洞，峭壁通幽，好似鬼斧神工，气势昂然。

西湖群山，处处水潺潺。号称三大名泉的虎跑泉，是发育在砂岩中的裂隙泉，水质醇厚，其味清甜。"龙井茶叶虎跑泉"，历来被誉为西湖双绝。龙井山上的龙井泉，是发育在石灰岩中的岩溶泉，清冷彻骨，大旱不涸。灵峰山下的玉泉，是形成于松散砂石层中的孔隙泉，水色明净，水源丰富。此外，还有灵隐的冷泉，孤山的六一泉，栖霞山的白沙泉，南高峰的刘公泉，城隍山的吴山泉，天竺的月桂泉和永清泉等等，不胜枚举。

西湖东边的市区，屋宇连檐，万家炊烟。市区的南面是钱塘江，古称折江、之江、浙江。每当阴

---

① 王文浩：《苏东坡诗集》卷七《腊日游孤山访惠勤惠恩二僧》，中华书局，1982 年。

历八月十八日前后，江湖澎湃，怒涛壁立，大有"滔天浊浪排空来，翻江倒海山为摧"之势，蔚为天下奇观。市区的北部是大运河的南端。从武林门搭乘客轮，可直抵美丽的苏州。沿途阡陌纵横，桑林郁郁，一派田园风光。

（二）沧海变城邑

在很久以前，杭州和西湖是一片烟波浩渺的海湾。海湾三面环山，葛岭和宝石山构成它的北翼岬角，而吴山则是它的南翼岬角。这两座岬角之间，是一个南北不到 3 千米的湾口。湾口以外是一片浅海。由于海平面的升降和河口的作用，大量泥沙沉积起来，使这一带的海底形成了沙坎，海水越来越浅，南北两岬角之间的湾口出现了沙洲。与此同时，西湖群山的泥沙，由于雨水的冲刷，也不断地流落到湾里，使湾里变小变浅，慢慢地形成了潟湖。最后，沙嘴封住了湾口，潟湖与海水隔绝，水源只来自周围群山之中，经过漫长的岁月，水质变淡了，终于形成了一个淡水湖。

与西湖形成的同时，在宝石山以北的部分地带，慢慢出现了一片沼泽平原。西湖以东的一些沙嘴，也在不断地升高和延展，形成了一片沙滩地，这便是后来的市区。不过，开始的时候，由于潮汐出没，土地斥卤，人类还无法居住。但是，在西湖群山北翼的老和山，从山麓冲积扇向北，经水田畈、勾庄、良渚，直到长命桥、安溪、瓶窑、吴家埠和潘畈等地，背依天目山余脉，面对钱塘江水域，西部岗峦起伏，土丘罗列，东部河流纵横，沼泽密布，土壤肥沃，在暖湿的亚热带气候条件下，生长着茂密的森林，栖息着众多的动物，既有渔猎之利，又适宜于耕种。这里就是原始社会时期的"杭州"所在，不过，那时还没有"杭州"这个名称罢了。

原始社会，人类聚集　　在杭州北部分布着许多新石器时代遗址，由于这些遗址时代有早晚，出土的文物又各具特征，因此又形成若干文化体系。1981 年，浙江省文物考古所在发掘余杭县吴家埠遗址时，发现了马家浜文化、崧泽文化和良渚文化的地层，其中马家浜文化地层距今 6000 余年。良渚文化，是因为首先于 1936 年在余杭良渚镇周围发现遗址而得名。据 ^{14}C 测定，良渚文化的时代距今 5300～4000 年。据考古调查，良渚、长命、安溪、北湖四个乡，是良渚文化遗址特别集中的地区。良渚文化遗址分布广，出土文物多，因此历史面貌也比较清楚。

那时，人们正处在原始社会的末期，农业生产是主要的、基本的经济部门。虽然还使用石器，但种类增加了，有用于锄地的、开沟的、耕田的、收割的、砍伐的、切割的、凿琢的、射杀的等等；磨制精致了，刃部比较锋利，形制改进了，效率得到了提高。尤其是石犁的大量出现，标志着农业生产进入了犁耕阶段。在水田畈遗址中，有稻谷、桃核、酸枣、葫芦和瓜子等出土，那是当时人们生产或采集来的。在 4000 年前，祖先们是怎样在这片沼泽地里进行劳动的呢？当时，父系氏族制度已经确立，一夫一妻制也已经形成，而一夫一妻制的小家庭，都包括在父系大家族中，成为基本的经济单位。虽然私有制的成分逐渐增长，但土地和山川还是自由开发的。男子们带着各式各样的石制农具，分散在杂草丛生的原野上，有的挥动石锄，有的使用石铲，有的牵挽石犁，或者焚烧草木，开垦土地，筑埂围田，开沟排水，翻土播种。他们总是满怀信心地尽力去劳作。待到稻子熟了的时候，人们又奔向田里，挥舞着石镰，收割稻子。在这大忙季节里，妇女作为辅助劳动力，也经常出现在田野中。

饲养家畜也是重要的谋生手段；渔猎和采集野果，在经济生活中依然占着重要的地位。狩猎可说是一场勇敢的恶斗。人们手中拿的石矛和石箭头，算是最锐利的武器了。而栖息在山里的各种动物中，有凶猛的虎豹，也有狡猾的野兔，要捕捉它们，除了智慧和勇敢，还需要经验。人们凭着经验，布下陷阱，或者投放诱饵，等候在野兽出没的地方。要是遇上猛兽，成群的男子便蜂拥而上，举起火把，挥动木棍，掷出标枪，石矢俱下。猛兽几经折腾，筋疲力尽，反扑无力，逃遁无路，终于成了"阶下囚"。不过，在通常情况下，小野兽和飞禽是主要的捕捉对象，这是比较容易得到丰收的。

捕鱼则好比"轻歌曼舞"，没有打猎那样惊险、紧张。在那辽阔的湖河里，和风拂拂，碧水溶溶。人们划着独木舟，敞开渔网，慢慢地包兜过去。有时，一网会捕住许多鱼虾。竹篓是当时普遍使用的另一种捕鱼工具。这是用竹片编织成的。口子大，器身长，底部收成尖状。只要把它拦在小河沟里，就无须再费精力了。傍晚时，把竹篓轻轻提起，篓里总会有一些活蹦乱跳的鱼虾。

由于农业的发展，手工业逐渐地从农业中分离出来，成为独立的生产部门。而轮制陶器，正是这种新的社会大分工的重要标志之一。良渚文化时期的陶器，以灰胎黑皮陶最具有代表性。这种陶器，是采用快轮制造出来的。把陶土放在快轮上，借着轮子急速旋转的力量，用手捏塑成各种器皿，有食器、饮器、盛器，器形规则，厚薄均匀，有的做出竹节状的高圈足，有的镂孔作装饰。待到陶坯半干的时候，进行精工打磨。由于在烧成晚期封窑严密，经过烟熏的渗碳，表面漆黑发亮。

特别值得注意的是，1986 年在反山人工堆筑的高台土丘中，发掘了 11 座良渚文化大墓。出土编号器物 1200 余件（组），其中 90% 以上是玉器，其中有琮、璧、钺等大件礼仪用玉；璜、瑗、镯、带钩、坠、管、珠、鱼、龟、蝉等佩戴和装饰镶嵌用玉。雕琢精细，技艺娴熟。尤其引人注目的是，雕刻在玉器上的纹样中，有似人似兽的神像，这应该是部族崇拜的神徽。大量考古资料表明，当时已经存在显贵阶层。原始社会开始崩溃，文明的曙光已经出现[①]。

良渚文化以后，在中国历史上是夏、商和西周时期。直到春秋战国时，此地还没有行政管理机构，叫什么地名也未见史书记载。就其归属来说，由于当时吴越之间战争频繁，先是吴国打败越国，后来越国灭掉吴国，而这里地处吴、越两国的中间，所以有时隶吴，有时属越。公元前 334 年，楚国灭掉越国，这里又成了楚国的领地。

设立县治，秦皇东巡　秦始皇二十五年（公元前 222 年），全国推行郡县制度。这时建立钱唐县，属会稽郡。此地第一次建立起地方管理机构。秦始皇为了加强对东南地区的统治，三十七年（公元前 210 年）出巡，经过丹阳（今安徽当涂东北），到达钱唐，想渡江去会稽。可是钱塘江的水面宽阔，波浪汹涌，他只得溯江而上，再西行一百二十里，从江面较窄的地方渡过去。唐代陆羽《武林山记》说，秦始皇的渡船就停在宝石山下，船缆系在悬岩上，后人称这块岩石为"秦始皇缆船石"[②]。宋朝时，思净和尚把缆船石雕成大佛像，就是现在葛岭大佛院里的大石佛。不过，这只是传说，不足为信。因为秦朝时，钱塘江的潮水虽然还可能冲进西湖（当时西湖不一定形成），但再不会是可以通航的浅海湾了。南宋人潜说友在《咸淳临安志》卷二十三引用《舆地志》的话说，秦始皇当年登山察看钱塘江形势的那座山叫秦望山[③]。秦望山就是现在江边的将台山，海拔为 202.65 米，居高临下，北可看到西湖，南可望见钱江，确实是观察形势的好地方。至于秦朝钱唐县治的地点，郦道元《水经注》云：

---

①　据浙江省文物考古研究所资料。

②　《湖山便览》卷四及《神州古史考》所引陆羽《武林山记》。

③　（宋）潜说友：《咸淳临安志》卷二十三。

"浙江又东迳灵隐山下，……山下有钱唐故县，浙江迳其南。"① 但遗迹至今尚未发现。

钱唐县治，历经变迁 汉武帝元狩年间（公元前 122～公元前 117 年），在钱唐县设立会稽郡西部都尉②。实际上是郡的派出机构，说明钱唐县已经处于比较重要的地位。王莽统治时期，改钱唐县为泉亭县。东汉建武六年（30 年），撤销钱唐县，并入余杭县。大约在东汉后期，又重新建立钱唐县，并且一度做过钱唐侯的封地。《元和郡县志》引《钱唐记》云："郡议曹华信乃立塘以防海水，募有能致土石者即与钱。及塘成，县境蒙利，乃迁理此地，于是改为钱塘。"③ 可见在汉代华信筑塘以后，钱唐县治搬迁了。《水经注》云，"县南江侧有明圣湖"，并引《钱唐记》云，"防海大塘在县东一里许"。

华信所筑防海大塘，一般认为是在从云居山麓到钱唐门一带。当时华信筑塘未曾打基础，只不过挑土石堆积而已。这时从云居山到钱唐门一带已逐渐形成平陆，只要不是怒潮昼夜冲击的地带，而只是一般潮水出没之地，用土石堆积成塘是可能的。特别值得注意的是，在建造杭州饭店清理地基时，发现许多两汉时期的墓葬。古荡和桃源岭也发现过不少汉、六朝墓，其中东汉朱乐昌墓，出土文物一百五十余件，包括陶器、铁刀、铁剑、铁戟、铜矛、弩机（发射弓箭的机械）、鎏金饰物、漆器、水晶珠，还有一颗刻着"朱乐昌"姓名的铜印。这许多出土文物，说明朱乐昌不是一般的平民④。文二街及其附近发现有东汉和三国时期的墓葬，其中一座东汉墓出土鎏金环首铜刀⑤。半山发现几座晋代墓葬，其中两座墓砖上刻有西晋"太康八年（287 年）"的字样。上述墓葬都分布在西湖北山及其北部，而墓葬离居住处是不会太远的。由此可见，当时钱唐县治应该是在华信所筑防海大塘西一里许的西湖北部，而明圣湖一说是西湖，它正好位于县治的南部。当然，正确的结论有待于今后的地下考古发掘资料。

六朝时期，江南相对安定，北方由于战乱，许多人纷纷南迁，有的到浙东定居，其中必有留住在钱唐县的。随着江道的变迁，钱塘江的柳浦已成了南北渡口。南朝齐时（479～502 年）杜元懿说，当时钱塘、浦阳两江的牛埭税（过路税），一年之中可以增收到"四百许万"⑥。可见这一带已经是人来人往的交通要道了。南朝陈时（557～589 年）设立钱唐郡，郡治在杭州。杭州成为郡治所在，政治地位提高了。

（三）骈樯二十里，开肆三万室

隋设杭州，始筑城垣 581 年，杨坚篡周自立，建立隋朝。开皇九年（589 年），隋灭陈，结束了长期分裂的局面。这年废郡立州，设置杭州。"十年移州居钱唐城，十一年复移州于柳浦西，依山筑城，即今郡是也。"⑦ 杭州的名称，在历史上第一次出现。此后，杭州的行政管理机构，还有几次变

---

① （北魏）郦道元：《水经注》卷四十《浙江水》。

②《永乐大典》卷七千六百三《杭州府·考证》。但《越绝书》卷二云："汉文帝前九年，会稽并故鄣郡，治故鄣，都尉治山阴。前十六年，太守治吴郡，都尉治钱唐。"明万历《杭州府志》卷二《事纪》上引《越绝书》载："汉文帝十六年，会稽郡西部都尉始建，治于钱唐。"

③ 刘道真《钱唐记》原书不存，只散见于郦道元《水经注》、李吉甫《元和郡县志》、乐史《太平寰宇记》等各家著作中的引文。此处引自《元和郡县志》卷二十六。

④ 浙江省文物管理委员会：《杭州古荡汉代朱乐昌墓清理简报》，《考古》1959 年第 3 期。

⑤ 王士伦：《杭州铁佛寺清理了一墓东汉墓葬》，《文物参考资料》1955 年第 6 期。另据浙江省文物考古研究所资料。

⑥《咸淳临安志》卷八十九。

⑦ （宋）乐史：《太平寰宇记》卷九十三。

动，如：大业三年（607 年）改杭州为余杭郡①，唐武德四年（621 年）复为杭州，天宝元年（742年）又改为余杭郡，乾元元年（758 年）再复为杭州。

"杭州"两字的含义，"杭"是名，"州"是地方行政机构。因为州的机构开始是设在余杭县的，所以取名杭州。这个名字的来历，史书中有两说，一说夏禹治水，东去会稽在此舍杭登陆，因名"禹杭"，后人讹传为"余杭"；一说秦始皇东巡，渡浙江，上会稽，曾在此舍杭，因名"余杭"。这两种传说，究竟有多少可靠性，我们姑且不论，值得注意的是，都与船只有关。就字义解释："杭"通"航"，《诗·卫风·河广》："谁谓河广，一苇杭之"；或解释为方舟，是用来渡河的一种船只；也可以理解成浮桥，如郦道元《水经注》云："浙江又东迳遂安县南，溪广二百步，上立杭以相通"②。文中的"杭"，可能指的是浮桥。远古时期，余杭一带河流纵横，至迟在新石器时代晚期，人们已经广泛使用独木舟。事实上，杭州的"杭"字，不一定拘泥于独木舟、方舟或浮桥的某一种解释，只是反映所谓"以船代车，以楫为马"的习俗罢了。

杭州的州治迁到柳浦西之后，杨素依山筑城，周围三十六里九十步。柳浦的确切地点，南宋人施谔在编撰《淳祐临安志》时已经说无法考查，但认为"依山所筑，则今之凤凰山也"③。倪璠《神州古史考》认为，"柳浦，在凤凰山下"④，并且进一步认为，隋朝依山筑城，在凤凰山之右，从凤凰山一带向北延伸，翻过山岭，到达今日杭城的西部。具体地讲，隋代城垣，南部起自凤凰山麓，这在《淳祐临安志》中已有明确记载；东部不超过盐桥河，这一点我在下面叙述唐代开沙河时将要说明；西部位于今湖滨路稍东，因为 1983 年 11 月初，工程部门在今湖滨路西侧挖沟时，在距地表 2.6 米深的这一段地层中，发现大批南宋和元、明、清的瓷片，而不见隋唐遗物，说明当时的湖面比现在宽；北部应该位于钱唐门稍北，因为五代吴越时，罗城的北部只达霍山⑤。

隋开运河，南北沟通　运河起自北京，终点在杭州。其中从京口（今镇江）经常州、平江（苏州）、嘉兴、直到杭州这一段，称为"江南运河"，是隋朝大业六年（610 年）开通的。从此，杭州成为南北交通枢纽。通过运河，经浙北，可以直达东都洛阳；通过钱塘江，经富春江、浦阳江、曹娥江、甬江、灵江、瓯江，把浙东、浙南、浙西都贯通了起来。唐永泰元年（765 年），李华《杭州刺史厅壁记》云，"骈樯二十里，开肆三万室"⑥。说明当时杭州店铺连门，商业繁荣，《隋书》亦载，余杭等诸郡，"川泽沃衍，有海陆之饶，珍异所聚，故商贾并凑"⑦。一个初露繁荣的城市，俨然出现于中国东南沿海之滨。

随着经济的发展，人口不断增加。据《乾道临安志》记载："自陈置钱唐郡，隋废郡为杭州，户一万五千三百八十。"唐贞观中，户三万五百七十一，口一十五万三千七百二十九。开元中，户八万六千二百五十八。到了宪宗时代（806～820 年），杭州已经发展到"户十万，税钱五十万"⑧。今日的江

---

① 《隋书》卷三十一《地理》下。
② 郦道元《水经注》卷四十"浙江水"《四部丛刊》本。
③ 《旧唐书》卷四十《地理》三："隋于余杭县置杭州，又自余杭移州理钱塘。又移州于柳浦西，今州城是。"
④ （清）倪璠：《神州古史考》"柳浦"条。
⑤ 《湖山便览》卷四云：霍山。在宝石山北，今呼棋盘山。
⑥ 李华：《杭州刺史厅壁记》，见《文苑英华》卷八〇〇。
⑦ 《隋书》卷三十一《地理》下。
⑧ （唐）杜牧：《上宰相求杭州启》，见《文苑英华》卷六〇〇。

干一带虽然成为渡口，但滨江平陆，潮水昼夜冲击，不可能作为聚居点。而凤凰山及其以西一带，群山起伏，泉水丰富，又接近渡口，所以居民日益增多。凤凰山以北的平原，早已涨成平陆，居民逐渐迁移过来，但由于地下水苦咸，不能饮用，成为一大问题。唐代宗时（762～779 年），杭州刺史李泌开凿六井。所谓井，只是汲水站，用管子引西湖水入城。从六井的分布范围看，隋唐时居民在今日杭州市区范围内的，主要集中在浣纱路以西①。

唐朝开河，排泄潮水　当时位于杭城东南的钱塘江，一昼夜两度潮水，向着杭城冲涌而来。唐代两次开挖沙河，疏导潮水：先是景龙元年（707 年）州司马李珣开沙河；经过 150 多年，咸通二年（861 年），刺史崔彦曾在县南五里开沙河塘②。李珣开了几条沙河无可考，但潮势汹汹，奔逸入城，一条沙河是排泄不及的。宋人王象之在《舆地纪胜》中说："昔潮水冲击，奔逸入城，势莫能御，故开沙河以决之。河有三：曰外沙、中沙、里沙。"白居易的《杭州春望》诗说："涛声夜入伍员庙"③；李绅也说："伍相庙前多白浪"。伍员庙、伍相庙，都指的是吴山上的伍子胥庙。如果白居易的《杭州春望》作于 822～824 年，即他出任杭州刺史期间，那么，离李珣开沙河之后大约 110 多年了；这时吴山下还是白浪滔滔，在此之前李珣开沙河时，这一带潮势之汹涌，可想而知。杭州的盐桥河正位于吴山之东。史书中未见在隋以前今日杭城内有开河的记载。北宋时，盐桥河的北部出余杭门，与今日的运河连接，南部至碧波亭下，与钱塘江相通；隋代的州治正是接近钱塘江，早在六朝时柳浦已是南北渡口；所以，盐桥河可能是隋代所开运河的南端。但是，如果上述白居易和李绅的诗句确是指吴山下潮水出没，那么，盐桥河不会是隋朝开的运河，而应该是李珣开的沙河。盐桥河之东是茅山河，北宋苏东坡出任杭州刺史时，这一带还是"人口稀少，村落相半"的荒僻地④。茅山河以东是菜市河，再外原有外沙河。上述几条河应该是李珣和崔彦曾开的。此外，既然潮水从东南方向涌来。势必向西北方向疏导，所以李珣和崔彦曾都可能在杭城西北部开过河道。

筑高湖堤，灌溉良田　唐长庆二年（822 年），白居易出任杭州刺史，修筑湖堤，高加数尺，增加西湖的蓄水量，并且制订出管理办法，用以引水溉田。他在长庆四年（824 年）三月十日写的《钱塘湖石记》中说，湖水"每减一寸，可溉十五余顷；每一复时，可溉五十余顷"。⑤ 西湖三面环水，东部是出海湾涨成的平陆。地势低于湖面，所以白居易修筑的湖堤，应该是在西湖的东面，由南向北延伸，而不是今日湖中的白堤。这个问题古人早有考证。白居易在修筑湖堤的同时，又制订了放水制度，简化了公文程序：如遇旱天，只要向州提出，由刺史直接通知放水。

白居易是在国政紊乱、朋党倾轧，自己又遭到当权者忌恨的时候，请求外任来杭州的。尽管仕途艰险，他却在杭州替百姓做了许多好事，对杭州的开发起到了重要作用。他还写了许多赞美西湖的诗篇，字里行间充满了对杭州的热爱。长庆四年五月，朝廷召白居易回京都去，而白居易却恋恋不舍，在《春题湖上》诗中写道："湖上春来似画图，乱峰围绕水平铺。松排山面千重翠，月点波心一颗珠。

①　（清）翟灏：《艮山杂志》卷一引《演繁露》云：景龙元年沙岸北涨，地渐平坦，州司马李珣始开沙河，水陆成路。此说与王象之等所云开沙河为了疏导潮水的说法似有出入。
②　《新唐书》卷四十一《地理志》。
③　《白居易集》第二册第四回三页。
④　《东坡全集》卷五十七《奏议》。
⑤　《白氏长庆集》卷六十六（文渊阁《四库全书》本）。

碧毯线头抽早稻，青罗裙带展新蒲。未能抛得杭州去，一半勾留是此湖。"① 杭州百姓和白居易也结下了深厚的感情，"耆老遮归路，壶浆满别筵"②，不舍得他离去。诗人感慨万分地说："三年为刺史，无政在人口。唯向郡城中，题诗十余首。惭非甘棠咏，岂有思人不？"③ 引用《诗·召南·甘棠》的典故，说自己对老百姓没什么政德，"唯留一湖水，与汝救凶年"。

在白居易治理西湖之前，西湖风景并不出名。南朝宋时谢灵运曾写过"宵济渔浦潭""定山缅云雾"的诗句，讲的是钱塘江边的渔浦和定山。唐人殷璠编选的唐诗集《河岳英灵集》中，陶翰的《宿天竺寺》和薛据的《登秦望山》，可说是早期的西湖诗。写西湖诗最多的始自白居易。明代人田汝成在《西湖游览志余》中说："杭州华丽虽盛于唐时，然其题咏，自白舍人（居易）、张处士（祐）外，亦不多见……"可见，白居易治理西湖之后，湖山的风貌得到了改观。当时，白沙堤杨树成荫，万花盛开，又有望湖亭，是一处赏月的胜景，白居易最爱在此憩息。白沙堤西端的孤山，楼台参差，情趣盎然。所以白居易从西湖晚归时赞叹道："到岸请君回首望，蓬莱宫在水中央。"④ 他把孤山比作仙山，可见风景是十分美丽的。孤山寺的北面有贾亭，是贞元年间（785～805年）贾谊建造的。从西湖到灵隐，途经九里松，一路松风飒飒，使人感到进入佛地了。当时杭州有三大寺院，一处是杭城之北的龙兴寺，在香火最盛时，寺宇方圆达九里；另两处便是天竺寺和灵隐寺。唐代诗人李白《与从侄杭州刺史良游天竺寺》说："天竺森在眼，松风飒惊秋。"⑤ 宋之问写过一首《灵隐寺》，只说有这么一段故事：宋之问被贬谪后放还时，路过杭州，游灵隐寺。恰值月色皎洁，他在寺中长廊上散步，信口吟诗道："鹫岭郁岧峣，龙宫锁寂寥。"只吟出这两句就续不下去了，一边踱步，一边苦思。当时有个老和尚看见这番情景，请问缘故。宋之问说明缘由后，老和尚说："楼观沧海日，门对浙江潮"。宋之问经此触发，立即接着吟道："桂子月中落，天香云外飘。扪萝登塔远，刳木求泉遥。霜薄花更发，冰轻叶未凋。凤岭尚遐异，搜对涤烦嚣。待入天台路，看余度石桥。"宋之问对这位老和尚深为钦佩，后来才知道他就是骆宾王⑥。骆宾王是中国文学史上的"初唐四杰"之一，因为代徐敬业写过声讨武则天的檄文，徐敬业兵败，他削发为僧，不知所终。从唐人描写灵隐和天竺的诗句中可以想象到当时的灵隐和天竺，环境是那样的清幽，一派古刹风光。

"余杭形胜四方无，州傍青山县枕湖。绕郭荷花三十里，拂城松树一千株。"自隋唐起杭州逐步成为东南名郡，西湖开始成为游览胜地。

二　吴越都会

"吴越地方千里，带甲十万，铸山煮海，象犀珠玉之富，甲于天下。……是以其民至于老死不识兵革。四时嬉游，歌鼓之声相闻。"⑦

---

① 《白居易集》第二册第五〇七页《春题湖上》。
② 《白居易集》第二册第五一三页《别州民》。
③ 《白居易集》第一册第一六一页《三年为刺史》。
④ 《白居易集》第二册第四四二页。
⑤ 《李太白全集》卷二十。
⑥ （明）田汝成：《西湖游览志余》卷十四。
⑦ 《东坡全集》卷八十六（文渊阁《四库全书》本）。杭州钱王祠原有苏东坡《表忠观碑记》，今移置孔庙内。

这是北宋大文豪苏东坡写的《表忠观碑记》中的一段话。虽然难免有过誉之嫌，但五代吴越统治八十六年，对杭州经济和文化的发展曾经起过重要作用，这是毋庸置疑的。

（一）钱氏崛起，割据吴越

唐朝自从"安史之乱"以后，藩镇割据，宦官专擅，朋党争斗，朝廷衰微。更由于土地兼并，苛敛暴政，富者有连阡之地，贫者无立锥之地。百姓哀号于道路，逃窜于山泽，夫妻不相活，父子不相救。乾符年间（874～879年），终于酿成了王仙芝和黄巢领导的农民大起义。起义军南北转战十多年，驰骋了大半个中国。取洛阳，入潼关，占长安，号称六十万众，建立大齐政权。唐朝在镇压农民起义过程中，除了集结政府的正规军外，还尽量利用各地的地主武装，于是出现了许多新的藩镇。天祐四年（907年），唐朝灭亡，朱全忠称帝，国号大梁。各地割据的方镇，纷纷称王称帝，终于形成了"五代十国"的分裂局面。"五代十国"的"五代"，是指中原前后相继的梁、唐、晋、汉、周五个王朝；"十国"是指中原以外的十个割据势力，即吴越、吴、南唐、闽、南汉、楚、荆南、前蜀、后蜀、北汉。

从唐朝晚期到北宋初年，吴越割据十三州一军，包括浙江全省和苏州、福州，先后经历钱镠、钱元瓘、钱弘佐、钱弘倧、钱弘俶五王，统治八十六年，都城设在杭州。

盐贩钱镠，腾达发迹　钱镠原籍杭州临安县，本以贩卖私盐为生。唐乾符二年（875年），浙西狼山镇遏使王郢起事，攻克苏常，进入浙东。临安董昌招募乡兵，讨伐王郢，钱镠应募，出任偏将，"骁勇绝伦，为董氏所重"[1]。乾符六年（879年），黄巢起义军挺进临安县。钱镠先以伏兵奇袭起义军的先头部队，接着又施展诡计使起义军受骗绕道他去。于是便取得淮南节度使高骈的信任。广明元年（880年）十二月，杭州设立八都，"各聚千人，以卫乡里"[2]。临安县以董昌为主，钱镠为副。中和元年（881年），唐授董昌为杭州刺史，钱镠为都知兵马使，统领八都兵。从此，八都兵成了钱镠腾达的资本，发迹的基础。

夺取越州，吴越立国　唐中和二年（882年）七月，越州观察使刘汉宏遣其弟汉宥，马军都虞侯辛约，率兵二万，营于西陵，烧渔浦，劫富春[3]，图浙西，与董昌展开兼并战争。钱镠是这场战争中董昌一方的主将。经过四年时间的多次战争，光启二年（886年）十二月，刘汉宏败逃台州，被台州刺史杜雄擒获，斩于会稽。光启三年（887年），唐僖宗命黄昌为浙东观察使，镇守越州；命钱镠为杭越管内都指挥使，上武卫大将军，充杭州刺史。从此，杭州为钱镠割据争霸的据点。

光启三年，淮南大乱，钱镠趁机夺苏州。当时，润州客司军将刘浩驱逐镇海军节度使（驻润州，今江苏镇江）周宝，拥立薛朗为留后。杭州本是镇海军的辖境，所以钱镠以讨伐薛朗为名，派成及和杜稜领兵取常州，迎周宝到杭州，又派阮结等取润州。龙纪元年（889年）三月，钱镠命钱銶领兵取得苏州。但是不久，润州和苏州被孙儒部将刘建锋占领，常州被杨行密的部将田頵，李友攻取。大顺二年（891年），孙儒和杨行密交战，钱镠助杨行密，并夺回苏州。杨行密打败孙儒，尽有淮南宣润等地。

---

①　（宋）范坰、林禹：《吴越备史》卷一。
②　同上。
③　西陵，今浙江省萧山县西兴镇；渔浦，今杭州六和塔对岸；富春，今浙江富阳县。

景福二年（893年）九月，唐授钱镠为镇海军节度使。这时还没有吴越国的名称，但是史家往往将吴越立国的时间，从这时开始计算。

消灭董昌，又夺苏州　早在景福元年（892年），唐升越州为威胜军，以董昌为节度使，封陇西郡王。董昌本是一个昏庸的土军阀，妖人编出种种谣言，说天意要董昌做皇帝。送符造谣的人，每日不下数百。乾宁二年（895年），董昌自称皇帝，国号罗平，钱镠出兵讨伐。董昌向杨行密求援。杨行密派兵取苏州，以此钳制钱镠。乾宁三年（896年），董昌失败出降，在押赴杭州途中的西小江（钱清江）被杀。朝廷因钱镠平定董昌有功，授检校太尉兼中书令；改威胜军为镇东军，授钱镠为镇海镇东等军节度使。钱镠消灭董昌，取得越州，回师北伐，夺回苏州。此后，吴越与吴为争夺苏州，几次发生冲突。梁贞明五年（919年），吴军在无锡大破吴越军。吴越指挥使何逢、吴建战死，士兵被斩万人。

当时，吴国在名义上是杨隆演当吴王，但实权却掌握在拥立杨隆演上台的徐温手中。徐温曾经采取了一些比较好的政策。吴军在无锡大败吴越军，吴军众将提议乘机进取苏州，而徐温却认为，战乱不息，百姓困苦已极，双方应该息兵。他放回在无锡俘虏的吴越士兵，又派客省使欧阳汀到吴越议和。钱镠也遣使向吴讲和。从此双方息兵二十余年①。

统一两浙，钱镠称王　钱镠夺回苏州之后，渐次平定浙江睦州、婺州、衢州、温州的割据势力，直到天祐四年（907年），打败卢约，取得处州，统一了两浙全境。在钱镠没有统一两浙之前，温州和处州等地为更小的封建割据势力所统治，婺州和衢州等地反复无常，这对于社会的安定和经济的发展，都有一定的阻碍。吴越本身是个封建割据势力，但钱镠统一了两浙各地更小的封建割据势力，从这一点来说还是有积极意义的。

钱镠割据两浙和苏州已成事实，唐朝与后梁、后唐对钱镠不断进封加爵。唐天复二年（902年）封钱镠为越王。天祐元年（904年）进封钱镠为吴王。后梁开平元年（907年）进封钱镠为吴越王，兼领淮南节度使。后梁龙德三年（923年）进封钱镠为吴越国王，仪卫名称多如天子之制。"吴越国"就是后梁末帝朱瑱封的。

钱镠子孙，相继即位　后唐长兴三年（932年）钱镠卒，他的儿子钱元瓘继位。天福三年（938年）后晋封钱元瓘为吴越国王。

在钱镠的霸业中，钱元瓘出力颇多。他在位十年，境内比较太平，与邻邦很少发生争战。后晋天福六年（941年）七月，吴越丽正院起火，延及内城，钱元瓘得狂病，八月间死于瑶台院之彩云楼。钱元瓘死后，内都监章德安遵照钱元瓘的遗命，拥立钱弘佐。同年十一月，后晋封钱弘佐为镇海、镇东军节度使兼中书令，吴越国王。

钱弘佐是钱元瓘的第六子，即位时只有十四岁，丞相曹仲达摄政。当时，钱弘佐无能驾驭旧臣老将，又宠信奸佞。章德安被阚璠所诬，贬到处州。但后来，钱弘佐诛杀奸佞程昭悦，说明头脑比较清醒了一些。他又趁福建内乱之机，于后汉天福十二年（947年）出兵取得福州。这两件事虽然谋出水邱昭券，但钱弘佐总算听对了，所以旧史家都赞他果断。

---

① 《资治通鉴》卷二百七十；吴任臣《十国春秋》卷七十八。

后汉天福十二年六月，钱弘佐死于咸宁院之西堂。钱元瓘的第七子钱弘倧即位。钱弘倧是个刚愎自用的人，可是又缺乏统治经验，不懂得如何正确对待旧臣老将。结果导致天福十二年十二月三朝元老胡进思发动政变，把钱弘倧幽禁义和院，迎立钱弘俶。

钱弘俶是钱元瓘的第九子。开运四年（947 年）出镇台州。钱弘倧即位后，召钱弘俶同参相府事。钱弘俶被胡进思拥立后，尽力保护钱弘倧的安全。后来又迁钱弘宗于东府（今绍兴市）卧龙山，建造园林亭阁，栽植花木，让他过着穷奢极欲的生活。吴越国王中钱弘俶比钱弘佐、钱弘倧都要精明一些。他处理内政讲究策略，被旧史家誉为"禀性谦和"①。对中原表现出忠贞不贰，甚至秉承后周的旨意，撕毁协议，攻伐南唐。其实，他对历史的贡献，最值得赞扬的是在北宋统一中国时，毅然选择了顺应历史潮流的道路。

（二）吴越国策，保境安民

在五代十国之中，吴越是个小国。钱镠做了国王，经常衣锦还乡，在众人面前炫耀一番，只是他父亲钱宽躲避不见。钱镠向他父亲请问缘故。他父亲说："你现在做了国王，与人争利，三面受敌，我怕祸水连累全家，所以不愿和你见面。"② 钱镠知道小国处境危险，力求自保，以保境安民为国策。在这个基本国策的指导下，吴越钱氏采取了一系列较好的措施。

城垣重重，敌楼垒垒　为了加强都城杭州的防御，钱镠于唐昭宗大顺元年（890 年）闰九月筑城，环绕包氏山，到秦望山而回，计五十余里，越山穿林，依唐代旧城而筑，所以称为"新夹城"。

景福二年（893 年），钱镠调集十三都兵及役徒二十余万，在新夹城以外，再围筑罗城：从秦望山延向江干，再转北延向西湖东岸，直抵霍山（今昭庆寺后），周围七十里③。四周设有城门，其上建造敌楼，城墙非常坚固。如朝天门，楼台叠石，高四仞四尺，东西五十六步，南北进深减半。中为通道，其上架梁，饰以藻井。武台平敞，可容兵士百许。左右北转，有石级两曲，达于楼上。楼高六仞四尺，设置钟鼓漏刻，漏刻是古代计时的仪器。又驻兵营六处：白壁营，在城南上隅；宝剑营，在钟公桥北；青字营，在盐桥东；福州营，在梅家桥东；马家营，在修文坊内；大路营，在褚家塘。

子城位于凤凰山，是吴越的宫殿所在，设南北两门。南门称"通越门"，北门称"双门"。门铺铁叶，金环铺首，又立栅栏，非常坚实。唐光化三年（900 年），扩大州厅，建造镇海使院，"左界飞楼，右劘严城，地耸势峻，面约背敞，肥楹巨栋，间架相称，雕焕之下，朱紫苒苒"④，雄伟壮丽。国家大事，外交礼仪，都在这里商议或办理。天复三年（904 年）建八会亭和莲莱阁。天祐二年（905 年）建"功臣堂"，堂内立碑，上刻功臣姓名。龙德三年（923 年），后梁册封钱镠为吴越国王，住处称宫殿。子城里还有瑶台院、咸宁院、义和院、思政堂、天宠堂、玉华楼、天册堂、天长楼。后唐同光二年（924 年），开通慈云岭，南通钱塘江边，北抵西湖之滨，是当时一条重要的通途。又在子城的北门外有碧波亭。"钱氏大阅兵于碧波亭，亭阶水面，阔数丈。"

① （宋）范坰、林禹：《吴越备史》卷四。
② 《旧五代史》卷一百三十三《钱镠传》。
③ （宋）范坰、林禹：《吴越备史》卷一。
④ （清）吴任臣：《十国春秋》卷七十七。

钱镠在杭州建筑了子城、夹城、罗城，城垣重叠，楼台高耸，又驻扎重兵，可说是万无一失了。他自己很得意，命宾僚去巡览，并说"百步一敌楼，足言金汤之固"。罗隐却漫不经心地说："我看敌楼还不如向内为好。"①　罗隐觉察到有些部将要叛乱，而钱镠却没有听懂罗隐这句话的意思。后来果然发生了徐绾和许再思的叛乱。

少动干戈，力求自保　钱镠在子城宫殿里做国王，万事小心谨慎。平时用小圆木当枕头，睡着了，头一动就落枕惊醒。或用大铃当枕，称为"警枕"。房间里放着粉盘，想到要办的事情，就写在粉盘上，作为备忘。令侍女通宵等候，外面有人来讲事，立即叫醒他。有时，他把铜丸弹到楼墙之外，试试值夜的人是否警觉。一次他穿着便服去敲北门，守门吏不肯开门，说就是大王来也不开。第二天，钱镠把守门吏找来，说他看守谨严，赐给重赏。

吴越与吴国的交战最多，但战事大多是吴国发动的。当然，与唐末封官晋爵的混乱也有关系。梁凤历元年（913年），钱镠"投龙简"上刻道："臣统领三藩，封崇两国，廓清吴越，获泰黎元，皆荷玄恩，敢忘灵祐。……兼以方兴戈甲，克殄淮夷，敢希广借阴功，共资平荡，早清逆窟，以泰江南。"②　文中的"三藩"，就是镇海、镇东和淮南三镇；"两国"是指钱镠受封的越王和吴王（虽然此时吴、越并未正式立国，但既已受封为王，领地也就有"国"的含义了）。可是，早在唐景福元年（892年）杨行密已是淮南节度使，而且，同是一个唐昭宗，在天复二年（902年）封杨行密为吴王，而到天祐元年（904年）却又更封钱镠为吴王，政令居然混乱到如此程度！

在对待唐中央的关系上，钱镠始终把自己置于臣属的地位。后梁取代唐朝，钱镠自立年号。当时罗隐劝钱镠举兵讨梁。"纵无成功，犹可退保杭、越，自为东帝。"③　钱镠没有听罗隐的话，而且在临死前告诫子孙要好好服事中原，切勿因中原改朝换代而废事大之礼。钱元瓘即位，即用中原政权年号。宋太祖赵匡胤建立北宋王朝，于开宝九年（976年）正月下诏钱弘俶进京。在钱弘俶返回杭州时，赵匡胤给他黄绫包袱一封，要他在途中秘密拆看。钱弘俶在船上拆开黄绫，只见都是北宋文武大臣的疏谏，要赵匡胤把钱弘俶留在京中，"免归国，恐王（弘俶）有异图"。钱弘俶看了疏谏，既恐惧又感激。太平兴国二年（977年），钱弘俶下令拆除全部防御设施，表示决不与北宋抗争。次年二月六日，宋太宗赵灵召钱弘俶进京。钱弘俶在京里受到礼遇。五月六日，他将吴越国辖境十三州，八十六县，五十五万七百户（一作"五十五万六百八十户"）④，十一万五千吴越兵，以及民籍、仓库，全部奉于北宋。当时封建割据势力，除吴越钱弘俶和漳州陈洪进外，都是用武力统一的。钱弘俶能顺应历史潮流，服从北宋统一大业，使境内免遭战火，为历代史家所称道。

礼贤下士，召集人才　钱镠前期待人残暴，但他懂得治国需要人才，尽力招贤纳士。罗隐是当时的"江东才子"，在淮润等地得不到重用，回杭州后颇得钱镠的赏识。先后出任钱塘县令镇海军掌书记、节度判官、盐铁发运副使、著作上郎、司勋郎中、谏议大夫、给事中等职。罗隐擅长文学，吴越国的书檄，多出他手。钱镠在松江边境设立"鸢手校尉"二三十人，画北方南下的人士面相，选择清

---

① （宋）范坰、林禹：《吴越备史》卷一。
② 投龙投简是道教祈神的一种仪式，在简上刻着告文，投入名山水府之中。在投简的同时还要投放金龙，将金龙作为向洞仙和水府真宫投递告文的使者。
③ （宋）范坰、林禹：《吴越备史》卷一。
④ 《吴越备史》作五十五万七千户，《宋史》作五十五万六百八十户。

俊的加以任用。有个叫胡岳的，刚渡江时，画师就把他的容貌画下来，被钱镠召去做幕客①。看相取材，近乎可笑。但吴越确实是人才济济：武将，如杜稜、阮结、顾全武；文臣，如罗隐、林鼎、沈崧、皮光业等，都起过重要作用。吴越有很多画家，如擅长画罗汉的贯休（图一）、钱易，画佛像的蕴能，画神道像和农村风俗画的陆晃，画花卉竹石翎毛的钟隐、唐希雅、王耕、钱昆，画羊的罗塞翁，画水牛的钱仁熙，各有专长，在中国古代画坛上，颇有声望。《宣和书谱》说，钱弘俶统治时期，"浙右富庶，丰登之久，上下无事，惟以文艺相高"。

图一　贯休十六罗汉刻石

（三）兴修水利，重视生产

治理湖河，修造圩田　唐末五代，两浙弄巫术的人颇多。有个巫师对钱镠说，国王想拓展旧城，国家只及百年，如果填塞西湖，建造公署，国寿当十倍。钱镠不信巫术，没有填塞西湖。相反，他设置"撩浅军"（或称"撩清军"），专事治理湖河。当时西湖葑草蔓合，钱镠置撩兵千人，芟草浚泉；又在杭州置龙山、浙江两闸，阻隔钱塘江水入城。秀州（嘉兴）与湖州等地素称"丝绸之府，鱼米之乡"，是吴越的主要赋税之地，又是杭州的大米供给区，所以吴越对这一带的水利农田建设特别重视，仅海盐一县有堰近百余所。湖州处于太湖之滨，吴越置撩清卒四部，凡七八千人，常为田事，治河筑堤，一路径下吴淞江，一自急水港下淀山湖入海。居民旱则运水种田，涝则引水出田。又修筑河堤，浚治浦港。七里为一纵浦，十里为一横塘。堤岸榆柳成行，坝内造成圩田，田连阡陌，位位相承，悉为膏腴之产②。与此同时，为了发展农业，后汉乾祐二年（949年），钱弘俶"募民垦荒田，勿取其租税，由是境内并无弃田。"③当时有人提出，在户籍中遗漏的成年男子，应该清点登记纳赋。钱弘俶不仅没有采纳，反而在国门中杖罚倡议的人。由于水利的发展和耕种面积的扩大，吴越岁多丰稔，产量有所增加。当时"米一石不过钱数十文"④。

但是，所谓"勿取其租税"是暂时的。北宋大科学家沈括说，两浙田税，每亩三斗。吴越归北宋后，朝廷遣王方赞去均衡两浙杂税。王方赞到浙江，把每亩田税都改为一斗。后来朝廷责备王方赞不该减低田税。王方赞说："亩税一斗者，天下之通法。两浙既已为王民，岂当复循伪国之法。"结果得到诏准⑤。《咸淳临安志》亦载：钱弘俶统治时，百姓弃田流亡。淳化元年（990年），北宋朝廷下令登记田亩，均衡租税，减收十分之三。淳化五年（994年）又下令免除两浙州民欠钱弘俶的十一万七千五百缗。以上事实说明，至少是在钱弘俶统治的后期，两浙赋税是相当繁重的。当时虽然战争不多，但钱弘俶送给北宋的贡品是惊人的。据不完全统计，仅在太祖、太宗两朝，钱弘俶入贡的主要物品就

---

① （明）汪珂玉：《珊瑚网》卷四十二（文渊阁《四库全书》本）。
② （明）徐光启：《农政全书》卷十三；吴任臣《十国春秋》卷七十八。
③ （宋）范坰、林禹：《吴越备史》卷四。
④ （清）吴任臣：《十国春秋》卷八十一。
⑤ （宋）沈括：《梦溪笔谈》卷九。

有：犀带七十余条，玉带二十四条，黄金九万五千余两，银子一百十万二千余两，绫罗锦绮二十八万余匹，色绢七十九万七千余匹，金饰玳瑁器一千五百余件，水晶玛瑙玉器四十余件，金银饰瓷器十四万余件，金银饰龙凤船舫二百艘，银装器械七十万件，还有其他宝物①。这还仅仅是从北宋开国到吴越纳土十九年间对太祖、太宗的贡品。对北宋举朝文武官吏太监赠送的礼物，还不在此数之内。当时吴越百姓的负担可想而知。

建造海塘，免除潮患　杭州东南，地势低洼，钱江怒涛，冲坍陆地，漂没庐舍，淹毙人畜，破坏农田。后梁开平四年（910年）钱镠征发民夫，建筑海塘。开始采用泥土版筑的方法，结果土堤还没有筑好，便被潮水冲走了。于是钱镠导演了一场射潮、拜神、求鬼的闹剧。传说春秋末年，越王勾践被吴王夫差打败，退保会稽。勾践为了东山再起，用文种之计，以美女、宝器贿赂吴国的大宰嚭，要他向夫差说情，求得保存残局。伍子胥则劝夫差一举灭越，不要留下后患。而夫差不听劝说，倒反轻信嚭的谗言，赐给伍子胥宝剑，逼他自杀。后人说伍子胥愤愤不平，化为钱江怒涛。钱镠迷信龙神鬼怪，于是招来五百名箭手，威风凛凛，向着潮头射去。又在吴山上修造伍子胥祠，求他息怒。再给水府龙神送去诗一章，向龙神借用宝地一块，用以扩展杭城。这就是所谓"钱王射潮"的故事，流传相当广泛。

其实，所谓"海龙王"，只是子虚乌有；激浪怒涛也并非子胥作怪。最后还是民夫创造了"石囤木桩法"，才解决了问题。1983年8月，在杭州南星桥发现一段吴越海塘遗迹（图二、三），分前后两道防线：前面立几排滉柱，直接承受潮头的冲击，以便减弱潮势；后面就是堤坝。坝基的外侧，即靠海潮一边，建成横宽十二米许的木框架，中间叠置长竹笼，笼内填塞石块。这样，无数石块的重量集中在一起，激浪就难以把它冲垮了。堤的内侧，也建一道木框架，其外挡以竹编。在前后木框架之间填筑泥土。于是著称于世的吴越海塘就这样建成了。捍海塘有效地控制了潮水对农田庐舍的冲击。在捍海塘筑成之后，吴越又扩展了杭城的东南部，建造候潮门和通江门。

　　　图二　海塘遗迹　　　　　　　　　　　　图三　海塘遗迹

---

① （宋）范垌、林禹：《吴越备史》卷四。

（四）兴造塔寺，雕印佛经

吴越国王，三代崇佛　象山县钱氏后裔钱渭昌有两件传世的吴越文书：一件是后梁龙德二年（922年）钱镠发给崇吴禅院和尚嗣匡的牒，内容是授予嗣匡"长老"的称号；一件是后周显德五年（958年）钱弘俶在崇宝和尚奏表上的签批，准许宝庆禅院动用寺内树木修理殿宇[①]。这么两件小事，居然由国王亲自签押，可见对佛教的重视了。

造塔技术，全国著称　吴越建造的塔幢，数量之多，在杭州历史上可说是空前的。朱彝尊《曝书亭集》载："寺塔之建，吴越武肃王（钱镠）倍于九国。"[②] 吴越造塔，始于钱镠，盛于弘俶。钱镠所建，目前只存临安县功臣塔，用砖块砌筑，其构造形式，保持了唐代风格（图四）。值得注意的是，功臣塔的每层塔壁，嵌有大量的木条，使四面塔壁的整体性更加稳固。这种技法，给吴越地区后世建造砖塔以重要的启迪。其后，就浙江来说，宋、元、明时期，都普遍采用木框加固塔身的办法。

图四　临安功臣塔

图五　灵隐寺塔

钱弘俶在杭州造塔极多，现存的有灵隐寺双石塔（图五）、闸口白塔（图六）、宝石山应天塔（保俶塔）；已经倒塌的有雷峰塔；经过南宋初年重建的有六和塔（图七）；早就荡然无存的有城南塔等。它们都是楼阁式塔。按建筑材料又可分为砖木结构和石构两大类。砖木结构的楼阁式塔，内设扶梯，拾级而上，步出塔门，可以凭栏眺望风景。石塔用白石分段砌造，外观模仿楼阁式木塔，雕刻逼真，但是实心，不能登临。当时，这种八角形平面的楼阁式塔，在中原和北方是很少见的，应该说五代吴越是发源地之一，后来一直影响到中原和北方。并且成为南方元、明、清时期普遍采用的一种形式。

①　王士伦：《五代吴越的两件文书》，《文物》1960年第12期。
②　（清）朱彝尊：《曝书亭集》卷四十六。

图六　闸口白塔　　　　　　　　　图七　六和塔　　　　　　　　　图八　梵天寺经幢上部

　　杭州现存的五代吴越经幢，以梵天寺的两座为最美，是北宋乾德三年（965年）钱弘俶建造的（图八）。这里原是南塔寺所在。南塔创建于钱镠时，为迎藏鄞县阿育王释迦舍利而建，后来毁于火灾，钱弘俶重建。经幢的基座四周雕刻山峰，平面雕刻海浪，象征佛教所称的"九山八海"。幢身上刻陀罗尼经和建幢记。其上叠砌近三十层构件，出檐较远，柱雕佛像，宝珠环列，流云飘浮，飞天腾空，雕刻极其精致。

　　五代吴越出现了许多造塔技术高超的匠师。杭州人喻皓，擅长木工，曾指导别人建杭州城南塔[①]，又曾奉命去开封为赵匡胤造开宝寺塔。欧阳修《归田录》云："开宝寺塔在京师中最高，而制度甚精，都料匠喻皓所造也。"并云："国朝以来木工，一人而已，至今木工皆以预都料为法。"[②] 开宝寺塔是当时开封诸塔中最高、最精的。喻皓为了建造开宝寺塔，竭尽晚年的心血和才智。他做了一个木样，作为研究设计方案之用。据宋人文莹写的《玉壶清话》说，当时著名的画家郭忠恕，曾依据木样计算开宝寺塔的尺寸，发现顶层有一尺五寸的误差，就提醒喻皓注意。喻皓几天不睡觉，反复核算，果然有错。后特地到郭忠恕的府上致谢[③]。开宝寺塔动工于太平兴国六年（981年），而郭忠恕则早在太平兴国二年（977年）就谢世了。所以不一定是郭忠恕提醒喻皓的，可能张冠李戴，弄错了人。但这个故事却说明，喻皓的木样已准确到可以计算用料、推敲细节的程度。

　　摩崖凿龛，雕造佛像　吴越在兴造寺宇的同时，造像之风也在杭州开始盛行。现存的造像有资贤寺、天龙寺、烟霞洞、圣果寺、飞来峰（图九）和南高峰等处[④]，题材以西方三圣为主。西方三圣，即本尊阿弥陀佛和胁侍菩萨观世音、大势至，是净土宗的主要信仰对象，说明吴越崇信净土宗，造像的风格继承唐代的特点。须弥座的束腰特别高，这在杭州宋代以后的造像中是不见的。

　　资贤寺和烟霞洞两处造像，可说是当时的代表作品。资贤寺创建于后晋天福七年（942年），殿宇

　　① （宋）沈括：《梦溪笔谈》卷十八。喻皓，各地写法不一，写作俞皓，预浩，喻浩。
　　② （宋）欧阳修：《归田录》卷一。
　　③ （宋）文莹：《玉壶清话》卷二。
　　④ 王士伦：《西湖石窟》，浙江人民出版社，1987年；王士伦、赵振汉：《西湖石窟探胜》，上海人民出版社，1979年。

图九　飞来峰一线天造像群

早毁，尚存造像两龛，主龛七尊。阿弥陀佛居中，身披袈裟，右肩袒露，头盘螺髻，面相方圆，仪态端严；左观音，右势至，戴宝冠，挂璎珞；两侧还有菩萨和金刚。金刚戴盔穿甲，腰系革带，左手作无畏印，右手执长杆宝钺，表现出威武勇猛的性格。龛内上部的飞天，手举花束，长带轻飙，向着阿弥陀佛飘舞而来。还有伽陵频伽，人头鸟身，背上长翅。龛楣上浮雕着七佛，两端为文殊和普贤。这龛雕像二十尊，尽管觉悟不同，形象各异，但都以阿弥陀佛为中心，有机地形成了既有外形变化，又有精神上内在联系的组群。在主龛的北面，有一龛地藏像，光头大耳，安静慈祥。传说佛灭度一千五百年，地藏降迹到新罗（朝鲜）国主家里，俗姓金，号乔觉，唐永徽四年（653年）剃发为僧，到中国安徽池州府青阳县九华山修道，开元十六年（728年）七月十三日圆寂。资贤寺地藏像就是根据这个佛教故事雕造的。地藏两侧站立侍者，左侧引出云头，绕向龛楣，云间浮雕六道轮回。

　　烟霞洞造像全部雕刻在洞内石壁上，原来洞内后壁中间雕造西方三圣，左右侧壁雕造十六罗汉，洞口雕造观音和势至。右壁本来还有千宫塔，塔上刻着许多施主的题记，其中有钱弘俶的母舅吴延爽。由此可见，烟霞洞雕像是许多人集资雕造的，而且也不一定是一次造成。尽管如此，总体布局还是完整的。只是观音和势至的宝冠上都刻化佛，这不符合佛教造像的仪规（按理来说，观音宝冠上饰化佛，势至宝冠上饰宝瓶）。这两尊菩萨，脸型丰满，容相雅丽，神韵端庄，体态柔媚，有较高的艺术价值。特别是十六罗汉雕刻得很成功。有的神情安闲，闭目修养；有的盘膝禅坐，托腮冥想；有的袒胸凸肚，足踩飞云；有的手抚老虎，圆睁双眼；有的心中现佛，慈祥可亲；有的在远眺；有的在俯瞩；有的在怒视。作者运用熟练的技巧，简洁明快的线条，把佛经上所说的罗汉，将动态、性格和思想等方面，都生动地表现了出来。既富有现实主义的人间味，又反映出佛教所说罗汉的特质。

　　中国唐代以前的造像，都分布在山西、河南、河北、甘肃和辽宁等地。到了五代，中原兵火弥漫，人民颠沛流离，造像艺术衰微。而正当这个时候，杭州造像兴起，使中国古代造像艺术史得以衔接。

　　雕版印经，清晰精美　因为传布佛教，需要大量的佛经，这对五代吴越雕版印刷术的发展，起到了积极的推动作用。1917年，湖州天宁寺经幢的象鼻中，发现雕版印经数卷，卷首扉画前印有"天下都元帅吴越国王钱弘俶印《宝箧印经》八万四千卷，在宝塔内供养。显德三年丙辰（956 年）岁记"。1971 年，安徽无为县宋代舍利塔下地宫小木函内，又发现同样一卷。无为县不属吴越辖境，而竟发现吴越印经，可见当时印本流传之广。1924 年，杭州雷峰塔倒塌，在许多有孔的塔砖内发现印经。首题"天下兵马大元帅吴越国王钱俶造此经八万四千卷，舍入西关砖塔，永充供养。乙亥八月日记"。又有塔图。从题记中看，雕印于太平兴国元年（976 年），是中国现存最早的版画之一。1971 年，绍兴城关镇出土金涂塔一座，内藏印经一卷。首题"吴越国王钱俶敬造《宝箧印经》八万四千卷，永充供养。时乙丑岁记"。乙丑为北宋乾德三年（965 年）。这卷印经，扉画线条明朗精美，文字清晰悦目，纸质洁白，墨色良好，反映了吴越雕版印刷技艺的高超①。

　　吴越雕版印经的数量也相当可观。钱弘俶和延寿和尚所印的佛教经像、咒语，有数字可考的，共计六十八万二千卷（或本）。吴越印刷事业，在中国雕版印刷史上，起到了承前启后的作用。

　　此外，《金藏》中曾发现卷首刻有"天下兵马大元帅吴越王钱俶"衔名的佛经，可能是根据钱氏底本重刻的。钱弘俶不但印施佛经，还用金银泥书写《大藏经》五千零四十八卷。又用泥银抄写《道藏》二百函。可见钱弘俶不仅信佛，也信道教。他母亲吴汉月的墓，于 1958 年发掘，墓室四壁下方雕刻 12 个道童手捧生肖像。可见史书说吴汉月"颇尚黄老学，居常被道士服"②，这是真实的。

　　（五）东南形胜，繁华都会

　　吴越物产丰富，商业兴旺，手工业首推织丝和制瓷。

　　桑林遍野，丝织发达　　早在唐代，杭州生产的绯绫和白编绫已经成为贡品，柿蒂绫更是精致无双。白居易《杭州春望》诗云："红袖织绫夸柿蒂"，自注道："杭州出柿蒂，花者尤佳也。"吴越丝织业继续发展。当时"世方喋血以事干戈，我且闭关而修蚕织"③。在杭、嘉、湖一带，村村都有养蚕家。吴越在杭州设立官营织坊，锦工有三百（一作二百）余人④。贯休《偶作》诗云："尝闻养蚕妇，未晓上桑树。下树畏蚕饥，儿啼亦不顾。"⑤ 这几句诗说明了吴越民间养蚕织丝是很风盛的。1924 年，杭州雷峰塔倒塌时，发现大量经卷，都用黄绢包裹，这便是五代吴越的丝织品。1956 年，修理苏州五代吴越虎丘塔时，发现不少丝织物，有绿色、赭色、黄色和檀香色等，有的织着各种纹饰，有的刺绣花卉，有的薄如蝉翼，质地细润，工艺精巧，反映了当时丝织的高水平。

　　秘色瓷器，颇负盛名　　当时杭州并不出产瓷器，吴越秘色瓷器都是余姚、上虞和处州等地烧造进贡的⑥。钱镠母亲水邱氏墓中出土瓷器 43 件，其中青瓷 25 件，白瓷 17 件。青瓷造型美观，色泽莹润，釉里彩绘云纹，熏炉镂雕装饰。白瓷以精巧见长，器口和圈足包镶金片或银片，称为"金扣""银扣"，十分讲究⑦（图一〇）。

---

　　① 参见张秀民：《五代吴越的印刷》，《文物》1978 年第 12 期。
　　② （宋）范坰、林禹：《吴越备史》卷四。
　　③ （清）袁枚：《重修钱武肃王庙记》，见《钱氏家乘》第三册。
　　④ （宋）范坰、林禹：《吴越备史》卷一。
　　⑤ 《全五代诗》卷四十七。
　　⑥ 参见王士伦：《余姚窑瓷器探讨》，《文物参考资料》1958 年第 8 期；汪济英：《记五代吴越国的另一官窑——浙江上虞县窑寺前窑址》，《文物》1963 年第 1 期。
　　⑦ 明堂山考古队：《临安县唐水邱氏墓发掘报告》，《浙江省文物考古所学刊》，文物出版社，1981 年。

图一〇 水邱氏墓出土瓷器
1. 褐彩熏炉 2. 褐彩罂 3. 瓜形执壶 4. 褐彩油灯 5. 银鎏金罐

钱镠父亲钱宽的墓中，也出土有留着金扣和银扣痕迹的白瓷①（图一一）。钱元瓘墓中出土的瓷罂②，浮雕双龙，体态矫健，旁缀云纹，线条流畅。上述白瓷不一定是吴越所产，但青瓷都是吴越秘色瓷器中的绝品（图一二）。

图一一 钱宽墓出土的白瓷

风帆海舶，贸易兴旺 吴越在发展农业和手工业的同时，积极开展对外贸易。当时割据势力纷争，烽烟四起。吴越北部是吴和南唐，南北陆路交通受阻。钱镠征发民夫，凿平钱塘江中的"罗刹石"，由海道抵山东蓬莱，到达开封。又设立"博易务"，处理南北贸易事务。后周广顺年间（951～953年），契盈和尚陪钱弘俶游碧浪亭，时潮水初满，舟楫辐转，望之不见其首尾。钱弘俶高兴地说："吴越地去京师三千余里，而谁知一水之利有

图一二 钱元瓘墓中出土的青瓷刻花执壶

---

① 浙江博物馆：《浙江临安晚唐钱宽墓出土天文图及"官"字款白瓷》，《文物》1979 年第 12 期。
② 浙江省文物管理委员会：《杭州、临安五代墓中的天文图和秘色瓷》，《考古》1975 年第 3 期。

如此耶!"①

吴越与日本、高丽、百济（朝鲜）、大食（阿拉伯）等国都有交往。如宝正二年（927 年）十一月，钱镠遣通和使到高丽和后百济。又如高丽商船主王大世，曾用沉水香千斤，做成像衡岳七十二峰的工艺品。钱弘俶许他黄金五百两，商人不肯，没有买成。吴越商人多次航海到日本贸易。钱弘俶还曾铸造过大量金涂塔②，遣使送五百件给日本。后梁贞明五年（919 年），钱元瓘与淮南军战于狼山江，钱元瓘用火油焚烧淮南战船，火油买自大食国。当时的杭城，"东眄巨浸，辖闽粤之舟檝；北倚郭邑，通商旅之宝货"③。

欧阳修在《有美堂记》中称赞吴越都会盛况时说："其俗习工巧，邑屋华丽，盖十余万家。环以湖山，左右映带，而闽商海贾，风帆浪舶，出入于江涛浩渺、烟云杳霭之间，可谓盛矣。"杭州成了富庶美丽的城市。

北宋时期，继往开来　杭州经过五代吴越八十六年的建设，呈现出一片繁华景象。北宋统一全国，杭州虽然在政治上回到州治的地位，但经济上还是"东南第一州"。当时杭州是中国的重要港口之一。

端拱二年（980 年）五月，宋政府下诏云："自今商旅出海外蕃国贩易者，须于两浙市舶司陈牒，请官给券以行，违者没入其宝货。"④ 淳化三年（992 年），杭州市舶司曾一度移至明州，但以"非便"，在次年复迁于杭州。直到咸平二年（999 年）才又在明州设司。元丰八年（1085 年），朝廷还规定"诸非杭、明、广州而辄发海商舶船者，以违制论"⑤。按照宋政府规定，海舶回归发舶港时，要交纳"公凭"，进行抽解。杭州是主要发舶港之一，海外船舶回国时，带来的蕃货应该进行抽解，这对于杭州海外贸易的发展，以及杭州商业的兴旺，是有直接促进作用的。

西湖是杭州的命脉，北宋时也十分注意整治。景德四年（1007 年），王济出知杭州。他看到西湖岁久堙塞，便征发民夫，挖掘湖泥，又增设堰闸，以备蓄泄⑥。庆历元年（1041 年），郑戬出知杭州。这时，西湖葑泥蔓合，豪族与僧寺所占甚多。郑戬不顾豪族权势，征发县丁数万，开掘了葑泥⑦。苏东坡治理西湖功居第一。他一生仕途坎坷，屡遭贬谪，先后两次到杭州做地方官。第一次是在宋神宗熙宁四年（1071 年）十一月，因与宰相王安石政见不合，被贬到杭州做三年通判，熙宁七年（1074 年）十月移知密州；第二次是在宋哲宗元祐四年（1089 年）七月，因"积以论事，为当轴者所恨"⑧，得罪朝廷，再贬来杭州做了两年太守，元祐六年（1091 年）六月回京。苏东坡出知杭州时，正遇上大旱，饥疫并作。他上表朝廷请求减免本路上供米三分之一，又向朝廷求得度僧牒，把出卖僧牒所得的钱，买米救济饥民。次年春又减价粜常平米，施厚粥，分药剂，道医治病，百姓活者甚众。当时西湖

---

① 《旧五代史》卷一百三十三《钱俶传》。
② 王士伦：《金华万佛塔出土文物》，文物出版社，1958 年。
③ 光绪年间《杭州府志》卷五引《杭州罗城记》。
④ 《宋会要辑稿》第八十六册《职官》四十四之二。
⑤ 《东坡全集》卷三十一《奏议》，"乞禁商旅过外国状"。（文渊阁《四库全书》本）
⑥ （宋）周淙《乾道临安志》卷三《牧守（政绩附）》。
⑦ 同上。
⑧ 《宋史》卷三百三十八《苏轼传》。

干涸，半为葑田，一遇大雨，无以积蓄，干旱之月，无水灌田。苏东坡大声疾呼，为西湖请命。他在《杭州乞度牒开西湖状》中说，熙宁年间，西湖葑合十之二三，到现在不过十六七年，已经埋塞其半，再过二十年，恐怕见不到西湖了。他列举了西湖不可废的五点理由，其中讲到，城市居民饮水仰赖西湖，城中运河之水也来自西湖，下湖数十里间菱菱谷米所获依靠湖水溉之，杭州名酒酿造依靠西湖①。他力排非议，用工二十余万，开掘葑滩二十五万丈，堆成横跨西湖南北的长堤，堤上建桥六座。苏东坡作诗云："六桥横接天汉上，北山始与南屏通。"芙蓉夹道，柳树成荫，花团锦簇，更加妩媚动人。为了防止西湖淤塞，苏东坡立塔为界，石塔以内不准种菱②。苏堤的建成，增加了苏堤春晓、六桥烟柳、长虹跨湖、三潭印月等胜景。西湖经过疏浚，使无数农田免遭旱涝，湖水清澈，湖山分外美丽。"水光潋滟晴方好，山色空蒙雨亦奇。若把西湖比西子，淡妆浓抹总相宜。"③民间传说百姓感激东坡恩德，杀猪宰羊，担酒送礼给他。苏东坡坚辞不受，百姓也不肯收回。他就命厨师把猪肉切成方块，烧得红酥酥的，分发给浚湖的民夫。后来百姓为了纪念苏东坡，把这种烧法的肉称为"东坡肉"，把这条长堤称为"苏堤"，并为苏东坡立祠致祭。

三 南宋古郡

（一）北宋灭亡，南宋建立

北宋时期，在中国辽阔的土地上，存在着几个自己称帝的割据势力，有契丹贵族在北部建立的辽，女真贵族在东北建立的金，党项贵族在西北建立的夏。

政和五年（1115年），女真首领阿骨打在会宁（今黑龙江省阿城）自称皇帝，国号金。宣和七年（1125年）春，金军俘获天祚帝，辽灭。同年冬，金军又举兵南下，发动了大规模的掠夺战争。宋徽宗惊慌失措，慌忙把帝位传给儿子钦宗。靖康元年（1126年）金军占领北宋首都开封。次年，徽宗和钦宗被俘北去，北宋灭亡。这时，宋徽宗的第九子康王赵构，正以天下兵马大元帅的名义，在河北建立帅府和组织军队。靖康二年（1127年）五月，宋廷旧臣把赵构拥戴出来，在归德（今河南省商丘）即位，改元"建炎"，史称南宋。面对金军的大举进攻，宋廷内部形成两派，投降派主张割地求和，主战派坚持抵抗。宋高宗赵构和宰相秦桧，是南宋投降派的首领。

建炎二年（1128年）秋，金军向山东、河南、陕西三地进发，其取道山东的一路，在建炎三年（1129年）攻下徐州，渡淮而南，直扑扬州。赵构疲于奔命，逃到杭州，改称杭州为临安府。同年九月，金军渡过长江，连破建康等重镇，进逼杭州。赵构由杭州出奔，经越州，转明州，逃到定海。建炎四年（1130年）正月，船泊台州章安镇，继泊温州。在南宋军民奋力反击下，金兵被迫撤退，赵构方从海上归来，四月到达越州。次年改元"绍兴"，并仿"唐幸梁州故事，升州为府，冠以纪元"④，越州从此改称"绍兴府"。赵构在绍兴府住了一年零八个月，绍兴二年（1132年）正月迁回杭州。

---

① 《东坡全集》卷三十《奏议》，"杭州乞度牒开西湖状"。（文渊阁《四库全书》本）

② 《东坡全集》卷三十《奏议》，"申三省起请开湖六条状"。（文渊阁《四库全书》本）

③ 《千家诗》卷上第二十页。《苏东坡诗集》："方"作"偏"，"总"作"也"。

④ （宋）陆游：《嘉泰会稽志》序。唐幸梁州故事指建中四年（783年）朱泚之乱，唐德宗出奔梁州后，于兴元元年（784年）诏改梁州为兴元府。

南宋政权存在一百五十二年（1127～1279年），先后驻跸南京（归德）、扬州、建康、越州和杭州，在杭州的时间近一百五十年之久。

（二）凤凰山下，宫殿豪华

南宋初年，草创行宫　当时正当金兵大举南下，赵构虽于建炎三年二月确定凤凰山下的州治为行宫，可是诏旨下来不到十个月，金兵进犯杭州，纵火焚城，烟焰三日三夜不灭。到绍兴元年（1131年）十一月，诏守臣徐康国草创行宫。这时金兵虽已败退，但时局未定，凤凰山还只是行宫，同时也为了回避舆论，所以"修内司乞造三百间，诏减二百"，并下旨"不得华饰，仅蔽风雨足矣"①。绍兴二年（1132年）正月，赵构从绍兴府回到杭州，绍兴四年（1134年）十月动身去平江府，七年（1137年）三月到建康，八年（1138年）二月返回杭州，以杭州为都城。在凤凰山下筑皇城，建宫殿，颇有大兴土木的趋势。到绍兴二十八年（1158年），宫殿、社郊以及六部衙署基本就绪。孝宗以后，宫殿又不断改建、修建和扩建。绍兴三十二年（1162年），赵构引退，在望仙桥拓秦桧旧宅为德寿宫，都人称之为北大内，而称皇城为南大内。孝宗在皇城里当了二十八年皇帝，赵构在德寿宫里做了二十五年的太上皇。孝宗恪尊"孝道"，朝政依旧受到赵构的影响。

皇城宫殿，形势险要　凤凰山下，自从隋唐建为州治以后，五代吴越国又筑为子城，北宋时依旧作为州治，南宋时定为皇城的所在地，这并非代代因循守旧不变，而实在是因为这里形势险要，系历代兵家必争之地。凤凰山北部有九华山、万松岭、云居山、紫阳山，控制着杭城的北部；南部有将台山，转北为玉皇山，居高临下，南能扼守钱江，北可瞭望杭城；西部峰峦起伏，与西湖群山连接一起，可进可退。

皇城方圆九里。南面起自笤帚湾，梵天寺位于皇城之外、杭州外城之内；北部止于万松岭的南麓；西面起自凤凰山和九华山的山腰，将台山位于城外，但从笤帚湾向西，经圣果寺，直到将台山之巅，依次有御马院、殿前司、教场、军器库、都作院、中教场和上教场，所以还是禁区；东部把馒头山包在里面。馒头山好像是孤山独立，实际上是凤凰山向东延伸的余脉，它的南部平台只有海拔三十米左右，向北逐渐升高，钱塘江从外城的南面向东南流去。

因地制宜，布局灵活　利用自然山水和地形布置宫殿、园林和亭阁。大朝的大庆殿和日朝的垂拱殿都位于南部，在丽正门内；东北是东宫所在；次要的宫殿、寝殿以及妃子、宫女居住的屋舍、后苑都在北部。符合"前朝后寝"的惯例，整个布局比较灵活。

皇城的正门称"丽正门"，辟有大门三座，"皆金钉朱户，画栋雕甍，覆以铜瓦，镂镂龙凤飞骧之状，巍峨壮丽，光耀夺目"②。左右列阙。门前两排拒马杈子，其后各有待班阁。再前面左为登闻检院，右为登闻鼓院。北门称"和宁门"，门前右边是待漏院，左边是待班阁。

丽正门内的大庆殿不限于一种用途。如遇宣告诏旨，改殿牌为文德殿；圣节上寿，改殿牌为紫宸殿；宣点进士姓名，改殿牌为集英殿；祭祀，改殿牌为明堂殿。该殿的两侧有朵殿。大庆殿的西面是垂拱殿，它"南至笤帚湾，北至柳翠桥"③。笤帚湾的地名，至今未变。柳翠桥位于万松岭下④。垂拱

① 《咸淳临安志》卷一《宫阙》；《舆地纪胜》卷一《行在所》。
② 《梦粱录》卷一《大内》。
③ （清）朱彭：《南宋古迹考》引《考古录》。
④ 嘉靖《仁和县志》卷二。

殿的前檐有抱厦三间，两侧各有朵殿两座，再两侧又有廊屋二十间。殿前建殿门三间，内"龙墀折槛"，垂拱殿的后面有后殿和延和殿①。

东宫创建于乾道七年（1171年）。淳熙二年（1175年）创建射圃，是游乐场所，内有荣观堂、玉渊堂、清赏堂和凤山楼。度宗为太子时，又增建彝斋、新益堂、绎已堂、瞻录堂和凝华殿；即位当皇帝后，改新益堂为熙明殿，改绎已堂为嘉明殿②。进入东宫，垂杨夹道，芙蓉相间，朱栏环绕。殿宇重檐复屋，屋边翠竹郁郁，景色秀丽。

由东宫往西，是皇后居住的地方。修廊曲转，雅楼雕栏，亭阁华美。前芙蓉，后木墀，梅花绕亭，万花争艳。北面是内侍和宫女的屋舍，"巨珰幕次，列如鱼贯"。由此转南为祥曦殿、朵殿，西接修廊为后殿。

后苑位于皇城的西北部，与皇后的殿屋相近。这里，怪石夹列，矗瑰逞秀，三山五湖，洞穴深杳，豁然平朗，翚飞翼拱。呑湾里溪水潺潺，与小西湖相通。湖畔有"水月境界"和"澄湖"两处景点。又有梅花、牡丹、芍药、山茶、桂花、木香、翠竹、绿松等奇花异果，各题雅名，自成胜景。用日本罗木建造的翠寒堂，不施红漆彩绘，白如象齿，衬以古松，更觉清雅③。

赵构隐退，安乐北内　赵构在位三十六年，头几年是狼狈逃命，甚至躲到海上楼船里做皇帝。接着，他与金主签了个所谓《绍兴和议》，用屈膝投降换来不稳定的和平局面。最后，绍兴三十一年（1161年），金主完颜亮撕毁协议，再次分兵南下，由于虞允文等的奋力抗击，加之女真贵族统治集团的内乱，完颜亮也被部下杀害，金军北撤，战争结束，赵构也就在次年引退到德寿宫里。德寿宫朱碧眩目，豪华之极，有香远堂、清心堂、灿锦堂、至乐堂、清旷堂、聚远楼、文香馆、清妍亭、临赋亭、冷泉亭、泻碧亭、射厅、梅坡、松菊三径、芙蓉冈、万岁桥、芙蓉石、旱船等。叠石为山，名曰"飞来"，"上有峥嵘岣之翠壁，下有潺湲漱玉之飞泉"④。

亭台错落，楼阁起伏，曲径盘旋，浓荫深郁，是仿西湖景致精心建造的。万岁桥长六丈余，用玉石砌成，雕栏莹澈。桥上建四面亭，用白罗木盖造，极为雅洁。桥下碧池，广十余亩，种植千叶白莲。有一枝干上开五朵荷花的名贵品种，是从湖州进贡来的。一首描写聚远楼的诗说："聚远楼前面面风，冷泉亭下水溶溶。人间炎热何由到，真是瑶台第一重。"淳熙九年（1182年）八月十五日，孝宗皇帝到德寿宫向赵构请安，同赏中秋佳月。"凡御榻、御屏、酒器、香奁、器用，并用水晶。南岸列女童五十人奏清乐，北岸芙蓉冈一带，并是教坊工，近二百人。待月初上，箫韶齐举，缥缈相应，如在霄汉。"⑤　咸淳四年（1268年），德寿宫的一部分改为道宫，称"宗阳宫"。

（三）园苑遍布，楼台叠起

西湖沿岸，园林相望　皇城里，宫殿无几，而楼台叠起，亭阁遍是，绿荫遮天，万花盛开，哪有皇上官阙?! 然而，偌大的后苑玩不足，又占了西湖一大半! 宋人吴自牧在《梦粱录》中列举了帝王贵戚园林四十七处，其中聚景园、翠芳园、真珠园、延祥园、玉壶园、庆乐园、屏山园等，更是名闻遐迩。

---

① （元）陶宗仪：《南村辍耕录》卷十八《记宋宫室》引陈随应《南度行宫记》。
② 《咸淳临安志》卷一。
③ 参见王士伦：《南宋故宫遗址考察》，载《南宋京城杭州》，浙江人民出版社，1984年。
④ 《梦粱录》卷八《德寿宫》。
⑤ （宋）周密：《武林旧事》卷七。

　　聚景园，旧名西园，南起清波门外，北至涌金门外，规模很大。园内有会芳殿、瀛春堂、鉴远堂、芳华亭、花光亭，以及瑶津、翠光、桂景、艳碧、凉观、琼芳、彩霞、寒碧、花醉、澄澜等胜景，还有柳浪桥和学士桥。"瑶津"之西，轩屋华美，供摆设御筵。"锦壁"院里，牡丹千丛，清溪曲绕，泉池澄碧。更有千树垂杨，翠浪层层，"林外莺声啼不尽，画船何处又吹笙"。当时画家写景，题为"柳浪闻莺"，成为西湖十景之一。

　　在钱湖门外有翠芳园，原名屏山园，内有八面亭。一片湖山俱在眼前。湖边有御舟停靠处。湖上船舫，雕栏画栋，式样各异。翠芳园御舟有荃桡和梅槎等名目，又有香楠木御舟，制作精巧。当时人高孝璹作诗云："朱帘白舫乱湖光，隔岸龙舟舣夕阳。今日欢游复明日。便将京洛看钱塘！"在皇帝贵官的心中，还有什么东京开封和西京洛阳?!

　　此外，昭庆湾的谢府园，是谢太后的歇凉亭，有眉寿堂、百花堂、一碧万顷堂、湖山清观，都非常雅致。湖中架设船亭，每当元宵时节，挂上水晶帘，华灯辉映。嘉会门南有玉津园，孝宗皇帝曾在此射箭，内侍臣僚陪射，皇家乐队伴奏，又是一种戏乐。雷峰塔前的真珠园，内有真珠泉、高寒堂、杏堂、水心亭、御港、梅坡等景致。下天竺御园中，有枕流亭和无竭泉，是观看启闸放水的地方。每当闸门打开，但见瓣瓣桃花，随流直泻，浪花翻滚，桃红点点，另是一番情趣。孤山有延祥园，内辟瀛屿、六一泉、香莲亭、挹翠堂、清新堂、花明水洁等名胜。香月亭四周种梅花，此地原为林和靖故居，和靖植梅养鹤，早就传为佳话。

　　皇家园多，赏赐贵官　　如韩侂胄和贾似道之流，蒙恩赏园，大兴土木，终日淫乐，不理朝政，反而得宠。南宋亡国，一半误于这些权奸手中。

　　长桥的庆乐园，本来是南宋的御国，后赐给韩侂胄，称为南园。陆游说："自绍兴以来，王公将相之园林相望，莫能及南园之仿佛者。"[1] 园内有十样亭榭，工巧无二。射圃、走马廊、流杯池、山洞、堂宇宏丽。又有藏春门、凌风阁、许闲堂、采芳堂、岁寒堂、眠香堂、堆锦堂、清芳堂、红香堂、幽翠亭、多稼亭等等。晚节亭边，菊花百种，艳丽夺目。叠石为山，名"西湖洞天"。潴水为田，栽种稻谷，还有牧场，放牧牛羊，畜养雁鹜，称为"归耕之庄"，取其野味，寻欢作乐。韩侂胄专权十四年，北伐失败被杀，南园归还皇帝，复名"庆乐"。理宗时，庆乐园赐给嗣荣王，改称"胜景园"。

　　葛岭有集芳园，园中的蟠翠、雪香、倚绣、挹露、玉芯、清胜、翠岩诸景，都是赵构亲笔题额。集芳园本是皇家花园，后由理宗赐给贾似道，改名"后乐园"。又从国库中拨钱百万，进行扩建。理宗宠信贾似道，亲笔题"奇勋"两字，因此造奇勋堂。右为秋壑一曲，左有容堂，其北又有节楼，西面是遂初堂。山巅有无边风月和见天地心两处胜景，近处可揽湖山景色，远处可望钱江红日。园苑直抵湖边，有琳琅步、归舟，又筑熙然台于湖畔。贾似道当权，朝中大事，都在葛岭私宅裁决，所以人说"朝中无宰相，湖上有平章"[2]。

　　庆乐园西边是雷峰塔，旁为太监甘升的别墅，有御爱松、望湖亭、小蓬莱、西湖一曲、四面堂等胜景。在钱塘门外有刘鄜王刘光世的玉壶园。九曲城下有秀邸园。"其余贵府内官沿堤大小园囿、水

　　① 《陆游集》第五集《放翁逸稿·南园记》。
　　② 《西湖游览志余》卷五。

阁、凉亭，不计其数。"①

南宋朝廷，君臣纵逸，耽乐湖山，早把中原置之脑后。陈亮在《上孝宗皇帝第一书》中指出："其风俗固已华靡，士大夫又从而治园圃台榭，以乐其生于干戈之余，上下晏安，而钱塘为乐国矣。"②

宋人林升题诗讽刺说："山外青山楼外楼，西湖歌舞几时休？暖风熏得游人醉，直把杭州作汴州。"③

造园技艺，精巧奇妙 皇家后苑，贵官园林，虽被后世诅咒为亡国祸端，但当时的造园技艺，承前启后，却令人赞叹。例如皇城大内，除了大庆殿和垂拱殿算是处理国家大事的圣所，其他部分，充分利用起伏的山势，幽深的岙湾，激湍的清流，从东宫向西转南，包括馒头山在内，都按照造园的要求进行了精心规划。皇太子的东宫，皇后妃子的宫闱，也都隐没在翠竹荫里，万花丛中。然而，既是皇城，皇帝的威严还是必不可少的，于是尽量使丽正门显出磅礴的气势，又利用凤凰山东麓南低北高的地势，使主要殿宇逐步升高，更显得雄伟壮丽。而这种雄伟壮丽，又必须与整个皇城内的建筑相协调，所以在规模上作了适当控制。此外，又利用馒头山，使主要宫殿与东宫，以及皇后妃子的宫闱，自然地分隔开来；利用凤凰山北部的岙湾，形成后苑布局的曲折多姿。聚景园位于西湖南岸偏东，以湖山景色作背景，衬托出柳浪和莺声的主题，别开生面。后乐园位于葛岭，利用居高临下的条件，远望江河，近揽湖山。德寿宫位于望仙桥，这里既不靠江，又不近湖，也无山景。匠师们摄取了西湖最好景点，经过精心的艺技提炼，巧妙的构思和规划，把清雅的湖山自然美景和豪奢的皇家殿宇，巧妙地结合在一起，叠石理水，虽由人作，宛自天开。山有脉，水有源，脉源贯通，水石交融。凿池架桥，曲折有度，种花、植树、栽竹，都讲究画情诗意。借景之妙，更有独到之处。杭州湖山，本来就美，众多的皇家园林，同在西子湖畔，却并非千篇一律，而是根据不同的地点、时间和空间，产生不同的景物效果；园外有园，景外有景，以有限的面积，给人以无限空间的感受；主景、陪景和借景，层次分明，气韵贯通，格调统一；甚至把水中倒影，柳梢鸟语，草木花香，以及风声和水声，都融合在一起，交响成曲。这众多的园苑，给湖山风光增添了无限的情趣，给杭州园林的发展留下了很大影响。

（四）城垒壁立，居民密集

修筑城垣，建造城楼 宋高宗赵构安逸杭州，虽与女真贵族签订了屈辱的条约，但金兵毁约侵扰的威胁依旧存在，所以免不了修城防备。外城四周有13座城门：城南有嘉会门；东南有北水门、南水门、便门、候潮门、保安水门、保安门（小堰门）、新开门；城东有崇新门（荐桥门）、东青门（菜市门）、艮山门；城北有天宗水门、余杭水门、余杭门（北关门）；城西有钱塘门、丰豫门（涌金门）、滑波门（暗门）、钱湖门。城高三丈余，横阔一丈余。嘉会门靠近皇城，位于钱塘江边，是御道所在，所以"城楼绚彩，为诸门冠"。北水门和南水门，因为与皇城内的水道相通，所以用铁窗栅锁闭。便门、东青门和艮山门，都附设瓮城，就是紧贴城门口外侧，再造出方形或圆形的壁垒，是为了加强防御。其余旱门上，都建造城楼，水门上建造平屋④。临安府外城沿宋旧城城墙的所在地，也就是南宋

① 《梦粱录》卷十九《园圃》。
② 《宋史》卷四三六《儒林》；《龙川文集》卷一。
③ 吕小薇等选注：《西湖诗词》第三十四页。（宋）林升：《题临安邸》，上海古籍出版社，1982年。又见于《千家诗》卷上。
④ 《梦粱录》卷七载，城东：便门、候潮门、保安门（小堰门）、新门、崇新门（荐桥门）、东青门（菜市门）、艮山门；城西：钱塘门、清波门（暗门）、丰豫门（涌金门）。城南：嘉会门。城北：余杭门（北关门）；水门：保安门、南水门、北水门、天宗门、余杭门。

临安府京城的范围，以今日地名来说，南近江干，包皇城于城内。东至新华路，菜市河位于城外，但1983 年 11 月中旬，环城东路的地下发现有精美的南宋瓷片，说明当时这一带应该也是居民点。北至环城北路，西至湖滨路。1983 年 11 月初，工程部门在六公园至湖滨路西侧掘沟埋管，在距地表约 2 米深的地方，发现一排木桩，这显然是加固湖边堤岸用的。在据地表 1.4 米深以下的淤泥中发现了许多南宋瓷片，在这上部有大量的砖瓦和元、明、清瓷片。由此可知，南宋时，湖滨一带的湖面抵达湖滨路西侧。从六公园到湖滨路一带，南宋时有许多水口，由此灌注市区河道，便利居民饮用。

河流纵横，坊巷密布　城内南北向的主要河道有两条，一条是盐桥河，从六部桥开始，直到梅家桥，然后一支向西出余杭水门，一支继续向北流入白洋池；盐桥河之西为小河，它的南端始自清平坊，北部与大河西流的河道连接。绍兴八年（1138 年），张澄知杭州府，深感建都以来，"公私所载，资于舟船者，百倍前日"①，而最重要的是盐桥河和小河，因此奏准召集诸州壮丁及厢兵清理河道。城中东西向的主要河道有三条。一条称西河，始自小河的众安桥，由此向西环转出余杭水门。西河又向南分成两条支流，一条位于八字桥和施家桥一带，另一条位于普济桥至成子桥一带。西河北部的一条始自观桥，北部与西河汇合。再北的一条始自梅家桥，北出余杭水门。河多桥多是临安府的一个特点。据吴自牧《梦粱录》的不完全记载，城内的大河、小河、西河和小西河共有桥 127 座，另外，倚郭的城南和城北还有许多桥。

御街是临安府的主要大街，位于市中心，南从皇城的和宁门开始，过朝天门转西，至清和坊转北，又至万岁桥转西，到杭城西北的斜桥为止，全长一万三千五百多尺，用石板铺砌。以御街为中心，全城分成若干厢，每厢又有许多坊。乾道年间（1165 ~ 1173 年），据周淙的《乾道临安志》记载，市内共七厢②，六十八坊，杭州人口为二十六万一千六百九十二户，五十五万二千六百零七人。后来，随着人口的发展，坊巷不断增加。到淳祐年间（1241 ~ 1252 年），施谔的《淳祐临安志》记载，城内共八厢③八十一坊。其中左一北厢除有十六坊外，还有新街和后市街，加上城东、城南、城西、城北又各为一厢共十二厢，人口为三十八万一千零三十五户④，七十六万七千七百三十九人。到了咸淳年间（1265 ~ 1274 年），杭州人口又激增到三十九万一千二百五十九户，一百二十四万七百六十人。这是包括属县的人数，但不包括流动人口。当时由于临安府是南宋的都城所在，以致官僚豪富蜂拥而来；也由于中原惨遭金兵蹂躏，百姓纷纷南迁。四方之民，云集两浙，百倍常时。从吴山之巅西望，西子湖畔一色楼台三十里，就中无处觅孤山；向北望去，居民屋宇高森，接栋连檐，尺寸无空，巷陌壅塞。

（五）商贾买卖，往来辐辏

南宋临安府是个消费城市，当时的经济所以能得到空前的繁荣，一方面由于五代吴越的苦心经营，到北宋时已经成为中国第一流的大城市，这是基础；另一方面，也是更重要的方面，即宋室南渡以来，杭州为行都，户口蕃盛，因此商贾买卖者十倍于昔。此外，临安府还有得天独厚的地利，北部的大运河与太湖流域和华北相通；东从钱塘江出海，与浙、闽、粤沿海地区通航；西以富春江和新安江与皖

---

① 《咸淳临安志》卷四十七。
② 《乾道临安志》卷二《在城八厢》。宫城，左一，左二，左三，右一，右二，右三，右四。
③ 《淳祐临安志》载：在城八厢，另有宫城一。
④ 《梦粱录》卷十八《户口》引《淳祐志》九县户三十九万一千二百五十九，《咸淳临安志》作三十八万一千三百三十五。

南相联系。由于这些因素，临安府的海外贸易、城市商业和手工业都很快地发展了起来。

海外贸易，兴旺发达 海外贸易发展的原因，正如明清之际的著名学者顾炎武所说："（宋室）南渡后，经费困乏，一切倚办海舶。"① 宋高宗赵构自己也说："市舶之利，颇助国用，宜循旧法，以招徕远人，埠通货贿。"② 临安府城东的澉浦镇，是对外贸易的商港，与日本、高丽和印度等国都有交往。南宋政府在对外贸易的主要通商口岸设立市舶司，专门管理进出口船舶的检查和抽税。杭州的市舶务，最早设在保安门外瓶场河下，后来又在梅家桥北设立新务。澉浦设有市舶场，作为杭州的外港，接纳前来临安贸易的海舶。江海船舰，大舰五千料，可载五六百人；中舰二千料至一千料，可载二三百人；又有称为"钻风"的，使用八橹或六橹，可载百余人。船上还装有罗盘针导航。为了适应外来客商贮存货物的需要，从梅家桥至白洋湖、方家桥，直到法物库和市舶务前，建有榻房数十所，依水造屋数千间。又设怀远驿，招待外商住宿。

城市商业，繁荣一时 由于临安府不仅是南宋的政治中心，同时也是经济和文化的中心，以致四方货物，源源而来。如严州、婺州、衢州和徽州等船，贩运柴炭、木料、柑橘、干湿果子等物而来；明州、绍兴、温州、台州等船，满载鲜鱼、活蟹、咸鲞和腊货进入临安、苏州、湖州。秀州和江淮等地，供给杭州大米。当时市民"仰籴而食凡十六七万人，人以二升计之，非三四千石不可以支一日之用，而南北外二厢不与焉，客旅之往来又不与焉。"③ 临安府城里大米需要量是很大的。上贡的大米，用纲船载运，由官府督办。客商运米，多用铁头船。每天由钱塘江、运河和海道到达临安的船只不可胜数，临安京城成了长江、运河、钱塘江及海上交通的枢纽和各种货物的最大集散地，也是当时全国最大的商业城市。

店铺作坊，连门皆是 吴自牧《梦粱录》载有著名的店铺百余家，如药局、头巾铺、扇子铺、襆子铺、腰带铺、铁器铺、胭脂铺、颜色铺、丝鞋铺、布铺、青白瓷器铺、花朵铺、漆铺等。经营丝织品的特别多，如市西坊的刘家、吕家、陈家彩帛（绸缎）铺，市西坊的纽家彩帛铺，水巷口的徐家绒线铺，清河坊顾家彩帛铺，三桥街的柴家绒线铺，盐桥下生绢铺，铁线巷生绢铺等。融和坊的珠子市，如遇交易，动以万数。有富家开设的质库（当铺）十数处，非万贯以上不收当。自和宁门外至观桥下，没有一家不做买卖的。大街上买卖昼夜不绝，日市方罢，夜市又开。中瓦前的夜市最热闹，"扑卖奇巧器皿百色物件，与日间无异"④。腊月夜晚，大雪纷飞也有人盘街叫卖。东方未晓，卖早市的又竞相开张。诸种早点，花色繁多，四时不同。《武林旧事》所载各种市食、果子、粥、糕、粑鲊、蒸作从食等有200余种⑤。钱塘门外宋五嫂的鱼特别有名，因此街坊好事者编出种种关于西湖醋鱼来历的故事。如《古今小说》云，宋五嫂原来是东京人，做得一手好鱼羹。建炎中随驾南渡，侨居苏堤。一天，赵构游湖，船舶堤旁，听得有东京人语音，召来一看，乃是老媪。太监认得她是东京善煮鱼羹的宋五嫂。赵构凄然神伤，赏赐命钱。老媪后来成了富人。

酒肆茶坊，热闹非凡 酒肆有两种。一种是南宋政府酒库附设的，约有十余所，如东库的太和楼、

① （明）顾炎武：《天下郡国利弊书》卷一百二十。
② 《宋会要辑稿》第八十六册《职官》四十四之二十四。
③ （宋）周密：《癸辛杂识续集》上。
④ （宋）耐得翁：《都城纪胜·市井》。
⑤ 《武林旧事》卷六。

西库的西楼、南库的和乐楼、北库的春风楼、中库的中和楼、南上库的和丰楼、北外库的春融楼等。另一种是私家开设的酒楼，如中瓦子前的武林园，门上彩画，帘幕红绿，纱灯贴金，花木森茂，酒座潇洒。还有南瓦子的熙春楼、新街巷口的花月楼、融和坊的嘉庆楼等等。这些豪华的酒楼，往往是富家宴请之地，也是浪荡公子寻欢作乐之所。一般市民只能到小酒店去喝一杯。茶汤巷是茶坊集中的地方，茶坊除了卖清茶之外，还适应四时季节，出卖各种饮料。

市肆有行和团的组织，如鱼行、猪行、蟹行、菜行、鸡鹅行，花团、鲞团、柑子团等。《梦粱录》卷十三《团行》云："市肆谓之团行者，盖因官府回买而立此名。不以物之大小，皆置为团行，虽医卜工役，亦有差使，则与当行同也。"实际上行和团是类似行会性质的组织，当然也与贸易的相对集中有关。还有市，是指同类产品的集散地，也含有集市的意思。除市区外，附郭的钱塘、仁和两县还有十五个镇市。

作坊林立，各行皆备　随着商业的发展，必须开拓百物货源。除主要依靠外地供应外，本地也生产各种手工业品。同时由于居民生活的需要，各种行业应时而兴。宋人周密《武林旧事》卷六记载了170多种小经纪。陶宗仪《辍耕录》说："今人以善营生为经纪。"这里包括手工业作坊和服务性行业。《梦粱录》列举有22种手工业，如碾玉作、蓖刀作、腰带作、金银打木作、竹作、漆作、砖瓦作、泥水作、裁缝作等。服务性行业如磨刀、磨镜、磨剪、画花、舂米、劈柴、掏井、泥灶、修扇子、补锅子等等，几乎无所不包，应有尽有。

手工业作坊以传统的丝织业最著名，有官营的绫锦院和私家作坊。丝织品以织花的柿绫最好。内司生产的狗蹄绞，光丽可爱。罗有花、素两种。染丝织的熟线罗、内司街坊织的绒背锦，都很名贵。机纺织造的唐绢，幅狭而机密，画家喜欢用来作画。还有染丝织成的织金、闪褐、间道，以及各类轻纱，如素纱、天净纱、粟地纱和三法暗花纱等等，花色多样，种类丰富。

瓷器是市场上销售量较大的一种商品，有的来自浙江龙泉等地生产的青瓷，有的来自江西景德镇等地生产的青白瓷，还有其他地方运来的产品。临安府不烧造民用瓷器，只是南宋在郊坛下等处设立官窑，烧造瓷器。郊坛下官窑窑址在乌龟山，至今犹存①。产品精致，造型优美，胎呈黑灰或黑褐色，胎壁较薄，釉层润厚，有粉青、炒米黄等多种色泽。产品有盘、盆、碟、洗等日用器，还有专供陈设的仿古器。由于器口和圈足的边沿露出胎色，号称"紫口铁足"（图一三）。

雕版印刷，全国称最　雕版印刷可算是一种手工业，除官家召集良工雕版印书外，寺院也雕版印经，私家雕版印书则往往由书铺经营。杭州本是文人渊薮之地，早在北宋时，除首都汴京外，杭州、建阳、眉山为全国三大刻书中心，而杭州居第一。王国维《两浙古刊本考》云"北宋监本，刊于杭州者，殆居大半"。字体

图一三　郊坛下窑址出土的青瓷器
1. 鸭形器　2. 簋式炉　3. 八卦纹熏炉盖

① 1985年，南宋临安城考古队对乌龟山窑址进行了发掘，发现有龙窑及作坊遗址。

方正，刀法圆润，在宋版书中是最好的。世界上最早发明活字印刷的毕昇，据说是杭州人。南宋临安府官家刻书较著名的有两浙东路茶盐司本与两浙西路茶盐司本，其次是两浙东路安抚使本、浙东庾司刻本等。南宋时四方学子纷纷而来，书籍的需求量自然很大，雕版印刷随之进一步发展了起来。绍兴年间（1131～1162 年），临安府刊刻《仪礼疏》所使用的刊工，多达 160 多人。私家刻书也非常盛行。位于左二厢睦亲坊南的陈宅经籍铺，主人陈起，自称陈道人，父子相继，自 13 世纪中叶起，在不到半个世纪内，几乎遍刻了唐宋小说和诗文集。唐人集可能刻了百种以上，宋人集则分编为江湖前、后、续、中兴各集。江湖集雕版工致，选用纸墨也都精细，是南宋坊刻本的代表作。太庙前的尹氏书籍也刻了许多小说和文集。众安桥南街的开经书铺贾官人宅，棚前南街西经场的王念三郎家，似乎是专刻零本佛经的。贾官人宅刻印的《佛国禅师文殊指南图赞》和佛经扉画，王念云所刻的连环画式的《金刚经》，都是当时版画中的精品。宋人叶梦得在《石林燕语》中说："今天下印书以杭州为上，蜀本次之，福建最下。"① 当时除了本地的书坊和刻工外，也有从外地搬迁来的，如车桥南郭宅纸铺印行的《抱朴子》，卷末刊记云："旧日东京大相国寺荣六郎家，见寄居临安府中瓦南街东，开印输经史书籍铺。今将京师旧本《抱朴子内篇》校正刊行的，无一字差讹，请四方搜书好事君子，幸赐藻鉴。"绍兴壬申岁（1152 年），说明荣六郎是从东京搬迁来的。

瓦子林立，百戏竞技　随着商业和手工业的发展，都市更加繁荣。市民阶层需要娱乐，于是各种技艺应运而生，文化生活丰富多彩。据宋人周密《武林旧事》记载，当时临安府有 23 处表演技艺的场所瓦子，其中比较著名的如清冷桥西面熙春楼下的南瓦子，市南坊北三元楼前的中瓦子，市西坊内三桥巷的大瓦子（又名上瓦子），众安桥南面羊棚楼前的下瓦子（又名北瓦子），盐桥东之蒲桥边的蒲桥瓦子（又称东瓦子）。演出技艺项目达 20 多种。其中属于说书的，以小说和讲史占优势。讲史是讲前代历史故事，情节长，需分若干次讲完；小说分烟粉、灵怪、传奇、公案等，故事多取材于当时市民生活，情节较短，最受欢迎，艺人也最多。说话的底本叫话本。说话的人还时常交流经验，切磋技艺。说话的人有相当大的艺术魅力：说国贼奸佞，无不叫人生嗔；说忠臣蒙冤，使铁心肠落泪；说两阵对垒，令雄夫壮志；说神异鬼怪，令羽士心寒。此外，还有皮影、小唱、鼓板、杂剧、弹唱京词、杂技、傀儡戏、滑稽戏、角抵、相扑、使棒、举重、蹴球、射弩、教走兽、教飞禽虫蚁等。

（六）学校宏开，人才济济

南宋临安府有太学、武学、宗学、算学、书学、医学和画学，都是国立学校。还有临安府学，仁和县学和钱塘县学，是分别由府、县创办的。还有私塾、舍馆、书会，每个坊巷都有一两所，弦诵之声，往往相闻。

各科学府，相继设立　南宋太学，实际上是文科的最高学府，创立于绍兴十三年（1143 年），校址设在纪家桥岳飞故宅。校舍分三部分：中部为办公地点，有崇化堂和首善阁，还有讲堂四所；东部为学生宿舍，分二十斋，前为射圃，相当于现在的体育场；西部为孔子庙，内有大成殿，供奉孔子像，两庑为孔子的七十二弟子像（图一四）。孔子及其七十二弟子像，原是北宋大画家李公麟的画本。绍兴二十六年（1156 年），赵构对孔子及其弟子都分别题赞，末尾附秦桧题记，一并刻于石上。刻石至

---

① （宋）叶梦得：《石林燕语》卷八。

今犹存，只是秦桧的题记被明代巡按浙江监察御史吴讷磨去，改刻成他自己的题记①。后有石经阁，陈列石刻"四书五经"，作为学生的标准读本，是宋高宗赵构和他的皇后吴氏书写的（图一五）。现在残存《周易》《尚书》《毛诗》《中庸》《春秋左氏传》《论语》《孟子》等七种，共八十六方刻石②。校中有祭酒（校长）、司业（教务长）和其他有关官员。

学业名额，绍兴十三年为七百人③，《咸淳临安志》云：今额为一千七百一有六。每三年招生一次，先由县学生选考州学，再由州学生选考太学。报考的学生很多，嘉泰三年（1203 年）竟达三万七千人。采用三舍五年制，初入学称外舍，一年后升入内舍，二年后升入上舍，上舍再读二年。采用八级计分制，德行和学业并重。德行和学业都好的为优等；一优一平为中等；其余为下等。考试很严格，学生不一定能如期升级。上舍卒业，优等的按科举状元待遇，称为"释褐状元"，由皇帝召见，亲自任命官职；中等的免去科举的进士考试而出仕；下等的免去科举的乡试，可直接参加进士考试。

武学相当于后来的中央军官学校，校舍位于太学的东面。校长由太学的祭酒兼任，挑选文武官知兵法的担任教授。在学校里供奉吕尚、张良和诸葛亮等像，教学的内容有兵书、武技、历代用兵成败、前世将士尽忠尽义的举例等。学习三年，不及格的，隔年再试。淳熙七年（1180 年），设立"武举绝伦，并从军法"，规定凡愿从军的，殿试第一与正将同，第二、第三同副将，其他为准备将；从军以后立有军功，或者人才出众，特旨擢用。绍熙元年（1190 年），武举应试改为文科要求，考经义和诗赋。这样，久不及第的太学生，就去考武举，然后应进士第。所以林颖秀说："武士舍弃弓矢，更习程文褒衣大袖，专做举子。夫科以武名，不得雄健喜功之士，徒启其侥幸名爵之心。"④

算学原是北宋崇宁三年（1104 年）建立的，大观四年（1110 年）并入太史局（掌天文历法的官

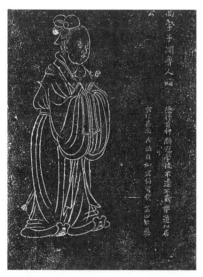

图一四　李公麟画孔子及七十二弟子像刻石（克公、卫伯、陈伯）

---

① 李公麟画孔子及其弟子像刻石今存杭州劳动路孔庙内。
② 南宋石经残石今存杭州劳动路孔庙内。
③ 《宋史》卷一百五十七《选举》三。《咸淳临安志》卷十一载："……绍兴额三百人，后数增置一千人。淳熙、开禧各有增。今为额一千七百十有六；上舍三十人，内舍二百六十人，外舍一千四百人，国子生八十人。"
④ 《宋史》卷一百五十七《选举》三。

图一五　南宋石经

署）。南宋太史局设在吴山。

南宋医学附属在太医局之中，地点在通江桥北。乾道三年（1167 年）太医局撤销后，单独成立医学科。绍熙二年（1191 年），复置太医局。医学分脉、针、疡三科，由医官担任教授。

以上四学，在政治上以太学生最为活跃。有不少太学生，学问渊博，富有正义感，对当时朝政颇多议论，"言侍从之所不敢言，功台谏之所不能攻，公是公非，伟节相望"①。如镇江人丁大全，原是萧山县尉，因谄事内侍卢允升、董宋臣，得以出任左正言。此人惯于压制言论。他弹劾丞相董槐，而诏旨未下，就在夜半调兵百余人，持械围董槐第宅，强令董槐上轿，声称送大理寺，以此进行恐吓。片刻，把董槐抬出北关门，丢下不管，狂呼而去。太学生陈宗等，上书指控丁大全奸邪。后来丁大全罢相，贬谪贵州，窜至滕州坠水而死。又如权奸贾似道，令人贩私盐百艘，到临安府出卖。太学生就作诗讽刺说："昨夜江头长碧波，满船都载相公鹾。虽然要作调羹用，未必调羹用许多！"当然，在太学生中亦颇有败类，或被当朝权奸利诱，以至上书赞美贾似道，或设局骗胁民庶，伤害百姓，如此等等。朝廷良莠不分，停招外地学生，因此哄起学潮。京尹赵与筹出面调停，许诺三百名内，一半招本地学生，一半取四方游士，学潮方停。但过了几天，朝廷下谕指责："近行诸州各试之法，正欲散游学之士。不知临安府凭何指挥（诏旨），复收外方之人？"赵京尹甚恐，只得驱逐游士出斋。赵京尹待罪，陈显伯和郑雄飞以公道自任，相继上疏辩说。结果被贾似道阻梗，而理宗皇帝亦因学生攻击朝廷，以致不予受理。游士被逐，愤愤不平，作了许多责问朝廷的诗。其中有一首说："塞翁何必恨失马？城火可怜殃及鱼；一笑出门天万里，担头犹有斥奸书。"②

画院办学，名家辈出　画院设在园前，院内都是知名画家③。如李唐、李迪、李安忠、张择端、马兴祖、苏汉臣、朱锐、萧照等，都慕名南宋，在画院中任职。李唐本是宋徽宗画院中的大画家，是

---

① （明）田汝成：《西湖游览志余》卷二十二。
② （明）田汝成：《西湖游览志余》卷二十二。
③ （清）厉鹗：《南宋院画录》，《武林掌故丛编》本。

使北宋山水画体转变为南宋山水画体的第一人。萧照画山水，学董源技法，皴法遒劲，落墨潇洒，更胜李唐一筹。当时西子湖畔有许多大寺院，都请萧照作壁画。钱塘（杭州）人李嵩，少年时做木工，是大画家李思训的养子。他跟李思训学画，后来成为画家，擅长人物画，尤精界画。界画就是用界尺画建筑图。他还画过钱塘江观潮图和西湖图。他的西湖图，皴山染水，界画楼台，湖中船上，有的举棹擎桡，有的飞帆布纲，有的抛纶掷钓，还有舞蹈和吹奏的，一派歌舞升平的景象。画院中有许多高手，画学自然能培养出人才。

画学招生考试，试题用前代人的诗句，如"野水无人渡，孤舟尽日横""乱山藏古诗""踏花归去马蹄香"等，要学生根据诗意进行构思画图。例如"野水无人渡，孤舟尽日横"这个画题，一般考生的作品，都画一只船停靠岸侧，或蜷鹭于舷间，或栖鸦于蓬背；唯独得头名的作品，画一船夫躺在船尾，旁边横一孤笛。意思是并非没有船夫，而是因为穷乡野水，行人稀少，无人雇渡，所以船夫那样清闲自得。学生课业，分佛道、人物、山水、鸟兽、花竹、屋木，兼学《说文》《尔雅》《方言》《释名》等。皇宫里的藏画，也时常给学生观摩。教师品评作品，以不模仿前人、具有创造性、情态形色自然、笔韵高简为上品。

钱塘人刘松年，本是画学中的学生，后来升为待诏。他画山水树石，用笔构图和意境都有独到之处。南宋后期画家，最著名的是马远和夏珪。马远祖籍河中，生长钱塘，一门五代，画家七人，都是高手。他的山水、人物、花鸟，臻妙入微，被誉为"院中独步"。他所作的西湖图，或峭峰直上而不见顶，或绝壁直下而不写脚，或孤舟泛月，一人独坐，只画山水的一角半边，绰号"马一角"。夏珪笔法苍老，墨汁淋漓，传世品有《西湖柳艇图》。此外，阎次平、林椿、马和之、马麟、陈清波等人也都颇负盛誉。马远画的《西湖十景册》和《皇都清色图》都是珍贵佳作。他画的西湖图大绢画，有保俶塔、孤山等景致。画法淋漓，云烟吞吐，号为"平生第一"。陈清波专画西湖风景，作品有断桥残雪、三潭印月、雷峰夕照、曲院荷风、苏堤春晓、南屏晚钟、石屋烟霞等。南宋画家作西湖山水小品，画面以四字成句，作为画题，成为"西湖十景"命名的来历。

（七）抗金名将，千古赞颂

金灭北宋以后，虽然正在从奴隶制迅速向封建制过渡，但女真贵族在本土和占领区内所推行的政策，奴隶制的色彩犹浓。历史在倒退，人民在遭难。而南宋统治集团中的投降派，保守东南半壁河山，苟安临安，迷恋声色，并借用抗金的名义，把民脂民膏朘削无遗。南宋的败兵也到处奸淫掳掠，打家劫舍。嗷嗷之声，比比皆是。当时皇城南面的江边白塔岭下，有一座白塔桥。这里印卖地经（导游图）。有人题诗云："白塔桥边卖地经，长亭短驿甚分明。如何只说临安路，不数中原有几程！"[①] 对投降派进行了辛辣的讽刺。

但是，就全国广大人民来说，包括女真族的人民，以及南宋政府的爱国将士，一致要求实现国家统一，反对分裂；要求各民族平等联合，反对女真贵族压迫和掠夺；要求历史前进，反对历史倒退；这是主流。例如，当金军包围北宋首都时，各地的人民自动组织起来迅速向开封集中，给金军以狠狠打击，有许多支起义军也把斗争锋芒转向金军。又如，高宗即位之初，抗战派的代表人物李纲和宗泽采取了一系列抗击金军的措施，还和河东河北的忠义民兵，特别是王彦领导下的"八字军"密切联系，要派

① （明）田汝成：《西湖游览志余》卷二；《古杭杂记》作"不较中原有几程"。

大军过河去收复失地。大诗人陆游是当时坚决主张抗金的文人名士代表，他虽然一直受到投降派的压制，但收复中原的信念始终不渝，他在许多诗中表现了渴望恢复国家统一的强烈感情。再如，金军围攻临安府时，当地义士金胜、祝威率众据守葛岭，又编竹筏上铺泥土，伪装成大道，浮在湖上。金军骑兵飞驰而来，纷纷坠入湖中，只得改道，从赤山埠入城。金胜，祝威奋起抗击，终因寡不敌众，壮烈牺牲。

现在杭州的"金祝牌楼"，就因原来这里有纪念这两位义士的牌楼而得名的。又再如，绍兴四年（1134年）冬，金兀术伙同伪齐军队企图渡江南下，时逢大雪，粮道不通，死亡日多，士兵怨愤，用纸和剥去皮的柳树枝上书写反对渡江的文字。

岳飞从军，抗击金兵　他曾写过《登黄鹤楼有感》词："遥望中原，苍（《全宋词》作"荒"，今据岳庙碑文）烟外，许多城郭。想当年、花遮柳护，凤楼龙阁，万岁山前珠翠绕，蓬壶殿里笙歌作。到而今，铁蹄满郊畿，风尘恶。兵安在？膏锋锷；民安在？填沟壑。叹江山如故，千村寥落。何日请缨提锐旅，一鞭直渡清河洛。却归来、再续汉阳游，骑黄鹤。"

岳飞（1103～1142年），字鹏举，出生于河南汤阴县贫苦农民家里。他二十岁毅然参军。因上奏皇帝，北上抗金，以"小臣越职"之罪，被革除军职。后来又投河北招抚使张所部下，继续抗金。建炎元年（1127年）秋，他随同都统制王彦领兵渡河，去太行山组织军民抗金。岳飞独引所部与金军鏖战，收复新乡，转战侯兆川，身受十余伤，继续领兵死战，终于击退金兵，擒杀金将多人，为"八字军"开辟太行山区的抗金根据地做出了贡献。建炎三年（1129年），金兵渡过长江，闯进杭州，又破越州和明州。在军民的抗击下，金兵战败于桐庐县的牛山下，被逼宣告"搜山检海已毕"，在杭州等地大肆烧杀之后，于次年二月北撤，路经建康附近，岳飞发兵迎头痛击。绍兴四年（1134年），岳飞率领军队自鄂州（湖北武汉）北伐伪齐，连克襄阳和信州等六郡。这一区域，西连川陕，南接湘赣，东邻两淮，北通豫鲁，是保障江淮、进兵中原的要地。绍兴六年（1136年）春，岳飞从鄂州进驻襄阳。绍兴十年（1140年），女真贵族再次纠众南下，由于南宋军民的英勇反击，各路金兵纷纷败退。当时岳家军居于中线，在四十天内，连克蔡州、颍昌、淮宁、郑州、洛阳等许多重镇，岳飞亲自进驻郾城，逼近女真贵族在中原的战略要地开封，歼灭了金军的大量有生力量，赢得了抗金斗争的大好形势。

可是，正当岳飞计划乘胜前进的时候，赵构突然下令各路宋军班师。岳飞抗辩说，"时不再得，机难轻失"①，要求继续北进。奸贼秦桧见岳飞不愿班师，就指令刘锜、张俊等部队退，使岳飞失去屏障，处于孤军无援的困境，丧失收复开封的战机。岳飞被逼班师，愤激地说"十年之力，废于一旦"！②

兵权被解，又遭杀害　岳飞由于屡立战功，在班师前已升为湖北京西路宣抚使营曰大使，阶衔为开府仪同三司。班师回朝后，被改任为枢密副使，表面上算是提升，实际上被解除了兵权。即使这样，秦桧一伙奸贼还不放心，指使党羽虚构岳飞罪名，提出弹劾。结果诏旨下来，枢密副使的空衔也被罢免了。金兀术畏惧岳家军，写信给秦桧说："汝朝夕以和请，而岳飞方为河北图，必杀飞，始可和。"③而秦桧亦因岳飞不死，终梗和议。于是纠集张俊等人，罗织罪名，诬告岳飞父子与张宪"勾通谋反"。这样，就把张宪和岳云逮捕下狱，再派人把在庐山的岳飞骗到临安府，打入狱中。绍兴十一年（1141年）

---

① （宋）岳珂：《金佗粹编》卷十二《乞止班师诏奏略》。
② 《宋史》卷三六五《岳飞传》。
③ 同上。

十一月，南宋投降派与金签订了屈辱的所谓《绍兴和议》，十二月除夕前一天，以“莫须有”的罪名杀死岳飞。岳飞的儿子岳云和部将张宪同时遇害。文徵明作词云：赵构“岂不念，中原蹙？岂不惜，徽钦辱？但徽钦既返，此身何属？千古休夸南渡错。当时自怕中原复。笑区区一桧亦何能，逢其欲！”

据《朝野遗记》载，岳飞被害后，狱卒隗顺负其尸出，逾城，至九曲丛祠，葬于北山之湄。隗顺死前，将岳飞的葬地告诉儿子。当时大理寺在钱塘门内，狱卒隗顺负尸逾城，当然就近出钱塘门，沿城而北至九曲城（即当时杭城的西北段）①。

下旨昭雪，以礼改葬　绍兴三十二年（1162 年），孝宗即位，迫于形势和舆论，恢复岳飞官爵，并访求岳飞遗体，以礼改葬西子湖畔的栖霞岭，即今岳飞墓（图一六）。改葬时距岳飞被害已二十一年。淳熙六年（1179 年），岳飞之子岳霖向朝廷呈上《赐谥谢表》，表文中说，朝廷昭雪岳飞冤案，“葬以孤仪，起枯骨于九泉之下”。古时称少师、少傅、少保为“三孤”。绍兴十年（1140 年），朝廷授岳飞为少保，“葬以孤仪”也就是说以少保的礼仪安葬。又说“起枯骨于九泉之下”，说明当时确是将岳飞遗骨改葬在栖霞岭了。1979 年修理岳飞墓时，发现墓道两侧各有石俑一具，从雕刻风格等有关方面判断，是南宋安葬岳飞时立在墓道上的遗物。岳飞墓的左侧为岳云墓。嘉定十四年（1221 年），勘定智果寺为功德院，是岳庙的始基。

图一六　岳飞墓

爱国精神，激励后生　岳飞被害距今已八百多年。岳飞把自己毕生的主要精力，以至宝贵的生命，都奉献给了正义事业。他率领岳家军转战豫、皖、江、浙、鄂等地，每战身先士卒，立下了许多汗马功劳。其中特别是收复襄阳等六郡及郾城之战，使金兵从此不敢大举南下，意义重大。他在抗金斗争中，能够联结河朔义军，看到北方义军的力量和作用，而且是南宋大将中抗金斗争最坚定的一员。他那种“敌未灭，何以家为”的无私抱负，针对时弊而发的“文臣不惜死，天下太平矣”的可贵见解，“冻死不拆屋，饿死不掳掠”的严明纪律，与友军相处“均为国家，何分彼此”的宽广襟怀，都是中华民族军事史上的宝贵精神财富。在中华民族几千年的历史中，出现过无数次的忠奸斗争，然而，“正邪自古同冰炭，毁誉于今判伪真”，人民的爱憎始终是分明的。虽然岳飞身上有瑕疵，例如，他镇压过农民起义，但是，历史决不会因此遗忘了他。康熙和乾隆在南巡杭州时，也曾派官祭扫岳飞墓地。清

① 参见王士伦：《岳飞葬地考》，《光明日报》1979 年 6 月 5 日。

自称其族为满洲，属女真族。但这两个曾在历史上有过作为的清朝皇帝，既然祭扫岳飞，不管主观动机如何，客观上是敢于正视女真贵族给兄弟民族带来灾难的历史事实的。八百多年来，中国人民一直追念岳飞，敬仰岳飞。明代的于谦、张煌言，清代的秋瑾，都把岳飞作为自己的楷模。这正是历史对岳飞的公允评价！

四　杭州的衰落和复苏

（一）壮丽"天城"，由盛而衰

元兵入杭，南宋覆灭　南宋端平元年（1234 年），蒙古军灭金，接着发动了灭宋战争。1260 年，忽必烈继承蒙古汗位，定都大都（今北京）。1271 年，忽必烈正式定国号为元。正当南宋君臣放纵淫逸的时候，德祐元年（1275 年），元兵沿江东下，向临安府进发。宰相贾似道迫于朝野舆论，匆忙出兵应战，在鲁港（安徽芜湖西南）惨败。贾似道被放逐，死于福建漳州，而元兵也于次年攻入临安府，俘去恭宗赵㬎，以及太后和宗室官吏。宰相陈宜中先从杭州逃出，与张世杰、陆秀夫等拥立赵昰于福州，是为端宗。文天祥闻元兵东下，在赣州组织义军，入卫临安府。次年任右丞相，奉命去元营谈判，因怒斥元军罪行被扣留。后于镇江脱险，经台州、温州等地至福州，与张世杰、陆秀夫等坚持抗元。赵昰死于碙洲（今广东吴川市南海中）。文天祥、陆秀夫继立赵昺为帝。后来文天祥在潮州战败被俘，英勇牺牲。陆秀夫负赵昺投海而死，南宋灭亡。至元十三年（1276 年），元朝以杭州为大都督府。同年六月，罢都督府，设立江浙行中书省，辖境包括今日的浙江、福建两省，江苏和安徽的江南部分，江西的湖东部分。这里又是杭州路的治所，统管九个县。直到至正元年（1341 年）的六十年间，杭州的经济大体保持着南宋时的盛况。意大利旅行家马可·波罗在他的游记中竭力地赞美杭州，"这座城市的庄严和秀丽，堪为世界其他城市之冠"，并称之为"天城"。当时杭州分为六镇，南宋时的御街这时还很热闹。大街的西南有十个大市，各处还有小市无数。大约隔天集市一次，四方商人满载货物而来，有各种肉类和野物，如牛、羊、鹿、兔、鸠、雉、鹧鸪、鹌鹑、鸡、鸭、鹅，还有许多蔬菜和水果。丝织、蔗糖和酿酒，是当时杭城的主要特产。元代汪大洲《岛夷志》中有杭州五色缎出口的记载。摩洛哥游历家伊本·拔都他，曾在印度德梨王宫见到元顺帝送去五百匹丝绸，其中一百匹是杭州造的。

元初，杭州还是"水浮陆行，纷轮杂集"的繁华港口[①]。至元二十年（1283 年），元政府在这里设立市舶都转运司，并鼓励杭州民间商人从事海外贸易，由政府给予船只和本钱，所得利润政府提取十分之七。杭州湾口的澉浦，是商贾往来的要冲之地，至元十四年（1277 年）置市舶司，"远涉诸番，近通福广"[②]。附近的乍浦，也有外国商舶出入。

文化遗产，艺术宝藏　元代杭州的文化和教育，在南宋的基础上有所发展。南宋的太学，元代改为西湖书院，重新整理和刊刻书版。大万寿寺还刻印过西夏文大藏经一百四十部。元版书用赵孟頫字

---

①　《金华黄先生文集》卷八黄晋《江浙行中书省题名记》。

②　《元典章》卷五十九。

图一七　凤凰寺

体，笔势秀逸，柔中透刚，在古籍版本中有一定的地位。绘画特强调水墨的表现，如黄公望晚年隐居杭州赤山埠，深入浙西名山，曾作《富春山居》图卷，山川浑厚，草木华滋，堪称艺苑之宝。钱塘人王渊画的《竹石集禽》笔意秀劲，墨色清新。造像集中在飞来峰，其中有题记可查的，始自至元十九年（1282年），终于至元二十九年（1292年）。壑雷亭东边的一龛造像，可说是飞来峰元代造像的代表作。这龛造像共八尊。本尊不空羂索观音，三头八臂，或持羂索，或拿宝珠，或者捧钵，或托化佛，或持弓箭；或做出手势，颐颊丰盈，两眉相连，上裸体，下着裳，挂珠饰，坐莲座，神态安静慈祥，全身比例匀整。作者的匠意奇特，技法娴熟。元代是中国造像艺术急剧衰退的时期，而飞来峰元代造像却似夕阳返照，放射出异样的光彩。此外，现存的凤凰寺大殿，是伊斯兰教清真寺，初建于南宋，重建于延祐年间（1314～1320年）[①]，用砖砌造，穹隆屋盖，上有攒尖顶（图一七）。整个建筑风格，以中国固有的民族形式为基础，也吸收了阿拉伯建筑艺术的成分。

杭州遭难，"天城"凋敝　杭州昔日的繁荣景象，到元代后期破坏殆尽。追其原因，首先是元朝政府推行民族歧视政策。他们把百姓分成四等，最下等的是"南人"，就是南宋统治下的汉人和西南各族人民。由于杭州原是南宋的首都，所以受管制特别严格。杭城河流纵横，桥梁很多，元政府在每座桥上都设置逻卒，防止百姓反抗。夜间，规定时间熄灯，也不许百姓在街上行走，如有违犯，被逻卒发现，就要受到处罚。曾经盛极一时的夜市，如今却灯走人静。元朝竭力提倡佛教。南宋故宫改为寺院，"诏以水陆地百五十顷养之"[②]。又设僧官，以杨琏真伽为江淮释教总统，驻守杭州。他得到元世祖忽必烈的恩宠，在杭州修建佛寺三十余所，霸占大量田产，《元史》说杨琏真伽重贿桑哥，擅发宋诸陵，取其宝玉。凡发家一百有一所，戕人命四，攘盗诈掠赃为钞十一万六千二百锭，田二万二千亩，金银、珠玉、宝器称是。浙江省平章政事（省长）阿合马子的赃钞，被发现的竟达八十一万锭。苛捐杂税繁重，百姓出卖妻女纳税，无妻女可卖者，则窘迫自杀。至正元年（1341年）四月十九日，杭州大火，烧毁房屋近一万六千间；次年四月一日再火，"尤甚于先，自昔所未有也"。至正十二年（1352年）七月，项普略率领红军攻克杭州，"不杀不淫"，但不到半个月便败退了。元朝官员返回杭州，举火焚城，残荡殆尽。至正十九年（1359年）十二月，金陵游军冲入杭城，城门关闭三个月，粮不通，百姓"饿死者十有六七"，游军既退，又遭病疫，死者大半[③]。元末明初，刘伯写过一首《悲杭

① 关于凤凰寺的初建和重建时代，史书所载不一。本文所云初建于南宋，主要依据《浙江通志》所载及该寺的南宋铭文砖；对重建时代的判断，主要依据该寺现存建筑的时代风格，并参照田汝成《西湖游览志》。
② 《元史》卷十五。
③ （明）田汝成：《西湖游览志余》卷六。

城歌》："观音渡口天狗落，北关门外尘沙。健儿被发走如风，女哭男啼憾城郭。"① 杭州日渐凋，美丽湖山一片凄凉。

（二）明、清两朝，重振杭城

确立省境，修筑杭城 元朝几乎是在农民起义的浪潮中度过的，最终在农民起义的急浪中覆灭。1368 年，农民起义军部将朱元璋，经过南征北战，统一全国，建立明朝。洪武九年（1376 年）开始，改行中书省为承宣布政使司，以杭州、嘉兴、湖州、宁波、绍兴、台州、金华、衢州、严州、温州、外州为浙江省境，从此定下浙江省的范围，省会设在杭州。元代禁止天下修城，以示统一，杭城被拆除。至正十九年（1359 年），张士诚据杭，征发松江、嘉兴、湖州、杭州民夫数万，修筑杭城，昼夜开工，三月而成。明代城垣，较原来缩小。清代增筑满域，周围十里，杭人称之为"旗下营"。

复兴商业，发展丝织 据万历《杭州府志》载："明朝嘉靖初年，市井委巷，有草深尺余者；城东西僻，有狐兔为群者。"至万历年间（1573 ~ 1620 年），"民居栉比，鸡犬相闻，极为繁庶"。说明杭州在元代受难之后，从明代洪武到万历，经过了将近二百年的漫长岁月，这中间又几经灾殃，才缓慢地复苏过来，经济得以复兴。当时杭州曾设过市舶司，地点在南宋德寿宫的后圃。传统的丝织业在明代也得到恢复和发展，出现了具有一定规模的机织工场。机户拥有织机，雇工纺织。织工为了度日糊口，往往要劳动到深夜，每天工钱二百缗。技术高的想要挣得更多的工钱，可以另谋出路，受雇别的机户②。说明当时杭州手工业已经孕育着资本主义生产的萌芽。钱塘人张瀚的先世毅庵，原以酿酒为业，成化末年（止于 1487 年），因遭水灾，酿酒尽败。他费一锭银子，购机一张，织造诸色纻帛。质量精美，市上竞相购买。后来增到二十机，资产不断发展。四祖继业，终于成为拥有数万金的富家③。丝织品的种类有缎、罗、锦、绒、纻、绫、纱、绸、绢等十余种。洪武二年（1369 年）明朝政府在斯如坊设立织造局，永乐年间（1403 ~ 1424 年）迁到涌金门，主要生产皇室使用的丝绸。织造局仿制的日本"兜罗绒""铺压高床夜香软"，称为稀贵之物。朝廷还要向民间索取织品。正德元年（1506 年），规定应天、苏、杭织造式、纻、丝、纱、罗共一万七千匹。清朝乾隆十年（1745 年），杭州织机达六百张，机匠一千八百名，摇纺、染匠、挑花及高手五百三十名。清朝乾隆十年（1770 ~ 1780 年），杭州有织机三千部，撚丝车一千三百部。"东城机杼之声，比户相闻。"④ 城北蒋昆丑织造的"皓纱"，团花疏杂，轻薄如纸，驰誉京师。咸丰年间至同治初年（1851 ~ 1864 年），由于太平军起义的战火关系，丝织业一度衰落。战后机户大多聚在下城一带，产品以"杭缎"有名，杭纺、熟罗、绒春、铁机绸、杭官纱、蝉翼纱等亦称上品。

茶叶也是杭州的名产。明代龙井茶叶已称为"西北两山绝品"。清朝时，龙井茶叶闻名全国。此外，范祖述《杭俗遗风》称杭扇、杭线、杭粉、杭烟、杭剪为"五杭"，产品也风靡一时。

修筑海塘，减少潮患 康熙六次南巡，后五次都到杭州。乾隆六次南巡，都到过杭州。这两个皇帝南巡，虽然一路劳民伤财，但修筑海塘，整治西湖，对杭州经济和文化的发展，起过一定的积极作

---

① （明）田汝成：《西湖游览志余》卷六。
② （明）徐一夔：《始丰稿》卷一《职工对》。
③ （明）张瀚：《松窗梦语》卷七《异闻记》。
④ （清）姚思勤：《东河櫂歌》。

用。钱塘江是一条强潮与山洪交替作用的江流。江水顺江东下，海湖逆江而上。山水下注，潮汐顶冲，上激塘身，下搜塘底，冲塌塘堤，淹没田舍。钱江塘堤，自五代吴越兴筑之后，宋代以来，沿用钱氏旧法，虽经多次修筑，但终究不是永久之计。到了清朝，朝廷重视这一地区的赋税收入，因此修筑海塘不遗余力，技术上也改变了旧法。康熙时，从六和塔到盐官，都筑起石塘，用条石纵横交错砌叠，条石之间嵌合铁锭，拼缝之处密封油灰；塘身之内，加筑土塘，塘基排桩，用三合土坚筑。雍正皇帝认为，江浙海塘，关系重要，即使费钱，亦不可惜，所以工程未停。乾隆六次巡视杭州，后四次都到盐官视察海塘。清朝终乾隆之世，自金山到杭州都筑起石塘，钱塘江南岸也修建石塘和土塘，有效地保护了吴越平原的农田。

清帝巡视杭州，每次都要阅兵校射，整顿军旅。例如，乾隆二十二年（1757 年）抵达杭州时，接驾的绿营兵中有奏箫管细乐的，乾隆见了很不高兴，当天传谕说：身隶行伍，当以骑射勇力为主，吹竹弹丝，技近优伶。今后军中只许用钲鼓铜角，箫管细乐概行禁止。他又见到驻防将军和绿营提督外出坐轿，亦大不以为然，传谕说："将军提督有总统官兵之责，若养尊处优，自图安逸，如何为营伍表率，又如何鼓舞士兵勇气？"乾隆二十五年（1760 年），杭州将军伊领阿、副统刘扬达，都因坐轿被参，丢了官职。尽管如此，八旗兵入关后，习于奢靡，颓风难挽。乾隆最后一次巡视杭州校阅骑射，八旗兵射箭箭虚发，驰马人坠地，被传为笑料。

康熙和乾隆巡视杭州，乘兴游览江南风光，客观上对西湖风景的建设起到了推动作用。杭州西湖，元朝不浚不治，苏堤以西，高者为田，低者为荡。苏堤以东，湖水仅留一线。湖水干浅，运河无水灌注，南柴北米，官商往来，上下阻滞。上塘万顷之田，仰赖湖水灌溉，西湖堙塞，田地荒芜。明正德三年（1508 年），郡守杨孟瑛向朝廷奏上《开西湖议》，提出疏浚西湖的理由。经得朝廷允准，用银二万三千余两，将苏堤增高至二丈三尺，开掘田荡三千四百多亩，使西湖基本上恢复了唐宋旧观。当时，有日本使者经西湖，题诗云："昔年曾见此湖图，不信人间有此湖。今日打从湖上过，画工还欠着工夫。"

康熙皇帝到杭州，前三次都住在涌金门太平坊，后来两次以孤山南麓为行宫。雍正没有南巡杭州的计划，因此改行宫为圣因寺。乾隆南巡杭州，在圣因寺西建行宫，整个孤山几乎都包括在内。康熙皇帝游览西湖，"亲洒宸瀚"，写了"西湖十景"，在各处有关风景点建亭树碑。乾隆御笔尤多，他六次到杭州，每次题字作诗，几乎无景不写。地方官迎合旨意，尽力整治西湖。雍正二年（1724 年），开掘西湖淤草，清理河道积土，补植沿湖桃柳。又在赤山埠、毛家埠、丁家山和金沙滩四处建闸，蓄泄湖水。雍正七年（1729 年），疏浚金沙港。雍正九年（1731 年）建造玉带桥，连接苏堤，以通车马。乾隆二十二年（1757 年）下谕清理西湖，竣工后丈量湖面为二十一里许，以此为准，定出西湖界址。嘉庆十四年（1809 年），阮元又浚西湖，湖泥堆在湖心亭之西，别成湖中一岛，后人称之为"阮公墩"。此后，在道光，同治、光绪年间，又疏浚过西湖。沿湖名胜也经过几次修理。清翟瀚、翟灏《湖山便览》收录西湖风景名胜古迹一千多条目，由此可见当时杭州游览胜地之多。

开办书院，培育人才　明清时期，杭州书院以敷文、紫阳、诂经精舍最著名。敷文书院在万松岭，创办于明弘治十一年（1498 年），后来多次扩建。书院规制，仿江西白鹿洞书院。明代哲学家、教育家王守仁、清代校勘家卢文弨，都曾出任过山长，清乾隆时齐召南又来掌教十一年，书院的声望可想而知。咸丰年间，书院毁于战火，后来虽经重振，由于地方偏僻，学生减少，逐渐衰落。光绪十八年（1892 年），校舍移到葵阳，改名"敷文讲学之庐"。紫阳书院始自明万历年间。当时巡盐御史叶水盛，在苏堤第六桥西，召集学子课文，教授出题，学子分头在船上作文，画角一声，群舫毕集，称为"舫课"，后来就地建造紫阳崇文书院。康熙四十二年（1703 年），两浙盐运使高熊正在太庙巷建造校舍，因为地近紫阳山紫阳别墅，后来，紫阳崇文书院改名崇文书院，紫阳别墅改名紫阳书院。书院课本由山长亲自选订，而山长又多名家，如此教授学子，自然能出高材。

诂经精舍在孤山南麓。早在嘉庆二年（1797 年），阮元督学浙江，建屋五十间，选择通达经书的学者，在此编写《经籍纂诂》。嘉庆六年（1801 年）议立书院，称"诂经精舍"。同治五年（1866 年），重建书院，由著名学者俞曲园出任山长。近代民主革命家思想家章太炎在此求学。当时各家书院教授学子，各有侧重，诂经精舍研究经义为主，旁及诗赋，敷文、崇文、紫阳三书院，则专学"举子业"，就是攻读应试科举的诗文，而紫阳书院以校勘旧书著名。

光绪二十三年（1897 年）七月，巡抚廖寿丰奏将敷文、崇文、紫阳、诂经、学海、东城六书院，合并为"求是书院"。求是书院在大学路，是浙江的最高学府，1928 年改为"国立浙江大学"。与求是书院毗连的是浙江武备学堂，学生大多分配到浙江新军担任军官。清政府本想借此重振军队，但这些学生思想进步，后来成了辛亥革命光复杭州的主力。特别要提到的是满族女子惠兴。她深感旗人女子没有文化之苦，于光绪三十年（1804 年）八月创办"贞文女校"，经费向旗营富人募捐。可是认捐的人赖账，并用恶语嘲讽她。她在重重打击下，服毒自杀。后人为了纪念惠兴，把贞文女校改名"惠兴女学堂"，作为官办学校。这就是后来的"惠兴女子中学"。

书家林立，篆刻兴起　康熙、雍正、乾隆三帝，在大兴文字狱的同时，又召集大批文人编辑大部丛书。康熙和雍正时编《古今图书集成》一万卷，一部送交杭州保存。乾隆选派纪昀、孙士毅、陆锡熊等著名学者一百六十多人，前后花了十年时间，编成《四库全书》，计七万九千零七十卷，共抄写七部，其中一部颁发杭州，仿宁波天一阁式样，建造文澜阁珍藏。文澜阁位于孤山南麓，进门迎面是一座假山，玲珑奇巧，其上亭台相映，其下涧水淙淙，穿过山洞，有平厅一座，西边曲廊缦回，东侧石桥跨涧。后面就是文澜图，依山建造。图前池内，一峰崛起，形态优美，号称"美人峰"。东侧有御碑亭。这是皇家图书馆。

明、清时期，杭州著名的私家藏书楼有百余家，各有所长。如明代王羽鉴别图书最精；胡文焕藏书设肆，流通古籍，还刊刻过《格致丛书》三四百种；清代龚翔麟藏书之余，又刊《玲珑阁丛书》；吴焯收藏宋元刻本不遗余力；杭世骏以著作之多而闻名，家中藏书亦不下十万卷；袁枚藏书更富，据说有四十万卷；翟灏擅长地方掌故，藏书内容极广，所著《湖山便览》等书，颇具影响；卢文弨精于校勘，筑"抱经楼"，藏书数万卷，手校本精审无误；瞿世英的"清吟阁"图书，多名人抄本、批校抄本及影宋元钞本。清初私人刻书禁令甚严，开禁之后，刻书之风大盛。当时采用活字印刷，称为"聚珍版"。咸丰二年（1852 年），吴钟骏采用活字印行外祖父孙云桂所著文稿。同治四年（1865 年），杭州设立浙江官书局，由俞曲园主持，校刊出来的图书，很受社会上的欢迎。随着文化的发展，清代文学也有较大成就，钱塘人洪昇写的《长生殿》，在戏曲界影响不小。龚自珍是启蒙思想家，也是一位傲岸的人，他的《己亥杂诗》，"我劝天公重抖擞，不拘一格降人才"，至今还脍炙人口。

清代杭州篆刻之风兴起。号称"西泠八家"的印学大师丁敬、蒋仁、黄易、奚冈、陈豫钟、陈鸿寿、赵之琛、钱松的篆刻，以清刚朴茂、苍劲钝拙见长，在艺林中独树一帜，后世称为"浙派"。丁敬刻印，能取人之长，但不被汉印成规束缚，是浙派篆刻的先导者。此后，名家迭起。吴昌硕工诗，善画，尤精篆刻，所作印章，雄厚苍老，创为一派，他的艺术风尚对后学影响颇大。1913 年成立西泠印社（图一八），公推昌硕为社长。印社对于篆刻艺术的发展，以及古代碑刻的保护，都起过积极的作用。

图一八　西泠印社

（三）在漫漫的长夜中苦斗

从鸦片战争开始，外国侵略者用大炮轰开了中国的大门，一个个不平等条约接踵而来。浙江地处沿海，首当其冲，受难更深。

1840 年到 1842 年，英国侵略军闯进定海、镇海、宁波，又犯乍浦。宁波被逼开为通商口岸。英国在江北设立领事馆，巡捕房，控制浙海关。1876 年，温州又被辟为商埠，英国在江心屿设立领事馆，控制瓯海关。清政府勾结英、法侵略者，组成洋枪队，疯狂镇压太平军。1895 年中日甲午战争后，杭州被辟为商埠。

为了推翻清政府的腐朽黑暗统治，反抗侵略者的野蛮掠夺行径，中国人民前仆后继，进行了英勇不屈的斗争。到了清末，资产阶级民主革命兴起，以陶成章、徐锡麟和秋瑾为代表的浙江革命党人，为祖国的富强和独立，抛头颅，洒热血。杭州的白云庵就是当时革命党人的联络地点。孙中山先生曾两次到白云庵会见革命党人。

1911 年 10 月 10 日，武昌起义胜利，全国各地响应。11 月 5 日，杭州光复。清皇朝被推翻了，可是不久，一个个军阀相继登台，最后又是蒋介石的黑暗统治。愁云惨雾笼罩着中国的大地，人民依然挣扎在苦难的深渊之中。抗战八年，日本侵略军侵占杭州，城市沦陷，湖山蒙尘，百姓受难。

1921 年，中国共产党成立，在中国的大地上升起了曙光，照耀着黑暗中进行苦斗的人们。1949 年

5月3日，杭州解放。

五　日出江花红胜火，春来江水绿如蓝

唐代大诗人白居易写过《忆江南》词，上片云："江南好，风景旧曾谙。日出江花红胜火，春来江水绿如蓝。能不忆江南？"新中国成立后，杭州真正迎来了春天。一个破旧的消费城市，很快地兴建起各种工业，有半山的重工业区，拱宸桥的纺织工业区，祥符桥的轻化工业区，望江门外的木材和食品工业区。天目山路、古荡留下的电子仪表工业区，厂房林立，生气蓬勃。杭州丝绸，品类丰富，色彩瑰丽，制作精巧；杭州织锦，色丝鲜亮，花色多变，恰似"天上云霞，地下鲜花"。张小泉剪刀、王星记扇子、西湖绸伞、天竺筷子、龙井茶叶、西湖藕粉等传统名产，都得到了较大的发展。石雕、贝雕、玉雕、木刻、竹刻、翻黄、竹编、藤编、草编、刺绣、陶瓷等各色工艺品琳琅满目。

城市面貌也发生了明显的变化。坎坷泥泞的小路，拓宽成通衢大道，新开的环城路和环湖路，浓荫夹道，仿佛是一条条绿色长廊，新建了体育馆、展览馆、影剧院、旅社饭店、菜馆酒楼等。昔日荒冢累累的市区北部，现在住宅林立，校舍遍布。歌舞、话剧、越剧、京剧、昆剧、曲艺、杂技，百花齐放，争妍斗艳。西湖经过了全面整治，挖掘湖泥，加深湖水，重砌堤墈，栽植桃柳。在苍苍云山丛中，盈盈绿水岸边，隐现着无数古老的亭台、楼阁、寺庙、塔幢、造像、石碑诗刻等文物史迹，这些文物史迹都按原状经过修葺。西湖十景也经过了修复和扩建。新的公园、动物园、花圃、植物园也陆续建成。满山上下，翠竹、红枫、桂树、银杏、杜鹃、玉兰、山茶、碧桃、牡丹、兰花、菊花，数不尽，说不完。

……

杭州，已经度过了漫漫六千年。在这六千年中，杭州曾有过几次昌盛的时期，也曾遭受过许多残酷的灾难。然而，人民总是以自己的劳动和智慧，发扬大无畏的精神，赢得了一个又一个的胜利，终于使杭州这繁华的都会、美丽的湖山得以存在和发展。六千年的历史证明，人民的力量是伟大的，尤其是新中国成立后的三十多年历史证明，人民的力量一旦得到解放，那更是无穷无尽的。人民在过去和现在所表现出来的力量，正预示着杭州未来的光辉前景。

现在，杭州市人民政府已经按照历史文化名城和全国风景旅游城市的性质，对杭州市和西湖的建设，进行了全面的规划。

展望未来，应该说是正在实现中的杭州建设规划，将以西湖为中心，沿湖名胜为重点，普遍绿化为基础，充分发挥自然特色，在修整、开放文物史迹的同时，充实风景游览内容。风景区将划分为环湖、孤山、湖中堤岛、北山、灵泉、灵竺、龙九、西山、南山、五云山、钱塘江、南屏、虎跑、玉凤、吴山、城区及近郊等16个区域，共有景点100余处。

环海公园将进行扩建，苏堤春晓已在改建之列，花港观鱼将与刘庄和汪庄连成一片，曲院风荷将与郭庄合为一体。玉皇山的樱花林，大慈山的金钱松，天竺的枫树林等，都将恢复成植物景区。九溪、五云山与云栖，将建成风景果园。到那时，所有的景区都将掩映在万绿丛中，各具特色，而又和谐连接在一起，仿佛是一曲曲乐章组成的一部优美的交响乐。

白乐桥、双峰、茅家埠、满觉陇、四眼井、徐村、梵村、梅家坞，都将依山就势，建成富有江南风格的农居点。

西湖南面，将穿山开凿涵洞，引钱江之水灌注西湖，使湖水得以经常替换。市区的盐桥河和菜市河也将得到根治。已经动土的京杭运河，将要沟通钱塘江，新开的河道可以通过 300 吨级的轮船。到那时，嘉兴、绍兴、宁波、金华地区的水运将与杭州相通，形成以杭州为中心的水运网。杭州将更富有江南水乡的特色。

钱塘江、富春江和新安江的风景将要连成一线。这一带气候适宜，雨水充沛，水质优良，天然饵料丰富，已查明的淡水鱼就有近 200 种，今后还将大力发展。到那时，三江之中，清流泯泯，鱼群泛泛，谁说这里不是"鱼乐国"呢！

工业、电讯、交通等，都将按照风景旅游城市的要求进行规划，文化教育卫生事业也将得到大力发展。

在孤山的浙江省博物馆，将要改建和扩建。在市区和湖边还将有许多专题博物馆、文物保护单位，如历代的造像艺术、古代建筑、碑刻帖石、历史遗迹（如南宋故宫遗址）等等，都将在调查研究的基础上，逐步进行修整开放。到那时，人们将能从各种类型的博物馆和众多的文物史迹中，形象而生动地看到杭州的历史，这是一部极其壮美的中华民族史诗的诗篇。

一个既符合现代生产和生活要求，又具有古都历史文化传统风貌的新杭州；一个既有绮丽湖山、又有壮观江涛，更有田园风光的新杭州；一个既是文化之邦，又是茶叶之乡，也是丝绸之府的新杭州，如同一颗璀璨的明珠，将在中国的东南闪耀着更加绚烂的光彩！

（本文瓷器照片由郑建明提供，特此致谢！）

（《古都杭州》，人民出版社，1981 年）

三徙治所　始建州城

——隋代杭州的建置及城垣范围

一　隋代设置杭州

杨坚建立隋朝后，于开皇三年（583 年）废除了郡一级的地方机构，实行州县制。开皇九年（589年）灭陈，废除钱唐郡，设置杭州，州治设在余杭县。钱唐县在陈代是郡治所在，隋废郡，把杭州的州治设在余杭县，这与当时的形势有关。据《资治通鉴》"文帝开皇十年"条记载："江表自东晋以来，刑法疏缓，世族凌驾寒门；平陈之后，牧民者尽更变之。苏威复作五教，使民无长幼悉诵之，士民嗟怨。民间复讹言隋欲徙之入关，远近惊骇。于是婺州（今金华）汪文进、越州（今绍兴）高智慧、苏州深玄恮皆举兵反，自称天子，署置百官。乐安蔡道人、蒋山李棱、饶州吴世华、温州沈孝彻、泉州王国庆、杭州杨宝英、交州李春等皆自称大都督，攻陷州县。陈之故境，大抵皆反，大者有众数万，小者数千，共相影响，执县令，或抽其肠，或脔其肉食之，曰：'更能使侬诵五教耶！'诏以杨素为行军总管以讨之。"① 杭州杨宝英自称大都督，钱塘江南边的越州高智慧则自称天子，在这种形势下，当然不能在钱唐县设置杭州的州治了。

隋政府对这些叛乱，采取了镇压的政策，遣杨素率重兵前往各地讨平。隋开皇十年（590 年），杭州的州治便从余杭迁到钱唐。次年又移州治于柳浦西②。据《隋书·地理志》载，杭州管辖钱唐、富阳、余杭、于潜、盐官、武康六个县。

杭州的"州"，是一级地方行政组织的名称，"杭"才是州名。因为州治最初设在余杭县，所以当时就取名"杭州"；后人的诗文中，往往因此称呼杭州为余杭。

"余杭"一名，"余"可能是发语词；"杭"字通"航"。从余杭当时的自然地理来说，这里本是湖河密布的水网地带。早在良渚文化时期，居住在这里的祖先已经使用独木舟了。余杭县是秦时建立的，从四千多年前的良渚文化时期到秦代，经过了两千多年的发展，人们对于船只的制造和使用，肯定有了明显的进步。由于余杭一带湖河密布，"以船为车，以楫为马"，成了这里交通的特点；"余杭"之名应该是由此而来。

史书记载中"余杭"一名的来由有两说：一说秦始皇三十七年（公元前 210 年）上会稽时，途经此而舍航，故名余杭；一说夏禹东去，舍舟航登陆于此，所以称余杭。余杭县北二十五里的舟航山，

---

① 《资治通鉴》卷一七七《隋纪》"文帝开皇十年"条。
② 乐史：《太平寰宇记》卷九三。

山顶有石穴，相传是禹系舟处[①]。这两种说法，历代史家引用甚多。夏禹历史上是否确有其人很难肯定。秦始皇上会稽，也不可能在余杭登陆。因为余杭一带，至迟在四千多年前已经出现了许多聚落，在秦朝时不会再是江海。司马迁《史记·秦始皇本纪》说，秦始皇"至钱唐，临浙江，水波恶，乃西百二十里从狭中渡"。以今日地理度之，应该是从富春江一带渡过的。而且，司马迁明明说是"至钱唐"，并没有说"至余杭"。不过，值得注意的是，这两种传说，都与船航有关。

二 隋代杭城的范围

隋开皇十一年（591 年），杭州的州治移到柳浦之西。宋人周淙《乾道临安志》卷二引《九域志》云："隋杨素创州城，周围三十六里九十步。"乐史《太平寰宇记》卷九十三载，开皇"十年移州居钱唐城，十一年复迁州于柳浦西，依山筑城，即今郡是也"。

关于当时城垣的范围，众说纷纭。我认为虽然确切位置难定，但是大致范围可考。

1. 南面城址

研究隋代杭城的南界，首先要搞清楚柳浦的所在地。关于柳浦的所在地，有以下几条史料可供参考。

（1）施谔《淳祐临安志·府城》云："隋代始州于柳浦西，依山筑城。尝慨然求所谓柳浦者，已不可考，而依山所筑，则今之凤凰山也。"

（2）潜说友《咸淳临安志》卷三十六云："柳浦，在凤凰山下，隋置郡处，晋吴喜尝进军此地，今无可考。"

（3）《宋书·孔觊传》载，孔觊据有会稽，遣孔璪、王昙生屯兵吴兴南亭，为吴喜军所破，孔璪与王昙生等奔江东，吴喜"自柳浦渡，趋西陵"，进行追击。由此可见，柳浦是渡口。

（4）《南齐书·沈文季传》载，唐寓之起义，自富阳县顺钱塘江东下，从柳浦登岸。也说明柳浦是渡口。

（5）《南齐书·顾宪之传》中谈到柳浦抽牛埭税的事，这又说明柳浦是渡口。

综上所述，柳浦在凤凰山下，又是钱塘江的渡口。凤凰山之东是南星桥，当时江面比现在要宽，因为 1983 年 8 月，南星桥兴建立交公路桥时，浙江省文物考古研究所在地下发现五代吴越海塘遗迹，也就是说，五代吴越时，南星桥还是潮水汹涌的地方。在这以前的隋代，江面当然还要宽得多，可能接近凤凰山东麓。城垣当然不会沿江建造，否则就要遭到潮水的冲击。所以《淳祐临安志》和《咸淳临安志》都说"依山筑城"。在凤凰山"依山筑城"，应该是由凤凰山绕西向北，翻山可到达今日市区的西部。

2. 东部界址

关于隋代杭州城垣的东部界址，必须搞清唐代杭城东部开沙河的情况。今杭州市区本由海滩涨成平陆，在唐代时现今的市区还经常受到潮水的冲击，因此在唐代曾开沙河导水。而沙河的位置，与城

---

① 王象之：《七修类稿》卷二。

垣东界有直接的关系。唐代开沙河，史料记载如下。

（1）清人翟灏《艮山杂志》卷一引《演繁露》："景龙元年沙岸北涨，地渐平坦，州司马李珣始开沙河，水陆成路。事见《杭州龙兴寺图经》。"

（2）明人郎瑛《七修类稿·杭地考》引宋潘洞《浙江论》云："唐中宗景龙四年沙方渐涨，地方平坦，而州之司马始开沙河。考其时乃宋璟也。"

（3）《新唐书·地理志》载，杭州钱塘县"南五里有沙河塘，咸通二年刺史崔彦曾开"。

（4）宋人王象之《舆地纪胜》云："昔潮水冲击入城，奔逸势莫能御，故开沙河以御之。河有三，曰外沙、中沙、里沙。政和初，郡守张阁立牌标题其处，近南有坝头。"

第一次李珣（或作宋璟）开沙河，距隋朝建杭城约120年。第二次是崔彦曾开沙河，距离李珣开沙河约150年。这两次开沙河，每次开了几条无可考。《舆地纪胜》说有外沙、中沙和里沙3条。这些沙河的具体地点，与今日杭州市区东部的几条河道是有关的，下面我先把杭城的几条河道概况叙述如下。

（1）盐桥河（今中河）：北宋时东合茆山河，北出余杭门。它的南端位于吴山稍东。在唐代，海潮逼近吴山，唐李绅有诗云，"伍相庙前多白浪"[①]，白居易诗中也说，"涛声夜入伍员庙"[②]。（伍相庙、伍员庙，均指伍子胥庙，位于吴山之巅。）吴山在隋代是不包在城中的，《七修类稿·杭地考》云："隋方筑城，胥山（即吴山）犹在城外，西北凿石为栈道，东南江海陆地一衣带耳，故曰立子胥庙于江上。《图经》又云，江塘去县南五里计，县彼时在钱塘门，正此数云。"今日的羊坝头，位于盐桥河的南部，是因古时筑坝挡潮而命名的。《宋史·苏轼传》载，当时苏东坡见到盐桥河是专受湖水的。说明盐桥河南端筑坝挡潮应该在苏东坡出任杭州刺史之前。

（2）茆山河，位于盐桥河东。北宋元祐五年（1090年），苏东坡《申三省起请开湖六条状》说："今城中运河有二，其一曰茆山河，南抵龙山、浙江闸口，而北出天宗门。"并说茆山河"乃在人户稀少、村落相半之中"。说明直到北宋时，茆山河还是比较荒僻的。南宋时建造德寿宫，茆山河的南段填没，以后这条河逐渐淤塞了。

（3）菜市河，位于茆山河的东部。据《咸淳临安志》附《京城图》，这条河在南宋时还在城外。该志卷三十五又云，下塘河与城东外沙河、菜市河、泛洋湖相合，分为两派：一由东北上塘过东仓新桥入大运河；一由西北过德胜桥等处，直至下塘河。

（4）外沙河，位于菜市河之东。《咸淳临安志》卷三十五载："外沙河：南自行车门北去，绕城东，过红亭税务前螺蛳桥，东至蔡湖桥与殿司前军寨内河相合，转西过游弈寨前军寨桥，至无星桥坝子桥河相合，入艮山河，沿城至泛洋湖水，转北至德胜桥与运河相合。"并注曰："旧志作外河。城外既有里沙河，则此河为外沙河明矣。今有外沙巡检司。"宋人吴自牧《梦粱录·城内外河》所载相同。行车门在今望江门内，螺蛳桥在今清泰门内。这条河应该位于今日贴沙河稍西，但河流已不存在，只是在环城东路西侧有许多池塘，可能是这条河流的遗迹。

---

① 郎瑛：《七修类稿》卷三《杭地考》引李绅《西陵》诗。
② 《白氏长庆集》卷二十。

关于唐代两次开沙河的地点，近人钟毓龙和魏嵩山作过考证，但意见相左。

钟毓龙在《说杭州》中说，李珣所开三沙河，里沙河即盐桥河，中沙河即茆山河，外沙河即菜市河；或者"崔彦曾因潮水奔逸，三河尽淤，复开浚之，非所创也"①。

魏嵩山在《杭州城市的兴起及其城区的发展》② 一文中认为：隋唐时，盐桥河与茆山河已包在城内，菜市河则在城外；崔彦曾开三沙河，目的原是防御潮水冲击入城，其河理应在城外，如果盐桥河和茆山河是崔彦曾所开之沙河，势必是引潮水入于城中；盐桥河之羊坝头是崔彦曾开三沙河的同时，于此筑坝隔截江潮倒灌入城。崔彦曾所开三沙河，外沙河在今建国路以东，中沙河即今庆春门出赭山之前的沙河，里沙河即菜市河。

钟毓龙把李珣和崔彦曾两次所开的沙河认作都是盐桥河、茆山河和菜市河，前者是开挖，后者或是疏浚。魏嵩山不同意钟毓龙关于沙河所在地的论点。我认为两次开沙河是不能混为一谈的，具体意见如下。

（1）李绅和白居易诗中谈到"伍相庙前多白浪""涛声夜入伍员庙"，说明当时在吴山下的东南一带还是江海。李绅和白居易的生卒年代均为 772～846 年。李绅诗不知写于何时。白居易的诗句见于《杭州春望》之中，此诗应该是他于 822～824 年在杭州出任刺史时所作，此时离景龙年间有 110 年左右。也就是说，在李珣开沙河的 110 年之后，在吴山上夜间尚能听到涛声。这样，在李珣开沙河时，潮水逼近吴山是毫无疑问的，或者说吴山下还是白浪滚滚的。

（2）在隋代，吴山下应该还是潮水出没之地，而盐桥河的南端则位于吴山东部，更接近钱塘江。唐代开沙河的目的是为了疏导钱塘江的潮水，而当时潮水是大面积地从东南向西北向城中涌来的，因此只有把潮水在城外就疏导出去，才免使城内遭到潮患。更重要的是，早在隋代还不可能具备在潮水出没的沙滩上筑城的技术，直到梁开平四年（910 年），钱镠才能发动民众采用木桩石墩法筑起捍海塘。由此可见，如果在隋代盐桥河一带还是潮水出没之地的话，那么隋代城墙的东界是不会越过盐桥河的。茆山河，直到北宋元祐年间，苏东坡说还是"人户稀少，村落相半"的荒僻地。离开元祐年间将近 500 年前的隋朝，其荒僻程度可想而知；而且，既然盐桥河一带受到潮头的冲涌，茆山河在盐桥河的东面，更是潮水冲涌之地了。

根据上述情况，我的结论是：

（1）唐代李珣开的沙河与崔彦曾开的沙河是不会完全相同的。盐桥河可能是隋代所开运河的南段，也可能是李珣时开的沙河，而茆山河则应该是李珣开的沙河。当时开沙河的目的是为了疏导潮水，由于潮水来势凶猛，一条河是接纳不了的，清乾隆时在盐官修筑堤坝，也是有前后两道的。

（2）按照钱江潮水从东南向着西北的市区冲涌而来的形势，又按照杭州东部海滩不断向东扩展、潮水不断向东缩去的规律，在李珣开沙河 150 年以后，崔彦曾开沙河时，潮水肯定已经向东缩去，不会永远停留在李珣开沙河时的位置上。因此，菜市河和外沙河应该是崔彦曾开的。崔彦曾开沙河时，也可能对茆山河进行疏浚。盐桥河南端的羊坝头，可能是李珣或崔彦曾所筑。总之，杭城由西向东的

① 钟毓龙：《说杭州》第二章《说陆地》，1983 年浙江人民出版社。
② 魏嵩山：《杭州城市的兴起及其城区的发展》，《历史地理》1981 年创刊号。

几条沙河是不会同一个时期开挖的。

（3）既然钱江潮是从东南方向向着杭城冲涌进来的，开沙河是为了疏导江潮，那么向何处排泄而去呢？出路只有西北方向。所以我认为，李珣和崔彦曾开的沙河，不只是现在杭州市区的几条南北向河道，也应该包括现在杭州市区北部的河道，这一点我在前面叙述杭州市区的几条河道向北汇合流出的情况时已经讲清了。

根据上述三点，我认为隋代杭城的东部不会超过盐桥河。这个结论还可以找到以下两点佐证。

（1）唐代李泌在杭州当刺史时开挖了六井，此时在李珣开沙河以后大约50多年。李泌所开六井的位置，苏东坡在《六井记》中说："……始长源六井，其最大者在清湖，中为相国井；其西为西井；少西而北为金牛池；又北而西附城为方井，为白龟池；又北而东至钱唐县治之南为小方井。"六井的水源都来自西湖，西湖在西部，市区在东部。那时的所谓井，就是蓄水池，用竹管把湖水引到池中，便于居民汲用。六井的分布范围，以今日地理来说，东部没有超过井亭桥，北部没有超过钱塘门。居民每天生活都离不开水，所以估计隋代时居民集中点不会比唐代更东的。

（2）唐昭宗大顺元年（890年）闰九月，钱镠依唐代旧城筑新夹城。《淳祐临安志》卷五载，钱镠筑罗城，城中有盐桥门、炭桥新门。这两座城门是沿唐代旧城而筑的，是唐代杭城东部的城门。盐桥门在今中河盐桥西，炭桥新门在今中河丰乐桥西旧炭桥之东，这两门都没有超过盐桥河，也说明唐代杭州城垣的东部没有超过盐桥河。

3. 北部界址

隋朝杭州城垣的北部界址，学者也颇多分歧。我仍以钟毓龙和魏嵩山两位先生的论点为例。

钟毓龙在《说杭州·说城邑》云：隋代"其城垣在北部平原者，北抵钱塘门而止。《咸淳志》高士杨至质《记虎林亭始末》谓：'尝访之耆旧，知钱氏有国时，此山复在郭外，丛薄蒙密，异虎出焉，故得名为虎林。'夫虎林山即今钱塘门内之祖山，有祖山寺尚存。吴越之初，城垣承唐之旧，其时此山犹在城外，则隋唐城垣必不越此而北可知也。"很明显，钟毓龙根据杨至质的话，肯定吴越之初杭州城垣北界没有超过祖山寺，从而推断隋代杭州城垣北界到钱塘门为止。

魏嵩山《杭州城市的兴起及其城区的发展》则认为，隋代杭州城垣，"以形势推断，其城范围，南起凤凰山，北抵今体育场路，东临东河，西濒西湖"。"宋杨至质记虎林山，谓'尝访之耆旧，知钱氏有国时，此山复在郭外，丛薄蒙密，异虎出焉，故得名虎林'。虎林山在今体育场路西首及昌化路一带，吴越初年城垣承隋唐之旧，则又可见隋唐城垣必不越此而北。"

由此可见，关于隋代杭州城垣的北部界址，魏嵩山的论点和史料依据，与钟毓龙所云，除虎林山的位置稍异外，其他完全相同。

关于虎林山的位置，宋人潜说友《咸淳临安志·城内诸山》云："虎林山，在太乙宫高士堂后，有小土阜，上有亭曰武林，或云一名武林山。（以下小字注云，按高士杨至质记亭始末谓：'尝访之耆旧，知钱氏有国时，此山复在郭外，丛薄蒙密，异虎出焉，故得名为虎林。'吴音承讹，转虎为武耳。叶绍翁《四朝闻见录》乃谓虎林即灵隐山，因避唐讳，改为武林，元非有两山——一为虎林、一为武林也。……《淳祐志》尝断之以为汉志明载武林水所出，决非城内之山；自汉已名武林，亦非因避唐讳而为武。盖此坡为城中胜地，或者自寓武林之名于此耳。今姑循前志书曰虎林山，而附著诸说以俟博考。"宋人施谔《淳祐临安志·城内诸山·虎林山》说:"旧经云,（虎林山）在钱塘县旧治之北半里,今钱塘门里太一宫道院高士堂后土阜是。或云,一名武林。"该书同卷《城西诸山·武林山》引《祥符旧经》,明确认为武林山又名曰灵隐山,并在注中说:"或云:钱塘门里太乙宫道院后虎林山,一名武林山;然典籍不载,无所考据。"施谔把虎林山列在城内诸山中,把武林山列在城西诸山中,两山的方位是清楚的。

宋人吴自牧《梦粱录》卷十一云:"东太乙宫后圃内有小土山,名虎林山,建亭在其上,匾曰武林,即杭之主山也。"这段话说明,太乙宫后院的一座土阜,其上建亭,题匾"武林",是以杭州的主山武林（即灵隐）来命名的。用名山的称号来命名园苑中的土丘假山,这是常事。例如,宋高宗禅位后退居的德寿宫内有模拟飞来峰的假山,也称之为"飞来峰"。

综上所述,我认为虎林山（或称武林山）是指杭州的主山,太乙宫高士堂后的土阜是借用杭州主山——武林山的称号来命名的。杨至质听民间传说所谓异虎出没之山,应该是指的杭州的主山——武林山,而他却把杭州主山与高士堂后的土阜混为一谈了。高士堂后土阜的地点,如果真是钟毓龙所说是在今钱塘门内的祖山寺,那么,祖山寺就在今武林路都锦生丝织厂的南边。1954年我曾租住过这里,当时还有一位和尚,但已非寺庙了,更无土阜,看来土阜早就夷为平地了。一个土阜,怎么能栖息异虎呢?所以不能把这土阜与作为杭州主山的武林山混淆起来,更不能据此讹传而作为五代吴越初年城垣北界的标志。

宋人林禹《吴越备史》卷一"唐景福二年"载:"秋七月丁巳,王率十三都兵泊役徒二十余万众,新筑罗城,自秦望山由夹城东亘江干,泊钱塘湖、霍山、范浦,凡七十里。"关于霍山的位置,施谔《淳祐临安志·山川·古迹》云:"霍山,在钱塘门外,有张王庙。岁仲春八日,倾城士女咸集焉。"清代翟瀚《湖山便览》卷四云:"霍山,在宝石山北,山形多骨,石笋嶙起,于湖北诸山为最小,今呼棋盘山。"钟毓龙《说杭州·说山》云:"宝石山之脉伏入地中,逾石塔头,至昭庆寺后,突起为霍山……实则古庆忌塔之下基也。"如果钟毓龙所说无误的话,那么吴越城垣的西北界也只抵达昭庆寺后。

吴越罗城周围七十里,隋代城垣周围三十六里九十步,这两个数字都见于宋人的笔下,尺度应该是相似的。如果是这样的话,那么隋代城垣相当于吴越城垣的二分之一强。如果隋代城墙按隋尺计算,吴越城垣按唐尺计算,那么隋尺略小于唐尺。因此,隋代杭州城垣的北界是绝对不会超过吴越罗城的北界的。

4. 西部界址

关于隋代杭州城垣的西部界址,未见学者争议,都说是沿钱塘湖（西湖）东岸,即今湖滨路。不过,西湖在隋代时面积比现在大,所以当时的城垣西界位于今湖滨路稍东。此外,近年在武林路1号建造房屋时,在离地表大约2米深的地方,发现有唐代青瓷器残件,显然是当时的居民留下的遗物。

三　结　语

综上所述,我认为隋代杭州城垣的界址是:西南部起自凤凰山麓的柳浦,依山筑城,向北沿今湖滨路稍东;北界不越过钱塘门昭庆寺后的霍山;东部接近盐桥河,但盐桥河并不包括在城中。随着江潮不断向东退去，唐朝时居民也逐步向东扩展，但唐代是沿隋代城垣之旧，是否继续开拓城垣，史籍无载，亦无考古资料，不敢妄下断语。不过城东外在潮水淹不到的地方，已经种植旱地农作物，直到宋代还以"城东菜"著称。

（原载《隋唐名郡杭州》〔杭州历史丛编之二〕，浙江人民出版社，1990 年）

西湖石窟探胜*

水光潋滟晴方好，山色空蒙雨亦奇。

欲把西湖比西子，淡妆浓抹总相宜。

这是北宋大文学家苏东坡的一首名篇《饮湖上初晴后雨》，他把西湖比作春秋末年越国的美女西施来歌颂。元朝初年，意大利人马可·波罗曾到过杭州，他在闻名欧洲的《马可·波罗游记》中称赞杭州是"世界上最美丽最华贵之城"①。千百年来，不知有多少文人雅士为她挥毫讴歌，多少游客被她所陶醉，多少海外朋友慕名而来，能以饱览这个"地上天宫"的美景而快慰。

如果打开地图，杭州位于北纬30°15′，东经120°10′。钱塘江的浩浩烟波，在她身旁欢快地流过；东海的万顷银浪，在这里形成了"滔天浊浪排空来，翻江倒海山为摧"的壮观钱江潮。周围崇山峻岭，千峰凝翠；茂林修竹，绰约多姿；西湖明丽，妖娆妩媚；洞壑深幽，若隐若现。古老的历史陈迹，珍贵的文化遗产，点缀着武林山水，凝结着祖先心血。此文介绍的西湖石窟造像艺术，就是其中的重要组成部分。

石窟造像是佛教的产物。它发源于印度，大约在公元前232年以前的阿育王（Asoka）时代就有了。当时佛教徒为了学习释迦牟尼的苦修，在僻静的山中开凿石窟，称为"石窟寺"。他们住在石窟寺里修道，白天到城里去行乞，或者到山谷间去汲水，一生只有三衣一钵，日夜带在身上，过着所谓离欲清净的生活，最后默默地死去，称之为"苦修僧"。信徒们为了表示对佛的虔诚，祈求福禄，就捐舍"净财"，邀聘能工巧匠，在石窟里雕凿佛像，称为"石窟造像"；或者在巉岩石壁上开龛凿像，叫作"摩崖龛像"；或者在露天石壁上雕造佛像，那就是"摩崖造像"。

在古代中国，早期的石窟寺，以甘肃敦煌最为闻名。敦煌城东的鸣沙山，有六百多个洞窟，其中以莫高窟的时代最早。据唐人碑记，系前秦苻坚建元二年（366年）僧人乐僔所开。印度佛教传入我国，先通过当时的西域（就狭义来说，西域主要是指现在我国新疆天山南北，葱岭以东、敦煌以西的地区），然后到达内地，敦煌是必经的咽喉之地。在西域大道上，也就是现在新疆的喀什噶尔、库车、吐鲁番、和阗、尼雅、米兰等地，还保存着数量众多的石窟寺。当印度石窟艺术传到西域的时候，当地的艺术家糅合地方的色彩情调，雕凿出别具一格的石窟艺术。传到敦煌后，又融汇中原的艺术特色，于是就形成驰名世界的敦煌艺术。

敦煌艺术以壁画为主。继敦煌之后，云冈石窟艺术兴盛起来。云冈石窟在山西大同西北的武周山

---

* 与赵振汉合著。

① 据向达译文，见《元代马哥孛罗诸外国人所见之杭州》，《东方杂志》第二十六卷第十号。

北崖上，东西连绵约一千米，有大小洞窟 53 个，现存佛像五万一千余尊。这些石窟造像的时代，据《魏书·释老志》记载，北魏和平年间（460～465 年），沙门统昙曜主持，开凿石窟五所，"雕饰奇伟，冠于一世"。其他几个主要洞窟，也大多完成于 5 世纪末，即北魏太和十八年（494 年）迁都洛阳之前。

494 年，北魏孝文帝迁都洛阳，石窟艺术也从山西大同转到河南洛阳。495 年，魏宗室慧成和尚在龙门山开凿了古阳洞石窟造像。

此外，甘肃天水市麦积山石窟、临夏县炳灵寺、安西县（今瓜州县）榆林窟，河南巩县（今巩义市）石窟寺，河北邯郸市响堂山石窟，山西太原天龙山，都有北朝时期的石窟造像。

以上这些地方的造像，发展到唐代，无论在数量上和艺术上，都达到了高峰。可是，到了唐末五代十国时期，中原兵火弥漫，战事不断，凿窟造像艺术逐渐衰落。特别是到了元代，作品寥寥无几。

从唐末开始，钱镠割据浙江，后封吴越国王。吴越境内，战事较少，社会相对安定，经济不断发展。钱镠及其子孙都崇信佛教，大兴佛寺，开山造像。宋、元时期，造像风气更加兴盛，除佛教造像外，道教也造像。这样，就形成了西湖群山的石窟造像群，它在时间上，可以与唐代以前北方的石窟造像相衔接，弥补了我国佛教造像艺术五代至元代的空缺，在我国雕塑史上占有重要的地位。

杭州的石窟造像和摩崖龛像，五代时期的作品主要分布在慈云岭和烟霞洞，元代作品主要集中在飞来峰。此外，在天龙寺、南观音洞、石屋洞、黄龙洞、石佛洞、宝成寺、龙井寺、胜果寺、城隍山、大石佛院、通玄观等处，也都有五代、宋代和元代造像，可惜有些已经遭到破坏。

造像形式可分为两种。

一种是在悬崖绝壁上凿龛雕像。龛的形式，有拱券形的、尖穹形的、圆穹形的、颅顶形的。所谓"龛"，是指安放佛、菩萨像的柜子，它有多种多样的用材和构造：有的在岩壁上凿龛，龛楣上往往雕有精美的花纹或者神像；有的在塔壁上砌龛，艺术造型优美；有的用木材造龛，融合我国特有的民族建筑风格，一般用于寺庙里。总之，它们离不开佛、菩萨修炼的境界，同时也为了烘托出佛、菩萨的庄严，只不过在形式上有不同的演变而已。

另一种是在天然岩洞的石壁上雕像，这与北方的人工凿窟不一样。在西湖周围的群山中，有许多奇幻多变的石灰岩岩洞。它们的形成年代已经非常久远了。在人类诞生以前，是什么力量在这些巨大的石灰岩上开凿出这些千姿万态的山洞呢？原来是自然界的流水。因为石灰岩的主要成分是碳酸钙，它比较容易被水所溶解；加上水中多少含有碳酸气，它的溶解力就更强了。杭州温湿多雨，雨水顺着石灰岩的裂缝渗透到地下，不断地溶解着石灰岩，逐渐地形成洞窟。著名的烟霞洞和石屋洞就是这样出现的。另外，地下水在溶蚀石灰岩的过程中，含有许多碳酸钙。这些含有碳酸钙的水，当它由温度比较低、气压比较高、通风比较差的裂缝里，流到温度比较高、气压比较低、通风比较好的裂缝外面，滴落在地上时，二氧化碳逐渐消失，水分也慢慢地蒸发了，而碳酸钙和其他杂质却沉淀了下来，越积越多，体积越来越大，于是就变成了奇异的石笋。但是，从岩缝中流出来的含有碳酸钙的水，并不是全部都滴到地下，有的却吸附在上面，这样，在裂缝口越积越多，不断向下延伸，经过漫长的岁月，逐渐地形成了倒挂在洞顶的钟乳石。例如飞来峰的玉乳洞，那琳琅满目的"玉乳"，便是这样形成的。这种山洞，嵌空玲珑，神秘奇妙；洞外古木参天，盘根错节，藤蔓低垂，攀崖附壁；山旁一脉清流，晶莹皎洁。僧侣们正需要寻找这样的"神仙境界"，向善男信女游说，施舍"净财"，雕凿佛、菩萨像。这种自然形成的山洞，比起人工开凿出来的石窟，更富有深山幽谷的情趣。

在下面的篇章里，我们按照西湖石窟造像的分布地点，分别进行介绍，而重点放在飞来峰。

一　慧理僧寻觅仙居地　金光洞遍布菩萨像

在湖滨乘坐七路公共汽车，沿着平坦的灵隐路行驶，终点站就是灵隐了。下车徐行，只见赭色的照壁上，书写着"东南第一山"五个大字。绕过合涧桥，放眼环顾，但见奇峰合抱，岚色葱茏，耸立在万绿丛中的灵隐寺，显得巍峨雄丽，肃穆庄严。唐人宋之问写的《灵隐寺》诗云：

> 鹫岭郁岧峣，龙宫锁寂寥。
> 楼观沧海日，门对浙江潮。
> 桂子月中落，天香云外飘。
> 扪萝登塔远，刳木取泉遥。
> ……

这首诗的意思是说，高峻的鹫岭，郁郁葱葱。灵隐寺像是海龙王的宫殿，紧闭着门户，一派空寂。站在韬光山巅，可以遥望东海的日出，钱江的潮涌。月宫里的桂子，飘落在殿堂左右，散发出奇异的香味。攀着蔓生的藤萝，登上塔去（北高峰旧有高峰塔），但见用竹木做成的水管，把山泉从远方引进庙里……

这里确实风姿卓绝，景色如画。难怪东晋咸和元年（326 年）印度和尚慧理云游至此，惊叹不绝，认为这里是仙灵隐居的地方，并故弄玄虚地指着附近的一座小山说，此乃中天竺国（印度）灵鹫山的小岭，不知何年飞来的？从此他在这里修道，这也就是飞来峰名称的由来。这个传说，当然是欺人之谈。但由于释迦如来曾在天竺灵鹫山修行传道，因此在佛教徒的心目中，灵鹫山被神化为仙灵所在的圣地。在我国其他一些深山古寺中，也曾多次出现过类似的宗教传说，如福建省福清县（今福清市）北部的鹫峰，山西五台山的大孚灵鹫寺（即今显通寺的前身）。总之，在佛教传说中，牵强附会的事情很多，只要能渲染宗教神秘的，往往就互相牵上关系。

飞来峰的西端，有个呼猿洞，相传慧理为了证明飞来峰是从天竺国飞来的，便对人说，天竺灵鹫峰，向有黑白二猿在洞中修炼，必定随峰来此。于是他就把两只猿猴呼了出来，因此得名"呼猿洞"。这可能是后人虚构的情节，即便确有其事，也没有什么奇怪的。因为古时候，灵隐、天竺一带，山林茂密，人烟稀少，猿猴出没甚多。被慧理呼出来的两只猿猴，可能是碰巧，或者是经过他驯养的猿猴。唐代李绅《灵隐寺》诗云"时有猿猱扰钟磬，老僧无复得安禅"，说明直到唐代，这里还有很多猴子。

飞来峰，又名灵鹫峰，高 200 多米。远远望去，只见树影幢幢，危石嵯峨，或似奔马腾蹄，或似伏虎静卧，或似怪兽舒臂，在一碧蓝天的烘托下，又似一幅浓墨涂抹的山水画。这里洞府罗列，相传过去有 72 个洞，由于年代久远，大多已经埋没。最南端的叫金光洞，又名青林洞、香林洞、芎林洞、射旭洞、老虎洞、理公岩、燕寂岩；紧靠金光洞西北向的是玉乳洞，也叫蝙蝠洞；再西北是龙泓洞，亦称观音洞、通天洞。山下一泓清泉，有的从岩洞中涓涓流出，若断若续；有的沿山萦回，如银蛇徐行，真是巍峨中有灵秀，壮观中透俊气，怪不得明代张宁在《飞来峰》一诗中描写道：

舞岫翔峦势接天，巉岩曲嵌欲飞悬。

诗穷翰墨题难就，画尽丹青意不传。

浪说此山曾见佛，却疑深处可通仙。

冷泉亭下西风起，搅乱枯藤石上眠。

北宋开宝三年（970 年），在玉乳洞和龙泓洞之间，曾有一座坟塔，相传是慧理和尚死后埋葬的地方。明朝万历十五年（1587 年）倒塌。到万历十八年（1590 年），如通、被秽和尚与信徒程理，认为慧理是灵隐寺的开山祖师，为了纪念他，又动工重建"理公之塔"。这座塔现在还完整地保存着，用石块砌成，六面七层，上面浮雕佛、菩萨像以及佛经，在参天林木的掩映下，天光筛落，更显得塔影倩倩，情趣别具。金光洞口有一张古风朴朴的石床，据宋代《咸淳临安志》引唐代陆羽的话，这是慧理宴息的地方。

在历史上，慧理确有其人，灵隐寺也应是他创建的，但关于飞来峰由来的传说，却是荒谬的。由于飞来峰兀然突起，又较低矮，与周围的灵隐山、天竺山、北高峰等高峻挺拔的外貌迥然不同，因此粗粗一看，好像有从外界飞来的感觉。其实，飞来峰的形成，是有其科学道理的。

据地质工作者的研究，西湖群山的岩石，大约可分砂岩、石灰岩、页岩和火山岩四种。飞来峰是石灰岩，它四周附近的山峰都是砂岩。起先，既没有飞来峰，也没有四周的群山，而只是一层层平铺着的岩层。砂岩被压在下面，形成的年代比较早，约有三亿五千万年；石灰岩叠在上面，形成的年代晚一些，约有二亿年。后来由于地壳的强烈运动，原来一层层平整地叠压着的岩层，被挤压得褶皱起来，结果叠在上面的石灰岩凹陷下去了，于是就形成了状较矮小的飞来峰；而压在下面的砂岩向上翻凸出来，这就形成了飞来峰周围的高峻群山。如果站在飞来峰公园的草坪上，可以看见一层向下弯曲的石灰岩，这是当年在强烈的地壳运动中经过褶皱而坍沉的现象。

飞来峰和灵隐山，过去都叫"武林山"，东晋慧理和尚在此结庵修炼以后，以为这里是仙灵隐居的地方，故名"灵隐"。但是，在六朝时期，灵隐寺的香火是并不兴盛的。唐武宗会昌五年（845 年），大毁天下佛寺，灵隐寺一度被废。后来虽稍有恢复，但规模仍然不大。

五代吴越时，钱镠为灵隐寺造了五百间房子。他的孙子，吴越末代国王钱弘俶，更大规模兴建灵隐寺，在大殿后面建造弥勒阁，再后面是法堂，连同其他屋宇，共计一千三百多间，曲廊萦回，从山门到方丈室，下雨天不走一步湿路。现存大雄宝殿前面东西两侧的石塔，就是当时的遗物。塔身上的佛、菩萨像，造型优美，雕刻精致，反映了当时石刻艺术的水平。飞来峰造像也从这个时期开始出现。在金光洞靠石床西端的岩壁上，有一个小龛，内雕弥勒、观音、势至三尊坐像，是后周广顺元年（951 年）四月的作品，出钱的功德主是滕绍宗。他在题记中自称"常山清信弟子"，说明是常山人。所谓"清信弟子"，按照佛教的说法，就是受"三皈五戒"（三皈，也叫"三皈依"，即皈依佛，皈依法，皈依僧；五戒，即杀生、偷盗、邪淫、妄语、饮酒的制戒）得清净心的男子，实际上就是虔诚的佛教徒。另外有一小尊弥勒像，雕于后周显德六年（959 年），功德主是"上直都管军都头弟子周钦"。

图一　卢舍那佛会浮雕

从北宋开始，飞来峰造像多起来了。金光洞石床里壁有十八罗汉像。石床对面的石壁上也有罗汉像，而且被乾兴元年（1022年）的卢舍那佛会浮雕所侵占，说明它的时代在北宋初年，或者更早一点。洞里转弯的地方，还有几十尊罗汉像，都刻有题记，时代从北宋咸平三年（1000年）至咸平六年（1003年），是由许多人出钱雇工陆续雕造的。宋代造像中最精致的作品是卢舍那佛会浮雕（图一）。这组浮雕，龛的形状和南宋六和塔的壸门十分相似，龛头的线条相当流畅。龛内浮雕十七尊像，中间为卢舍那佛，它是佛教密宗最高神，也叫大日如来，是佛光普照的意思。卢舍那盘坐在莲花座上，举臂张掌，作说法的样子。左侧骑狮的是文殊菩萨，右侧骑白象的是普贤菩萨。按佛教的说法，文殊和普贤是释迦如来的胁侍，而密宗以为卢舍那和释迦牟尼为同一佛，卢舍那是法身，释迦是应身，所以也将文殊和普贤作为胁侍。龛楣上浮雕两尊飞天。旁有北宋乾兴元年（1022年）四月胡承德"命工镌卢舍那佛会一十七身"的题记。金光洞口有一尊观音像，为北宋乾兴元年四月陆钦和他的妻子李一娘捐钱雕造，座子的式样和卢舍那佛所坐座子大致相同，都是这个时期的代表作。

金光洞的北宋造像，都是小型的。玉乳洞口的造像和真人几乎一样大，其中有题记可认的，有天圣四年（1026年）二月"清信弟子杨从简舍财造的太祖第一身"，天圣四年"清信弟子马氏一娘舍净财造六祖像二身"。佛教禅宗衣钵相传六世，依次为达摩、慧可、僧璨、道信、弘忍、慧能，称为"震旦（中国）六祖"。这几尊造像在艺技上比较平板，较为生动别致的，倒是洞口边上的凤凰和雷公像。凤凰嘴衔花朵，引颈展翅，作俯冲急转状；在风云中，它那斑斓的羽毛，向后翩翩飘动，炯炯的双眼，正全神贯注着下前方；由于急转而表现出来的身体的扭动，给人以一种矫健美的感觉。这只栩栩如生的凤凰，没有一点宗教仪轨的束缚，完全是写实的作品。雷公像怒眼俯视，双脚作弓步状，肩上生有两翅，似在浓云急雨中布雷吐电，富有浪漫主义色彩。

二　布袋僧圆寂岳林寺　众施主拜作弥勒佛

在飞来峰金光洞附近，有一春淙亭。这里泉水叮咚，如琴奏鸣。山色风光，有如亭子里的楹联所云："山水多奇纵，二涧春淙一灵鹫；天地无涧换，百顷西湖十里源。"沿着蜿蜒的溪涧徐行片刻，穿过跨溪小桥，循着山崖小道东行，猫腰走过石乳丛生的幽径，拾级而上，盘座在巉岩石壁间的一尊大佛，就是吸引游客的弥勒像了（图二）。当年艺术匠师在这里造像，是煞费苦心的。这是一个得天独厚的幽谷，山不高而峥嵘，地不大而据险，四周奇石嶙峋，千岩竞秀，上覆葱郁林木，下萦绿水流泉，这就进一步衬托出佛教的所谓修炼成果的肃静气氛。

图二 飞来峰元代布袋弥勒及十八罗汉像

弥勒佛像的艺术造型特点是逗人喜乐。不管远望近观，都给人以妙趣横生、笑逐颜开的艺术享受。他那硕大的身姿，沿山壁席地而坐，粗眉大眼，跣足屈膝，腹系腰带，神态安闲。他左手拿着一串念珠，似在念念有词；右手按抚布袋，恰似受到施舍。匠师们为了突出喜乐的艺术效果，在表现手法上，采用了适当的夸张。如脸部表情，粗眉特长，作半弓形的弯曲，双眼和嘴角也作了强调，这在艺术上就增添了喜笑自若的效果。两叶大耳，肥厚颀长，垂于双肩；袒露的胸怀，突出了便便大腹，使人在喜笑之余，又觉可亲可爱。这样的艺术处理，就摆脱了以往佛教造像传统的束缚，突破了佛教经典上的严格仪轨，更富有中国僧人的特点，具有浓郁的生活气息，使历史上记载的布袋和尚的形象，得到了生动的再现。

在弥勒的周围，还有十八罗汉，左右拱卫着。他们姿态各异，形象传神，有的合掌而立，有的双脚交叠而坐，有的手抱童子，有的背荷锡杖，有的跪地捧物，有的举托宝塔，有的跏趺静坐，有的手捧如意，有的舒展经卷，雕镂生动，依山势布置，与中央的弥勒，构成一组结构匀称、布局得体的群像。

飞来峰弥勒像，是根据布袋和尚的形象雕造的，所以又称布袋弥勒。根据宋代僧道原编的《景德传灯录》和明代僧如惺编的《龙华忏法》等书记载，布袋和尚生于晚唐，是明州（今宁波地区）奉化县人，在本县岳林寺①出家，自称"契此"，号"长汀子布袋僧"。他形体肥胖，蹙额皤腹，出语无定，随处偃卧。还时常背着锡杖，挂上布袋，内藏生活用具，见到人便讨食，分少许入袋。饥即食，饱便睡。喜欢小儿，时常和他们嬉戏，悠然自得。每逢下雨，就穿着草鞋，突然出现在街上；待天放晴，就拖着高齿的木屐，竖膝而睡。五代梁贞明三年（917年），他端坐在岳林寺的一块磐石上，口中念着"弥勒真弥勒，分身千百亿。时时示时人，时人自不识！"就圆寂了。

---

① 该寺位于大桥镇，建于唐代，今毁。寺前有二塔，塔内有唐大中五年（851年）《岳林寺塔记》及唐大中十年（856年）《明州奉化岳林寺塔铭》。

圆寂，也叫入灭，或称涅槃、灭度、寂灭，有六七十种不同的叫法。此话出自佛教用语。据传，释迦牟尼二十九岁出家求道，苦修六年，一无所得，于是在菩提树下独坐冥想，经过几天几夜，忽然感到自己成就了正觉，也就是成佛了。他觉悟到苦、集、灭、道四个所谓真理，故又称"四谛"。苦谛是说人生一切都是苦的；集谛是讲苦的原因；灭谛是断绝苦果，也就是圆寂；道谛是达到圆寂的道理，也就是修行。按佛教的说法，圆寂就是不生不灭，听起来简直不可思议。其实，圆寂就是死。死了，当然不会有什么痛苦了。辽宁省兴城有处辽代的火葬场，旁边有座辽代的密檐塔，塔上题了四句偈："诸行无常，是生灭法，生灭灭已，寂灭为乐。"此语出自《涅槃经》十四，总佛法之大纲。由此可见，这个火葬场塔上的偈语，就是对圆寂一词的最好注解。

相传布袋和尚了解一些天文知识，善于观察气候。在科学很不发达的古代，人们都觉得他是一个神人下凡的怪僧，因此都喜欢和他接近。他又是个酒徒和尚，平时装出一副神秘相，自得其乐，疯疯癫癫，人们见了他，"皆大欢喜"。经过酒店，店主人都愿意舍施酒食给他吃，说生意会因此兴隆。越能骗到酒，他就越加装得神秘。他死后，一般和尚就利用民间对他的迷信，再添枝加叶，进一步把他神秘化，说他临死前念过那几句偈，就是弥勒的化身。

其实，人死后是不能化为什么神仙鬼怪的。这个道理，早在东汉时期，唯物主义思想家王充在《论衡》里就说得十分明白。他说，人死了，好比火熄灭了。火灭了，就没有光亮，而烛还存在，人死了，精神亡了，形体还存在。假如说，人死了还有知觉的话，便是说火灭了还有光。他又说，人所以能生存，因为有精气；死了，精气就灭了，形体就要腐朽变成泥土，哪里有什么鬼呢？

但是，佛教在封建社会里还是很盛行，这是有其特定原因的。那时人民在政治上受重压，在经济上受盘剥，生活极端痛苦。他们为了寻找精神上的寄托，不得不祈祷佛、菩萨的保佑，以求得今世平安，来世得福。但是终究没有见到过佛、菩萨的赐恩，于是逐渐发生了动摇。封建统治者为了利用宗教来稳住自己的宝座，就千方百计地扶植僧侣。僧侣们挖空心思，今天造出这个佛、菩萨，明天又想出另一个佛、菩萨。佛经上说，弥勒居于兜率天，下生此世界，在龙华树下继承释迦牟尼的佛位而成佛。讲得玄乎其玄，叫人难以捉摸。大概原来的弥勒不灵了，僧人又变换个布袋和尚来顶替。这个弥勒的形象，和一般的佛像不一样，喜笑颜开，人间味很足，和观众的距离缩短了，使人感到可亲，不那么神秘渺茫。于是，寺庙的山门里，也就争相塑起他的像来，让顶礼膜拜的人，一进门便"皆大欢喜"，暂时忘却内心的痛苦。这一招，果真有几分灵验，信徒有了新的寄托，香火兴旺起来了，和尚也多了一份募化的资本。于是，从奉化到杭州，再传到全国各地，并且传到日本，在日本被奉为七福神之一。

布袋弥勒造像，在北宋时开始流行，早期的比较接近书本的记载，把布袋也刻画出来了。飞来峰布袋弥勒造像，以及周围的十八罗汉，不仅在形式上，而且在内在性格的刻画方面，和《景德传灯录》等书描写的几乎没有两样，从风格上判断，应该是南宋人的作品。另外，在杭州的烟霞洞、城隍山，原来也都有布袋弥勒造像；烟霞洞的那一尊，时代可能还要早一些。宋代以后，有些画人物的画家，也时常绘画布袋和尚的形象。宋代画院艺学崔白画的《布袋真仪图》，在山东益都石佛寺以及河南辉县，都有复制石刻。

三 龙泓洞只露一线天 摩崖壁巧雕唐三藏

龙泓洞,靠近春淙亭和理公塔的西南向。宋代郭祥正作诗云:"洞口无凡木,阴森夏亦寒。曾知一泓水,会有走龙蟠。"这就是龙泓洞得名的由来。龙泓洞,一名通天洞,又因为洞口上立有一尊观音像,所以亦称观音洞。

洞内刻有"通天洞"三字。入内,光线骤暗,石壁上时有泉水渗落,滴滴有声。洞内岩波起伏,褶痕遍布,流风轻拂,清凉舒人。进入洞府深处,向北转弯,就是和龙泓洞口毗连的射旭洞,游人常在此引颈移目,翘首仰视,细细寻找崖洞顶端的"一线天"。传说在这里可见玉观音,其实,这不过是肉眼对崖壁上突起的石灰岩部分的错觉而已。但是在晴天,仰望洞顶岩石,在石罅间确能看到微露的一线天光。

从洞中出来,但闻流泉絮语,鸟声啁啾,只见岩壁上刻有显眼的"听水"两字,一湾清溪,由此淙淙而过,正是"坐石可品泉,诗情泉中出"。在这一清幽环境的烘托下,使洞口左下方的两组精美古朴的浮雕,显得更加奇幻深邃,神秘莫测。这两组浮雕都是历史题材,一组是白马驮经(图三),另一组是玄奘取经。

白马驮经的故事产生在东汉早年。据范晔《后汉书·西域传》等记载,永平十年(67年),明帝派遣蔡谙等人去西域求佛法,在月氏遇到来自天竺的僧人摄摩腾、竺法兰,便请他们到洛阳来,并用白马把佛像及梵典驮运回来。次年建寺,命名为白马寺(在河南洛阳东郊,至今犹存),翻译佛教经典。《四十二章经》最早由摄摩腾译出,竺法兰也译出《十地断结经》和《法海藏经》,成为中国传布

图三 飞来峰宋代白马驮经浮雕

佛教和译经的开始。飞来峰龙泓洞白马驮经浮雕，就是根据这个故事创作的。洞口依岩壁而立的两个僧人，一个是竺法兰，一个是摄摩腾。他们身穿袈裟，袒露左臂，前者胸挂璎珞，全是印度装束。头部后有背光一圈。背光，这本来是佛、菩萨顶上的圆轮光明。大约作者因为这两位是圣僧，所以也都加上背光。旁边有一匹马，可惜已经残损，这自然是当年到西域驮经回洛阳的白马了。

唐僧取经的故事，民间广泛流传。唐僧即玄奘（602～664 年），他是中国佛教法相宗的创始人。玄奘法师俗姓陈，名祎，洛州缑氏（今河南偃师缑氏镇）人。13 岁那年，随兄于河南洛阳净土寺出家，遍游各地，听名僧讲学。唐贞观元年（627 年），玄奘到长安（今陕西西安市）探求《俱舍》《摄论》《涅槃》等经论，取得很大成果。贞观三年（629 年），年方 29 岁的玄奘，为了解决佛学上的疑难问题，随商人往游西域，西上取经。《旧唐书》卷一百九十一说他"在西域十七年，经百余国，悉解其国之语，仍采其山川谣俗，土地所有，撰《西域记》十二卷"。据传说，他沿途遇到数不清的困难和险阻，几经死里逃生。一次，他不慎把带上的饮水倒翻了，而前面还有七百里沙漠，不得已，只好折回取水。当他回头走了十多里，想到自己不到天竺决不东归一步的誓言时，又掉转头来，继续西行。过葱岭时，山峻雪厚，寒冷入骨，他悬釜而炊，席冰而睡，走了七天才出山。途经高昌，高昌王劝他留下，情愿以一国供养，但玄奘志坚未从。经过四年，他终于到达了北天竺摩揭陀国那烂陀寺，拜见戒贤法师，受《瑜伽师地论》，旁及大小乘各论，后又向胜军居士学习"唯识"①。经过数年刻苦的游学，天竺佛教理论，几乎全被他融贯了。这期间，他著有《会宗论》等。后来，戒日王召集五天竺的僧人和婆罗门教信徒几万人，在曲女城隆重地举行大会，宣读玄奘的著作，并允许大家提出异议，开展佛学不同流派的争论。在这个为期十六天的盛会上，他战胜了所有论敌，信徒们对他渊博的学识无不心悦诚服，佛教大乘信徒推崇他为"大乘天"，小乘信徒尊称他为"解脱天"。玄奘在天竺搜集了六百五十七部梵文佛书，带回到中国。贞观十九年（645 年）到达长安，专心致志地翻译佛经，前后十九年，共译出七十五部，计一千三百三十五卷。在我国古代四大佛学翻译家（鸠摩罗什、真谛、玄奘、不空）中，以玄奘的译作最多，译文最佳。在玄奘以前，翻译佛经的程序，往往是先依梵文语法译成汉文，再改成汉语法，最后由笔人修整文句，这样的翻译，常常有失原意。玄奘由于精通汉语、梵文，又深探佛学，因此出自他手笔的译文，既含义准确，文字也十分谨严。他还创造了五种不译的规则，要求相当严格。唐显庆四年（659 年），高宗皇帝以玉华宫为寺，让玄奘居此。麟德元年（664 年），玄奘积劳病故，终年六十五岁。

飞来峰龙泓洞口的玄奘取经浮雕，以唐玄奘为前导。玄奘身穿袈裟，袖子宽大，拖垂到膝下，完全是中国高僧的模样。背后有圆光，式样和摄摩腾、竺法兰背后的圆光相似，形如圆盘，没有任何装饰，这种犍陀罗（在今巴基斯坦之白沙瓦及阿富汗东部一带）所盛行的佛像圆光的式样，不仅在杭州石窟造像中是仅见的，在云冈等地也很少见。玄奘的面相文静温和，矜持虔诚。造像旁题刻"唐三藏玄奘法师"字样。他身后应该有随行的人，可惜这块岩石不知何年崩损，现在只留下一个窟洞了。窟

---

① 佛教理论，以为宇宙万物，都不过是由心识之动摇所显示出来的影像，内界、外界、物质、非物质，全由唯识所变，是一种唯心主义的理论。

洞的后面，残存一人，像是牵马者，但形象已模糊难认。两匹马雕镂精致，线条清晰，正跋涉于陡峻的山岭之中。一匹驮经，另一匹背负莲座，和宋代石马的风格十分近似。

这两组浮雕，结构完整，形象逼真。从风格上判断，应该是宋代的作品。作者取材于历史故事，描写的对象又都是现实生活中的人，所以很富有真实感。特别是浮雕中的玄奘形象，看后使人联想翩翩，仿佛他正风尘仆仆地行走于千山万水之中，以惊人的毅力，战胜了重重困难，最后终于达成了自己的夙愿。诚然，我们是不信奉唯心主义哲学的，他的人生道路我们也不赞同，但他那种坚韧不拔的意志和孜孜不倦的求学精神，后人仍然传为美谈。元代吴昌龄的杂剧《唐三藏西天取经》，明代吴承恩的小说《西游记》等，都是根据这个题材创作的。他的西行和佛教理论上的贡献，对古代中外文化的交流，也都有其不可忽视的作用。

四　山连山艺苑争艳丽　峰叠峰造像元为魁

飞来峰，峰回路转，山峦逶迤。如果从飞来峰的尽头金光洞开始，从溪畔幽径行至呼猿洞，在星罗棋布于洞壑崖壁上的造像中，可以发现，这众多的艺术明珠，以元代作品为首魁。它的时代，有题记可查的，始自至元十九年（1282年），终于至元二十九年（1292年）。

元代造像特别多，是有特定历史原因的。元统治者灭掉南宋以后，在全国范围内实行野蛮的统治，人民遭受沉重的苦难，而江南地区更甚。阿合马子呼逊做浙江行省平章政事（相当于现在的省长），单被发觉的赃钞一项，就达八十一万锭。由于杭州原是南宋的首都，元统治者的控制，也就特别严。《马可·波罗游记》写道，"自大汗占有此城而后，下令于一万二千座桥上每座守以逻卒十人，以防叛乱"，"逻卒之一部分侦视人家于规定时间以后，是否尚有燃灯者；若有，则做记号于其户上，明晨诉之市令，如无理则罚之。规定时间以后，尚有在街市行走者亦捕之，明晨送之市令"①，真是只许官府放火，不准百姓点灯。

为了缓和阶级矛盾，麻痹人民群众的斗志，于是就在杭城大兴寺庙，雕凿佛像之风兴盛一时。明代田汝成《西湖游览志余》云："时江南释教都总统永福杨琏真伽自至元二十二年至二十四年恢复佛寺三十余所，如四圣观者，昔之孤山寺也。弃道为僧者七八百人，皆挂冠于上永福寺帝师殿梁间，而飞来峰石壁皆镌佛像。王云章诗云：'白石皆成佛，苍头半是僧。'"正是对这段史实的生动记载。

靠灵隐大道上，沿理公塔的东南向前行，可到怪石林立的金光洞。洞口外壁，有毗卢遮那佛和文殊、普贤三尊，作全跏趺坐式，面相静雅，比例匀称。座子雕成仰莲的形状，四周布幔下垂。佛、菩萨的神态庄严、慈悲，信徒们见了会感到自己的渺小和佛法无边，从而肃然起敬。作为一朵宗教艺术的奇葩，它的雕造是很成功的。左边的文殊菩萨，左手持剑，这是佛教所说智慧的象征。龛下刻有"大元国功德主徐僧录等命舍净财，镌造毗卢遮那佛、文殊师利菩萨、普贤菩萨三尊……至元十九年八月日"等内容的题记。

---

① 据向达译文，见《元代马哥孛罗诸外国人所见之杭州》。

在理公塔旁有一尊金刚手菩萨，头戴宝冠，冠上饰化佛，右手举着金刚杵，左手置于胸前，身短腹大，两脚叉立，在瞪目威武的容相中，透出童孩似的幼稚相。由于受佛教仪轨的束缚，身段比例有明显的失调。从题记中得知，此像为元至元二十九年"荣禄大夫行宣政院使脱脱夫人"出钱镌造。

继续循溪西行，过流水小桥，便是龙泓洞。这里崖壁嶙峋，异石耸秀，下有绿水萦回，上有树蔓丛生，洞口巧凿六尊造像。其中以如来和观音像最为精美。如来立像构图洗练，着重强调关节处的主要线条，省略了琐碎的细部，对内在性格和精神状态作了突出的表现，衣褶的飘动也处理得自然得体，富有生活情趣。

出龙泓洞，溯溪前行片刻，跨过卧波石桥，从蹬道上拾级而上，有一石亭，依山势建造，横额上刻有"多宝天王"四字。其实，亭内石龛中是一尊多闻天王像，后人刻在横额上的题字显然是失误。按照佛教的说法，众生所住的世界分为三个层次，即所谓"三界"，其中欲界有六天。六天中的第一天，有四大天王，分别守卫四方：东方为持国天王，南方为增长天王，西方为广目天王，北方为多闻天王。飞来峰多闻天王造像，全身披甲，骑坐狮子，手执宝幢，气派雄伟，姿态生动。狮子瞪目张嘴，神态凛然，前腿摆成八字形，用力地踏在莲座上，它那腿部一棱棱鼓起的肌肉，迸发出蕴藏在内部的力量，显示出承担着天王沉重的身躯，从而更加衬托出天王的威武（图四）。旁有一篇题记："大元国大功德主资政大夫行宣政院使杨，谨发诚心，舍捐净财，命工镌造多闻天王圣像一尊……至元二十九年闰六月日建。"这里的"资政大夫行宣政院使杨"，就是杨琏真伽（图五）。资政大夫为元代正二品文阶官。宣政院是主管释教僧徒和吐蕃事宜的行政机构。

在多闻天王左边的山腰间，有一块崩塌的大岩石，里面一尊菩萨像，上身赤裸，下体着裳，面部丰满，额下生一双含情脉脉的双眼，嘴上配两片微微带笑的口唇，细致地表现了慈悲可亲的感情。周围祥云朵朵，两尊飞天，凌空起舞，看后使人恍如来到琼府仙境，享受到一种飘逸轻松的艺术美。

图四　多闻天王像

图五　飞来峰杨琏真伽像

过壑雷亭，越溪而上，又有一组造像（图六）。此龛分成三个拱券，主龛观音像，三头八臂，三头都戴宝冠，八臂各作不同手势，颐颊丰盈，两眉相连，上身赤裸，下着裳，挂珠饰，坐莲座，神态宁静慈祥，全身比例匀整，匠意奇特，技法娴熟。作者塑造的观音菩萨，既把佛教关于她救苦救难的形象作为主要依据，又从现实生活中吸取了精华，进行糅合创新，在艺术风格上颇有独到之处。观音左右两尊立像，面带笑容，婀娜多姿。龛顶浮雕喇嘛塔。主龛两侧，还有四尊金刚手，与至元二十九年脱脱夫人捐钱所造的金刚手十分近似。

图六　三面八臂观音像

飞来峰正对灵隐寺的山腰上，有一龛造像。左边的一尊，张腿下蹲，手举金刚，头部虽残，但从形体上还可以看出凶猛的模样。旁有"平江路僧录范（缺）真，谨发诚心，命工刊造密理瓦巴一堂"的题记。密理瓦巴是护持佛法的天神。右边侧立女像，一前一后，手捧献物，作供奉状，外衣贴身，犹如薄纱微蒙，线条宛转流畅，给人以一种形体美的感觉。

在密理瓦巴造像下面的断崖之上，有一龛至元二十五年（1288 年）的青头观音（佛教宣称的三十三观音之一）像。她头戴宝冠，前胸祖露，璎珞（一种用玉编串成的装饰品）贴身，体态丰满，容貌娇媚。左腿盘屈平放，右膝向内收举。左臂悠然地倚靠在石几上，很自然地支撑着微斜的身躯。右手腕搭在右膝盖上。那修长的眉目，轮廓明显的唇鼻，圆润起伏的面部，静雅端严的容相，都细致入微地反映出佛教所宣扬的观音菩萨的精神面貌。

沿古木参天的灵隐路继续前行，过灵隐寺大门，向南拐弯，跨过清澈的小溪，在繁茂的丛林中，隐约中可见一洞穴，那便是呼猿洞。附近石壁上有精美造像三龛。其中有一尊观音像，作男人容相，这是杭州石窟造像中独一无二的男相观音。

飞来峰元代造像除继承了唐宋的传统外，还吸收了藏、蒙兄弟民族的艺术特色。有的佛像不穿袈裟，只是斜披衬衣，有的甚至裸露上身，这是受到当时印度佛教造像艺术的影响。由于吸取了各种艺术营养，因此形成了自己独特的风格（图七）。在我国石窟造像艺术史中，元代处于急剧衰退的时期，而飞来峰元代造像却似夕阳反照，放射出异样的光彩，这在我国造像艺术宝库中，无疑是一份珍贵的

图七　飞来峰元代观音像

遗产。尽管造像中也夹杂着一些封建糟粕性的东西，但古代无名匠师们独辟蹊径的艺术创造才能，是十分可敬的。

五　杨秃徒劣迹留江南　陈仕贤误砸石佛头

在飞来峰冷泉亭后面，有一座清光绪年间铸造的多宝铁塔。塔旁有一尊坐像，作吉祥坐，弥陀手印（右手叠置左手之上，两大指相接。这种手势，佛教称为"弥陀手印"）。造像的下面，刻有一篇《大元国杭州佛国山石像赞》，其文云："永福杨总统，江淮驰重望。旃灵鹫山中，向飞来峰上。凿破苍崖石，现出黄金像。佛名无量亦无边，一切入瞻仰。树此功德幢，无能为此况。入此大施门，喜有大丞相。省府众名官，相继来称赏。其一佛二佛，（缺）起模画样。花木四时春，可以作供养。猿鸟四时啼，可以作回响。日月无尽灯，烟云无尽藏。华雨而纷纷，国风而荡荡。愿祝圣明君，与佛寿无量。为法界众生，尽除烦恼障。我作如是说，此语即非妄。至元二十六年重阳日住灵隐虎岩净伏谨述，大都海云易庵子安书丹，武林钱永昌刊。"

古人凿岩造像，刻上题记，讲明自己在某年某月，施舍净财，雕造什么佛、菩萨像，祈求何事，那是通常见到的。但是，这尊造像题记，是由净伏和尚出面，专为杨琏真伽歌功颂德的，这在古代造像题记中十分少见。题赞开头说的永福，是指杭州的一座寺院。杨总统是元世祖忽必烈所宠信的和尚，出任僧官，为江淮总摄，也称"总统"。净伏和尚吹捧他德高望重，驰誉江淮之间，完全是阿谀奉承之词；说灵鹫山上的神灵，随着山峰从天竺飞来，凿破山岩，现出了黄金像，那就更荒诞可笑了，因为飞来峰的造像，明明是无名匠师的艺术创作，怎么会是潜在神灵的显现呢？赞词上讲的"佛名无量亦无边"，即"阿弥陀佛"，佛经说他是西方极乐世界的教主。赞词末了说的"我作如是说，此语即非妄"，则完全是自我吹嘘，标榜自己。看了这篇题记，对一些不明真相的人，确有迷惑作用，似乎这个杨琏真伽是一位虔心诚意、清静无为、功德无量的高僧了。可是，揭开历史，看一看他留在江南的种种劣迹，就可以知道这位"高僧"的庐山真面目了。

江淮释教总统杨琏真伽，原是"一官二吏三僧"的特殊人物，是忽必烈的宠臣，是镇压江南人民的刽子手，也是搜刮民脂民膏的大贪污犯。《元史》说："琏真伽重赂桑哥，擅发宋诸陵，取其宝玉，凡发冢一百有一所，戕人命四，攘盗诈掠诸赃为钞十一万六千二百锭，田二万二千亩，金银、珠玉、宝器称是。省台诸臣乞正典刑以示天下，帝犹贷之死，而给还其人口，土田。"这段史实，正是对这位所谓高僧为人的最好注脚了。

元世祖至元时，把国内百姓分成四等：蒙古人、色目人、汉人、南人，推行民族歧视政策。"南人"即南宋统治下的汉人和西南各族人民，受苦最深。元统治者一方面在杭州置四五万户府，专事镇压人民，同时又拼命扶持佛教，"改宫观为寺，削道士为髡"（见陶宗仪《辍耕录》）。自至元二十二年（1285 年）至二十四年（1287 年），恢复佛寺三十余所，寺院所占田户竟达五十万家。杨琏真伽得势时，曾将杭州凤凰山上的南宋宫殿改建成五所寺庙，经由皇帝批准，以水陆地五十顷作为这五所寺庙的费用。弃道为僧的有七八百人，都附于永福寺。他又把葬在绍兴的南宋六个皇帝的陵墓盗掘了，把尸骨运到杭州，在凤凰山上建造镇南塔，还把南宋石经这份珍贵文物运去作为造塔的石料。不仅江南人民对杨琏真伽痛恨万分，有正义感的和尚对他也很气愤。据当时人陶宗仪写的《辍耕录》记载，杭州玛瑙寺有个名叫温日观的和尚，能写一手好字，性嗜饮酒。杨琏真伽请他吃酒，他却不沾一唇，面对面地骂道："掘坟贼！掘坟贼！"

杨琏真伽因盗用官物，曾于至元二十八年（1291年）被朝廷追究，次年三月赦免。大概因为这个关系，赦免后四个月，他在呼猿洞雕造了弥陀、观音、势至三尊，还刻上一篇长长的题记："端为祝延皇帝圣寿万岁，阔阔真妃寿龄绵远，甘木罗太子、帖木厄太子箅千秋，文武百官常居禄位，祈保自身世寿延长，福基永固，子孙昌盛，如意吉祥。"另外，飞来峰多闻天王像，也是杨琏真伽在同一时期雕造的，造像题记也刻着"端为祝延皇帝万岁"等颂词。

由于杨琏真伽雕造佛、菩萨像时，把自己的像也混杂进去，让人顶礼膜拜，因此元朝灭亡之后，江南人民出于对杨琏真伽的憎恶，也祸及造像。明田汝成在《西湖游览志余》中说："石门洞（在飞来峰）旁旧有连岩栈、伏虎栈，皆为杨髡凿为佛像，丑在刺目，无复天成之趣。"袁宏道在《飞来峰小记》中说："壁间皆杨秃所为，如美女面上瘢痕，奇丑可厌。"陈洪绶《呼猿洞诗》云："痛恨遇真伽，斧斤残怪石。山亦悔飞来，与猿相对泣。"明嘉靖二十二年（1543年），杭州知府陈仕贤因为痛恨杨琏真伽，首先发起敲毁石像，还请田汝成写了一篇《诛髡贼碑》说："西湖之飞来峰，有石人三：元之总浮屠杨琏真伽、闽僧闻、剡僧泽像也。盖其生时所自刻画者。莫为掊击。至是，陈侯见而叱曰：'髡贼，髡贼，胡为遗恶迹以蔑我名山哉！'命斩之。身首异处。闻者莫不雪然称快。"清代初年，有个四川人侨居钱唐（今杭州）的张岱，也曾打毁过一些造像。他在《岣嵝山房小记》中说："一日，缘溪走，看佛像，口口骂杨髡。见一波斯胡坐龙像，蛮女四五献花果，皆裸形，勒石志之，仍真伽像也。余椎落其首，并碎诸蛮女，置溺溲处以报之。"

古代文人，言必三代，越古越好，不论其艺术价值。明代离元代不远，在当时这些造像谈不上古。加上元代造像大多是佛教密宗的产物，他们也看不惯。尤其是杨琏真伽劣迹昭著，于是，敲毁佛像似乎是理直气壮的正义举动。其实，飞来峰元代造像不全是杨琏真伽出钱造的。他们敲的，也不一定是杨琏真伽的像。在飞来峰大弥勒像的左下方，有一龛造像，非佛非菩萨，而是三个和尚像，这可能就是杨琏真伽、闽僧闻、剡僧泽。如果真是这样，那么，陈仕贤和张岱都打错了。在冷泉亭后面，也就是净伏和尚为杨琏真伽题赞的造像旁，有一龛密理瓦巴像，旁边有两个献物的侍女，头部均毁，可能也是被张岱敲掉的。

杨琏真伽当然是可憎可恶的，但敲毁造像，也属虚妄无知的举动。

西湖石窟造像，就我们已知的数字，大约有一千余尊，可是没有一处留下作者自己的姓名。那些无名的匠师，过着半饥半饱的生活，成年累月攀登在悬崖峭壁上，或者在阴暗的山洞里，有时要仰卧，有时要蜷曲，有时要匍匐，用简陋的工具，按照造像主祈福许愿的要求，以自己辛勤的劳动，精湛的技艺，一刀一凿，创造了无数精美的作品。他们盼望从苦难的深渊中解脱出来，有的自身也成了佛教信徒，为了表示对佛、菩萨的虔诚，每下一刀，都要叩头跪拜。每一尊造像，都渗透着他们的斑斑血汗。

诚然，佛、菩萨像在过去时代所起的作用，无疑是消极的。从这个意义上来说，石窟造像成了统治阶级麻痹人民的历史见证。但是，今天我们仍然珍惜它，因为它是中华民族灿烂文化的组成部分，是珍贵的历史遗产，是创造新文化的艺术借鉴。

六　钱镠王开通慈云岭　无名氏雕造弥陀像

慈云岭，位于势若飞凤静卧的凤凰山上。它背依烟波浩渺的钱塘江，面对莹莹似镜的西子湖。从环湖南路西行，走完玉清路，沿山路上去，可直登山巅。这里草树繁茂，巉岩崚嶒，放眼远眺，杭城在波光水影中，更显得苍翠蓊郁，神韵翩翩。

循山径在绿烟彩雾中漫步探胜，越过山岭没几步，在林木幽深的佳境中，首先映入眼帘的就是两龛摩崖造像。

早在唐代，这里还是野草凄迷，人迹罕有。至唐代末年，钱镠割据浙江等地，号称吴越国，大造宫室，扩建城郭，把慈云岭也包括在城内。为了沟通南北交通，钱镠征集民夫，开辟岭路，从玉皇山麓，越过山岭，直达江边。这可从慈云岭岩壁上题刻的《开路记》中得到证实。《开路记》云："梁单阏之岁，兴建龙山，至涒滩之年，开慈云岭，使建西关城宇台殿水阁。今勒贞珉，用纪岁月，甲申岁六月十五日吴越王记。"这里的"单阏之岁"，是指后梁开平元年丁卯（907 年）；"涒滩"，是指乾化二年壬申（912 年）。这段话的意思是说，吴越国王钱镠在梁开平元年兴建龙山，到梁乾化二年开通慈云岭，并且在西关（今净慈寺对面雷峰塔一带）建造城宇台殿水阁。

慈云岭开辟为南北要道后，行人往来，热闹非凡。后晋天福七年（942 年），吴越国王又在此建造资延寺。与此同时，在慈云岭南坡的石壁上，雕龛造像。

慈云岭造像的主龛，阔 10 米，高 5.8 米（以中线为准），深 1.5 米，龛形横长，龛楣弧拱，共造像七尊（图八）。弥陀居中，高 3.34 米（连座，下同），身披袈裟，右肩袒露，头盘螺髻，面相温和，仪态端严，作禅定的模样。背后有项光和身光，作宝珠形，中间雕刻宝相花，边缘装饰火焰纹。吉祥坐式（先以左趾押右股，后以右趾押左股，二足掌仰于二股之上，手亦右押左，安仰跏趺之上，两足心刻八辐法轮，也就是佛教所宣扬的八正道〔正见、正思维、正勤、正念、正说、正义、正命、正定〕）。座子分两层，上面是莲花座，下面是须弥座。弥陀，就是阿弥陀佛，是梵文 Amitābha Amitāyus音译的简称，意思是"无量光""无量寿"。佛经说，弥陀是西方极乐世界的教主，为净土宗（亦称"莲宗"，中国佛教宗派之一）的主要信仰对象。净土宗在唐代已很盛行了，当时宣传阿弥陀佛信仰的和尚道绰（莲宗第四祖）宣称："若一念阿弥陀佛，即能除却八十亿劫生死之罪。"佛教从唯心主义出发，认为世界上经过若干万年要毁灭一次，再重新开始生成，世界成坏一周期为一劫。犯了八十亿劫的死罪，只要念声"阿弥陀佛"便能得以赦免。钱镠在慈云岭建造资延寺，把弥陀作为主佛雕造，说明净土宗在当时还很流行。

弥陀像的右侧是大势至菩萨像，左侧是观世音菩萨像，高 2.85 米，都作全跏趺坐式。这两尊菩萨，都是弥陀佛的胁侍，合称"弥陀三尊"。观音头戴宝冠，宝冠的两侧各有一条宝缯拖垂在肩上。容相丰满，神态端严。右手拿着柳枝，左手托物倚放腿上，手腕带镯。肩披锦带，飘动自然。胸挂璎珞，环绕膝间。势至宝冠高髻，脸型方圆，面相温和，笑容可掬。这两尊菩萨的背后也都有背光。"弥陀三尊"的两侧，还有两尊菩萨立像，高 2.72 米。最外两侧是金刚力士像，高 2.9 米，戴盔穿甲，腰

图八　慈云岭造像主龛

系革带，左手作无畏手印，右手执长杆宝钺，表现出威武、勇猛、正直、坚毅的性格。龛内上部雕有飞天，手举花束，向着弥陀的背光飘舞而来。朵朵祥云，浮绕周围。飞天的背上虽然没有翅膀，可是她那轻盈的体态，飞翔的姿势，加上拂动的长带，使人很自然地感到是在空中了。飞天的外侧，有伽陵频伽鸟，人头鸟身，背上长翅，佛经上也称为"好声鸟"。龛楣高 0.8 米，雕刻七佛，都作全跏趺坐式，祥云绕托莲座，仿佛他们是在天上的。佛教为了宣扬它的历史悠久，声称在释迦牟尼之前六代就有成佛的（毗婆尸佛、尸弃佛、毗舍浮佛、拘留孙佛、拘那含牟尼佛、迦叶佛），连同释迦牟尼在内，称为"七佛"。龛楣左端浮雕文殊菩萨骑狮，狮子龇牙瞪目；右端浮雕普贤菩萨骑象，白象昂首卷鼻。

图九　慈云岭地藏像主龛

文殊和普贤都是释迦牟尼的胁侍，所以双手合掌，雕刻在七佛的两端。这两尊菩萨的下面，各有一侍者，作恭立膜拜状。

　　主龛的七尊佛、菩萨像，尽管他们的性格不同，形象各异，但他们不是各自孤立的，而是以弥陀为中心有机地形成了一组既有外形变化，又有精神上的内在联系的群雕。龛内上部的飞天和伽陵频迦（或称"妙音鸟"，人的头，鸟的身子，佛教说它常住极乐净土），以及龛楣上的七佛等，也都围绕着弥陀这个主题，充分展示了我国古代无名匠师们的艺术创造才能。利用自然岩势开凿横龛的做法，在五代吴越造像中是常见的，不过就其规模来说，要推本龛为最大。特别是主龛北面的那龛地藏像，具有很高的艺术价值（图九）。这是一个小龛，坐北朝南。龛高 2.6 米，阔 2.33 米，深 8 米。正中圆雕地藏像，作半跏趺坐式，右腿盘屈，左腿踏在莲花上。座子蒙着袈裟，布角下垂。光头大耳，容相端严。作者把《大乘大集地藏十轮经》中所说的"安忍如大地，静虑如密藏"的风度，惟妙惟肖地表现了出来。

　　这龛地藏像是以佛教神话故事为题材的。据佛教传说，佛灭度一千五百年，地藏降迹到新罗（朝鲜古国）国主的家里，俗姓金，号乔觉，唐永徽四年（653年），年24岁，剃发为僧，随带白犬、善听（翻译），航海而来，到江南池州府东青阳县九华山（今安徽贵池区东南），端坐于山巅。至开元十六年（728年）七月三十夜成道，终年99岁。当时有个闵阁老，素怀善念，每次斋食百僧，必定空出一个位置，请洞僧（即地藏）赴斋足数。洞僧请闵阁老行善德，舍施袈裟地。闵阁老答应后，就用袈裟把整个九华山都盖住了，尽了喜舍之愿。他的儿子出家为僧，就是道明和尚。慈云岭的地藏像，便是以这个故事为依据的。作者将地藏雕作僧人的模样，并以闵阁老为右侍，道明为左侍。这两人脸型丰腴，仪态端严，流露出虔诚、恭维的神态。由于地藏是僧人模样，曾经有人把它当作是唐玄奘像，那是误解。据《太平寰宇记》云：九华山，"旧名九子山。李白以九峰如莲花削成，改为九华山"。慈云岭地藏像足踏莲花，大概就是象征他端坐九华山头；座子上布角下垂，大概就是象征闵阁老舍施的袈裟；另外，还可以从1956年金华万佛塔塔基下面出土的北宋文物得到证实。在出土文物中，有两尊铜铸的地藏像，容相、坐姿、手势，甚至脚踏的莲花，都和慈云岭的地藏像一模一样。一尊座子上刻有："府内女弟子吴二娘，为（缺）孙十二娘子造地藏。"另一尊座子上刻："女弟子（缺）三，为四恩三有，造地藏一身，永充供养。"这充分说明，慈云岭小龛里的造像，确实是地藏菩萨，而不是唐玄奘。

　　地藏的左侧引出云头，绕向龛楣，云间浮雕六道轮回。所谓"六道"，即天道、人道、阿修罗道、地狱道、饿鬼道、畜生道。在云际间，走在最前面的两人，一男一女，中年模样，头戴冠冕，作贵人装束，合掌而行，这大概就是天道了。在这后面，又有两人，也是一男一女，作普通人的装束，这应该就是人道。佛教宣称，凡是具备五戒（杀生、偷盗、邪淫、妄语、饮酒）的，来世能进入人道。在这后面，立着容貌丑陋的阿修罗王，他身上长着两双手，上面一双托有日月，下面一双各持弓箭。它是古印度神话中的恶神，住在海底，常与天神战斗。佛教把它列为六道轮回之一。又后，一牛首人身，手执武器，旁有锅状物，大概是地狱道。再后二人，赤身裸体，瘦骨嶙峋，畏缩不前，可能代表饿鬼道。最后一马，昂首而立，当然是畜生道了。

　　佛教为了用"因果报应"来掩盖阶级压迫的实质，宣扬一切有生命的东西，如果不求解脱，便永远在六道中生死相续，好比车轮旋转不息。人如果做了好事，死后就能到天国，若做了坏事，死后就会变成畜生、饿鬼，或堕入地狱。还宣称：地藏菩萨受释迦牟尼的嘱咐，救度六道众生，誓言不度尽众生，决不成佛。慈云岭地藏造像的龛楣浮雕，就是取材于这种说教。

　　关于慈云岭造像的时代，据《咸淳临安志》记载："上石龙永寿寺，在慈云岭下，天福七年（942年）吴越王建，旧名资贤，大中祥符元年（1008年）改今额。"在慈云岭造像的左外侧，有"新建镇国资贤遐龄石像之记"12个字的题额，下面是北宋绍圣甲戌年（1094年）惟性和尚刊刻的《佛牙赞》一首。《佛牙赞》是赞颂佛牙，并非赞颂石像，内容与题额毫不相干，显然是惟性和尚凿平了原来的造像记，改刻成《佛牙赞》。而且，大中祥符元年寺名已改为"上石龙永寿寺"。由此可见，造像是吴越国王在创建资延寺的时候雕凿的，而上述12个字的题额，则是造像时的原刻。

　　此外，在地藏像的左下侧，还有一小龛观音像，不知何年被毁，仅存两尊胁侍。旁有一方造像题记："钱唐下扇信士刊奉南无观世音菩萨，成化丙（缺）六月十五日。"不过，艺技不高，雕刻粗糙。因为那时，石刻造像艺术已经衰败没落。

七　烟霞洞纷现众罗汉　巉岩壁玉立观音像

在南高峰和青龙山之间，石骨裸露，洞窟遍布，其中以洞景幽朴、形状怪异的石屋、水乐和烟霞三洞最为闻名，而这一带的精湛造像艺术，更是把山洞装点得奇幻神秘。

从湖滨乘四路公共汽车到四眼井，沿满觉垄前行，最先到达的便是"石屋胜景"。大洞高约 5.6 米，深约 7.8 米，广约 10 多米，有两个出入口，洞府高敞，轩朗如屋，故名"石屋洞"。在大洞左方外部高处，另有一洞，称为"石别院"。大洞里面，又有小洞两个，洞洞相连。清代徐廷锡题诗云："悬崖多佛像，半蚀苔痕绿。钟梵了不闻，松风响虚谷。"在大洞里壁，原先有释迦如来、罗汉、菩萨、天王等造像和浮雕。大龛左方，有一小龛，造像三尊。小龛左方，又一大龛，内雕一佛二菩萨，龛楣上还有坐像七尊。这三龛的四周，布满小型罗汉，一直蔓延到石别院。据《钱唐县志》载，共计罗汉像五百十六身。从题记中可以得知，都是五代吴越时期的作品。可惜这些具有一千多年历史的珍贵艺术品，在 1968 年被毁坏殆尽。

由此上山，一路绿荫翳翳，鸟雀鸣啭，至满觉村的西头，便见水乐洞。步入洞内，顿觉凉气氤氲，流风习习。游人至此，看那洞口的微露天光，听那洞内的奇特声响，探那洞壑的神异形状，不觉遐想翩翩，神情奔驰。过水乐洞，拾级攀登，见那碧翠如滴的林木修篁，恰似烟霞缭绕，轻云徐凝。行不多远，便可到达烟霞洞。这个西湖最古老的洞府，以雕有十六罗汉著称（图一〇）。

罗汉，即梵文 Arhat 的音译"阿罗汉"的简称。小乘佛教认为，罗汉是最高的果位，也就是说，修炼达到了最高的境界。它包含的内容：一是杀贼，小乘以烦恼为贼，说罗汉能够破除一切烦恼；二是应受众生供养；三是不受生死轮回的痛苦。烟霞洞十六罗汉造像，是一组造型奇特、情趣横生的艺术珍品。十六尊罗汉，面相不同，姿态各异，有的神情安闲，在闭目修炼；有的盘膝禅坐，托腮冥想；有的袒胸凸肚，足踩飞云；有的手抚老虎，圆睁双眼；有的心中现佛，慈祥可亲；有的在远眺；有的

图一〇　烟霞洞罗汉像

在俯瞩；有的在怒视。作者运用熟练的技巧，简洁明快的线条，把佛经上所说的罗汉，从动态、性格和思想等方面，都惟妙惟肖地表现了出来，既富有现实主义的人间味，又反映出佛教所说的罗汉的应有特性。他们的排列，由于得体地利用了天然岩洞的特定地势，把各尊罗汉巧妙地安排在一定的位置上，因此尽管距离不等，方向各异，但仍然使人感到这是一幅既有变化又互相烘托的有机联系的整体。这种艺术上独特的处理，更能引人联想，具有强烈的感染力。这比起一般庙宇里呆板排列的泥塑罗汉来，更加传神，更富有艺术感。

关于烟霞洞十六罗汉的造作经过，在《咸淳临安志》和《武林梵志》上，都有这样的记载：后晋开运元年（944 年），有个和尚，法号弥洪，结庵洞口，遇见神仙，说山后有圣迹，何不把它显现出来？弥洪按照神仙的指点，到山后寻找圣迹，果真见到一洞，内有罗汉六尊。弥洪和尚死后，吴越国王梦见这个和尚对他说："我有兄弟十八人，现在只有六尊造像，你可以把我们聚集在一起。"吴越国王到处查访，得知烟霞洞有六尊罗汉，于是另外再添造了十二尊。

这个记载，不免有点荒唐可笑。僧侣们为了使造像增加神秘色彩，造出种种虚无的神话哄骗人们。在我国佛教史上，雕塑罗汉像有个发展的过程。最先大约是以唐玄奘的《法住记》作为依据，所以都是十六尊；烟霞洞罗汉像也是十六尊。雕造十八罗汉，始自宋代。佛教神话传说烟霞洞有十八罗汉，那是把布袋弥勒和披帽地藏也误算进去了，其实这两尊是宋代增造的。所以，这个神话传说可能是宋代以后的人伪托的。雕造五百罗汉的时代更为晚，大约盛于明清。石屋洞原有的五百尊罗汉，并非一次雕成，而是由许多人先后捐钱，陆续雕造。记载上说，后晋开运元年，弥洪和尚已在烟霞洞建造茅屋，隐居修行，并发现六尊罗汉，这与实际情况并不符合。事实上，从烟霞洞十六罗汉的雕造风格看，基本上是一致的，因此时代不会相差很远。在十六罗汉造像中，有一尊的题记中刻着"吴延爽舍三十千造此罗汉"。吴延爽是吴越国王钱元罐的妃子吴汉月的弟弟，即吴越国王钱弘俶的母舅，也就是北宋初年建造保俶塔（当时称崇寿院应天塔）的功德主。再联系《杭州府志》上的"清修寺，在烟霞洞，广顺三年（953 年）吴越王建，旧额烟霞"等记载，可见造像的时间应该与建寺同时，而功德主主要是吴越国王钱弘俶和他的僚属。

烟霞洞的洞口，还有两尊引人注目的立像。左边一尊是观音像（图一一），高 2 米，右手举执柳枝，左手垂执宝瓶，头戴高宝冠，宝冠纹饰华丽，正中有化佛，项挂连珠，胸前璎珞垂地；眼神盼顾，流动生辉；而那身上披着的薄纱，仿佛在清风中徐徐飘动……伫立凝视，无不为古代匠师们的高超雕刻艺术而感叹不息。

观音是菩萨的一种，也是梵文 Ava – lokiteśvara 的意译。原译作"观世音"，因唐太宗皇帝名叫李世民，为了避"世"字的讳，所以简称"观音"。关于观音的来历，佛教众说不一。显教说是阿弥陀佛的弟子，密教说是阿弥陀佛的化身，所以古人塑造观音像，有作男相的，也有作女相的。大约在元朝，僧侣们编造出一个神话，说在很久很久以前，有个叫妙庄王的，夫人名宝应，生了三个女儿，

图一一 烟霞洞观音像

大女叫妙颜，二女叫妙音，三女叫妙善。妙善诚心要出家，父母不肯，最后她还是到百雀寺做比丘尼去了。她父亲非常气恼，放火烧了百雀寺。寺中五百僧人被烧死，到阴间地府去告状。阎王不敢判，就让他们变作毒蚊，去咬妙庄王。妙庄王被毒蚊咬后，全身腐烂，痛苦万分，遍求名医，都无妙药。这时，有个会看阴阳的先生，得知此病来由，便说，只有吃了亲人的一只手和一只眼才会好。妙庄王与三个女儿商量，结果大女儿和二女儿都不肯，只有三女儿妙善答应了，但提出一个条件，说病愈后，要还她全眼全手。妙庄王同意这个条件，但听错了音，等病好后，还了三女儿"千手千眼"，于是就成了千手千眼观音。按佛教说法，观音能显现三十三化身，还能救苦救难，只要念她的名号，她就寻声来救，所以非常迎合苦难大众的要求。其实这是一种骗局。

作为偶像的观音，非但救不了黎民百姓的苦难，就是僧人碰上了大难，也帮不了丝毫的忙。相传唐太宗相信道教，把佛教放在道教之后，佛徒法琳不服。唐太宗就想出一个惩治他的办法，下令说："你写的《辩正论·信毁交报篇》讲，有念观音者，刀不能伤。现在给你七天时间念观音，到期试刀。"法琳明知自己是谎言，心中害怕，苦思冥想，想出了一条救命之计。到了第七日，唐太宗派人去告诉法琳，试期已到。法琳说："在这七天里，我没有念观音，只是专心念皇帝陛下，因为陛下功德巍巍，按照佛经上讲，陛下就是观音。"最后唐太宗免他一死，将他流放到远州僧寺去了。这样，观音救苦救难的谎言，就不攻自破了。

烟霞洞口右边还有一尊菩萨，高1.85米，两手交叉腹前，手执念珠，头戴宝冠，宝冠中间也装着化佛（图一二）。这尊菩萨脸型丰满，面容雅丽，神韵端庄，体态柔媚。按照佛经的说法，观音和势至是阿弥陀佛的胁侍菩萨，配置的方法，左观音，右势至，所以这尊应该是势至像。但是，宝冠上装饰化佛的，只有观音像，势至像的宝冠上应该装饰宝瓶，因此也有人说这是白衣观音像。不过，艺术匠师创作佛、菩萨像，并非都是严格按照佛教仪轨的。浙江瑞安慧光塔发现的一尊北宋合掌观音彩塑，形象极其美丽，在她的宝冠上也没有化佛的装饰，但人们还是认她为观音。

现在，烟霞三洞的古迹正在修缮，烟霞胜景将焕发出更加迷人的光彩。

图一二　烟霞洞观音像

八　大黑天"显灵"传神话　紫阳山密宗立门庭

明代黄脩娟写过一首《登吴山绝顶诗》：

> 一上胥山路，疑登霄汉边。
> 江云连越塞，斗宿尽吴天。
> 潮带千峰雨，城含万井烟。
> 居高堪纵目，览古思悠悠。

吴山，是西湖东南面几座山峦的总称；而紫阳山，是其中的一座山峰。在五代以前，这一带还较荒僻，山下是江面，白浪滔天，江潮直扑杭城，造成灾患。当时人们不懂科学道理，以为是伍子胥作怪。相传在春秋战国的时候，越国被吴国战败后，越国贿赂吴国的大宰嚭，通过他的关系，把宝器和美女西施、郑旦送给吴王，请求不要灭越。伍子胥向吴王诤谏，说嚭的话不可信，应该把越国一举消灭掉，免得留下后患，否则，总有一天吴国反被越国消灭。吴王不听，杀死子胥，把他的尸体投到江中。据说当时正值潮来，浪头托起尸身，屹立不倒，随着潮势奔腾向前，老百姓惊以为神。杭人本苦潮患，便奉子胥为潮神，立祠吴山之上，虔诚祈祷，求他息怒，因此吴山又名胥山。近人称它为城隍山，那是山上有城隍庙的缘故。

登上城隍山，纵目眺望，一面可见静影荡漾的西子湖，一面可见蜿蜒如带的钱塘江。"胸前竹石千层起，眼底江湖一望通"，正是这一情景的生动写照。当你回眸探胜，只见峰峦耸秀，怪石毗连，组成了状貌各异的"巫山十二峰"。北宋仁宗皇帝赵祯曾作诗称赞说："地有吴山美，东南第一州。"新中国成立前，这一带庙宇林立，香火缭绕，迷信色彩浓厚，神话传说很多。相传元兵攻城时，曾遭守城的官兵奋力抵抗。后来，由于大黑天显灵，带了许多天兵天将，腾空而行，在城内降临，于是守兵大败。这也就是元统治者对大黑天特别崇拜的原因，还派遣伯家奴到杭州雕造石像，供人们顶礼膜拜。

大黑天造像在紫阳山麓的宝成寺内，有两条路可前往，一条是由城隍山后，沿山间小道翻越过去，行不多久，便可到达；另一条是从太庙巷径自登山。紫阳山由石灰岩构成，山上有佳处横生的紫阳洞。元代萨都剌在《偕卜敬之游吴山驼峰紫阳洞》一诗中，对这里的风景描述说："天风吹我登驼峰，大山小山石玲珑。赤霞日射紫玛瑙，白露夜滴青芙蓉。飘飘云气穿石室，石山凉风吹紫竹。挂冠何日赋归来，扫石篝灯洞中宿。"说明紫阳山的景色十分秀丽。

紫阳洞的下侧便是宝成寺。寺内石壁间有元代造像一龛。龛旁有一方题记："朝廷差来官骠骑卫上将军左卫亲军都指挥使伯家奴，发心喜舍净财，庄严麻曷葛剌圣相一堂祈福。保佑宅门光显，禄位增高，一切时中，吉祥如意者。至治二年月日立石。"麻曷葛剌，是梵语的音译，佛经上通常译作"摩诃迦罗"，就是佛教密宗的大黑天，或称大日如来，一说与释迦牟尼是同一佛，大日如来是法身，释迦牟尼是应身，又一说，大日如来与释迦牟尼是不同的两种佛。佛教根据自己的需要，随意杜撰出许多佛、菩萨来，各派异说，故弄玄虚，自立门庭，其目的都是为了欺骗群众。

早期的佛教，基本上保持释迦牟尼生前所宣传的教义，还没有形成派别。释迦牟尼死后，由于他的弟子对他的教义和戒律的理解产生分歧，就分裂成许多派别。后来，印度社会向封建制度过渡，为了适应封建统治阶级的需要，又产生了大乘佛教。"乘"是运载的意思，说它能普度众生，运载众多的人渡过现实社会的苦海，到达极乐的彼岸。大乘佛教把以前的佛教称为小乘。之后，又产生了密宗。印度僧人到中国来的时候，各自带来本宗派的经典，于是印度宗派也在中国传布开来，加上中国僧人又编造出许多说法，这就形成了中国佛教的许多派别，其中就大乘佛教来说，就有三论宗、净土宗、法相宗、密宗、天台宗、华严宗、禅宗等。

佛教密宗正式传入中国，始自唐玄宗时。开元四年（716年），中天竺人善无畏来到长安，次年翻译《大毗卢遮那经》；之后，又有金刚智和不空两人来华。他们三人成为中国佛教密宗的创始人，被称为"开元三大士"。密宗在中国只传两代即告衰落。8至11世纪间，天竺佛教传入我国西藏地区，与原有本教相结合，形成了西藏密教，称为"藏密"。元朝的时候，杨琏真伽为江南佛教总统，把密教带到杭州，所以西湖元代石窟造像，有许多是密宗的产物。

紫阳山宝成寺麻曷葛剌像（图一三），短腿大腹，头发虬卷，瞪目翘须，作愤怒相。他脚踏一人，双手抱人头，左右肩上也挂着人头。按照佛教密宗的说法，这是大日如来降伏恶魔时显现出来的愤怒药叉主的形象。古代艺术家根据密宗的说教，用简练的刀法，把大日如来降魔时的形象，生动地刻画了出来。虽然体形比例不相称，头大身矮，特别是腹部过分强调，但这样的处理，就进一步渲染了宗教所要求的艺术效果。从这个意义上来说，古代艺术家的表现手法是成功的。

麻曷葛剌的左侧是文殊骑狮。这尊文殊，不是通常所见的那种具有大智的静雅容相，而是一副凶神的模样。他右手举着法器，胸前挂着璎珞。这种璎珞，也不是通常见到的菩萨胸前的那种华丽的装饰品，而是一串粗粗的东西，大概就是密宗所说大日如来降魔时胸前所系的髑髅。狮子歪头张口，像是要吃人，它的背上垂下的巾幪角上，也挂着人头。右侧是普贤像。按佛教的说法，普贤是主一切诸佛之理德、定德、行德的菩萨，他的形象应是美好的，而宝成寺的普贤像却表现出一副凶猛的样子。白象也变形了，它背上的巾幪角挂着人头。

龛楣浮雕飞天三尊，还有一些鸟兽。所谓飞天，本是一种飞于空中的供养菩萨，它的司职是佛说法时散花、奏乐等，所以都作婀娜多姿的美女。而宝成寺龛楣的飞天，却一反常形，狰狞凶恶，头戴宝冠，身附翅膀，龇牙瞪眼，张臂屈腿，腾空欲飞，形象十分可憎。

佛教自称是大慈大悲的救世主，为什么这些造像会出现那样的愤怒相？根据密教的说法，这是大黑天在降魔时显现出来的形相。佛教认为，在宇宙间有各种各样的魔鬼，如烦恼鬼、阴鬼、死鬼、他化鬼等等，大黑天身上所悬挂的头，都是被他降伏的魔鬼的头。但事实上，造像上挂着的头形，明明是一颗颗血淋淋的人头。如果抹去宗教的油彩，它恰好从一个侧面告诉我们，这正是元朝统治阶级血腥镇压人民的罪恶记录，它的客观效果，无非是给人民一种精神上的压力，叫人民畏惧神力，驯服于封建黑暗势力的统治。

图一三　宝成寺麻曷葛剌造像

九　吴汉月葬身施家山　妃子墓雕技添神韵

　　五代吴越国王钱元瓘，有个妃子，名叫吴汉月，是中直指挥使吴珂的女儿，也就是吴越国最后一个国王钱弘俶的母亲。据史书记载，她善于胡琴，颇尚黄老之学，在家里时常穿着道士衣服，不作华丽装饰，后来被封为吴越国顺德夫人。42 岁谢世，时在后周广顺二年（952 年），归葬于慈云岭西原的施家山上。1958 年，考古工作者发掘了这座墓葬。墓穴全用红砂石砌成，分前后两室，全长 7.6 米，宽 2.87 米，深 3.1 米。

　　步入墓室，洞穴幽深，建造考究，四壁雕有一座座造像，形象逼真，风格古朴。在前室的门扉上，雕镂着门钉和门环，最引人注意的便是门上的精致女像（图一四）。她头上挽有双髻，髻上和前面的青丝，饰有精美的簪花；身穿广袖长衣，领襟对斜，腰带舒展；下身着裙，裙沿拖地，盈盈盖于鞋上；脸型丰润，容相端丽，眉目传神；双手轻拢在胸前，合持长竿，竿上为幡，迎风飘逸，这是为死者祈福用的东西，愿她往生十方净土。作者刻画的侍女像，从容貌、发饰以至于服装，都具有写实的风格，没有菩萨像的神秘相。在后室的三个壁面上部，浮雕着四神（图一五）。所谓四神，即东方青龙、西方白虎、南方朱雀、北方玄武，它们原是我国古代神话中守四方的神灵，后为道教所信奉。吴汉月墓壁上的四神，都按照神话中所规定的方位雕刻。东壁是青龙，称为吉祥之神，全长 2.45 米，高 7 米，张牙舞爪、扬须吐舌、体态矫健，作飞奔状。西壁是白虎，也称凶神，与青龙相对，大小亦同。它的形象，并非我们通常所见的老虎，腹部延伸得长长的，体态和动作都与青龙相似。所不同的是：青龙的头部是民间通常画龙的形象，身上有鳞甲；白虎的头部，几分像虎，没有鳞甲。作者运用熟练的技巧，简洁的构图，流畅而有力的线条，一笔不苟地把神话中的青龙、白虎，出神入化地刻画了出来，那种凶猛威武的神态，使人们仿佛感到它们是无敌的神灵，飞舞于空中，守卫着各自的一方。壁上的朱雀已失去，大概为盗墓者所破坏。玄武还很完整，龟张四爪，伏地昂首，蛇头朝下，互相呼应，身

图一四　吴汉月墓门上的侍女像　　　　　　　图一五　吴汉月墓中的青龙、白虎、玄武浮雕

缠龟壳，巧妙地合为一体，外加椭圆形的花头龛，既是一组相当别致的装饰图案，又是人们有意供奉的神灵。东西两壁的上端，各有一条由宝相花组成的带状花边。

青龙、白虎、朱雀、玄武，不仅是古代神话中的四神，道教所信奉的仙灵，还是古代天文的标志。古人把想象中的太阳周年运行的轨道称为黄道。以黄道天球赤道（天球赤道，即地球赤道在天球上的投影）附近的二十八个星宿作为坐标，称为二十八宿。东西南北四方，每方七个星宿，把每个星宿联系起来，想象成四种不同的动物，也叫四象。譬如说，东方有角、亢、氐、房、心、尾、箕七个星宿，连接起来好像是一条龙，角宿是龙角，氐、房是龙身，尾宿是龙尾，这就是青龙，或称苍龙。又如，朱雀是一种神鸟，把南方的井、鬼、柳、星、张、翼、轸七个星宿联系起来，像一只鸟，柳宿犹如鸟嘴，星宿犹如鸟颈，"张"宿犹如鸟嗉（喉咙下装食物的地方），翼宿犹如翅膀。这在外国古代天文中，也有类似的情况，如把星座想象成大熊、狮子。由此又引出许多类似牛郎、织女那样动人的神话故事。不过，在吴汉月墓室四壁雕刻的四神，倒不是描述美丽动听的神话故事，而是把墓室象征为广阔的天地，好让死者的幽灵在这个偌大的世界上生活。正因为这样，覆盖在墓顶的石板上面，还刻有二十八宿星象图，而且准确性很高，成为研究我国天文史的重要资料。

后室壁面的下部，雕有十二生肖像。比较完整的有七个，即丑、寅、卯、辰、申、酉、亥；残缺的一个是戌；另外在淤土中发现两个神像的头部和一只羊，可见子、巳、午、未这四个生肖像也被盗墓的人破坏了。十二生肖神像，貌似道人。头戴方瓣莲花冠，旁侧有孔，那是用来穿插发簪的，因为这种冠罩在头顶中心的发髻外面，所以要用簪，把冠固定在发髻上，还有扣带系于额下。衣着和门扉上的侍女完全一样。所不同的是拱在胸前的双手，捧着牛、羊、鸡、兔等生肖像。不过它们都很少变化，流于定型化，形象也没有侍女那样生动传神。

吴汉月墓石刻，就其规模来说，不及慈云岭和烟霞洞两处石刻造像宏大，但雕刻还是相当精巧的。吴汉月是吴越国王钱弘俶的母亲，死的时候，钱弘俶继位已经五年。钱弘俶是个虔诚的佛教徒，他的母亲却信奉道教。他不违背母亲的信仰，给以道教的仪式归葬。墓中的雕刻，与杭州闸口的白塔，灵隐寺的石塔和经幢，都是同时代的作品，雕刻风格非常接近，都反映了当时的雕刻艺术水平。但雕刻的题材更多样化，为五代吴越雕塑史增添了奇异的光彩。

十　青山明重峦藏古迹　湖水秀碧波映群像

"天下名山僧占多，世界善言佛说尽。"这副刻在山西五台山龙泉寺的对联，倒是反映了僧人占据名山的实情。他们还编造说，浙江普陀是观世音菩萨的道场，安徽九华山是地藏菩萨的道场，山西五台山是文殊菩萨的道场，四川峨眉山是普贤菩萨的道场，将这些名山加以神秘化，使之成为信徒心目中的圣地，舍施钱财，大造佛殿。除这四大名山之外，凡是游览胜地，也几乎无一处没有寺院的。杭州在历史上被称为"佛国"，除了有其特定的社会原因外，也是与西湖山明水秀的胜景分不开的。东晋慧理和尚结庵灵隐山，虽然当时西湖园林并未建设，但独特的自然风光已为人们所注目。于是道家方士也慕名而来，东晋道士许迈，在武林山筑"思真精舍"，大炼丹家葛洪在西湖群山设炉炼丹。此后，随着湖山的开发，名气越来越大，僧寺道观相继建造，佛、菩萨和神仙像竞相雕凿。除主要分布飞来峰等地外，在杭州的其他一些风景区也有造像。

　　翻过慈云岭，向南坡左侧拐弯，走不多远，便到达天龙寺，这里有三组造像，最先看到的是一尊无量寿佛（即阿弥陀佛），龛高2.11米，宽1.73米，深5.4米。弥陀在莲台上作全跏趺坐式（图一六）。按佛教规定，结跏趺坐是佛陀的坐法，有吉祥和降魔两种。这一尊阿弥陀的坐式是吉祥坐，先以左趾押右股，后以右趾押左股，使两足掌仰于二股之上；手亦右押左，安仰跏趺（盘坐着的两腿）之上。这种坐式，密宗又称为莲花坐。弥陀身披袈裟，袒胸露腹，腰间系带，闭目禅定，表情安静慈祥。身后和项上各有圆光一道，上刻火焰纹。

　　再向西而上，约行十数步，在草木丛中，有一龛造像，共计七尊，中间是弥勒佛，两侧是无著和世亲（亦译作"天亲"），再两侧是法花林菩萨（左）和大妙相菩萨（右），又再两侧是力士像。弥勒端坐须弥座上，足踩莲花，容相慈祥

图一六　天龙寺阿弥陀佛像

（图一七）。无著和世亲身披袈裟，竖合指掌于胸前（佛教术语称为"莲花合掌"），作僧人模样。据佛教传说，他们是兄弟，无著为长兄。世亲研学小乘，为众人讲小乘佛学，后来得到无著的启发，认为自己错了，为了表示忏悔，想割断自己的舌头来赎罪。无著对他说，你过去用自己的舌头为众人讲小乘佛学，诽谤大乘佛学，现在应该仍旧用自己的舌头来赞颂大乘佛学才对。于是世亲编造唯识论等诸大乘论，弘宣大教，寿八十，寂于阿踰阇国。在龛楣上浮雕着两尊飞天，体型修长，上体昂起，下体平舒。这龛造像规模虽不及慈云岭资延寺，但刻画精细，造型生动。法花林和大妙相两尊菩萨，头有背光，身穿薄纱，透露出细腻的肌肤。力士披甲戴盔，右手持长杆宝钺，神态勇猛，俨然是护法之天神。

　　由此继续登山，在翳翳绿丛中，又见一尊观音，高仅0.61米。头戴花蔓冠，发髻高耸，脸型丰满，鼻梁挺秀，口角含笑。斜披薄纱，绕至右侧腰间，作飘动状。颈挂璎珞，悬至胸前交叉，一直拖

图一七　天龙寺主龛造像

图一八　天龙寺观音像

到膝间。身躯略向右斜，微微后仰，左手斜倚座子，支撑着倾斜的上体。左脚向内盘曲，平放在座子上。座子是一块不规则的悬岩。右腿向内收曲，膝盖翘起，右手轻轻地落在膝盖上。体态秀丽，潇洒自然，文静多姿（图一八）。

据《咸淳临安志》卷七十七"感业寺"条载，天龙寺是乾德三年（965年）吴越王钱弘俶所建。根据造像风格判断，应该是与建寺同时期雕造的。

从慈云岭南坡的左侧转弯，经过八卦田旁边，前面就是南观音洞了。这里旧有净胜院，因为山势峥嵘，怪石突出，状似龙头，所以宋朝时也称为下石龙庵。庵的后面，就是南观音洞。这是一个清幽怡情的天然岩穴，高、深约3米。洞内两侧的岩壁上，雕凿着十八罗汉，虽然像身都不到半米，但布局自然，相映成趣。在十八罗汉的上面，还有观音、文殊、普贤和济颠和尚。人们熟悉的济颠和尚，是宋代天台人，名道济，俗姓李，在杭州灵隐寺出家，狂嗜酒肉，所以都称他"济颠"，后居杭州西子湖畔的净慈寺，死于寺火中。洞口上方高处，还有迦叶（读作"舍"音）像。佛经说，迦叶年高德重，称为大迦叶，是释迦牟尼十大弟子之一。释迦牟尼在世时，佛经没有手写本，全凭口诵记忆。释迦牟尼死后，迦叶第一次召集僧众，背诵佛教总集《三藏》，由阿难主诵，所以在寺庙的塑像中，往往将迦叶和阿难两僧的像，塑在释迦牟尼的两侧。此外，在洞底还有观音菩萨和胁侍像。可惜，这些造像经过后人涂泥装金，已面目全非。造像的时代，从题记上看，有南宋开禧元年（1205年）、嘉定元年（1208年）和明代弘治七年（1494年）等，说明是南宋迁都杭州（当时称临安府）之后开始雕造的，一直延续到明代。

从南观音洞攀登，一路风光清幽，野花沁香，行不多久，在靠山顶的地方，有一岩洞，称为"石龙洞"。洞近似圆形，直径约2米，有两个洞口，呈喇叭状，洞口处比较大，宽约1米，高2米，入内仅容一人进出。洞口左侧雕像三龛。释迦牟尼、弟子阿难、迦叶及两菩萨像为一龛。阿难和迦叶剃发髡顶，脸型长圆，身披袈裟，袒露右肩，双手合十，非常恭敬。下面又凿一龛，雕造三世佛（即过去、现在、未来三世。过去佛为迦叶诸佛，现在佛为释迦牟尼佛，未来佛为弥勒诸佛）；右侧有供养人像，侧身而立，面向三世佛。在洞口的右边岩壁上，还有九尊罗汉像。在另一个洞口左侧，依岩势雕造千佛龛，龛形呈壶门状，上宽2米，高1.7米，中间为三世佛，四周横列31排小菩萨，约有四五百尊。千佛龛的左侧雕凿力士像，头戴将军盔，身穿武士甲，右手作无畏印，左手持宝钺。离力士像约5米，有一尊观音像，左手拿净瓶，右手举柳枝，与烟霞洞洞口的宋代观音像相似，应该是三十三观音之一的杨柳观音。按照佛教的说法，净瓶贮水，是用来净手的。但僧人理解不一，有的把净水瓶神化了，说瓶中倒出的净水，能够普度众生到达极乐的彼岸；今灵隐寺大雄宝殿后面的"五十三参"群塑中的观音，就是表现这个题材的作品。在石龙洞的东南，又有一洞，上刻"石龙生祠"。旁边有宋皇祐五年癸巳（1053年）七月草堂僧慎微刊刻的《心印铭》一篇。造像风格和南观音洞近似，雕凿的时代也应该是在南宋，不过艺技要比南观音洞的高明。

西湖石窟造像和摩崖龛像，以佛教造像为主，也有道教造像。杭州太庙巷（在紫阳山山脚）的通玄观，是南宋临安府的著名道宫，高宗皇帝赵构的太监刘敖在此出家为道士。在通玄观里面的岩壁上，圆雕一组天尊像，共三尊，头戴黄冠（道家所戴束发之冠），容相端严，身穿道袍，足踩祥云，仿佛置身于天上（图一九）。中间一尊，手捧如意，左右两尊留着长须，拱手而立。这三尊可能就是道教宣称的最高天神：玉清元始天尊、上清灵宝天尊、太清太上老君。另外还有两尊天尊坐像，都是单造的。这些造像，都是南宋绍兴年间的作品，构图简洁，衣袖和腰带飘动自然，从形象到内在性格的刻画，从装束到周围环境的表现，都反映了道教的特点，在古代造像艺术史上，可以说是别具一格的。

图一九　通玄观天尊造像

西湖群山环抱，到处是岩壑洞府，历代遗留下来的造像很多，在云雾缭绕的南高峰岩洞里，有十六尊罗汉像；在古木葱郁的黄龙洞，原来有慧开和尚自造像。南宋淳祐年间，慧开和尚住在这里，此人身材矮小，升座说法，人家笑他像个猴子。于是他就在后山雕凿自己的大像，背后显现光焰，前面安放桌几，身上披着袈裟，头部微侧，面带笑容，俨然是个圣僧的模样，后人称为黄龙祖师像。葛岭大佛院后面的大岩山，相传秦始皇巡视会稽（今浙江绍兴县），途经杭州，在这里缆过船，故称缆船石。北宋宣和六年（1124年），净思和尚就在这里雕了个大佛像。在南宋皇城所在地凤凰山的胜果寺，原来也有后梁开平四年（910年）吴越国王钱镠命工雕造的弥陀、观音、势至三尊大像。但是，这些古迹有的崩毁于火灾，有的损坏于人祸，现在只留下痕迹和影子了，唯独南高峰的十六罗汉，还安然无恙。

西湖石窟艺术兴盛于五代吴越。这个时期的主要作品，几乎都分布在宫廷所在地凤凰山附近，发起雕造者是吴越国王及其臣僚。北宋造像的地点转向飞来峰，出钱雇工雕造的大多是普通的善男信女，虽然也有不少精美的作品，但规模不大。南宋建都杭州将近一百五十年，造像却寥寥无几，而且并不是朝廷发动雕造的。到了元代，造像风气大盛，数量之多超过五代吴越，作品集中在飞来峰，大多是佛教密宗的产物，主要发起者是杨琏真伽。

随着封建社会的解体，民众的文化和科学水平不断提高，作为封建社会的一种精神支柱的宗教也逐渐趋向没落。特别是新中国成立后，社会制度起了质的变化，人们的世界观也有了根本的改变，历史唯物主义不断取代唯心主义，在人们的心目中，宗教几乎成了历史的陈迹，传布佛教思想的佛、菩萨造像，人们已不再去顶礼膜拜。但作为一份历史遗产，我们仍需要研究它，珍惜它，保护它，以使我们源远流长的文化艺术，在继承中闪烁着更加夺目的光彩。

（《西湖石窟探胜》，上海人民出版社，1981年）

皇城九里

——南宋故宫

南宋故宫在杭州西南的凤凰山东麓。这里原是北宋杭州的州治。建炎三年（1129年）二月诏以为行宫，绍兴元年（1131年）十一月诏守臣徐康国措置草创。二年九月，南门成，诏名曰行宫之门。十八年，名南门曰丽正，北门曰和宁，东苑门曰东华。孝宗及其以后，行宫不断扩建、改建和修建。德祐二年（1276年），元兵攻入杭州。至元二十四年（1287年）民间失火，飞及宫室，焚毁过半。杨琏真伽言于朝，改垂拱殿为报国寺，改后殿为小仙林寺，改福宁殿为尊胜寺，改芙蓉阁为兴元寺，改和宁门侧为般若寺。从延祐到至正年间，诸寺递毁。明洪武二十四年（1391年）重建报国寺[①]，并立为丛林。到万历年间，大内尽圮。

凤凰山作为南宋皇城，经历了140多年的历史。关于当时皇城的情况，没有留下一部完整的记录，几部宋人书籍说法也不一致，而且皇城变成废墟距今约有400年的历史，这就增加了考察工作的困难。我对南宋皇城遗址进行了多次实地调查，并结合文献，对皇城的范围、主要宫殿、建筑的总体布局，做了一点考证，现在论述如下。

一 凤凰山的地理概貌及历史遗址

在论述皇城的范围、主要宫殿及建筑的总体布局之前，有必要首先讲一点凤凰山的地理概貌及历史遗迹。

凤凰山位于今日杭城的西南。这一带层峦起伏，由南部西边的乌龟山向东，经金家山，至将台山，再转北依次为凤凰山、九华山、万松岭。宋人赵彦卫云："所谓余杭之凤凰山，即今临安府大内丽正门之正面案山。山势自西北掀腾而来，至此山止，分左右二翼。大内在山之左腋，后有山包之，第二包即相府第，第三包太庙，第四包执政府，包尽处为朝天门；端诚殿在山之右腋，后有山包之，第二包即郊坛，第三包即易安斋，第四包即马院。"[②] 赵彦卫所说凤凰山的左腋，"后有山包之"，应该是指九华山，所谓"第二包即相府第"，是指万松岭，此岭在皇城之外，详见下节。他所称的右腋，是指凤凰山以南的几座山，从西南的慈云岭开始，向东延伸，再折向西北至笤帚湾，这几个山包也都不在皇城的范围之内。

慈云岭在乌龟山、金家山、将台山、凤凰山、九华山和万松岭这群山的西边，山岭间有一条岭路，

---

① 《仁和县志》卷十三："大报国禅寺在凤凰山，元至元十三年从胡僧杨琏真伽请，因宋故址建五寺，此其一也，即垂拱殿基为之。"

② （宋）赵彦卫《云麓漫钞》卷三。

分南、北二段：南段称慈云岭，尽处即南宋郊坛；北段称玉清路，尽处即达西湖。这段岭是五代吴越国王钱镠开辟的，留有摩崖题记①。

慈云岭的东面就是乌龟山、金家山、将台山，都面对钱塘江。将台山的最高处有一处约40×40米的平台，海拔为202.65米，南面可以望见钱塘江和六和塔，北面可以看到西湖，风景极美。地上散乱着许多碎砖破瓦，砖块较大，瓦当上模印宝相花，还有罩在勾头钉子上的钉帽，作人俑状，造型简朴，与浙江湖州南宋飞英塔的瓦当钉帽相似。在这块平台的东北，又有一处平台，为四顾坪，海拔190米，大小约为51×108米，钱镠所称排衙石者（或称排牙石、石笋林、队石）就在这里，并留有相传是钱镠所做的诗并序的刻石②。又有北宋治平四年（1067年）郡守祖无择建"介亭"的题额及建亭记的刻石；地上也散乱着许多碎砖破瓦。金家山与将台山之间，隔着太祖湾。

将台山的北面就是凤凰山，山巅海拔为150米，虽然平坦，但面积不大，约30×70米，而且四周坡度较陡。将台山与凤凰山之间隔着笤帚湾。这个山湾开阔深幽，西面尽处登高为台地，海拔110米，是五代吴越时建的圣果寺所在。寺已毁，基址尚存，留有很大的柱础，估计当时的建筑规模不小。山脚岩壁上雕有十六尊罗汉，有的已毁，有的还完好。其西北登高处还有一块平台，岩壁上有阿弥陀佛、观世音、大势至三尊大型像，雕于梁开平四年（910年），其上原来覆盖殿宇。在距离造像不远的南面路边岩壁上，刻有"凤山"两大字，上款题"洛人王大通书"，下款为"淳熙丁未春"。淳熙丁未，即淳熙十四年（1187年）。再稍南，有"忠实亭"三字摩崖，据说是宋高宗赵构所书。

凤凰山的北面为九华山，山巅海拔为123米，是一座狭长而开阔的平台，大小约为50×300米，站在这平台的东端眺望，钱塘江和中山南路历历在望，也可以见到西湖。这平台上有一条山路经过圣果寺，可以抵达将台山。《咸淳临安志》中没有九华山这个条目，而该志所附南宋皇城图和临安府京城图，将凤凰山与万松岭之间的山岭标为"八蟠岭"，位置相当于九华山。《梦粱录》云："殿前司，在凤凰山八蟠岭中，置衙。有御书阁、凝香堂、整暇堂。山之上为月岩，有亭匾曰延桂。最高处曰介亭，崖石嶙峋。亭之后为冲天楼，极高，江海湖山奇伟之观。"殿前司衙的所在地即圣果寺旧址。由此可见，八蟠岭就是九华山。安徽九华山是佛教所称的地藏菩萨的道场，也许因为这个关系，元代将南宋宫殿改为佛寺之后，将八蟠岭改称为九华山的，而且还可能泛指凤凰山及其周围的诸峰。凤凰山与九华山之间隔着一条无名山岙。

九华山的北面就是万松岭。在万松岭路的北侧山坡上，有一条城墙残迹，绵延甚长，依山势夯筑。其面对凤凰山东麓一侧，十分陡险，很难攀登，反之，其面对今日杭城市区一侧坡度平缓，通行方便。城墙的夯土中，偶有南宋瓷片发现。《西湖志》云："凤凰山旧在城内，元末张士诚筑城截于外，今沿城南。"由此推断，这道城墙遗址，应该是元代至正十九年（1359年）七月张士诚之弟张士信为江浙行省平章事时所筑的杭城一段。

在凤凰山和九华山的东面是馒头山，这中间是一块缓坡地，东西宽约150米。缓坡地的西边紧靠凤凰山和九华山的东麓，自南至北，目前依次为杭州市打靶场、仓库、五四中学；这一排排建筑的东

---

① （清）阮元《两浙金石志》卷四记云："梁单于之岁，兴建龙山，至涒滩之年，开慈云岭，使建西关城宇台殿水阁。今勒贞珉，用纪年月。甲申岁六月十五日吴越国王记。"

② 钱镠排衙石诗刻，《淳祐临安志》卷八云："……旧传钱武肃王凿山，见怪石排列两行，如从卫拱列趋向，因名排衙石。"

边，有一条南北走向的小路，随着缓坡地自南而北逐渐升高。小路的东侧就是馒头山。《湖山便览》说，凤凰山东为回峰。凤凰山东只有馒头山这一孤独的小山，别无他山。由此可见，"馒头山"是俗称，应该就是回峰。山的南端有一平台，海拔仅 30 米左右。站在这里向西顾盼，凤凰山和九华山好似一道绿色屏障。向东望去，茫茫钱江，很有气派；向东北远眺，千家万户，鳞次栉比。由这平台向东北缓缓上坡，又是几处平台，尽处山下就是万松岭路。

二　南宋皇城的范围

我考证南宋皇城的范围，主要根据如下三个方面的资料：一是《咸淳临安志》所附《皇城图》和《京城图》。这两图有清道光年间补刊的也有同治间补刊的，未说明来历，但决非后人所作。这类图自古有之，元《张翥蜕庵集》有临安故城图诗，就是旁证。二是其他文献资料。三是调查资料，不仅是地理环境，更重要的是遗址和遗物。

南面：《皇城图》揭示，介亭和排衙石位于皇城外的西南，介亭的东北是上教场，调查得知，排衙石和介亭位于将台山的最高处，其东北有一块较大的平台，可能就是上教场。

将台山和凤凰山之间隔着笤帚湾，笤帚湾西端尽处的山上是圣果寺，"中兴后其地为殿前司"[①]。《皇城图》揭示，殿前司衙里有教场，其东南是御马院，都有单独的围墙，北墙紧靠皇城西南面的城墙。再东就是登闻鼓院、登闻检院、待班阁，都位于丽正门的南面。御马院在梵天寺的北面靠东。梵天寺现在还存有五代吴越国王钱弘俶建造的经幢两座[②]，可以作为考证御马院的坐标。《皇城图》又示意，丽正门比和宁门还要偏东。对照今日地理，御马院应该位于笤帚湾。笤帚湾有泉水，形成溪涧，其上有跨溪桥，当地老农还沿旧习称之为"御林桥"。御林桥应该由于御林军所在而得名。御林军就是皇帝的禁卫军，正是殿前司的职责。由此可见，皇城的南面界址是在笤帚湾偏北，这里有丽正门，东面是太子宫门。《咸淳临安志》卷二载：乾道"七年，光宗皇帝升储，乃诏于丽正门内之东盖造太子宫门"。

东面：《咸淳临安志》卷三十八载："宫城外水池，一在东宫之东。淳祐八年赵安抚与篯奏请凿池二十所，各阔一丈四尺，深四尺五寸，甃以坚石，缭以短垣。咸淳四年安抚潜说友再行修治。一在和宁门外。咸淳六年十月，有旨申儆防虞，命守臣潜说友即使相宗室待班阁子以后，度地凿池，袤百一十尺。"靠近中山南路有一段中河，距馒头山东麓不过 200 米左右。它的北面从凤山桥开始，折而向北延展，再折向西北，然后沿凤山门，经六部桥北去。我认为，这段中河，可能与《皇城图》所示的护龙水池有关，接近皇城东面的界址。徐一夔《行宫考》云："今以地度之，南自圣果入路，北侧入城环至德俸天地牌坊，东沿河，西至山岗，随其上下以为宫殿。"文中所谓"东沿河"，有人以为是钱塘江，我则以为是中河的南段。在中河南段以东，又有外城的护城河，那是沿候潮门、保安水门北去的一条，而钱塘江在外城护城河之外，所以皇城的东边界址绝不能到达江边。

---

① 《咸淳临安志》卷七十六。
② 梵天寺经幢的幢身上刻有《吴越国王钱弘俶的建幢记》。阮元《两浙金石志》卷四有记录。字迹至今尚清楚。

北面：皇城的北部有北门，称为和宁门。吴自牧《梦粱录》云：内后门名和宁，在孝仁、登平坊巷之中。《京城图》示意，和宁门的东侧为登平坊，在待漏院外，和宁门的西侧为孝仁坊，在待班阁外，《咸淳临安志》卷二十八云："万松岭在和宁门西。"该志卷八又云："万松岭在今大内之西，皆为第宅居，层垒甃积，直至巅顶焉。"田汝成《西湖游览志余》卷二十三亦载："临安城中有七宝山，南渡时，御史中丞辛丙，殿中侍御史常同，监察御史魏矼、明震、周纲，皆居其上，人呼为五台山。"说明从万松岭到七宝山都是朝中大官第宅。《梦粱录》卷七载，孝仁坊和登平坊属于禁城九厢中的右二厢所管的坊巷，而《京城图》又明确示意禁城九厢是不在皇城之内的。《仁和县志》卷十三登："般若寺亦五寺之一，在宋和宁门侧，亦毁于火，张氏筑城遂入为城基。"前节所述，紧靠万松岭北侧山麓的一段夯土城墙，可能是张士信所筑，这段残墙的东端已达馒头山的北部。如果这座城墙确是张士信所筑，那么，《仁和县志》所载般若寺的方位大致上是对的。总之，和宁门位于万松岭的东部偏南，而万松岭是在皇城之外的。在这里我要提到的是朱彭《南宋古迹考》卷上对和宁门方位的考证。他说："考登平坊，旧在清平巷，对清平山，即今高士坊巷，斜对六部桥，宋六部二十四司即在此。"对照光绪十六年（1890年）《浙江省城图》，高士坊巷在六部桥的西北，南对凤山门。如果是这样，和宁门的位置是在六部桥的西北了。这明显不对，或者朱彭所说登平坊即高士坊巷的考证有误，或者光绪《浙江省城图》所标有误。

和宁门的东面是东华门。《咸淳临安志》卷一载："东苑门曰东华。"《梦粱录》卷八云："入登平坊，沿内城有内门，曰东华，守禁尤严，沿内城向南，皆殿司中军将卒立寨卫护，名之中军圣下寨。寨门外左右俱置护龙水池。沿寨向南，有便门，谓之东便门。"总观全文，对照《皇城图》和《临安府京城图》以及现在的地理，东华门位于和宁门的东面；文中所云"沿内城向南"为中军圣下寨，这里指的"向南"，是指走向，实际上是在大内的东面；接着又讲"沿寨向南"为东便门，而东便门实际上可能是大内的南面偏东方向。因此，上述两图，将东华门标在和宁门的东面、皇城的东北面，将东便门标在丽正门的东面，皇城的东南面。

西面：《武林旧事》载有西华门，具体方位不清，可能就是《皇城图》所示的府后门一带，位于凤凰山的山腰间。

综上所述，我以为南宋皇城的范围是南至笤帚湾，西至凤凰山的山腰，东至中河南段以西，北至万松岭以南。确定上述范围，还有以下四点旁证。

1. 从太祖湾向北，沿着凤凰山和九华山的东麓，包括几座山间的岙湾，发现有许多南宋的瓷片，其中以青瓷居多，还有影青瓷（青白瓷）和白瓷。青瓷中有龙泉窑和官窑，其制作、造型、纹饰和釉色都很精美，无疑，这是当年皇宫里使用过的。宋人庄季裕云："处州龙泉县……又出青瓷器，谓之秘色，钱氏所贡盖取于此。宣和中，禁廷制样需索，益加工巧。"据近年来龙泉窑发掘证明，龙泉青瓷在南宋时，无论是数量之多或质量之精，都是空前的，这不仅因为当时以临安府为中心的几个府县人口激增的需要，也可能与宫廷需要有关。再从路途来说，龙泉与临安府的距离，比北宋都城更近了，由龙泉继续进贡精美瓷器，那是必然的事。

与此同时，南宋朝廷又在临安府设立官窑。传"中兴渡江，有邵成章提举后苑，号邵局。袭故京遗制，置窑于修内司，造青瓷，名内窑。澄泥为范（指瓷土经过淘洗，然后做成坯胎），极其精致，油色莹彻，为世所珍。后郊坛下别立新窑，比旧窑大不侔矣"①。高濂《遵生八笺》说："窑在杭之凤凰山下。"1956 年，浙江省文物管理委员会在乌龟山发掘过南宋官窑窑址，发现一座龙窑和许多瓷片。1958 年，临安城考古队在乌龟山清理出一座龙窑和作坊遗址，出土大批珍贵实物标本，为研究南宋官窑的生产工艺及其产品，提供了许多重要考古资料。但是，邵成章是钦宗时的内侍，据《宋史》卷四六九载，建炎二年（1128 年）正月"辛丑，内侍邵成章坐辄言大臣除名，南雄州编管"。《宋会要辑稿·职官》亦载："建炎二年正月十六日诏：内侍邵成章不守本职，辄言大臣（指黄潜善、汪伯彦），……可将除名勒停送南雄州编管。"所以邵成章建立南宋官窑之说是可疑的。但当时在乌龟山设有官窑却是事实②。

此外，在凤凰山东麓某单位仓库的菜园里，发现一件石座，造型和纹饰都具典型的南宋风格，当是宫殿中遗物。

2. 至元十三年（1276 年），元朝朝廷从杨琏真伽之请，即故宫内建五寺。在凤凰山和九华山东麓，至今还留有一些元、明时期的和尚坟塔的构件，从而证明这一带确是南宋故宫遗址。

3. 从馒头山开始，向西直到凤凰山东麓，随地势高低，分布着一座座台地，这些台地上散乱着许多碎砖破瓦。凤凰山东麓山边有一池子，在池边断壁上，距地面 1 米深的地方，堆积着一层很厚的瓦砾。很明显，这些地方都是建筑遗址。凤凰山东麓有几口水井，有的早废，从砌筑形制判断，可能是南宋时的遗迹。

4. 皇城的范围，宋人陈随应《南渡行宫记》云"皇城九里"。而按照我上述的考证，大致也是吻合的。

三　皇城里的宫殿

南宋大内分南内和北内。南内即凤凰山东麓的皇城，是主要宫殿。北内在望仙桥，即德寿宫，是赵构引退后所居的宫殿。

南内的主要宫殿，各书记载都不一致，现将《咸淳临安志》《梦粱录》及《宋史》所载列表如下：

《咸淳临安志》	《梦粱录》	《宋史·地理志》
文德殿	文德殿	文德殿
紫宸殿	紫宸殿	紫宸殿
大庆殿	大庆殿	大庆殿
明堂殿	明堂殿	集英殿
集英殿	集英殿	垂拱殿
（以上五殿，实际一殿，随事揭名）	（以上五殿，实际一殿，随事揭名）	祥曦殿
垂拱殿	垂拱殿	（以上六殿，实际一殿，随事揭名）
后殿		
崇政殿（即祥曦殿）	崇政殿	

---

① （元）陶宗仪：《南村辍耕录》卷二十九引宋叶寘《坦斋笔衡》。

② （宋）赵彦卫《云麓漫钞》卷十云："青瓷器皆云出自李王，号秘色；又曰出钱王。今处之龙溪出者，色粉青；越乃艾青。唐陆龟蒙有《进越窑》诗云：'九秋风露越窑开，夺得千峰翠色来。好向中宵盛沆瀣，共稽中散斗传杯。'则知始于江南与钱王皆非也。"

续表

《咸淳临安志》	《梦粱录》	《宋史·地理志》
延和殿 （垂拱殿及后殿之后皆有此殿）	延和殿	延和殿 崇政殿 选德殿 复古殿
复古殿	复古殿	
福宁殿	福宁殿	以上四殿本射殿
损斋		损斋
缉熙殿	缉熙殿	讲筵所
熙明殿	熙明殿	
勤政殿	勤政殿	饮先孝思殿
嘉明殿	嘉明殿	
钦先孝思殿	奉神殿	
	坤宁殿 和宁殿 射　殿 选德殿	慈宁殿
		翠寒堂
龙图阁 天章阁 宝文阁 显谟阁 徽猷阁 敷文阁 华文阁 宝谟阁 显文阁 （以上九阁，实际一阁）	天章诸阁	资善堂 同《咸淳临安志》

从上表可以看出以下几个问题。

首先是垂拱殿是否与大庆殿为同一建筑。《梦粱录》卷八云："丽正门内正衙，即大庆殿，遇明堂大礼，正朔大朝会，俱御之。如六参起居，百官听麻，改殿牌为文德殿；圣节上寿，改名紫宸；进士唱名，易牌集英；明堰为明堂殿。次曰垂拱殿，常朝四参起居之地。"《咸淳临安志》卷一《行在所》云："文德殿，绍兴十二年建，正衙，六参官起居。紫宸（上寿）、大庆（朝贺）、明堂（宗祀）、集英（策士），以上四殿皆文德殿，随时揭名。"以上二书，都是南宋人所作，说法类同。就是说，大庆殿、文德殿、紫宸殿、集英殿、明堂殿，是同一座建筑；垂拱殿则是另一座建筑。

陶宗仪《辍耕录》引陈随应《南渡行宫记》云："（垂拱）殿左一殿，随时易名，明堂郊祀曰端诚，策士唱名曰集英，宴对奉使曰崇德，武举及军班授官曰讲武。"没有提到大庆殿和文德殿，但是说明垂拱殿是单独一座建筑。

王应麟《玉海》云："绍兴十一年十一月庚子十二日，命内侍王晋锡作崇政、垂拱二殿（移诸司屋宇147间），时言者请复朔日视朝之礼，而行宫只一殿，故改作焉。崇政以故射殿为之，朔望则权置帐门以为文德、紫宸殿。按射殿则以为选德，策士以为集英。"很明显，王应麟是把崇政与垂拱殿各作为一殿的，而崇政、文德、紫宸、选德、集英为同一建筑，随事易名。

王应麟在度宗时曾任礼部尚书，《咸淳临安志》的作者潜说友为中奉大夫、权户部尚书、兼详定敕令官、兼知临安军府事、兼点检行在赡军激赏酒库所，他们所说的大内情况，都应该有一定的可靠性。

但是《宋史》卷八十五《地理》载："……垂拱、大庆、文德、紫宸、祥曦、集英六殿，随事易名，实一殿。"同书卷一百五十四载："其实垂拱、崇政二殿，权更其号而已。"

垂拱殿是单独的一殿，与文德、紫宸、明堂等殿不是同一座建筑，这可以从以下几件实例中得到证明。

《中兴小记》载："绍兴二十八年十二月辛卯，帝以皇太后年八十，诣慈宁宫行庆寿之礼。……宰执沈该率百官诣文德殿贺，用建隆故事也。班退，帝御垂拱殿。"百官先诣文德殿贺寿，班退，帝御垂拱殿，说明文德与垂拱殿是不同的两座殿。

宋人周密《武林旧事》卷一《圣节》云："其日，候宰执奏事讫，追班，上坐垂拱殿，安引枢密院并管军官上寿，礼毕，再坐紫宸殿。"《续资治通鉴》载："绍兴二十八年五月丙戌，金使萧恭、魏子平入辞，置酒紫宸殿，以雨故，复就垂拱殿。"可见垂拱殿与紫宸殿并非同一殿。

《梦粱录》卷五《驾宿明堂斋殿行澶祀礼》云："上自太庙御玉辂入丽正门，宿斋殿，遵先朝亲祀朝裎故事。明堂殿即文德殿，中配飨（以下叙述在明堂殿向昊天上帝和祖宗举行祭礼，礼毕）……上自小次前登小舆，还大次，更服登辇……辇入垂拱殿。宰执百官常服入贺，大起居，蹈舞九拜，嵩呼称寿。"说明明堂和文德是同一殿，与垂拱殿不是同一座殿。

其实，《宋史》讲"垂拱、大庆、文德、紫宸、祥曦、集英、六殿，随事易名，实一殿"，是南宋绍兴初年的情况。这一点，我在上面所引的《玉海》讲得很清楚："时言者请复朔日视朝之礼，而行宫只一殿。"所以于绍兴十三年十一月十二日命内侍王晋锡作崇政、垂拱二殿。

到淳熙年间（1174～1189年），又有了变化。《湖山便览》卷十云："崇政殿，即祥曦殿，淳熙六年与后殿同建。"并引陈随应《行宫记》说："时臣撰《后殿上梁文》云：'听朝决事，兼汴都延和、崇政之名，盖汴宫后阅事之殿本名崇政。其西有殿，北向，亦名延和也。'"说明这时建造的崇政殿，即祥曦殿，兼有延和殿的作用，并非正衙。正衙是大庆殿。

选德殿与崇政殿也并非同一建筑。选德殿在华东门附近。《玉海》云："孝宗皇帝辟便殿于禁垣之东，名曰选德。"又云："乾道元年五月三日，诏执政每日暮入东华门，诣选德殿奏事。上欲从容论治故也。"所以徐一夔云："后殿有四，曰崇政（一名祥曦），曰福宁，曰复古，曰延和。福宁则寝息之所，复古则燕闲之所，而延和在垂拱殿之后，遇圣节、冬至、正旦、寒食斋戒，或避正殿则御焉。曰选德殿，则孝宗建以为射殿。曰缉熙殿，则理宗辟以为讲殿。曰熙明殿，则度宗改东宫之益堂为之，置经籍其中以肄习焉。"[①]

各书说法异同，我认为主要有两点原因。

[①] （明）徐一夔：《始丰稿·宋行宫考》。

1. 南宋人吴自牧在《梦粱录》中说：皇城"门禁甚严，守把钤束，人无敢辄入仰视"。《咸淳临安志》的编者潜说友在该志的《宫阙》一节中申明，"内廷事秘，臣下不能详知"，只能载其大略。

2. 绍兴元年八月，赵构命内侍杨公弼至临安府，与徐康国共同措置行宫，务要简俭，更不得华饰。这是因为当时赵构疲于奔命，无暇及此，财力和物力也有问题①。可是，南宋朝廷在临安府度过了140多年历史，宫殿不断修建、扩建、改建，各书作者所见、所闻、所记，各有局限，不可能详备。

四　南内的总体布局

临安府的南宋皇城，规模虽然没有东京大内那样大，但总体布局是有点类似的。皇城位于凤凰山东麓，围绕着馒头山，利用自然山水和地形布置宫殿、园林和亭阁。外朝的大庆殿和日朝的垂拱殿都位于南部，在丽正门内；东北是东宫所在；次要的宫殿，寝殿，以及妃子宫女居住的地方，后苑，都在北部，符合"前朝后寝"的惯例。整个布局比较灵活。

南宋皇城的总体布局，以陈随应《南渡行宫记》所载最为清楚，我现在以此为主要依据，结合其他文献和实地调查资料，概述如下。

"大内正门曰丽正，其门有三，皆金钉朱户，画栋雕甍，覆以铜瓦，镌镂龙凤飞骧之状，巍峨壮丽，光耀溢目。左右列阙，待百官侍班阁子。"左阙门东为登闻检院，右阙门西南为登闻鼓院。丽正门前有两排红色的拒马杈子。

丽正门内正衙，即大庆殿，俗称金銮殿，是皇帝大朝的地方。但此殿不限于一种用途：六参起居，百官听麻，改殿牌为文德殿；进士唱名，易牌集英；明禋为明堂殿。据《梦粱录》卷三《皇帝初九日圣节》载，该殿两侧有朵殿。

大庆殿的西面是垂拱殿。垂拱殿的位置，"南至笤帚湾，抵北至柳翠桥，皆报国寺界"②。笤帚湾的地名至今未变。柳翠桥的位置在万松岭下③。报国寺原先就是垂拱殿。

垂拱殿的规模，《辍耕录》所引《南渡行宫记》云："垂拱殿五间，十二架（指用十三檩），修六丈，广八丈四尺。檐屋三间，修广各丈五。朵殿四。两廊各二十间。殿门三间，内龙墀折槛。殿后拥舍七间，为延和殿。右便门通后殿。"王应麟云："崇政、垂拱二殿，其修广仅如大郡之设厅。淳熙再修，亦循其旧。每殿为屋五间，十二架，修六丈，广八丈四尺。殿南檐屋三间，修一丈五尺，广亦如之。两朵殿各二间。东西廊各二十间，南廊九间，其中殿门三间，六架，修三丈，广四丈六尺。殿后拥舍七间，孝宗因以为延和殿。"陈随应和王应麟都是南宋人，所载此事大同小异。《宋史·宫室》与《玉海》的记载类同。上述史料都说垂拱殿为五间，但朱彭《南宋古迹考》和王维翰重订的《湖山便览》所引陈随应《行宫记》，都说垂拱殿为五门。五间，是指面阔五间；五门，是指殿的前檐装有五门：两者不完全相同。中国古代殿宇建筑的惯例，左右最外两侧的一间应该安窗，五门，应该是七间，

① （明）田汝成《西湖游览志余》卷二十三："高宗南渡后，驻跸临安，草创禁苑为行在所。适造一殿，无瓦而值雨，临安府与漕司皆忧之。忽一吏白于官长曰：多差兵士，以钱镪分俵关厢铺席，凭借楼屋腰檐瓦若干，候旬月新瓦到，照数赔还。府司从之，殿瓦咄嗟而办。"这事说明当时兴造之匆促。
② （清）朱彭：《南宋古迹考》引《考古录》。
③ 嘉靖年间《仁和县志》卷二。

即在最外侧还有边间；该殿面阔八丈四尺，明间和左右次间的面阔和檐屋三间的面阔应该相同，各间为一丈五尺，三间合计四丈五尺。八丈四尺减四丈五尺，尚余三丈九尺。左右稍间的面阔不会大于明间和次间，因此，稍间可能是面阔一丈，边间面阔九尺五寸。还有，《玉海》说朵殿两间，这在宋画中也能见到类似的建筑形式。

据陈随应《南渡行宫记》记载，垂拱殿的北部拥舍七间为延和殿，西便门通后殿。后殿的东部为端诚殿，亦作为集英殿、崇德殿和讲武殿之用。延和殿之东为崇政殿。崇政殿之东为钦先孝思殿、复古殿、紫宸殿、福宁殿、坤宁殿，坤宁殿是皇太后之殿。贵妃、昭仪、婕妤的屋舍都在这一带。它的具体位置可能在馒头山的北麓附近。

自延和殿循庑而西，进入后苑。这里"怪石夹列，献瑰逞秀，三山五湖，洞穴深杳"。有"大堂三，临池上，左右为明楼，有蟠桃亭，又西为流杯堂、跨水堂、梅岗亭，北为四并堂，皆咸淳五年重建"。其余四时花木，各题雅名，如牡丹称伊洛传芳，芍药称冠芳，山茶称鹤丹，桂花称天阙清香，橘称洞庭佳味，木香称架雪，竹称赏静。用日本松木建成的翠寒堂，不施丹膜，白如象齿，环以古松，颇觉淡雅。后苑的位置应该在凤凰山的西北部。此地有开阔而幽深的吞湾，地上散乱着不少精美的南宋瓷片。它的北部是万松岭，再北是七宝山，山上有三茅观。所以陈随应《南渡行宫记》说："一山崔嵬，作观堂，为上焚香祝天之所。吴知古掌焚修。每三茅观钟鸣，观堂之钟应之。"

皇城内的东部是东宫所在。它的位置可能在馒头山的东部。《宋史》载："乾道七年，光宗升储，始于丽正门之东建太子宫门。淳熙二年创射圃，为游艺之所。圃有荣观、玉渊、清赏等堂及凤山楼。度宗位青宫，更为增广，有凝华殿、彝斋、新益堂、绛己堂、瞻箓堂；续统后改新益为熙明殿，绛己堂为嘉明殿。"这组建筑群的布局，按照《南渡行宫记》所载，大致是进入太子宫门，垂杨夹道，芙蓉相间，环以朱栏。内宫门廊的西边是赞导春坊直舍，东边是新益堂，其外为讲官直舍。正殿朝南，东圣堂，西祠堂，后面是凝华殿、瞻箓堂，环以翠竹。左右四周又有彝斋等其他建筑。然后接绣香堂便门，通向绛己堂。前有射圃，环修廊西转，雅楼十二间，东转数十步为东苑。由绛己堂过锦胭廊，直通御前廊外，即后苑。

和宁门外的东侧是待漏院，西侧是待班阁。

最后我还要提及的是，《宋史》云："建炎三年闰八月，高宗自建康如临安，以州治为行宫，制度皆从简，不尚华饰。"《挥麈余话》云："车驾初到临安，霖雨不止。叶梦得等言，州治屋宇不多，六宫居必隘窄。上曰：'亦不觉窄，但卑湿耳！然自过江，百官六军皆失所，朕何敢求安！'"大概因为这些资料，在有些同志的文章里，把皇城内的宫殿描述得很简朴。其实，我在上面已经提及，一则当时赵构疲于奔命，大内属于草创时期，自然不可能在短时间内豪华起来的；二则，当时有些文人为了替南宋朝廷掩饰偏安的真相，不得不讲几句掩人耳目的话。殊不知，在临安府内的帝王贵戚园苑，以及赵构隐退居住的德寿宫，是何等得豪华。《马可·波罗游记》中记述的南宋皇城内的宫殿也是规模宏伟、金碧辉煌的。

（原载《南宋京城杭州》〔杭州历史丛编之四〕，浙江人民出版社，1988 年）

东序西胶　弦歌不辍

——南宋太学和杭州府学

南宋临安府的学校，有太学、武学、宗学、算学、书学、医学和画学，都是国立学校；地方办的，有临安府学、仁和县学及钱塘县学；又有家塾、舍馆、书会，"每一里巷须一二所，弦诵之声往往相闻"。

太学　相当于后来的文科大学，系继承北宋的制度，于绍兴十二年（1142年）开始筹办，次年正式成立。校址在车桥东抄没入官的岳飞故宅内，即今浙江医科大学的南部，东跨延安路。德祐二年（1276年），南宋灭亡，太学废除，元代时改为西湖书院。南宋太学前后经历了134年。

太学的舍宇规模宏阔壮丽。西部是孔子庙，前有大门，立24戟。后有大成殿，是孔庙主体建筑，奉祀孔子像，两庑彩绘孔子的72弟子像。绍兴二十六年（1156年），赵构将北宋大画家李公麟画的孔子及其72弟子像，都题上赞辞，交付刻石，存于太学，并复制若干，遍赐州府学校（刻石今存杭州孔庙）。太学里有崇化堂、首善阁、光尧石经之阁。崇化堂，旧名敦化堂，庆历初曾改名化原堂，是讲学的地方。堂上有景定元年（1208年）宁宗御札《更学令》，御书朱熹《白鹿洞学规》（白鹿洞书院在江西庐山五老峰下），以及乾道二年（1166年）历任监学官题名。在首善阁里，有赵构御书三匾，并历朝御札。光尧石经之阁，建子淳熙四年（1174年），陈列赵构和他的皇后吴氏书写的《周易》《尚书》《毛诗》《春秋》《论语》《中庸》《孟子》等刻石，今尚存86石，藏于杭州孔庙。这是当时太学的标准读本。在崇化堂的后部和两侧，是教职员办公的地方。东部是学生的斋舍，起初分为服膺、缇身、习是、守约、存心、允蹈、养正、持志、率履、诚意（后改称"明善"）等10斋，后来又在北部扩建斋舍，增加了观化、贯道、务本、果行、崇信（后改"笃信"）、时中、循理、节性、经德、立礼等10斋。东南隅为岳飞庙。

管理太学的学官有祭酒（校长）、司业（教务长），还有丞、簿等职员。教师有博士、学正、学录和学谕。采用三舍五年制。初入学为外舍，一年后升为内舍，二年后升为上舍，上舍再读二年毕业。但事实上，学生不一定能如期升级。南宋理宗朝宰相郑清之，曾在太学十五年，极其困滞。品评学生，德行和学业并重。"两上为上，一上一中及两中为中，一上一下及一中一下、两下为下。"学官斋长按月写上评语及等第，称为"月书"。学业分数，根据考试成绩，分为季考和岁试。上舍卒业，成绩上等的，按科举状元待遇，称为"释褐状元"，由皇帝召见，亲自任命官职；成绩中等的，免去科举的进士考试而出仕；成绩下等的，免去科举的乡试，直接参加进士考试。学生人数，《咸淳临安志》卷十一载，绍兴年间为300人，后增至1000人，淳熙和开禧年间又各有增加。咸淳年间增至1716人，其中上舍生30人，内舍生206人，外舍生1400人，国子生80人。所谓国子生，是统治阶级上层官僚的子弟，也可说是特别生。吴自牧《梦粱录》记载太学生人数，与《咸淳临安志》同。《宋史》卷一百五十七云：绍兴"十三年，兵事稍宁，始建太学，置祭酒、司业各一员，博士三员，正、录各一员，养士七百人；上舍生三十员，内舍生百员，外舍生五百七十员"。其中学生人数，不一定是指创办初期的人数。但当时投考的人数是相当多的，第一次几达6000人，嘉泰三年（1203年）达到3.7万人。

太学的学规是北宋庆历四年（1044年）制订的，称为"庆历兴学"。当时社会上崇尚辞赋，学生的学业不能实用于社会。庆历二年（1042年），范仲淹出任参知政事（副相），他是有政治远见的人，曾针对社会弊病提出十条建议，并下令到浙江湖州取胡瑗（安定）的教育法，作为制订太学学规的依据。胡瑗，字翼之，海陵（今江西泰州市）人，以经术教授吴中，后又以保宁节度推官教授湖州。《宋史》云："瑗教人有法，科条纤悉备具，以身先之……庆历中，兴太学，下湖州取其法，著为令。"皇祐年间，授国子监直讲。《宋史》说："瑗既居太学，其徒益众，太学不能容，取旁官舍处之。礼部所得士，瑗弟子十常居四、五……"嘉祐初，擢太子中允、天章阁侍讲，仍治太学。他的教学有几个特点：一是注意学以致用，如边防、水利等，要学生分组讲习。又如讲授经义，就联系当代实例加以说明。二是注意实地调查，他曾亲自带领学生到潼关，游历太华山（华山主峰）和黄河，使学生从实地调查中得到实际知识。三是注意学生休息娱乐，考试之后，会集诸生到首善阁，雅乐诗歌，至夜方散。四是注意学生的服装和举止，要求端正。他以身作则，注意身教。嘉祐四年（1059年）在杭州谢世。南宋太学的学规，是司业高闶制订的。他是浙江鄞县人，卒业于汴京太学，是杨时（立中，学者称龟山先生）的学生，也是由杨时推荐出任司业的。杨时是程颢的学生，程颐则是胡瑗的学生。因此南宋太学的学规是有渊源的。当时著名的学者陆九龄、哲学家和教育家陆九渊，都在太学任教，弟子舒璘、沈焕、袁燮、杨简成为学术界的名人，称为明州四先生。浙东学派的大学问家吕祖廉（东莱），曾在太学任教授。著名文学家、思想家和政治家叶适（水心），也曾任过太学司业。

有不少太学生富有正义感，对当时腐朽的朝政颇多议论，"言侍从之所不敢言，攻台谏之不能攻，公是公非，伟节相望"。如镇江人丁大全，原是萧山县尉，因谄事内侍卢允升、董宋臣，得以出任左正言。此人惯于压制言论。他弹劾丞相董槐，诏旨未下，就半夜调兵百余人，持械围董槐第宅，强令董槐上轿，声称送大理寺，以此进行恐吓。片刻，把董槐抬出北关门，丢下不管，狂呼而去。太学生陈宗等，上书指控丁大全奸邪。后来丁大全罢相，贬谪贵州，审至滕州坠水而死。又如：权奸贾似道，令人贩私盐百艘，到临安府出卖。太学生就作诗讽刺说："昨夜江头长碧波，满船都载相公醝。虽然要作调羹用，未必调羹用许多！"当然，在太学生中亦颇有败类，或被当朝权奸利诱，以至上书赞美贾似道，或设局骗胁民庶，伤害百姓，如此等等。朝廷良莠不分，停招外地学生，因此哄起学潮。京尹赵与慧出面调停，许诺300名以内，一半招本地学生，一半取四方游士，学潮方息。但过了几天，朝廷指责，"近行诸州各试之法，正欲散游学之士，不知临安府凭何指挥（诏旨），复收外地之人？"赵京尹甚恐，只得驱逐游士出斋，他自己待罪。陈显伯和郑雄飞以公道自任，相续上疏辩说，结果被贾似道阻梗，而理宗皇帝亦因学生攻击朝廷，以致不予受理。游士被逐，愤愤不平，作了许多责问朝廷的诗，其中一首说："塞翁何必恨失马？城火可怜殃及鱼。一笑出门天万里，担头犹有斥奸书。"

南宋朝廷偏安临安府，往往奸佞当权。在这种情况下，考核学生品行，常常是一纸空文。绍熙三年（1192年）吏部尚书赵汝愚等合奏曰："中兴以来，建太学于行都，行贡举于诸郡，然奔竞之风胜，而忠信之俗微。亦惟荣辱升沉，不由学校；德行道艺，取决糊名；工雕篆之文，无进修之志；视庠序如传舍，目师儒如路人；季考月书，尽成文具……"所以太学虽然培育出许多有才之士，但学风之败坏也由此可见。

武学　相当于后来的中央军官学校，成立于绍兴二十六年（1156年）。校舍位于太学的东南。校长由太学的祭酒兼任，挑选文武官知兵法的担任教授。学校里建有武成殿，奉祀周代吕尚（东海人，本姓姜氏，从其封姓，故曰吕尚，曾佐周文王、周武王，灭商有功。封于齐。武王尊为师尚父）、张良（汉初政治家，为刘邦重要谋士，佐其入关灭秦）、诸葛亮（三国蜀汉的伟大政治家、军事家）配享，历代诸名将从祀。学中设武博士和武谕各一人。斋舍有六，题名为受成、贵谋、辅文、中吉、经远、阅礼。教学的内容，包括兵书（如《孙子兵法》《吴起兵书》等）、武技和历代用兵的成败、前世将士尽忠尽义的事例。学习3年，根据考绩，确定等第。不及格的隔年再试。淳熙七年（1180年），设立"武举绝伦并从军法"，规定凡愿从军者，殿试第一与正将同，第二、三名同副将，其他为准备将；从军以后立有军功，或者人才出众的，特旨擢用。宋孝宗说："武举本求将帅之材，今前名皆从军。以七年为限，则久在军中，谙练军政，他日可备委用。"光宗绍熙元年（1190年），规定武臣试换文资，经过荐举，以经义、诗赋求试。这样，久不及第的太学生，多去从武举，然后以现任官的名义去应试进士，称为"锁厅试"。林颖秀奏言："武士舍弃弓矢，更习程文，褒衣大袖，专做举子。文科以武名，不得雄健喜功之士，徒启其侥幸名爵之心。"于是诏罢锁厅换试。但宁宗即位，又复旧制。

算学科　原是北宋崇宁三年（1104年）建立的，大观四年（1110年）并入太医局（掌天文历法的官署）。南宋太史局设在吴山。医学并入太史局，设在通江桥北。乾道三年（1167年）撤销太医局，存御医诸科，后改为医学科。绍熙二年（1191年）复置太医局。医学分脉、针、疡三科，由医官担任教授。画学创自北宋。开始时，宫廷中设立翰林图画院，召集各地画家，为宫室作画。这些画家都各有职衔，如待诏、祗候、艺学、画学正、学生、供奉等。宋徽宗是个昏君，但却是画家，在他的创导下画院发展到极盛时期。政和年间，创立画学，把绘画也列入科举学校制，开创了教育上的新局面。杭州是著名的风景城市，南宋迁都杭州以后，许多画家如李唐、李迪、李安忠、张择端、马兴祖、苏汉臣、朱锐、萧照等，都慕名南来，在画院中任职。李唐本是徽宗画院中的大画家，是使北宋山水画体转变为南宋山水画体的第一人。萧照画山水，学董源技法，皴法遒劲，落墨潇洒，更胜李唐一着。当时西子湖畔有许多大寺院，都请萧照作画。钱塘（杭州）人李嵩，少年时做木工，是大画家李从训的养子。他跟李从训作画，后来成为画家，擅长人物画，尤精界画。界画就是用界尺画建筑图。他还画过钱塘观潮图和西湖图。画院中有这许多高手，画学自然能培养出人才。画学招生考试，试题用前代人的诗句，如"野水无人渡，孤舟尽日横""乱山藏古寺""踏花归去马蹄香"等，要学生根据诗意进行构思画图。例如画题"野水无人渡，孤舟尽日横"，一般考生的作品，都画一只船停靠岸侧，或蜷鹭于舷间，或栖鸦于蓬背；唯独得头名的作品，画一船夫躺在船尾，旁边横一孤笛。意思是并非没有船夫，而是因为穷乡野水，行人稀少，无人雇渡，所以船夫那样清闲自得。学生课业，分佛道、人物、山水、鸟兽、花竹、屋木，兼学《说文》《尔雅》《方言》《释名》等。皇宫里的藏画，也时常给学生观摩。教师品评作品，以不模仿前人，具有创造性，情态形色自然，笔韵高简为上品。

宗学　是皇族子弟学校，始置于绍兴四年（1134年），分小学和大学，校址设在睦亲坊。本来称为宫学，嘉定九年（1216年）改为宗学。有大成殿、御书阁、明伦堂、立教堂、汲古堂和斋舍等建筑。三年一试，补为生员，与太学同。

府学　建在凌家桥西慧理寺故址。原来规模比较小，嘉定九年（1216 年）扩建。有大成殿、养源堂、御书阁、先贤祠堂和斋舍。又有小学，在登俊斋之侧。钱塘县学是以丞廨改建的，有斋舍 6 座。仁和县学在县治的东部，嘉定八年（1215 年）建斋舍 4 座。府学和县学也都有学官。当时太学和武学等相当于以后大专学校设的博士，而府学里则设教授，所以当时的教授实际上低于博士，但选聘还是比较严格的。

附带要提到的是，南宋太学和府学在雕版印刷事业上也有一定的贡献。我国雕版印刷始于唐代，盛于五代，以宋版最精。在宋版书中以杭州最好，字体方正，刀法圆润，纸质坚韧，校勘仔细。陆游《老学庵笔记》云："天下印书以杭州为上，蜀本次之，福建最下。"绍兴十五年（1145 年），博士王之望呈请，群经义疏未有版者，令临安府雕造。淳熙元年（1174 年），国子监言，《礼部韵略》前后有增改删削及多差错，诏令校正刊行。淳熙四年（1177 年）令国子监重雕《刑统》《刑统申明》颁行。国子监不仅雕印经书，亦雕印方书，如绍兴二十七年（1157 年）雕印过《大观证类本草》32 卷。临安府学也雕印过不少书籍，如《天禄琳琅群经音辨》，上有府学教授衔名。刊工是不固定的。如刊工王荣参加刊刻的书籍，有国子监《汉书》补版、湖州《北山小集》、严州《世说新语》；刊工杨昌参加刊刻的书籍，有国子监的《陈书》、绍兴的《论衡》、明州的《文选》、台州的《景德传灯录》、婺州的《圣宋文选》。元代改南宋太学为西湖书院，原来国子监的书版转入西湖书院贮藏，约有经、史、子、集书版 20 余万片，共 100 多种书。

（原载《南宋京城杭州》〔杭州历史丛编之四〕，浙江人民出版社，1988 年）

健儿被发走如风

——南宋王朝的覆灭

在南宋统治时期，我国实际上处于分裂状态：女真族建立的金，割据着北部；党项贵族建立的夏，继续统治着西北；宋宁宗开禧二年（1206 年），铁木真统一了蒙古，被推举为大汗，尊称成吉思汗，建立了蒙古政权。

从开禧元年（西夏桓宗天庆十二年）起，成吉思汗三次对西夏用兵，迫使西夏统治者纳贡求降。吐蕃、畏兀儿先后派人向成吉思汗臣服。从嘉定四年（蒙古太祖六年，1211 年）起，蒙古军又南下攻金。1214 年，金宣宗即位的第二年，由于蒙古军的威胁，从燕京迁都开封。次年，燕京被蒙古军攻占。蒙古军占领黄河以北的地区之后，便在成吉思汗的率领下大举西征。宋理宗宝庆三年（蒙古太祖二十二年，1227 年），蒙古西征东返，成吉思汗死于六盘山，幼子拖雷监国。绍定二年（1229 年），成吉思汗三子窝阔台继为大汗，由南北两路对金发动进攻，北路攻下洛阳，南路直趋开封。绍定六年（蒙古太宗五年，1233 年），金哀宗从开封逃往归德又逃往蔡州（今河南汝南县）。蒙古军与南宋订立盟约，共同攻金，允许灭金后，以河南地归宋。次年，宋军力战，攻占蔡州，蒙古军随入，金哀宗自杀，金亡。宋军攻占蔡州后，依约进复开封、洛阳、商丘。蒙古军撕毁协约，决黄河水淹宋军，宋军败还。从此，蒙古军揭开了灭宋战争的序幕。

正当蒙古军野心勃勃的时候，南宋朝廷却处于极其腐败的时期。宁宗开禧三年（1207 年）权相韩侂胄因对金用兵失败而被杀，由史弥远继任宰相。此人对金一贯采取屈服妥协政策，又招权纳贿，掠夺民财，把朝政搞得更糟。后来贾似道当政。他是理宗贵妃的弟弟，少年无赖。理宗赐第葛岭，又拨缗钱百万，扩建园苑。朝廷大政，都在西湖葛岭私宅中裁决。当时流传着这样一句话："朝中无宰相，湖上有平章。"这个平章颓废至极。他写过这样一首绝句："寒食家家插柳枝，留春春亦不多时。人生有酒须当醉，青冢儿孙几个悲。"取旧宫人及娼尼淫戏，与群妾以斗蟋蟀为乐，不分昼夜，只许赌友入内。皇帝昏庸，权奸得势，南宋覆没，不可避免。

宋理宗端平三年（1236 年），蒙古军由汉中向四川进攻。南宋守将在大安军（今宁强）阳平关顽强抵抗，终因寡不敌众，全军壮烈牺牲。一月之间，成都、利州（今广元）、潼川（今三台）三路中有 54 个州郡先后落陷。蒙古军大肆掠夺后撤走，使南宋财赋收入受到严重影响。

襄阳、德安、枣阳、随州是南宋在京西南路和荆湖北路的重要军事据点。襄阳自绍兴四年（1134 年）岳飞收复后，整整一百年没有遭过战祸，府库充足。蒙古军攻襄阳，守土军民屡次请援，贾似道置之不理。蒙古军攻襄阳，由于南宋军民坚守，始终没有攻下。端平三年，南宋驻军中的南军和北军冲突，北军主将放火烧毁府库，投降蒙古军，南军也乘机抢劫后撤离。襄阳成了废墟，已不再为南宋所有。德安、枣阳、随州三地，也曾在同年一度失守。由于当地乡民奋起反击，将襄阳、樊阳和信阳等地夺了回来。

淮南东、西两路是南宋的重兵所在。从端平三年冬到嘉熙二年（1241 年），蒙古军先后进攻真州（今江苏仪征）、安丰、庐州，都被宋军打退。

宝祐六年（1258 年），蒙古军由大汗蒙哥亲自率领，攻入四川，成都南宋守军食尽无援，兵溃城破。与此同时，蒙哥命其弟忽必烈渡河南下，围攻鄂州。贾似道迫于朝野舆论，于开庆元年（1259 年）领兵救鄂州，但暗中向忽必烈乞和，答应纳币称臣，双方划江为界。这时蒙哥死，忽必烈由于争夺汗位，急于北返，就答应贾似道提出的条件。南宋爱国将领在前线奋勇抵抗，而昏庸的理宗皇帝却沉溺在醉生梦死的生活里。贾似道隐匿请和纳币事诈称大胜，理宗信以为真，居然说他"忠贯日月，身佩安危，涤除妖氛，再造王室"。

宋理宗景定元年（1260 年），忽必烈在开平（今多伦）即位，派郝经到南宋要求履行和约。贾似道深恐求和之事暴露，把郝经扣留在真州。度宗咸淳三年（1267 年），蒙古军攻襄阳和樊城。南宋守将屡次告急，贾似道始终不肯出兵救援。咸淳九年，蒙古军水陆并进，攻下樊城和襄阳。次年，度宗死，恭宗立，他只有 3 岁，由太皇太后谢氏垂帘听政，但朝政依旧操纵在贾似道手中。同年秋，蒙古丞相伯颜率领几路水陆大军，由襄阳顺汉水而下，入于长江，沿江的鄂、黄、蕲、江诸州相继陷落。

德祐元年（1275 年），贾似道再次被舆论所迫，率领精兵 13 万向池州进发，又派人和蒙古军讲和，遭到蒙古军拒绝。贾似道在鲁港（安徽芜湖西南）大败，不久被革职放逐，至福建漳州木棉庵，为监送人郑虎臣所杀。德祐二年正月，南宋以益王昰判福州，广王昺判泉州，以图复兴。元世祖遣廉希贤、严忠范等诣宋议和，伯颜以壮士 500 护送到独松关。宋守臣张濡以为蒙古兵来攻，率兵抗击，杀廉希贤。于是元兵攻入临安府。恭帝奉表请降，遣右丞相文天祥等去元军，结果文天祥被扣留。恭帝及谢、全西太后并宗室官吏被俘北去。闰三月，陆秀夫等在温州奉益王为天下兵马都元帅。五月，益王即位于福州，改元景炎，是为端宗；以广王昺为卫王。

蒙古军大举南下的时候，文天祥任赣州知州，他组织两万勤王兵入卫临安府。蒙古军兵临城下，城中宋朝将军纷纷降逃，国事无人主持。文天祥出任右丞相兼枢密使，担当收拾残局的责任。他奉命去元营议和，因怒斥蒙古军罪行，被扣留并胁持北上。行至镇江途中脱险，一路历尽艰辛，辗转由海道至台州，再由陆路抵达温州，留住一个月。他原想在此见到益王和广王，但益王和广王已去福州。后来益王召文天祥去福州。文天祥达闽后，聚兵反攻江西，收复州县多处。南宋景炎二年（1277 年），文天祥战败，退至广州循州。次年，宋帝（益王）被蒙古军所逼，逃往海中，死于硇州（广东吴川市南海中）。卫王昺即位，流徙于南海中的崖山（广东新会县南海中）。宋祥兴二年（1279 年），蒙古军攻崖山，文天祥抗击蒙古军于潮阳，战败被俘。张世杰的水军也被蒙古军打败，张世杰溺海死。崖山的薪水道路被切断。陆秀夫负帝昺投海死。南宋亡。文天祥遭蒙古军的威胁利诱，百般折磨，没有屈服。他得知妻女在燕京宫里过俘囚般的生活，痛裂肝肠，但不因私情废大节。他身在狱中，墨迹传遍燕京。元世祖至元二十年（1283 年）一月初九日，从容就义。

元世祖忽必烈建立元朝是在至元八年（1271 年）。至元十三年（1276 年）攻取临安府。临安府改为杭州路。杭州又是江浙行中书省（管辖的范围包括现在的浙江、福建两省，江苏、安徽的江南部分和江西的湖东部分，计十三路、一府）的省会。至元十四年（1277 年）二月，元以杨琏真伽为江南总摄掌释教。此人在杭州作恶多端，还改南宋宫殿为寺院。至元十五年（1278 年）十二月十二日，杨琏真伽盗掘在绍兴的南宋皇帝六陵。会稽（绍兴）唐珏（字玉潜）邀集里中少年，收拾六陵遗骨，裹以黄绢，标明某陵遗骨，藏于别处，以四郊暴骨埋入陵中。七日以后，杨琏真伽下令将六陵遗骨运到杭州，杂似牛马枯骼，筑石塔镇压，名曰镇南塔。又要将南宋太学内的石经搬去作为塔基石，因为申屠致远力争，才以得免。《宋史》说："杨琏真伽重赂桑哥，擅发宋诸陵，取其宝玉，凡发冢一百有一所，戕人命四，攘盗诈掠诸赃为钞十一万六千二百锭，田二万二千亩，金银、珠玉、宝器称是。省台诸臣乞正典刑以示天下，帝犹贷之死，而给还其人口、土地。"就是这样一个恶僧，还把自己的像混同佛、菩萨，雕凿在飞来峰。至元二十六年，灵隐寺僧净伏为了奉承杨琏真伽，专门作了一篇《大元国杭州佛国山石像赞》，说"永福杨总统，江淮驰重望"。

（原载《南宋京城杭州》〔杭州历史丛编之四〕，浙江人民出版社，1988 年）

岳飞葬地考

南宋绍兴十一年十二月二十九日（1142年1月28日），岳飞被权奸秦桧杀害。遗体初葬何处，后人传说不一。清道光十三年（1833年），杭州府司狱吴廷康，依民间传闻，认定杭州众安桥河下十七号是岳飞初葬处。然后筹集银两，营建墓、庙，又出版《岳忠武王初瘗志》。于是，一百多年来以讹传讹，至今还有人信以为真。

据《朝野遗纪》载，岳飞被害后，"狱卒隗顺负其尸出，逾城，至九曲丛祠中。故至今九曲五显庙尚灵。顺葬之北山之滫"。隗顺死时，谓其子曰："异时朝廷求而不获，必悬官赏，汝告言曰，棺上一铅筩，有棘寺（大理寺）勒字，吾埋殡之符也。后果购其瘗，……其子始上告，官悉如所言，而尸色如生，尚可更敛礼服也。"这一记载虽然带有迷信成分，但叙述岳飞的葬地却是对的。明万历十年（1582年）刊本《汤阴精忠庙志》、嘉靖《西湖游览志》、清康熙《钱塘县志》等都采用此说。

岳飞被害死在大理寺狱中。南宋大理寺在钱塘门内，狱卒隗顺负尸逾城，当然是就近出钱塘门。《西湖游览志》卷八载："钱塘门沿城而北，旧有九曲城。"隗顺负尸出钱塘门，应该就是沿着这条路线到九曲城五显庙的。南宋《咸淳临安志》卷七十三载：灵顺庙，即婺源五显神祠，于近郊者凡七，一在钱塘门外九曲城下，绍兴间建。可见南宋初年，九曲城下确有此庙。此地多湖河，故城垣曲折，西面（即钱塘门之北）近山，所以《朝野遗纪》说，隗顺葬岳飞于"北山之滫"，滫者，涯上平地，方位和地貌都是符合的。

至于杭州众安桥一带，是南宋临安城中比较热闹的地方，此地紧靠御街，隗顺怎么会负尸到这里来埋葬呢？这种说法不仅与史书所载岳飞初葬的方位不符，而且也不合情理，显然是错误的。

绍兴三十二年（1162年），孝宗即位，恢复岳飞官爵，访求其尸，以礼改葬栖霞岭（当时称"西湖履泰山剑门岭"），即今岳飞墓的始基。改葬之时，距岳飞被害仅二十一年。《金陀续编》卷十四所载淳熙六年（1179年）岳飞之子岳霖等《赐谥谢表》，其中讲到朝廷昭雪岳飞冤案，"葬以孤仪，起枯骨于九泉之下"。孤者，三公之次也，古时称少师、少傅、少保为"三孤"。绍兴十年，朝廷特授岳飞为少保（见《金陀续编》卷二"少保兼招讨使制"），故岳霖称"葬以孤仪"。又云"起枯骨于九泉之下"，是指将岳飞的遗骨改葬于栖霞岭，可见这里并不是假坟。

最近我们在修理岳飞墓时，发现墓道两侧，各殉葬石俑一具，头部向东，周围砌石。石俑雕刻，线条简朴，表面风化严重，从风格等方面判断，应是南宋遗物。按宋代制度，"勋戚大臣薨卒，多命诏葬……坟所有石羊、虎、望柱各二，三品以上加石人二"，岳飞墓道地下发现石人二，与制度是符合的。

综上所述，岳飞遗体初葬杭州（南宋称临安府）九曲城下五显神祠附近的北山之滫，即今昭庆寺以北。现在杭州栖霞岭的岳飞墓，是南宋绍兴三十二年"以礼改葬"的地方。

（原载《光明日报》1979年6月5日）

南巡探胜　示威九垓

——康熙、乾隆巡视杭州

康熙皇帝爱新觉罗·玄烨（1654~1722年），在位六十一年，先后六次南巡：第一次是在康熙二十三年（1684年）九月，只到江宁（南京），其后五次都到过杭州。第二次南巡是在康熙二十八年（1689年），正月启程，二月到杭，"诏广学额，赉军士，复因公降谪官，赐扈从王大臣以次银币，赐驻防耆老金"。又去会稽，"亲撰祭文诣禹陵致祭，文内书御名，行三跪九叩礼，书额'地平天成'"（《东华录》）；第三次南巡是在康熙三十八年（1699年），二月启程，三月到杭州，阅兵校射；第四次南巡，在康熙四十二年（1703年），正月启程，二月到杭州阅射；第五次南巡是在康熙四十四年（1705年）二月启程，四月到杭州阅射；第六次南巡是在康熙四十六年（1707年）四月。据他自己说："朕顷因视河，驻跸淮上。江、浙二省官民吁请幸临，朕徇群情，涉江而南。"[①]

乾隆皇帝爱新觉罗·弘历（1711~1795年），在位六十年，六次南巡，也都由京师出发：第一次是在乾隆十六年（1751年）三月，到杭州后，在观潮楼阅兵，亲临敷文书院（本名万松书院，在万松岭），遍访西湖名胜，也到会稽祭禹陵；第二次是在乾隆二十二年（1757年）二月，到杭州后，阅水师操演；第三次是在乾隆二十七年（1762年）三月，抵杭州后的次日到海宁阅海塘；第四次是乾隆三十年（1765年）闰二月，巡视海宁石塘、观潮，抵杭州；第五次是乾隆四十五年（1780年）三月，至海宁观潮，阅视石塘堤工后抵达杭州，至秋涛宫检阅水师；第六次在乾隆四十九年（1784年）三月，至海宁阅视塘工，抵杭州后诣圣因寺祭圣祖康熙皇帝神御，检阅福建水师。以上六次，都是正月从京师出发，沿路巡视，除第二次是在二月到达杭州外，其余都是三月间到达杭州的。第六次南巡时，他已经是74岁的老人了。

康熙皇帝五次到杭州，前三次都住在涌金门内太平坊。这里原为织造府，以后改为行宫，由织造孙文成主持扩建，禁御森严，规制整肃，百官朝房环拱，北向开浚城河，通达涌金水门，以供御舟通航[②]。康熙皇帝第四次到杭州，以孤山锦带桥西为行宫，正殿称登观斋，内一层称涵清居，东有西湖山房，再东为揽胜斋，其后因山叠石，拾级而上有凉泉。雍正五年（1727年），改孤山行宫为圣因寺。圣因寺的建筑群，在总体布局上分为三条纵轴线：中轴线上自南至北有山门、天王殿、泽永湖上、圣祖神御殿；西边轴线上有方丈室等；东边轴线上有西湖山房、涵清居等。现在的中山公园和浙江博物馆一带，就是当日圣因寺的旧址。

---

① 《清史稿》卷八《圣祖本纪》。

② 《湖山便览》卷七云："国朝康熙四十八年，圣祖仁皇帝南巡，驻跸太平坊。"查《清史稿》，康熙四十八年并未南巡，恐系三十八年之误。

　　乾隆皇帝南巡杭州，在圣因寺的西面建造行宫。地当孤山正中，面临西湖，群山拱卫。正殿的横匾上题"明湖福地"四个大字。进垂花门，殿额为"月波云岫"。后面是御花园，面积很大，拾级而上，亭台巍然，湖光山色，环绕辉映。山上行宫八景，每景都由乾隆皇帝亲笔题额。东北有四照亭，亭下修竹万竿，清阴茂密，称竹凉处。循曲径而西，乔柯奇石，目不暇接。南为步廊，连接瞰碧楼，俯瞰全湖，晴波绮縠，尽收眼底。楼下以文石为台，面临贮月泉。泉侧一片桂林，清香馥郁，素有"月中桂"之称。瞰碧楼的西南有鹭香庭。庭后杰阁耸峙山巅，御题"领要阁"，意思是"湖山幽邃，不可胜穷，略观大意，此领其要"①。其下有玉兰堂，种植玉兰，如琼枝玉叶。右边山径逶迤，石壁拱立，上建御碑亭。现在的孤山南麓，从中山公园到西泠印社一带，全是行宫范围，浙江博物馆则是文澜阁和圣因寺的遗址。

　　乾隆皇帝六次南巡，后四次都到海宁（今海宁市盐官镇）检阅海塘，住陈元龙家中。陈元龙，字广陵，号乾斋，康熙朝进士，授编修，巡抚广西，为民称颂，建造河堤陡斗，颇有政绩，雍正时官至太子太傅、文渊阁大学士。陈元龙家有隅园，位于县城西北隅，以西北两面城墙为界。隅园原是陈元龙曾伯祖陈与郊就南宋安化郡王王沆故园改建的，而陈与郊又号隅阳，故命名此园为"隅园"。本来面积不大，占地约三十亩，陈元龙归里后扩建至六十亩。乾隆皇帝巡视海宁，住隅园，赐名"安澜园"，因地近海塘，取"愿其澜之安"的意思②。从此隅园又进一步扩建至百亩。据沈三白《浮生六记》云："游陈氏安澜园，地占百亩，重楼复阁，夹道回廊，池甚广，桥作六曲形，石满藤萝，凿痕全掩，古木千章，皆有参天之势，鸟啼花落，如入深山，此人工而归于天然者。余所历平地之假石园亭，此为第一。曾于桂花楼张宴，诸味尽为花气所夺。"这是乾隆四十九年八月所记，正是乾隆皇帝第六次到安澜园之后不久，《浮生六记》所云，正是安澜园的全盛时期。

　　康熙、乾隆南巡，常兴师动众，可谓劳民伤财。以乾隆皇帝为例，当时王公大臣、侍卫官员及兵丁有 2500 余人。动身之前，指派亲王一人，任总理行营事务王大臣，派向导统领和地方官吏详细勘察沿途道路，修桥铺路，修建行宫，还要将行宫、名胜、营盘、中途地名、行程里数，绘图粘签进呈。每到一地，照例送呈有关资料，如方舆图说、名胜古迹、历史沿革、地理风俗、古人题咏、本朝事迹等。从京师到杭州，往返水陆行程五千八百余里，分 40 余站，有行宫 30 余处；没有行宫的地方，建黄布城和蒙古包住宿。每隔二三里设尖营，作为临时停歇的地方。沿途的州县交界处，建造木牌坊，上面写明交界两边的地名。经过的道路，都要泼水清尘，如果是石桥石道，则有黄土铺垫，水路码头铺设棕毯。如果在御舟上歇宿，水上搭建水城，并备四方账房。每天早晚奏乐鸣鼓。

　　皇帝南巡，"天威肃穆"，戒备森严。銮驾启动前，沿途清道，稍有干扰，以冲突仪仗治罪。水路经过运河，粮船和盐船都应提前开行，预筹回避。巡幸船只 1000 多艘，首尾相接，列队渐进，旌旗招展。随从人员所乘船只，由江浙两省征用。拉纤河兵 3600 人。沿河港汊、桥头村口，派兵守卫。每次南巡，正月启程，到杭州、嘉兴一带正是春耕季节，沿途春耕可以照常活动。銮驾经过时，男子入村回避。三十里内，地方官员接驾，耆民老妇、绅衿生监排队跪伏，80 岁以上穿黄褂持香跪接。扬州、

---

① 乾隆二十年刊刻《御览西湖志纂》首卷。

② 《南巡盛典》卷一〇五。乾隆二十七年高宗御制《驻陈氏安澜园即事杂咏》六首。清高宗御制《安澜园记》。

苏州、杭州等城市，搭建彩棚，摆设香案。陆路行走，用马五六千匹，骡马车 400 辆，骆驼七八百只，沿途还要征用民夫。膳房用羊，从京师预先送 1000 头到宿迁和镇江等地。冰块、泉水由北京运送或地方供应。到浙江，用杭州虎跑泉水。整个南巡奢侈到了极点。

康熙、乾隆南巡，被封建文人誉为"巍巍盛典""熙朝盛事"。南巡的目的并不是单一的。

羡慕江南，乘兴南游，是一种动机。当时江南名胜甲天下，扬州、苏州、杭州等城市很是繁华，去眺览山川之佳秀，民物之丰美，当然是太平君主的骄奢欲望。康熙、乾隆二帝到杭州，遍游西湖胜景，写了许多诗，除西湖诗、西湖十景诗、小有天园、漪园、留余山居、龙井八咏外，还有十八景诗。这十八景就是吴山大观、湖心平眺（湖心亭）、湖山春社（岳庙西南，前临金沙涧，背倚乌石峰）、浙江秋涛、梅林归鹤（放鹤亭）、玉泉观鱼、玉带晴虹（金沙堤玉带桥）、宝石凤亭（宝石山）、天竺香市、云栖梵径、蕉石鸣琴（丁家山）、冷泉猿啸（灵隐寺前）、凤岭松涛（万松岭）、灵石樵歌（灵石山）、葛岭朝暾、九里云松、韬光观海、西溪探梅。每景都有题诗。

但是，南巡的更主要目的并非玩乐。康熙皇帝二十八年所作《泛舟西湖诗》的末句中说："此行不是探名胜，欲使阳和遍九垓。"① 实际上就是加强对东南的统治。他六次南巡，途经山东、河南，直达南京、苏州、杭州等地，一路调查民情，蠲免赋税，祭孔庙，谒明太祖陵，又召见许多知识界人士，未经考试的即钦赐出身，借以笼络汉族地主和其他民族的上层分子。

乾隆皇帝在《御制南巡记》中说："予临御五十年，凡举两大事：一曰西师（对西部用兵），一曰南巡。"他学康熙、雍正的样子，采取镇压和笼络并用的手法。延续数朝的文字狱，就是镇压的手段之一。但是他们采用了更多的笼络手段。乾隆初次南巡，将武英殿所刊《十三经注疏》《二十四史》发给江宁钟山书院、苏州紫阳书院和杭州敷文书院各一部。乾隆皇帝于乾隆四十九年（1784 年）南巡，以"江浙为人文渊薮"，给扬州、镇江、杭州各颁《四库全书》一部。

为了争取汉族地主阶级的支持，康熙、乾隆二帝表现出开朗、宽厚的姿态。康熙二十三年（1684 年），康熙皇帝南巡，十一月驻江宁，诣明孝陵致奠。四十四年（1705 年），康熙皇帝南巡，亲书"至德无名"额悬吴太伯祠，并为季札、董仲舒、焦先、周敦颐、范仲淹、苏轼、欧阳修、胡安国、米芾、宗泽、陆秀夫等先哲祠宇书匾悬额②。乾隆南巡，也几次亲祭明太祖陵，又钦点遣官向陆贽、钱镠、宗泽、韩世忠、岳飞、徐达、常遇春、方孝孺、于谦等人致祭。清自称其族为满洲，源属女真族。宋时，女真贵族建立金国，发动掠夺战争，宗泽和岳飞就是抗金名将，康熙、乾隆二帝南巡时，也派官致祭。乾隆对岳飞表现出特别的敬重。乾隆十六年，乾隆帝南巡杭州，"遣官多尔济致祭，三月初四日，驾幸岳飞祠墓"，接着皇太后亦前往祭扫，赐匾额曰"伟烈纯忠"。二十二年（1757 年），乾隆皇帝再次南巡，遣官刘纶致祭，二月二十八日又亲赴岳飞墓，三月初三日皇太后也亲临岳飞祠墓。二十七年（1762 年），乾隆皇帝第三次南巡，遣官程岩致祭，三月初五日亲赴岳墓、岳庙，又命大臣进庙行礼，皇太后亲赴墓所。三十年（1765 年），乾隆皇帝第四次南巡，遣官孙礼致祭岳飞墓庙。四十五年（1780 年），乾隆皇帝第五次南巡，遣官王灿致祭岳飞墓庙。四十九年（1784 年），乾隆皇帝第六

① 《御览西湖志纂》首卷。
② 《清史稿》卷八《圣祖本纪》三。

次南巡，遣官朱珪祭岳飞墓庙，三月十六日乾隆皇帝驻庙外，命皇十一子、十七子行礼于岳飞墓庙。

为了维系民心，康熙、乾隆二帝南巡，几乎每次都要蠲免赋税漕粮，又截留江浙等省冬兑漕粮，平粜给百姓，表示清廷的皇恩浩荡。

整顿军旅，也是康熙、乾隆二帝南巡的目的之一。这两个皇帝每次到杭州，都要陵阅兵校射，炫耀武力，整饬军旅，震慑四方。乾隆二十二年（1757年）南巡抵杭州，接驾的绿营兵丁有奏箫管细乐的，乾隆皇帝见了很不高兴，当天传谕斥责说："夫身隶行伍，当以骑射勇力为重，戍楼鼓角，不过用肃军容……若吹竹弹丝，技近优伶，岂挽强引重之夫所宜相效？此等绿营陋习，各省均所不免。……嗣后营伍中但许用钲鼓铜角，其箫管细乐概行禁之。"① 乾隆皇帝在途中见到驻防将军及绿营之提镇外出都坐轿子，也立即传谕禁止。他说："夫将军提镇有总统官兵之责，若养尊处优，自图安逸，亦何以表率营伍而作其勇敢之气？"乾隆二十五年（1760年），杭州将军伊领阿、副都统刘扬达因为坐轿，被浙江巡抚庄有恭奏参，两人都丢了官。其实，八旗兵入关后，习于奢靡，军务废弛，此时已颓风难挽了。乾隆皇帝最后一次南巡杭州，带了皇十五子颙琰（嘉庆帝）校阅营伍骑射，八旗兵"射箭箭虚发，驰马人堕地"，当时引为笑谈②。

"浙江省海塘关系紧要。"③ 乾隆六次南巡，四次赴海宁踏勘塘工。

据同治十三年（1874年）《浙江海塘全图》说明云：钱塘江是一条强潮与山洪交替作用的江流，山水顺江东下，海潮逆江而上。上游诸郡山水，由西南斜趋东北，下达于海。海中潮汐，一昼夜两度，往来澎湃，势甚汹涌。筑有南北两塘，以资捍御，在上游者为江塘，江塘尽处为海塘。南塘自萧山临浦至宁波慈溪之扬浦，北塘自钱塘狮子口至江苏金山县界。其中仁和（今杭州）乌龙庙至海宁大小尖山，130余里之内，山水下注，潮汐顶冲，上激塘身，下搜塘底，易致溃坏；而这一带塘堤对保障杭嘉湖苏松太等郡田庐关系重大。

康熙皇帝为了确保太湖地区的赋税收入，修筑了从六和塔到海宁一带的石塘。在修筑这条海塘的时候，为了防止潮水冲垮，挑选良工，采用大石料，横纵交错砌叠，每石交接处以槽榫嵌合，合缝处用油灰密封，再加上铁锭，使所有石块联成整体。塘身之内，加筑土塘，使大潮时不致泛滥。塘基根脚密排梅花桩三路，用三合土夯筑。又因为从赭山以北、河庄山以南这条江海故道淤塞，以致江水海潮尽归北岸，所以发动民夫开掘淤沙，使江海尽归故道，使土塘和石塘免受潮势北冲之患。

乾隆十四年（1749年）十月，浙江巡抚奏请乾隆皇帝南巡时阅视海塘。乾隆皇帝命兵部尚书舒赫德事先赴浙江查勘。从杭州到海宁将及百里，海宁到尖山九十里，春天多雨，道路泥泞。舒赫德怕苦，便以"浙江海塘工程稳固……江海安澜，民灶乐业，现在情形可毋庸亲临阅视"复奏。这样，乾隆皇帝此次南巡，只登上六和塔东望潮势，未到海宁。及至乾隆二十五年（1760年），海宁潮势渐趋北岸，潮汛告警，引起乾隆皇帝的重视，因此，他从二十七年（1762年）以后几次南巡都到海宁阅视塘工。

当时修筑的海塘有石塘、土塘和草塘三种，究竟采用哪种办法最为合理，在雍正时颇多争议。草塘，也称"柴塘"，一层柴草，一层泥土，间层相叠，顶上再培厚土。每丈草塘用柴一两万斤。乾隆

---

① 《清实录·高宗纯皇帝实录（七）》卷五三三，中华书局，1986年。
② 《清雍正实录》卷三十八"嘉庆四年正月戊子"条。
③ 雍正十一年十二月二十三日上谕，见《杭州府志》卷四十七《海塘》一。

二十七年（1762年），乾隆皇帝南巡时到海宁勘查，亲试排桩，因为地下都是浮土流沙，无法稳固；如果将塘堤的位置向内移进数十丈，虽然可以施工，但都是田庐聚落，势必"欲卫民而先殃民"。于是决定尽力改进草塘，缓修石塘，并增加柴价，使百姓乐于出售柴草。

乾隆皇帝第四次到海宁巡视海塘时，看到海宁绕城的石堤，是全城抵御海潮的屏障，而塘下护卫石塘的坦水只有两层，难挡冲顶的潮势。于是命绕城的全部石塘筑成三层坦水，并更换残桩缺石。

康熙五十九年（1720年）巡抚朱轼奏疏中云："老盐仓一带，当江海交会……且老盐仓北岸，皆系民田庐舍，支河汉港甚多，俱与上河通联，东即长安镇，与下河官塘，仅隔一坝，若不于此急筑石塘堵御，万一土岸坍尽，决入上下运河，则盐潮直注嘉、湖、苏、松列郡，关系甚巨。"① 乾隆第五次巡视海宁，进一步修建老盐仓一带的鱼鳞石塘，并添建坦水。又规定在改建石塘前，草塘也要注意保护。两浙商人为此捐银六十万两。乾隆最后一次巡视海宁时，老盐仓鱼鳞石塘已经全部竣工，但是没有砌筑坦水保护，他命将草塘后面的土塘顺坡斜收，变成坦水，顶上植柳，使根株盘结，草塘和石塘联成一个整体。又拨给部库银五百万两，两浙商人也再捐六十万两，将章家庵以西范公塘土堤一律接筑石塘。

清代到乾隆末年止，自金山至杭州全长二百四十八里修起鱼鳞石塘，在钱塘江南岸也修建了许多石塘和土塘，有效地保护了富饶的吴越平原。乾隆先后六次南巡，其中四次巡视海宁，修筑海塘工程持续20年不懈，这是名垂史册的。

康熙皇帝南巡，对巩固多民族统一的国家是有贡献的，而且尚能注意节俭。乾隆皇帝南巡，当然也有所得，但浮华侈靡。当时有识之士上疏进谏，劝他节俭，或者暗中抵制。例如，乾隆皇帝四次南巡，大学士于敏中要浙江巡抚王亶望恳请乾隆由杭州临幸湖州，并通知绍兴知府赵某沿湖州河道试航。赵某暗中抛下木料、石块，使"舆舫触之不能行，时已迫，不及浚，役始止"②。可是这些明谏暗抗的臣僚随后都受到罢官、坐戍等处分。封建皇帝的旨意，是不容许臣下有任何抗拒的。

　　（原载《元明清名城杭州》〔杭州历史丛编之五〕，浙江人民出版社，1990年）

---

①　（清）翟均廉《海塘录》卷一三《抚臣朱轼请修海宁石塘开浚备河疏》。
②　（清）包世臣《安吴四种》卷三，转引自邓之诚《中华二千年史》卷五，第226页。

附 录

业务工作年谱

1949～1953 年　追随时代

1949 年 8 月至 1953 年 4 月，先后在绍兴专署公安处和华东革命大学浙江分校从事政治理论教育工作，也做过文牍。

1953 年 5 月初，调入浙江省文物管理委员会。

1953～1954 年　初心确立

初进省文物管理委员会，听专业专题讲座，自学考古学相关著述。根据自己的兴趣点，确立了中国古代铜器和甲骨文、金文为最初研究目标与方向。与此同时，还涉猎古建筑、石窟造像、瓷器、钱币等文物考古书籍。过程中，始终得到朱家济先生及省文物管理委员会诸位专家指导。学习近代史时曾得到陈训慈先生的指教。学习甲骨、铜器和铜镜时，得到著名专家陈梦家先生的通讯指导。

1954～1955 年　学术起步

1954 年，参加国家文物局、中科院考古所、北大考古专业联合举办的第三期考古训练班学习。参加西安半坡遗址和灞桥古墓葬发掘的实习。总平均分数 95 分许。

同年，主持在绍兴漓渚发掘古墓 39 座。撰写《绍兴漓渚考古简报》，发表于《考古通讯》1955 年第 5 期。在金华、杭州、新昌等地发掘墓葬，写出发掘简报。调查了杭州和绍兴等地的文物史迹，写成《崇德县崇福寺拆卸东西两塔塔顶部分时发现的四十七件文物》，发表于《文物参考资料》1956 年第 1 期。《绍兴的古代铜镜》发表于《考古通讯》1956 年第 6 期。《谈谈我国古代铜镜》发表于《考古通讯》1955 年第 6 期。《五代吴越文物——铁券与投龙简》发表于《文物参考资料》1956 年第 12 期。

这个时期，发表于报纸上的文章较多，如：《杭州四塔》发表于 1955 年 5 月 24 日《浙江日报》；《从出土文物看杭州古代文化》发表于 1955 年 4 月 24 日《浙江日报》，共青团杭州市委将此文引入教材之中；《本省五年多来发现的重要文物》发表于 1955 年 9 月 5 日《浙江日报》。

专题调查了杭州古代石窟造像，并参加由朱家济先生主编的《西湖石窟艺术》一书的工作，该书 1955 年由浙江人民出版社出版。

1956～1970 年　事业成型

1956 年，主持金华万佛塔塔基（北宋嘉祐七年）的清理工作，并撰写《金华万佛塔出土文物》一书，该书 1958 年由文物出版社出版。

主持浙江省文物管理委员会举办的文物业务学习班，培养各县文物干部，并讲授中国古代铜器。

1956 年，完成《浙江出土铜镜选集》书稿，1958 年由中国古典艺术出版社出版。这是 1949 年考古工作开展以来，较早出版的铜镜图录，在国内同行中产生过较大影响。

同时发表了与铜镜和浙江文物考古有关的其他论文若干，重要的有《浙江萧山进化区古代窑址的发现》发表于《考古通讯》1957 年第 2 期，这是浙江最早发现的战国时期印纹硬陶和原始青瓷共存的窑址。《嘉湖地区现存重要文物古迹》发表于《文物参考资料》1958 年第 10 期。《德清窑瓷器》发表于《文物》1959 年第 2 期。《浙江龙泉青瓷窑址调查发掘的主要收获》发表于《文物》1963 年第 1 期，为执笔者。《浙江发现的太平天国田凭和各种税收文物》发表于《文物》1963 年第 11 期，通过大量文物，结合文献，对太平天国在浙江的税收政策进行了探索分析，提出了自己的见解。参与《龙泉青瓷图录》工作，是序言执笔者，该书由文物出版社 1966 年出版。《记浙江发现的铜铙、釉陶钟和越王矛》发表于《考古》1965 年第 10 期。在越王矛中，发现夹杂在云纹中的鸟虫书"越王"两字，文章中论及的文物是浙江颇有地域特色的品类，也是此篇言简意赅的短文的学术贡献。

在浙江文物史迹研究中，确立五代吴越文物及史迹研究作为重要关注点。1956 年，应浙江人民出版社约稿写成《五代吴越文物史迹》书稿，有机结合文献、文物、史迹三者，对吴越的政治、经济、文化及其兴亡，吴越都会城郭的变迁，吴越的海塘及水利工程遗迹，杭州江干吴越遗迹与当时子城的关系，雕版印刷、丝绸纺织、制瓷工业、造像艺术、塔幢建筑、摩崖题记及其他吴越文物等，都做了系统论述，提出了自己的见解，补充了古代文献。部分内容在刊物上发表，如《余姚窑瓷器探讨》发表于《文物参考资料》1958 年第 8 期。《考古学报》编辑曾于 1959 年第 3 期以"编者按"的名义，向读者推荐这篇文章。此文对余姚上林湖烧造的五代秘色瓷做了较系统的论述，结合历史背景与史实，对陈万里先生的旧说，提出了不同见解。《五代吴越的两件文书》发表于《文物》1960 年第 1 期，考定其为真迹，并提出了断代意见。

1958 年，对全省各地的文物史迹进行了大量调查研究工作。对浙江历史文物遗迹进行了较全面的实地调查，按旧府属而言，其中经过普查的有金、处、温三府各县。经过多次重点调查的有杭、嘉、湖、宁、绍、台、衢、严各府县，只有个别文物少的县未去。

前后担任金华、丽水、温州三地区的普查组组长，和组内同志一起，发现了众多文物史迹，其中择要编入《浙江省文物保护单位目录》的共 203 处。通过调查研究，掌握了文物史迹分布情况，搞清了各处文物史迹的历史变迁，确定各处文物史迹的历史、科学和艺术价值，通过文保单位形成史迹网，并切实加以保护，发挥其作用。积极推动和协助各地公布县（市）级文保单位，促进史迹网的形成，这几项工作在浙江地面文物保护工作方面具有开创性的意义。

同时对浙江古塔进行了重点调查研究工作，专题调查 50 余座古塔，基本上搞清了浙江历代古塔的结构和风格的演变，尤其对金华、绍兴、桐乡三座塔基的清理，积累了重要的资料。

1960 年，为了进一步弄清浙江省自鸦片战争以来的历史遗迹，赴温州、台州和宁波等地征集和查阅、抄录有关资料 183 本（种），翻拍了许多档案照片，补充了地方史志中缺失的资料，为调查和保护浙江地方与近代史重大事件有关的文物遗迹起到了重要作用。提出了浙江省第一、二批重点文保单位名单 100 处，并经上级批准予以公布。这个名单有两个特点：其一，全部经过实地调查和认真研究，并提出了充分理由。其二，在选择保护单位时，将遗址遗迹与浙江历史的整体关系联系起来，形成了文物"史迹网"之雏形。同时，还经办了大量的文保单位"四有"工作，以及日常的管理工作。

参与提出在杭州王岳庙成立民族英雄纪念馆，并拟订《岳飞史迹陈列计划》。提出并经省府批准，建立金华太平天国侍王府纪念馆、余姚梁弄四明山革命纪念馆、绍兴青藤书屋徐文长生平及艺术作品陈列等，为部分文保单位逐步过渡到具有文保单位特色的专题博物馆创造了经验，充分发挥文保单位的作用，保护与利用相结合。

从 1962 年开始，在省文物管理委员会、省博物馆合署办公（直至 1980 年 5 月）。文物保护史迹网的构想形成，开始付诸实践。

1970 年～1980 年 4 月　文保探索

1. 从理论和实践上探讨建立浙江文保工作体系。

（1）进一步确立文物保护单位"史迹网"理论，即通过留存于中华大地上的各个时代、各种类型的文物史迹，反映出中华民族悠久的历史和灿烂文化。这部生动的"史书"要久远地保存下去，就必须通过文物保护单位的形式，代代相传。

（2）制定实施步骤，从浙江全省铺开践行。先普查，搞清文物史迹分布情况，再经过认真研究，弄清各处文物史迹的原貌和变迁，确定其历史、科学和艺术价值，在此基础上选择、公布各级文物保护单位。

（3）提出"史迹网"不仅仅只是无数单处文物和史迹的联合体，有些文物史迹特别丰富的街道和乡镇，应该向历史文化区发展。历史文化名城的建设，也不应该只是对若干文物古迹的保护。

（4）在此基础上，有的文保单位将发展成为具有文保单位特色的专题博物馆，有的则应该通过不同的形式开放，从而构成一部生动的、用文物史迹谱写的历史教科书，为文物保护与利用有机结合创造了条件。

（5）提出应该把文保事业作为文物考古领域内一门单独的学科予以重视。唯有这样才能保证文保工作统一规划，确保史迹网的形成。

2. 主要工作成果和业务贡献。1970 年，恢复文保工作。朱家济先生含冤谢世后，开始独立承担所有相关工作。

（1）从 1970 年开始，对全省文保单位进行了比较全面的调查，大体上摸清了全省文保单位的现状。面对几乎破坏殆尽、面目全非和残缺不全的局面，发出抢救文物的疾呼。提出建设杭州碑林的建议，修缮岌岌可危的四明山浙东区党委旧址，对原未列入文保单位的文物史迹，也做了进一步调查研究。

（2）发现余姚河姆渡遗址。当时正好在宁波保国寺维修现场，受文物管理委员会指派赶赴河姆渡实地调查考察，断定这是一处罕见的埋藏有丰富文物的重要遗址。并商得公社和区领导同意，暂停水利工程，保护了现场。旋即返杭，积极建议领导组织力量抢救。

（3）提出省级重点文保单位的调整方案，并根据省文物管理委员会的要求，在七天内写出四万五千字的简介和调整说明。从 1973 年开始，对全省文保单位进行史无前例的、有计划的科学维修。

（4）在国家文物局文保所专家的指导和协助下，为浙江古建筑的科学维修建立一套严格的制度，积累经验，培养技术力量。结合对文保工作体系的构想，认为文保工作大致上可分成两类专业，一类是考古专业，侧重于本省文物史迹的调查研究；一类是文物保护技术，如古建维修工程技术和利用化学保护文物技术等，基本上属于自然科学。

（5）锐意创建文保工作新思路，成为浙江文保领域开拓者。发表《岳飞墓地考》（《光明日报》1979 年 6 月 5 日），考定杭州栖霞岭岳飞墓是真坟的论点，否定了清朝人提出的，并对后人有一定影响的所谓岳飞墓在众安桥的谬误，从而对岳飞墓庙的维修和开放起到了积极的作用。与赵振汉合著的《杭州史话》，1979 年由浙江人民出版社出版，《浙江日报》负责人在该报上发表推荐文章。《西湖揽胜》1979 年由浙江人民出版社编辑并出版，承担了该书历史文物史迹部分稿件的审改工作，并撰写了部分文章。

1980 年 5 月～1982 年 3 月　构想史迹网络

1980 年 5 月，从省博物馆历史组调至省文物考古所。6 月，任文保室临时负责人。人员由原来 1 人陆续增加到 10 人。制订《文保室工作规则》。8 月，参加中国文物保护技术协会成立大会，并被推选为中国文物保护技术协会理事，之后历届连任。并在大会上宣读论文《南宋故宫遗址考察》，得到有关专家好评，认为是同专题文章中最为详尽的一篇，并在保护这处重要遗址中起到作用。被杭州市地名委员会聘为《杭州市地名志》顾问。参加《中国名胜辞典》（浙江部分）的编写工作。3 月至 9 月主编《浙江文物》（绍兴分册）。指导文保室同志调查杭州南山区石刻造像，并撰写调查报告。组织、指导并参加了绍兴和杭州两地 39 处国家级和省级重点文保单位的"四有"试点工作，建立起了科学的、较完备的档案，划出了保护范围，并为这些文保单位管理开放提出合理意见。在试点的基础上，继续向全省铺开。这项工作得到国家文物局赞许，在《文物通讯》上向全国推荐经验，并引起了兄弟省市的关注，来信索取资料。经省文物管理委员会批准，举办了两期文保专业知识培训班，抽调各县文物干部参加学习，其中负责主讲的专业课累计约 50 小时。应杭州大学历史系的邀请，讲授越国文物史迹等专题。应中国旅行社浙江分社邀请，向该社同志讲授中国历史概要和浙江文物史迹，累计约 30 小时。应杭州市教育局邀请，向中学教师讲授浙江文物史迹。应杭州、宁波、金华、绍兴等文物部门的邀请，讲授中国古代铜镜。本阶段讲课时间累计 100 小时以上。

从理论和实践上对如何完善浙江文物史迹网的问题作了进一步深化探索和考量。

1. 进一步开拓了文物史迹的概念，关注了类型的多样性，如杭州南宋故宫遗址、清末胡庆余堂国药号建筑（反映国药企业史）、民国元年浙江体育会（我国近代最早的体育组织）、摩崖题记、湖州钱业会馆（反映近代金融史）等，都作为文物史迹加以保护。

2. 从历史发展纵线上，确定各个地区文物史迹的重点，如五代吴越和南宋的历史重点在杭州，海外交通的历史重点在宁波，明代抗倭历史的重点在台州等等。再就文物史迹的性质来说，也要在历史发展的纵线上形成系统，如瓷窑按时代和窑系形成系统，古建筑按类别各自形成系统。

3. 重视文物史迹的整体环境保护，思考、研究范围保护区的意义。除了文物保护单位的主体保护，必须与所在地的历史联系起来，在认识上进一步深化。力阻杭州市想把龙兴寺经幢、白塔搬离原地的做法。认为龙兴寺经幢的意义，不仅在于它本身的价值，而且是研究杭州唐代城郭的重要坐标之一。白塔是文物精华，是白塔岭的坐标，对确定南宋诗人中提到的白塔桥方位，以及研究五代吴越子城的历史，都具有重要意义。

4. 思考如何让有些文保单位过渡到专题博物馆，使之成为中华民族精神文明建设的教育场所，提出了比较切合实际和各具特色的设想，并在绍兴得到初步实现。

5. 培养文保专业人员。构思了文保工作体系，并以此为方向培训文保队伍。首先从职业道德、操守出发树立事业基准。根据各人特点，明确专业学习方向。注重专业学习与专业实践结合，脱产理论学习与实际工作相结合（文保室的专业人员先后派送到东南大学与清华大学脱产学习），广度与深度相结合，学习、思考、工作、检讨、指导相结合。经过三年的培养，尤其是两市文保单位"四有"试点和湖州飞英塔测绘，使文保人员的专业知识有长足进步，基本上都达到独立工作水平。

1981 年 3 月，在省文物管理委员会部署下，筹办全省（绍兴）文保单位"四有"工作经验交流会。下旬在绍兴召开全省文保单位"四有"工作经验交流会，会上做《在绍兴市进行文保单位"四有"试点工作总结》。5 月，正式出任文保室主任，着手修改《文保室工作规则》，并试行。

1981 年 9 月，与杭州市文物管理委员会联合调查了杭州凤凰山南宋宫殿遗址，在调查的基础上撰写了《南宋宫殿遗址考》，进一步完善修正了之前的论文。10 月，与杭州市文物管理委员会联合调查了胡庆余堂国药号，撰写了《杭州胡庆余堂建筑》一文，对杭州胡庆余堂建筑的特点及其历史价值，进行了论述，为日后申报国保单位创造了条件。为配合庆祝中国共产党成立六十周年，率文保室同志辅导嘉兴维修南湖中共"一大"旧址。担任主编的《越城古迹》刊印。这是对绍兴重要文物史迹进行调查研究之后，文保室专业人员分工执笔的习作。考证较谨严，帮助修改把关主要论点。1981 年经出版部门批准内部发行。

编制《浙江省文物普查登记表》，为全省文物普查作准备。

为纪念鲁迅 100 周年诞辰，指导维修了鲁迅故居，并指导修改陈列内容。撰写《绍兴吕府明代建筑》一文，发表于当年浙江省考古所所刊。对吕府建筑的时代作了比较明确的考证，并通过大量史料证明建筑主人是吕本，纠正了过去某些学者，特别是绍兴当地把吕本写成并读成"吕夲"（音滔）的谬误。撰写《金华天宁寺大殿的构造及维修》一文，发表于当年考古所所刊。发表《喻皓造梵天寺塔一事质疑》一文于《浙江学刊》1981 年第 2 期，纠正了《十国春秋》误把喻皓说成是梁贞明二年建造南塔时的匠师，否定了现存鄞县阿育王寺舍利塔为真品的说法。《西湖石窟探胜》由上海人民出版社出版发行，提出较多见解，认定了慈云岭北龛为五代地藏像，否定了史岩教授鉴定为玄奘像，确认了飞来峰三面八臂为密宗观音等。《中国名胜词典》（浙江部分），拟出其中文物史迹部分条目，并撰写了 20 多条释文样本，得到出版社赞赏。审查浙江文物史迹的全部释文，此书 1982 年由辞书出版社出版。

1982 年 4 月～1984 年 6 月　培养人才

1982 年 4 月，任浙江省文物考古所副所长。同月，带领文保室同志赴湖州，经国家文物局专家祁英涛先生辅导，测绘飞英塔。并在飞英塔现场举办以湖州、杭州等地区文物干部为主的测绘训练班，在培训班上授课。同月，召开全省文物普查工作座谈会，商讨部署全省文物普查工作。会后文保室参加编辑普查资料，并帮助宁波、丽水等地培训干部。下半年，率领文保室同志分赴全省各地指导、了解文物普查工作。担任主编的《浙江省文保单位简介》一书开始着手编辑。8 月，省文物管理委员会批准成立文物考古所专业技术职称评审委员会，任副主任。对浙江古建进行了专题综合研究。1982 年止，全省共维修文保单位 69 处，其中参加主持的有宁波保国寺、金华天宁寺和杭州岳王庙，提出方案或负责审查方案的共 32 处。《中国名胜词典》由辞书出版社出版发行。《杭州文物古迹》，文物出版社约稿，已于 1982 年交稿，经审查后表示满意。

主编的《浙江省文保单位简介》一书开始着手编辑。截取胡庆余堂调查的部分内容，以《胡庆余堂兴衰记》为题，发表于《文物天地》1982 年第 2 期。主要论点在 1982 年的工作汇报中已明确提出，引起国家文物局有关领导重视，并得到了杭州市人民政府支持，列为文物保护单位，扩大了原来人们理解的文物史迹概念。12 月，受聘为国家文物局《中国历史名人胜迹大辞典》顾问。

1983 年上半年，主持省考古所在乐清雁荡山举办为期 10 天的文保单位"四有"工作短训班，并担任主讲。率领文保室同志，分别前往金华、温州两市，同当地文物干部一起商量、落实省级文保单位的"四有"工作。对临安功臣塔、金华侍王府、东阳卢宅等文保单位维修工程进行技术指导。带领全室对在乐清、东阳、杭州等地文物普查中发现的古建筑及其他文物进行了复查、断代、定性。参加省文物管理委员会主持在新昌召开的文物普查工作座谈会，会后率领文保室同志为绍兴、舟山、金华、丽水等地举办了文物普查短训班。12 月，经省文物管理委员会职称改革领导小组批准，取得副研究员资格。

1984 年 7 月 ~ 1988 年 4 月　开拓文物利用

1984 年 7 月，任浙江省文物考古所所长。率文保室同志参加编写《浙江文物简志》，并担任主编，列入浙江出版社出版计划，全书 109 篇，约 10 万字，照片 105 幅。8 月，经省文化厅批准，建立古建筑维修技术中心，任法人代表。率文保室全体同志，主持舟山抗倭、抗英史迹专题调查，提出综合保护开发利用规划。8 月下旬，主持对普陀山宗教文物史迹进行了专题调查，制定了综合保护开发利用规划。担任主编的《中国名人名胜大辞典》（浙江部分）完稿，全书收录 108 人，约 7 万字。12 月，文化部文物局在宁波召开《中国历代名人胜迹大辞典》审议座谈会，推荐浙江卷给全国各地作为样本。

1985 年 4 月，吸收为中共预备党员。5 月 28 日，被省政协聘为第五、六届政协委员。11 月被选为下城区人大代表。同月，担任省文物普查验收办公室主任。选定宁波、绍兴为试点，与市、县文物干部共同进行调查研究，探索如何建立全省文物史迹网的保护与利用、各地文物史迹的保护与利用并纳入城乡建设规划。分 2 组 20 个专题进行考查，实地调查了 497 处文物史迹。具体主持宁波组，与文保室同志共同完成了《宁波文物史迹保护与利用的总体规划》《余姚河姆渡遗址的保护办法与开放的可能性》《宁波地区古代瓷窑址的保护与利用》《浙东史学派及其文物史迹的保护与利用》《宁波地区海防遗迹的保护与利用》。

1986 年 7 月 4 日 ~ 7 日，浙江省考古学会成立大会在舟山举行，担任副理事长。12 月，省文化厅党组批准，担任本所职称改革领导小组组长。

1987 年 3 月，接受中共省文化厅党组聘请，为省文物、博物馆专业中级职称评审委员会委员。4 月，接受浙江省职称改革领导小组聘请，为省文物、博物馆专业高级职称评审委员会委员。5 月，被中国文物技术协会聘为古建筑保护技术专业委员会委员。建议龙游县建设"古建集萃苑"，以集中保护分散各乡的古建筑，引起县委、县政府重视，并制定具体规划。《浙江出土铜镜》由文物出版社出版发行。该书分四章：中国铜镜概述、会稽铜镜、湖州铜镜、关于镜铭的若干问题，并附中国铜镜铭文选例 250 条。对《淮南子》所云"玄锡"、尚方规矩镜的兴起时代、六朝铜镜的质地、骈体铭镜的时代、会稽铜镜产生的历史条件、镜铭内容与各历史时期社会思想意识的关系等，都提出了见解。关于日本三角缘神兽镜是否产于中国的问题，阐明了观点：如果日本出土的三角缘神兽镜是中国工匠到日本去铸造的，那么这些工匠应主要来自吴地。而三角缘兽镜个别铭文有"铜出徐州""师出洛阳"，认为这种现象也应有其个例存在的合理性。对湖州镜做了较全面的论述。该著作在铜镜研究学术界影响颇大。

1988 年 5 月 ~ 1994 年 2 月　创新探索

1988 年 5 月，经省文化厅职改领导小组批准，获得文博研究馆员资格。6 月，兼任新组建省考古所学术委员会主任。参与《浙江文物分布图册》部分内容的审稿、修改及辅导工作。

1984 年 1 月，《试论文物史迹网的建立》发表于《中国文物报》上。1989 年 8 月，被浙江省社会科学院聘为该院国际越文化研究中心研究员。率领文保人员对宁波慈城、余姚、新昌、嵊县、永康、丽水、景宁等地的传统民居继续进行调查。根据重点保护的原则，对全省传统民居按区系类型，总体提出了初步设想。继续以龙游县为试点，对传统民居的保护与利用提出了一个轮廓性的设想，得到国家文物局领导及专家的赞同。在浙江省文物局举办的全省古建提高班中任班主任。此学习班为时三个月，由国家文物局专家、清华大学教授、省内专家授课，为本省培养了一支古建研究和保护的专业骨干。

1990 年 5 月，随浙江文化代表团访日，到静冈、大阪、奈良、挂川、热海、东京等地，参观了当地文物建筑文化财研究所和博物馆，与当地专家学者就中国铜镜和日本三角缘神兽镜等问题进行交流。8 月下旬，召开国际百越文化学术讨论会暨中国百越民族史研究会第七届年会，提交论文《关于越国鸟图腾和鸟崇拜的若干问题》。12 月，被省社联代表大会选为第二届理事。担任主编的《浙江文物大全》一书完成初稿。与文保室同志一起，继续开展浙江明清传统建筑的调查研究。

1991 年 3 月，被杭州大学聘为兼职教授。7 月，被杭州市文保所聘为名誉所长兼研究员。主持由省考古所文保室与杭州市文保所联合试点工作，完成 38 处国保、省保单位"四有"工作，并帮助制定计划，辅导测绘，修改审核图纸。完成 13 个单位的文字记录，补充完善 1982 年的"四有"工作。担任它山堰工程维修总负责，聘请清华大学水利系在考古所制定的框架内具体制定维修技术方案，请水利、水文、地质、工程等部门勘察、钻探、探测各种技术资料。这是一项跨学科进行文物建筑维修的一次有益尝试，为今后多学科合作，科学制定文物保护方案提供了经验。

1992 年 7 月，出席全国文物工作会议。8 月，受省文化厅聘请，担任省文物博物馆专业高级职务评审委员会委员，任期两年。

1993 年 4 月，第二届省考古学会及考古工作会议在温州瓯海召开，当选副会长。参加广州国际民居研讨会，提交论文并作发言。8 月，随省文化厅代表团出访香港。10 月，患病入院手术。12 月 27 日，免去浙江省文物考古研究所所长职务。12 月 31 日，办理离休手续。

1994 年 3 月 ~ 1998 年　未竟愿景

1994 年 3 月，在病床上修改安吉灵芝塔维修设计改进意见及审核维修的图纸，包括维修录像。身体稍康复后，亲自到安吉进行复查，并提出修改意见及具体施工方案。冬季，应龙泉县人民政府邀请，参加恢复县制十周年庆典活动，但因牵挂龙游鸡鸣山"民居苑"工程，即转道至龙游，解决工程中的分歧意见，并做具体指导，又撰写了《龙游民居苑工程修改方案》。审查了"龙游民居苑扩大工程"规划图纸，审查龙游拆卸前的测绘图纸。为兰溪长乐民居维修保护工程提出意见。赴昌化检查宋塔竣工验收前的工作，并提出相关意见。审查省文物考古研究所设计的图纸，涉及宋代皇城规划图、龙游旧厅、鄞县东钱湖石雕陈列馆建设方案、海神庙门厅维修设计方案等。修改补充《中国民族建筑·浙江部分》的稿件，并具体撰写了卫、所、寨等建筑类型的稿件。此外，为中国建工出版社组稿的《中外名建筑鉴赏辞典》撰写稿件。10 月应日本同志社大学邀请，赴同志社大学讲学，做《汉晋时期华北江南出土铜镜之异同》学术报告。同时，应熊本县球磨郡兔田町长植薄清重之邀请，赴兔田町，就当地出土中国东汉时期鎏金半圆方枚神兽镜做专题演讲，有相关论文《中国汉晋时期江南与北方铜镜之异同——兼论日本兔田町出土的半圆方枚神兽镜》。11 月，经国务院批准，享受有国务院政府特殊津贴。

1996 年 8 月，被《杭州历史丛编》聘为顾问。

1998 年 11 月 28 日于杭州病逝。

学术成果目录

论文

1. 《谈谈我国古代铜镜》，《考古通讯》1955 年第 6 期。

2. 《本省五年多来发现的重要文物》，《浙江日报》1955 年 9 月 24 日。

3. 《绍兴的古代铜镜》，《考古通讯》1956 年第 6 期。

4. 《从出土文物看杭州古代文化》，《当代日报》1955 年 4 月 21 日。

5. 《浙江绍兴漓渚考古简报》，《考古通讯》1955 年第 5 期。与朱伯谦合作。

6. 《杭州铁佛寺清理了一座东汉墓葬》，《文物考古资料》1955 年第 6 期。

7. 《本省最近发现一批文物》，《杭州日报》1956 年 3 月 2 日。与黄涌泉合作。

8. 《杭州的出土文物》，《杭州日报》1956 年 4 月 8 日。与黄涌泉合作。

9. 《浙江古代的四大工艺》，《杭州日报》1956 年 4 月 24 日。与黄涌泉合作。

10. 《崇德县崇福寺拆卸东西两塔塔顶部分时发现文物四十七件》，《文物参考资料》1956 年第 6 期。

11. 《五代吴越文物——铁券与投龙简》，《文物参考资料》1956 年第 12 期。与黄涌泉合作。

12. 《浙江萧山进化区古代窑址的发现》，《考古通讯》1957 年第 2 期。

13. 《浙江临海县的文物古迹普查》，《文物》1957 年第 2 期。

14. 《金华市万佛塔塔基清理简报》，《文物考古资料》1957 年第 5 期。

15. 《西泠访古》，《杭州日报》1957 年 3 月 23 日。

16. 《试谈中国铜镜纹饰的发展》，《文物参考资料》1957 年第 8 期。

17. 《本省重点修建一批名胜古迹——绍兴大善寺塔、青藤书屋已修缮完成》，《杭州日报》1957 年 12 月 29 日。与黄涌泉合作。

18. 《浙江嘉兴徐婆桥发现印纹陶》，《考古通讯》1958 年第 3 期。

19. 《绍兴古时的冶铜工业》，《浙江日报》1958 年 5 月 21 日。

20. 《谈谈湖州镜》，《文物参考资料》1958 年第 6 期。

21. 《汉六朝镜铭初探》，《考古通讯》1958 年第 9 期。

22. 《余姚窑瓷器探讨》，《文物参考资料》1958 年第 8 期。

23. 《嘉湖地区现存的重要文物古迹》，《文物参考资料》1958 年第 10 期。

24. 《德清窑瓷器》，《文物》1959 年第 12 期。

25. 《杭州四塔》，《浙江日报》1959 年 5 月 24 日。

26. 《五代吴越的两件文书》，《文物》1960 年第 1 期。

27. 《保国寺和六和塔》，《浙江日报》1961 年 4 月 5 日。

28. 《谢平》，《浙江日报》1961 年 4 月 14 日。

29. 《岳飞墓》，《浙江日报》1961 年 4 月 23 日。

30. 《西湖石窟造像》，《杭州日报》1961 年 6 月 5 日。

31. 《南宋官窑瓷器》，《杭州日报》1961 年 12 月 21 日。

32. 《清代杭州机匠罢工斗争碑》，《杭州日报》1962 年 1 月 24 日。

33. 《越国文物散记》，《浙江日报》1962 年 3 月 4 日。

34. 《杭州雕版印刷史话》，《杭州日报》1962 年 7 月 11 日。

35. 《杭州地区的古代经幢》，《杭州日报》1962 年 7 月 15 日。

36. 《原始社会时期的浙江》，《浙江日报》1962 年 7 月 29 日。

37. 《看赵之谦作品展览》，《杭州日报》1962 年 8 月 12 日。

38. 《西湖游船史话》，《杭州日报》1962 年 8 月 13 日。

39. 《十八局起义军领袖黄春生》，《浙江日报》1962 年 9 月 9 日。

40. 《钱塘江观潮史话》，《杭州日报》1962 年 9 月 14 日。

41. 《西湖十景的来历》，《杭州日报》1962 年 12 月 2 日。

42. 《西泠印社史话》，《杭州日报》1962 年 12 月 15 日。

43. 《浙江省龙泉青瓷窑址调查发掘的主要收获》，《文物》1963 年第 1 期。

44. 《杭州古代阴历过年的风俗》，《杭州日报》1963 年 1 月 24 日。

45. 《杭州的古井》，《杭州日报》1963 年 2 月 24 日。

46. 《白堤与苏堤》，《杭州日报》1963 年 4 月 7 日。

47. 《元代麻曷葛剌造像》，《杭州日报》1963 年 4 月 17 日。

48. 《受"五·四"运动影响的"一师风潮"》，《杭州日报》1963 年 5 月 6 日。与姚辉合作。

49. 《杭州与运河》，《杭州日报》1963 年 6 月 5 日。

50. 《杭州的古代经幢》，《杭州日报》1963 年 9 月 9 日。

51. 《浙江发现的太平天国田凭和各种税收文物》，《文物》1963 年第 11 期。

52. 《记浙江发现的铜铙、釉陶钟和越王石矛》，《考古》1965 年第 5 期。

53. 《六和塔今昔》，《香港大公报》1971 年 7 月 20 日。

54. 《江山仙霞黄巢起义遗迹纪略》，《考古》1976 年第 5 期。

55. 《飞来峰石刻艺术》，《杭州日报》1978 年 5 月 14 日。

56. 《关于南宋湖州镜铭文的几点分析》，《浙江文物通讯》1978 年第 4 期。

57. 《中国汉六朝铜镜铭文》，《浙江文物通讯》1978 年第 4 期。

58. 《江南名刹——灵隐寺》，《浙江日报》1979 年 3 月 1 日。

59. 《岳飞墓地考》，《光明日报》1979 年 6 月 5 日。

60. 《南宋画院》，《杭州日报》1979 年 6 月 24 日。

61. 《秋瑾出生年代》，《历史研究》1979 年第 12 期。

62. 《飞来峰造像》，载《中国大百科全书·考古学》，中国大百科全书出版社，1986 年。

63. 《喻皓建梵天寺塔一事质疑》，《浙江学刊》1981 年第 2 期。

64. 《文澜阁和四库全书》，《杭州日报》1980 年 4 月 25 日。

65. 《翠微亭》，《浙江日报》1981 年 3 月 8 日。与赵振汉合作。

66. 《杭州六和塔》，《文物》1981 年第 4 期。

67. 《古代建筑史上的名珠——保国寺》，《浙江日报》1981 年 4 月。与赵振汉合作。

68. 《金华天宁寺大殿的构造及维修》，载《浙江省文物考古所学刊》，文物出版社，1981 年。

69. 《查访南山"小有天园"》，《杭州日报》1981 年 8 月 8 日。

70. 《金华太平天国侍王府的建筑与壁画艺术》，《文物》1981 年第 9 期。与严军合作。

71. 《胡庆余堂兴衰记》，《文物天地》1982 年第 2 期。

72. 《清代的皇家藏书楼——文澜阁》，《浙江书讯》1982 年 3 月 1 日。

73. 《古建筑维修原则浅探》，《文物通讯》1983 年第 5 期。

74. 《试谈文物学》，《文物通讯》1984 年第 4 期。

75. 《三十五年浙江文物考古事业的回顾》，《浙江学刊》1984 年第 6 期。

76. 《查访南山"小有天园"》，《杭州日报》1981 年 8 月 8 日。

77. 《在探索中前进》，《文物工作》1985 年第 5 期。

78. 《试论文物史迹网的建立》，《中国文物报》1988 年 4 月 1 日。

79. 《绍兴吕府明代建筑》，载《浙江省文物考古所学刊》，文物出版社，1981 年。

80. 《钱镠铁券》，载《吴越首府杭州》（杭州历史丛编之三），浙江人民出版社，1988 年。

81. 《吴越浮屠　匠心独具——兼谈喻皓》，载《吴越首府杭州》（杭州历史丛编之三），浙江人民出版社，1988 年。

82. 《继承前人技艺精湛——石窟造像艺术》，载《吴越首府杭州》（杭州历史丛编之三），浙江人民出版社，1988 年。

83. 《雕版印刷　称誉当世》，载《吴越首府杭州》（杭州历史丛编之三），浙江人民出版社，1988 年。

84. 《皇城九里——南宋故宫》，载《南宋京城杭州》（杭州历史丛编之四），浙江人民出版社，1988 年。

85. 《东序西胶　弦歌不辍——南宋太学和杭州府学》，载《南宋京城杭州》（杭州历史丛编之四），浙江人民出版社，1988 年。

86. 《健儿被发走如风——王朝的覆灭》，载《南宋京城杭州》（杭州历史丛编之四），浙江人民出版社，1988 年。

87. 《对〈延庆寺塔维修方案评述〉的评述》，《中国文物报》1989 年 12 月 22 日。

88. 《超柴、汝、定，启哥、弟、官——吴越国秘色瓷》，载《吴越首府杭州》（杭州历史丛编之三），浙江人民出版社，1988 年。

89. 《三徙治所　始建州城——隋代杭州的建置及城垣范围》，载《隋唐名郡杭州》（杭州历史丛编之二），浙江人民出版社，1990 年。

90. 《南巡探胜　示威九垓——康熙、乾隆巡视杭州》，载《元明清杭州》（杭州历史丛编之五），浙江人民出版社，1990 年。

91. 《越国鸟图腾和鸟崇拜的若干问题》，《浙江学刊》1990 年第 6 期。

92. 《南宋故宫遗址考察》，《杭州考古》1991 年第 3 期。

93. 《湖州飞英塔的构造与维修》，载《浙江省文物考古研究所学刊——建所十周年纪念》，科学出版社，1993 年。与宋煊合作。

94. 《再论文物史迹网》，载《浙江省文物考古研究所学刊——建所十周年纪念》，科学出版社，1993 年。

95. 《五代吴越国王投简》，载《浙江省文物考古研究所学刊——建所十周年纪念》，科学出版社，1993 年。

96. 《中国古代湖州铜镜》，《古代学术研究》（日本）1991 年。

97. 《关于东汉"屋舍人物画像镜"的图像研究》，《古代学术研究》（日本）1993 年。

98. 《浙江明清民居与传统文化》，载《民居史论与文化——中国传统居民国际学术研讨会论文集》，华南理工大学出版社，1995 年。

99. 《中国汉晋时期江南与北方铜镜之异同——兼论日本兔田町出土的半圆方枚神兽镜》，载《东方博物》，杭州大学出版社，1997 年。

专著

1. 《金华万佛塔出土文物》，文物出版社，1958 年。

2. 《浙江文物简志》（浙江简志第四），浙江省人民出版社，1986 年。

3. 《杭州文物与古迹》，文物出版社，1988 年。

4. 《浙江出土铜镜选集》，人民美术出版社，1958 年。

5. 《浙江出土铜镜》，文物出版社，1987 年。

6. 《西湖石窟艺术》，浙江人民出版社，1956 年。与朱家济、黄涌泉合作。

7. 《西湖石窟探胜》，上海人民出版社，1981 年。与赵振汉合作。

8. 《西湖石窟探胜》，浙江人民出版社，1986 年。

9. 《杭州史话》，浙江人民出版社，1979 年。赵振汉合作。

10. 《古都杭州》，上海人民出版社，1981 年。与赵振汉合作。

11. 《越城古迹》，浙江省文物考古所编印，1982 年。

12. 《中国名胜词典》（浙江分册），上海辞书出版社，1982 年。

未发表论著

1. 《试论文物学及文物史迹网的建立》

2. 《试论古建筑的保护与利用》

3. 《谈谈杭州市文物保护规划》

4. 《富阳龙门古建群调查汇报》

5. 《四明古刹——保国寺》

6. 《中国历代名人名胜录》（浙江部分）

后 记

父亲王士伦的论文集整理出版在李小宁先生任所长时就有过几次讨论。2019年，为庆祝浙江省文物考古研究所成立四十周年，所里筹备出版论文集，方向明所长让我挑选父亲的一篇文章，计划收录。时与方所长提及为父亲出版论文集事，方向明旋即请示刘斌所长，不久有了佳音，并迅速部署相关工作、立项、联络出版社，安排张苹主任具体接洽落实。方向明所长反复嘱咐，务必抓紧。

父亲在四十余年的职业及专业研究生涯中，共发表专业论文等百余篇，专著12部。本文集共收录44篇文章，分为"事业综述""文物考古""古建保护""吴越史迹""古代杭州"五类，这个分类基本能反映父亲职业生涯的业务轨迹。由于基本都是已发表的论文，年代久远，有些照片已无法与原文所采纳的照片完全对应，只能用相关照片替代。

在资料的搜集过程中，父亲当年的同事、学生给予了大力帮助，得到李小宁、郑建明、黄滋、张书恒、杨新平、张苹、陈列、宋烜、徐永芳诸位先生的支持。李小宁、黄滋拨冗写序。张书恒对古建部分的文章做了细致的校勘。兄长王群力在编辑过程中提出诸多建议。文物出版社的编辑做了大量细致的工作。感谢诸位的帮助与支持！

前辈之师后学榜样，考古所也一直有不忘先辈的优良传统，希望文集的出版，也能让家族永远铭记这位把毕生的精力用于保护祖国物质文化及精神家园的长者。

王　牧
2020年9月24日于杭州